Reise Know-How

USA
mit
Flugzeug
und
Mietwagen

"Latest News"

zu den Büchern von REISE KNOW-HOW
Aktuelle Ergänzungen und Neuigkeiten
nach Druckbeginn
finden Sie im Internet unter

http://www.reise-know-how.de

Dr. Hans-R. Grundmann GmbH
Ganderkesee-Steinkimmen
Mitglied der Verlagsgruppe
REISE KNOW-HOW

http://www.ldweb.com/reisebuch

USA

mit Flugzeug und Mietwagen

mit kanadischen Cities Calgary, Toronto und Vancouver

Unabhängig und sicher reisen durch Städte und Nationalparks

Martin Stoll, Hans-R. Grundmann

IMPRESSUM

Martin Stoll, Hans-R. Grundmann
Die USA mit Flugzeug und Mietwagen
Unabhängig und sicher durch Städte und Nationalparks
3. voll überarbeitete und neu gestaltete Auflage 1998
mit separater **Nordamerika Karte**
und als Beileger **New York City Extra**
ist erschienen im

Reise Know-How Verlag, Hohenthann

ISBN 3-89662-150-5

Gestaltung
Umschlag: Manfred Schömann,Köln, Peter Rump, Bielefeld
Satz & Layout: Uta Wilms, Hans-R. Grundmann
Fotos: siehe Nachweis auf Seite 7
Karten und Scans: Elsner & Schichor, Karlsruhe
Illustrationen: Martin Stoll, Alexander Brandt, München
Grafik U4 und Seite 143: Martin Stoll, Peter Baumgartner

Herstellung
Belichtung: Eckerle Systemkopie, Baden-Baden
Druck: Engelhardt & Bauer, Karlsruhe

Dieses Buch ist in jeder Buchhandlung
in Deutschland, Österreich und der Schweiz erhältlich.
Die Bezugsadressen für den Buchhandel sind

- Prolit Gmbh, 35463 Fernwald
- AVA Buch 2000, CH-8910 Affoltern
- Mohr Morawa GmbH A-1230 Wien
- Barsortimenter

Wer im lokalen Buchhandel Reise Know-How-Bücher nicht findet,
kann diesen und andere Titel der Reihe auch beim Verlag oder bei der
Germinal GmbH, Verlags- und Medienhandlung bestellen:
Postfach 70, D-35463 Fernwald; ©/Fax: 0641-41700

Alle in diesem Buch enthaltenen Informationen und Daten wurden mit großer Sorgfalt recherchiert, zusammengestellt und vom Verlag gewissenhaft bearbeitet. Inhaltliche und sachliche Fehler sind dennoch nicht auszuschließen. Alle Angaben erfolgen daher ohne Gewähr für die Richtigkeit im Sinne einer Produkthaftung; Verlag und Autoren übernehmen keine Verantwortung und Haftung für inhaltliche wie sachliche Fehler.

Sollten Sie, lieber Leser, Ungenauigkeiten, falsche oder nicht mehr zutreffende Angaben bemerken, wären wir für Hinweise dankbar. Sie erreichen die Autoren unter der Postanschrift oben, der **Fax-Nummer 04222/6167** und den **E-Mail-Adressen: mrstoll@aol.com** und **reisebuch@gmx.net**

Zur Konzeption dieses Buches

Reiseführer für die USA und Canada – soweit sie sich auf das ganze Land oder Regionen beziehen – sind überwiegend für Reiserouten und Rundkurse per Pkw oder Campmobil konzipiert.

Eine wachsende Zahl von Reisenden möchte aber nur bestimmte, oft weit voneinander entfernte Ziele ansteuern, möglichst ohne zwischen ihnen tagelang auf Amerikas Straßen unterwegs zu sein. Für solche Vorhaben benötigt man wesentlich genauere Informationen über den nordamerikanischen Luftverkehr und die Transportmöglichkeiten vor Ort, als die gängige Reiseliteratur sie bietet.

Die USA mit Flugzeug und Mietwagen, ein neuartiger Reiseführer mit geballter Information für **37 ausgewählte Cities bzw. touristisch bedeutende Zielregionen** und die Mehrheit der Nationalparks (siehe Karten in den Umschlagklappen), liefert nun das komplette Know-how fürs ***City Hopping USA*** und **Abstecher nach Canada**.

Der Allgemeine Teil setzt zu den Themen "**Fliegen in Nordamerika**", "**Automiete**", "**Öffentliche Verkehrsmittel**" und "**Übernachten**" nicht nur andere Schwerpunkte als gewohnt: **Informationsdichte und Praxisbezug** gehen weit über das übliche Maß hinaus. Ein besonders ausführliches Kapitel ist den **Rundreisetickets der US- und kanadischen *Airlines*** gewidmet. Kosten und Bedingungen, Vorzüge und Nachteile aller derartigen (in Deutschland Ende 1997) erhältlichen Tickets sind übersichtlich nebeneinandergestellt; zusammenfassende Tabellen erlauben den Preisvergleich auf einen Blick.

Die **Städte- und Nationalpark-Kapitel** betonen stark die Informationen über die lokale Situation aus der Sicht eines Ortsfremden, der sich bei Ankunft auf Flughäfen und in den Städten zunächst orientieren und den Weitertransport und die Übernachtung klären muß. Fragen wie "Mietwagen oder Bus/U-Bahn?", "Welches Quartier?", "Wo essengehen und einkaufen?" werden für jedes Ziel ausführlich erörtert und beantwortet. Die Beschreibung der Sehenswürdigkeiten beschränkt sich nicht auf deren objektive Charakteristika, sondern beinhaltet – wo angebracht – auch eine Wertung. Sie hilft dem Leser bei knapper Zeit, Prioritäten zu setzen. Der **Aufbau der Reisekapitel ist im Detail auf den Seiten 144-147** erläutert.

Vor allem im Teil 1 wird eine Vielzahl von Begriffen und Ausdrücken erklärt und verwendet, denen man auf Reisen durch Amerika häufig begegnet. Sie sind im **Anhang des Buches** in lexikalischer Form noch einmal aufgelistet. Außerdem findet sich dort eine Zusammenstellung zahlreicher gebührenfreier **800-Nummern** der *Airlines*, Hotelketten und Autovermieter. Hilfreich kann bei der Planung auch ein Blick ins ***Internet*** sein. ➪ Seite 566

Viel Spaß unterwegs wünschen

Martin Stoll und Hans-R. Grundmann

DIE USA MIT FLUGZEUG UND MIETWAGEN
mit kanadischen Städten Calgary, Toronto und Vancouver

Die Beschreibung der Städte und ihrer Umgebung folgt einem weitgehend identischen Grundmuster. Die Gliederungspunkte sind hier nur einmal exemplarisch aufgeführt; lediglich besondere Abweichungen werden unter den Kapiteln zusätzlich ausgewiesen:

Geschichte, Geographie und Klima
Daten und Fakten
- Telefonische Vorwahl
- Diplomatische Vertretungen
- Besucherinformation
- Flughafen
- Verbindung Airport–City
- Öffentliche Verkehrsmittel City
- Rundfahrten
- Unterkunft
- Essengehen und Shopping

Kasten: Sicherheit

Sehenswürdigkeiten
- Downtown/im Citybereich
- Ziele in der näheren Umgebung
- Ziele in der weiteren Umgebung/Abstecher

Der richtige Sight zur richtigen Zeit

Städte und Nationalparks USA

FOTONACHWEIS

Foto Seite 10 mit freundlicher Genehmigung der Lufthansa
Foto Seite 451 mit freundlicher Genehmigung von BC Tourism
Martin Stoll: Seiten 44, 50 und 52; Hans-R. Grundmann alle anderen

TEIL 1:
REISEPLANUNG UND -PRAXIS

1. UNABHÄNGIG REISEN DURCH NORDAMERIKA

Reiseziele

Kaum ein anderes Reiseland ist der Mehrheit seiner Besucher aus aller Welt bereits vor der Ankunft derart "vertraut", wie die Vereinigten Staaten es sind. Die international verbreiteten Elemente des *American Way of Life* sowie ungezähle Film- und Fernsehproduktionen haben dafür gesorgt. Niemandem fällt es deshalb schwer, für die USA ohne langes Überlegen reizvolle Reiseziele zu nennen: New York und San Francisco, der Grand Canyon und der Yellowstone Park sind fast immer darunter; ein weiteres Dutzend Städte und Nationalparks rangiert in der Beliebtheitsskala nur knapp dahinter.

Entfernungen

Wie die Beispiele, aber auch die Übersicht in der vorderen Umschlagklappe zeigen, liegen zwischen vielen populären Zielen erhebliche Entfernungen. Bei der Ausdehnung der USA (ca. 7.8 Mio. km² ohne Alaska und Hawaii) ist das nicht verwunderlich; so sind etwa zwischen New York und Los Angeles rund 5.000 Straßenkilometer zurückzulegen – bei direkter Fahrt ohne Abstecher und Umwege. Dabei vermittelt die Zahl allein nur unzureichend, was dies in der Praxis bedeutet: Auf Autobahnen und Landstraßen gilt die für uns ungewohnte Geschwindigkeitsbegrenzung von – überwiegend – 104-112 km/h (65-70 mph) bzw. 88-104 km/h (55-65 mph). Und natürlich sind nicht alle Strecken landschaftlich reizvoll. Fahrten durch verkehrsbelastete Ballungsgebiete und öde Landstriche – etwa zwischen Mississippi und Rocky Mountains – lassen sich auf längeren Reisen per Auto oder Bus kaum vermeiden.

Zielauswahl

Wer eine individuelle USA-Reise zu weit auseinanderliegenden Zielen plant und unergiebige Fahrkilometer und Zeitverlust niedrig halten möchte, hat im Prinzip nur zwei Möglichkeiten, das zu erreichen:

- Verzicht auf geographisch abgelegene Ziele und Beschränkung auf Sehenswürdigkeiten, die sich über attraktive und entfernungsmäßig noch akzeptable Strecken gut per Auto besuchen lassen.
- Überbrückung größerer Distanzen per Flugzeug und Aneinanderfügung mehrerer Kurzaufenthalte.

Reiseführer

Typische USA-Reiseführer sind in erster Linie auf Leser zugeschnitten, die sich für eine Rundfahrt oder weite Strecken per Auto entschieden haben. Wer stattdessen die zweite Alternative wählt, hat es schon schwerer, geeignete Reiseliteratur zu finden. Entweder gibt es den umfassenden USA-Führer, der alle denkbaren Ziele abdeckt, oder man kauft sich mehrere passende Städte- und Regionalführer. Weder im einen noch im anderen Fall erhält man befriedigende Antworten auf eine Vielzahl organisatorischer und praktischer Fragen, die sich für die hier skizzierte Reiseform bereits bei der Planung und erst recht unterwegs – teilweise immer wieder – stellen.

Schwerpunkt-themen

Vor allem geht es dabei um die Themenkomplexe:

1. **Flüge und Fliegen** in den USA unter besonderer Berücksichtigung der von den nordamerikanischen Airlines angebotenen Rundflugtickets.
2. Weitertransport ab Airport und während des Aufenthaltes an den Zwischenzielen mit **öffentlichen Verkehrsmitteln** oder per **Mietwagen**.
3. Die laufende Klärung der **Übernachtungsfrage**.

Dieses Buch liefert zu diesen Punkten ausführliche Kapitel mit allen notwendigen Informationen und bedenkenswerten Aspekten, die in vergleichbar umfassender Form anderswo kaum zu finden sind. Zahlreiche konkrete Tips und Hinweise helfen dem Leser, Zeit und Geld zu sparen. In Ergänzung der Erläuterungen im Teil 1 geben die Kapitel im Reiseteil für alle beschriebenen Ziele konkret Auskunft über die jeweilige Airportsituation, Transportmöglichkeiten vor Ort und empfehlenswerte Unterkünfte.

Da unabhängiges Reisen in den USA mit Flugzeug und Mietwagen ohne häufiges **Telefonieren** (Buchung und Bestätigung von Flügen, Reservierung von Autos und Quartieren) kaum denkbar ist, ist auch dem Thema "Telefon" ein Extra-Kapitel gewidmet; denn dabei muß einiges wissen und beachten, wer gut durchkommen und nicht zuviel bezahlen will. Die **Versorgung unterwegs** ist ein weiterer wichtiger Gesichtspunkt. Ein **Informationsteil von A-Z** zu vielen weiteren Fragen, die sich vor und während einer Reise durch die USA ergeben können, schließt den Teil 1 ab.

Zunächst aber zur Buchung des Transatlantikflugs und der finanziellen Reisevorbereitung:

2. TICKET, PASS UND DOLLARS

Voraussetzung jeder USA-Reise ist dreierlei: Ein Ticket für den Flug über den Atlantik, ein gültiger Reisepass (ggf. mit Visum) und ausreichende Finanzen. Außerdem ist wichtig, gegen die ärgsten Eventualitäten der Reise ordentlich versichert zu sein. Zunächst zum Flug:

2.1 DER TRANSATLANTIKFLUG

Buchung

Alle Reisebüros vermitteln Tickets für Flüge über den Atlantik mit Linien- und Chartergesellschaften. Wer ein besonders preiswertes Ticket sucht, sollte sich ein wenig umschauen. Spezialisierte Flugagenturen verfügen oft über die besten Angebote. Es gibt sie in allen Großstädten; außerdem inserieren sie bundesweit in Zeitungen und Zeitschriften.

Die alle drei Monate erscheinenden **Zeitschriften *Reise & Preise*** und ***fliegen & sparen*** listendie jeweils **aktuellen Tarife** und die günstigsten Anbieter.

Bindung Transatlantikflug und Rundreiseticket

Interessenten für Rundreise-Tickets müssen beim Kauf aufpassen. In vielen Fällen ist der Erwerb eines Airpasses nur bei Transatlantikflug mit derselben Airline oder der Lufthansa möglich. Mehrheitlich verteuern sich die Rundflugtickets, wenn der Atlantik mit Maschinen anderer Gesellschaften überquert wird. Vor der Buchung des Atlantikfluges sollte daher die Entscheidung über das zu beschaffende Rundflugticket bereits gefallen sein.

Folgende Rundflugticket/Transatlantikflug-Bindungen gelten (➪ Abschnitt 3.2.1/2 und Ticketpreistabelle auf Seite 47):

Coupontickets	Transatlantikflugregelung
American:	Flug nach Dallas oder Chicago mit AA oder LH, ansonsten teurer
America West:	beliebig
Continental:	billiger wenn mit CO oder Air Canada
Delta:	nur mit Delta, Sabena, Swissair oder auch Austrian Airlines
Northwest:	nur mit NW oder KLM
TWA:	mit jeder nicht-amerikanischen Airline
United:	nur mit United oder LH
US Airways:	beliebig, aber teurer, wenn nicht mit US Airways
Air Canada:	nur mit AC oder CO, ggf. auch LH oder UA je nach Tickettyp, ➪ Seiten 45/48.
Canadian:	Nur mit CP (Canadian) oder American

Lufthansa

Die Übersicht zeigt, daß sich mit einem Lufthansa-Ticket noch mehrere Optionen offenhält, wer den Transatlantikflug zwar frühzeitig buchen, aber die Entscheidung für einen bestimmten Rundreisepass noch nicht treffen möchte. Die Sicherung des Transatlantikflugs zu einem frühen Zeitpunkt ist ggf. schon deshalb sinnvoll, weil die Plätze zu den günstigsten Tarifen oft lange im voraus ausgebucht sind. Das gilt insbesondere zu bestimmten Zeiten (z.B. Ferienbeginn). Die Rundreisepässe lassen sich dagegen noch relativ kurzfristig vor dem Abflug erwerben.

Vorteile Lufthansa

Abgesehen von diesem spezifischen Vorteil sprechen weitere Gründe für einen Flug mit der Lufthansa:

- Nur Lufthansa fliegt von Deutschland aus so **viele Ziele in den USA nonstop** an, nämlich Atlanta, Boston, Dallas/Fort Worth, Houston, Los Angeles, Miami, New York (JFK und Newark Airport), San Francisco und Washington DC.
- Da sich die **Tarife** der Lufthansa auf jeden deutschen Flughafen beziehen, sind sie für viele Kunden letztlich preiswerter und auch bequemer als ein nominal günstigeres Konkurrenzangebot, das nur ab Frankfurt oder München gilt, die Anfahrt dorthin aber dem Kunden überläßt.
- Der **Service** ist gut, das Kabinenpersonal deutschsprachig.
- Das **Durchschnittsalter des Fluggeräts** ist gering.
- **Junge Leute zwischen 12 und 17 Jahren erhalten eine 25%-ige Ermäßigung**, bei anderen *Airlines* ist das – soweit aus den Unterlagen 1997 ersichtlich – nicht vorgesehen. Das bedeutet speziell für Familien mit Kindern im Teenageralter, daß ein Flug mit der Lufthansa häufig die insgesamt niedrigsten Gesamtkosten verursacht, selbst wenn der Volltarif etwas höher als andere Angebote sein sollte.

US- und kanadische Airlines

Nach der Lufthansa ist **Delta Air Lines** die Gesellschaft mit den meisten Verbindungen. Delta übernahm 1991 die Pan Am-Transatlantikstrecken und fliegt direkt nach Atlanta, Cincinnati, Los Angeles, New York-JFK, Orlando und Washington.

United Airlines fliegt von Frankfurt nach Washington und Chicago, **American Airlines** nach Chicago und Dallas/Fort Worth, **US Airways** nach Boston und Pittsburgh, **Northwest** nach Detroit, **Continental** nach New York-Newark. Einige Gesellschaften bieten neben Frankfurt auch Flüge ab Hamburg, Berlin, Düsseldorf, Stuttgart und München.

Mit den **kanadischen Airlines** geht es direkt nach Halifax, Montreal, Toronto, Calgary und Vancouver.

Die hier genannten Ziele werden nonstop angeflogen. Mit Flügen von US-amerikanischen Fluggesellschaften, die Zwischenlandungen (dort Paßkontrolle) einschließen, lassen sich weitere wichtige Städte in den USA erreichen.

Generell, d.h., ohne Seitenblick auf Verknüpfungen mit Rundreisepässen, sind für Flüge nach Nordamerika folgende Details und Informationen bedeutsam:

Übersicht

Der Transatlantik-Flugmarkt ändert sich im Detail laufend, da Konditionen neu gestaltet werden, zusätzliche Gesellschaften Deutschland und die Nachbarländer anfliegen, andere sich zurückziehen oder neue Kooperationen vereinbart werden. Generell bestimmt **scharfe Konkurrenz** das Geschäft.

Die wichtigsten **Flugalternativen** ab Deutschland oder von einem Flughafen der Nachbarländer sind folgende:

Sonderflug

Beim Charterflug (heute überwiegend als Sonder-oder Ferienflug bezeichnet) wählt der Passagier in aller Regel eine **Kombination aus Hin- und Rückflugtermin** bei vorgegebenen Abflugtagen (nicht immer Abflugzeiten, da die ggf. erst später festgelegt werden) zu einer begrenzten Anzahl von Zielen, die oft auch nur saisonal angeflogen werden. Der Rückflug erfolgt normalerweise vom Zielflughafen, kann aber ggf. auch von einem anderen Airport (Gabelflug), den dieselbe Gesellschaft bedient, gebucht werden. Von deutschen und Schweizer Flughäfen aus gehören Sonderflüge zwar zu den kostengünstigeren Angeboten, unterbieten aber nicht notwendigerweise alle Linientarife.

Nachteile

Eine **mögliche Problematik** des Sonderfluges liegt nach wie vor bei der Rückreise. Vor Reiseantritt kann man den Flug gegen Zahlung der entsprechenden Gebühren noch umbuchen (variiert stark mit dem Veranstalter und der Fluggesellschaft). Einmal in Amerika, läßt sich am Rückflugtermin kaum noch rütteln, zumal die Anzahl der Flüge begrenzt ist und diese oft langfristig ausgebucht sind. Für einige Passagiere ist auch das bei vielen Ferienflügen übliche **Gepäcklimit** von nur 20 kg bis 32 kg pro Person (und nur ein Gepäckstück etwa bei der kanadischen Gesellschaft *Transat*) ein **nachteiliger Aspekt**. Das Limit **entfällt bei der LTU**, dort sind maximal 2 Gepäckteile erlaubt – ohne Gewichtsgrenze. Durch Buchung einer höherwertigen Klasse, die sich etwa bei ***Condor*** *Comfort Class*, bei ***Martinair*** *Star Class* nennt, kann in einigen Fällen – neben den damit verbundenen Platz- und Servicevorteilen – auch mehr Gepäck mitgenommen werden.

Gepäcklimits

Linienflüge

Die Tarife der Linienfluggesellschaften sind im allgemeinen flexibler. Der Passagier kann aus der Vielzahl vorhandener Verbindungen sein Hin- und Rückflugdatum frei, aber auch von vornherein verbindlich bestimmen. Für den Rückflug darf immer auch ein anderer Flughafen als der Ankunfts-Airport gewählt werden. Trotz günstigerer Konditionen (z.B. **Gepäcklimit pro Person 2 Gepäckstücke bis je 32 kg**) gibt es durchaus **Transatlantik-Linientarife,** welche unter den Preisen der Ferienflieger (Sonderflüge) liegen.

Die Übersicht zeigt gängige Tarife für das Beispiel Frankfurt-Los Angeles (Hin- und Rückflug) mit Liniengesellschaften.

Tarife Frankfurt-Los Angeles-Frankfurt in DM (1997)		
7–180 Tage	Hochsaison (15.6.–15.8)	Andere Zeiten
1-Monats-Tarif	1.249 – 1.499	949 – 1.149
3-Monats-Tarif	1.449 – 1.599	1.099 – 1.399
6-Monats-Tarif	1.549 – 1.699	1.249 – 1.499
Holiday Tarif	1.536 – 1.839	1.260 – 1.629

In nachfrageschwachen Zeiten sind Angebote weit unter den hier genannten Preisen keine Seltenheit.

Tarifvergleich

Bei einem Tarifvergleich ist es wichtig, die Nebenbedingungen zu beachten. Das beginnt bei **Umbuchungs- und Stornokosten** im Fall von Datenänderung und eventuellem Rücktritt, die veranstalterabhängig erheblich differieren können – sogar bei identischer *Airline*. Auch errechnen sich versteckte Preisunterschiede für alle, die nicht in der Nähe der Großflughäfen wohnen, aus den Anreisekonditionen und ggf. Abflugzeiten (Übernachtung notwendig?) sowie den Parkgebühren auf verschiedenen Flughäfen. Das "richtige" Ticket hängt daher stark vom persönlichen Anspruch ab, wobei die Unterschiede bei **Service** und **Fluggerät** der Gesellschaften eine zusätzliche Rolle spielen können.

Flugunterbrechungen

Ein wichtiger Unterschied zwischen Ferien- und Linienflug ist die Möglichkeit zu Flugunterbrechungen – auf dem Wege zur Westküste etwa in New York oder Toronto. Unterbrechungen sind nur möglich bei amerikanischen oder europäischen Gesellschaften mit Kooperationspartner, da nach einer Unterbrechung immer mit Amerikanern/Kanadiern weitergeflogen werden muß, z.B. bei **Lufthansa** mit Partnern **United Airlines** und **Air Canada** oder bei **KLM** mit **Northwest Airlines**.

Stopover

Einige **US-*Airlines*** und ***Air Canada*** bieten **1 *Stopover*** selbst in Verbindung mit dem preiswertesten Transatlantik-Tarif ohne Aufpreis, weitere gegen geringe Zuzahlung.

Jugend- und Kindertarife

Junge Leute zwischen 12 und 17 Jahren erhalten, wie bereits erwähnt, bei der **Lufthansa** eine **25%ige Ermäßigung**.

Für Kinder zwischen **2 und 11 Jahren** wird von den meisten ab Deutschland fliegenden Fluggesellschaften **50%** des Vollzahlertarifs berechnet. **Kleinkinder unter 2 Jahren** zahlen ohne Anspruch auf einen Sitzplatz **zwischen 50 DM und 10%** des Ticketpreises der Eltern.

Besonders günstige Flugangebote beziehen sich auf Flüge mit den *Airlines* einiger Nachbarländer, speziell ***KLM, SAS, Air France*** und ***British Airways***. Was ist davon zu halten?

Flüge übers Ausland

Generell gilt, daß in fast allen Fällen der **Zubringerflug** nach Amsterdam, Kopenhagen, Paris oder London im Ticketpreis eingeschlossen ist. Wer in der Nähe von Flughäfen lebt, von denen Zubringermaschinen starten, sollte diese Möglichkeit erwägen. Denn ob man zunächst von Bremen nach Frankfurt oder nach Amsterdam oder nach Kopenhagen fliegt, bleibt sich ziemlich gleich.

Besonderer Beliebtheit erfreuten sich in den letzten Jahren die Flüge der ***KLM*** und ***SAS*** wegen günstiger Tarife bei gleichzeitig gutem Service und hoher Zuverlässigkeit. Das führte in der Vergangenheit allerdings auch zu **ungewöhnlich frühzeitig ausgebuchten Flügen**, zumindest was die Spartarife angeht, zu denen immer nur eine begrenzte Anzahl von Sitzen verkauft wird. Ähnlich galt dies für ***Air France*** und – weniger drastisch – für ***British Airways***. Auf jeden Fall sollte deshalb Monate im voraus buchen, wer auf die "billigen Plätze" bei *KLM* etc. reflektiert. Soweit es die Hochsaison (Mitte Juni bis Ende August) betrifft, am besten bereits im Dezember des Vorjahres, spätestens Januar.

Martinair

Lange im voraus vergeben sind traditionell auch die Flüge des Charterfliegers ***Martinair***, einer Tochterunternehmung der *KLM*. Wer die Reise nach Amsterdam mit einem Buszubringer (ab mehreren Großstädten in NRW) oder auf eigene Initiative nicht scheut, fliegt mit *Martinair* in der Sommersaison *u.a.* preiswert nach Toronto und New York/*Newark*.

Icelandair

Ab **Hamburg** (mit Zwischenlandung in Kopenhagen), **Frankfurt** und **Luxemburg** fliegt *Icelandair* über **Reykjavik** nach **Boston, New York**, **Halifax** und **Baltimore/Washington**. Ein paar Stunden Aufenthalt der Fluggäste ab Hamburg auf dem *Airport* Kevlavik versüßt *Icelandair* mit einem kostenlosen Badeausflug zu den Heißwasserquellen der *Blue Lagoon*. Die *Airline* gehört nicht zum Luftfahrtkartell IATA und unterbietet die Tarife der großen Konkurrenz teilweise erheblich. Außerdem gibt es spezielle Wintertarife und *Last Minute* Angebote bei Buchung während der letzten 3 Tage vor Abflug.

Der Standortnachteil wird teilweise dadurch aufgefangen, daß ein Buszubringer täglich von mehreren deutschen Großstädten nach Luxemburg fährt (Stuttgart, Mannheim, Frankfurt und Düsseldorf/Köln). In Luxemburg gelten niedrige Parkgebühren. ✆ **der *Icelandair*-Vertretung** in Frankfurt: **069/299978**.

Last Minute

Bestimmte Reisebüros sind auf die Vergabe von **Restplatzbeständen** spezialisiert. Dort machen Kunden bei *Last-Minute*-Angeboten häufig ein gutes Schnäppchen, vorausgesetzt, sie sind terminlich und bei der Wahl des Abflugortes flexibel. Restplatzschalter findet man heute auf allen nennenswerten Flughäfen. Größter **Restplatzanbieter** in Deutschland – mit Agenturen in Österreich und der Schweiz – ist die Firma **l'tur**:

Telefonnummern von l-tur sind:

in **Deutschland**: ✆ 0180/5858585

in **Österreich**: ✆ 0662/1574

in der **Schweiz**: ✆ 01/3156666

Internet

Last Minute gibt es bei vielen *Airlines* auch über Direktbuchung im **Internet**, ➪ Adressen nebenstehend.

Zusatzkosten

Zu den reinen Ticketkosten werden unabhängig von *Airline* und Abflug-*Airport* zwischen 40 DM und 60 DM **Flughafen- und Sicherheitsgebühren** fällig, die bei Reiseveranstaltern oft bereits in den Gesamtpreis eingerechnet sind. Bei anderweitiger Flugbuchung werden diese Kosten meist extra erhoben.

Vielflieger-programme

Alle großen Fluglinien bieten heute ihren Kunden Vielflieger-Programme, die unter unterschiedlichsten Bezeichnungen laufen wie ***Frequent Flyer, Miles & More*** (Lufthansa) etc. und allerhand Vergünstigungen in Aussicht stellen. In diese Programme kann sich jedermann bereits vor dem ersten Flug bei "seiner" Gesellschaft eintragen lassen. Anruf genügt, die Unterlagen kommen ins Haus. Im Gegenzug für das ausgefüllte Formular wird ein kreditkartenähnlicher Ausweis ausgestellt und ein **Bonus-Konto** für den Kunden eingerichtet. Vom Datum des Antrags an können Meilen gesammelt werden. Beim Einchecken nur Karte vorweisen, der Rest läuft von alleine. Wer seine Karte (noch) nicht zur Hand hat, kann mit dem verbliebenen Abschnitt seines ***Boarding Pass*** Meilen auch noch nachmelden. **Familienmitglieder** brauchen eine eigene Karte. Von vornherein alle Meilen der Familie etwa auf der Karte des Vaters gutschreiben, geht nicht. Sind aber Meilen gesammelt, lassen sie sich innerhalb der Familie übertragen.

Oft sind schon bei Ausstellung 5.000 Meilen gutgeschrieben, und bei **Transatlantikflügen** gibt`s zusätzlich **Meilenprämien**. Weitere Meilen werden dem Konto gutgebracht, übernachtet man im Anschluß an den Flug in den "richtigen" Hotels oder mietet einen Wagen bei einer kooperierenden Leihwagenfirma.

Prämien

Eifrigen Meilensammlern winken Freiflüge, ***Upgrading*** von der *Economy* in die *Business Class*, kostenlose Wochenenden und "Erlebnisprämien". Kleine Aufmerksamkeiten gibt`s schon bei 15.000 Meilen (abhängig von der Fluggesellschaft); für **Freiflüge** und andere Prämien, die richtig lohnen, braucht man mehrere `zigtausend Meilen. Denn Ziel der Programme ist es natürlich, Kunden an die *Airline* zu binden.

Information

Die Telefonnummern in Deutschland der wichtigsten **Fluggesellschaften im USA/Canada Luftverkehr** findet man in folgender Liste, ebenso die **Internet-Adresse**, über die einige Gesellschaften nicht nur allgemeine und Flugplan-Informationen, sondern auch noch **kurzfristig freie Plätze zu Sondertarifen** anbieten. Reinschauen lohnt sich für flexible Leute:

Airline	Telefon	Internet-Adresse
Air Canada	069/27115111	www.aircanada.ca
American	01803/242324	www.americanair.com
British	01803/340340	www.british-airways.com
Canadian	069/13887100	www.cdnair.ca
Continental	01803/212610	www.flycontinental.com
Delta	01803/337880	www.delta-air.com
KLM	01805/214201	www.klm.nl
Lufthansa	01803/803803	www.lufthansa.com
Northwest	069/6666611	www.nwa.com
Swiss Air	069/242350	www.swissair.com
TWA	089/55253340	www.twa.com
United	069/605020	www.ual.com
US Airways	069/6708041	www.usair.com

Gebührenfreie 0130-Nummern wurden nach ihrer Einführung vor einigen Jahren zunächst von allen Gesellschaften übernommen, aber in der Zwischenzeit überwiegend wieder "abgeschafft".

2.2 Formalitäten

2.2.1 Pass und Visum

Einreise in die USA ohne Visum

Der früher für Reisen in die USA bestehende Visumzwang wurde für Deutsche, Schweizer, Österreicher und andere Westeuropäer Ende der 80er-Jahre aufgehoben. **Voraussetzung der Einreise ohne Visum** ist, daß der Aufenthalt in den USA besuchsweise erfolgt, nicht länger als **maximal 90 Tage** dauert und ein **Ticket mit reserviertem Rückflug** innerhalb dieser Frist vorgelegt werden kann. Wer diese Bedingungen erfüllt, braucht seither für den Flug in die USA lediglich seinen **Reisepass** einzustecken, der nach dem Rückflugtermin noch sechs Monate gültig sein muß. Nachdem diese Regelung zunächst nur auf Flugreisende beschränkt war, entfiel bald auch das bis dato weiter aufrechterhaltene Visaerfordernis für die **Einreise auf dem Landweg** von Mexico und Canada. Aber selbst dabei muß ggf. das Rückflugticket zur Hand sein, das dem ***Immigration Officer*** beweist, daß die Absicht besteht, nicht nur die USA, sondern ganz **Nordamerika** (einschl. Mexico!) innerhalb von 90 Tagen wieder zu verlassen.

Visumerfordernis

Wer zunächst kein Rückflugticket kaufen bzw. keinen Rückflug fest buchen möchte, braucht auf jeden Fall ein Visum, denn sonst akzeptiert keine Fluggesellschaft den Passagier. Man erhält ein Visum indessen nur bei (plausibel zu erläuternden) Reiseplänen, die 90 Tage übersteigen.

Funktion des Visums

Beim Visum, von den Amerikanern ***Visa*** genannt, handelt es sich um eine Art "Unbedenklichkeitsbescheinigung", die nach einer formalen, gelegentlich sogar persönlichen Überprüfung dem Antragsteller vom zuständigen amerikanischen Konsulat **in den Pass gestempelt** wird. Das Visum nimmt dem Einwanderungsbeamten an der amerikanischen Grenze bzw. im Flughafen eigentlich die neuerliche Infragestellung der "guten Absichten" des Ankömmlings ab. Sieht er jedoch entgegenstehende Gründe, kann er die Einreise trotz Visum verweigern, zum Beispiel bei Schmuggel, Rauschgiftbesitz etc.

Antrag auf Erteilung

Die Prozedur der **Visa-Beschaffung** ist im folgenden beschrieben. **Sie gilt auch für USA-Reisen unter 3 Monaten Dauer von bei uns lebenden Bürgern jener Staaten, die nicht ausdrücklich von der Visapflicht ausgenommen sind**. Das Visum*) wird kostenlos von den Generalkonsulaten der USA in **Berlin** (Neue Bundesländern und Norddeutschland), **Bonn-Bad Godesberg** (Visastelle der Botschaft für NRW) und **Frankfurt** (alle anderen Bundesländer) erteilt. Auskünfte und **Formulare** gibt`s wie folgt (Telefonauskunft nur begrenzt, oft besetzt):

Konsularabteilung der US-Botschaft Bonn
Deichmanns Aue 29,
53179 Bad Godesberg, ✆ 0228/3391

Generalkonsulat Berlin:
Neustädtische Kirchstr. 4-5,
10117 Berlin, ✆ 030/8324087+8197454

Generalkonsulat Frankfurt:
Siesmayerstr. 21,
60323 Frankfurt, ✆ 069/75350

Im Gegensatz zu früher ist das Visum nicht mehr gebührenfrei.
Es kostet 50 DM

Formale Erfordernisse des Antrags

Um Rückfragen zu vermeiden, empfiehlt sich beim Ausfüllen des Antrags große Sorgfalt. Sinn macht auch ein separates Anschreiben, in dem **Zweck und Dauer, ggf. die Finanzierung der Reise** kurz skizziert werden. Darin sollte unter Bezugnahme auf einen noch bestehenden Arbeitsvertrag, die Weiterführung der Ausbildung o.ä. noch einmal (erfolgt auch im Antragsformular) explizit versichert werden, daß nicht die Absicht besteht, über die Reise hinaus in den USA zu bleiben oder dort eine Arbeit anzunehmen. Wenn aus den Angaben des Antragstellers zur Person (arbeitslos!) eher auf ungünstige Einkommens- und/oder Vermögensverhältnisse geschlossen werden könnte, ist die Bestätigung einer Bank angebracht, daß ausreichende finanzielle Mittel verfügbar sind.

---

*) Das früher häufig ***indefinite*** ausgestellte Visum wurde 1996 abgeschafft, **alte "unbegrenzte" Visa** verlieren seither ebenfalls 10 Jahre nach Ausstellung ihre Gültigkeit. Wer so ein Visum noch im Pass hat, kann also nicht mehr auf dessen unbegrenzte Gültigkeit bauen; die ist perdu.

Prozedur

Pass und Unterlagen können per Post an das zuständige Konsulat geschickt werden, vorzugsweise **als Einschreiben** unter Beifügung eines ebenfalls als Einschreiben frankierten Rückumschlags. Sind alle Unterlagen vollständig, erfolgt die Bearbeitung ohne Rückfragen. Verweigern wird man das Visum nur aus Gründen, die in der Person des Antragstellers liegen (z.B. bei Vorstrafen) und in Fällen, in denen die Notwendigkeit eines Visums nicht ersichtlich ist bzw. nicht überzeugt.

Das ganze hört sich komplizierter an, als es tatsächlich ist. Das Anschreiben zu den Reiseplänen läßt sich kurz fassen und auf Bankunterlagen ggf. verzichten.

Seit Abschaffung der Visumspflicht für kürzere Reisen hat sich die **Bearbeitungsfrist** leider erheblich erhöht und kann nach Auskunft der Botschaft **6-8 Wochen** dauern.

Welchen Visumtyp – maximal 10 Jahre Gültigkeit*) – der Antragsteller auch erhält, der (zunächst) **maximal mögliche Aufenthalt** in den USA beträgt 180 Tage. Die tatsächlich eingeräumte Besuchszeit hängt von den Angaben bei der Einreise und vom Einwanderungsbeamten ab.

2.2.2 Einreise in die USA

Formulare

Vor dem Einlaß in die USA stehen Einreisekontrolle (***Immigration***) und der Zoll (***Customs***). Für beide Instanzen gibt es bereits beim Einchecken, spätestens im Flugzeug Formulare (*Departure Record* und *Customs Declaration*), die sorgfältig in bester **Druckschrift und Großbuchstaben** ausgefüllt werden müssen. Da die Fluggesellschaften von der amerikanischen Einwanderungsbehörde für das ordnungsgemäße Ausfüllen der Formulare verantwortlich gemacht werden (angeblich sollen schon Besatzung und Passagiere en bloc zum "Nachsitzen" in die Kabinen zurückbeordert worden sein), ist auf einigen Transatlantikflügen tatsächlich allgemeines Formularausfüllen angesagt: zu geeigneter Stunde nach der Hauptmahlzeit läuft dann auf den Monitoren ein Video mit detaillierten Anweisungen, damit bloß nichts schiefgeht! Und (fast) alle machen mit, während die Crew zur Klärung dennoch offenbleibender Fragen in den Gängen bereitsteht.

Zwei Punkte sind besonders wichtig:

- Die Zeilen für **"Adresse in den USA"** dürfen keineswegs leer bleiben, möchte man einen Disput mit dem *Immigration Officer* vermeiden. Die meisten Touristen besitzen natürlich keine feste Anschrift, da sie ja unterwegs sind. Ersatzweise können sie die der Autoverleihfirma (also z.B.: c/o *Tour USA, 4578 Gunsmoke Ave, Dodge City, KA 78350*) oder des für die erste Nacht gebuchten Hotels angeben, wenn keine Freundes-/Bekanntenadresse zur Hand ist.

Zollformular – Bei **Mitbringseln** gibt es zwar eine **offizielle Wertbegrenzung auf $100,** und mehr als eine Flasche hochprozentiger Alkoholika und gerade 100 Zigaretten werden nicht toleriert, aber den Zoll interessieren diese Punkte – so scheint es – eher am Rande. Das scharfe Auge des Gesetzes schaut vor allem auf die **schriftliche Zollerklärung**: Dort darf um nichts in der Welt ein "Yes" angekreuzt sein bei der Frage "Ich habe Früchte, Gemüse, Fleischwaren u. a. m. dabei und war kürzlich auf einem Bauernhof." Die kategorische Antwort heißt "No"! Wer noch wursthaltige Marschverpflegung oder Obst von daheim in der Tasche hat, muß alles spätestens jetzt essen oder vernichten (tatsächlich!).

Immigration Wird man endlich aus der Schlange der ***Non-Residents*** zur Paßkontrolle vorgelassen, erfolgt ggf. die Frage nach Zweck und Dauer der Reise: Ersteres ist entweder ***Business*** oder ***Tourism*** oder ***Visiting Friends/Relatives***.

Unabhängig von ihren Angaben zur Reisedauer erhalten die meisten Reisenden automatisch die maximal möglichen 90 bzw. 180 Tage (nur Visainhaber).

Departure Record Der untere Abschnitt des ausgefüllten Formulars, der ***Departure Record***, wird in den Pass geheftet und bei der Ausreise wieder entnommen.

Zoll Der Zoll macht beim grünen Schild (*nothing to declare*) nur Stichproben und stempelt die ***Customs Declaration***. Am Ausgang ist diese abzugeben. Ohne **Zollstempel** bleibt die Tür ins Land der unbegrenzten Möglichkeiten verschlossen.

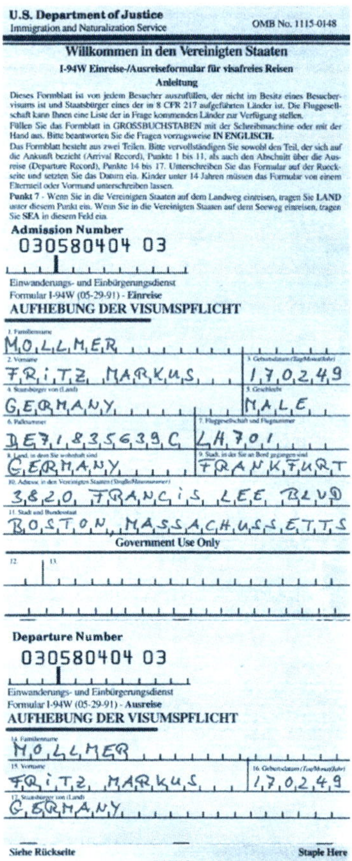

U.S. Department of Justice
Immigration and Naturalization Service
OMB No. 1115-0148

Willkommen in den Vereinigten Staaten

I-94W Einreise-/Ausreiseformular für visafreies Reisen

Anleitung

Dieses Formblatt ist von jedem Besucher auszufüllen, der nicht im Besitz eines Besuchervisums ist und Staatsbürger eines der in 8 CFR 217 aufgeführten Länder ist. Die Fluggesellschaft kann Ihnen eine Liste der in Frage kommenden Länder zur Verfügung stellen.

Füllen Sie das Formblatt in GROSSBUCHSTABEN mit der Schreibmaschine oder mit der Hand aus. Bitte beantworten Sie die Fragen vorzugsweise **IN ENGLISCH.**

Das Formblatt besteht aus zwei Teilen. Bitte vervollständigen Sie sowohl den Teil, der sich auf die Ankunft bezieht (Arrival Record), Punkte 1 bis 11, als auch den Abschnitt über die Ausreise (Departure Record), Punkte 14 bis 17. Unterschreiben Sie das Formular auf der Rueckseite und setzten Sie das Datum ein. Kinder unter 14 Jahren müssen das Formular von einem Elternteil oder Vormund unterschreiben lassen.

Punkt 7 - Wenn Sie in die Vereinigten Staaten auf dem Landweg einreisen, tragen Sie **LAND** unter diesem Punkt ein. Wenn Sie in die Vereinigten Staaten auf dem Seeweg einreisen, tragen Sie **SEA** in diesem Feld ein.

Admission Number
030580404 03

Einwanderungs- und Einbürgerungsdienst
Formular I-94W (05-29-91) - **Einreise**
AUFHEBUNG DER VISUMSPFLICHT

1. Familienname: MOLLMER
2. Vorname: FRITZ MARKUS
3. Geburtsdatum (Tag/Monat/Jahr): 170249
4. Staatsbürger von (Land): GERMANY
5. Geschlecht: MALE
6. Paßnummer: DE71835639C
7. Fluggesellschaft und Flugnummer: LH701
8. Land, in dem Sie wohnhaft sind: GERMANY
9. Stadt, in der Sie an Bord gegangen sind: FRANKFURT
10. Adresse in den Vereinigten Staaten (Straße/Hausnummer): 3820 FRANCIS LEE BLVD
11. Stadt und Bundesstaat: BOSTON, MASSACHUSSETTS

Government Use Only

12. 13.

Departure Number
030580404 03

Einwanderungs- und Einbürgerungsdienst
Formular I-94W (05-29-91) - **Ausreise**
AUFHEBUNG DER VISUMSPFLICHT

14. Familienname: MOLLMER
15. Vorname: FRITZ MARKUS
16. Geburtsdatum (Tag/Monat/Jahr): 170249
17. Staatsbürger von (Land): GERMANY

Siehe Rückseite **Staple Here**

I-94W (German)

2.2.3 Einreise nach Canada

Reisepaß und Aufenthaltsdauer

Zur Einreise nach Canada benötigt man lediglich den noch mindestens 6 Monate über den Rückflugtermin hinaus gültigen Paß. Aus Übersee einfliegende Touristen mit **Rückflugticket** und ausreichend Bargeld bzw. Reiseschecks und/oder Kreditkarten erhalten problemlos den erforderlichen Sichtvermerk für eine **Aufenthaltsdauer bis zu 6 Monaten**. Meist stellen die Einwanderungsbeamten keine detaillierten Fragen und geben sich mit einer kurzen Auskunft zu Zweck/Dauer der Reise zufrieden. Oft wird auf Fragen ganz verzichtet.

Einreise nach Canada über die USA

Auch bei Anreise über die USA und einem bereits von den US-Behörden in den Paß gehefteten ***Departure Record*** (siehe vorstehenden Abschnitt), erhält man ggf. einen Einreisestempel für maximal 6 Monate. Die einmal erteilte Aufenthaltsdauer für die USA bleibt für die Wiedereinreise weiter gültig. Wenn diese Absicht besteht, sollte man den kanadischen Grenzbeamten darauf hinweisen, sonst entnimmt er ggf. den *Departure Record*. Ohne dieses Papier muß man die Einreiseprozedur (Formular ausfüllen) für die USA bei der Rückkehr wiederholen, auch wenn aus dem Stempel im Pass hervorgeht, daß das Datum der letzten Einreise erst wenige Tage oder Wochen zurückliegt.

2.2.4 Grenzübertritt/Aufenthaltsverlängerung

Aus den Ausführungen geht bereits indirekt hervor, daß eine Grenzüberschreitung problemlos möglich ist.

Ausreise in die USA/ Wiedereinreise nach Canada

Bei einer Ausreise von Canada in die USA verliert die einmal erteilte kanadische Genehmigung im Prinzip ihre Gültigkeit. Wer innerhalb des bereits im Paß eingetragenen Zeitraums nach Canada zurückkehrt, erhält aber normalerweise keinen neuen Einreisestempel und darf folglich nicht länger im Land bleiben als ursprünglich vorgesehen. Praktische Handhabung und offizielle Regelung differieren hier aber gelegentlich.

Verlängerung

Eine Verlängerung des Aufenthaltes **in den USA** über die maximal 90 Tage hinaus ist **ohne Visum so gut wie unmöglich**. Eine Verlängerung **mit Visum** dagegen machte in der Vergangenheit weniger Probleme, als offiziell zugegeben wird. Voraussetzung einer Verlängerung durch ein ***Immigration Office*** (in Großstädten mit internationalen Airports) ist neben dem Visum eine glaubhafte Erläuterung der "guten" Absichten (also z.B. Fortsetzung einer Langzeitreise) und "Vorzeigen" der benötigten Geldmittel, außerdem die Beantragung nicht gerade am letzten Tag der laufenden Aufenthaltserlaubnis.

In **Canada,** wo man kein Visum kennt, ist eine Verlängerung des Aufenthalts über 180 Tage hinaus nicht vorgesehen.

2.2.5 Zum Grenzübertritt mit dem Auto

Mit Auto von den USA nach Canada

Wegen der günstigeren Mietwagentarife sind US-Städte bedenkenswerte Ausgangspunkte auch für Reisen nach Canada. Der Grenzübertritt ins Nachbarland mit einem Fahrzeug ist ebenfalls problemlos. **Wagenpapiere** oder **Führerschein** werden normalerweise nicht einmal kontrolliert.

Einen Nachweis über die in Canada (im Gegensatz zu den USA) in allen Provinzen vorgeschriebene **Haftpflichtversicherung** muß man erst bei Unfällen erbringen. Wer im **Mietwagen** nach Canada fährt, sollte mit der Verleihfirma über die vorliegende **Versicherung** und die Form ihres Nachweises reden. Im Normalfall gilt der Mietvertrag gleichzeitig als Versicherungsnachweis. Einige Mietwagenfirmen untersagen den Grenzübertritt – soweit bekannt, aber nicht die international operierenden Pkw- und Campervermieter. Mit deren Fahrzeugen darf man zumindest von grenznahen Ankunftsflughäfen (also z.B. New York, Boston, Detroit, Chicago, Minneapolis, Seattle) üblicherweise ohne weiteres nach und durch Canada fahren. Es kann auf keinen Fall schaden, grenzüberschreitende Reisepläne vor Vertragsabschluß bzw. bei der Wagenübernahme noch einmal explizit anzusprechen und sich bestätigen zu lassen, daß dem Grenzübertritt nichts entgegensteht. **Einwegmieten über die Grenzen sind nicht ohne weiteres möglich**.

Von Canada in die USA

Für den Start in Canada gilt weitgehend dasselbe, wie für die USA: im Prinzip ist der Grenzübertritt möglich, sollte aber vor Reiseantritt explizit klar sein! Da kanadische Deckungssummen in der Haftpflichtversicherung im allgemeinen weit über den Minimalerfordernissen der US-Staaten liegen, ergibt sich daraus normalerweise kein Problem.

Nach Mexico

Mit **Mietwagen** darf man nur nach Absprache mit dem Vermieter die Grenze überschreiten. Soweit bekannt untersagen die meisten Verleihfirmen den Grenzübertritt. Eine Ausnahme ist z.B. die Firma ***Happy Travel***, ➪ Seite 79.

Privates geliehenes Fahrzeug

Bei Verkehrskontrollen fragt die amerikanische/kanadische Polizei bisweilen nach einem **Besitznachweis** für den Wagen. Als Beleg dient die ***Registration***, ein dem deutschen Kraftfahrzeugschein entsprechendes Papier, bzw. der Mietvertrag. Falls das Auto von Freunden/Verwandten geliehen ist, sollte man sich vor Antritt der Fahrt eine **notariell beglaubigte Erlaubnis des Eigentümers** für die Benutzung und ggf. den Grenzübertritt geben lassen. Die Beglaubigung nimmt gegen geringe Gebühren und rasch jeder ***Notary Public*** vor, den man drüben "an jeder Ecke", u.a. in Bankfilialen findet. Und außerdem muß – mit oder ohne Grenzübertritt – zweifelsfrei geklärt sein, ob die Versicherung auch für den ausländischen Freund der Familie eintritt, wenn es krachen sollte. Denn in den USA sind meist nicht die Fahrzeuge versichert, sondern Personen/Familien.

2.3 Die Finanzen

2.3.1 Kreditkarten

Situation in den USA und Canada

Wer noch keine Kreditkarte besitzt, sollte erwägen, sich anläßlich der Reise eine zuzulegen. Im täglichen Zahlungsverkehr spielt sie in Nordamerika eine weitaus stärkere Rolle als bei uns, obwohl sie die Barzahlung durchaus nicht so weitgehend verdrängt hat, wie gelegentlich berichtet wird. **Ohne Plastikgeld** setzt man sich in Amerika leicht dem Verdacht aus, nicht kreditwürdig zu sein. Es gibt viele Gelegenheiten, bei denen Barzahlung mit Stirnrunzeln quittiert (Motel/Hotel/ Mietwagen), wenn nicht sogar abgelehnt wird. Ohne die Angabe einer Kreditkartennummer, deren Gültigkeit und Deckung sofort vom Computer geprüft wird, ist z.B. eine verbindliche Reservierung von Zimmern (bei Ankunft nach 18 Uhr), Fähren, Veranstaltungstickets etc. nicht möglich.

Generell gilt: **Kreditkarten sind für eine Amerika-Reise sehr hilfreich, in vielen Situationen unabdingbar**. Ihr Vorhandensein sichert die Zahlungsfähigkeit auch im – hoffentlich nicht eintretenden – Notfall.

Vorteile

In ganz Nordamerika und Mexico (!) kann mit den auch bei uns verbreiteten Kreditkarten ein Großteil der laufenden Ausgaben ohne Geldwechsel und Vorwegbeschaffung von Reiseschecks bestritten werden. Eine übliche Frage in Läden und Tankstellen ist ***Cash or charge?***, "Bargeld oder Kreditkarte?"

Kosten

Der heute für die normalen Kreditkarten ohne Vergoldung und Sonderleistungen geforderte **Jahresbeitrag** (ab 30 DM) ist so niedrig, daß er sich – unabhängig vom effektiven Einsatz unterwegs – allein schon durch die damit eingekaufte Sicherheit rentiert. Darüberhinaus bieten auch "einfache" Karten teilweise geldwerte Zusatzleistungen, welche die Kosten wieder aufwiegen können.

VISA/ Eurocard (Mastercard)

Unter dem Aspekt der universalen Einsatzfähigkeit (und der Höhe der Jahresgebühr) geht nichts über die mit dem weltweiten ***Mastercard-System*** verbundene ***Eurocard*** und die ***VISA Card***. *Mastercard*- und *VISA*-Emblem sind in den USA und Canada allgegenwärtig. Mit beiden Karten läßt sich fast bargeldlos reisen, legt man es darauf an. Jahresgebühr und Konditionen hängen von der Vertragsgesellschaft ab. Da unterschiedlichste Unternehmen diese Karten ausgeben, in erster Linie Banken und Versicherungen, aber z.B. auch der ADAC, ist daher **Karte nicht gleich Karte**. Zur Frage, welche Karte den persönlichen Bedürfnissen am besten entspricht, sei verwiesen auf die regelmäßigen veröffentlichten **Kreditkartenvergleiche der Stiftung Warentest** (Zeitschriften "test"/"Finanztest"), z.B. Heft 4/1997 "Finanztest". Reports dazu gibt`s auch in anderen Wirtschaftsmagazinen.

American Express Card

Relativ viele Akzeptanzstellen findet man auch für ***American Express Cards***, die sich traditionell vor allem in besseren Hotels, Restaurants ab Mittelklasse, bei Autovermietungen und Fluggesellschaften einsetzen lassen, außerdem in Läden der gehobenen Preisklassen und Souvenirshops. Die ***AE-Card*** fand in den letzten Jahren ihren Weg auch in bis dato weniger typische Einsatzbereiche wie Tankstellen oder Motels der unteren bis mittleren Preisklasse. Spezifische Vorteile besitzt die AE-Karte bei der **Reisescheckbeschaffung**.

Praxis

Die **Zahlung per Kreditkarte** erfolgt wie bei uns überwiegend durch Unterschrift auf einen elektronisch erstellten Beleg. Vor dem Ausdruck überprüft der Computer automatisch Gültigkeit und Deckung der Karte. Durchaus noch in Gebrauch sind aber auch mechanische (sog. Ritsch-Ratsch) Vorrichtungen, welche die Kartendaten auf Durchschreibbelege übertragen. Der Betrag wird dann von Hand eingesetzt. In den USA ist es üblich, daß die Vertragsunternehmen in diesem Fall die Karte telefonisch überprüfen lassen. Erfolgt das o.k. der Kartenzentrale, erhält der Anfrager eine **Codenummer,** die auf dem Beleg eingetragen wird.

Wechselkurs

Wichtige Vorteile der Zahlung per Karte sind die **nachträgliche Belastung** (speziell bei relativ hohen Ausgaben), die sich bei Ausgaben in Nordamerika manchmal erfreulich verzögert, und die Zugrundelegung eines Wechselkurses (meist Devisenbriefkurs – siehe Wirtschaftsteil jeder Tageszeitung – plus 1%-1,75%) deutlich unter dem Sorten-Verkaufskurs für Bardollars. Der Verzögerungseffekt kann **nachteilig** ausfallen, wenn zwischen der Zahlung im Ausland und der Weiterreichung des Belegs an die Kreditkartengesellschaft der Wechselkurs für den Dollar steigt. Man bezahlt dann mehr, als wenn man die Ausgaben bar getätigt hätte. Umgekehrt nimmt man **Währungsgewinne** mit, sinkt der Dollar.

Bargeld gegen Kreditkarte

Mit allen Kreditkarten läßt sich zu recht unterschiedlichen Konditionen auch Bargeld beschaffen. Mit ***Euro-*** und ***VISA-Card*** kann der Inhaber bei allen angeschlossenen Banken – die man noch bis ins letzte Dorf findet – Bargeld erhalten, vorausgesetzt, er weist sich durch seinen Reisepass aus. Ist die Geheimzahl bekannt, kann man sich auch bei den zahlreichen **Bargeldautomaten** bedienen. Das ***Cashing*** kostet allerdings hohe Gebühren (3%-4% der Summe), sofern kein Guthaben bei der Kartenorganisation gehalten wird.

Belastung

Barentnahmen werden im Gegensatz zu allgemeinen Ausgaben **umgehend** dem heimischen Konto belastet. Die häufige Entnahme kleiner Beträge ist nicht ratsam, wenn unabhängig von der Summe eine Minimum- oder fixe Basisgebühr anfällt.

AE-Reise-schecks

In ***American Express*** **Agenturen** und **AE-Automaten** (auf allen wichtigen Flughäfen, Geheimzahlkenntnis erforderlich) gibt es ***American Express Travelers Cheques***. Sie kosten nur 1%, lassen sich in den USA und Canada wie Bargeld verwenden und meist kostenlos am Bankschalter in Bardollar wechseln.

Grenzen

Die Bargeldbeschaffung per Kreditkarte unterliegt recht unterschiedlichen **Höchstgrenzen** in Bezug auf Summe und die Frequenz der möglichen Abhebungen. Generell kann nicht mehr ausgegeben werden, als das heimische Konto letztlich zuläßt. Unabhängig von der Kontodeckung gelten aber noch weitere Restriktionen. Wer unterwegs stark auf Kreditkartenzahlung und Bargeldbeschaffung per Karte setzen möchte, sollte sich über die im eigenen Fall gültigen Bedingungen genau informieren, um unliebsame Überraschungen zu vermeiden.

"Edelkarten"

Weniger schiefgehen kann mit **Goldkarten** und anderen Edelausführungen der gängigen *Credit Cards,* die dem Inhaber durchweg einen größeren finanziellen Spielraum gewähren und nebenbei erweiterte Versicherungsleistungen bieten. U.a. sind die **Versicherungspakete** der **ADAC Goldkarte (VISA)** und der **Eurocard Gold** der Postbank und der deutschen Großbanken (Deutsche, Dresdner, Commerzbank) beachtlich.

Verlust

Bei Verlust einer Kreditkarte ist die Haftung in allen Fällen auf 100 DM beschränkt, gleichgültig, welcher Schaden zwischen Verlust und Benachrichtigung der Organisation effektiv eintritt. Nach der Verlustmeldung entfällt jede Haftung.

Folgende Telefonnummern können in den USA gebührenfrei angerufen werden, sollte die Kreditkarte verlorengehen oder sonst irgendein Problem auftauchen:

American Express:	1-800-528-4800
Mastercard:	1-800-999-0454
VISA:	1-800-336-8472

2.3.2 Bargeld/Cash

Cash erforderlich

Bargeld ist in Amerika trotz der Kreditkartendominanz mitnichten ein völlig untergeordnetes Zahlungsmittel. Wegen der Provisionsabzüge bei Kartengeschäften gibt es hier und dort sogar **Barzahlungsrabatt**; gelegentlich akzeptieren Billigtankstellen und mit ihnen verbundene Minimärkte keine Kreditkarten. Auch in ***Fast Food Restaurants*** zahlt man fast nur bar. Aber alles in allem spielt *Cash* im Zahlungsverkehr drüben eine deutlich geringere Rolle als in Europa.

Wieviel?

Für erste nicht anders zu tätigende Ausgaben in Nordamerika w.z.B. für **Bus und/oder Taxi vom Airport in die City** sollte man möglichst etwas Bargeld bereithalten. Weiterer Bargeldbedarf ist am besten über *Travelers Cheques* zu decken. Denn der **Wechselkurs für Reiseschecks**, die bei Einlösung keine weiteren Kosten mehr verursachen, ist günstiger als der **Sortenkurs** für den Ankauf von Banknoten.

Umtausch in Canada/ in den USA

Europäische Währungen lassen sich ausschließlich in Großstädten und auch dort nur in ganz bestimmten Banken und an internationalen Flughäfen umtauschen, und zwar zu äußerst ungünstigen Kursen. **Euroschecks** mit Scheckkarte **helfen in Nordamerika nicht weiter**.

Münzen

Münzen sind in Canada und den USA nicht nur vom Aussehen her ähnlich und in der Größe so gut wie identisch, sie tragen auch dieselben Bezeichnungen:

1 Cent:	***Penny***
5 Cents:	***Nickel***
10 Cents:	***Dime***
25 Cents:	***Quarter***

In **Canada** sind darüberhinaus **$1 und $2-Münzen** im Umlauf. Die in den **USA** auch kursierenden 50-Cent- und $1-Münzen bekommt man so gut wie nie zu Gesicht.

Münzen, vor allem *Quarters*, benötigt man ggf. in der Telefonzelle, an Getränkeautomaten, im Waschsalon und in öffentlichen Verkehrsmitteln der meisten Großstädte. Bei Bedarf besorgt man sich in Banken **Rollen zu je 40 *Quarters*** ($10).

Banknoten

Da alle **US-Dollarscheine** unabhängig von ihrem Wert dieselbe Größe und Farbe aufweisen (Zahlseite grauschwarz, Rückseite grün, sie lauten auf 1, 2, 5, 10, 20, 50, 100, 500 und 1.000 Dollar), kommt es leicht zu Verwechslungen und mutwilligen Täuschungen. Beim Herausgeben ist deshalb mehr Aufmerksamkeit als bei uns angebracht. Ein Dollar wird umgangssprachlich oft ***Buck*** genannt, aber auch ***Greenback*** wegen der grünen Rückseite.

Kanadische Geldscheine unterscheiden sich ebenfalls nicht in der Größe, lassen sich aber dank unterschiedlicher Farbgebung besser auseinanderhalten.

$2-Schein USA; im Zahlungsverkehr eine Rarität

2.3.3 Reiseschecks/Travelers Cheques

Akzeptanz

Da es nie ratsam ist, größere Barbeträge mit sich herumzutragen, sind neben Kreditkarten **auf Dollar lautende Reiseschecks** nicht nur unter Kostenaspekten (1% Aufschlag auf den Devisenbriefkurs) sinnvoll. ***Travelers Cheques*** (amerikanische Schreibweise) werden **in den meisten Geschäften** wie Bargeld ohne Abzug akzeptiert. Unterschrift genügt. Im Fall der Einreichung von Reiseschecks bei Banken zur **Bardollarbeschaffung** wird häufig um Vorlage des Reisepasses gebeten, obwohl eigentlich die Unterschrift ausreichen sollte. Gelegentlich fallen auch Gebühren an. Wer die vermeiden will, geht einfach zur nächsten Bank.

US$-Schecks sind auch in Canada ohne weiteres einzusetzen, kosten aber faktisch eine zusätzliche Umtauschgebühr. Die spart, wer sich für eine eventuell geplante Zeit in Canada von vornherein **Reiseschecks in kanadischen Dollar** zulegt.

Stückelung

Bei Reiseschecks sind **$50-Stückelungen** und ggf. kleinere höheren Nennwerten vorzuziehen, sofern man sie auch als Zahlungsmittel und nicht nur zum Umtausch in Bargeld nutzen möchte. Nur wer sehr viele Schecks kauft, sollte auch die $100-Stückelung wählen. $200- und $500-Reiseschecks eignen sich praktisch nur zur Einlösung in Banken.

Verlustfall

Falls die Reiseschecks verlorengehen oder gestohlen werden, kann man für sie relativ leicht Ersatz bekommen. Dazu benötigt man die **Seriennummern** seiner Schecks, möglichst zu belegen durch Vorlage der selbst unterschriebenen Kopie der **Empfangsbestätigung**. Letztere sollte deshalb separat aufbewahrt werden. Sehr wichtig ist es, die Nummern der Schecks zusätzlich an einem sicherem Ort zu hinterlegen (zu Hause), falls auch die Empfangsbestätigung abhanden kommt. Die Reisescheckorganisationen (*American Express/VISA*) besitzen eine **Notrufnummer** für den Verlustfall. Unter dieser ***Emergency Number*** erfährt man die Adresse der nächstgelegenen für den Ersatz zuständigen Bank.

2.3.4 Finanzielle Disposition für die Reise

Die beste Vorsorge für die Reise besteht aus einer **Mischung aller drei Zahlungsmittel**, wobei es darauf ankommt, wie die Reise gestaltet werden soll. Bei überwiegender Fahrt in Amerika mit Mietwagen – gleich, ob vorgebucht und bereits hier bezahlt oder erst drüben per Kreditkarte reserviert – wäre es für Leute, die im Hotel übernachten und (bessere) Restaurants besuchen (also per Kreditkarte zahlen) sinnvoll, maximal 5%-10% der kalkulierten Ausgaben in bar, weitere 20%-25% in Reiseschecks und den Rest per Karte abzudecken. Bei vorwiegender Nutzung öffentlicher Verkehrsmittel, Selbstverpflegung und *Fast Food* sollte die Reisescheckreserve höher liegen. Ein kleiner **Vorrat an $1-Noten** darf nie fehlen. Die braucht man für Gepäckkarren am *Airport*, für Trinkgelder etc. vom Moment des Betretens amerikanischen Bodens an.

2.3.5 Geldbeschaffung im Notfall

Geld ist weg!

Was tun, wenn Reiseschecks und Dollars abhandengekommen sind, ein Ersatz nicht beschafft werden kann und auch Kreditkarten fehlen oder ebenfalls abhanden kamen?

Mit Anruf in der Heimat bestehen drei Möglichkeiten:

(1) Den raschesten Geldtransfer bietet von Deutschland aus die **Reisebank** (früher: Deutsche Verkehrs-Bank-DVK) in Zusammenarbeit mit der ***Western Union***, einer Unternehmung, die in fast allen Städten der USA und Canadas ab mittlerer Größe ein Büro unterhält. Filialen der DVK befinden sich in den Bahnhöfen deutscher Großstädte und an einigen Grenzübergängen. Nach Einzahlung kann die Summe nach wenigen Minuten bei einem *Western Union*-Agenten in Empfang genommen werden. Die Gebühren für den Schnell-Service sind natürlich nicht ganz niedrig. Auskunft dazu erhält man unter © 069/2648-201.

(2) Eine weitere, aber weniger schnelle Möglichkeit ist ein **Namensbarscheck,** der auf Anweisung einer hiesigen Bank von einer amerikanischen Korrespondenzbank ausgestellt wird. Die Einzelheiten sind am Bankschalter zu klären.

(3) Man kann sich auch eine auf Dollar lautende **Postanweisung** von Deutschland aus an seinen Aufenthaltsort senden lassen – gegebenenfalls sogar postlagernd. Bei dieser (teuren) Alternative muß die Postleitzahl (*ZIP-Code,* ➪ Seite 138) des ausgewählten Postamtes bekannt sein.

Zur Auslandsvertretung

Wenn alle Stricke reißen, bleibt nur der Gang zum nächsten **Konsulat**, dessen Adresse man durch Anruf bei der Botschaft in Washington erfährt, ➪ Seite 133. Die Konsulate helfen im allgemeinen nicht mit Bargeld, aber bezahlen ggf. ein Hotel und das Flugticket in die Heimat, wo das Außenamt natürlich die vorgestreckten Auslagen wieder zurückfordert.

2.4 Versicherungen

Krankenversicherung

Eine Amerika-Reise ohne speziellen Krankenversicherungsschutz anzutreten, wäre in Anbetracht der dort sehr hohen Behandlungskosten leichtsinnig. Nur einige private Krankenversicherer bieten ihren Versicherten weltweiten Vollschutz. Wer nicht mit einer Erstattung von in Übersee anfallenden Kosten rechnen kann – das sind vor allem die in den gesetzlichen Kassen Versicherten – ist dringend der Abschluß einer kurzfristigen **Auslandskrankenversicherung** anzuraten.

Die Veranstalter von Auslandsreisen legen ihren Buchungsunterlagen in der Regel **Überweisungsformulare** für den unkomplizierten Abschluß einer Reisekranken- und anderer Versicherungen bei. Man kann sie auch völlig unabhängig von einer bestimmten Buchung in jedem Reisebüro abschließen oder sich direkt an die Agentur einer privaten **Krankenversicherungsgesellschaft** wenden; die meisten bieten auch kurzfristige Auslandsverträge an. **Kreditkartenunternehmen** und **Automobilclubs** offerieren ihren Mitgliedern Vorzugstarife beim Auslandsversicherungsschutz. Im Jahresbeitrag für eine Reihe von **Kreditkarten** ist eine Krankenversicherung für Auslandsreisen bereits enthalten.

Tarif- und Leistungsvergleich

Grundsätzlich lohnt sich vor Abschluß ein Vergleich nicht nur der Tarife, sondern auch der mit dem Versicherungsvertrag verbundenen Leistungen. Einige Unternehmen verzichten auf jegliche Eigenbeteiligung des Versicherten, bei anderen müssen kleinere Ausgaben selbst getragen werden.

Versicherter Zeitraum

Ein **wichtiger Punkt** bei Auslands-Krankenversicherungsverträgen ist der **maximal versicherte Zeitraum** bei ununterbrochener Abwesenheit. Insbesondere über bestimmte Mitgliedschaften "automatisch" Versicherte (Abbuchung des Beitrages ohne Notwendigkeit eines erneuten Abschlusses) sind **oft nur bis zu 42 Tagen** geschützt. Bei längeren Reisen muß in derartigen Fällen ein gesonderter Vertrag über die **gesamte Reisezeit** abgeschlossen werden.

Kosten

Recht **preisgünstig sind Verträge bis zu 60 Tagen** ununterbrochener Reisezeit, die es bereits ab 28 DM für eine ganze Familie und einem ganzen Jahr Gültigkeit gibt. Für Reisen bis zu 42, teilweise 60 Tagen ist auch die Auswahl groß. Für **längere Auslandsreisen** vermindert sich die Zahl der Anbieter; und auch die Kosten steigen bei einigen Gesellschaften überproportional. Komplette Übersichten und aktuelle Detailhinweise findet man in den Zeitschriften **"Finanztest"** (4/97) und **"test"** (6/97) der Stiftung Warentest.

Brille

Brillenträgern sei empfohlen, neben einer Reservebrille den **Brillenpaß** mitzunehmen. Damit kann man bei Brillenverlust oder -beschädigung ohne den Umweg über einen Augenarzt direkt einen Optiker aufsuchen.

Behandlung und Zahlung

Im Krankheitsfall wird in Nordamerika oft **vor** der Behandlung ein **Nachweis der Zahlungsfähigkeit** verlangt. Ohne eine ausreichende Barschaft und/oder Kreditkarte muß man sich bei teuren Behandlungen ggf. per Fax oder Telefon an seine Auslandskrankenversicherung wenden und um Vorschuß bzw. Kostenübernahme bitten. Eine **Kopie des Vertrages** und die Telefon- unf Faxnummern der Versicherung sollte man daher vorsorglich mitführen.

Erstattung

Falls man Arzt- oder Rezeptgebühren vorstreckt, sind für die spätere Erstattung in der Heimat **genaue Aufstellungen** mit Datum, Namen des behandelnden Arztes, kurzem Behandlungsbericht etc. notwendig. Je vollständiger die Unterlagen, um so reibungsloser und schneller erfolgt daheim die Überweisung des ausgelegten Betrages.

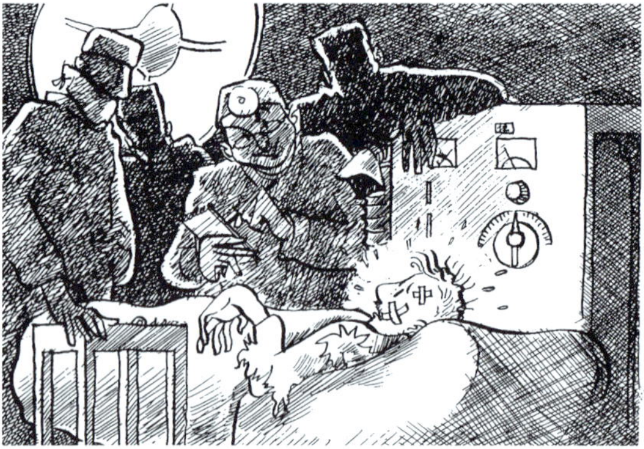

Weitere Reiseversicherungen

Inwieweit man über die Krankenversicherung hinaus weiteren Versicherungsschutz benötigt, hängt von den bereits in der Heimat bestehenden Versicherungen und dem individuellen Risikoempfinden ab. Vor Abschluß etwa von **Reiseunfall-** oder **Reisehaftpflichtversicherungen** sollte man prüfen, ob nicht vorhandene Versicherungsverträge ausreichen.

Gepäckversicherung

Über den Nutzen der vergleichsweise teuren **Reisegepäckversicherung** sind die Meinungen geteilt. Bei sorgfältiger Lek-türe des "Kleingedruckten" erkennt man, daß die Fälle des Haftungsausschlusses meist zahlreich sind. **Camping** etwa gilt versicherungstechnisch als besonders riskant. Und **Wertsachen** sind im allgemeinen nur begrenzt gedeckt.

Reise-Rücktrittskosten-Versicherung

Eine **Reise-Rücktrittskosten-Versicherung** ist bisweilen im Reisepreis schon enthalten. Sie kann – sollte das nicht der Fall sein – aber auch separat abgeschlossen werden. Die Prämien sind relativ niedrig (Elvia, Europäische u.a.). Man sollte darauf speziell bei langfristiger Vorbuchung nicht verzichten.

3. FLIEGEN IN NORDAMERIKA

"Ladies and Gentlemen, welcome aboard United Airlines 746 nonstop jet-service to Denver, continuing service to Orlando and Miami. For those of you who are unfamiliar with this type of aircraft, ..."

So oder ähnlich schallt es in den Vereinigten Staaten und Canada vor jedem Start durch die Kabine, doch kaum einer schenkt den Flugbegleitern Gehör. Denn Fliegen ist für einen Großteil der amerikanischen Bevölkerung so alltäglich wie Bus- oder Zugfahren für Europäer. Nicht etwa wegen eines höheren Wohlstandsniveausr, sondern einfach, weil bei den enormen Entfernungen alle landgebundenen Alternativen meist erheblich mehr Zeit, Mühe und – in vielen Fällen – auch mehr Geld kosten. Zwischen den großen Städten Nordamerikas wird folgerichtig der öffentliche Personenverkehr zu über 90% per Flugzeug abgewickelt. Ein überaus dichtes Streckennetz und hohe Flugfrequenzen sorgen dafür, daß auch noch relativ kleine Städte und touristische Attraktionen auf dem Luftweg leicht erreichbar sind.

3.1 Zur Situation am amerikanischen Himmel

3.1.1 Flughäfen und Airlines

Die kolossale Bedeutung des Luftverkehrs für die USA geht aus den folgenden Zahlen für **1996** unmittelbar hervor:

Die 10 größten amerikanischen Flughäfen nach der Zahl abgefertigter Passagiere und Flugbewegungen

	Fluggäste (in Mio.)	Flugbewegungen (in Tsd.)
1. Chicago, O`Hare	69,1	900
2. Atlanta	63,3	761
3. Los Angeles	58,0	879
4. Dallas/Ft. Worth	55,1	733
5. San Francisco	39,2	423
6. Miami	33.5	577
7. Denver	32,3	465
8. New York JFK	31,0	k.A.
9. Detroit	30,6	508
10. Las Vegas	30,5	503
zum Vergleich: Frankfurt	38,8	k.A.

Quelle: *ACI-Airports Council International*

Airlines

Der **US-Luftverkehr** wird heute von 8 Fluggesellschaften dominiert. In **Canada** spielen Canadian Airlines und Air Canada die mit Abstand wichtigste Rolle im Flugverkehr. Für ihre Streckennetze können die weiter unten detailliert beschriebenen Rundreise-Tickets erworben werden.

Die Zahlen der folgenden Übersicht vermitteln ein Bild der Bedeutung und wirtschaftlichen Position dieser 10 größten nordamerikanischen Fluglinien.

Daten der 10 grössten nordamerikanischen Airlines

	1)	2)	3)	4)	5)	6)	7)
1. Delta	DL	91	87	539	949	423	783
2. United	UA	71	79	556	779	340	739
3. American	AA	65	80	635	822	326	773
4. US Airways	US	56	58	394	793	k.A.	k.A.
5. Northwest	NW	45	49	380	565	296	557
6. Continental	CO	32	35	314	314	475	669
7. TWA	TW	22	22	190	270	133	224
8. America West	HP	18	17	88	194	126	133
9. Air Canada	AC	7	13	128	170	40	303
10. Canadian	CP	5	8	80	112	72	233
Zum Vergleich: Lufthansa	LH	13	33	269	457	20	915

1) Airline-Code
2) Anzahl der national beförderten Passagiere in Mio.
3) Anzahl der international beförderten Passagiere in Mio.
4) Anzahl der Flugzeuge
5) Flüge pro Jahr in Tausend
6) Länge des nationalen Streckennetzes in 1.000 km
7) Länge des gesamten Streckennetzes in 1.000 km

3.1.2 Der "deregulierte" Flugverkehr

Freier Wettbewerb

Bis 1978 wurden in den USA Ticketpreise, Streckennetze und Flugpläne durch eine staatliche Kommission kontrolliert. Der Beschluß, den Luftverkehrsmarkt den Bedingungen des freien Wettbewerbs auszusetzen, führte danach bis 1984 zum schrittweisen Abbau aller staatlichen Regulierungen, der in ihren Konsequenzen nur teilweise vohergesehenen, bemerkenswerten *Deregulation*.

Folgen

Die Deregulierung hatte zur Folge, daß sich in den ersten sechs Jahren danach die Zahl der Airlines zunächst fast vervierfachte. Die daraus entstehende, gnadenlose Konkurrenz um die Gunst der Passagiere führte zu einem Preisverfall, den die meisten der neuen, häufig kapitalschwachen Fluglinien nicht durchstanden. Aber auch einige der etablierten Gesellschaften waren den Kräften des Marktes nicht gewachsen. Entweder mußten sie Konkurs anmelden oder wurden durch andere Airlines geschluckt. Heute unterhalten nur noch die acht größten Gesellschaften (➪ nebenstehend) ein mehr oder weniger flächendeckendes Netz in den kontinentalen USA.

Das Hub- and Spoke System

Ein salopper Spruch zur Situation im amerikanischen Flugverkehr lautet: "Egal, ob du in den Himmel oder in die Hölle kommst, sicher ist, daß du in Atlanta umsteigen mußt." Er bringt eine der wichtigsten Auswirkungen der Deregulierung auf den Punkt: Bei sinkenden Flugpreisen waren Kostendekkung bzw. Gewinne nur bei gut ausgelasteten Maschinen zu erwirtschaften. Um dies zu erreichen, führten die Airlines das ***Hub- and Spoke-System*** ein, das Nabe- und Speiche-System.

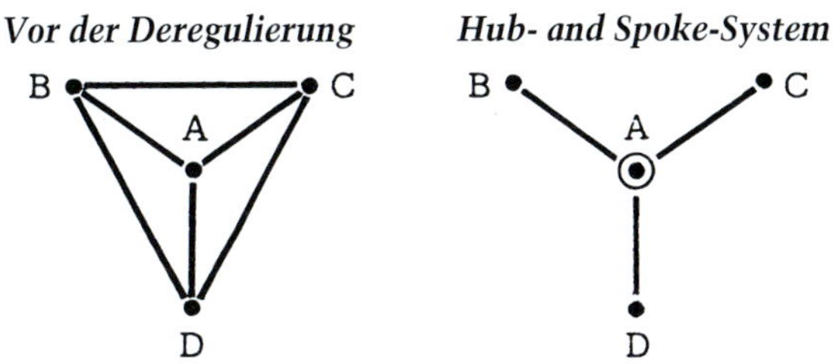

Funktion

Das System läßt sich am Beispiel einer Fluggesellschaft, die 4 Städte anfliegt, leicht erklären: Um alle Städte je einmal am Tag miteinander zu verbinden, benötigt sie 6 Flüge (linkes Bild). Wollen etwa von D aus an einem bestimmten Tag insgesamt 150 Personen, die theoretisch in einer Maschine Platz fänden, in unterschiedlicher Aufteilung nach A, B und C fliegen, dann müßten dafür links in D 3 Maschinen mit einer durchschnittlichen Auslastung von unrentablen 33% starten.

Hub & Spoke

Um dieses Problem zu umgehen, schuf man Knotenpunkte, die ***Hubs***, im Beispiel Ziel A. Alle Passagiere fliegen nun zunächst zum Knotenpunkt, und steigen dort um, falls nötig. Derart können alle Passagiere ab D bis A in einer Maschine befördert werden. Entsprechendes gilt für die Ausgangspunkte B und C. Es ist leicht ersichtlich, daß bei der in diesem Fall halbierten Anzahl der Verbindungen die Auslastungsquote der Flugzeuge im Schnitt verdoppelt wird. Die Nachteile des Systems tragen die Passagiere, da sie sich – außer bei Flügen von/nach Knotenpunkten – mit weniger direkt zu erreichenden Zielflughäfen abfinden und häufiger umsteigen müssen.

Beispiel Atlanta

Aus der Übersicht auf Seite 31 geht hervor, daß der Atlanta-Airport einer der passagierstärksten Flughäfen der USA ist; bei den meistfrequentierten Flugverbindungen (mit Atlanta als Endziel bzw. Ausgangspunkt) taucht Atlanta aber nicht auf. Tatsächlich besitzt Atlanta denn auch als Reiseziel keine überdurchschnittliche Bedeutung. Die Südstaatenmetropole entwickelte sich nach der Deregulierung vielmehr zum größten Umsteigflughafen der USA. Wer im US-Südosten und darüberhinaus unterwegs ist, muß mit einiger Wahrscheinlichkeit in Atlanta das Flugzeug wechseln, siehe auch das Zitat auf Seite 33, 2. Absatz von oben.

Knotenpunkte

Die großen Fluglinien besitzen ausnahmslos mehrere, überwiegend unterschiedliche Knotenpunkte (➪ Seite 51) an strategisch wichtigen Airports des eigenen Streckennetzes. Nur in Ausnahmefällen dienen bestimmte Großflughäfen wie Dallas oder Chicago mehr als einer Airline gleichzeitig als *Hub*. In "seinem" Knotenpunkt ist der ***Hub Carrier*** in aller Regel Marktführer und verfügt über die günstigsten Verbindungen sowohl dorthin wie auch für den Weiterflug.

Die Lage der *Hubs* ist auch bedeutsam für Besucher aus Übersee, die mit VUSA-Tickets die USA bereisen:

Bedeutung für Coupon-Tickets

Potentielle Coupon-Ticket-Reisende sollten aufmerksam die eigene Reiseroute so planen, daß möglichst selten umgestiegen werden muß, bzw. die für die eigenen Pläne auch unter diesem Aspekt am besten geeignete Airline auswählen. Durchweg wird nämlich für jeden Flugabschnitt einschließlich der – dank *Hub- and Spoke-System* – durch Umsteigen "verursachten" Strecken ein neuer, natürlich gesondert zu bezahlender Coupon ausgestellt.

Zubringer/ Commuter

Die Deregulierung und Einführung von *Hub & Spoke* förderte erheblich die Bedeutung sogenannter ***Commuter-Airlines***. Sie leisten – überwiegend mit Propellerflugzeugen – Zubringerdienste zwischen größeren Airports und Mittelstädten, deren Passagieraufkommen den Einsatz selbst der kleinen Jets vom Typ DC-9 oder Boeing 737 nicht rechtfertigt, andererseits aber zur Kapazitätsauslastung der auf den weiterführenden Strecken eingesetzten Maschinen hochwillkommen ist. Zubringer arbeiten mit den großen Fluglinien eng zusammen und sind in einigen Fällen von ihnen gegründete Tochterunternehmen. Über preisgünstige Kombinationstickets werden Passagiere an den jeweils kooperierenden *Carrier* gebunden.

Bedeutung

Eine ganze Reihe von touristisch attraktiven Zielen, darunter manche in der Nähe von Nationalparks gelegene Städtchen und z.B. das legendäre Key West am Ende der Florida Keys (➪ Seite 251) können nur mit *Commuter Airlines* angeflogen werden. Wer als VUSA-Ticket-Interessent Wert auf die preisgünstige Erreichbarkeit derartiger Ziele legt, muß aufpassen, daß die Flugcoupons auch für Commuter-Verbindungen gelten. Siehe dazu die Übersichten im folgenden Abschnitt.

3.2 V(ISIT) USA – PREISWERTES FLIEGEN FÜR BESUCHER AUS ÜBERSEE

Wie erläutert, bieten Rundflugtickets in Kombination mit Mietwagen oder öffentlichen Verkehrsmitteln für ganz Nordamerika eine bedenkenswerte Alternative zur reinen Auto-Rundreise. Damit läßt sich der – innerhalb eines zeitlich ja fast immer begrenzten Aufenthaltes sonst kaum oder gar nicht mögliche – Besuch auch weit auseinanderliegender Wunschziele im Rahmen nur einer Reise realisieren.

3.2.1 Das VUSA-Coupon-System

Kennzeichnung

Das Prinzip

Das Grundprinzip des Coupon-Systems ist einfach. Man kauft bei einer bestimmten Airline für die gewünschte – innerhalb des von dieser Gesellschaft beflogenen Netzes realisierbare – Reiseroute Fluggutscheine, die sogenannten *Coupons*.

Die Anzahl der Coupons entspricht der Zahl der geplanten Flüge. Dabei ist der Preis für jede Couponmenge fix vorgegeben (➪ Übersicht Seite 47) und unabhängig von der Länge der ausgewählten Teilstrecken. Für jeden Flug wird ein Coupon benötigt, für eine kurze Verbindung etwa von New York nach Washington ebenso wie für einen Transkontinentalflug New York–Los Angeles oder Toronto–Vancouver.

Bedingungen

Das hört sich eigentlich unkompliziert und vorteilhaft an. Im Detail jedoch sind Reiseplanung und Fliegen per Coupon-Ticket oft nicht so ganz einfach. Denn die Fluggesellschaften haben Erwerb und Benutzung der von ihnen ausgegebenen Coupon-Tickets ausnahmslos mit einer ganzen Reihe von einschränkenden Bedingungen verbunden, die von Airline zu Airline zudem etwas unterschiedlich sind.

Generelle Konditionen

Die folgenden Punkte beschreiben die generellen Konditionen und Restriktionen, die aber nicht ohne Ausnahme gelten. Die im Einzelfall abweichenden Regelungen ergeben sich aus den Detailerläuterungen der Rundreisetickets ab Seite 37.

Transatlantikflug

- Voraussetzung für den Erwerb eines Coupon-Tickets ist ein vorhergehender **Transatlantikflug**. Außerdem muß die Weiterreise in den USA spätestens 21 Tage nach Ankunft angetreten werden. Bis auf America West Airlines und TWA fordern alle anderen den Flug mit der eigenen Gesellschaft oder mit der Lufthansa oder erheben andernfalls höhere Couponpreise.

Erwerb

- Alle Coupons müssen **vor Reiseantritt außerhalb der USA** erworben werden. Bei Änderungswünschen unterwegs sind zusätzliche Coupons nicht mehr erhältlich.

Anzahl der Coupons

- Es sind in der Regel **mindestens 3 Coupons** (**America West 4 Coupons**, **US-Airways 2 Coupons**) zu erwerben. Die maximale Anzahl (8-12) hängt von der jeweiligen Gesellschaft ab.

Route

– Die **Reiseroute** – also die Reihenfolge der Städte, in denen die Reise unterbrochen werden soll – **muß vor Reisebeginn festgelegt werden**. Eine nachträgliche Änderung der Route ist mit Mehrkosten verbunden.

Flugdaten

– **Nicht festzulegen** dagegen braucht man die **Flugdaten** (Tag und Uhrzeit). Nur am ersten inneramerikanischen Flug, der als einziger spätestens 7 Tage vor Abflug fest gebucht werden muß, läßt sich nicht mehr rütteln. Weitere bereits reservierte Flüge können ohne Kosten bis 24 Stunden vor dem ursprünglich geplanten Abflug umgebucht werden, sofern sich die Reiseroute nicht ändert. Für Verbindungen, die ein Umsteigen erfordern, benötigt man zwei Coupons. Generell gilt für alle Linien: **ein Coupon pro Flugnummer**.

Unterbrechungen

– **In keiner Stadt darf die Reise mehr als zweimal unterbrochen werden** (*Stopover*). Transferaufenthalte zum Umsteigen gelten nicht als Flugunterbrechung.

Coast to Coast

– **Transkontinentalflüge**, also Nonstop- oder Direktflüge von der Ost- zur Westküste (unter einer Flugnummer) und umgekehrt, sind überwiegend zweimal erlaubt.

Zusatzregionen

– Bei den meisten Fluggesellschaften gibt es **Erweiterungen des Gültigkeitsbereichs** der Coupon-Tickets auf "exotische" Zielgebiete außerhalb des kontinentalen Netzes (Mexico, Karibik, Hawaii, Alaska). Diese können meist nur für jeweils eine der verschiedenen Erweiterungsmöglichkeiten erworben werden.

Verlust von Coupons/ Abbruch der Reise

– **Für verlorene oder gestohlene Coupons gibt es keinen Ersatz und keine Erstattung**.

– **Bei Abbruch der einmal angetretenen Reise verfallen die noch ungenutzten Flugcoupons im allgemeinen ersatzlos**. Einige Airlines berechnen aber die Differenz zwischen dem gezahlten Ticketpreis und dem "Wert" der bereits abgeflogenen Strecken zum jeweils günstigsten Einzeltarif (Point-to-point Tarife). Ist sie positiv, erhält der Kunde den ermittelten Betrag zurück. In Anbetracht der sehr niedrigen VUSA-Tarife sind Erstattungen nur bei geringer Nutzung der Coupons zu erwarten.

Die Coupon-Tickets im Detail

Zur Übersicht

Im folgenden sind – in alphabetischer Reihenfolge der US-Airlines, danach die beiden kanadischen Carrier – alle zum Zeitpunkt der Endredaktion dieses Buches erhältlichen Coupon-Rundreisetickets aufgelistet. Die Übersicht liefert neben wichtigen Einzelheiten zu Ticket und Airline auch weitergehende Informationen und Kriterien zur Antwort auf die Frage:

Welches Ticket kommt meinen individuellen Plänen und Vorstellungen am nächsten?

Worauf bei der Entscheidung besonders zu achten ist, wird im Anschluß an die Übersichten erläutert.

Auf **Seite 47** findet sich eine **tabellarische Zusammenfassung aller Ticketpreise** in Abhängigkeit von Couponzahl und Saison. Die Übersichten enthalten lediglich einige Basispreise.

AMERICAN AIRLINES

Anschrift/Telefon:	Wiesenhütterplatz 26 60329 Frankfurt ✆ 01803/242324
Internet:	**www.americanair.com**
Airline Code:	AA
Slogan:	*Something Special in the Air*
Wichtigste Hubs:	Chicago, Dallas/Ft. Worth, Miami
Flugzeugtypen:	A-300, B-727, B-757, B-767, DC-10, F-100, MD-11, MD-80,
Commuter:	American Eagle (AA3200-5999)
Ticketbezeichnung:	***Visit USA***
Geltungsbereich:	Kontinentale USA und Canada, Karibik, Mexico, Zusatzcoupons nach Hawaii
Zahl der Flughäfen:	über 200
Zum Streckennetz:	Dicht im Osten, Süden und an der Westküste, dünner im zentralen Westen und Nordwesten
Coupon-Anzahl:	3-10
Preise Hochsaison:	ab 759 DM (3 Coupons)
Preise Nebensaison:	ab 669 DM (3 Coupons)
Zusatzcoupons:	Hawaii: 160/130 DM pro Strecke
Couponberechnung:	je ein Coupon pro Flugnummer
Geltungsdauer:	maximal 60 Tage
Transatlantikflug:	Tickets sind teurer, wenn nicht mit LH oder AA nach ORD, DFW oder MIA geflogen wird
Transkontinental:	beliebig viele
Stopovers:	beliebig viele
Positive Aspekte:	– dichtes Streckennetz – viele Verbindungen – viele Zielorte in der Karibik
Nicht so gut:	– Transatlantikflug beschränkt – relativ teuer – pro Flugnummer wird ein Coupon benötigt

Fazit: Das AA-Ticket erlaubt aufgrund des dichten Streckennetzes ein rasches und direktes Reisen. Trotz der nicht ganz niedrigen Preise kann es deshalb eine sehr gute Wahl sein. Wer einen Abstecher nach Canada in Erwägung zieht, sollte auch die Kombinationsmöglichkeit AA/CP des *Go America*-Passes von Canadian Airlines beachten.

AMERICA WEST AIRLINES

Anschrift/Telefon:	Kirchenstr. 6-8 660311 Frankfurt ✆ 069/291011, Fax: 069/289040
Internet:	**www.americawest.com**
Airline Code:	HP
Slogan:	*See Americas Best on America West*
Wichtigste Hubs:	Columbus/Ohio, Las Vegas, Phoenix
Flugzeugtypen:	A-320, B-737, B-757
Commuter:	America West Express (HP 7000-7999)
Ticketbezeichnung:	**VUSA-Coupon-Tarif** (System-Wide)
Geltungsbereich:	Kontinentale USA, Canada, Mexico; auch gültig auf Code-Share-Flügen mit Continental Airlines (HP 5500-6999, HP 8000-9999)
Zahl der Flughäfen:	ca. 90
Zum Streckennetz:	Dicht im Südwesten, dünn im Osten, extreme Ausrichtung auf die Hubs Phoenix & Las Vegas
Coupon-Anzahl:	4-10
Preise:	ab 515 DM (4 Coupons), keine Unterscheidung zwischen Haupt- und Nebensaison
Zusatzcoupons:	Grand Canyon 207 DM (für 2 Coupons) Telluride/Colorado 296 DM (2 Coupons)
Couponberechnung:	je ein Coupon pro Flugnummer
Geltungsdauer:	maximal 6 Monate nach Ticketausstellung
Transatlantikflug:	beliebig
Transkontinental:	maximal 2 Flüge
Stopovers:	je 1 pro Stadt, je 2 in Phoenix und Las Vegas
Positive Aspekte:	– freie Wahl des Transatlantikfluges – sehr preiswert – keine Saisonpreise – dichtes Streckennetz im Südwesten
Nicht so gut:	– wenig Verbindungen an die Ostküste – kaum Direktflüge außer nach Columbus/Ohio, Phoenix und Las Vegas – pro Flugnummer wird ein Coupon benötigt

Fazit: Die America West-Ticket sind die mit Abstand preisgünstigsten Coupon-Tickets, zudem ist der Transatlantikflug frei wählbar. Wer das begrenzte AW-Streckennetz mit seinen Reiseplänen in Einklang bringen kann, fliegt oft billiger als mit anderen Airlines, selbst wenn mehr Coupons gekauft werden müssen.

CONTINENTAL AIRLINES

Anschrift/Telefon:	Siemensstraße 9 63263 Neu-Isenburg ✆ 01803/212610, Fax: 06102/783175
Internet:	**www.flycontinental.com**
Airline Code:	CO
Slogan:	*More Airline for your Money*
Wichtigste Hubs:	Cleveland, Houston, New York-Newark
Flugzeugtypen:	A-300, B-727, B-737, B-747, B-757, DC-9, DC-10, MD-80
Commuter:	Continental-Express (CO 2500-2899))
Ticketbezeichnung:	***Visit North America Fares*** (*Preferred/Standard*)
Geltungsbereich:	Kontinentale USA und Canada, wahlweise zusätzlich auf dem Netz von Air Canada oder America West, Zusatzcoupons nach Alaska, Hawaii, Mexico und Karibik
Zahl der Flughäfen:	über 150
Zum Streckennetz:	gleichmäßig dicht
Coupon-Anzahl:	3-8
Preise Hochsaison:	ab 700 DM (3 Coupons *Preferred*), ab 910 DM (3 Coupons *Standard*)
Preise Nebensaison:	ab 600 DM (3 Coupons *Preferred*), ab 820 DM (3 Coupons *Standard*)
Zusatzcoupons:	Preise für je 2 Coupons: – Alaska ab 410 DM – Hawaii ab 660 DM – Mexico ab 580 DM – Karibik ab 660 DM
Couponberechnung:	je ein Coupon pro Flugnummer, die ersten beiden Umsteigeverbindungen können mit einem Coupon abgewickelt werden
Geltungsdauer:	maximal 60 Tage nach Reiseantritt bzw. 81 Tage nach Ankunft in Nordamerika
Transatlantikflug:	*Preferred Ticket*, wenn mit CO oder AC
Transkontinental:	maximal 2 Flüge
Stopovers:	keine Begrenzungen
Positive Aspekte:	– Kooperation mit Air Canada/America West – zwei Umsteigeverbindungen können mit einem Coupon abgewickelt werden – viele Zielorte in Mexico – recht preiswert ab 5 Coupons
nicht so gut:	– Ticket teurer, wenn nicht mit CO oder AC

Fazit: Gutes Streckennetz. Durch die Kombination mit Air-Canada ist das CO-Ticket eine besonders interessante Alternative für alle, die zusätzlich Ziele in Canada anfliegen möchten. Sehr vorteilhaft sind die 2 Umsteiger mit einem Coupon.

DELTA AIRLINES

Anschrift/Telefon:	Lyoner Straße 36 60525 Frankfurt ✆ 01803/337880
Internet:	**www.delta-air.com**
Airline Code:	DL
Slogan:	*On Top of the world!*
Wichtigste Hubs:	Atlanta, Cincinnati, Dallas/Fort Worth, Los Angeles, Orlando, Salt Lake City
Flugzeugtypen:	B-727, B-737, B-757, B-767, L-1011, MD-11, MD-80, MD 90
Commuter:	Delta Connection (DL 3000-5999, 7000-7999)
Ticketbezeichnung:	***Discover America Program***
Geltungsbereich:	Kontinentale USA und Canada; Zusatzcoupons für Alaska, Karibik, Mexico und Hawaii
Zahl der Flughäfen:	über 200
Zum Streckennetz:	Gleichmäßig dicht
Coupon-Anzahl:	3-10
Preise Hochsaison:	ab 700 DM (3 Coupons)
Preise Nebensaison:	ab 600 DM (3 Coupons)
Zusatzcoupons:	Preise für je 2 Coupons: – Alaska ab 398 DM – Karibik ab 542 DM – Mexico ab 542 DM – Hawaii ab 676 DM – Grand Canyon ab 213 DM
Couponberechnung:	je ein Coupon pro Flugnummer
Geltungsdauer:	maximal 60 Tage
Transatlantikflug:	nur mit Delta, Sabena, Swissair oder Austrian
Transkontinental:	Maximal 2 Flüge
Stopovers:	maximal 2 je Stadt
Positive Aspekte:	– sehr dichtes Streckennetz – viele Verbindungen
Nicht so gut:	– Transatlantikflug eingeschränkt – relativ teuer – pro Flugnummer wird ein Coupon benötigt

Fazit: Das Delta-Ticket ist eine sehr gute Wahl für alle, die ohne viel Tüfteln und lange Planung starten wollen. Wegen des dichten Netzes kommt man ggf. mit weniger Coupons aus als bei manch anderer Airline. Dafür sind die Coupons relativ teuer.

NORTHWEST AIRLINES

Anschrift/Telefon:	Lyoner Straße 26 60528 Frankfurt ✆ 069/6666611, Fax 069/6663884
Internet:	**www.nwa.com**
Airline Code:	NW
Slogan:	*Some people just know how to fly!*
Wichtigste Hubs:	Detroit, Memphis, Minneapolis/St. Paul,
Flugzeugtypen:	A-320, B-727, B-747, B-757, DC-9/10, MD-80
Commuter:	VUSA-Tickets gültig bei Northwest Airlink
Ticketbezeichnung:	**Visit USA Rundreiseprogramm**
Geltungsbereich:	Kontinentale USA und Canada; Zusatzcoupons nach Alaska, Hawaii, Mexico, Karibik
Zahl der Flughäfen:	ca. 190
Zum Streckennetz:	Dicht im US-Norden und zentralen Osten, im Westen und Florida nur wenige Ziele.
Coupon-Anzahl:	3-8
Preise Hochsaison:	ab 600 DM (3 Coupons)
Preise Nebensaison:	ab 533 DM (3 Coupons)
Zusatzcoupons:	Preise für je 2 Coupons: – Alaska ab 540 DM – Hawaii ab 661 DM – Mexico ab 502 DM – Karibik ab 502 DM
Couponberechnung:	je ein Coupon pro Flugnummer
Geltungsdauer:	maximal 60 Tage
Transatlantikflug:	nur in Verbindung mit NW/KLM-Linienflug
Transkontinental:	maximal 2 Flüge
Stopovers:	maximal 2 je Stadt
Sonstiges:	als einzige Airline bietet NW VUSA-Coupons auch für die ***First-Class*** an
Positive Aspekte:	– gute Verbindungen im mittleren Westen – Kauf von *First-Class-Coupons* möglich
Nicht so gut:	– Beschränkungen für den Transatlantikflug – für manche ungünstige Lage der Hubs – pro Flugnummer wird ein Coupon benötigt – relativ teuer

Fazit: Sofern Streckennetz und Reisepläne übereinstimmen, erlaubt das NW-Ticket rasches und direktes Reisen in den USA und Canada, jedoch Restriktion beim Transatlantikflug.

TRANS WORLD AIRWAYS (TWA)

Anschrift/Telefon:	Schwanthaler Str. 26 80336 München ✆ 089/55253340, Fax: 089/54506855
Internet:	**www.twa.com**
Airline Code:	TW
Slogan:	*We're up to something good*
Wichtigste Hubs:	St. Louis, New York-JFK
Flugzeugtypen:	B-727, B-747, B-757/767, DC-9, MD-80, L-1011
Commuter:	Ticket auch für TWA-Express (TW 7000-7999)
Ticketbezeichnung:	**USA-Rundreisetarif**
Geltungsbereich:	Kontinentale USA; Zusatzcoupons für Hawaii, San Juan, Santa Domingo, Cancun
Zahl der Flughäfen:	ca. 100
Zum Streckennetz:	große "Löcher" im Nordwesten. Die Verbindungen sind stark auf St. Louis ausgerichtet
Coupon-Anzahl:	3-8
Preise Hochsaison:	ab 712 DM (3 Coupons).
Preise Nebensaison:	ab 610 DM (3 Coupons)
Zusatzcoupons:	Preise für je 3 Coupons: – Hawaii ab 850 DM – San Juan ab 510 DM – Santa Domingo ab 510 DM – Cancun ab 510 DM – Montego Bay ab 510 DM
Couponberechnung:	je ein Coupon pro Flugnummer, 2 Umsteigeverbindungen über St. Louis und/oder New York können mit 1 Coupon abgeflogen werden
Geltungsdauer:	maximal 60 Tage
Transatlantikflug:	nur mit einer nicht-amerikanischen Airline
Transkontinental:	maximal 2 Flüge
Stopovers:	maximal 2 pro Stadt
Positive Aspekte:	– zweimal kostenloses Umsteigen – Transatlantik-Billigflug ggf. möglich
Nicht so gut:	– Transatlantikflug eingeschränkt – Streckennetz weniger dicht

Fazit: Mit der Möglichkeit, zweimal kostenlos umzusteigen, kommt man ggf. mit weniger Coupons aus, als bei anderen Airlines. Bei Reiseschwerpunkten im US-Osten kann man mit den Coupons von TWA daher billig fliegen, zumal bei Anreise mit einem preiswerten Carrier.

UNITED AIRLINES

Anschrift/Telefon:	Geleitstr. 25 60599 Frankfurt ✆ 069/60502-0, Fax: 069/60502-333
Internet:	**www.ual.com**
Airline Code:	UA
Slogan:	*Come fly our friendly skiy!*
Wichtigste Hubs:	Chicago, Denver, San Francisco, Washington
Flugzeugtypen:	A-320, B-727, B-737, B-747, B-757, B-767, B-777, DC-10,
Commuter:	Tickets auch für United-Express (UA 5500-7999)
Ticketbezeichnung:	***United Airlines Skypass***
Geltungsbereich:	Kontinentale USA, Alaska, Mexico, San Juan, gegen Aufpreis auch Hawaii
Zahl der Flughäfen:	über 200
Zum Streckennetz:	gleichmäßig dicht
Coupon-Anzahl:	3-8
Preise Hochsaison:	ab 690 DM (3 Coupons)
Preise Nebensaison:	ab 590 DM (3 Coupons)
Zusatzcoupons:	Hawaii: Zuzahlung von 137/172 DM auf den Basiscouponpreis
Couponberechnung:	je ein Coupon pro Flugnummer
Geltungsdauer:	maximal 60 Tage
Transatlantikflug:	nur mit UA oder Lufthansa nach USA/Canada
Transkontinental:	maximal 2 Flüge
Stopovers:	maximal 2 pro Stadt
Positive Aspekte:	– dichtes Streckennetz – attraktive Hubs – recht preiswert ab 5 Coupons – Flüge nach Alaska, Mexico und in die Karibik ohne Zusatzcoupons möglich
Nicht so gut:	– Transatlantik beschränkt – pro Flugnummer wird ein Coupon benötigt

Fazit: Obwohl der Transatlantikflug auf UA und LH beschränkt ist, bietet dieses Ticket große Vorteile. Neben dem dichten Streckennetz und guten Verbindungen spricht ggf. auch der Geltungsbereich (das ganze nordamerikanische Festland und Karibik) für den *Skypass*.

US AIRWAYS

Anschrift/Telefon:	Schwarzwaldstraße 102 60528 Frankfurt ✆ 069/6708041, Fax: 069/6708040
Internet:	**www.usair.com**
Airline Code:	US
Slogan:	*US Airways begins with you!*
Wichtigste Hubs:	Charlotte, Pittsburgh
Flugzeugtypen:	B-727, B-737, B-767, DC-9, F-28, F-100, MD-80
Commuter:	Tickets auch für USAir Express
Ticketbezeichnung:	***Visit USA***
Geltungsbereich:	Kontinentale USA, Canada und Bahamas; als Zusatztarife Karibik und Mexico
Zahl der Flughäfen:	ca. 130
Zum Streckennetz:	sehr dicht im Osten, dünner im Westen
Coupon-Anzahl:	2-8
Preise Hochsaison:	ab 609 DM (2 Coupons)
Preise Nebensaison	ab 520 DM (2 Coupons)
Zusatzcoupons:	Karibik, Cancun, Bermudas je 447 DM für 2 Coupons
Couponberechnung:	je ein Coupon pro Flugnummer
Geltungsdauer:	maximal 60 Tage
Transatlantikflug:	Ticket teurer, wenn nicht mit US Airways
Transkontinental:	maximal 2 Flüge
Stopovers:	maximal 2 pro Stadt
Positive Aspekte:	– sehr günstige Couponpreise – dichtes Streckennetz an der US-Ostküste
Nicht so gut:	– schlechte Verbindungen im US-Westen – keine Flüge nach Hawaii, wenige Zielorte in Canada und Mexico – teuer, wenn Transatlantikflug nicht mit US

Fazit: Empfehlenswertes Ticket vor allem für Reisen im US-Osten.

Eine Boeing 767 der kürzlich von USAir in USAirways umbenannten Gesellschaft

AIR CANADA

Anschrift/Telefon:	Friedensstraße 7 60311 Frankfurt ✆ 069/27115111, Fax: 069/27115112
Internet:	**www.aircanada.ca**
Airline Code:	AC
Wichtigster Hub:	Toronto
Flugzeugtypen:	A-320, A-340, B-747, B-767, DC-9,L-1011
Commuter:	Ticket auch für Air Canada Connector Flüge
Ticketbezeichnung:	***Visit North America Coupon Ticket***
Geltungsbereich:	Gesamtes Streckennetz von AC und zusätzlich wahlweise auf Strecken von UA oder CO; d.h., Canada ohne NWT, kontinentale USA; gegen Aufpreis Alaska, Karibik, Mexico, Hawaii und NWT
Zahl der Flughäfen:	ca. 200
Zum Streckennetz:	in Kombination mit UA oder CO gute Verbindungen in ganz Nordamerika
Coupon-Anzahl:	3-8
Preise Hochsaison:	ab 700 DM (3 Coupons AC/CO) ab 690 DM (3 Coupons AC/UA)
Preise Nebensaison	ab 600 DM (3 Coupons AC/CO oder AC/UA))
Zusatzcoupons:	Preise für jeweils 2 Coupons: – Hawaii ab 600 DM – Alaska ab 410 DM – Mexico ab 510 DM – Karibik ab 510 DM – Northwest Territories ab 550 DM
Couponberechnung:	je ein Coupon pro Flugnummer
Geltungsdauer:	maximal 60 Tage
Transatlantikflug:	nur mit AC oder CO bzw. AC, UA oder LH (je nach gewähltem Tickettyp)
Transkontinental:	nur einer in den USA
Stopovers:	maximal 2 pro Stadt
Positive Aspekte:	– durch Gültigkeit auf den Netzen von AC und UA bzw. CO sehr gute Verbindungen – Zusatzcoupons in viele Zielgebiete – recht preiswert ab 5 Coupons
Nicht so gut:	– Transatlantikflug relativ restriktiv – pro Flugnummer wird ein Coupon benötigt

Fazit: Ein sehr gut geeignetes Ticket für alle, die mehrere Ziele sowohl in den USA, als auch in Canada anfliegen möchten.

CANADIAN AIRLINES INTERNATIONAL

Anschrift/Telefon:	KLeiner Hirschgraben 10-12 60311 Frankfurt ✆ 069/13887-100, Fax: 069/13887-190
Internet:	**www.cdnair.ca**
Airline Code:	CP
Wichtigste Hubs:	Toronto, Vancouver
Flugzeugtypen:	A-320, B-737, B-747, B-767, DC-10
Commuter:	auch für Canadian Airlines Regional Partners
Ticketbezeichnung:	***Go America Pass***
Geltungsbereich:	Canada, kontinentale USA auch auf dem Streckennetz von American Airlines; Zusatzcoupons für Mexico, Hawaii, Karibik
Zahl der Flughäfen:	über 200
Zum Streckennetz:	wegen gleichzeitiger Gültigkeit für das Netz von AA gleichmäßig gute Dichte in ganz Nordamerika
Coupon-Anzahl:	3-8
Preise Hochsaison:	ab 673 DM (3 Coupons)
Preise Nebensaison	ab 599 DM (3 Coupons)
Zusatzcoupons:	Preise für jeweils 2 Coupons: – Hawaii ab 650 DM – Mexico ab 558 DM – Karibik ab 558 DM
Couponberechnung:	je ein Coupon pro Flugnummer
Geltungsdauer:	7-60 Tage
Transatlantikflug:	nur mit CP oder AA
Transkontinental:	nur einer in den USA
Stopovers:	maximal 2 pro Stadt
Sonstiges:	– mindestens eine Strecke muß in Canada geflogen werden – Pässe sind preiswerter nur für Canada (*Go Canadian Pass*) oder für Canada und USA, sofern nur CP-Flüge, also keine AA-Flüge gebucht werden (*North America Pass*)
Positive Aspekte:	– in Kooperation mit AA dichtes Netz
Nicht so gut:	– Transatlantikflug beschränkt – pro Flugnummer wird ein Coupon benötigt

Fazit: Wer sowohl in Canada, als auch in den USA unterwegs sein möchte, sollte dieses Ticket auf jeden Fall in die engere Wahl ziehen.

Zusammenfassende Übersicht (1997; neue Preise ggf. ab März `98 etc.)

Die folgenden Tabellen zeigen die Preise für alle erläuterten Coupon-Tickets in Abhängigkeit von Airline, Anzahl der Coupons, Haupt- und Nebensaison:

Couponticket-Preise (ohne Gewähr)
in der Hochsaison (i.d.R. Juli und August)

Anzahl der Coupons	3	4	5	6	7	8	9	10*)
Air Canada (mit CO)	700	870	1020	1120	1180	1240	–	–
Air Canada (mit UA)	690	840	1000	1120	1190	1250	–	–
American Airlines	759	929	1109	1309	1489	1669	1889	2099
America West Airlines*)	–	515	588	662	736	809	883	957
Canadian Int`l Airlines	673	844	1002	1189	1366	1544	–	–
Continental Airlines	700	870	1020	1120	1180	1240	–	–
Delta Air Lines	700	867	1034	1284	1468	1652	1869	2086
Northwest Airlines	733	917	1101	1254	1438	1622	1869	2086
Trans World Airlines	712	822	1052	1120	1188	1239	–	–
United Airlines	690	840	1000	1120	1190	1250	–	–
US Airways	624	733	922	982	1027	1071	–	–

*) bei **America West Airlines** können bis zu 12 Coupons erworben werden, saisonunabhängig kosten **11 Coupons** 1.030 DM, **12 Coupons** 1.104 DM

Couponticket-Preise (ohne Gewähr)
in der Nebensaison (i.d.R. September bis Juni)

Anzahl der Coupons	3	4	5	6	7	8	9	10*)
Air Canada (mit CO)	600	770	940	1050	1100	1150	–	–
Air Canada (mit UA)	600	770	940	1030	1090	1160	–	–
American Airlines	669	809	939	1109	1259	1399	1589	1769
America West Airlines	–	515	588	662	736	809	883	957
Canadian Int`l Airlines	599	759	918	1140	1311	1489	–	–
Continental Airlines	600	770	940	1050	1100	1150	–	–
Delta Air Lines	600	767	934	1101	1167	1334	1501	1668
Northwest Airlines	600	767	934	1071	1137	1304	1501	1668
Trans World Airlines	610	780	950	1001	1052	1103	–	–
United Airlines	590	750	905	1030	1090	1160	–	–
US Airways	535	684	833	937	982	1027	–	–

Teilbereichtickets

Für USA-Besucher, deren Reisepläne sich auf eine bestimmte Region beschränken, gibt es bei **Air Canada** und **America West** Teilbereichstickets zu reduzierten Preisen. Soweit nicht anders vermerkt, gelten im Grundsatz die gleichen Bedingungen wie bei den Coupon-Tickets für das gesamte Streckennetz.

Airline:	**AIR CANADA**
Ticketbezeichnung:	***Air Canada Unlimited Coupon Ticket***
Geltungsbereich:	gesamtes Streckennetz in Canada und USA
zum Streckennetz:	gut in Canada, ausgewählte Ziele in den USA
Coupon-Anzahl:	3-8
Preis Hochsaison:	ab 615 DM (3 Coupons)
Preis Nebensaison:	ab 570 DM (3 Coupons)
Couponberechnung	je 1 Coupon pro Flugnummer
Geltungsdauer:	maximal 60 Tage
Transatlantikflug:	nur mit AC
Transkontinental:	maximal einer

Fazit: Das *Unlimited Ticket* von Air Canada ist nur unwesentlich billiger als ein *Visit North America Airpass*, der auch auf den Flügen von Continental oder United gilt. Wer aber überwiegend in Canada unterwegs sein möchte und mit Air Canada über den Atlantik fliegt, erhält mit diesem Ticket einen guten Gegenwert.

Airline:	**AIR CANADA**
Ticketbezeichnung:	***Air Canada Regional Coupon Ticket***
Geltungsbereich:	gesamtes Streckennetz von Air Canada innerhalb bestimmter Provinzen, zur Wahl stehen: British Columbia/Alberta/Saskatchewan, Manitoba/Ontario/Québec, New Brunswick/ PE Island/Nova Scotia/Newfoundland
zum Streckennetz:	im vorgegebenen Bereich ausreichend
Coupon-Anzahl:	3-8
Preise:	ab 359 DM (3 Coupons)
Couponberechnung	je 1 Coupon pro Flugnummer
Geltungsdauer:	maximal 60 Tage
Transatlantikflug:	nur mit AC

Fazit: Sehr günstiges Angebot für alle, die wenig Zeit haben und in Canada nur innerhalb der jeweiligen Provinzen fliegen möchten.

Airline:	**AMERICA WEST AIRLINES**
Ticketbezeichnung:	***Western Tri State***
Geltungsbereich:	Arizona, Kalifornien, Nevada
Zum Streckennetz:	gute Netzdichte, aber starke Ausrichtung auf die Hubs Las Vegas und Phoenix
Coupon-Anzahl:	2-12
Preise:	249 DM/986 DM (2/12 Coupons)
Zusatzcoupons:	Grand Canyon 207 DM (2 Coupons) Telluride/Colorado 296 DM (2 Coupons)
Couponberechnung	je 1 Coupon pro Flugnummer
Geltungsdauer:	maximal 6 Monate nach Ausstellung
Transatlantikflug:	beliebig
Stopovers:	generell je 1 pro Stadt, aber je 2 in Las Vegas und Phoenix
Fazit:	Empfehlenswertes Ticket für den Südwesten.

One-way über den Kontinent

Ein Sonderfall ist das ***One Way-Ticket*** von **America West Airlines**. Für 382 DM gibt es 2 Coupons (maximal 2 Flugnummern), die Flüge in eine Richtung erlauben, also West-Ost oder Ost-West. Dieses Ticket kann sich in erster Linie für Reisende lohnen, die einen Transatlantik-Gabelflug gebucht haben, also z.B. in New York ankommen und von Los Angeles aus zurück nach Europa fliegen wollen. Die Strecke New York–Los Angeles läßt sich auf diese Weise inklusive einer Unterbrechung, etwa in Las Vegas, für 400 DM einkaufen.

Boeing 737 von America West Airlines in Phoenix, dem Hub der Gesellschaft

Die Wahl des "richtigen" Coupon-Tickets

Aspekte

Wer mit Coupontickets durch Nordamerika fliegen möchte, muß sich zunächst darüber klar werden, ob er ein auf ganz Nordamerika oder auf ein Land bezogenes Ticket benötigt, oder ob sogar auch ein Regionalpass ausreichen würde. Bedenken sollte man darüberhinaus, daß kurze Flugstrecken in vielen Fällen nicht lohnen. Oft dürfte es trotz vorhandener Flugverbindung vorteilhafter sein, geringe Entfernungen mit dem Mietwagen zurückzulegen; typisch dafür sind Abstecher zu Nationalparks und anderen populären Zielen, wie z.B. von Miami nach Key West, von Phoenix nach Flagstaff, von Salt Lake City zum Yellowstone etc.

Bewertung im Einzelfall

Allgemeingültige Empfehlungen für den einen oder anderen Air Pass lassen sich nicht formulieren. Welcher Flugschein im Einzelfall der beste ist, hängt von einer ganzen Reihe verschiedener Faktoren ab. Neben der individuellen Bewertung von Preis- und Bequemlichkeitsunterschieden spielen in erster Linie die überhaupt erreichbaren Ziele und dafür vorgegebene Verbindungen eine Rolle. Wer etwa über eine begrenzte Urlaubszeit verfügt, möchte ungern wertvolle Ferientage auf komplizierten Umsteigestrecken verlieren, sondern seine Ziele rasch und direkt erreichen. Auch wenn das etwas mehr kostet. Andere wiederum finden vielleicht ein ***City-Hopping***, das sich zum Teil aus Umsteigenotwendigkeiten ergibt, ganz interessant und nehmen einen eventuell damit verbundenen finanziellen Vorteil gerne wahr.

Kriterien

Trifft Letzteres zu, sind die preiswerten Tickets von America West und USAirways in die engere Wahl zu nehmen. Wer eher auf ein besonders dichtes Flugnetz und gute Verbindungen in allen Teilen der USA bzw. Canadas Wert legt, sollte mit American, Continental, Delta oder United Airlines oder mit einer der beiden kanadischen Gesellschaften fliegen.

Miami Airport: Knotenpunkt (Hub) von American Airlines

Folgende Aspekte sind für eine "informierte" Entscheidung, also eine optimale Wahl, zu bedenken und wichtig:

Hin- und Rückflug

- Der Transatlantikflug sollte möglichst nicht als erstes gebucht werden. Liegt er vor der Entscheidung für ein Rundreiseticket bereits fest, kommt wegen der in diesem Punkt vorgebenen Restriktionen nur noch ein Teil der an sich vorhandenen Alternativen ernsthaft in Frage. Vergleichsweise flexibel bleibt man nur bei Buchung des Transatlantikflugs mit der Lufthansa.

Lufthansa

Ziele

- Wichtig ist die Aufstellung einer Liste von Zielen, die man anfliegen möchte, und Prioritätensetzung.

Unterlagen

- Von den Fluggesellschaften, deren Air Pässe in der engeren Wahl sind, benötigt man **aktuelles Informationsmaterial** bzw. einen intensiven Blick auf die entsprechenden **Internetseiten**. Wichtig ist, daß von jeder dieser Airlines **Flugplan** und ***System Route Map*** studiert werden. In der Karte sind alle Flugverbindungen eingezeichnet. Mit Hilfe der Unterlagen läßt sich – wenngleich mit ein bißchen Zeitaufwand – herausfinden, welche Fluglinie die besten Verbindungen für die eigenen Pläne besitzt. Dabei erkennt man auch deren Durchführbarkeit. Eventuell sind Modifikationen der Wunschroute notwendig, wenn ein bestimmtes, ggf. preisgünstiges Ticket erworben werden soll.

Streckennetz

- Auf keinen Fall darf man sich ausschließlich von der *System Route Map* leiten lassen. Die Tatsache allein, daß die Linie X das gewünschte Ziel A anfliegt, sagt wenig. Erst ein Blick in den Flugplan verrät, wie oft und an welchen Wochentagen dies geschieht. Mit nur 2 Flügen pro Woche am Montag und Donnerstag ist vielen nicht sonderlich gedient. Zum Lesen von Flugplänen ⇨ Seite 58.

Hubs

- Man muß auch daran denken, daß jeder *Hub Carrier* (⇨ Seite 33) für seinen Knotenpunkt grundsätzlich über die günstigsten Verbindungen verfügt. Als Planungshilfe hier die wichtigsten Knotenpunkte mit den dazugehörigen Gesellschaften:

Atlanta:	**Delta**
Boston:	**Northwest**
Chicago:	**American, United**
Dallas/Ft.Worth:	**American, Delta**
Denver:	**United**
Houston (IAH):	**Continental**
Las Vegas:	**America West**
Los Angeles (LAX):	**Delta**
Memphis:	**Northwest**
Miami:	**American**
Minneapolis:	**Northwest**
New York City JFK:	**TWA**
New York-Newark:	**Continental**
Orlando:	**Delta**
Phoenix:	**America West**
Salt Lake City:	**Delta**
San Francisco:	**United**
St. Louis:	**TWA**
Washington (IAD):	**United**

Großstädte

– Eine ganze Reihe von Cities besitzt mehrere Flughäfen. Welcher Flughafen unter dem Aspekt der Verkehrsanbindung empfehlenswert ist, läßt sich den Städtekapiteln entnehmen.

Mietwagen statt Flugzeug

– Bedenken sollte man auch die Möglichkeit, bestimmte Ziele per Mietwagen zu verbinden und ggf. von einem anderen als dem Ankunfts-Airport weiterzufliegen. Zwischen einigen Cities entfallen die – normalerweise hohen – Einweg-Mietzuschläge oder sind nur gering; typische Beispiele dafür sind etwa die Städte Floridas, San Francisco/Los Angeles und der Ballungsraum von Washington DC über New York bis nach Boston.

Zusatzregionen

– Wer in seine Reiseroute Ziele in Zusatzregionen (Karibik, Mexico, Hawaii) einbauen möchte, sollte nicht nur auf den Preis, sondern auch auf die dabei vorgeschriebenen Ab- und Rückflugairports achten. Bei einem Gabelflug läßt sich eventuell ein normaler Coupon sparen. Z.B. fliegt man San Francisco–Hawaii –Los Angeles, wenn beide kalifornischen Airports als Ausgangs-/Endpunkt des Abstechers zugelassen sind.

Umsteigen

– Nicht alle denkbaren Verbindungen stehen explizit im Flugplan. Es kann sein, daß man sich Umsteigeverbindungen selbst zusammenbauen muß. Das heißt, man selbst entscheidet sich für einen bestimmten Flug vom Ausgangsort zum nächsten Drehkreuz der jeweiligen Gesellschaft und wählt von dort den Anschlußflug zum gewünschten Ziel. Dafür benötigt man bei allen Airlines mindestens 2 Coupons.

Zeitbedarf

– Man sollte davon ausgehen, daß Flüge einen vollen Tag beanspruchen, außer man startet früh morgens, fliegt nur eine sehr kurze Strecke und/oder hat sehr gute Verbindungen. Der Transfer zum Flughafen, normale Wartezeiten und erst recht Verspätungen, Hotelsuche und Wagenmiete kosten insgesamt viel Zeit und Energie. Bedenken muß man auch die Zeitverschiebung bei Flügen über mehrere Zeitzonen (➪ Seite 140).

Planungshilfe

– Wer keine Lust oder Zeit hat, sich derart intensiv mit Routenkarten, Flugplänen und Planungsdetails zu befassen, kann sein Reisebüro um Rat bitten. Ob das zum gewünschten Erfolg führt, ist aber keinesfalls sicher. Viele Reisebüros arbeiten eng mit bestimmten Gesellschaften zusammen und verkaufen vorzugsweise deren Tickets.

Maschine der Comair, einer kanadischen Regionalfluglinie

3.2.2 VUSA Standby-Pässe

System

Reisen nach dem Standby-System ist die spannende Alternative zum Fliegen mit Reservierung. Standby-Anwärter müssen darauf hoffen, daß für den gewünschten Flug noch Plätze frei sind, oder ein Teil der Passagiere mit festen Buchungen nicht rechtzeitig erscheint.

Situation heute

Bis 1996 gab es VUSA-Tickets auf Stand-by-Basis zu erstaunlich günstigen Konditionen bei mehreren US-Airlines. Der große Erfolg dieser Tickets führte letztlich zu ihrer Abschaffung. Die Anzahl der Stand-by Aspiranten auf vielen Flügen wurde so groß, daß die Quote erfolgreicher Flüge rapide sank mit entsprechender Frustration der zurückbleibenden Passinhaber. Standby gehört im amerikanischen Tarifdschungel zwar bei vielen Gesellschaften nach wie vor zu den durchaus üblichen – wiewohl nicht auf allen Strecken und jederzeit verfügbaren – Sonderangeboten. Aber das bezieht sich dann auf einzelne Routen und ggf. Tage und ausgewählte Zeiten, nicht mehr auf das ganze Netz oder Teile davon.

Letztes Stand-by Ticket

Heute wird in Nordamerika nur noch ein einziger Pass angeboten, und zwar **von den mit Canadian Airlines verbundenen Regionalfluglinien**. Genau wie die Coupon-Tickets muß der Standby-Pass außerhalb Nordamerikas gekauft werden:

CANADIAN AIRLINES REGIONAL PARTNERS AIRPASS

Anschrift/Telefon:	Kleiner Hirschgraben 10-12 60311 Frankfurt am Main ✆ 068/13887-100, Fax: 069/137887-190
Hubs:	Toronto, Vancouver
Gültigkeit:	nur mit *Canadian Regional Partners*
Geltungsbereich:	wahlweise ganz Canada oder nur im Osten (***East Pass*** bis Winnipeg) oder Westen (***West Pass*** ab Winnipeg)
Zahl der Flughäfen:	im Osten 12, im Westen ca. 30
Preise 1 Woche:	*East Pass* 349 DM, *West Pass* 349 DM *National Pass* 449 DM
Preise 2 Wochen:	*East Pass* 499 DM, *West Pass* 499 DM *National Pass* 599 DM
Transatlantikflug:	beliebig
Transkontinental:	beliebig (nur bei National Pass)
Positive Aspekte:	– einzig verfügbarer Standby-Pass – Transatlantikflug nicht beschränkt
Nicht so gut:	nur maximal 2 Wochen gültig

Fazit: Wer bei begrenzter Zeit mehrere Städte Canadas kurz besuchen möchte und bei seiner Reiseplanung flexibel ist, wird mit diesen Tickets prima bedient.

3.2.3 Tips für VUSA-Ticketinhaber

Wer sich für einen Air-Pass entschieden hat, sollte unterwegs einige Punkte beherzigen, die das Fliegen in Amerika quasi "entspannen" und manches erleichtern.

Status

Mit einem Coupon-Ticket unterscheidet man sich im Prinzip nicht von einem "normalen" Fluggast. Das gilt auch für das Ticket, das für jeden Flug einen Flugschein enthält, der wie gewohnt beim Einchecken entnommen wird.

Reservierung

Die Mehrheit der Reisenden wird zur Absicherung der Reiseplanung die gewünschten Flüge bereits vor Reiseantritt weitgehend reservieren lassen. Wenn in der Heimat noch nicht alle Flüge fest gebucht wurden, sollte man dies sobald als möglich in den USA nachholen. Normalerweise genügt ein Anruf bei der Airline, der auch vom Hotel aus unter einer der 800-Nummern (➪ Seite 109) oft gebührenfrei ist oder nur mit einer geringen Pauschale berechnet wird. Dazu muß man aber sprachlich fitter sein als bei persönlichem Erscheinen am Ticketschalter in einem Flughafen oder in einem der Stadtbüros. Die Reservierung unterwegs macht so oder so mehr Umstände als die Buchung von zu Hause aus.

Platzbuchung

Andererseits kommt man um kontinuierlichen persönlichen oder telefonischen Kontakt mit "seiner" Airline ohnehin nicht herum, möchte man sicherstellen, daß die richtigen Plätze (am Fenster, am Gang, nebeneinander etc.) reserviert sind bzw. wurden. Damit warten bis zum Einchecken, bedeutet oft, dorthin gesetzt zu werden, wo gerade noch etwas frei ist. Theoretisch lassen sich die Plätze – ebenso wie die Flüge – lange im voraus buchen, aber in der Praxis funktioniert das nicht immer perfekt.

Anruf nicht vergessen

Wer sichergehen möchte, daß alles klappt, sollte vor jedem Flug noch einmal ein paar Stunden vor der offiziellen Startzeit "seine" Airline anrufen. Bei ungewöhnlichem Wetter (Nebel, *Hurricane*-Warnung etc.) empfiehlt es sich sowieso, den Stand der Dinge telefonisch zu erkunden.

Zeitbedarf fürs Einchecken

Zeitiges Erscheinen auf einem unbekannten Flughafen kann nicht schaden. Man sollte kalkulieren, etwa eine bis eineinhalb Stunden vor Abflug dort zu sein. Dann ist auch für ein Verfahren mit dem Mietwagen, unvorhergesehene Verkehrsstaus und unerwartet lange Warteschlangen am Schalter oder vor dem Sicherheitscheck zur Not noch ein zeitlicher Puffer vorhanden. Die absolute ***Deadline*** (letzter Zeitpunkt) der meisten Gesellschaften fürs Einchecken liegt bei Inlandsflügen 15 min vor dem planmäßigen Abflug.

3.3 TICKETKAUF IN NORDAMERIKA

3.3.1 Zu Preisen und Konditionen vor Ort

Situation

Dieses Kapitel wendet sich an alle Reisenden, die nicht mit bereits in der Heimat erstandenen VUSA-Flugscheinen unterwegs sind. Obwohl im Ausland gekaufte Tickets für inneramerikanische Verbindungen bis zu 40% preiswerter sind als der jeweils gültige Normaltarif (➪ unten), stehen für manche Strecken die Chancen gut, vor Ort ein noch vorteilhafteres Ticket zu ergattern. Abgesehen davon kann man sich ja auch erst während der Reise entschließen, noch einen Flug zu buchen. Sei es, weil ein eigentlich per Auto geplanter Abstecher bei knapper Ferienzeit letztlich zu weit erscheint oder eine passende Flugverbindung reizt.

Airpass-Inhaber

Auch wer mit Coupontickets unterwegs ist, kommt unter Umständen nicht umhin, noch ein zusätzliches Ticket erwerben zu müssen: Wenn etwa ein ins Auge gefaßtes Ziel abseits des Streckennetzes der gebuchten Airline liegt, deren Maschinen voll sind oder – auch das gibt es ja – der Airpass abhanden kam. Der Kauf eines Flugscheins ist im Grundsatz natürlich kein Problem. Wer bereit ist, den Normaltarif zu zahlen, findet auch kurzfristig fast immer noch Platz.

Tarifsystem

Der explizite Bezug auf den **Normal-** oder **Basistarif** (*basic fare*) soll andeuten, daß inneramerikanische Flüge durchaus nicht immer sonderlich preiswert sind. Vielmehr gehen diese – auch wegen der großen Entfernungen – ziemlich ins Geld, kauft man ein Ticket in den USA oder Canada kurzfristig und erwischt dabei keinen Spezialtarif oder fliegt nicht mit einer *Discount Airlines* (➪ unten und Seite 57). Kostspielig sind insbesondere Flüge zu relativ entlegenen Zielen, die nur von einer einzigen Gesellschaft bedient werden.

Im folgenden wird erläutert, worauf zu achten ist, um in den USA bei Buchung vor Ort möglichst preiswert zu fliegen. Die Hinweise beziehen sich auf Flugscheine, deren Erwerb jedermann offensteht:

Bereits aus den äußerst unterschiedlichen Bedingungen der VUSA-Rundreisetickets geht hervor, daß in Nordamerika jede Fluglinie ihr eigenes Tarifsystem besitzt. Wenn mehrere Airlines eine Strecke bedienen, dann gibt es so viele Basispreise wie Gesellschaften, von Sondertarifen nicht zu reden

Preiswerte Airlines

Auf diversen Routen konkurrieren die etablierten Luftlinien mit "Billigfliegern", die bestehende Basistarife z. T. erheblich unterbieten. Man kann davon ausgehen, daß die Flugpreise von Linien wie **Southwest**, **Western Pacific, Kiwi, Value Jet,** sogar der neuerdings "wiederbelebten" **PanAm,** durchweg unter denen der großen Konkurrenz liegen.

Sondertarife

Typische Beispiele für einen starken Preiswettbewerb sind die Flüge zwischen New York und der Westküste oder in Richtung Florida, aber auch zwischen Los Angeles und San Francisco. Speziell auf diesen Strecken kommt es immer wieder zu erstaunlichen Sonderangeboten. Bei Preisunterbietungen zieht die Konkurrenz mit, um nicht allzuviele Passagiere zu verlieren. Größere Fluglinien, die ein Ziel mehrere Male täglich anfliegen, bieten dann für ausgewählte Abflugzeiten eine Anzahl von Tickets zu Niedrigtarifen. Ein Anruf bei den entsprechenden Gesellschaften kann nicht schaden, bevor man die oft sehr vollen Flüge von Discountlinien bucht.

Außerhalb der (je nach Region und Ziel unterschiedlichen) Hauptsaison steigt mit geringerer Auslastung der Jets die Vielfalt der Sondertarife. In den Wochenendausgaben der Tageszeitungen stößt man auf günstige Flugangebote. Sehr gängig sind zum Beispiel ***Super Saver Fares*** für *Return Tickets*, die mindestens 7 Tage oder länger vor Abflug bezahlt sein müssen.

Konditionen der Sondertarife

Generell gilt, daß Tickets dann billiger als der Normaltarif sind, wenn

- sie längere Zeit vor dem Flug gekauft (und bezahlt) werden
- Hin- und Rückflug gebucht werden. Beides zusammen ist bisweilen günstiger als der Einfach-Normaltarif. Den Rückflug, so man ihn nicht braucht, läßt man verfallen. Das Ticket zu verschenken/verkaufen, ist offiziell untersagt.
- zwischen Hin– und Rückflug Samstag oder Sonntag liegt
- an bestimmten Wochentagen (meist Wochenmitte) und/oder Tageszeiten (meist später Vormittag, früher Nachmittag und spät abends, siehe unten) auf vielfrequentierten Strecken die Flüge weniger ausgelastet sind
- der Passagier eine Verbindung mit Zwischenlandungen und/oder Umsteigen in Kauf nimmt

Probleme

Aber Achtung, manches ermäßigte Ticket verfällt bei Nichtantritt der Reise, gleich aus welchen Gründen. Auch Umbuchungen sind vielfach nicht möglich.

Nachttarife

Praktisch alle Gesellschaften offerieren für Flüge am Abend oder in der Nacht sog. ***Night Coach*** Tarife, die je nach Route und Airline um bis zu 25% ermäßigt sind. Als *Night Coach* gilt in der Regel, was ab/nach 21 Uhr abfliegt. Flugscheine für den Nachtflug werden wie Normaltickets behandelt.

Erwerb, wo?

Der bequemste Weg zum preiswerten Ticket ist im Prinzip das nächste Flugreisebüro, wo man seinen Wunsch nach der günstigsten Verbindung von z.B. Seattle nach Denver vorträgt. Bei sachkundiger Bedienung des Buchungs-Computers sind Airline, Abflugdatum und -zeit für den billigsten Flug schnell gefunden. Nun ist das Interesse vieler privater ***Travel Agencies*** an preisbewußten Passagieren (die nicht gleichzeitig

Dauerkunden sind) nicht übermäßig groß, da sich die Provision vom Ticketpreis ableitet. Vor allem in den Großstädten gibt es aber auf Billigflüge spezialisierte Reisebüros. Wer seine Automobilklub-Mitgliedskarte dabei hat, kann sich auch an die **Reisebüros des AAA** wenden, ➪ Seiten 90 und 92. Die Angestellten des AAA haben persönlich nichts davon, wenn sie besonders preiswerte Tarife "übersehen".

Direktbuchung

Es macht zwar Mühe, kostet aber nichts, die Gesellschaften unter ihren 800-Nummern selbst anzurufen und das preisgünstigste Ticket für die gewünschte Verbindung – so vorhanden – zu erfragen. Um eine Buchung am Telefon sicherzustellen, muß man Kreditkartennummer und Verfalldatum (*Expiration Date*) parat haben.

Alaska Airlines*)	1-800-426-0333
Aloha Airlines (Hawaii)	1-800-227-4900
America West	1-800-235-9292
American Airlines	1-800-433-7300
Continental *national*	1-800-523-3273
international	1-800-231-0856
Delta *national*	1-800-221-1212
international	1-800-241-4141
Frontier Airlines	1-800-432-1359
Kiwi Airlines)**	1-800-538-5494
Midwest Express	1-800-452-2022
Midway Airlines)**	1-800- 446-4392
Northwest *national*	1-800-225-2525
international	1-800-447-4747
PanAm	1-800-225-2525
Southwest	1-800-435-9792
TWA	1-800-221-2000
United Airlines	1-800-241-6522
USAirways	1-800-428-4322
Value Jet)**	1-800-825-8538
Air Canada	1-800-776-3000 (USA) 1-800-4CANADA (CA)
Canadian Int`l	1-800-426-7000 (USA) 1-800-665-1177 (CA)

Sollte eine 800-Nummer nicht mehr zutreffen, erfährt man die **neue *toll-free-number*** unter **1-800-555-1212**.

---

*) Mitunter für Teilstrecken der Alaska-Flüge sehr günstig. Beispiel: Auf der Streckenführung San Francisco–Portland–Seattle–Anchorage wird das halbvolle Flugzeug auf den ersten bzw. letzten Abschnitten gerne mit Nicht-Alaska Passagieren ausgelastet.

**) Airlines mit Billigtarifen für ausgewählte Routen

3.4 Unterwegs in den USA und Canada

In diesem Kapitel geht es darum, den Leser mit den Flugplänen der Airlines, wichtigen Bestimmungen und praktischen Details sowie mit einigen in Amerika üblichen Gepflogenheiten im Flugverkehr vertraut zu machen.

3.4.1 Flugpläne

Aufbau

Flugpläne sind zwar mehr oder weniger nach dem gleichen Prinzip aufgebaut, nichtsdestoweniger gibt es besonders übersichtliche und ausführliche (z.B. Delta) und weniger benutzerfreundliche Flugpläne.

Beispiel

Angenommen, man möchte von New York /Newark Airport nach New Orleans fliegen, dann findet man im Flugplan z.B. folgenden passenden Eintrag unter New York, Abflüge nach New Orleans:

New York
to **New Orleans**
6:55p E 11:26p 389/1006 C x6 D

Dabei bedeutet:

6:55p Abflug 6:55 abends (*pm*), immer Ortszeit!

E ab Newark Airport (**L**=La Guardia und **J**=J.F. Kennedy). Auf die Airport-Kennzeichnung muß man nur im Fall großer Cities achten, wo mehrere Flughäfen existieren (könnten). Sie sind immer durch einen Großbuchstaben markiert (***One Letter Code***)

11:26p Ankunft 11:26 **abends** (*pm*) Ortszeit

389/1006 Flugnummer(n). 2 Ziffern verraten bereits, daß es sich um 2 Flüge handelt, man also umsteigen muß. Das geht auch aus der nächsten Angabe hervor:

C für *Connecting Flight*, also Verbindungs/Umsteigeflug. Stünde statt des C nichts oder eine **0**, wäre der Flug *non-stop*. Die Ziffern **1**, **2** oder gar **3** – so vorhanden – nennen die Anzahl der Zwischenlandungen ohne Flugzeugwechsel. Für Couponticketinhaber weist das **C** (bei den meisten Airlines) nebenbei darauf hin, daß **2 Coupons** benötigt werden. Zwischenlandungen sind in dieser Hinsicht unschädlich.

x6 außer (**x für *except***) dem 6. Tag der Woche, also täglich außer Samstag. Stünde hier stattdessen eine Ziffernfolge ohne das 'x', markierten diese die Wochentage des Fluges. Keine diesbezügliche Angabe oder ein explizites *daily* bedeuten "täglich".

D für ***Diner***, also wird Abendessen serviert. Für das Frühstück stünde ein **B** (*Breakfast*), fürs Mittagessen **L** (*Lunch*) und für den kleinen Snack **S**.

3.4.2 Gepäcklimits

Empfehlung

Wer kennt das nicht: während der Reise stellt sich heraus, daß man – wieder einmal – viel mehr Gepäck mitgenommen hat als eigentlich benötigt. Gerade auf Flügen nach und durch Nordamerika liegt es angesichts hoher Freigrenzen (siehe die folgenden Abschnitte) nahe, dem Gepäckgewicht und -umfang keine besondere Aufmerksamkeit zu schenken. Auf einer Rundreise per Flugzeug sollte man aber auf keinen Fall mehr Koffer dabeihaben, als sich ohne fremde Hilfe auf einmal tragen lassen. Abgesehen von Zusatzkosten für Gepäckträger und Trinkgeldern im Hotel (ca. $1 je Gepäckstück wird in besseren Hotels erwartet) werden An– und Abfahrten zum Flughafen, Gebäudewechsel, Wartezeiten und Einchecken zum Dauerstress. Je leichter das Gepäck, umso entspannter verlaufen die Reisetage.

Freigepäck beim Transatlantikflug

Limits

Bei **Linienflügen** über den Atlantik werden pro Person bis zu **2 Gepäckstücke** mit einem Gewicht von **maximal je 32 kg** frei befördert. Dabei darf die Summe aus Länge, Breite und Höhe jedes Gepäckstücks **158 cm** nicht überschreiten. Nur sehr große Koffer übertreffen dieses Maß. Als **Handgepäck** ist ein Stück mit den Maximalmaßen von **55x40x20 cm** erlaubt. Im **Charterverkehr** beträgt das Freigepäck pro Passagier oft nur **20 kg**. Bei Übergepäck sind erhebliche Zuschläge fällig. Jedes überzählige Kilo wird offiziell mit 1% der Kosten eines *First Class Ticket* abgerechnet. Bei kleineren Überschreitungen besteht aber in der Regel kein Anlaß zu großer Sorge. Die meisten Fluggesellschaften verhalten sich recht kulant und bitten erst bei deutlichem Mehrgewicht zur Kasse.

Freigepäck auf inneramerikanischen Flügen

Im Gegensatz zum Transatlantikflug sind auf inneramerikanischen Flügen durchweg **zwei Handgepäckstücke** gestattet. Sie müssen unter den Sitz des Vordermannes oder in das Gepäckfach über den Sitzen passen.

Handgepäck

Da die Gepäckfächer oft nicht ausreichen, um das *Carry-on Luggage* aller Passagiere aufzunehmen, ist verbleibendes Gepäck unter den Sitzen zu verstauen. Das funktioniert nur bei Taschen und Koffern bis zu **55x36x20 cm** (Länge/Breite/ Höhe). In die Gepäckfächer paßt theoretisch Gepäck bis zur Größe 90x50x30 cm. In der Praxis wird man höchst selten über soviel Freiraum verfügen können.

Da die **Handgepäcksbestimmungen** bei weitgehender Identität in Einzelfällen stark variieren, im folgenden die jeweiligen Höchstwerte der wichtigsten US-Airlines **für Inlandsflüge**:

Handgepäcklimits amerikanischer/kanadischer Airlines

	Anzahl Gepäckstücke	Gesamtgewicht
America West	2	max je 32 kg
American	2	max. je 32kg
Continental	2	unbegrenzt
Delta	2	max. je 18 kg
Northwest	2	unbegrenzt
TWA	2	max. je 32kg
United	2	max. 22 kg
USAirways	2	max. 18 kg
Air Canada	2	max. 32 kg
Canadian	2	max. 32 kg

(Angaben ohne Gewähr, für Commuter-Flüge gelten abweichende, d.h., strengere Bestimmungen)

Aufgegebenes Gepäck

An aufgegebenem bzw. "eingechecktem" Gepäck lassen alle Gesellschaften mindestens 2 Stücke zu. Einige Airlines gestatten 3 Gepäckstücke, sofern der Passagier sich auf ein Handgepäckstück beschränkt.

Die Gesamtmaße (Höhe+Breite+Länge) dürfen 157 cm für das erste und 140 cm für das zweite Gepäckstück nicht überschreiten. Als **Gewichtsobergrenze** gelten je **31.5 kg**.

Standby-Gepäck

Empfehlung

Wer Standby reist, sollte Gepäck nur aufgeben, wenn ziemlich sicher in der gewünschten Maschine noch Platz ist. In Anbetracht der hohen Handgepäckfreigrenzen ist es eigentlich kein Problem, auf das Gepäckeinchecken ggf. ganz zu verzichten. Wenn irgend möglich, sollten Standby-Passagiere das Gewicht unter 20 kg halten! Je schwerer das Gepäck, umso unbeweglicher wird man.

3.4.3 Sicherheit

Sicherheits-Check

Ein leidiges, aber wichtiges Thema ist das der Sicherheit in Flughafen und Flugzeug. Die Sicherheitsvorkehrungen, auch in kleineren Flughäfen, sind in den USA lückenlos. Passagiere und Besatzungen werden auf metallische Gegenstände überprüft, Gepäck und Handgepäck durchleuchtet (Vielflieger sollten wegen der möglichen Mehrfach-Strahlenbelastung vorsichtshalber Kamera und Filmmaterial durch Bleibeutel schützen, die sich in Fotoläden beschaffen lassen.) Eine lange Liste von Gegenständen, die nicht mit an Bord gebracht oder aufgegeben werden dürfen, hält jede Airline bereit. In erster Linie gehören dazu Waffen jeder Art, magnetische und radioaktive Gerätschaften, komprimierte Gase (z.B. Tränengasspray oder Campinggas), Feuerwerkskörper, ätzende und korrodierende Flüssigkeiten.

Die Vorschriften werden äußerst ernst genommen. Scherzhaften Bemerkungen über Bomben oder Waffen im Gepäck, wenn einem die Suchprozedur übertrieben erscheint, bringen Flug- und Sicherheitspersonal wenig Verständnis entgegen. Auch dem kleinsten Verdacht gehen sie im Zweifel nach, und sei es aufgrund eines flapsigen Spruchs.

Im Flugzeug

Zur persönlichen Sicherheit an Bord des Flugzeugs macht es Sinn, die folgenden Punkte zu beachten:

- Den **Sicherheitsdemonstrationen** der Flugbegleiter sollte man nicht nur aus Höflichkeit Aufmerksamkeit schenken! Es sind Situationen denkbar, in denen man sich gern daran erinnert.
- Es kann nicht schaden, sich zu merken, wieviele Sitzreihen der nächste **Notausgang** entfernt ist.
- Auch ohne Aufforderung sollte man während des Fluges sicherheitshalber (locker) **angeschnallt bleiben**.
- Während der Starts und Landungen verrutschen Gegenstände in den Gepäckfächern über den Sitzen gelegentlich derart, daß sie beim Öffnen herausfallen. Deshalb Vorsicht.

3.4.4 Rechte als Passagier nordamerikanischer Airlines

Verspätete und gestrichene Flüge

Delays

Die Abflug- und Ankunftzeiten der Flugpläne sollte man nur als Näherungswerte betrachten. Sie werden in den seltensten Fällen exakt eingehalten, zumindest gilt dies für den Abflug. Oft landet ein Flug pünktlich, obwohl sich der Start eine halbe Stunde verzögert hat. Was zeigt, daß die meisten Airlines bereits im Flugplan Vorgaben unterbringen, um – die leider recht häufigen – ***Delays*** auffangen zu können.

Gründe

Ursachen für Verspätungen gibt es reichlich: schlechtes Wetter, überfüllter Luftraum, eine defekte Maschine, fehlende Besatzungsmitglieder, organisatorische Mängel usw. Letztlich bleibt nichts anderes übrig, als Verspätungen gelassen hinzunehmen, was immer der Grund dafür sein mag. Das Schalterpersonal im Flughafen kann man am allerwenigsten dafür verantwortlich machen; aufkommenden Frust sollte man nicht an ihnen abreagieren.

Folgen von Verspätungen

Wenn bei größeren Verspätungen Hotel- bzw. Mietwagenbuchungen gegenstandslos werden oder Anschlußflüge voraussichtlich "platzen", sollte man sich nicht scheuen, das Personal seiner Gesellschaft um telefonische Verschiebung bzw. Anullierung von Reservierungen zu bitten. Zumindest die kostenlose Benutzung des Telefons der Airline wird in diesen Fällen normalerweise eingeräumt. Dies gilt natürlich erst recht, wenn ein Flug gestrichen (*cancelled*) wird.

Gestrichene Flüge

Im Fall einer *Cancellation* buchen Fluggesellschaften ihre Passagiere automatisch auf den nächstmöglichen Flug um. Geht vor Abflug der nächsten linieneigenen eine Maschine der Konkurrenz, werden Vollzahler auch auf Flügen fremder Gesellschaften untergebracht. Inhaber von Coupon-Tickets dürfen darauf nicht hoffen, sie sind an ihre Airline gebunden.

Hotel

Kulante Airlines zahlen von Ausfällen betroffenen Passagieren Hotel und Verpflegung, wenn eine Übernachtung unvermeidbar ist. Ein Rechtsanspruch darauf besteht leider nicht.

Überbuchte Flüge

Es gibt Leute, die sich vorsichtshalber einen Platz auf mehreren Flügen reservieren lassen. Die Buchungssysteme der Fluggesellschaften sind noch nicht in der Lage, derartige Mehrfachreservierungen herauszufiltern und damit von vornherein zu verhindern.

Schein-buchungen

Die Airlines verlieren durch Scheinbuchungen viel Geld, weil dadurch die Zahl der für eine bestimmte Maschine verkäuflichen Tickets reduziert wird. Als Gegenmaßnahme und zum Ausgleich normaler Passagierausfälle überbuchen sie bei starker Nachfrage ihre Flüge um einen bestimmten Erfahrungswert. Erscheinen zum Beispiel im statistisch ermittelten Schnitt für einen bestimmten Flug 10% weniger Passagiere als gebucht, akzeptiert die Airline bis zu 11% mehr Reservierungen als Plätze vorhanden sind. Bleibt bei einem derart überbuchten Flug der Prozentsatz der *No-Shows* unter dem kalkulierten Wert, hat die Fluglinie ein Problem: Sie kann Passagiere trotz gültiger Tickets und bestätigter Reservierung nicht befördern. Sie muß daher eine entsprechende Anzahl von Leuten von der Beförderung ausschließen. Dieser Vorgang wird als ***Bumping*** bezeichnet.

Bumping

Ergibt sich die Notwendigkeit zum *Bumping*, suchen die Airlines zunächst nach Passagieren, die Ihren Sitz freiwillig aufgeben (*Voluntary Bumping*). Sie bieten als Anreiz meistens einen Freiflug für eine Strecke innerhalb der USA/Canadas. Finden sich dennoch nicht genügend Freiwillige, muß ein Teil der Passagiere unfreiwillig "gebumpt" und auf andere Flüge umgebucht werden. Oft sind es diejenigen, die am Ende der Eincheck-Schlange stehen. Erreichen umgebuchte Passagiere ihr Ziel mit weniger als einer Stunde Verspätung, haben sie keinen Anspruch auf **Entschädigung**. Beträgt die Verspätung mehr als eine, aber weniger als 2 Stunden, erhalten sie eine finanzielle Kompensation, höchstens jedoch **$200**. Bei Verspätungen über 2 Stunden erhöht sich der Betrag auf **$400**. Einige Airlines leisten diese an sich gesetzlich festgelegten Zahlungen nicht unaufgefordert, sondern erst nach Reklamation durch Betroffene.

Kompen-sation

Ausnahme

Keine Entschädigung trotz *Bumping* gibt es für Passagiere

- ohne feste Reservierung
- von Flugzeugen mit weniger als 60 Sitzplätzen
- welche die *check-in deadline* nicht eingehalten haben

Das Risiko (oder bei viel Zeit und Spekulieren auf die Entschädigung vielleicht sogar der günstige Umstand), unfreiwillig "gebumpt" zu werden, ist im allgemeinen gering, wenn auch bei verschiedenen Fluggesellschaften erstaunlich unterschiedlich.

Lohnt sich ein *voluntary bumping*?

Aspekte

Bevor man sich ggf. entschließt, seinen bereits sicheren Platz freiwillig aufzugeben, sollte man möglichst genau folgendes herauszufinden versuchen:

- Welche Alternativen bieten sich für die **Weiterbeförderung**?
- Existieren Anschlußflüge, Hotel- oder Mietwagenreservierungen, die eventuell nicht eingehalten werden können? Es ist möglich, daß alle **Folgereservierungen** für Flüge einer Gesellschaft automatisch gestrichen werden, wenn Passagiere einen Flug nicht antreten.
- Was bietet die Airline als **Kompensation**? Geld oder einen Freiflug? Auf welcher Route gilt der Freiflug? Gilt er für alle Tage oder nur zu bestimmten Zeiten? Läßt sich der Freiflug ggf. in die eigene Reiseplanung sinnvoll einbauen?

Voluntary Bumping

Für die meisten **Coupon-Flieger** macht die eventuelle Aufgabe eines bestätigten Fluges nur dann Sinn, wenn eine finanzielle Entschädigung winkt. Um etwa einen Freiflug in der ja im voraus festgelegten Route gut unterbringen zu können, bedarf es einer zufällig dafür günstigen Situation. Für **Stand-by-Flieger** existiert kein Problem, da sie bei überbuchten Flügen ohnehin keinen Platzanspruch besitzen.

Fehlgeleitetes und verlorengegangenes Gepäck

Es kommt zwar nicht allzu häufig vor, aber passiert eben doch. Die letzten Koffer sind offensichtlich entladen und drehen – weniger werdend – ihre Runden auf dem Fließband, nur der eigene ist nicht dabei.

Gründe

Es gibt viele Möglichkeiten, warum Gepäck nicht dort auftaucht, wo es sollte. Die günstigste Erklärung liefern Umsteigverbindungen, bei denen die Zeit nicht reichte, alles Gepäck umzuladen oder sonst irgend etwas schief ging. In solchen Fällen trudeln die Koffer meistens mit der nächsten Maschine ein. Ernster sind falsche oder abgerissene Gepäckanhänger und aufgeplatzte Koffer. Dann kann es länger dauern, oder das Gepäck bleibt ganz oder teilweise verschwunden.

Verlustquote

Die Verlustquote (einschließlich temporären Verschwindens) liegt immerhin zwischen 5 und 10 Gepäckstücken pro 1000 Passagieren. Aber dieser rein statistische Wert, der auf einzelnen Flügen bei weitem nicht erreicht werden muß, ist in Bezug auf den individuellen Passagier keine fixe Größe. Es gibt ein paar Punkte, bei deren Beachtung das personenbezogene Verlust-/Fehlleitungsrisiko erheblich verringert wird:

Individuelles Verlustrisiko

- Manche Leute vergessen, die **Koffer-Anhänger** von vorangegangenen Flügen zu **entfernen**, sei es aus Nachlässigkeit, oder bewußt. Wer alte ***baggage-tags*** entfernt, verhindert, daß sein Gepäck die Route der letzten Wochen nochmals abfliegt.

- Ein scharfer Blick auf den ***3-Letter-Code*** (➪ Liste im Anhang hinten) **des Gepäckanhängers** macht immer Sinn. Er **muß** dem Zielflughafen entsprechen. Man sollte lieber einmal zuviel als zu wenig nachfragen wenn der Eindruck besteht, daß falsche Anhänger am Koffern befestigt wurden. Irrtümer kommen gerade an Schaltern, an denen alle Passagiere unabhängig vom Ziel einchecken (ist in Nordamerika bei den inneramerikanischen Flügen meistens der Fall), relativ leicht vor. Das gilt auch bei **Gepäckaufgabe bereits draußen vor dem Terminal**, den viele Airlines als Pre-Check-Station zur Entlastung der eigentlichen Schalter eingerichtet haben.
- Außen an die Gepäckstücke gehören persönliche – möglichst stabile und reißfeste – **Adressanhänger** und innen hinein eine nicht ohne weiteres herausnehmbare Namens- und Anschriftenangabe. Allein auf Papieranhänger und Aufkleber der Airlines als Identifikationsmittel sollte man sich nicht verlassen.
- Das Gepäck sollte immer abgeschlossen und im Zweifel mit zusätzlichen Gurten gesichert werden.

Was tun bei Verlust?

Wenn trotz aller Aufmerksamkeit und Vorsichtsmaßnahmen das Gepäck nicht ankommt, was ist dann zu tun?

Jede Airline hat im Bereich der Gepäckausgabe (***Baggage-Claim***) ein Büro oder dort nach der Ankunft eines Fluges zumindest einen Mitarbeiter postiert. Für eine Verlustanzeige benötigt man die Gepäckabschnitte (***Baggage Identification Tag***). Diese werden beim Einchecken üblicherweise in das Ticket geheftet. Außerdem ist das Gepäck zu beschreiben. Als außerordentlich nützlich erweist es sich dann, wenn man vorsorglich Marke, Größe, Form und Farbe seines Gepäcks notiert hat. Die Fluggesellschaften erleichtern ihren weniger vorausschauenden Fluggästen die korrekte Beschreibung durch eigens für diesen Zweck bereitgehaltene Fotos verschiedener Koffer- und Taschentypen.

Gepäckverlust

Eine Kopie der Verlustanzeige verbleibt beim Passagier. Werden Gegenstände aus dem Gepäck dringend benötigt – einige Kleidungstücke und Toilettenartikel –, stellen kulante Airlines eine kleine Summe für Übergangsanschaffungen zur Verfügung. Nicht reklamierbar sind Papiere, Kreditkarten, Flugtickets und Bargeld; sie gehören ins Handgepäck. Ebenfalls laufend benötigte Medikamente und – vorsichtshalber – die Zahnbürste.

Entschädigung

Taucht das Gepäck auf, wird es zur angegebenen Adresse gebracht. Das passiert in über 90% aller verlorengegangenen Gepäckstücke innerhalb von 2 Tagen. Nur ein sehr geringer Teil bleibt wirklich verschwunden. Geschieht das, wird zur Ermittlung des Verlustwertes eine genaue Aufstellung des Gepäckinhalts verlangt. Anhand dieser Liste bestimmt die Airline die Höhe der Entschädigung (höchstens $1250 pro Gepäckstück) und überweist den Betrag eines schönen Tages. Bis die effektive Auszahlung erfolgt, kann ein halbes Jahr und mehr vergehen.

Beschädigtes Gepäck

Ebenfalls nicht erfreulich sind beschädigte Gepäckstücke, speziell, wenn damit auch noch ein Teil des Inhalts Schaden nahm und/oder abhanden kam. Sollte das Gepäck in ersichtlich beschädigtem Zustand sein Ziel erreichen, ist ebenfalls eine Schadensanzeige zu empfehlen (***Damage Claim***). Das Verhalten der *Airlines* in solchenFällen variiert. Verlangen kann man zumindest den Ersatz von Reparaturkosten.

Beschwerden

Adressen

Falls Anlaß besteht, sich über eine Fluggesellschaft oder über deren Personal zu beschweren, ist dafür deren Abteilung ***Customer Service*** oder ***Consumer Affairs*** zuständig; die Anschriften sind wie folgt:

American Airlines
Consumer Relations
P.O. Box 619616
Dallas-Fort Worth Airport
TX 75261-9616

America West Airlines
Consumer Affairs
222 South Mill Ave.
Tempe, Arizona 85281

Continental Airlines
Customer Relations
3663 North Belt East, 5th floor
Houston, TX 77032

Delta Airlines
Consumer Affairs
Hartsfield Atlanta Airport
Atlanta, GA 30320

Northwest Airlines
Customer Relations
Mail Stop A 5100
Minneapolis/St. Paul International Airport
St. Paul, MN 55111

Trans World Airlines
Customer Service
2 Penn Plaza
New York, NY 10121

United Airlines
Consumer Affairs
P.O. Box 66100
Chicago, IL 60666

US Airways
Consumer Affairs
Washington National Airpor,
Washington, DC 20001

Canadian Airlines
Customer Relations
615, 18th St. SE
Calgary, Alberta, Canada T2E 6J5

Zuständige Aufsichtsbehörde

Man kann sich mit generellen Klagen über eine Gesellschaft auch an die Aufsichtsbehörde des Luftverkehrswesens wenden, nämlich an das Transportministerium:

Office of Community and Consumer Affairs
U.S. Department of Transportation
400 7th Street SW, Room 10405
Washington, D.C. 20590 USA

Statistik

Interessant ist in diesem Zusammenhang, wie viele Beschwerden über die wichtigsten US-Fluggesellschaften beim Transportminister so eingehen. Im Laufe der Jahre war interessant, daß immer wieder andere Airlines stärker von Reklamationen betroffen waren. Nicht über Jahre ein- und dieselbe. Eine Empfehlung oder Ablehnung bestimmter Airlines läßt sich daraus daher nicht ableiten.

4. VOM FLUGZEUG AUF DIE STRASSE: HOW TO GET AROUND?

Auto als wichtigstes Transportmittel

Nach jeder Ankunft stellt sich die Frage des Weitertransports ab Flughafen. Je nach individuellen Plänen, Geldbeutel und örtlichen Gegebenheiten wird die Wahl unterschiedlich ausfallen. Die folgenden Abschnitte machen mit den grundsätzlichen Alternativen vertraut. Das Hauptgewicht liegt dabei auf der **Fahrzeugmiete**. Denn fürs Herumkommen in den USA - nicht nur des Touristen aus Übersee – ist das Auto ungleich bedeutender als in Europa. Während hierzulande die relativ teure Automiete bei Stadtbesuchen und für Ausflüge in die Umgebung eines per Flugzeug erreichten Zwischenziels eher eine untergeordnete Rolle spielt, geht es in den USA und ebenso in Canada ohne Auto oft gar nicht. Mietwagen sind jedoch im allgemeinen erheblich preiswerter als in Deutschland, der Schweiz oder Österreich.

Öffentliche Verkehrsmittel

Sieht man ab von den üblicherweise vorhandenen Flughafenzubringern und den in einigen Großstädten durchaus akzeptablen bis guten U-Bahn- und Busverbindungen, steht es generell um die Möglichkeiten des öffentlichen Verkehrssystems nicht sehr gut. Das gilt insbesondere für abseits der Stadtzentren und weiter außerhalb gelegene Ziele. Die Mehrheit der **Nationalparks und -monumente** sind nur mit dem Auto oder per kostspieliger geführter Bustour zu erreichen, die wenigsten mit regelmäßig verkehrenden Linienbussen oder der Bahn. Doch zunächst zum Mietwagen:*

4.1 RENT-A-CAR USA/CANADA

4.1.1 Grundsätzliches zur Fahrzeugmiete

Voraussetzungen

Ein Auto zu mieten, ist in Nordamerika ein unkompliziertes Geschäft, sofern der Kunde die Voraussetzungen erfüllt:

- nahezu unabdingbar ist ein **Mindestalter** aller als Fahrer vorgesehenen Personen **von 21 Jahren**. Dabei berechnen alle Pkw-Verleiher einen Zuschlag von $5 (nur Canada) bis $20 pro Tag für jeden Fahrer, der das 25. Lebensjahr noch nicht vollendet hat. Einige Firmen akzeptieren Fahrer unter 23 oder 25 Jahren gar nicht. Nur in wenigen Großstädten gibt es kleinere *Rental Car Agencies*, die gegen happigen Aufpreis Fahrzeuge an jüngere Fahrer vermieten.
- im Auto-Verleihgeschäft läuft ohne **Kreditkarte** fast gar nichts. Nur Vorbucher, die bereits in der Heimat alle Kosten bezahlt haben, dürfen die Kaution schon mal bar oder in Reiseschecks hinterlegen. Bei Buchung eines Mietwagens vor Ort sind Vermieter meist nicht bereit, anstelle der Kreditkarte Bargeld zu akzeptieren. Folglich läßt sich ohne Angabe einer Kreditkartennummer auch kein Wagen verbindlich reservieren.

- natürlich muß der **Führerschein für alle** als **Fahrer** zu registrierenden Personen vorgelegt werden. Häufig wird für zusätzliche Fahrer (auch über 25) ein Aufschlag berechnet. Den Firmen genügt in der Regel die Vorlage des nationalen Führerscheins. Es kann aber nicht schaden, daneben einen **Internationalen Führerschein** mitzuführen.
- die Forderung nach einer (neben dem Führerschein) weiteren *ID* (für ***Id**entification*) ist üblich. Bei Ausländern wird naturgemäß die Vorlage des**Reisepasses** verlangt.

Vermieter

Pkw-Verleih-Firmen (***Rental Car*** oder ***Rent-a-Car Companies/ Agencies***) gibt es in den USA wie Sand am Meer. Neben den international bekannten Vermietern (*Avis, Hertz, National/ Tilden, Budget, Alamo*) existieren eine ganze Reihe von landesweit und regional verbreiteten Unternehmen. Darunter befinden sich auch die sog. Discounter wie *Dollar, Thrifty, Payless* etc. (➪ Liste Seite 77), die ihre Wagen mehr oder minder deutlich unter den Tarifen der Marktführer verleihen. Vor allem mit ihnen konkurrieren zahllose lokale Anbieter. Während Großunternehmen durchweg unter einem Jahr alte und gepflegte Fahrzeuge mit geringem Tachostand und relativ guter Ausstattung vermieten, findet man bei Discountern und lokalen Firmen neben tadellosen Autos auch schon mal weniger überzeugende Wagen mit Sparausstattung und Meilenleistungen von 50.000 und mehr. Noch preiswerter als alle anderen sind Vermieter gebrauchter, d.h., ein wenig abgenutzter ***Used Cars***. Mehr zur Frage "Marktführer, Discounter oder Gebrauchtfahrzeug?" auf Seite 77.

Tarife

Amerikanische Miettarife beziehen sich nahezu ausnahmslos auf rechnerische **24-Stunden-Tage**, nicht auf Kalendertage. Wird ein Fahrzeug z.B. um 15 Uhr am 24.07. übernommen, erfolgt bei Rückgabe am 25.07. bis 15 Uhr die Berechnung entsprechend dem Mietpreis für 1 Tag. Für kleine Verspätungen bis zu 3 Stunden wird in der Regel ein Staffeltarif angewandt. Beträgt die Verspätung mehr als 3 Stunden, kommt der volle Tagestarif zur Geltung.

Wochentarife liegen im allgemeinen weit unter dem 7-fachen Tagestarif und entsprechen oft nur ganzen 4 Tagessätzen. Wer zwar mehrere Tage, aber keine vollen Wochen unterwegs ist, sollte darauf achten, daß ggf. der günstigere Wochentarif berechnet wird. Es kann zum Beispiel sein, daß die Zugrundelegung zweier Wochenmieten günstiger ist als die Zahlung von effektiv genutzten 11 Tagen. Die Buchungscomputer einiger Vermieter berechnen automatisch den günstigsten Tarif, aber das ist nicht durchgängig der Fall.

Mileage

Im Gegensatz zu Europa und auch Canada erfolgt die Vermietung eines Pkw oder Mini-Van in den **USA** überwiegend auf der Basis unbegrenzter Fahrtstrecken, die in englischen Meilen (ca. 1,6 km) gezählt werden (***Unlimited Mileage***). Die Tachos der meisten Fahrzeuge besitzen zwar zur Geschwindigkeitsmessung neben der Meilen- eine Kilometereinteilung, aber von **km** ist in Nordamerika nur auf Versuchsstrecken, in ein paar Nationalparks und in Canada die Rede. **Begrenzte Freimeilen**, nach deren Ausnutzung jede zusätzliche Meile berechnet wird, sind bei der Vermietung gebrauchter Fahrzeuge, bei Wohnmobilen und in Canada überwiegend üblich, siehe unten.

Vollkasko

Nur in den Staaten Illinois (Chicago) und New York enthält der Basismietpreis laut gesetzlicher Vorschrift immer eine Vollkaskoversicherung mit einer nur kleinen oder gar keiner Eigenbeteiligung des Mieters. Ansonsten sind selbst verursachte Schäden bis zu einer – zwischen $2.000 und $3.000 schwankenden – Obergrenze vom Kunden zu tragen. Ihm wird gegen Zahlung von Tagesraten zwischen $10 und $15 die Möglichkeit zum Ausschluß oder zur Reduzierung (auf $100-$300) der Selbstbeteiligung angeboten, ➪ Seiten 72/74.

Haftpflicht

Selten ist hingegen explizit die Rede von der Höhe der Haftpflichtversicherungssumme. Zwar sind amerikanische Mietfahrzeuge gesetzlich haftpflichtversichert, jedoch mit von Staat zu Staat und Firma zu Firma stark schwankenden maximalen Deckungsbeträgen. Bei uns übliche Versicherungssummen kommen kaum vor, eine unbegrenzte Deckung ist nicht erhältlich. In einigen Staaten erfüllen bereits $20.000, die schon bei relativ leichten Unfällen überschritten werden können, die gesetzlichen Vorschriften. Speziell bei besonders preiswerten Miettarifen, aber nicht nur bei ihnen, sind nur die Haftpflicht-Minimalerfordernisse abgedeckt. Zur Möglichkeit, die Haftpflichtrisiken zu vermindern, ➪ Seite 74.

Einwegmiete

Die üblichen Listen-Mietraten beziehen sich auf Fahrzeuge, die am Ausgangsort wieder zurückgegeben werden. Die großen Pkw-Verleiher mit ihren dichten Filialnetzen lassen zwar auch Einwegmieten zu, belegen sie aber mit Gebühren (*drop-off charges, one-way-fee*). Nur bei geringen Entfernungen oder in einer Reihe von Sonderfällen – etwa von Los Angeles nach Las Vegas oder San Francisco und umgekehrt – verzichten einige Verleiher auf eine Einweg-Berechnung. Bei Überschreiten des gebührenfreien Minimums tritt eine entfernungsabhängige Staffel in Kraft, die bei größeren Distanzen abschreckende Werte erreicht.

Saisonale Tarife Pkw

Eine Unterscheidung zwischen Hoch- und Nebensaison findet bei den Pkw-Tarifen kaum statt. Vielmehr werden vor Ort die Listentarife bei Bedarf flexibel der Nachfrage angepaßt. Sonderangebote bei schleppendem Geschäftsgang, für weniger beliebte Modelle und während im voraus bekannter flauer Perioden sind gang und gebe. Bei Vorbuchung dagegen gibt es des öfteren Zuschläge für die Sommermonate (in Florida auch Winter und Frühjahr). Die Mehrkosten bewegen sich aber in einem engen Rahmen.

Saisonale Tarife Camper

Anderes gilt für Wohnmobile. Sie werden in Abhängigkeit von der Saison zu extrem unterschiedlichen Tarifen vermietet. Zu Wintertarifen, die etwa von November bis März laufen, kosten Camper bei manchen Firmen nicht einmal 50% der Hochsaisonpreise, ➪ Abschnitt 4.1.5.

Voraus-reservierung

Wer vorhat, Teilabschnitte seiner Amerika-Reise per Mietwagen zu bestreiten, steht vor der Frage, ob nicht alle oder ein Teil der Buchungen und Reservierungen vorzugsweise von hier aus erledigt werden sollten. **Die Vorabreservierung macht nur Sinn bei exakter Reiseplanung**. Im Falle einer Flug-Rundreise, also für Inhaber von Coupontickets, ist das naturgemäß kein Problem. Wer flexibel reisen will und sich erst drüben nach Lage, Lust und Laune für die Automiete entscheidet, findet alle Hinweise im übernächsten Abschnitt 4.1.3.

4.1.2 Buchung und Reservierung vor Reisebeginn

Situation

Bei hiesigen **Reiseveranstaltern** kann man die ganze Palette gängiger amerikanischer Leihwagen von *Economy/Sub-Compact* (Ford Fiesta Klasse) bis zum *Minivan* buchen. Überwiegend wird mit den großen internationalen Verleihfirmen wie ***Avis, Hertz, Budget, Alamo*** oder ***Tilden/Canada*** kooperiert. Aber auch die bekanntesten US-Discounter wie ***Dollar*** oder ***Thrifty*** findet man in deutschsprachigen Katalogen.

Internationale Vermieter

Die Buchung in Europa kann außer in Reisebüros auch bei den Automobilklubs oder direkt bei den **Leihwagenunternehmen** erfolgen, soweit sie hier vertreten sind bzw. Agenturen unterhalten. In Deutschland kostet ein Anruf bei den folgenden amerikanischen Firmen, die großenteils **auch in Canada** operieren, nichts oder den Ortstarif:

Alamo	0130/824422
Avis	0130/7733 und 0180/5/5577
Budget	0180/5/253253 und 214141
Hertz	0180/5/333535
National	0180/5/221122
(= EuropCar/Interrent bei uns)	
Tilden	wie National (nur in Canada)

Wagentypen

Pkw und Vans können ausschließlich nach **Größenklassen** von ***Economy*** bis ***Fullsize/Premium*** und nach **Gattungskriterien** wie ***Convertible*** (Cabriolet), ***Jeep*** oder ***Minivan*** gebucht werden. **Bestimmte Fahrzeugmarken- und typen lassen sich nicht reservieren**. Jedoch ist man vor Ort in der Regel bemüht, Kundenwünschen entgegenzukommen, sollte der bereitgestellte Wagen nicht zusagen. Einige Vermieter führen überwiegend die Autos bestimmter Hersteller (z.B. Avis: *General Motors*, Hertz: *Ford*, usw.).

Größe des Fahrzeugs

Bei der Wahl der Größe sollte man sich nicht zu sehr vom Preis leiten lassen; die Unterschiede sind bei Pkw von Größenklasse zu Größenklasse oft kaum der Rede wert (25-50 DM pro Woche!). Ein etwas geräumigerer Wagen bietet den Vorteil, daß der Kofferraum nicht so knapp ist. Ab 4 Personen sollte man – speziell auf längeren Reisen – an einen ***Minivan*** denken (ab ca. 650 DM pro Woche inklusive Vollkasko/ CDW), wenn ein Camper nicht in Frage kommt.

Minivans gibt es von **AVIS** auch in **behindertengerechter Ausführung** in vielen wichtigen Städten.

***Tarifinhalt/* CDW/LDW**

Bei **Vorausbuchung** sind mit der Zahlung normalerweise die **Basiskosten** des Mietwagens, **Haftpflicht- und Vollkaskoversicherung** abgedeckt. Die – nach unserem Verständnis – **Vollkaskoversicherung**, je nach Unternehmung **CDW/*Collision Damage Waiver*** oder **LDW/*Loss & Damage Waiver*** genannt, ist – wie gesagt – durchweg in den Tarifen enthalten. Überwiegend entfällt jede Selbstbeteiligung. Das ist wichtig, denn in Amerika zahlt ein Mieter ohne den – dort immer gesondert und freiwillig zu tätigenden – Abschluß der CDW/LDW nämlich (zunächst) **alle** Schäden am Fahrzeug, gleichgültig, wer sie verursacht hat. Solange also etwa der Unfallgegner sein Verschulden nicht anerkennt bzw. nicht rechtskräftig schuldig verurteilt ist und effektiv den Schaden trägt, bleibt ein Mieter ohne CDW/LDW auch auf fremdverursachten Schäden sitzen. So auch bei Unfallflucht.

Basistarife/ Unlimitierte Meilen bzw. Kilometer

Canada unterscheidet sich bei der Pkw-Miete von den **USA,** wo bei Vorbuchung seit langem grundsätzlich ***Unlimited Mileage*** angeboten wird, durch Basistarife mit **Kilometergrenzen**, zur Zeit bei den Großen der Branche üblicherweise 200 km/Tag. Aber es gibt auch unlimitierte Angebote kleinerer Firmen. Wer das Tageslimit überschreitet, zahlt in Canada zu (ab c$0,20/km plus Steuern). Da dort die Basistarife nur wenig niedriger als in den USA sind, in vielen Fällen sogar trotz der Kilometergrenzen höher, machte es bis 1997 Sinn, eine **Reise** per Mietfahrzeug **durch beide Länder in den USA** zu **beginnen**.

Tarifzonen

In **Canada** gibt es **keine nennenswerten regionalen Unterschiede** bei den Miettarifen (inklusive Haftungsbefreiung/ CDW-LDW für Schäden am eigenen Fahrzeug). In den **USA** hingegen liegen die Tarife **in den Oststaaten** bis auf den super preiswerten Ausnahmefall **Florida**, speziell in **Chicago/Illinois** und **New York, höher als im Westen**.

Zusatzkosten

Über den Basistarif hinaus entstehen weitere Kosten. Direkt beim Vermieter müssen **Aufschläge** für junge (i.e. unter 25-jährige, so überhaupt zugelassen) und/oder zusätzliche Fahrer, **Überführungsgebühren** bei Einwegmieten und eventuelle **Zusatzversicherungen in Dollar** beglichen werden. Die Abrechnung erfolgt bei der Rückgabe.

Einwegmiete

Alle Tarife gelten grundsätzlich unter der Voraussetzung, daß das Fahrzeug am Ausgangsort zurückgegeben wird. Auch am Flughafen übernommene Autos können nicht ohne Zusatzkosten in einer City-Filiale derselben Stadt wieder abgegeben werden und umgekehrt. Während es in den **USA** bei vielen Firmen eine ganze Reihe **Ausnahmen** von dieser Regel gibt (Rückgabe ohne Mehrkosten z.B. innerhalb Florida, im Bereich zwischen Boston und Washington DC, innerhalb eines Staates bei Übernahme/Rückgabe an einer Flughafenstation u.a.), sind sie in **Canada** sehr dünn gesät.

Grenzüberschreitende Einwegmiete

Eine Einwegmiete, soweit erlaubt (**in Canada** und **von Canada in die USA** nur zwischen bestimmten Städten, z.B. Vancouver–Seattle oder Toronto–Buffalo – **nie von den USA nach Canada!**), unterliegt bei allen Verleihfirmen verschiedenen **Restriktionen**. Nicht alle Wagenkategorien sind dafür zugelassen, etwa Minivans oder Cabrios. ***One-way*** muß immer ausdrücklich bestätigt werden; d.h., trotz an sich möglicher Einwegmiete kann eine Firma einzelne Anfragen ggf. negativ bescheiden. Üblicherweise wird eine entfernungsabhänge Pauschale (**Rückführungsgebühr/*One-way Fee***) berechnet, die von Vermieter zu Vermieter unterschiedlich ausfällt.

Steuern

Die lokalen **Steuern** sind bei den hier gebuchten Fahrzeugen oft bereits im Tarif enthalten. Bei Zusatzkosten, die vor Ort entrichtet werden, kommen immer ***Taxes*** hinzu: In **Canada** gilt im ganzen Land einheitlich die ***Goods & Services Tax* (GST) von 7%**, eine Mehrwertsteuer, **plus** – in Canadas Ostprovinzen – **4%-12% *Provincial Sales Tax* (PST)**; ➪ Seite 139. In den **USA** beträgt die ***Sales Tax* 4%-8,25%** mit Sonderaufschlägen bei Wagenmiete/-rückgabe am *Airport*.

4.1.3 Die Deckungssumme der Haftpflichtversicherung

Übliche Deckung

Wie erwähnt, gibt es vor Ort immer noch Tarife, die nur die jeweilige gesetzliche Minimaldeckung beinhalten. Diese kann **im ungünstigsten Fall in den USA bei ganzen $20.000 (!)** für Personenschäden liegen und darunter bei Sach- und Vermögensschäden. Solche Beträge sind schnell "verbraucht". Dasselbe gilt aber auch noch bei der häufigen Summenkombination $300.000/$100.000, maximal $300.000 je Unfall, aber höchstens $100.000 je geschädigter Person. Schon kleine Verletzungen können aber in den USA zu abenteuerlichen Schadensersatzforderungen und bisweilen sogar zu ihrer gerichtlichen Durchsetzung führen. Sach- und Vermögensschäden sind bei dieser Kombination meist mit $20.000-$50.000 abgesichert.

Aufstockung der Deckung

Derartige Deckungssummen resultieren aus den – in den USA üblichen – personenbezogenen Haftpflichtversicherungsverträgen: viele Automieter bringen ihre persönliche (oft bessere) Versicherung mit. Sie gilt unabhängig vom Fahrzeug, das der

Aufstockung

Versicherte gerade fährt. Wer keine derartige Versicherung besitzt, etwa der ausländische Tourist, kann sich eine Aufstockung beim Vermieter "kaufen". Sie heißt ***Liability Insurance Supplement*** oder ***Additional Liability Insurance*** (**LIS/ALI**) und kostet ab ca. $10/Tag (plus Steuern) für eine Erhöhung auf $1 Mio. Die meisten **deutschen Reiseveranstalter** haben die aus der Unterversicherung bzw. den ärgerlichen Zusatzkosten für ALI/LIS resultierende Problematik schon vor einigen Jahren erkannt und eine **Zusatzversicherung** abgeschlossen, die ihre Kunden bis zu **2 Mio. DM** absichert, sollte die zunächst vorhandene Deckungssumme bei Eintritt eines Haftpflichtschadens nicht ausreichen.

Leistungspakete von Reiseveranstaltern

Diese Zusatz-Haftpflichtversicherung ist seit kurzem in sog. **Leistungspakete** integriert, die entweder einfach "A" und "B" oder auch "Super-Spar"/"Super-Inklusiv" heißen. Bereits die preiswertere **Fassung A** bzw. **Super-Spar** sorgt außerdem dafür, daß vor Ort – im Gegensatz zu früher – keine Steuern und Sondergebühren mehr anfallen (s.o.). Das erweiterte, deutlich teurere **Paket B/Super-Inklusiv** enthält zusätzliche Versicherungen und Gebührenentfall für einen weiteren Fahrer. Man sollte vor der Entscheidung für letzteres genau nachrechnen, ob die Mehrkosten sich lohnen.

Kreditkarte

Alle Inhaber der **Euro-Goldkarte** genossen bis 1993 in Deutschland ebenfalls **generell** eine **Kfz-Reise-Haftpflicht-Versicherung** (= Aufstockung wie erläutert), sofern sie die Mietkosten per Karte zahlten. Diese Leistung wurde in der Zwischenzeit von einer ganzen Reihe der ausgebenden Stellen **gestrichen**. Wer mit der Karte zahlen möchte und Wert auf die Zusatzhaftpflicht legt, sollte "seine" **Eurocard-Bedingungen überprüfen** und im Zweifel bei der ausgebenden Institution "nachhaken". Auch die Edelkarten anderer Gesellschaften wie die **ADAC Visa-Goldcard,** bieten eine Haftpflichtdeckungs-Aufstockung auf 2 Mio. DM. Wichtig ist, die damit verbundenen Bedingungen einzuhalten. Das "Kleingedruckte" will also gelesen sein, zumal immer Änderungen eintreten können.

Schilderwald an einer Interstate Ausfahrt: Tankstellen, Motels, Fast Food, alles ist reichlich vorhanden

4.1.4 Automiete vor Ort

Steht am jeweiligen Ankunftsort kein vorgebuchtes Fahrzeug bereit, muß Eigeninitiative dafür sorgen, daß es in den USA weitergeht. Alle Möglichkeiten vor Ort und was dabei zu beachten ist, werden in diesem Abschnitt erörtert.

Information

Die **USA-Reisekataloge** hiesiger Veranstalter eignen sich ebenso wie die Unterlagen **internationalen Vermieter** recht gut zur Vorinformation über die verschiedenen in Nordamerika als Leihwagen zur Verfügung stehenden Wagentypen und -kategorien. Auch wer keine Vorausbuchung beabsichtigt, kann sich also anhand bereits hier beschaffter Broschüren ein zutreffendes Bild von der aktuellen Mietwagen-Situation drüben machen. Das Angebot anderer, bei uns nicht vertretener Firmen, unterscheidet sich bezüglich der Autotypen und Tarifkategorien davon nur unwesentlich.

Miete ab Airport

Wer nicht auf die Kosten schaut, bucht seinen Mietwagen ohne Reservierungsmühe und große Vorüberlegungen direkt am Ankunftsflughafen. Jeder amerikanische Airport bis hinunter in die entlegenste Provinz verfügt über Vertretungen der bekannten wie lokaler Verleihfirmen. Ihre Schalter befinden sich meist unübersehbar im Ankunftsbereich, auf den großen Flughäfen mit mehreren Terminals praktisch in jedem Gebäude. Fahrzeuge gibt es (fast) immer. Die kleineren, preisgünstigen Wagen oder spezielle Sonderangebote, mit deren Tarifen in den Zeitschriften der Fluggesellschaften gerne geworben wird, sind jedoch oft ausgebucht. Dagegen hilft nur **zeitige Reservierung** (Telefonnummern umseitig). Wenn der Geschäftsgang ansonsten schleppend ist, erhält der Kunde auch schon mal ein größeres Fahrzeug zum Werbepreis. Generell liegen die Flughafenpreise um ein paar Dollar über den sonst ortsüblichen Tagestarifen.

Vielflieger

Einen **Rabatt** auf die Listentarife erzielen Flugpassagiere, die sich an den mit "ihrer" Airline zusammenarbeitenden Vermieter wenden. Noch wesentlicher als der Preisnachlaß ist für Vielflieger, die eine ***Frequent Flyer Card*** besitzen, daß die Automiete dann zusätzliche Punkte bringt.

Vorteil einer Miete ab Flughafen

Der Vorteil einer Miete direkt ab Airport besteht in der **raschen Abwicklung** und in den meist **sehr kurzen Wegen**. Wenn nicht gerade Hochbetrieb herrscht, steigt man oft schon 10 min nach Ankunft im benachbarten Parkhaus in "seinen" Wagen. Auf Großflughäfen liegen die Parkplätze der *Rental-Companies* allerdings oft ein ganzes Stück von den *Terminals* entfernt. Die Kunden werden in solchen Fällen mit firmeneigenen Shuttle-Bussen, die pausenlos zwischen Airport und Verleihstation pendeln, zur Wagenübernahme gefahren. Dort kommt es nach Ankunft mehrerer Jumbos auch schon mal zu längeren Wartezeiten.

Discount-Tarife

Für eine **kostengünstigere Automiete** sollte man jedoch einen Bogen um die Schalter im *Airport* machen und das nächste Telefon suchen. Immer besitzen auch einige Billigvermieter (ohne Flughafenschalter) eine Station im Umfeld. Oft gibt es sogar ein **Gratistelefon für *Off-Airport* Vermieter** neben dem üblicherweise vorhandenen Hotelreservierungs-Telefon, ➪ Seite 100. **In diesem Zusammenhang sei noch einmal auf die Problematik der Haftpflichtdeckungssumme hingewiesen,** ➪ vorstehende Ausführungen. Auch die Discounter unterhalten durchweg einen – außer dem *Tip* für den Fahrer – kostenlosen Abhol-Service (*free airport-pick-up*).

Preisvergleich per Telefon

Wer es nicht so eilig hat und sowieso kostenfrei vom *Hotel-Shuttle* abgeholt wird, kann ggf. auch in Ruhe **vom Zimmer aus** den besten Tarif erkunden. Die gelben Seiten der Telefonbücher enthalten unübersehbare Anzeigen unter ***Automotive***, Unterrubrik ***Rental/Rent-A-Car*** oder direkt unter ***Car Rental***. Fast überall gibt es günstige Wochenendtarife (manchmal ab Donnerstagmittag) und Wochenpauschalen für das Vier- bis Fünffache eines Tagessatzes.

Konditionen

Die **Konditionenunterschiede für gleichartige Fahrzeuge** sind bisweilen erstaunlich. Der Vorteil der großen Firmen besteht im wesentlichen darin, daß die Wagen im Schnitt neuer und gepflegter sind und die nächste Filiale der Firma nie weit ist.

Reservierung

Ist man bereits in Nordamerika unterwegs, erspart die telefonische Reservierung Mühe und mitunter auch Kosten. Ein Anruf bei einem nationalen Reservierungs-Service (auch der *Discounter*) einige Tage vor der geplanten Miete sichert meist die gewünschte Wagenklasse und häufig auch einen besseren Preis als direkt vor Ort (Kreditkartennummer erforderlich, ➪ oben). Die **gebührenfreien Telefonnummern** und **Internet-Adressen** der wichtigsten Vermieter lauten wie folgt:

Firma	Toll-free ✆	Internet-Adresse
Advantage*	1-800-777-5500	
Alamo*	1-800-GO ALAMO	www.goalamo.com
Avis	1-800-331-1212	www.avis.com
Budget	1-800-527-0700	
Dollar*	1-800-800-4000	
Enterprise*	1-800-325-8007	
Hertz	1-800-654-3131	www.hertz.com
National (identisch **Tilden**/Canada)	1-800-CAR RENT	www.nationalcar.com
Payless*	1-800-PAY LESS	www.payless.com
Thrifty*	1-800-FOR CARS	www.thrifty.com

Die mit einem Sternchen versehenen Firmen bieten in vielen Fällen geringere Tarife als die internationalen Marktführer.

Sprachkenntnisse wichtig

Eine **wichtige Voraussetzung** des beschriebenen Vorgehens ist die Fähigkeit, auch am Telefon sprachlich einigermaßen klarzukommen, und außerdem eine gewisse Kenntnis der Tarifsituation. Nur dann kann man sogleich entscheiden und entweder um Abholung bitten oder dankend ablehnen.

Gebrauchtwagen

Noch günstiger als bei den "normalen" Discountern leiht man – wie oben bereits angedeutet – Gebrauchtwagen von Firmen, die sich ***Rent-A-Wreck*** (✆ **1-800-327-2501**), ***Rent-A-Used-Car, Rent-A-Junk*** oder ähnlich nennen. Sie sind – wie andere *Car-Rentals* auch – in den Gelben Seiten unter *Automotive* verzeichnet. Die Preise für die durchaus nicht an Wracks erinnernden Autos der Altergruppe +/- 5 Jahre liegen um $5 bis $8 pro Tag unter denen der Billigkonkurrenz, schließen aber meist nur 50 bis 100 freie Meilen ein. Auch darf oft ein bestimmter Radius um den Sitz der Firma nicht überschritten werden. Solche Wagen eignen sich für den reinen **City-Aufenthalt**, bei dem es mehr auf die Mobilität als auf die Meilen ankommt. Die Vermietstationen befinden sich selten in Airportnähe, sondern überwiegend im City-Bereich.

Öffnungszeiten

Ein unter Umständen wichtiger **Nebenaspekt** für die Entscheidung der Frage "Wo mieten?" können die **Öffnungszeiten** der Vermieter sein. Während im Airport vertretene Firmen ihre Schalter offen oder ein Telefon solange besetzt halten, wie Flugzeuge starten und landen, verfügen andere über vergleichsweise begrenzte Bürozeiten. Auch im Flughafenumfeld kann es sein, daß beim Discounter ab 19 Uhr und am Sonntag die Tore geschlossen sind. Ggf. unpassend für zeitige Abflüge sind auch Vermieter, deren Stationen erst um 7 Uhr morgens öffnen. Bei verhältnismäßig frühen oder späten Ankunfts- bzw. Abflugzeiten und Reservierung müssen also immer die Schalterstunden berücksichtigt werden.

Zusätzliche Aspekte

Ein weiterer Aspekt spricht für die **Automiete möglichst ab Airport**, egal ob als Buchung von der Heimat aus, als erst in Amerika getätigte Reservierung oder direkt vor Ort. Bei einer *Off-Airport*-Miete werden ggf. zusätzliche Transportkosten

Airportmiete oder besser off-Airport?

fällig. Auch die Suche nach einer preiswerten Bleibe gestaltet sich ohne von der Ankunft an vorhandenes Auto schwieriger. Mangelnde Mobilität schlägt sich leicht auf den Preis für die Unterkunft nieder. Man zahlt im City- oder Airportbereich für ein mäßiges Zimmer meist mehr als an einer nur mit Auto erreichbaren Ausfallstraße für eine Übernachtung in einem angenehmen Motel der Mittelklasse, ➪ Seite 102.

Anders ausgedrückt: eine Wagenmiete am Airport darf im Prinzip ruhig ein paar Dollar mehr kosten als günstigstenfalls in der City zu finden wäre. In der Regel macht sich der Aufpreis von selbst bezahlt und zwar umso eher, je kürzer der Aufenthalt dauert.

4.1.5 Vorbuchen oder erst in Amerika mieten?

Die Frage stellt sich **nur für** fest reservierte **Coupon-Flieger** und andere Flugreisende mit exakter Vorausplanung. Möchte man Änderungen der Reiseplanung nicht ausschließen, die sich eventuell unterwegs ergeben könnten, oder spekuliert über die Nutzung von Wochenend-, Discount- oder Gebrauchtwagentarifen auf Kostenvorteile, dann liegt eine Buchung erst in Nordamerika ohnehin auf der Hand.

Kosten-unterschiede

Vergleicht man indessen die Möglichkeiten der Automiete vor Ort mit Tarifen in hiesigen Katalogen, lassen sich für die darin zu findenden Verleihfirmen gravierende Unterschiede nicht feststellen. Zwar besteht die Chance, speziell in großen Cities und bei einem niedrigeren Dollarkurs als Ende 1997 ($1 ca. 1,70 DM-1,80 DM), in Amerika ein bißchen preiswerter zu fahren, aber das ist eher Glücksache. Von vielen dürfte es als erheblicher Vorteil angesehen werden, wenn zum Zeitpunkt der Ankunft das gewünschte Auto jeweils ohne Suche und Stress vollgetankt bereitsteht.

Wochen-tarife

Bei zusammenhängenden Mietzeiten von (jeweils) mindestens 7 Tagen ist die **Vorausbuchung** bei einem heimischen Veranstalter bzw. einer hier vertretenen Verleihfirma **immer empfehlenswert**. Die hier angebotenen günstigen Wochentarife sind in Amerika nicht verfügbar und lassen sich auch durch Buchung vor Ort bei einem der Discounter nicht oder höchstens geringfügig unterbieten.

Kurzmieten

Anders ist es ggf. bei kürzeren Mietperioden von jeweils 1-4 Tagen. Vorausgesetzt, man scheut die im vorhergehenden Abschnitt beschriebenen, eine gewisse, manchmal aber nur minimale Mühe verursachenden Schritte nicht, kann man eventuell noch preiswertere Tarife finden als die von hier aus buchbaren. Vorteilhaft sind insbesondere **Wochenendtarife** (*Weekend-Specials*), die oft ab Donnerstag bis Montag Mittag gelten. Sondertarife werden in den lokalen Zeitungen und Broschüren der Touristeninformation inseriert.

4.1.6 Sonderfall Wohnmobil

Die Anmietung eines Wohnmobils mit allen Schikanen für den unabhängigen Individualurlaub auf Amerikas Straßen und Campingplätzen gehört nicht zu den Themen, die in diesem Buch im Vordergrund stehen. Grundsätzlich aber könnte eine Flug-Rundreise durchaus mit Reiseabschnitten im Wohnmobil gekoppelt werden.

Reservierung Da Wohnmobile, anders als Pkw, nicht an jeder Ecke und zu jeder Zeit beliebig zur Verfügung stehen, sollten sie immer reserviert werden. Ganz besonders gilt dies allgemein von Juni bis einschließlich September und in Florida über Weihnachten/Neujahr und im Februar/März bis nach Ostern.

Kosten Mit einer Camperübernahme und -rückgabe, gleich welchen Typs, sind ein relativ hoher **Ausrüstungs- und Einweisungsaufwand** und eine intensive **Abschlußkontrolle** und **-reinigung** verbunden. Daher lohnt sich weder für Mieter noch Vermieter die kurzfristige Ausleihe. In Amerika werden Campmobile, dort *Recreational Vehicles* oder kurz ***RVs*** (sprich: Arwís) genannt, ab 1 Woche vermietet. Ausnahmsweise auch über ein verlängertes Wochenende, dann aber zu erheblichen Kosten.

Situation Bei Vorausbuchung über hiesige Reiseveranstalter betragen die ***RV*-Mindestmietzeiten** bis zu **14 Tagen**. Soweit ersichtlich liegen die berechneten Tarife – bezogen auf den Tagessatz für 100 Freimeilen plus Vollkasko – bei den meisten Anbietern im amerikanischen Rahmen, teilweise sogar darunter (je nach Dollarkursentwicklung zwischen Katalogveröffentlichung und effektiver Buchung bzw. Reisetermin). Ein nennenswerter Preisvorteil bei Buchung jenseits des Atlantik direkt beim Camper-Vermieter ergibt sich nur, wenn zwischen Erscheinungsdatum des Katalogs und Reiseantritt der Dollar deutlich billiger wird. Die hierzulande erhältlichen Meilenpakete einschließlich unbegrenzter Meilen sind drüben für Campmobile – soweit ersichtlich – nicht zu finden.

Vorgehen Letztlich setzt die Kombination "Rundreise durch die USA per Flugzeug/Campmobilmiete" eine exakte Reiseplanung mit Vorbuchung und einen ausreichend langen zusammenhängenden Zeitabschnitt für die Fahrt im *RV* voraus.

Information Wer eine Fahrt im Camper ins Auge faßt, findet detaillierte Informationen und zahlreiche nützliche Hinweise von der Typenwahl über Kostenbeispiele bis zur Übernahme und Rückgabe in den Reise Know-How Titeln **USA/CANADA**, **DURCH DEN WESTEN DER USA**, **CANADAS OSTEN/USA NORDOSTEN** und **CANADAS GROSSER WESTEN**. In allen Bänden wird auf das Thema Camping ausführlich unter der Berücksichtigung regionaler Unterschiede eingegangen. Zahlreiche Campingplatzempfehlungen entlang der beschriebenen Routen ergänzen die Reiseteile dieser Bücher, ➪ letzte Seiten.

4.1.7 Übernahme und Rückgabe eines Mietfahrzeugs

Hinweise und Tips zur Übernahme

Formalitäten Ob mit oder ohne Reservierung, die Formalitäten zur Übernahme eines Mietwagens sind immer gleich. Es werden am Schalter der Verleihstation benötigt:

- Voucher des Veranstalters (nur bei Vorausbuchung)
- Reservierungscode (bei telefonischer Reservierung)
- Pass
- Führerschein
- Kreditkarte bzw. Kaution

Upgrading Sollte bei Vorbuchung die bestätigte Wagenkategorie nicht zur Verfügung stehen, wird dem Mieter im Regelfall ohne Kosten ein Fahrzeug einer **höheren Kategorie** angeboten. Die Zahlung eines Aufpreises – so ggf. doch gefordert – für das nicht ausdrücklich gewünschte ***Upgrading*** kann er ablehnen.

Wagentypen Wem es nicht gleichgültig ist, welcher spezielle Wagentyp tatsächlich für ihn bereitgestellt wurde, sollte vor Ausfüllen des Vertrages danach fragen und das Auto in Augenschein nehmen. Sagt es nicht zu, kann man in vielen Fällen – mit oder ohne Zusatzkosten – eine Änderung erreichen. Sind die Papiere erst durch den Computer gelaufen, wird das Personal dies ohne technischen Grund auch bei noch verfügbaren anderen Wagen ungern akzeptieren. Da die Preissprünge zwischen verschiedenen Größenklassen nicht sonderlich hoch sind, ist es eine Überlegung wert, ob man ausgerechnet in Amerika etwa einen *Nissan Sentra* oder gar *VW-Vento* (Jetta) fahren möchte, wenn man ein *Compact Car* gebucht hat und eigentlich einen "richtig" amerikanischen Wagentyp erwartet hat. Dann vielleicht doch lieber einen *Ford Contour* oder *Pontiac Grand Am* für \$25-\$35 mehr die Woche.

Zusatzversicherung Bevor die Unterschrift unter den Mietvertrag gesetzt wird, erfolgt eine kurze Beschlußfassung über die zusätzlich gewünschten Versicherungen. Sie stehen als Option bereits auf dem Formular und werden entsprechend angetickt oder eingekringelt. Der Mieter muß ein Unterschriftskürzel dazusetzen, damit ihr Abschluß Gültigkeit erlangt. Aber Achtung vor unnötigen bzw. unerwünschten Extras!

Tankfüllung Ein hübscher Einfall der Vermieter ist es, dem Kunden anzubieten, die Tankfüllung zu einem besonders niedrigen Gallonen-/Literpreis von vornherein zu übernehmen, statt den Wagen – wie an sich üblich – mit vollem Tank zurückzugeben. Akzeptiert der Kunde, erhält er den Sprit zwar nominal billig und spart die Fahrt zur Tankstelle kurz vor Rückgabe, wird es aber nur selten schaffen, den Tank leerzufahren. Was am Ende im Tank verbleibt, wird dem Vermieter geschenkt, oft ein schlechtes Geschäft für den Mieter.

Papiere

Neben dem **Vertragsdoppel** erhält der Mieter keine weiteren Wagenpapiere. In den meisten Bundesstaaten ist der Vertrag bei Leihwagen gleichzeitig so etwas wie eine Kfz-Schein. Manchmal findet sich in einer Ecke der Windschutzscheibe ein Aufkleber als weiteres offizielles Wagendokument.

Mit dem Schlüssel in der Hand – häufig genug steckt er auch im abgestellten Auto – begibt man sich bei den großen Verleihern zur Parkgarage oder zur bezeichneten Parkposition; und los kann es gehen. Seltener wird der Wagen vorgefahren.

Technik

Kein Mensch wird auf die Idee kommen, irgendetwas zu erklären. Leuchtet die Bedienung der Automatik, der Klimaanlage, des Tempomats, der Zündschloßsperre (manchmal Extraknopf auf oder unter der Lenksäule) oder Anlassersperre (!) – bei Handschaltgetrieben, wenn die Kupplung nicht niedergetreten ist – nicht ein, muß man schon ausdrücklich fragen. Alle Warntöne schalten sich aus, wenn die Türen geschlossen und die Gurte eingerastet sind. Nicht schaden können eine Kontrolle der Beleuchtungsanlage und ein Blick auf die **Tankuhr,** deren Zeiger bei ***F* für *full*** stehen sollte.

Schlüssel

Nicht alle Verleiher übergeben – selbst im Fall mehrerer eingetragener Fahrer – **Reserveschlüssel**. Bei längerer Mietzeit macht es ggf. Sinn, sich Doppel anfertigen zu lassen. Schlüsseldienste gibt es in vielen Einkaufszentren und sogar in Tankstellen. Kopien kosten nur $1-$3. Extraschlüssel sind nicht nur praktisch bei mehr als einem Fahrer und retten die Situation bei Schlüsselverlust, sondern auch beim im Zündschloß vergessenen Schlüssel. Das Problem gibt es eher als bei uns, da die Fahrertüren amerikanischer Wagen nicht alle gegen ein verriegeltes "Ins-Schloß-Fallen" gesichert sind.

Für alle, die noch nicht Automatik ("Odomäddick") gefahren sein sollten:

Es bedeuten

P = ***P**ark*position
N = ***N**eutral* (Leerlauf)
R = ***R**ear* (Rückwärts)
D = ***D**rive* (Normalstellung während der Fahrt, oft ergänzt um eine ***O**verdrive*-Position, einen Benzinspargang)
2 = 2. Gang (für mehr Power am Berg/beim Überholen)
1 = 1. Gang (für den Blitzstart und zum Anfahren am Berg)

Probleme

Der "Fahrzeugdruck" beim Anhalten unter einer der Fahrtstellungen ist häufig recht hoch eingestellt und erfordert einen aufmerksamen Fuß auf der Bremse vor Ampeln und im Stau, vor allem aber beim Zurücksetzen. Wenn unerwartet der Anlasser "versagt", liegt es meistens daran, daß der Wählhebel nicht in die Parkposition zurückgeführt wurde. Im Leerlauf kann nicht gestartet werden.

Die Rückgabe

Am Airport

Die Rückgabe eines Mietwagens ist unkompliziert und bis unmittelbar vor Abflug zu erledigen, wenn die Station am Airport liegt. Dabei muß man sich um ihr Wiederfinden keine besonderen Gedanken machen. Auf den Zufahrten zu größeren Flughäfen lenken unübersehbare Hinweisschilder wie ***Rental Car Return*** oder ***Rental Car Drop-off*** die Rückkehrer rechtzeitig auf die richtige Fahrspur. Im Fall einer Automiete an anderer Stelle sind die Stationen der Verleiher nicht immer so auffällig. Der Lageplan der Station, den man normalerweise bei der Übernahme erhält, sollte daher sicher verwahrt werden.

Tankfüllung

Wurde das Mietauto mit vollem Tank übernommen (der Regelfall), wird erwartet, daß es auch vollgetankt wieder zurückkommt. Für das Auffüllen eines halbleeren oder leergefahren Tanks schätzen die Verleiher auf der Basis des Tankuhrstandes die Füllmenge eher zu ihren Gunsten und berechnen sehr hohe Benzinpreise. Mit dem endgültigen Auffüllen darf man nicht zu lange warten, sonst fehlt am Ende die (preisgünstige) Tankstelle. 20 gefahrene Meilen und mehr nach dem Auftanken spielen keine Rolle. Hauptsache, der Zeiger steht noch eindeutig auf *F* (für ***Full***).

Abrechnung

Die **Endabrechnung** erfolgt insbesondere bei den computerisierten Großen der Branche ausgesprochen **rasch** oder auch gar nicht in Anwesenheit des Kunden, wenn bei der Übernahme alles bereits gebucht und erledigt war. In der Regel steht jemand in der Fahrspur der Rückgaben und übernimmt das Fahrzeug mit Hilfe eines mobilen Klein-Computers. Man läßt den Schlüssel stecken, packt seine Sachen zusammen und fertig. Bei weniger durchrationalisierten Stationen geht`s ggf. noch einmal zum Schalter.

Kaution

Sofern kein Schaden anliegt, erhält der Mieter bei der Rückgabe seine Kaution oder den blanko unterschriebenen *credit card slip* zurück. Er wird zur Zahlung der Miete und Nebenkosten normalerweise nicht benutzt, sondern vom Kunden selbst zerrissen. Bei einer Kaution in bar oder Reiseschecks erfolgt die Rückgabe bzw. eine Verrechnung. Vor der Unterschrift unter die Abrechnung sollte man einen letzten aufmerksamen Blick auf die Einzelpositionen werfen. **Kleine Irrtümer kommen schon mal vor**. Additionsfehler gehören zu den häufigsten Ungenauigkeiten, sofern die Abrechnung von Hand ausgefüllt wird.

Weitertransport

Sofern der Mietwagen nicht auf einen Parkplatz oder ins Parkhaus in unmittelbarer Nähe der Abflughalle gefahren werden konnte, transportiert der Kleinbus der Firma die Kunden zum Airport. Der Fahrer fordert zwar nicht, aber erwartet doch (mindestens) **$1 Trinkgeld pro Gepäckstück** der Reisegruppe, bei Einzelreisenden auch gern mehr.

4.1.8 Utensilien zum Mitnehmen für Fahrzeugmieter

Überlegung

Da weder bei Flügen über den Atlantik noch innerhalb der USA Probleme mit dem Gewichtslimit zu befürchten sind (➪ Seite 59f, Ausnahme Sonderflüge/Charter), besteht Spielraum fürs Mitnehmen einiger Utensilien, die unterwegs im Auto ganz nützlich sein könnten. Inwieweit man sich auf Flugreisen mit zusätzlichem Gepäck belasten mag, ist dabei eine andere Frage. Nur wenige der im folgenden genannten Gegenstände sind unbedingt notwendig. Insbesondere bei festen Flugplänen (z.B. per Coupon-Ticket) sollte man jedoch die hier gemachten Anregungen überdenken. Was bereits vorhanden ist, entlastet die Reisekasse.

- In amerikanischen Mietfahrzeugen befinden sich mangels Vorschrift keine **Auto-Verbandskästen**. Was man in *Drugstores* und Kaufhäusern für \$10-\$20 als *First Aid Boxes* kaufen kann, enthält lediglich ein bißchen Pflaster und einige Mullbinden.
- **Taschenlampe** und/oder Kabellampe für die Autosteckdose
- **Kurzwellenradio** für *News* aus der Heimat (Deutsche Welle)
- **Automobilklub-Mitgliedskarte** für Straßendienst und Gratismaterial von den amerikanischen Klubs, ➪ Seite 92.
- **Musikkassetten** fürs meistens vorhandene RC-Radio.
- **Bestecke**, vielleicht **Becher/Teller**, wenn man das übliche Wegwerfgeschirr aus Plastik oder Pappe nicht benutzen möchte.
- Eine **Isoliertasche**, ohne die man unterwegs – gefüllt mit Eiswürfeln (immer vorrätig in Supermärkten/Tankstellen) – bei Selbstverpflegung und für kalte Getränke kaum auskommt. Sie läßt sich sogar fürs Handgepäck nutzen. (Die Alternative sind **Wegwerf-Styroporboxe**n für \$3-\$8 aus dem Supermarkt.)
- Bei Campingabsichten leistet ein aus der Heimat mitgebrachtes **Zelt** (für 2 Personen im Iglustil in sehr ordentlicher Qualität bei uns ab 79 DM) bessere Dienste als preisgünstige US-Kaufhausware. Höherwertige Ausrüstung ist drüben schwerer zu finden und teuer. Auf Insektensicherheit achten.
- Ähnliches gilt für **Schlafunterlagen**. Die sich selbst aufblasenden Leichtmatten findet man selten. Luftmatrazen (aus Plastik) werden eher als Wassersportgerät interpretiert, gute Qualitäten sind zu akzeptablen Preisen nur schwer aufzutreiben.
- **Schlafsack**, so vorhanden. Kann gut drüben für \$20-\$30 in ordentlichen wiewohl voluminösen Qualitäten, die für begrenzte Reisezeiten und bis 0° Celsius ausreichen, in allen *Department Stores* (Kaufhäusern) beschafft werden.
- Eine robuste **Tischdecke** ist nützlich auf den allerorten installierten rustikalen Campingtischen. Deren Oberfläche befindet sich selten in einem hygienischen Zustand.
- Selten findet man in Mietfahrzeugen mehr als einen Wagenheber. Ein bißchen **Werkzeug für Notfälle** kann nicht schaden, d.h. 2-3 Schraubenzieher, kleiner Schraubenschlüsselset, eine Flachzange, Isolierband. In Amerika dazukaufen: Sicherungen und Arbeitshandschuhe (preiswert in jedem Supermarkt).

4.2 Mit dem Auto unterwegs in Amerika

Verkehrssituation

Autofahren ist in Nordamerika einfacher und im allgemeinen weniger stressig als etwa in Deutschland oder der Schweiz. Außerhalb der Ballungsgebiete sind geringe Verkehrsdichte, weitgehend beachtete **Tempolimits**, Getriebeautomatik der meisten Fahrzeuge und größere Gelassenheit der Amerikaner am Steuer einige Gründe dafür.

Es wird rechts gefahren, und die wenigen für uns neuen Verkehrszeichen erklären sich durch ihre Symbolik weitgehend von selbst. Ein Umdenken des europäischen Autofahrers ist also nicht notwendig.

Wohl aber gibt es eine Reihe von Verhaltensregeln und gewisse Andersartigkeiten, die zu kennen, wichtig ist und in bestimmten Situationen sogar unabdingbar sein kann.

4.2.1 Abweichende Verkehrsregeln

Zunächst die kurze Liste der von unseren Normen abweichenden Verkehrsregeln, deren Kenntnis erforderlich ist:

Vorfahrt

- **Stopzeichen** für alle Fahrtrichtungen an Kreuzungen bedeuten "wer zuerst kommt, fährt zuerst". Aber nicht nach dem Motto "es kommt kein anderer, ich habe Vorfahrt, also durch!" Das Anhaltgebot gilt auch bei offensichtlich leeren Querstraßen und wird strikt befolgt (und gelegentlich von der Polizei aus dem Hinterhalt kontrolliert). Die Regel ist genauer als "rechts vor links" und in Wohngebieten Standard. Dabei überqueren mehrere sich der Kreuzung nähernde Wagen diese nach kurzem Halt in der **Reihenfolge der Ankunft**. Das gilt auch bei aufgestautem Verkehr (Ankunft **am weißen Balken** auf der Fahrbahn zählt, nicht etwa am Ende der Schlange); die Überquerung läuft dann meist ringsum einer nach dem anderen. Unklarheiten löst man in aller Regel durch Zuvorkommenheit.

Ampeln

- Zeigt eine Ampel **rot,** darf unter Beachtung der Vorfahrt des Querverkehrs rechts abgebogen werden, es sei denn, eine Schrifttafel untersagt dies ausdrücklich (***No Turn on Red***). Im Fall einer gesonderten Abbiegerspur **muß** sogar bei Rot abgebogen werden, solange dies der Querverkehr zuläßt. Die **Lichterfolge** an der Ampel ist **Grün-Gelb-Rot-Grün**; die Rot/ Gelb-Phase vor dem Grün entfällt also.

Schulbus

- Die unübersehbaren gelben Schulbusse dürfen weder überholt noch vom **Gegenverkehr** (!) passiert werden, wenn sie anhalten und Kinder ein-/aussteigen lassen. Warnblinkleuchten an allen Ecken der Busse und seilich ausgeklappte Stopschilder markieren die Stop-Phase. Das Verbot besitzt die Schärfe der Stopvorschrift an roten Ampeln. Nichtbeachten gilt als ein schweres Verkehrsdelikt.

Überholen

– Auf mehrspurigen Straßen wird in Amerika legal rechts überholt. Theoretisch ist dies zwar nur erlaubt, wenn dafür nicht die Spur gewechselt wird, aber in der Praxis sind **Überholmanöver auf der rechten Seite** üblich. Daran muß man sich gewöhnen und den rechten Fahrbahnen **auf *Freeways*** mehr Aufmerksamkeit schenken als bei uns. Eines der obersten Gebote auf mehrspurigen Straßen ist nicht zuletzt deshalb das **sture Spurhalten**. Auf voll besetzten Straßen kann ein Spurwechsel schwieriger sein als bei uns.

Carpool

– Als Maßnahme zur Verkehrsverminderung während des Berufsverkehrs (*Rush-Hours*) wurden auf City-Autobahnen sog. ***Carpool-Lanes*** eingerichtet. Diese Fahrspuren dürfen zu den angegebenen Zeiten nur von Bussen, Taxen und von Fahrzeugen benutzt werden, in denen mindestens 2, manchmal auch ab 3 Passagiere sitzen. Natürlich auch von Touristenfahrzeugen, die das Insassen-Erfordernis erfüllen.

Linie/ Doppellinie

– Durchgezogene **Fahrbahn-Trennmarkierungen** dürfen zum Überholen oder Abbiegen überfahren werden. Die Funktion der in Europa einfachen Linie übernimmt in den USA eine auf keinen Fall zu überfahrende Doppellinie.

Tempolimits

– 1995 fiel **in den USA** die bundesweite Höchstgeschwindigkeitsgrenze auf Autobahnen (65 mph=104 km/h). Es ist seither den Bundesstaaten überlassen, sie festzulegen. Die meisten **Oststaaten blieben bei der alten Regelung**, lediglich im Westen und einigen Präriestaaten gelten nun neue Höchstgrenzen von 70-75mph. **Auf den meisten anderen Straßen gilt ein Limit von 55 mph, innerörtlich von 30 mph,** wenn nicht ausdrücklich anderes erlaubt/vorgeschrieben ist.

– In **Canada** darf nur auf wenigen Autobahnen 100 km/h überschritten werden. Auf Landstraßen gilt allgemein 80 km/h, manchmal 90 km/h, innerorts 50 km/h.

Eine Unterscheidung zwischen **Lkw und Pkw** gibt es dabei nur vereinzelt mit der oft unangenehmen Folge, daß viele ***Trucks*** schneller als der sonstige Verkehr fahren.

Kontrolle

Die **Überwachung** erfolgt durch in Polizeiwagen installierte **Radargeräte**. Wer am geschickt postierten Sheriff zu schnell "vorbeibrettert", hat ihn bald im Rückspiegel und wird sogleich zur Kasse gebeten.

Polizei

Apropos Polizei: Um einen Übeltäter oder verdächtigen Autofahrer zu stoppen, überholt ein amerikanischer Polizist ihn nicht etwa, sondern setzt sich hinter ihn und betätigt bei Annäherung kurz die Sirene und die rote Rundumleuchte, das unmißverständliche Zeichen zum "Rechtsranfahren". **Der Betroffene wartet** nach dem Anhalten **im Wagen** auf den Polizisten, alles andere könnte falsch gedeutet werden. Es ist auch nicht ratsam, unbedachte Bewegungen zu machen, etwa in der Absicht, die Papiere aus dem Handschuhfach zu holen.

Verhalten bei Kontrollen

Der weitverbreitete **Waffenbesitz** legt in solchen Fällen die Vermutung von Widerstandsabsichten nahe. Am besten bleiben die Hände auf dem Lenkrad. Diese Art Verhalten gehört zu den allgemein akzeptierten Regeln für den Polizei-Bürger-Kontakt. Die meisten Polizisten verhalten sich in Kontrollsituationen sachlich-korrekt, nach einem ersten Abtasten und kooperativer Haltung des Gestoppten auch bei Übertretungen dem Touristen gegenüber eher freundlich. **Die respektvolle Anrede lautet *officer***. In **Nationalparks** besitzen die ***Ranger*** einen ähnlichen Status wie sonst die Polizei.

Übertretung

Ganz falsch wäre die Eröffnung eines Disputs, wenn etwa ein Vorwurf als unzutreffend empfunden wird. Eine ernsthafte Auseinandersetzung mit einem *Sheriff* ist in Anbetracht seiner (immer noch) erstaunlichen Machtbefugnis selten hilfreich. Auch wenn es unter bestimmten Umständen schwerfallen mag, ist zumindest beherrschte Höflichkeit angebracht, sollte es zur freundlichen Konversation nicht ganz reichen.

Parken und Parkverstöße

Parkvorschriften sind in den USA und Canada streng und tunlichst zu beachten. Die Polizei ist ständig unterwegs, verteilt ***Tickets*** oder läßt rigoros abschleppen (Gebühr in Cities leicht $100 und mehr). Auch wer auf Parkplätzen ohne Parkuhr die Zeit überschreitet, ist vor einem *Ticket* nicht sicher. Kontrolleure verbinden mit einem Kreidestrich den untersten Punkt des Autoreifens mit dem Straßenasphalt. Ist bei der nächsten Kontrolle nach Ablauf der maximalen Parkzeit der Strich zwischen Reifen und Straße immer noch durchgängig, wurde der Wagen nicht bewegt. Also gibt`s ein *Ticket*.

Entlang **gelber Kantsteinmarkierungen** ist Parken verboten; ebenso dürfen **Hydranten** – die Dinger stehen in Nordamerika alle Naselang – nicht zugeparkt werden: ca. 5 m nach rechts und links müssen freibleiben. Oft sind **Parkvorschriften** auf großen Schildern erläutert, deren genaues Studium angeraten erscheint. Die Ausnahmen vom Parkverbot bzw. von der Parkerlaubnis werden darauf minutiös erklärt.

Parken ist in vielen Großstädten ein teurer Spaß: hier $3 für die erste halbe Stunde

Zahlung

Wer ein ***Ticket*** erhält, muß entweder im beigelegten Umschlag **Dollars bar** verschicken oder bei einer Bank per ***Money Order*** die Bußgeldsumme einzahlen. Wer das versäumt, hat die Aufforderung zur Zahlung bald zu Hause auf dem Tisch, denn der Autovermieter muß die Adresse herausrücken. Nach dreimaliger erfolgloser Zahlungsaufforderung gibt der Polizeicomputer auf. Aber nur bei Bagatellbeträgen, sonst holt man sich das Geld beim Verleiher, und der wiederum kennt die Kreditkartennummer seines sündigen Kunden.

So kann es laufen, muß es aber nicht. Die Handhabung der Verfolgung kleiner Verstöße durch ausländische Touristen ist uneinheitlich und – so der Eindruck – eher zurückhaltend.

Alkohol am Steuer

Alkohol am Steuer wird auch und gerade in Amerika nicht toleriert. Es gilt überall die **Null-Promille-Grenze**. Es darf sich nicht einmal eine geöffnete Flasche mit einem alkoholischen Getränk auch nur im Innenraum des Fahrzeugs befinden – theoretisch auch nicht die bereits entkorkte, aber nicht geleerte Weinflasche vom Vorabend im Kühlschrank des Campers. Selbst trinkende Beifahrer rund um einen stocknüchternen Fahrer zählen bereits zum Tatbestand "Alkohol im Verkehr". Gegenüber **Drogen** am Steuer gilt ebenso die ***Zero Tolerance***-Politik. Wer in dieser Beziehung auffällt, wird registriert und nach Bestrafung und Heimreise in Zukunft nicht wiederl ins Land gelassen – in beiden Staaten.

4.2.2 Straßensystem und Orientierung

Zum Verständnis amerikanischer Straßenkarten und der auf Hinweisschildern und bei Auskünften benutzten Bezeichnungen sind die folgenden Erläuterungen nützlich:

Highways

- Eine durchgehende Autostraße, welcher Qualität auch immer, ist grundsätzlich eine ***Highway***. Ein begrifflicher Unterschied zum englischen Wort ***Road*** existiert prinzipiell nicht. Lediglich die ***Interstate Highway***, das amerikanische Pendant zur europäischen Autobahn, würde man kaum als *Road* bezeichnen. Für *Interstate* Autobahnen und alle sonstigen autobahnartig ausgebauten Straßen wird gerne der Sammelbegriff ***Freeway*** verwendet (*free* im Sinne von freie Fahrt/keine Kreuzungen). *Freeways* sind bisweilen gebührenpflichtig und heißen dann ***Toll Roads*** (*Toll*=Gebühr). Im Osten der USA verschleiern die Bezeichnungen ***Turnpike*** und ***Expressway*** den Umstand, daß zur Kasse gebeten wird. Überraschend am *Freeway*system sind gelegentliche Auf- und Ausfahrten auf der linken Seite.

Interstate Freeways

- Trotz des Tempolimits kann der Verkehr auf dichtbesetzten *Freeways* mit 5 oder mehr Richtungsspuren im Umfeld großer Cities recht hektisch sein. Wie der Name sagt, sind ***Interstates*** die großen Verbindungsstraßen zwischen den Staaten und faktisch **die verkehrstechnischen Lebensadern der USA**. Ihr Netz ist im Osten und in Ballungsgebieten verhältnismäßig dicht, in den Prärie- und Weststaaten dagegen eher dünn. Auf Ferienreisen wird man sie nur abschnittsweise befahren; vor allem zur Überwindung größerer Distanzen und als City-Zubringer. Denn man rast auf den Autobahnen leicht an manchem vorbei, was eine Amerikareise abrundet (und oft nicht im Reiseführer steht).

Interstate Systematik

Zur Orientierung im *Interstate*-System ist die **Numerierung in Verbindung mit der Himmelsrichtung** wichtiger als die Angabe von Ortsnamen, die sich oft erst nach intensiver Suche auf der Karte finden lassen. Das System gliedert sich wie folgt:

- Die *Interstate Highways* mit **geraden Ziffern** laufen in Ost-West- und mit **ungeraden** Ziffern in Nord-Süd-Richtung.
- Dreistellige Ziffern mit gerader Anfangszahl bezeichnen **Stadtumgehungs-*Freeways***, dreistellige Ziffern mit ungerader Anfangszahl in die Zentren führende **Stichautobahnen**.

Picnic Areas

An *Interstate Highways*, aber auch an anderen Straßen gibt es zahlreiche **Rastplätze** (*Picnic/Rest Areas*). Viele von ihnen wurden sehr schön in die Landschaft eingebettet, oft in angenehmer Distanz zum Verkehrslärm. Die meisten besitzen ähnlich wie Campingplätze **Picknicktische** und **Grillroste**.

Nebenstraßen

Das Straßennetz befindet sich in beiden Ländern insgesamt in gutem Zustand. Man kann davon ausgehen, daß auch kleinste, in den Karten als befestigt ausgewiesene Nebenstrecken ohne Vorbehalte befahrbar sind.

Schotterstraßen

Für uns ungewohnt sind Schotterstraßen (***Gravel Roads*** oder ***Unpaved Roads***). Schotter ist bevorzugter Belag für wenig benutzte Nebenstrecken. Speziell im Westen gibt es erstaunlich viele Ortschaften, die nur über *Gravel* zu erreichen sind. Sie lassen sich normalerweise ohne spürbar erhöhte Reifenpannengefahr befahren, auch wenn der Wagen bei niedriger Geschwindigkeit rüttelt und schüttelt. Bei länger anhaltender Trockenheit können *Gravelroads* sehr staubig und bei Nässe rutschig sein. Die Autoverleiher untersagen das Fahren auf *Unpaved Roads*, aber das Gebot läßt sich schon deshalb nicht recht einhalten, weil bei Bauarbeiten die Umleitung oft über *Gravel* geführt wird. Manchmal kilometerlang und mit ***Pilot Car***, einem Führerfahrzeug, das die Wartenden an den Enden der Baustellen kolonnenweise über Stock und Stein geleitet. Manche **Nationalmonumente** und zahllose **Campingplätze** sind nur über Schotterstraßen zu erreichen.

Dirt Roads

Der niedrigsten Stufe in der Straßenqualität entspricht die *Dirt Road*, auch ***Unimproved Road*** genannt. Die "Dreckstraße" ist in der Regel ein besserer Feldweg, der sich bei Trockenheit häufig angenehmer befahren läßt als eine *Gravel Road*, jedoch bei Regen schnell verschlammt. Nur mit Vierradantrieb zu bewältigende Wüstenpisten gelten in Straßenkarten ebenfalls als *Dirt Roads*. Ohne *4 WD*-Fahrzeuge sollten unbefestigte Straßen dieser Art besser gemieden werden.

Straßenkarten

Sich für die Reise bereits hier regionale Straßenkarten zu kaufen, macht zumindest ökonomisch wenig Sinn. Wer als Automobilklub-Mitglied ausgearbeitete Routen-Vorschläge mit Karten gratis erhält, sollte auf diese Möglichkeit zurückgreifen. Für eine Gesamtübersicht über Staaten und Städte und die Reiseplanung ist der ausgezeichnete ***Rand McNally Roadatlas*** unschlagbar. Dieser auch bei uns erhältliche, jährlich neu aufgelegte Straßenatlas kostet in Buchhandlungen mit deutschsprachigen Erläuterungen 29,80 DM, in den USA etwa $10, in Kaufhausausgaben (*K-Mart/Wal Mart*) nur $5.

In ganz Nordamerika verteilen die **Büros der Touristeninformation** die offiziellen ***Road Maps*** **der einzelnen US-Staaten** und meist auch lokale Karten gratis oder gegen geringe Gebühr. Sie leisten in den meisten Fällen ausreichende Dienste.

Lediglich **in Ballungsgebieten** benötigt man mitunter genaueres Material. Mitglieder der Automobilklubs erhalten in den allerorten vorhandenen Büros des ***AAA*** bzw. **CAA** neben überregionalen Straßenkarten kostenlose City- und Umgebungskarten. In **Nationalparks, Nationalmonumenten,** ***State*** **und** ***Provincial Parks*** erhält man bei Einfahrt immer eine Karte.

Die meisten **Autovermieter** versorgen ihre Kunden ebenfalls mit Karten. Soweit es sich nicht um die offiziellen staatlichen Pläne handelt, sind diese im allgemeinen aber nur begrenzt brauchbar.

Stadtpläne

Man sollte nicht versuchen, sich ohne Ortskenntnisse und/oder mit einer ungeeigneten Karte durch **Cities und Ballungsgebiete** zu kämpfen. Für ein paar Dollar gibt es auch im nächsten *Shopping Center* oder an Tankstellen Karten.

Orientierung in Städten

Da die meisten amerikanischen **Städte schachbrettartig angelegt** sind, findet man sich in ihnen nach der ersten Orientierungsphase leichter zurecht als in Europa. Weiter erleichtert die **Durchnumerierung** anstelle von Straßennamen oft das Auffinden einer Adresse. Im reinen Nummernsystem werden Straßen in Nord-Süd-Richtung z.B. zu *Avenues*, Straßen in Ost-West-Richtung zu *Streets*. In vielen Städten gibt es eine **Nord-Süd** und eine **Ost-West Hauptachse**. In Washington z.B. entschied man sich dafür, alle Ost-West-Straßen mit Buchstaben und alle Nord-Süd Straßen mit Ziffern zu versehen Die Straßennummern östlich einer Nord-Süd Achse werden mit dem Zusatz *East* (meist nur ein *E*) versehen, alle Straßen westlich davon mit *West* bzw. *W*. Dasselbe gilt nördlich und südlich der Ost-West Achse. Die **Hausnummern** sind nicht durchlaufend, sondern blockweise verteilt. Die Nummer 101 etwa indiziert die Hausnummer (0)1 im 1. Block. Auch Ortsfremde können derart eine Adresse rasch lokalisieren:

410 E 7th St z.B. bedeutet: das 10. Haus im 4. Block der 7. Straße östlich der Nord-Süd-Hauptachse.

4.2.3 Tanken; Wartung, Pannenhilfe

Benzin/ Gas

Die **Benzinpreise** in den **USA** schwanken je nach Region **zwischen ca. $1.10 und $1.80** für die Gallone (3,8 l) unverbleites Normalbenzin (*Regular Gas*; bleifrei=*lead free, unleaded*); in **Canada** muß mit c$ 0,55/l-c$ 0,80/l gerechnet werden. Wegen der erheblichen Preisunterschiede zwischen Selbstbedienung und *Full-Service* überwiegen ***Self-serve Gas Stations***.

Zahlungsweise

Die Mehrheit der Preisangaben in den **USA** bezieht sich heute auf ***Cash or Credit Card – Same Price***. Die günstigsten Benzinpreise bieten **Mini-Marts** mit einigen Tanksäulen vor der Tür. Dafür gibt`s selten Wassereimer und Schwamm fürs Scheibenwaschen, Druckluft für die Reifen schon gar nicht. Es sei denn in einem Automaten für einen *Quarter* extra.

Discount-Tankstellen (nur USA) mit (*am/pm*) und ohne Markt überraschen den Kunden gelegentlich damit, daß sie keine Kreditkarte akzeptieren. Darum sollte der erste Blick des mit Karte zahlenden Kunden bei Einfahrt in die *Gas Station* den *Master Card*/VISA-Symbolen gelten.

Mehr und mehr stößt man auf **Kreditkarten-Tanksäulen**, die den Gang zur Kasse überflüssig machen. Nach Einschieben der Karte und elektronischer Prüfung wird der Benzinfluß freigegeben und am Ende ein Beleg ausgedruckt.

An vielen ***Self-serve*** **Stationen** kann nur nach **Vorauszahlung** getankt werden (meist in Verbindung mit *Mini Marts*, überwiegend in den **USA** der Fall). Praktisch legt der Kunde eine Dollarnote auf den Tisch und erhält die Freigabe der von ihm genannten Zapfsäule für eine entsprechende Benzinmenge. Ist der Betrag verbraucht, stoppt das Gerät automatisch. Überschießende Zahlungen werden abgerechnet. Alternativ hinterlegt man vor dem Tanken seine Kreditkarte an der Kasse in der Hoffnung, daß sie nicht verwechselt wird.

Tanken bei Nacht

Nach Einbruch der Dunkelheit kann man an mancher Tankstelle im Einzugsbereich der Großstädte nur mit abgezähltem Geld bzw. *Credit Card* tanken. Gewechselt wird nicht. Das Personal an der Kasse läßt Bargeld sofort nach Empfang in einen Tresor gleiten.

Wartung

Nur bei langfristig ausgeliehenen Fahrzeugen stellt sich die Wartungsfrage. Bei Wagen von Avis, Hertz etc. mit Filialen im ganzen Land sind zu den Wartungsintervallen die Stationen der Firmen anzulaufen. Dabei nimmt man es mit den gefahrenen Meilen selten genau, sondern schreibt lediglich einen Zeitrahmen vor.

Die eigenständige Wartung (insbesondere der **Ölwechsel**) wird vom Kunden nur von kleinen Vermietern ohne Niederlassungen anderswo und beim Wohnmobil verlangt. Ist die entsprechende Meilenzahl erreicht, kann im Prinzip jede beliebige Tankstelle in Anspruch genommen werden. Perfekter und schneller arbeiten darauf spezialisierte, allerorten vorhandene **Service-Stationen** mit eindeutigen Bezeichnungen wie ***Minit-Lube, Jiffy Lube, Quick Lube*** (*to lube* = Abschmieren/Ölen), die neben Öl- und Filterwechsel auch gleich die ganze Liste sonstiger wichtiger **Checkpunkte** abprüfen und ggf. erledigen (z.B. Bremsflüssigkeit, Getriebeöl auffüllen). Die dafür zu entrichtenden Preise liegen aus unserer Sicht niedrig ($25-$35 inklusive Öl und Filter) und werden bei Fahrzeugrückgabe verrechnet.

Pannen/ Unfall

Alle Auto- und Campervermieter geben ihren Kunden eine Telefonnummer mit auf den Weg, die bei Pannen oder Unfall angerufen werden muß. Bei den landesweit operierenden Firmen ist das Telefon in der Regel Tag und Nacht besetzt.

AAA

Ebenfalls helfen kann der ***Triple-A*** (*AAA*), der einen ***Emergency Road Service*** unterhält. Einsatzwagen patroullieren ebenso wie bei uns auf Autobahnen und vielbefahrenen Strecken. Im Pannenfall findet man die Nummer der nächstliegenden Straßendienststation unter *AAA* meist gleich auf der ersten Seite der Telefon-Ortsverzeichnisse. Ist kein Telefonbuch zur Hand, wählt man gebührenfrei **1-800-336-HELP** bzw. **4357** und erfährt dort die lokale *Emergency Number*. Mitglieder europäischer Automobilklubs, die ihre Mitgliedskarte (*Membership Card*) bzw. eine bereits hier erhältliche ***AAA-Bonuscard*** vorweisen können (➪ Seite 114), werden ebenso behandelt wie amerikanische *AAA/CAA*-Mitglieder.

Notruf

1997 wurde in Zusammenarbeit von AAA und ADAC ein kostenfreier zentraler **Notruf in deutscher Sprache** für Urlauber in ganz Nordamerika eingerichtet:

✆ **1-888-222-1373**

Die Notrufzentrale ist im Sommerhalbjahr rund um die Uhr, in den Wintermonaten November bis April 8–18 Uhr besetzt.

Der San Francisco Airporter verbindet Flughafen und City in kurzen zeitlichen Abständen

4.3 Öffentliche Verkehrsmittel

Generelle Situation

Eingangs des Kapitels wurde zwar auf die begrenzten Möglichkeiten hingewiesen, die öffentliche Verkehrsmittel vor allem in den USA unter touristischem Aspekt bieten. Aber es gibt nichtsdestoweniger eine Reihe von großen Städten, in denen die Sehenswürdigkeiten besser und praktischer zu Fuß, mit Bus und/oder U-/Hochbahn oder per geführter Rundfahrt erreicht werden als mit einem Auto. Auch für Ausflüge in die Umgebung und Abstecher zu den Nationalparks kommen durchaus mal Bus oder Bahn in Frage.

In den folgenden Abschnitten wird für die **3 Transportfragen** ***Airport*–City**, **Stadtbesuch** und **Umgebungsabstecher** die generelle Situation in Nordamerika dargestellt. Über die Einzelheiten vor Ort informiert der Reiseteil.

4.3.1 Vom Flughafen in die City

Verzicht auf Automiete

In Ergänzung einer (Rund-)Flugreise sind öffentliche Verkehrsmittel immer dann von Bedeutung für den Weitertransport, wenn eine Wagenmiete (zunächst) nicht geplant ist. Mitunter kann gerade wegen einer günstigen verkehrsmäßigen Anbindung des *Airports* an die City und des gut ausgebauten lokalen Verkehrsnetzes auf die Fahrzeugmiete verzichtet werden.

In der Regel gibt es mehrere Möglichkeiten, um vom Airport in die City zu gelangen:

Busse, Vans und U-Bahn

Linienbusse

Viele Flughäfen werden von lokalen Buslinien zu üblichen Tarifen bedient, sei es über eine normale Vorortstrecke mit ***Airport-Stop*** oder über einen eigenen ***Airport*-Zubringer**. Die Nachteile solcher Busse sind die oft unzureichende Frequenz, eine lange Fahrtdauer mit vielen Haltestellen und ggf. die Notwendigkeit umzusteigen. Bisweilen gibt es auch Beschränkungen bei Gepäckmenge und/oder -größe.

Airport-Busse

Die bequemere Alternative zum öffentlichen Nahverkehr bieten auf den meisten Großflughäfen private *Airport*-Busse, die zu Preisen von **25%-40% der Taxikosten** in regelmäßigen Abständen ins Zentrum fahren. In vielen Fällen existieren *Downtown* mehrere Haltestellen. Darunter befindet sich – so vorhanden und nicht ohnehin einziger Zielpunkt – immer auch der zentrale Busbahnhof.

Van Service

Eine Variante der privaten *Airport*-Buslinie ist der *Van Service*, ein **Flughafen-Zubringer per Kleinbus**. Im Gegensatz zu den "großen" Bussen fahren die *Vans* direkt **zu zentral gelegenen Hotels**, aber auf Wunsch oft auch zu privaten Adressen. Per separater Anforderung kann man sich abholen lassen, muß

Van Service

aber in Kauf nehmen, daß unterwegs Umwege zur Aufnahme weiterer Passagiere gemacht werden. Die Kosten liegen zwischen Taxi und *Airport*-Bus. Ab 2 Personen ist ein Taxi oft kaum teurer, mit mehr als 2 Personen in der Regel billiger.

In den *Big Cities* gibt es den ***Van Service*** auch für entfernter gelegene Stadtteile und häufig nachgefragte kleinere Städte im Einzugsbereich (bis zu 3 Stunden Fahrtzeit!) mit fest vorgegebenen Haltestellen. Mit diesen konkurriert auf einigen Großflughäfen das ***Greyhound Airport Express System***, ein Zubringerdienst der bekannten *Greyhound*-Buslinie.

U-/S-Bahn

In Atlanta, Boston, Chicago, New York, Philadelphia, Washington DC, St. Louis und Toronto existieren **kombinierte U-/S-Bahn-Netze**, die entweder eine ***Airport Station*** besitzen oder einen *Shuttle* (Bus) zur nächstgelegenen Station anbieten. Die ausnahmslos preiswerte Schiene ist ohne Zubringerdienst wesentlich schneller als der Bus; mit zeitraubendem *Shuttle Service* (z.B. NY-*Kennedy/Newark*) aber nur zu Spitzenzeiten, wenn *Stop-and-go* Verkehr auf der Straße herrscht. Mit viel Gepäck sind bestimmte U-Bahn-Stationen unter Sicherheitsgesichtspunkten problematisch. Tagsüber halten sich zwar die Risiken in Grenzen, mit Einbruch der Dunkelheit sollte man vor allem als Ortsunkundiger U-Bahnen eher meiden.

Taxi

Situation

Taxen stehen in Amerika immer zur Verfügung. In einigen **Provinzflughäfen** sind sie **das einzige öffentliche Verkehrsmittel**. Die Kosten liegen in etwa auf dem bei uns üblichen Niveau. Die Vorteile der Taxe insbesondere für Ortsfremde mit Gepäck bedürfen keiner besonderen Aufzählung. Das Taxi als **bequemste Lösung des Transportproblems** ist ab drei Personen in vielen Fällen zugleich die preiswerteste. Vor Fahrtantritt sollte man sich zunächst nach dem ungefähren Preis erkundigen und darauf achten, daß sofort das Taxameter angeschaltet wird, sofern nicht ohnehin ein Fixpreis gilt (wie etwa neuerdings von New York JFK nach Manhattan – $30 plus Tip plus Brücken-/Tunnelzoll).

Limousine

Oft kaum teurer als das Taxi ist die private *Limousine*, deren Chauffeur den Fluggast am *Airport* erwartet oder im Hotel/zu Hause abholt. Bei einer *Limousine*, die sich auch für andere Gelegenheiten mieten läßt, handelt es sich um einen verlängerten *Cadillac, Ford Lincoln* o.ä. mit Bar und Fernseher im großzügigen, durch getönte Scheiben dezent verdunkelten Fond. Eine Klappbank hinter der abgetrennten Fahrerkabine sorgt dafür, daß bis zu 4 Personen reichlich Platz finden. Eine *Limousine* muß naturgemäß reserviert werden. Die Telefonnummern finden sich unter *(Airport) Limousine-Service, (Automotive) Car Rental* etc.

4.3.2 Innerstädtischer Transport

Lokale Unterschiede

Wie gesagt läßt sich manche nordamerikanische Stadt ganz gut auch ohne selbst gelenktes Auto erkunden, z.B. Boston, Philadelphia, Denver, San Francisco, New Orleans, Seattle oder San Antonio, ebenso die kanadischen Cities. **In manchen Städten wäre ein Mietwagen sogar eher hinderlich, etwa in New York City, Boston, Washington DC, Philadelphia und Toronto**. Leute mit normaler Kondition können deren Zentren ohne weiteres zu Fuß ablaufen. Typische **Gegenbeispiele sind Miami, Los Angeles, Phoenix und Houston**, in denen man ohne ein Auto "aufgeschmissen" ist.

Verkehrsmittel

Der Großteil des öffentlichen Nahverkehrs wird in Nordamerika mit Bussen abgewickelt. In immerhin vierzehn hier beschriebenen Städten gibt es **Untergrund- oder Hochbahnen**. Überraschen wird manchen Leser, daß in über einem Dutzend Städte noch – oder neuerdings wieder – **Straßenbahn** und **Trolleybusse** existieren. Teilweise verkehren sie sogar (im Kernbereich) zum **Nulltarif**. Für Touristen interessant sind neben den üblichen geführten Stadtrundfahrten mit festem Programm flexibel zu nutzende **Rundfahrtvehikel,** die in den unterschiedlichsten Aufmachungen fürs ***Sightseeing*** eingesetzt werden.

Liniendienste

Qualität

Entgegen weitverbreiteten Vorurteilen verfügt die Mehrheit amerikanischer Metropolen über ein zumindest akzeptables öffentliches Transportsystem. Als Faustregel gilt: je kleiner die Großstadt (spürbar ab 300.000 Einwohner und weniger), umso schlechter ist der öffentliche Nahverkehr, d.h. umso löchriger Netz und Frequenz. Dagegen kann sich manche amerikanische City durchaus mit europäischen Großstädten messen, soweit es den inneren Stadtbereich betrifft. Außenbezirke bleiben oft nur unzureichend oder ganz unversorgt.

Information

In fremden Städten ist die Benutzung öffentlicher Verkehrsmittel schon wegen fehlender Ortskenntnis selten einfach. Glücklicherweise gibt es ein bei uns kaum bekanntes, drüben aber recht verbreitetes **telefonisches Informationssystem**. Die Auskunft beantwortet alle eingehenden Fragen bezüglich Routen und Abfahrtszeiten per Computer. Dabei gibt der Anrufer lediglich seinen ungefähren Standort, das Ziel und eventuell noch gewünschte Abfahrts- oder Ankunftszeiten an. Mit diesen Daten gefüttert "weiß" der Computer sofort Rat und kennt auch den kürzesten Weg zur nächsten Haltestelle. **Die entsprechenden Telefonnummern finden sich im Reiseteil.** Voraussetzung ihrer Nutzung sind ein gutes Sprachverständnis und bereitliegendes Papier zum Mitschreiben der Anweisungen.

Buspässe

In vielen Städten gibt es **Ein- oder Mehrtagespässe**, die zur unbegrenzten Nutzung der öffentlichen Verkehrsträger berechtigen. Wer eine Stadt per Bus/Bahn entdecken möchte, sollte sich in der Touristeninformation oder bei der umseitig beschriebenen telefonischen Auskunft danach erkundigen. Die dazu im Reiseteil gemachten Angaben können bei den häufig wechselnden Einzelheiten nicht vollständig und *up-to-date* sein. In den Fremdenverkehrsbüros erhält man in den meisten Städten gratis oder zu einem geringen Preis **Übersichtskarten** für das öffentliche Verkehrsnetz mit allen wesentlichen Informationen. Oft sind diese auch im lokal verteilten, durchweg kostenlosen Stadtführer enthalten.

Anhalten der Busse

Bushaltestellen (*Bus-Stops*) werden in den USA überwiegend durch kleine, rechteckige Blechschilder mit spärlichen, Fremden undurchschaubaren Angaben gekennzeichnet. Sie sind an eigenen Pfosten oder Laternenmasten befestigt. Unterstände zum Schutz vor Regen oder Sonne existieren nur selten. Haltestellen befinden sich zwar in Abständen von wenigen hundert Metern, aber die Busse halten nur bei deutlich zum Ausdruck gebrachten Bedarf. Sofern kein Fahrgast aussteigen möchte, passieren Busse an Haltestellen "herumstehende" Wartende ungerührt. **Amerikaner stellen sich** schon mal **auf die Fahrbahn**, um nicht übersehen zu werden.

Zahlweise/ Tickets

Der **Einstieg** erfolgt immer durch die **Vordertür**. Bevor man zahlt, sollte man den Fahrer fragen, ob der Bus wirklich in die gewünschte Richtung fährt. Der Fahrpreis ist abgezählt zu entrichten (**Busfahrer besitzen grundsätzlich kein Wechselgeld**), und zwar meistens durch Einwurf in eine transparente Box. Oft werden **nur Münzen** akzeptiert, äußerstenfalls $1-Noten. Ein Ticket gibt es bei dieser Zahlweise nicht. Wer

Umsteigen

umsteigen möchte, erhält ggf. vom Fahrer auf Verlangen ein ***Transfer Ticket***, mal kostenlos, mal zuschlagpflichtig. Es berechtigt zum Wechseln der Buslinie innerhalb eines festgelegten kurzen Zeitraums und nur zur Fortsetzung der Fahrt in die gleiche Richtung (z.B. stadtauswärts/-einwärts).

In Innenstädten mit gegenläufigen Einbahnstraßen verkehren die **Busse in Gegenrichtung** in der nächsten Parallelstraße.

Aussteigen

Den Wunsch auszusteigen übermittelt man dem Fahrer durch Druck auf **Plastikleisten,** die sich in der Regel zwischen den Fenstern befinden. In älteren Bussen gibt es statt der Leisten nostalgische **Zugschnüre**. Der **Ausstieg** ist **immer hinten**.

Straßenbahn/ Trolley

Straßenbahnen und Trolleybusse unterscheiden sich nur technisch vom Bus. Für ihre Benutzung gilt im wesentlichen dasselbe wie für den Bus erläutert, jedoch mit einer wichtigen Ausnahme: In **Schienenfahrzeugen** existiert keine Zahlmöglichkeit in den Wagen. **Tickets** sind **am Haltestellen-Automaten** zu lösen.

Besonderheiten U-/ S-Bahn

Wie auch bei uns liefern Übersichten an den Wänden der U-Bahn- bzw. Hochbahn-Stationen und in den Wagen selbst die **Basisinformation** fürs Zurechtfinden im befahrenen Netz. An den Schaltern wichtiger und daher von Personal besetzten Stationen gibt es – meist gratis – eine ***System Map***. Zur Benutzung der Bahnen benötigt man überwiegend eine **Wertmünze** (***Token***), nach deren Einwurf die Bahnsteigsperre für eine Person freigegeben wird; Kauf im Automaten oder am Schalter. Wer auf den falschen Bahnsteig marschiert, ist seinen *Token* los. Das kann Ortsfremden leicht passieren. Insbesondere in den großen Metropolen muß man aufpassen, um – hat man endlich die richtige Linie identifiziert – auch noch den richtigen Bahnsteig (*Platform*) zu erwischen. Zur Orientierung achte man auf die Hinweise ***inbound*** für stadteinwärts und ***outbound*** für stadtauswärts. Oft wird man – in Übereinstimmung mit den Himmelsrichtungen – auch die Bezeichnungen *East-*, *West-*, *North-* und *Southbound* lesen.

Sicherheit

Nicht nur einschlägige Berichte in den Medien vermitteln den Eindruck, daß amerikanische U-Bahnen und -Bahnhöfe keine besonders sicheren Aufenthaltsorte sind. Auch das oft unübersehbar bewaffnete Personal signalisiert Sicherheitsprobleme. Andererseits sorgt gerade die Bewachung dafür, daß Kriminalität sich eben nicht auf Bahnen und Stationen ausbreitet bzw. aus ihnen wieder herausgedrängt wurde (New York). Wenn überhaupt, werden amerikanische City-Beförderungssysteme erst bei Dunkelheit und in gering frequentierten Außenbezirken ihrem schlechtem Ruf gerecht. Und dann auch eher in Problemstädten wie Chicago und Miami. In San Francisco, Seattle und Boston etwa können die City-Bahnen ohne Furcht vor Überfällen genutzt werden.

Stadtrundfahrten

Geführte Busfahrten

Wo immer es genügend zu sehen gibt, um ein paar Stunden geführter Rundfahrt auszufüllen, fehlt es nicht an Anbietern. Fast ausnahmslos dabei ist die landesweit operierende Firma *Gray Line*, welche die konventionelle ***Sightseeing-Tour*** vielenorts ziemlich monopolisiert. Ihre Prospekte finden sich in *Airports*, Hotels, Informationsbüros und -ständen und sogar in *Souvenir-Shops*. Die Preise sind regelmäßig recht hoch. Dafür wird den Teilnehmern häufig ein bequemes ***Hotel Pick-up*** geboten. Kennzeichen solcher Rundfahrten ist ein pausenloses **Informationsbombardement durch die *Tour-Guide***s. Fremdsprachliche Erläuterungen gibt es nur in den *Big Cities* und dann – je nach Auditorium – in mehreren Sprachen hintereinander oder von der Kassette.

Tour-mobile

Eine bedenkenswerte Alternative dazu sind in vielen Städten die bereits erwähnten **Rundfahrt-Linien** oder *Tourmobile*. Offene London-Doppeldecker, 20er-Jahre-Busse (*Trolleys*) oder Minizüge (*Trams*) auf Gummireifen fahren – unter oft phantasiereichen Bezeichnungen – die wichtigsten Sehenswürdigkeiten und typischen touristischen Attraktionen ab.

Für einen – im Vergleich zur Stadtrundfahrt nach üblichem Muster – niedrigen **Pauschalpreis** dürfen die Passagiere an vielen Haltepunkten beliebig aus- und wieder zusteigen und so Tempo und Ablauf der Stadtbesichtigung individuell bestimmen. Man kann für eine erste Orientierung zunächst auch eine volle Runde drehen und danach entscheiden, wo man mehr Zeit investieren möchte. Die Nutzung der *Tourmobile* ist vor allem dort eine gute Lösung, wo die Entfernungen zu Fuß nur schlecht zu bewältigen sind, und das Auto wegen Verkehrsdichte und Parkplatzproblematik am besten stehenbleibt, z.B. in Boston, Washington DC, Philadelphia, Chicago und San Diego.

Rundfahrten im offenen Amphibienfahrzeug zu Wasser und zu Lande sind in der Showkapitale des Ostens, Branson/Missouri, der absolute Hit

4.3.3 Abstecher in die Umgebung

Bus/ Bahn

Für Fahrten zu Zielen außerhalb der Städte, soweit es sich nicht um Ortschaften nennenswerter Größe handelt, eignen sich öffentliche Transportmittel nur selten. Insbesondere gilt dies für Abstecher zu den zahllosen Naturwundern, namentlich zu ***National-, State-*** und ***Provincial Parks***.

Wenn ausnahmsweise dennoch eine Verbindung der flächendeckend betriebenen ***Greyhound Line*** oder anderer lokaler Buslinien eine Alternative zum Mietwagen bilden, wird im Reiseteil darauf hingewiesen. Ebenso auf die wenigen Möglichkeiten für Fahrten mit der Eisenbahn.

Kosten

Die Ticketpreise liegen bei Bus und Bahn indessen derart hoch, daß eine Fahrt mit ihnen über mehr als 30 mi Entfernung nur für Alleinreisende noch ökonomisch Sinn ergibt. **Zwei und mehr zusammenreisende Personen fahren im Mietwagen preiswerter.** Zumal oft zusätzliche Transportkosten fürs Taxi hinzukommen, etwa zum Busbahnhof oder von der Haltestelle zum eigentlichen Ziel. Obendrein sind Autofahrer schneller und flexibler in der Ausflugsgestaltung. Die dabei leichter zu organisierende **Selbstverpflegung** bringt weitere Vorteile.

Ausflugs-busse

Fast alle Touristenattraktionen außerhalb der Städte können auch per geführter Bustour erreicht werden. Ebenso wie für Stadtrundfahrten findet man in Hotels, Motels und Informationsbüros die entsprechende Werbung. Die Teilnehmer werden in vielen Fällen sogar abgeholt. Oft werden mehrere Anlaufpunkte miteinander kombiniert. Erläuterungen durch *Tour Guides* sind selbstverständlich, wenn auch meist nur in englischer Sprache. Da derartige Touren im allgemeinen ziemlich teuer sind, ist in vielen Fällen selbst für Alleinreisende eine Automiete günstiger. Dabei verzichtet man natürlich auf eine Reiseleitung und muß sich selbst informieren.

Typischer amerikanischer Reisebus, hier im Mount Rainier National Park/ Washington State

5. ÜBERNACHTEN IN NORDAMERIKA

5.1 HOTELS, MOTELS UND INNS

5.1.1 Allgemeine Situation, Ausstattung und Preise

Im Gegensatz zu Europa, wo Unterkunftssuche und -reservierung auf Reisen nicht immer einfach ist und gelegentlich in Streß ausartet, sind beide Länder Nordamerikas in dieser Beziehung ausgesprochen touristenfreundlich.

Lage

Hotels und Motels konzentrieren sich unübersehbar an den Ausfallstraßen der Städte, an typischen Ferienrouten, in der Nähe der Flughäfen und in bestimmten Bereichen der großen Städte. Vor allem die ***Motels*** und ***Motor Inns*** informieren Tag und Nacht mit Schildern und Leuchtschriften, ob die Nachfrage nach einem freien Zimmer lohnt:

Vacancy/No Vacancy **YES/NO** **Welcome/Sorry**

Gleichzeitig wird in vielen Fällen der Zimmerpreis angezeigt:

Rooms from $39 and up

Saison

Auch ohne Reservierung (➪ Seite 111) findet sich selbst in der **Hochsaison** meist noch irgendwo ein Zimmer, wenn man dank Mietwagen beweglich ist und mit der Suche nicht zu spät abends beginnt.

Nebensaison

Außerhalb der jeweiligen Feriensaison (im allgemeinen Mitte Juni bis Ende August/*Labour Day*, in Florida Dezember bis März) ist die Quartiersuche überhaupt kein Problem, sieht man ab von verlängerten Feiertagswochenenden (➪ Seite 105), lokalen Veranstaltungen und Kongressen. Denn in zahlreichen Orten und touristischen Regionen wie auch im Umfeld vieler Airports findet man eher ein Überangebot als knappe Kapazitäten.

Airporthotels

Auf den meisten Flughäfen gibt es im Ankunftsbereich eine bebilderte "**Hotelwand**", auf der alle Unterkünfte in Airportnähe und eine Auswahl weiterer lokaler Quartiere mit mehr oder weniger detaillierten Angaben verzeichnet sind. Normalerweise kann man vom dazugehörigen Telefon kostenlos anrufen. Nach erfolgter Buchung schicken viele Hotels einen Kleinbus, um den Gast abzuholen (***Airport-Shuttle/Pick-up***). Was bei telefonischen Erkundigungen und Reservierungen zu beachten ist, wird weiter unten erläutert.

Abgrenzung

Die Begriffe ***Hotel, Motel*** und (*Motor*) ***Inn*** werden im amerikanischen Beherbungsgewerbe ohne klare Abgrenzung verwendet. Auch für die Qualitätseinstufung spielen sie kaum eine Rolle.

Motels

Typische *Motels* sind grundsätzlich durch die von außen – in der Regel unkontrolliert – zugänglichen, äußerstenfalls zweistöckigen Zimmertrakte gekennzeichnet. Die Fahrzeuge der Gäste können immer in Zimmernähe, oft direkt vor der eigenen Tür abgestellt werden. Im allgemeinen verfügen Motels über keine eigene Gastronomie und nur ausnahmsweise über eine einfache Cafeteria. Der Gästeservice beschränkt sich auf Cola- und Snacktütenautomaten sowie die in Amerika unabdingbaren Eiswürfelmaschinen. Den Zimmerschlüssel erhält der Gast gegen **Vorauszahlung** bzw. Kreditkartenunterschrift an der Rezeption (*Office, Reception*). Am nächsten Morgen bleibt der Schlüssel dort üblicherweise in der Tür, sofern kein Schlüsselpfand (*Key Deposit*) auszulösen ist.

Motor Inns

Motor Inns findet man ebenso wie die überwiegende Zahl der *Motels* an Hauptstraßen und im Umfeld wichtiger Autobahnausfahrten. Sie unterscheiden sich in vielen Fällen durch nichts außer ihrer Bezeichnung vom *Motel*, sind aber vom **Standard** her im Schnitt höher angesiedelt. In etwas besseren *Inns* erfolgt der Zutritt zu den Zimmern wie im Hotel über die Rezeption oder Nicht-Gästen verschlossene Eingänge und Korridore, also nicht über außenliegende, jedermann zugängliche Türen. Das ist zwar unpraktischer, kommt aber dem Sicherheitsbedürfnis vieler Reisender entgegen. *Motor Inns* befinden sich meist in unmittelbarer Nachbarschaft zur lokalen Gastronomie, die man zu Fuß erreichen kann. Seltener bzw. nur in den Häusern höheren Standards befinden sich Restaurant und Bar direkt im Haus.

Hotels

Eine ähnlich generalisierende und dennoch einigermaßen zutreffende Beschreibung wie im Fall der *Inns* und *Motels* läßt sich für die *Hotels* nicht formulieren. Zwischen heruntergekommenen **Absteigen** in Randbezirken und Zentren der Cities und den oft nur wenige Blocks entfernten **Luxusherbergen** aus Glas und Beton liegen Welten. Gemeinsames Merkmal fast aller *Hotels*, gleich welcher Kategorie, ist die zum Haus gehörende Gastronomie (auf unterschiedlichstem Niveau) und die Erhältlichkeit von **Alkoholika** (nie in *Motels*, selten in *Motor Inns*!). Bei innerstädtischen *Hotels* fehlt oft Parkraum. Gehören **Parkgaragen** zum Haus (ab obere Mittelklasse) kosten sie meist Gebühren.

Nostalgie Hotels

Speziell in den **US-Oststaaten, im Bereich der Westküste** und **im Hinterland Kaliforniens** und in **Ontario/Canada** gibt es zahlreiche *attraktive* **Nostalgie-Hotels,** die ausnahmslos in der oberen Mittel- bis Luxusklasse angesiedelt sind. Diese historischen bis zu 200 Jahre alten Häuser besitzen in vielen Fällen einen ganz besonderen Charme, der den meist hohen Übernachtungspreis halbwegs verschmerzen läßt. Manches derartige Hotel bietet lediglich ***Bed & Breakfast,*** worauf weiter unten noch gesondert eingegangen wird.

Lodges

Vor allem in landschaftlich reizvollen Gebieten und Nationalparks nennen sich Hotels gerne ***Lodges*** und signalisieren damit, daß neben dem Hotelkomfort **Aktivitäten** wie Reiten, Fischen, Kanufahren, Golf etc. geboten werden oder im Umfeld möglich sind. Nur selten kann man *Lodges* nur für eine Nacht buchen; ***Weekend*** oder ***2 Nights*** sind das Minimum.

Resorts

Das gilt auch für ***Resorts*** oder ***Resort Hotels***. Der Begriff ist nicht ganz eindeutig. Gewöhnlich sind *Resorts* ausgedehnte Anlagen und auf Familien- oder Sporturlaub zugeschnitten mit allen nur erdenklichen Freizeitangeboten.

Die **Innenausstattung** amerikanischer Hotel- und Motelzimmer zeichnet sich durch **weitgehende Uniformität** aus:

Komfort und Ausstattung

Je nach Größe des Raums ein Bett*) oder auch zwei davon, ein Schränkchen mit Fernseheraufsatz, ggf. eine Schreibplatte, in einer Ecke Sessel/Stühle plus Tischchen. Man schläft zwischen zwei Laken unter einer Wolldecke, deren Zustand in billigen Unterkünften schon mal zu wünschen übrig läßt.

Im Gegensatz zu Europa gehören ein **eigenes Bad und Farbfernseher** noch zum preiswertesten Raum, in sommerheißen Gebieten überall und in besseren Hotels immer eine **Klimaanlage**. Unterschiede im Preis drücken sich weniger im grundsätzlich vorhandenen Mobiliar und der Zimmergröße als durch Qualität/Gediegenheit der Ausstattung und Grad der Abnutzung aus. Neuere Häuser der Mittelklasse bieten für $60 bis $100 einen Raumkomfort, der oft denen in weitaus teureren Hotels kaum nachsteht.

Kosten

Die Preise für Übernachtung unterliegen erheblichen regionalen und saisonalen **Schwankungen**. Sieht man von den Zentren der großen Cities und Brennpunkten des Tourismus zur jeweiligen Saison ab, kommt man generell – bei vergleichbarem Standard im **Doppelzimmer und zwei Personen – preiswerter** unter als in Mitteleuropa.

Es gibt immer noch einfache Motels, die bei einer Belegung mit 2 Personen auch in der Hochsaison nur bis zu $40 pro Nacht und Zimmer fordern – vor allem an Wochentagen auf dem Land und in kleinen Ortschaften. **Die Mehrheit der Unterkünfte in der durchaus akzeptablen unteren Mittelklasse (außerhalb der Großstädte und Tourismuszentren) liegt im Tarifbereich $45-$60**. *Motels* und *Motor Inns* der Mittelklasse, die ohne Sonderfaktoren wie Großstadt, Nationalparknähe, Wochenende, Sportveranstaltung etc. über $80 fürs normale DZ berechnen, befinden sich eher in der Minderheit. Dabei liegt das kanadische $-Preisniveau nur wenig über der Höhe des amerikanischen und ist damit bis 20% günstiger.

---

*) ***Double***: 1,35x1,90 m, ***Queensize***: 1,50x2 m, ***Kingsize***: 1,95x2 m; Einzelbetten kleiner als *Double* gibt es so gut wie nicht

Kosten Off-Season

Bei schlechter Auslastung und in der ***Off-Season*** sinken die Preise. Ausgesprochen **guter Standard** ist dann nicht selten schon **für $50 oder sogar weniger** zu haben. Ohne besondere Ansprüche übernachtet man in der Herbst- und Frühjahrssaison bisweilen für unter $40. Entsprechende Angebote sind an *Highways* und Ortsdurchfahrten nicht zu übersehen.

Einzel-/ Doppelzimmer

Sehr gerne wird in der Werbung der günstigste Preis herausgestellt, nämlich für Einzelbelegung. Dann steht ein kleines **sgl** für ***single occupancy*** hinter der Zahl. Tatsächlich gibt es keine echten Einzelzimmer, mindestens steht ein französisches Bett d (➪ Fußnote links) im Raum, der auch für ***double occupancy*** genutzt wird. Der Preis liegt dann nur wenig über dem fürs Einzel oder ist sogar identisch. In ***Twin Bedrooms*** (mit zwei *Double* bis *Kingsize*-Betten) können meist bis zu vier Personen übernachten, ohne daß dafür generell ein Aufgeld verlangt wird, etwa im Fall von **Eltern mit Kindern** bis zum Alter von 16/18 Jahren.

Steuern/ Frühstück

Alle Preisangaben sind netto; hinzu kommen immer die Umsatzsteuern (***Sales Tax;*** in Canada außerdem die ***GST,*** ➪ Seite 139), die im Hotelgewerbe häufig höher liegen (bis zu 16%) als im Supermarkt oder bei der Autovermietung. Ein **Frühstück** ist **normalerweise nicht im Zimmerpreis** enthalten. Befindet sich kein ***Coffeeshop*** im eigenen Quartier, geht der Motelgast ins nächste ***Fast Food-Restaurant***, das selten weit ist.

"Zugaben"

Gerne geworben wird mit ***free coffee, free continental breakfast*** und ***free movies***:

Der **Gratiskaffee** bezieht sich häufig auf eine Haushaltskaffeemaschine in der Rezeption oder ein kleines Heißwassergerät im Zimmer plus einige Tütchen Pulverkaffee. **Das "kontinentale" Frühstück** ist ebensowenig ein besonderer Anreiz: meistens handelt es sich um Kaffee oder Tee aus dem Automaten, einzunehmen aus Styroporbechern, und ein Tablett voll übersüßen Gebäcks zur Selbstbedienung. In letzter Zeit haben einige Ketten wie ***Hampton, Fairfield*** und ***Ramada*** das Sortiment etwas verbessert und bieten tatsächlich ein akzeptables Schnellfrühstück (*Quick Starter*).

Gratisfilme am laufenden Band (fast) ohne werbliche Unterbrechung gibt es auf den Kabelkanälen des ***Pay-TV***, das viele Motels abonniert haben. Bessere Häuser bieten eine Auswahl neuester Produktionen und spät abends Softpornos. Nach Einschalten und/oder einigen Freiminuten fallen **Gebühren** an, (ab $7/Film), die der Computer automatisch belastet.

Hotelverzeichnisse

Die für Mitglieder gratis erhältlichen ***Tourbooks*** der **Automobilklubs AAA/CAA** für die **USA/Canada** enthalten ziemlich umfassende, wenn auch nicht komplette Unterkunftsverzeichnisse mit aktuellen Daten für Hotels und Motels ab unterer Mittelklasse mit vielen **Discount-Angeboten**.

Verzeichnisse

In Buchläden findet man Spezialführer für besondere Unterkunftsarten: **Schön gelegene Landgasthäuser**, **historische Hotels** der Weststaaten, **Hotels und Motels unter $30** etc. Nahezu alle preisgünstigen Motels werden im ***National Directory of Budget Motels*** genannt, einer jährlich neu erscheinende Veröffentlichung, die nur wenige Dollar kostet.

Discounts für jedermann

In den Touristeninformationen vieler US-Bundesstaaten liegen zur freien Bedienung sog. ***Travelers/Exit Guides*** voller ***Discount-Coupons*** für Hotels und Motels aus. Sie beziehen sich überwiegend auf Häuser der großen Ketten entlang der *Interstate Highways* und rund um touristische Attraktionen. Mithilfe der Sonderangebote in diesen Heften versuchen die angeschlossenen Motels freie Kapazitäten zu füllen, also Gäste zu finden, die bei ihnen sonst nicht nach einem Zimmer gefragt hätten. Grundsätzlich besteht kein Anspruch auf Einlösung der *Coupons;* es kommt auf die täglich wechselnde Nachfrage an. Die Erfahrung lehrt aber, daß man bei Anrufen nicht zu spät am Tage im allgemeinen gute Chancen hat, zu den annoncierten Tarifen unterzukommen.

5.1.2 Vorausbuchung von Unterkünften

Wie bereits erwähnt, gibt es im allgemeinen keine besonderen Probleme unterzukommen. Obendrein gelingt es vor Ort oft, günstige Angebote auszunutzen, ohne nennenswerte Qualitätsabstriche hinnehmen zu müssen. Es gibt allerdings eine Reihe von Situationen, für die eine Vorausbuchung angezeigt oder sogar sehr zu empfehlen ist.

Veranstalter

Generell bezieht sich dies auf bestimmte Häuser der gehobenen Mittel- bis Luxusklasse, die in Veranstalterkatalogen häufig deutlich unter den vor Ort realisierbaren Preisen bei individueller Buchung angeboten werden. Wer seine Reisedaten zumindest teilweise (Ankunft/Abflug) kennt bzw. im Rahmen eines sonst flexiblen Reiseplans festlegt, fährt daher in manchen Fällen besser bei Vorbuchung. Allerdings gilt das nur **für Quartiere, die etwa ab 120 DM/Nacht** und darüber kosten. Zu den Mittelklasse- und preiswerteren Unterkünften ➪ Seite 108ff.

Abgesehen vom eventuellen Preisvorteil sind Buchungen vor allem in folgenden Fällen vor Reisebeginn zu empfehlen:

(1) **Für die erste(n) Nacht/Nächte** in der Ankunftscity.

(2) für ganz bestimmte **beliebte Hotels** w.z.B. die ***Old Faithful Lodge*** im *Yellowstone* Nationalpark und eine Reihe weiterer ***National Park-Lodges***, in denen man nur bei langfristiger Voranmeldung unterkommt.

(3) bei speziellen **Großveranstaltungen** wie etwa der ***Stampede*** in Calgary/Alberta oder dem **Karneval** in New Orleans.

Mit Einschränkungen auch noch:

(4) für **Wochenendübernachtungen** in der Umgebung von Touristenattraktionen und Nationalparks, speziell, wenn sie mit nationalen Feiertagen zusammenfallen

(5) für die **letzte Nacht vor Abflügen** ggf. in Airportnähe.

City Hotels

Zu (1): Es gibt einige Cities, wo die Reservierung unabdingbar ist, möchte man nicht Gefahr laufen, überhaupt nicht oder nur zu Höchstpreisen unterzukommen. In erster Linie gilt dies für **New York, Boston, Chicago**, **Washington** und im Westen für **San Francisco,** eventuell noch **Seattle**. In Canada für **Toronto** und **Vancouver**. Um nach langem Flug weiteren Stress zu vermeiden, spricht aber auch anderswo viel dafür, zumindest die erste Nacht vorab zu regeln.

Populäre Hotels

Zu (2): Populäre und persönlich stark favorisierte Häuser kann man nicht früh genug buchen. In den Nationalparks besäßen das ***Awahnee Hotel*** im *Yosemite National Park,* die schon erwähnte ***Old Faithful Lodge*** und die ***Grand Canyon Lodge*** am Nordrand der Schlucht erste Priorität. In Canada hätten z.B. das ***Banff Springs Hotel*** unweit Calgary und ***The Empress*** in Victoria erhebliche Priorität.

Veranstaltungen

Zu (3): Von vielen Veranstaltungen, welche sämtliche Unterkünfte einer Region füllen, erfährt der Tourist oft erst, wenn es ihn mehr oder weniger zufällig betrifft. Das kann passieren. Gemeint ist hier aber die Reservierung bei gezielten Besuchen von im voraus bekannten Veranstaltungen wie die angeführte *Stampede* und dem Karneval in New Orleans.

Wochenende

Zu (4): Für die normalen Wochenenden (Freitag-/Samstag- ggf. noch Sonntagnacht) gilt, daß viele Airport- und City-Hotels halbleer stehen und deshalb mit reduzierten Tarifen werben. Dort braucht man sich also wenig Sorgen zu machen, es sei denn, die City an sich ist eine **Touristenattraktion** (z.B. San Francisco, New York, Orlando). An den langen Wochenenden sorgen in erster Linie das ***Memorial Day*** und ***Labor Day Weekend*** (letztes/erstes Wochenende im Mai/September) und ggf. noch das Wochenende um den **Nationalfeiertag des 4. Juli** herum in den USA und ***Victoria Day, Canada Day*** (vorletzter Montag im Mai bzw. 1. Juli) und auch der ***Labour Day*** (wie USA) dafür, daß ganz Amerika auf Achse ist. Man tut gut daran, das bei der eigenen Planung gebührend zu berücksichtigen und sich an den genannten Wochenenden möglichst abseits beliebter touristischer Ziele zu halten.

Saison

In den **populäreren Nationalparks** wird es **in der Saison an den Wochenenden** nicht nur in den durchweg begrenzten parkeigenen Unterkünften, sondern auch schon mal **im Umfeld rammelvoll**. Dennoch genügt meist ein Anruf ein paar Tage oder höchstens eine Woche vorher.

Vor dem Rückflug

Zu (5): Es beruhigt die Nerven, wenn die **letzte Nacht in Amerika** von vornherein gebucht ist. Selten aber starten Flüge nach Europa am Vormittag. Nur dann wäre eines der teuren Hotels in Airportnähe vielleicht die sinnvollste Lösung. Besonders Mietwagenfahrer können sich eigentlich genausogut ein preiswürdiges Hotel, das sich für die letzte Nacht eignet, in der weiteren Umgebung des *Airports*/der Verleihstation ggf. bereits am Anfang der Reise selbst suchen – etwa in der Nähe einer ***Shopping Mall*** für letzte Einkäufe.

Liegt der Rückflugtermin auf einem Samstag oder Sonntag, übernachtet man andererseits gerade in Airportnähe relativ preiswert (etwa in Los Angeles, Chicago, Detroit, Toronto) – bei Buchung vor Ort sogar in der Hochsaison.

Hotelpässe/ -gutscheine

Für eine Reihe von **Hotelketten** mit Häusern in beiden Ländern Nordamerikas bieten Reiseveranstalter Hotelpässe mit fixen Tarifen/Nacht an (Gutscheine ab ca. 70 DM bis 150 DM), die neuerdings nicht nur verbundene Ketten betreffen (wie die ***Choice Hotels***, ➪ ✆-Liste rechts und Seite 109), sondern Häuser einer Palette von Motel- bzw. Hotelketten. Der Inhaber der Hotelgutscheine weiß dann zwar schon weitgehend (ganz nicht, da manchmal auch 2-3 Gutscheine für eine Übernachtung draufgehen) vor der Reise, welche Übernachtungskosten auf ihn zukommen, sollte er wirklich jede Nacht in einem im Pass enthaltenen Haus Quartier nehmen. Das ist aber auch schon alles, denn Reservierungen sind damit nicht verbunden; die muß der Passinhaber im voraus oder mindestens 24 Stunden vorher vornehmen (lassen). Das kann er auch ohne Hotelpass und zwar bei allen im Zielgebiet vorhandenen Hotels/Motels, nicht nur bei den in Frage kommenden Häusern seines Passes. Bei Vorausreservierung sieht man erst bei Ankunft, was genau man gebucht hat. Zudem besteht die Möglichkeit, daß man nicht immer wie geplant unterkommt und Gutscheine zurückbehält. Die Rückgabe kostet hohe Gebühren. Gehen Gutscheine verloren, fällt der Gegenwert sogar ganz unter den Tisch. Wer mit Kreditkarte bezahlt und die Karte verliert, haftet höchstens bis 100 DM.

Nachteile

Mit den Gutscheinen in der Tasche wird man daher auch möglichst in einem der angeschlossenen Häuser übernachten – selbst wenn gegenüber ein noch so schönes *Country Inn* Platz hätte oder ein offenbar gleichwertiges anderes Motel durchaus keine 150 DM kostet, sondern unübersehbar annoncierte $55 (plus *Tax)* Sonderpreis. Kurz, die Pässe besitzen gewisse Nachteile, aber keine ersichtlich überzeugenden Vorteile, außer der Dollarkurs steigt zwischen Katalogerscheinen und Reiseantritt ungewöhnlich stark (wie 1997!). Ob man im Schnitt vor Ort in denselben oder vergleichbaren Quartieren ohne Pass nennenswert höhere Kosten hätte, ist aber selbst dann nicht gesagt – außerhalb der Hauptsaison oft eher nicht.

Hotelpass Einzelkette

Ohne Not viel Flexibilität verliert, wer Hotelgutscheine einzelner Ketten kauft, womit – wie es scheint – ebenfalls selten besondere Preisvorteile verbunden sind. Wer z.B. 80 DM für einen Übernachtungsgutschein bezahlt, den er nur gegen Gebühr zurückgeben darf, und vor Ort feststellt, daß Zimmer der Kette im Preis stark variieren und auch schon mal deutlich unter den Gutscheinkosten liegen, wird kaum begeistert sein.

Hotel-/ Motelkette

Zur Kenntnis der Verteilung (Standorte) und aktueller Vor-Ort-Tarife der Hotel- bzw. Motelketten schon vor der Reise kann man sich von folgenden hier vertretenen Firmen Unterlagen schicken lassen und ggf. auch bereits direkt buchen:

Days Inn:	069/42089089
Canadian Pacific:	0180/5/242828
Choice Hotels (*Comfort, Friendship, Quality, Sleep Inns, Clarion Hotels, Rodeway Motels, Econo Lodges*):	0130/855522
Travelodge:	0130/2944
Best Western:	0130/4455
Marriott/Courtyard:	0130/854422
Holiday Inn:	0130/815131
Hilton:	0130/818146
Hyatt:	069/290114
Radisson:	040/35020
Ramada	0130/812340
Sheraton:	0130/853535
Westin:	0130/852662

Alle weiteren Informationen zu Preisen, Buchung und Reservierung etc. von Hotels und Motels während der Reise liefern **die folgenden Abschnitte.**

Queen Mary, Hotel-und Restaurantschiff in Long Beach/LA; zu relativ günstigen Preisen bei Reiseveranstaltern zu buchen

5.1.3 Reservierung von Unterkünften

Situation

Voraussetzung einer sinnvollen Reservierung sind Informationen über Qualität, Preis und andere Merkmale, darüber also, welche Unterkunft den eigenen Vorstellungen entspricht. Eine Vielzahl von **Hotel-/Motelketten** in allen Komfortkategorien, deren Häuser weitgehend identisch sind oder zumindest einen identischen Standard aufweisen, macht die Lösung des Problems leicht. Auf Reisen kommt zur Not ohne Hotelverzeichnis aus, wer sich im wesentlichen an die Ketten hält. Zumindest gilt das in den **USA.** Dort dominieren die Ketten landesweit das Berherbergungsgewerbe. In **Canada** ist die Anzahl unabhängiger Hotel- und Motelbetreiber relativ größer.

800/888 = toll-free

Dank der gebührenfreien ***(toll-free*)** **800-Nummern (neuerdings auch 888)** fallen bei einer Reservierung oft nicht einmal Telefonkosten an. Über diese Nummern (auch Seite 131) verfügen nicht nur Hotelketten, sondern auch viele Einzelunternehmen. Unter den nebenstehenden 800-Nummern erreicht man die Reservierungszentralen der bekanntesten Ketten.

Standard

Die Ketten sind hier nach **Ober-, Mittel- und Untere Preisklasse** aufgeteilt, wobei die Grenzen insbesondere zwischen Unterer und Mittelklasse fließend verlaufen. Ein Haus etwa der *Days Inn*-Gruppe muß nicht notwendigerweise immer über dem Standard der *Red Roof*-Motels liegen. Verglichen am identischen Ort wird das *Days Inn* aber immer teurer sein als die in der letzten Gruppe zu findenden Quartiere.

Preise

Die **Preisgestaltung variiert stark**; die angegebenen Intervalle in Klammern geben nur einen Anhaltspunkt. Die Mittelklasse bietet bei mangelnder Auslastung auch schon mal Nettopreise unter $50, liegt aber mehrheitlich im Bereich $60-$80 je nach lokalen und saisonalen Gegebenheiten. An Brennpunkten des Tourismus, in Innenstädten und Airportnähe wird die angegebene $90-Grenze bisweilen überschritten. Auch ein Budgetmotel kann in bestimmten Städten und/oder zur Hochsaison über $50 kosten. Andererseits sind Preise vor allem in der Nebensaison knapp unter $30 keine Ausnahme. In ländlichen Regionen noch unter oder nur knapp über $30 kosten die Zimmer in vielen Häusern der ***Motel-6*-Kette**.

Verbreitung der Ketten

Soweit nicht anders angegeben findet man die **Häuser der Ketten in beiden Ländern Nordamerikas** bei unterschiedlicher Verteilung und Dichte. Die **Ober- und Luxusklasse** konzentriert sich dabei eher auf die **Großstädte.** Auf einige Namen der Mittelklasse (*Howard Johnson, Travelodge, Days Inn, Best Western, Holiday Inn, Comfort Inn, Quality Inn*) stößt man allerorten. Auch einige der preiswerteren Kettenmotels sind verbreitet, allerdings mit regionalen Schwerpunkten. **Spezifische**, landesweit verbreitete **kanadische Ketten** sind ***Sandman, Journey`s End, Delta*** und ***Canadian Pacific***.

Die wichtigsten Hotel-/Motelketten mit zentraler gebührenfreier 800-Reservierungsnummer

Obere Preisklasse ($90-$200 und mehr)	**Canadian Pacific**	1-800-441-1414	nur Canada
	Delta	1-800-268-1133	hauptsächl. Canada
	Doubletree	1-800-222-TREE	
	Hilton	1-800-HILTONS	
	Hyatt	1-800-233-1234	
	Marriott	1-800-228-9290	
	Park Int`l	1-800-437-PARK	
	Radisson	1-800-333-3333	
	Residence	1-800-331-3131	
	Sheraton	1-800-325-3535	
	Westin	1-800-228-3000	
Mittlere Preisklasse ($50-$90)	**Best Western**	1-800-528-1234	
	Budgetel Inn	1-800-4BUDGET	
	Clarion Hotel	1-800-CLARION	
	Comfort Inn	1-800-228-5150	
	Courtyard	1-800-321-2211	
	Days Inn	1-800-DAYS-INN	
	Drury	1-800-325-8300	
	Econo Lodges	1-800-55ECONO	
	Fairfield Inn	1-800-228-2800	
	Hampton	1-800-HAMPTON	
	Holiday Inn	1-800-HOLIDAY (mit **H. Inn Express**)	
	Howard Johnson	1-800-I-GO-HOJO	
	La Quinta	1-800-531-5900	
	Quality Inn	1-800-228-5151	
	Ramada Inn	1-800-2RAMADA (mit **Ramada Ltd.**)	
	Sandman Inn	1-800-SANDMAN	nur Canada
	Shoney`s	1-800-222-2222	
	Super 8	1-800-800-8000	
	Susse Chalet	1-800-5CHALET	
	Travelodge	1-800-578-7878	
	Vagabond	1-800-522-1555	
	Wyndham Garden	1-800-WYNDHAM	
Untere Preisklasse ($30-$50)	**Budget Host**	1-800-BUD HOST	
	Exel Inn	1-800-367-3935	
	Friendship Inn	1-800-453-4511	
	Hospitality Int`l (Master Host/Scottish/Red Carpet/Passport u.a.)	1-800-251-1962	
	Journey`s End	1-800-668-4200	(Canada mit Comfort)
	Motel 6	1-800-4MOTEL6	
	Knight`s Inn	1-800-843-5644	
	Red Roof	1-800-THE ROOF	
	Rodeway Inn	1-800-228-2000	
	Sleep Inns	1-800-62 SLEEP	
	Thriftlodge	1-800-525-9055	
	Western Host	1-800-648-6440	

Neue 800-✆

Sollte eine Motelkette unter der aufgeführten Nummer nicht mehr erreichbar sein, ruft man – ebenfalls gebührenfrei – die ***Toll-free Information*** an: **1-800-555-1212**.

Abgrenzung der Kategorien

Während die Unterkünfte der Mittel- und Oberklasse in den meisten Fällen einen Standard bieten, der den Erwartungen und dem Preis (im jeweiligen lokalen Rahmen) gerecht wird, sind **in der *Budget*klasse die Unterschiede groß**. Das gilt insbesondere für die Vielzahl der kleinen preiswerten *Motels*, die keiner Kette angehören. Bei ihnen läßt sich aus der Entfernung, d.h. am Telefon und mit einem Hotelführer in der Hand, nicht abschätzen, ob man sich für $36 eine heruntergekommene Absteige einhandelt oder ein Sonderangebot in einem gerade halbleeren Motelkleinod.

Vorteile der Ketten

Wichtig zu wissen ist, daß ein Teil der Kettenmotels in der unteren Preisklasse den Komfort der Mittelklasse oft erreicht oder nur mit kleinen Abstrichen darunter bleibt. Andererseits bieten u.a. die Mittelklasse-Ketten ***Hampton***, ***Drury***, ***Fairfield***, ***La Quinta, Vagabond und Wyndham*** zu bestimmten Zeiten und/ oder in reiseschwächeren Gebieten für Preise um $50-$60 einen spürbar angenehmeren Aufenthalt als manches Billigmotel für nicht viel weniger Geld.

Der **Vorteil der Ketten** ist, daß man ungefähr oder sogar genau weiß, was einen erwartet, ohne ein bestimmtes Haus gesehen zu haben. Die Blindreservierung per Telefon kann also nicht so leicht danebengehen wie bei einem beliebigen unabhängigen Motel. Da die Qualität der Häuser innerhalb einer Kette mehr oder weniger schwankt und natürlich auch die Lage eine Rolle spielt, wird der Leser mit der hier gewählten **Einordnung** zwar nicht immer ganz übereinstimmen, aber sie liefert zumindest einen Anhaltspunkt.

Unabhängige

Neben den gennanten Ketten gibt es weitere kleinere Zusammenschlüsse auf regionaler Basis und vor allem jede Menge **unabhängiger Motels und Hotels**, von denen viele ebenfalls eine 800-Nummer besitzen. Sie lassen sich aus den auf Seiten 103/104 genannten Verzeichnissen entnehmen.

Motel in Form eines Mississippidampfers, aber auf dem Trockenen

Telefonische Hotel-/Motel-Reservierung/Stornierung

Damit bei der Reservierung per Telefon alles klappt, sind einige Punkte zu beachten:

Daten

- Bei einem **Direktanruf** im Haus der Wahl sind zunächst Art des Zimmers (*Single/Double/non-smoker* etc) und die Daten (*tonite only, 2 nights October 15-17* etc.) zu nennen. Im Fall eines **Anrufs bei einer Kette** nennt man natürlich auch noch Staat und Stadt, in Großstädten ggf. die Präferenz für einen bestimmten Stadtteil. Sind Zimmer wie gewünscht frei, wird der Preis genannt.

Garantie durch Kreditkarte

- Ist man einverstanden, wird nach der Ankunftszeit gefragt. Ohne weitere Formalitäten erhält man normalerweise eine Zusage bis *6pm*, in einigen Fällen auch *4pm*. Ist nicht sicher, daß man vor dieser Uhrzeit eintrifft, muß das Zimmer mit einer Kreditkarte "garantiert" werden. Nur so läßt sich eine anderweitige Vergabe ausschließen. Dazu müssen ***Credit Card Number*** und Verfalldatum der Karte (***Expiration Date***) zur Hand sein. Das Zimmer bleibt dann die ganze Nacht reserviert; der Preis wird der Karte belastet, egal wann – oder ob überhaupt – man letztlich eintrifft.

Zu beachten

Notieren sollte man sich unbedingt (ggf. nachhaken):

- die ***Reservation Number*** (meist nur bei Ketten)
- die genaue Adresse und **lokale Rufnummer**.
- bei Anfahrt mit dem Auto **Hinweise zur Lage**, z.B. *Interstate #40, Exit 4*, weiter auf *Irvine Street East* o.ä.
- das geeignete **Transportmittel ab *Airport*** und ggf. weitere Direktiven, handelt es sich um ein City-Hotel, das über keinen eigenen *Airport-Shuttle* verfügt.
- im Fall eines Hotels in der Flughafenumgebung das **Aussehen des hoteleigenen Busses**. Vor allem die *Vans* kleinerer Häuser sind oft als solche schwer zu erkennen. Wer nicht 100%ig an der üblichen Stelle wartet, wird übersehen.

2. Chance

Bei Absagen – *sorry, we/they are completely booked for that day* – kann man es mit einer oft guten Chance auf Buchung **am Tag selber kurz nach 12 Uhr** noch einmal probieren. Denn spätestens bis ***Noon*** müssen abreisende Gäste ihre Zimmer geräumt haben. Oft werden dann unerwartet Zimmer frei, die ursprünglich länger gebucht waren (Die Reservierung von Maximaltagen und spätere Stornierung kostet nichts. Diese Möglichkeit wird gerne von Reisenden genutzt, die bei der Ankunft ihr Abreisedatum noch nicht genau kennen).

Hotel-Agenturen

In vielen Städten und Regionen gibt es kommerzielle **Vermittlungsagenturen,** die von den Provisionen der Hotels leben. Mit ihrer Hilfe kann man sich ggf. vergebliche Anrufe bei verschiedenen *Hotels* und *Motels* bzw. Ketten ersparen.

Stornierung

Ob man nun unterwegs eine bessere/preiswertere Unterkunft entdeckt oder das vorgesehene Ziel nicht erreichen wird, eine **feste Reservierung muß rechtzeitig storniert werden**, sollen unnötige Kosten vermieden werden.

Zu diesem Zweck ruft man unbedingt **vor *6pm*** an (in Einzelfällen früher, wird ggf. beim Reservierungsgespräch mitgeteilt). Im Fall einer Kette ist es notwendig, die Reservierungsnummer parat zu haben, damit nichts schiefläuft. Man erhält eine Stornierungsnummer (ggf. nachfragen), die aufbewahrt werden sollte. Falls später wider Erwarten die Kosten einer ordnungsgemäß stornierten Übernachtung vom Kreditkartenkonto abgebucht werden, läßt sich ohne sie schlecht reklamieren. Wer sicher gehen möchte, notiert außerdem **Datum und Uhrzeit der Stornierung** und läßt sich den Namen der Person geben, die den Anruf entgegennahm.

Optimale Unterkunft

Die kostenfrei mögliche telefonische Reservierung und ggf. Stornierung läßt sich bei zeitiger Ankunft am Zielort zum eigenen Vorteil nutzen. Um sicherzugehen, reserviert man zunächst eine passende Unterkunft, schaut sich aber nach der Ankunft noch ein wenig um (*Hotel*wand im *Airport*, *Tourist Information*, Ausfallstraßen usw.), ob sich nicht eventuell ein besseres Quartier findet. Ist das der Fall, storniert man die ursprüngliche Reservierung.

5.1.4 Ein-/Auschecken und die Trinkgeldfrage

Übliche Prozedur

Bei Ankunft unterschreibt der Gast nach Klärung der vorliegenden Reservierung (*"I/we made reservations for a room on the phone", "we called yesterday/from the airport'"* o.ä.) bzw. der Buchung einen ***Credit Card Slip***, der den Zimmerpreis plus Steuern ausweist, und erhält den Schlüssel bzw. den kreditkartenähnlichen Türöffner des ihm zugewiesenen Raums. Eine Barzahlung ist zwar möglich, aber eher unüblich. Eine **Abrechnung** am folgenden Morgen/Ende des Aufenthaltes ist nur nötig, wenn Zusatzleistungen in Anspruch genommen werden können und wurden, etwa Gebühren fürs Filmprogramm, Zimmer- oder Restaurantservice, also normalerweise in besseren Häusern. Im **Durchschnittsmotel** ist mit dem Einchecken und der gleichzeitigen Zahlung alles erledigt. Es sei denn, der Schlüssel ist mit einem Pfand belegt (***Key Deposit***). Am nächsten Morgen wird der Betrag wieder ausgelöst.

Zimmerwahl

Wer Wert auf ein gutes Zimmer legt, kann die Zuteilung eines geeigneten Raumes durchaus beeinflussen:

Nichtraucher dürfen einen ***Non-Smoking-Room*** verlangen.

Es wird niemandem verwehrt, zunächst den zugedachten Raum in Augenschein zu nehmen. Man sollte sich nicht scheuen, um eine Alternative bitten, wenn

- die **Schnellstraße** vor dem Fenster verläuft und auch rückwärtige Zimmer existieren.
- der **Fahrstuhl** sich in unmittelbarer Nähe befindet; manche Hotel-Fahrstühle verursachen bei jeder Bewegung ein mittleres Zimmerbeben.
- **Eiswürfelmaschine** und/oder der **Cola-Automat** in der Nähe stehen: das ständige Klappern bis tief in die Nacht hinein kann furchtbar stören.
- im Airport-Hotel das Zimmer die ***Runways*** überblickt.

Verbundene Räume

Viele Motels besitzen Räume, die durch eine Tür miteinander verbunden sind (***Connecting Rooms***), gedacht etwa für Familien, die 2 Zimmer buchen. Wer mit einem Zimmer auskommt, ist besser bedient mit einem *Non-Connecting Room*: Erstens aus Sicherheitsgründen, weil es für einen Profi kein Problem ist, derartige Türen ohne größeren Lärm zu öffnen. Und zweitens, um nicht das Fernsehprogramm und den Ehestreit der Zimmernachbarn ertragen zu müssen.

Check-out

Wer spät abends ankommt und erst am Nachmittag das Zimmer räumen möchte, kann nach einem ***Late Check-out*** fragen, was oft akzeptiert wird und bei vorheriger Klärung nichts oder nur wenige Extradollars kostet. Ohnedem muß man das Zimmer zwischen *10am* und *Noon* räumen, bei nicht angekündigtem Überziehen der Zeit im Extremfall einen vollen Tarif zusätzlich bezahlen.

Trinkgeld

Ein kleines Problem ist für europäische Touristen die Frage der "richtigen" **Trinkgeldbemessung** in der Gastronomie. Da Angestellte in Hotels und Restaurants in Amerika viel stärker vom Trinkgeld abhängig sind als ihre deutschen Kollegen, wird bei allen Dienstleistungen im Hotel ein ***tip*** erwartet. Überläßt man es z.B. einem ***Attendant,*** den Wagen auf dem Hotelparkplatz abzustellen (***Valet Parking***, üblich in der Oberklasse), bekommt dieser dafür nicht unter $2. Der ***Bellhop*** (Hotelpage) erhält fürs Koffertragen $1 pro Gepäckstück, der ***Doorman*** (Türsteher) $0,50-$1 fürs Taxiholen und das ***Room Maid*** (Zimmermädchen) $1-$2 täglich, die im Zimmer hinterlassen werden sollten.

5.1.5 Discounts und andere Vergünstigungen

"Kettenclubs"

Manche Ketten bieten Mitgliedschaften in speziellen Clubs (*Frequent Guest Program, Innsider Club*, etc). Für die Mehrheit ausländischer Touristen ist so etwas kaum von Interesse, da gebotene Vorteile wie *"Spend 12 nights, stay 13th free"* nur selten wahrgenommen werden können. Eine Ausnahme bildet das ***Super-8 Motel***. Die Mitgliedschaft im ***VIP-Club*** dieser Kette ist kostenlos. Jedermann/frau kann diesem Club per Formular beitreten und erhält dann seine/ihre *VIP-Card* per Post, damit in allen – ca. 1.000 – *Super 8 Motels* einen 10%-igen Discount. Ein weiterer **Vorzug für Mitglieder**: Das lästige Buchstabieren von Namen und Adresse bei der telefonischen Reservierung entfällt. Man nennt einfach die Kartennummer und fertig. Auch das *Check-in* wird erleichtert. Für einige preiswerte Nächte bei *Super 8* lohnt sich die Mühe eines Anrufs vielleicht schon (der Anruf bei 800-Nummern ist auch von hier aus möglich, wenngleich nicht *toll-free* ➪ Seite131).

Discounts für Automobil-Klub-Mitglieder

Von den *Gratis-Tourbooks* der amerikanischen Automobilklubs , Kurzreiseführern und Hotelverzeichnissen in einem, war bereits die Rede. *AAA/CAA*-Mitglieder erhalten in zahlreichen Hotels **Nachlässe**, die **bis zu 50% des Listenpreises** betragen können (➪ Werbung in den *Tourbooks*). Prinzipiell besitzen Mitglieder europäischer Automobilklubs denselben Status wie *AAA*-Mitglieder aufgrund eines wechselseitigen Abkommens. Motelbesitzer können aber meist mit einer ADAC-/AvD-/ACE-Mitgliedskarte u.a. nicht viel anfangen, so sie überhaupt fragen (häufig nicht), und weigern sich dann manchmal, den AAA zugesagten und in den Tourbooks veröffentlichten Rabatt zu gewähren.

Bonuskarte

Das Problem wurde erkannt, und so versorgt z.B. der ADAC seit neuestem seine Mitglieder für die Amerika-Reise neben den schon bekanntenbLeistungen wie Tour-Set etc. mit der *"**AAA-Show Your Card & Save**"*-Bonuskarte. Die sieht identisch aus wie die **Mitgliedskarte** der Amerikaner/Kanadier und garantiert die Gleichbehandlung auch ausländischer Automobilisten bei der Discountgewährung.

Discounts für jedermann

Von den sogenannten ***Travelers/Exit Guides*** voller ***Discount-Coupons*** für Hotels und Motels war bereits auf **Seite 104** die Rede. Mithilfe von Sonderangeboten in diesen Heften versuchen die angeschlossenen Motels freie Kapazitäten zu füllen

Wochenend-Tarife

Vor allem die Hotels der Ober- und Luxusklasse in Stadtzentren und im Flughafenumfeld, in denen hauptsächlich Geschäftsreisende absteigen, senken an Wochenenden die Preise. ***Weekend Rates*** liegen 25%-50% unter den normalen Tarifen, d.h. dann etwa auf dem Niveau der Mittelklasse. In

Firmen-Tarife

derartigen Häusern gilt für Firmenmitarbeiter auch werktags ein herabgesetzter Zimmerpreis, die sogenannte ***Corporate Rate***. Wer danach fragt, erhält sie oft, ohne daß unbedingt nachgehakt wird, um welche Firma es sich handelt. Eine geeignete Visitenkarte ist mitunter hilfreich.

Wochentags preiswerter

Es gibt andererseits einige Städte, in denen die **Preise an Wochenenden höher** sind als werktags, z.B. Las Vegas, Atlantic City oder Key West. Dort übernachtet man in der Regel von Sonntag bis Donnerstag zu vergleichsweise günstigen Preisen. Manche Häuser vergeben abends (frühestens nach *6pm*) ihre noch freien Zimmer zu Niedrigpreisen.

5.2 Bed & Breakfast

Kennzeichnung

Eine Übernachtungsmöglichkeit, die sich in Canada schon in den 70er-, in den USA aber erst in den 80er-Jahren durchgesetzt hat, ist *Bed & Breakfast* in Pensionen und Privathäusern. In ländlichen Regionen und im Umfeld von Nationalparks wird man ***B&B*-Schilder** relativ oft entdecken, obwohl bei weitem nicht alle *B&B*-Häuser ihre Funktion öffentlich machen – speziell nicht in größeren Städten. Daher sollte vor Ort einen ***Bed & Breakfast* Guide** kaufen, wer sich vorstellen kann, auch mal Zimmer mit Frühstück zu buchen. In allen größeren ***Bookstores*** gibt es regionale B&B-Führer und auch Bücher, die besonders schön gelegene und/oder historische Anwesen beschreiben. Hier und dort sind auch regionale **Listen mit allen *Bed & Breakfast Places*** einer Gegend oder Stadt in den Büros der ***Visitor*** bzw. ***Tourist Information*** erhältlich.

Kosten

Man wird schnell feststellen, daß ***B & B* in Amerika nicht die billige Alternative zum Motel** ist; das Preisniveau liegt überwiegend im Mittelklassebereich und oft darüber, also etwa ab $50-$60 für 2 Personen im DZ und oft weit mehr, wobei aber ein üppiges amerikanisches Frühstück mitgeliefert wird.

Reiz des B&B

Reizvoll an *B & B* kann der über den gelegentlichen "Familienanschluß" erleichterte – einige Englischkenntnisse vorausgesetzt – Kontakt zu Land und Leuten sein. Eine **teure, aber reizvolle *Bed & Breakfast* Variante** sind schön gelegene und/oder architektonisch/historisch besondere Anwesen. Vor allem in **Neu-England**, im ***Hudson Valley*** von NY-State und in einigen Bereichen von **Ontario,** in den alten **Südstaaten** entlang touristischer Routen (***Natchez Trace Parkway***) und im Umfeld stärker frequentierter Ziele wie **Charleston, Savannah, St. Augustin, Vicksburg** am Mississippi etc. findet man relativ viele Häuser dieser Art. Ebenso im Hinterland des zentralen und nördlichen Kalifornien. Der Übergang zum ***Country Inn***, faktisch Hotel, ist dabei fliessend. Die bei uns als *Hotel Garní* bezeichnete Variante ist das vor allem im Nordosten bekannte ***Bed & Breakfast Inn***. Auch in einigen Großstädten wie **Vancouver** oder **Boston** hat sich *B&B* zu einer beliebten Alternative zum uniformen Hotelzimmer entwickelt.

B & B auf einer Ranch in der Nähe des Zion National Park

5.3 JUGENDHERBERGEN, YS UND ANDERE PREISWERTE BLEIBEN FÜR JUNGE UND JUNGGEBLIEBENE LEUTE

Jugendherbergen/ Hostelling International (HI-Hostels)

Das Jugendherbergswesen ist in Nordamerika im Vergleich zu Europa zwar unterentwickelt, aber manche der Herbergen befindet sich in günstiger Lage im Brennpunkt der Cities und in besonders schöner Umgebung in oder in der Nähe von *National-*, *State* und *Provincial Parks*. Die Kosten in Häusern der ***American bzw. Canadian Youth Hostel Federation*** (***HI-Hostels***) variieren zwischen $8 und $20 pro Nacht. Damit sind sie konkurrenzlos billig.

Wer in Jugendherbergen übernachten möchte, kennt deren Vor- und Nachteile. Das Gesamtverzeichnis für die Herbergen in den USA (und Canada; nur in englischer Sprache) kann man beim DJH-Verband, Bismarckstr. 8 in 32756 Detmold, beziehen: ***Hostelling North America, A Guide to Hostels in Canada and the United States***. Im ***World Wide Web*** findet man im ***Internet Guide to Hostelling*** ebenfalls alle Informationen zu *AYH-Hostels*: **http://hostels.com/rectravel/hostels/**.

YM/WCA

Der Christliche Verein Junger Männer/Frauen – in Amerika **YMCA** beziehungsweise **YWCA** – bietet vor allem in Großstädten Übernachtungsmöglichkeiten. Während die **YMCA-Häuser** neben Mehrbett- auch über Einzel- und Doppelzimmer verfügen und Männer, Frauen und Paare aufnehmen, gilt für **YWCA-Heime** meist ***Ladies only***.

Die **Übernachtungskosten** liegen im allgemeinen nur knapp unter denen der jeweils billigsten Hotels. Dafür können die Gemeinschaftsanlagen wie Trimmräume, Pools, Lesesäle etc. von den Gästen mitbenutzt werden. Ein **Gesamtverzeichnis** der amerikanischen YMCA/YWCA-Häuser erhält man beim

CVJM-Gesamtverband
Im Druseltal 8, 34131 Kassel
✆ 0561/30870

Kontakte in den USA:

YMCA, 224 E 47th Street, New York, N. Y. 10017, USA; Fax (001) 212-308-3161 oder ***YWCA***, 726 Broadway, New York, N. Y. 10003; ✆ (001) 212-614-2700

Kontakt in Canada:

Central YMCA, 180 Argyle Ave, Ottawa Ontario K2P 1B7, Canada; Fax (001) 613-788-5095

Zentrale YM/WCA Reservierung in Amerika:
✆ **(212) 308-2899** (von hier aus 001 vorwählen)

Reservierung

Jugendherbergen wie ***Ys*** **müssen** insbesondere in den Cities und in der Nähe touristisch bedeutsamer Ziele (Nationalparks/Küstenorte) Wochen **im voraus reserviert werden**.

Int`l Hostels

Eine **Alternative zu Jugendherbergen** im konventionellen Sinn und den christlich orientierten ***Ys*** bieten die Häuser der ***American Association of International Hostels*** (AAIH), Herbergen unter freier Trägerschaft mit Sitz in Flagstaff/Arizona. Sie befinden sich vor allem im US-Westen. Die meisten von ihnen verfügen über Schlafsaalunterkünfte ab \$12-\$13 pro Bett und private Zimmer ab \$25. Bei ihnen geht es legerer zu als in den *Hostels* der Jugendherbergsorganisationen.

Hostel Verzeichnis

Außerordentlich hilfreich und immer ***up-to-date*** ist das kompakte ***Hostel Handbook*** für die USA und Canada, das über **500 *Hostels*** und Billighotels ***for the International Traveler*** listet und jedes Jahr im März neu erscheint. Es enthält Adressen, Telefonnummern und Tarife sowohl der ***Hostelling International*** Herbergen (*HI Hostels* = traditionelle Jugendherbergen AYH) **und** der Häuser in freier Trägerschaft wie **AAIH**. Dieses für Rucksacktouristen unverzichtbare Büchlein ist gegen Voreinsendung von **US\$5** in bar oder *International Money Order* erhältlich bei

Jim Williams: *The Hostel Handbook*
722 Saint Nicholas Avenue
New York City, NY 10031 / USA
© 001 212 926-7030; Fax: 001 212 283-0108
E-Mail: InfoHostel@aol.com

Studentenwohnheime

Eine Übernachtungsalternative sind in den Sommermonaten (Mai bis einschließlich August) die dann teilweise leerstehenden Studentenwohnheime, die ***University Residences*** oder ***College Dormitories***. Fast jede Mittelstadt verfügt über mindestens ein *College*. Das ***Department of Housing*** der jeweiligen Institution ist zuständig für die Vermietung. Die Bedingungen variieren sehr. Während in manchen Fällen Einzelübernachtungen – sofern nicht ganz ausgeschlossen – kaum weniger oder sogar mehr als in billigen Motels kosten, liegen woanders die Preise auch schon mal unter \$20 pro Nacht. Billiger werden *Dormitories* immer dann, wenn man sich eine Woche oder länger einmietet. Abgesehen vom günstigen Unterkommen bieten sie **Kontakte und Mitbenutzung** von Einrichtungen wie Sportanlagen und preiswerten Cafeterias.

Let`s go

Nicht nur als ergänzender Reiseführer, sondern auch hilfreich bei der Suche nach günstigen Unterkünften ist das in vielen Buchläden Nordamerikas vorrätige Handbuch ***Let's go USA***.

Übernachtung im Airport

Mancher mag – um eine kurze Nacht zu überbrücken oder zur Not, wenn beim besten Willen keine passende Unterkunft aufzutreiben ist – auf den Gedanken kommen, im Flughafen zu schlafen. Grundsätzlich ist das sicherer als eine Parkbank. Sorgen ums Gepäck gibt es dabei nicht, sofern man es im Schließfach verstaut. Da kleine bis mittelgroße Flughäfen nach Abflug/Ankunft der letzten Maschine häufig geschlossen werden, kommen **nur größere Airports** für eine Übernachtung in Frage. Aber auch auf ihnen bleiben nicht alle Gebäude über Nacht geöffnet. Die Chancen auf einen Ruhesessel für eine ganze Nacht sind allgemein am besten in den *International Terminals*, wo rund um die Uhr Betrieb herrscht.

Leider sind die Sitze in den Wartebereichen überwiegend mit festen Armlehnen ausgestattet und erlauben kein Sich-Ausstrecken. Eine auf dem Fußboden ausgebreitete Luft- oder Isomatte wird manchmal geduldet. Hartgesottene Flughafenschläfer legen sich sogar aufs Gepäckkarussell.

Nachtflug

Wer einen Nachtflug bucht, schläft im Flugzeug und spart u.U. die Übernachtungskosten. Am besten dazu eignen sich Flüge von der West- zur Ostküste, die abends abgehen und wegen des Zeitverlustes nach Ortszeit morgens ankommen. Mit etwas Glück ist die Maschine nicht voll besetzt und bietet mehrere zusammenhängende freie Sitze. Auf Wunsch gibt es bei den Flugbegleitern **Nachtbrillen** für ungestörten Schlaf.

5.4 Camping

Die Alternative zur festen Unterkunft ist das Campen. Es kommt aber so recht nur in Frage für Leute, die im Mietwagen oder Wohnmobil längere Zeit unterwegs sind. Das kann natürlich auf einer Reise auch temporär der Fall sein. Ein ausführliches Kapitel zum – in Nordamerika überaus erfreulichen – Thema Camping würde den Rahmen dieses Buches jedoch sprengen. Alle Einzelheiten und viele Tips und Hinweise zum **Campen in Amerika**, sei es mit Pkw/Zelt oder per Campmobil, einschließlich zahlreicher konkreter Campingplatz-Empfehlungen findet man in allen ***REISE KNOW-HOW*** **Reiseführern für die USA und Canada**, ➪ letzte Seiten.

6. ESSEN UND TRINKEN

Die Ernährung auf Reisen ist in Nordamerika eines der geringsten Probleme. Wer aufpaßt, wird auch bei gestiegenem Dollarkurs immer noch preiswerter satt als hierzulande. Die folgenden Abschnitte erläutern die Besonderheiten Amerikas bei **Restaurantverpflegung** und **Selbstversorgung** und geben geldsparende nützliche Hinweise.

6.1 Fast Food Lokale

Übersicht

Unterwegs auf Amerikas Straßen kommt man an – zumindest gelegentlicher – ***Fast Food*-Ernährung** kaum vorbei. Trotz deren heute oft negativer Bewertung läßt sich nicht leugnen, daß das "schnelle Essen" eine Reihe von Vorteilen bietet. Im übrigen ist es vielfach besser als sein Ruf.

Selbst im letzten Winkel Amerikas findet man noch die Filialen der großen ***Fast Food Chains***. Wo sich ein ***McDonald`s*** niedergelassen hat, sind ***Hardee`s*** oder der ***Burger King*** nicht weit; und ***Wendy`s, Arby`s*** oder ***Jack-in-the-Box*** stehen spätestens am nächsten *Freeway Exit*. Für Hähnchenteile von ***Kentucky Fried Chicken***, die *Donuts* von ***Tim Horton*** (überwiegend Canada) oder das Eis der ***Dairy Queen*** muß man dann mit Sicherheit auch nicht mehr weit fahren. Um die Gunst der eiligen Kunden konkurrieren außerdem jede Menge lokale Snackbars, Cafeterias und *Coffee Shop*s.

Allen gemeinsam ist das moderate Preisniveau und der weitgehend identische Geschmack aller gängigen Gerichte. Ausnahmslos erfolgt **kein Alkoholausschank**. Eine weitere Gemeinsamkeit besteht in der tischdeckenlosen, nüchternen **Plastikeinrichtung**. **Selbstbedienung** überwiegt bei weitem.

Frühstück

Unabhängig von ihrer Spezialisierung für den Rest des Tages gibt es in vielen *Fast Food Places* morgens von 6–10/11 Uhr ***Breakfast.*** Das amerikanische Standardfrühstück besteht aus 2 Eiern (***Scrambled***/Rührei; ***Fried, sunny side up***/Spiegelei), gebratenem Speck oder Bratwürstchen (*Sausages*) und ***Hash Browns*** (kartoffelpufferähnlichem Bratpamps). Dazu werden Toast und Marmelade serviert oder Waffeln mit Ahornsyrup, sowie **Kaffee oder Tee nach Belieben**.

Zu den wichtigsten in ganz Nordamerika verbreiteten Ketten ist folgendes anzumerken:

Hamburger Lokale

– Der auch bei uns stark vertretene Marktführer ***McDonald's*** serviert bekanntlich ***Hamburger*** in diversen Ausführungen. Der ***Burger King***, die No. 2 unter den Hamburger-Ketten, unterscheidet sich nur dem Namen nach von *McDonald's*. Sortiment, Geschmack und Preise stimmen ziemlich überein; gelegentlich gibt es eine kleine ***Salad Bar***. Über die verfügt auch ***Carl's Junior***, eine im US-Südwesten verbreitete

Hamburger

Kette, deren *Quarterpounders* den Fans das Wasser im Mund zusammenlaufen lassen. Mehr im Osten als im Westen anzutreffen ist ***Hardee`s*** und dort die No. 3 hinter *McDonald`s* und *Burger King*. Stärkste Konkurrenz liefert man sich mit immer größer werdenden **hauseigenen Spielplätzen**. Kinder und Eltern lieben die Anlagen der Hamburger-Konkurrenten mit Kunstrasen, Kletternetzen und Rutschen. Dabei hat ***McDonald`s*** mit heute zahlreichen mehrstöckigen, häufig überdachten Gerüsten klar die Nase vorn.

Das angeblich größte McDonalds Restaurant der USA mit Souvenirshop über der Will Rogers Turnpike *in Oklahoma zwischen Tulsa und Missouri (parallel dazu die Route 66).*

Wendy`s

– *Wendy's* lockt die Mehrheit der Kunden heute weniger mit dem Basisprodukt ***Hamburger*** als mit einer ***Salad Bar***, die in vielen Filialen um *Mexican Food* und *Pasta* erweitert ist.

Kentucky Fried Chicken

– Um die Ehre, die größte amerikanische Kette zu sein, wetteiferte *McDonald's* jahrelang mit *Kentucky Fried Chicken (**KFC**)*, deren rot-weiß gestreifte Filialen überbackene Hähnchenteile verkaufen. Obwohl ein ***Chicken-Meal*** nicht billig und auch nicht sonderlich schmackhaft ist, erfreuen sich die *KFC*-Spezialitäten überraschender Beliebtheit.

Dairy Queen

– Auch die *Dairy Queen* Filialen sind zahlreich. Ursprünglich spezialisiert auf **Milch-Mixgetränke**, Eis und Yoghurt, serviert man auch ***Hamburger***. *Dairy Queen* präsentiert sich nicht einheitlich. Es gibt sowohl die schmuddelige Dorf-Cafeteria wie den aufgepeppten Plastikschuppen. Geheimtip sind die kremigen **Eis Varianten**, zu empfehlen *Banana Split* und *Frozen Yoghurt* aller Geschmacksrichtungen unter der Bezeichnung *Blizzard*.

Donuts

– Süßes für Naschkatzen und Kaffee servieren Ketten wie ***Dunkin' Donuts***, ***Donut Hut*** und ***Tim Horton`s***, hauptsächlich jedoch Schmalzkringel (*Donuts*), Minikuchen (*muffins*) und *Sandwiches. Dunkin' Donuts* und *Tim Horton`s* sind auch jederzeit für ein schnelles Frühstück gut.

Mexican Food

– ***Tacos, Burritos*** und ***Tostados*** haben sich landesweit durchgesetzt. Diese mexikanischen Spezialitäten findet man überall. Ob nun in der Filiale einer der großen Ketten, wie ***Taco Bell, Taco John's, Jack-in-the-Box*** (Hamburger und Tacos) oder beim "Dorfmexikaner", kaum irgendwo sonst läßt sich für so wenig Geld der Magen füllen. Und es schmeckt sogar.

Sonderpreise

Alle Ketten werben nahezu kontinuierlich mit Sonderpreisen für bestimmte Gerichte oder **Kombinationen von *Items***, z.B.: ***Large Coke* & *Cheeseburger* & *French Fries*** (Pommes Frites) für $1,99. Wer auf derartige Angebote achtet und es darauf anlegt, kann mitunter billiger essen als bei Selbstverpflegung.

Drive-in Lokale

Der besonders eilige Gast verläßt zum *Fast Food*-Imbiß sein Auto nicht, sondern fährt am ***Drive-in Counter*** vor. Tatsächlich geht es dort bei Andrang oft erheblich schneller als im Lokal selbst. Einschließlich Papptablett, Servietten, Pfeffer und Salz erhält man alles zum identischen Preis wie drinnen und produziert einen noch größeren Haufen Verpackungsmüll als ohnehin schon.

6.2 Family Restaurants

Definition

Obwohl der Begriff des *Family Restaurants* durchaus auch auf die *Fast Food Places* ausgedehnt wird, bezieht er sich doch eher auf ein **Zwischending** zwischen *Fast Food* und *Full Service Restaurants* mit Alkohollizenz, wie sie im folgenden Abschnitt beschrieben sind. Ein Familienrestaurant ist gekennzeichnet durch ein Preisniveau, das sich auch **Familien mit Kindern** leisten können, eine **große Auswahl "amerikanischer" *Items***, gehobene Plastikeinrichtung und die immerhin begrenzte Verfügbarkeit von **Alkoholika.**

Denny`s

Das ***Family Restaurant* an sich ist *Denny`s***. Die Filialen von *Denny`s* gibt es überall. Ihre Anzahl dürfte nur von *McDonald`s* übertroffen werden. Die meisten *Denny`s Restaurants* sind Tag und Nacht geöffnet und servieren die ganze Palette des reichhaltigen *Menu* vom Frühstück bis zum Nachtisch jederzeit. Bei *Denny`s* gibt es eine Theke für den eiligen Gast und die in den USA so beliebten Tischabteile (wie in alten Eisenbahn-Speisewagen). Dort wird normal bedient wie im richtigen Restaurant, aber schneller. Die Plazierung (⇨ Seite 123) erfolgt nicht oder wird leger gehandhabt.

Bewertung

Generell gilt: bei *Denny`s* wird man satt fürs Geld, und es schmeckt! Eine mengen- und preisreduzierte Speisenfolge wird ***Seniors* ab 55** geboten. **Empfehlenswert** für unterwegs, wenn *Fast Food* nicht mehr läuft, aber "richtige" Restaurant zeitlich und finanziell zu aufwendig erscheinen.

Shoney`s, Stuckey`s, Perkins, Steak`n Shake, Boston Market J.B`s. u.a.

Die **No. 2** neben *Denny`s* ist ***Shoney`s*** mit fast identischem Geschäftsprinzip. Mehr in den US-Weststaaten trifft man auf ***Stuckey`s***, eine Kette, die nach ziemlich demselben Grundmuster funktioniert, aber deftiger wirkt als die gutbürgerliche Konkurrenz. ***Stuckey`s*** findet man typischerweise oft in Verbindung mit *Truckstops*. Die Portionen sind dort noch größer. Die etwas feinere, aber nicht so häufige Alternative sind die Ketten ***J.B`s.*** und ***Perkins***, moderner gestylte Zwitter zwischen *Fast Food* und *Family Restaurant* ***Steak`n Shake*** und die in kurzer Zeit populär gewordene Kette ***Boston Market***.

Sizzler

Für ein preiswertes, schmackhaftes Steak und eine überbordende ***Salad Bar*** geht nichts über das ***Sizzler Steakhouse***. Auch gut mit Kindern, da oft gilt: ***Kids eat free with adults***. Aber selbst wenn nicht, auf jeden Fall gibt`s **Kinderteller** und **Kinderauswahl** an der Dessertheke. Mit der Salat-, Nachtisch- und Sonstwastheke praktiziert *Sizzler* eine **Mischung aus Selbstbedienung und Service.** Die Platzwahl ist dem Gast überlassen. ***Steaks, Seafood***, heiße Beilagen und Getränke werden gebracht. Ein ***Tip*** für die Bedienung ist angezeigt.

Ponderosa/ Bonanza/ Red Lobster

Die **Steakhäuser *Ponderosa*** (rustikal) und ***Bonanza*** (bürgerlich) und die (sehr gute!) *Steak & Seafood-Kette* **Red Lobster** gehören im Prinzip in dieselbe Kategorie wie ***Sizzler*** bei kleinen Unterschieden in Philosophie und Einrichtung.

Pizza Hut

Flächendeckend vertreten bietet ***Pizza Hut*** *Pizza und Pasta* in großer Vielfalt zu angemessenen Preisen. An die **Pizza-Grössenkategorien** und das Zuzahl-System für die ***Toppings***, also alles, was oben draufgelegt wird, muß man sich herantasten, soll die Pizza nicht unerwartet teuer werden. Zur Mittagszeit bieten *Pizza Huts* fast überall günstige ***Lunch-Specials*** und meistens auch preiswerte Pasta-Gerichte für **Kinder**.

Zahlweise

Im Gegensatz zu den Fast Food-Lokalen, in denen fast ausschließlich bar bezahlt werden muß, akzeptieren die *Family Restaurants* durchweg **Kreditkartenzahlung**.

Steak und Milchshakes sind die Spezialität dieser vor allem im Osten verbreiteten und beliebten Family-Restaurant Kette

6.3 "Richtige" Restaurants und Kneipen

Überblick

Natürlich existieren in Amerika nicht nur *Fast Food Places* und *Family Restaurants* sondern auch zahlreiche "richtige" Restaurants, die in den Vielvölker-Schmelztiegeln USA und Canada **Spezialitäten aus aller Herren Länder** anbieten. In den großen Cities ist die Auswahl unter verschiedenartigsten ethnischen Küchen oft enorm, während sich in Kleinstädten und **auf dem Lande** das gastronomische Angebot nicht selten auf die typischen Hamburger- (auch im Restaurant) und Steakgerichte beschränkt, äußerstenfalls noch erweitert um Pizza, Spaghetti und *Mexican Food*. An den Küsten gibt es *Seafood Restaurant*s auch noch in ziemlich kleinen Orten.

Wo findet man Restaurants?

Mit Ausnahme von Fußgängerzonen in touristisch geprägten Städtchen, Altstadtbereichen und bestimmten Großstadtvierteln ist ein geeignetes Restaurant nicht einfach beim – in Amerika ohnehin selten angezeigten – abendlichen Ortsbummel zu entdecken. ***Full Service-Restaurants*** (mit Alkohollizenz) findet man ebenso wie die *Fast Food* Konkurrenz an den Hauptverkehrsstraßen zwischen Einkaufszentren und Tankstellen. Gelegentlich gehören sie zu überregionalen Ketten. Die in Informationsbüros vorrätigen Werbebroschüren enthalten immer viele Hinweise zur lokalen Gastronomie.

Preisniveau

Gemessen an dem, was hinsichtlich Ausstattung, Ambiente und Küchenqualität im allgemeinen geboten wird, sind amerikanische Restaurants selbst bei günstigerem Dollarkurs **selten ein** – im Sinne des Wortes – **preiswertes Vergnügen**. Gutes Essen bei ebensolchem Service in angenehmer Umgebung will immer teuer bezahlt werden. Speziell die Alkohollizenz läßt man sich bisweilen vergolden. Dabei gelten mittags und abends häufig unterschiedliche Karten, ein ***Lunch***-Gericht kostet weniger als die identische Speisenfolge als ***Diner***.

Folgendes ist wichtig zu wissen:

Plazierung

- In ganz Amerika werden Restaurantbesucher "plaziert". Auch wenn freie Tische vorhanden sind, wartet der geduldige Gast, bis sich ein ***Waiter/Host*** oder eine ***Waitress/Hostess*** seiner und der dazugehörenden ***Party*** annimmt und einen Tisch zuweist. Einzelne freie Plätze an sonst bereits besetzten Tischen werden nicht vergeben. Ist im Moment kein Tisch frei bzw. noch nicht abgeräumt, werden die **Namen** der ankommenden Gäste **notiert** und der Reihe nach aufgerufen. *"Meyer, party of three!"* soll heißen, für den Gast Meyer und insgesamt 3 Personen steht nun ein Tisch bereit. Bis das der Fall ist, dürfen sich Meyers die Zeit mit einen *Drink* an der Bar vertreiben, falls eine solche vorhanden ist. **Warteschlangen draußen** vor Restaurants sind in Amerika kein ungewöhnliches Bild.

Die Karte

– Die Speisenkarte heißt ***Menu;*** sprich: "Mänjuh". Vorspeisen sind ***Appetizers*** oder ***Starters***, Hauptgerichte ***Entrees***. Die Beilagen zum *Entree* heißen ***Side Dishes***. Getränke stehen unter der Rubrik (***Alcoholic***) ***Beverages***. Nur ausgesprochen feine Restaurants führen eine ***Wine List***. Das ***Glas of Wine*** (*red, white*) sofern man sich darauf einläßt, ist Glücksache.

Salattheke

– Vor allem ***Steak Restaurants*** verfügen oft über eine ***Salad Bar***, an der unbegrenzt nachgefaßt werden darf. Meistens sogar ohne ein Hauptgericht zu bestellen, obwohl das nicht immer ausdrücklich auf der Karte steht. Das kostet nur ein paar Dollar und ersetzt leicht eine ganze Mahlzeit.

Nachtisch

– Nach dem Hauptgericht fragt man den Gast regelmäßig, ob er noch ***Sweets*** oder ***Dessert*** wünscht. Zur Vermeidung übersüßter Farbüberraschungen sollte man den Nachtisch mit Ausnahme von Eis und Früchten nur nach Inspektion, nie ausschließlich nach Karte bestellen.

Kaffee

– Kaffee wird in den meisten Fällen beliebig nachgeschenkt, aber nur einmal berechnet. Kännchen gibt es nicht. Ein gerne angebotener (teurer) ***Irish Coffee*** enttäuscht leicht. Die rechte Mischung aus starkem Kaffee, einem angemessenen Quantum Whisky und richtiger Schlagsahne gelingt selten.

Rechnung

– Die Rechnung (***Cheque***) weist neben den Nettopreisen des *Menu* zusätzlich die Umsatzsteuer aus (5%-8%, in Canada plus GST, ➪ Seite 139). Da der ***Service*** nie im Preis enthalten ist und das Personal auch nur ein niedriges Fixum erhält, wird ein aus unserer Sicht **üppiges Trinkgeld** erwartet. Üblich sind **12%-15%**, bei guter, freundlicher Bedienung auch deutlich mehr nicht ungewöhnlich. Ein ***Tip*** von **$8** bei einer **Gesamtrechnung von $52** gilt in Restaurants der mittleren bis gehobenen Kategorie nicht nur als normal, sondern wird ungefähr erwartet. Zu den Preisen der Karte muß man also mindestens 20% addieren, will man die **Effektivkosten** richtig abschätzen.

Zahlung

Gezahlt wird selbst in besseren Restaurants nicht selten an einer Kasse am Ausgang. In diesem Fall hinterläßt man seinen ***Tip*** besser bar am Tisch. Bei persönlicher Rechnungsbegleichung per Kreditkarte kann man das Trinkgeld auch auf dem Beleg vermerken.

Alkoholkonsum/ Bars & Lounges

Alkoholika werden nur in Verbindung mit einer Mahlzeit gereicht. Ausgedehnteres Verweilen und der Wunsch nach alkoholischem Nachschub ruft in manchen Restaurants leicht Befremden hervor. Nach dem Essen erwartet man im Prinzip vom Gast, daß er den Tisch bald räumt. Wer den Abend in gemütlicher Runde fortsetzen möchte, muß sich nach einem dafür geeigneten Lokal umsehen, etwa nach einer Hotelbar. Gelegentlich verfügt das Restaurant selbst über eine separate Bar, auch – etwas feiner – *Cocktail Lounge* genannt.

Kneipen in den USA

Neben dem Begriff *Bar* sind für Kneipen die Bezeichnungen ***Saloon, Tavern*** oder – wie gesagt – ***Cocktail Lounge*** gebräuchlich. Bis auf einige wenige Bundesstaaten (vor allem Utah und Pennsylvania) ist es im allgemeinen in den USA nicht sonderlich schwierig, eine Kneipe aufzutreiben. An jeder Ecke ein Lokal allerdings, wo sich die durstige Kehle spülen läßt, wie vielfach bei uns der Fall, das gibt`s nicht, schon gar nicht in Canada. Was ebenfalls weitgehend fehlt, ist die **gemütliche Gastwirtschaft**, die Restaurant und Kneipe in sich vereint. Dafür wird in vielen *Bars* und *Cocktail Lounges* abends oder auch zur ***Happy Hour*** zwischen *5pm* und *7pm* ein kleines *Buffet* aufgebaut, an dem sich die Gäste bedienen dürfen. Die ***Snacks*** ersetzen leicht ein vollwertiges Abendessen, sofern man sich mehrfach auflädt, was niemand verbietet. Gezahlt wird in diesen Fällen nur für den Getränkekonsum.

Die **Atmosphäre** in amerikanischen Kneipen entspricht weitgehend dem Bild, das uns Fernsehserien und Filme liefern. Eine amerikanische Besonderheit sind ***Sports Bars***, Bierkneipen, in denen überall an den Wänden Fernseher hängen, die kontinuierlich Sportübertragungen zeigen, in erster Linie ***American Football, Baseball, Basketball*** und ***Hockey.***

Vor allem auf dem Lande **in den Weststaaten** findet man manchen urigen ***Saloon***: Klapptür, lange Bar, einige Tische und Stühle, vielleicht eine kleine Band mit *Country Western Music.* **In den Städten** existieren attraktive Kneipen in restaurierten Nostalgie-Vierteln und in eigens geschaffenen Restaurant- und Kneipenkonzentrationen; typische Beispiel dafür sind der ***Disneyland* Hotelkomplex** in Anaheim und der ***Disneyworld Village Marketplace*** bei Orlando. Wo *High Life* herrscht, gibt's meistens auch was zu essen.

.. in Canada

In Canada sind **Pubs** und **Bars** rarer, aber in Groß- und Mittelstädten zahlreich genug, um sich bei Bedarf mal ein Bier oder einen Drink zu genehmigen. In besseren Hotels gibt es **hauseigene Bars** auch auf dem Lande, wo es ansonsten düster aussieht mit der Kneipenszene. **Sonntags** und zu später Stunde steht man (auch in einer City) leicht vor verschlossener Tür.

Werbung eines Saloon auf dem Lande für die Happy Hour, zu der Drinks besonders preiswert und Snacks oft gratis sind

6.4 Selbstverpflegung

6.4.1 Lebensmittel

Supermärkte

Die Selbstversorgung auf Reisen bereitet weder in den USA noch in Canada Probleme. Supermärkte (***Food Marts***) enormer Ausmaßen findet man bis hinunter ins kleinste Nest. Die meisten sind Filialen nationaler oder regionaler Ketten wie ***Safeway, Albertsons, Fred Meyer*** (!) u.v.a.m.

Öffnungszeiten

Gesetzlich geregelte **Ladenschlußzeiten gibt es in beiden Ländern nicht**. In **Canada** schließen die Läden zwar tendenziell früher als im Nachbarland, aber **Supermärkte** sind auch dort **werktags meist bis 21 Uhr geöffnet**, samstags und immer häufiger auch **sonntags bis 18 Uhr**. Manche Supermärkte in den **USA** – speziell in Großstädten – bleiben **bis Mitternacht** geöffnet, bisweilen auch rund um die Uhr.

Lage

Supermärkte muß man selten suchen. Sie befinden sich in größeren Orten an den Ausfallstraßen, häufig im Verbund mit anderen Läden und einem Warenhaus (***Department Store*** integriert in kleine und große ***Shopping Plazas***). In kleinen Orten liegen sie fast immer an der Hauptstraße.

Mini-Märkte

Außer in Supermärkten gibt es Lebensmittel, aber kaum Obst, Gemüse und Frischfleisch in oft 24 Stunden täglich betriebenen ***Mini-Marts*** (*Circle K Stores, K-Food Stores, 7 to 11 Stores, am/pm* u.a.). Sie sind mehrheitlich mit Tankstellen kombiniert und fungieren außerdem mit *Cold Drinks, Coffee, Ice Cream, Popcorn, Hot Dogs* und allerhand weiteren Snacks als **Versorgungsstationen für Autofahrer**.

Ländliche Läden

Weitab des modernen *American Way of Life* stößt man immer noch auf den ländlichen ***General Store*** (in Canada nur in den einsamen Regionen des Nordens), einen klassischen Gemischtwarenladen, der von der Milch bis zum Angelhaken alles führt, was die Kunden im Einzugsbereich nachfragen. Zu dieser Kategorie gehören auch die Läden in Nationalparks, die auf die Touristenversorgung eingestellt sind.

Preisniveau

Im regulären **Lebensmittelsupermarkt** verbinden sich größte Auswahl und günstigste Preise. Nahrungsmittel kosten in beiden Ländern beim Kursniveau um 1,75 DM für den US$ bzw. um 1,30 DM für den can$ etwa so viel wie bei uns. Preiswerter sind Tiefkühlkost, Fleisch (Steaks), Fisch und teilweise die immer große Auswahl an Obst und Gemüse.

Salat- und Brat-Theke

Eine bei uns im Supermarkt kaum zu findende Spezialität sind ***Salad Bars***, an denen man sich selbst auflädt und an der Kasse pfundweise abrechnet. Auch dampfende **Suppentöpfe** und anderes mehr stehen häufig zur Selbstbedienung bereit. An der **Brattheke** werden halbe Hähnchen, Lasagna, *Spare Ribs* usw. fürs häusliche *Fast Food* bereitgehalten.

Nettopreise/ lbs-kg

Die Nettopreisauszeichnung in den **USA,** bezogen auf die englische Maßeinheit ***lb*** (= *pound*; ein Pfund entspricht etwa 450 Gramm), läßt Preise leicht niedriger erscheinen, als sie in Wirklichkeit sind. Um den Endpreis für ein Kilo zu erhalten, müssen der *lb*-Preis verdoppelt, 10% aufgeschlagen und ggf. weitere 5%-8% für die Umsatzsteuer (***sales tax***) addiert werden. In **Canada** ist zwar lange das Dezimalsystem eingeführt, aber eigenartigerweise wird insbesondere Obst und Gemüse noch mit lb-Preisen ausgezeichnet. **In einigen Staaten und Provinzen sind Lebensmittel umsatzsteuerbefreit.**

6.4.2 Alkoholika

Alkohol-verkauf USA

Alkoholische Getränke jeder Art werden **in den USA in Supermärkten** und ***Liquor Stores*** (auch: ***Package Store***) verkauft. In einer Reihe von Staaten gibt es hochprozentige Alkoholika nur im *Liquor Store*; in Pennsylvania aber kein Bier, das dort nur separate Verkaufsstellen führen. In Utah dagegen kann man in Supermärkten nur Bier- und Weinsorten kaufen, deren Alkoholgehalt 3,2% nicht übersteigt Die meisten Staaten untersagen den Alkoholverkauf nach einer bestimmten Zeit am Abend und/oder an Sonn- und Feiertagen. Ebenfalls untersagt ist die Abgabe von Alkohol an **Personen unter 21 Jahren**. Auf die Einhaltung dieser Vorschriften wird streng geachtet.

Canada

In kanadischen Supermärkten gibt es mit der Ausnahme von Québec (fast) **keine alkoholischen Getränke**, lediglich *Light Beer* und im Alkoholgehalt reduzierte Weinsorten. Für "richtiges" Bier, Wein und Hochprozentiges muß man staatliche ***Liquor Stores*** aufsuchen, Monopolläden, die man bis hinunter in kleinste Orte findet. Sie sind bestens sortiert und führen alles, was auf dem Weltmarkt zu haben ist.

Konsum-gestze

Besitz und Konsum von Alkoholika unterliegen wie der Kauf allgemein beachteten Beschränkungen. Der berechtigte Personenkreis darf **Alkoholika nur auf privaten Grundstücken** (dazu gehören auch der Stellplatz auf dem *Campground* und das *Open-air* Lokal an der Straße) **und in Räumen** konsumieren. Öffentlicher Alkoholgenuß gilt in fast ganz Nordamerika als strafwüdiges Vergehen (*Prohibited by Law*) und unterliegt obendrein sozialer Ächtung. Oft stehen **Verbotsschilder** an Orten, wo der Konsum geistiger Getränke befürchtet wird: *No Alcoholic Beverages on Beach, in the Park* etc.

Alkoholika im Auto

Eine weitere Vorschrift besagt, daß sich **im Passagierraum eines Autos keine geöffneten Alkoholika** befinden dürfen. Strenggenommen bezieht sich diese Regelung sogar auf den ja während der Fahrt zugänglichen Innenraum eines Campmobils. Bei Fahrten durch Indianerreservate ist (theoretisch) das Mitführen alkoholischer Getränke selbst im **nicht** angebrochenen Zustand untersagt.

Bier

Nordamerikanische Biere sind in der Regel leichte **helle Biere** (***Lager***), wobei die kanadischen Marken mehr Würze (**Molson**!) aufweisen als die geschmacklich indifferenteren US-Sorten. Bier darf künstliche und natürliche Zusatzstoffe enthalten. Es gibt durchaus entsprechend unserem Reinheitsgebot gebrautes Bier (z.B. ***Stroh***), aber auch Mixturen auf Reisbasis. Unter den teureren Marken (USA: um $1/Flasche) befinden sich ausgesprochen gute Biere, w.z.B. ***Samuel Adams.*** Bei den ebenfalls teuren Importbieren besitzen ***Heineken*** und deutsches ***Beck's Bier*** hohe Marktanteile. Trotz Originalverpackung schmecken die Importe nicht so wie im Ursprungsland.

Kleine Brauereien

In beiden Ländern wurde in den 80er-Jahren die schon totgesagte Tradition kleiner Brauereien wiederbelebt. Vor allem im **Osten der USA (Vermont!),** in **Canada** in **Ontario** und **Vancouver** erzeugt man in Kleinbetrieben qualitativ gutes Bier.

Pfand

Bier gibt es in den **USA** nur in **Einwegflaschen oder Dosen**, die allerdings häufig mit einer Abgabe belegt sind (5-10 Cents). Kinder und Obdachlose sammeln daher gerne ***Aluminum Cans*** in Plastiksäcken. Besonders in *State, Provincial* und *National Parks* finden sich separate Abfallbehälter für *Cans*.

In **Canada** ist die Einwegverpackung für Bier "eigentlich" seit langem abgeschafft. Man zahlt immer **Pfand** auf Flaschen wie Dosen. Die Rückgabe bereitet jedoch auf Reisen Probleme, weil sie vielfach nicht im *Liquor Store*, sondern in gesonderten, schwer zu findenden Sammelstellen erfolgen muß.

Wein USA

Speziell **kalifornische Weine** können es mit europäischen Produkten ohne weiteres aufnehmen, soweit es sich um bessere, relativ teure Sorten handelt. **Portwein und Sherries** der Firma Gallo sind preiswert und akzeptabel. **Deutschen Wein** gibt es etwa ab **$5-$6 die Flasche**, überwiegend der Marken ***Liebfrauenmilch*** und ***Blue Nun***, meist jahrgangslosen Abfüllungen unbestimmter Herkunft für Amerika. Man findet auch gute Importweine, jedoch – mit Ausnahme osteuropäischer und südamerikanische Sorten – zu recht hohen Preisen.

Wein in Canada

Auch in den *Liquor Stores* Canadas ist das Weinangebot groß. Neben Weinsorten aus aller Herren Länder gibt es **kanadische Weine**. Sie stammen vorwiegend aus den Weinanbaugebieten des *Okanagan Valley* und Süd-Ontarios. Die geschmacklich akzeptablen Sorten sind ebenso wie bessere amerikanische Weine ziemlich teuer. Importe aus Europa schießen preislich den Vogel ab, ohne daß es sich dabei um erste Qualitäten handelt; das Gegenteil ist oft der Fall.

Tip

Wer auf seine Flasche Wein auch in Amerika nicht verzichten und gleichzeitig zu große Löcher in der Reisekasse vermeiden will, sollte auf Weine aus **Chile** und **Osteuropa** achten. Sie sind preiswert und dazu gut trinkbar.

7. TELEFONIEREN IN NORDAMERIKA

Für Reisende, die per Flugzeug und Mietwagen in Kombination mit *Hotel-/Motel*übernachtungen unterwegs sind, ist das Telefonieren ein wichtiges Thema. Da das amerikanische Telefonsystem eine Reihe von uns nicht geläufigen Eigenheiten aufweist und speziell bei der Benutzung von öffentlichen Fernsprechern bisweilen Probleme auftauchen, wird es hier besonders ausführlich behandelt.

Telefonsystem in Nordamerika

Nordamerika inklusive Mexiko verfügt über ein einheitliches Telefonsystem. Jeder US-Staat/kanadische Provinz besitzt eine dreistellige Vorwahl, den ***Area Code***, eine Reihe von dichter besiedelten Staaten und Provinzen mehrere davon. Der ersten Vorwahl folgt eine **zweite, ebenfalls dreistellige Ziffer**, die sich auf das Dorf, den Landkreis oder einen Stadtteil bezieht. Die **Apparatnummer ist vierstellig**.

Ziffernfolge

Die Nummer (619) 843-7663 – Schreibweise auch 619/843-7663 oder 619-843-7663) – etwa gehört zum Großraum San Diego, der den *Area Code* 619 besitzt.

Da den Zifferntasten 2-9 jeweils 3 Buchstaben zugeordnet sind (2=ABC, 3=DEF etc., aber kein Q und Z), können Telefonnummern auch als einprägsame Buchstabenfolge geschrieben werden, also z.B. ***THE-ROOF*** für die **Hotelkette *Red Roof Inns*** anstelle von 843-7663. Diese Möglichkeit wird für Werbezwecke gerne genutzt, wie die Liste der 800-Nummern der Hotelketten auf Seite 109 anschaulich zeigt.

Orts-/Ferngespräch

Ortsgespräche (***Local Calls***) mit mehrminütiger Taktzeit gibt es nur bei identischer zweiter Vorwahl. Gespräche über den regionalen *Area Code* hinaus gelten immer als ***Long Distance Calls*** und erfordern wie alle Ferngespräche, daß vor der eigentlichen Ziffernfolge eine **1** gewählt wird. Die Gebühren errechnen sich dann aus angebrochenen Minuten multipliziert mit einem entfernungsabhängigen Satz. Von Privatapparaten aus ist das Telefonieren viel billiger als in Europa.

International

Über die Vorwahl 01, gelegentlich auch 011, öffnet man den Zugang zum internationalen Netz. Mit

49 für Deutschland

41 für die Schweiz

43 für Österreich

und die um die Null reduzierte Ortsvorwahl sind Verbindungen in die Heimat (von Privattelefonen aus) leicht hergestellt.

Münztelefone

In amerikanischen Münzfernsprechern, den ***Pay Phones***, ist die direkte Durchwahl, national wie international, nicht ohne weiteres möglich. **Ferngespräche** einschließlich solcher im Nahbereich lassen sich **nur mit Hilfe eines *Operator*** führen, sofern der Anrufer keine ***Calling Card*** besitzt.

AT&T/ Sprint/MCI

Bis vor kurzem war eine *Calling Card* der amerikanischen Gesellschaften ***AT&T***, ***Sprint*** oder ***MCI*** die optimale Methode zur Vermeidung hoher Telefonkosten für Ferngespräche innerhalb Amerikas wie auch für Anrufe in der Heimat. Man kann sie hier über die Kreditkartengesellschaften erwerben, die anfallende Telefonkosten über die Karte abrechnen.

Ohne sie mußte man für Ferngespräche in *Pay Phones* **jede Menge Kleingeld** dabeihaben. Dabei kostet Barzahlung in Telefonzellen deutlich mehr als Telefonate von privaten Anschlüssen aus bzw. per *Calling Card*, zumal mindestens 3 min (!) zu entrichten sind. Für Anrufe in Europa benötigt(e) man praktisch **rollenweise *Quarters*.** Denn Telefonate nach Übersee kosten ab $5 für die ersten 3 min. Da immer ein *Operator* einzuschalten ist, gibt/gab es überdies oft Verständigungsprobleme, bis das Gespräch zustande kam.

Calling Cards

Solche Komplikationen sind mittlerweile Schnee von gestern dank überall (Supermärkte, Tankstellen, Hotels, Campingplätze etc. pp.) zu kaufender ***Calling Cards*** verschiedener Telekomunikationsfirmen. Wer will, kann Telefonkarten für Nordamerika sogar schon hier beim Reiseveranstalter erwerben. Die Konkurrenz sorgte für erstaunlich niedrige Minutenpreise, wobei der Schnitt bei ca. $0,30 pro Minute Ferngespräch innerhalb der USA liegt. Das beste Angebot 1997 war die ***Calling Card* der *Vocall Communications***, ➪ Abbildung. Mit dieser Karte kostete die Minute innerhalb der USA bzw. Canada ganze $0,19, das Überseegespräch nach Deutschland und andere Länder Europas ca. $0,45 pro Minute.

1997 vermutlich die preiswerteste Calling Card Amerikas: innerhalb der USA 0,19/min und nach Europa ca. $0,45/min

Die ***Calling Cards*** funktionieren in Apparaten ohne Einsteckschlitz (das ist die große Mehrheit, sieht man ab von **Ontario,** wo faktisch keine *Pay Phones* ohne Kartenaufnahme mehr existieren) wie folgt: 800-Nummer für die gewünschte Sprache wählen, dann nach Anweisung die Codenummer der Karte eintasten, die anzurufende Nummer wählen und fertig. Eine Ansage nennt die noch verfügbaren Restminuten. Außer den niedrigen Kosten ist ein Vorzug des Systems die Sicherheit: mehr als der jeweilige Restwert der Karte kann nicht verlorengehen.

Kreditkarte

Dort, wo Karten eingeschoben werden können, also z.B. in allen öffentlichen Telefonen in Ontario oder an entsprechenden Geräten in *Airports* oder *Shopping Malls*, läßt sich auch direkt ohne die lästige Zahlentipperei **per normaler Kreditkarte telefonieren**. Die Gebühren sind dafür aber in der Regel höher als bei Anrufen mit einer günstigen *Calling Card*.

Im Hotel

Wie bei uns ist das Telefonieren in Hotels und Motels mit hauseigenen Aufschlägen belegt. Sie sind aber in der Regel niedriger als in Europa, bisweilen werben Motels mit Netto-Telefongebühren. **Ferngespräche** lassen sich daher vielfach **bequemer vom Hotelzimmer aus** führen als von *Pay Phones* aus. Ebenso Anrufe zum **Nulltarif** bei einer der **800-Nummern**, etwa zur Reservierung eines Mietwagens oder Hotelzimmers für die nächsten Nächte oder in die Heimat per *Calling Card*.

Für **gebührenfreie** und **Kreditkartengespräche** vom Zimmertelefon aus berechnen Hotels und Motels manchmal nichts oder einen Fixbetrag von $0,50-$1 pro Anruf.

1-800/1-888

Bei der **Vorwahl 1-800** oder **1-888** schaltet sich auch von ***Pay Phones*** aus kein *Operator* ein; die Kosten gehen zu Lasten des Angerufenen. **Auch von Europa aus sind 800/888-Nummern neuerdings zu erreichen – über die ganz normale Durchwahl 001**. Sie kosten aber normale Gebühren für Überseegespräche. Bevor die Verbindung hergestellt wird, macht eine Ansage in englischer Sprache auf den Gebührenanfall aufmerksam.

1-900

Das Gegenteil der 800-Nummern sind **900-Nummern**, für die neben den üblichen Kosten der Telefongesellschaft im Minutentakt eine **Honorierung für den Angerufenen** fällig wird wie bei unseren 190-Nummern.

Handy

Handy-Besitzer können in NA noch nicht ohne weiteres angerufen werden bzw. telefonieren. Wer hier jedoch D1-Kunde der **Telekom** ist, kann für die Dauer der Reise bei einem der Service Center der Telekom ein für Nordamerika geeignetes Gerät mieten. Die hiesige Nummer wird auf das AMPS-Netz Amerikas "aufgeschaltet".

Typische Großstadt-Telefonzelle. Ein Telephone Booth *mit Tür ist relativ selten. Oft hängt das Telefon kaum geschützt gegen Witterung und Straßenlärm im Freien*

8. WAS SONST NOCH WICHTIG IST VON A BIS Z

Apotheken

Reine Apotheken (*Pharmacies*), wiewohl hier und dort vorhanden, findet man relativ selten. Meistens ist bestimmten *Drugstores* eine "Apothekenabteilung" zugeordnet, wo es die nicht verschreibungspflichtigen Medikamente in Selbstbedienung gibt. Rezeptpflichtige Medikamente werden an einer Sondertheke für *Prescriptions* in neutralen Tütchen mit Einnahmeanweisung, aber **ohne Beipackzettel** ausgegeben.

Ärzte und Zahnärzte

Für den Eventualfall einer auf Reisen notwendigen Behandlung unbedingt vorgesorgt sein. Es gibt Fälle, in denen die Behandlung auch im Notfall verzögert oder sogar abgelehnt wird, wenn unklar ist, wie und ob sie bezahlt werden kann. Trotz einer insgesamt hohen Dichte bei der ärztlichen und zahnärztlichen Versorgung, ist es in beiden Ländern für Touristen nicht immer einfach, einen Arzt (***Physician***) oder Zahnarzt (***Dentist***) zu finden bzw. einen Termin zu erhalten. Im Prinzip benötigt man eine persönliche Beziehung. Das kann jemand vom Hotelpersonal sein oder der Campingplatzbetreiber. Eine Ausnahme bilden ***Walk-in Clinics*** (Ambulatorien), auf "Laufkundschaft" eingestellte Gremeinschaftspraxen, die man in Städten ab mittlerer Größe mehr und mehr findet. Mit **akuten Beschwerden** und **Verletzungen** kann man sich direkt zum ***Emergency Room*** (Notaufnahme) des nächstgelegenen Hospitals begeben. Bei Problemen hilft auch die lokale ***Visitor Information*** (*Chamber of Commerce*) eventuell weiter. In *National, State und Provincial Parks* sind ***Ranger*** Ansprechpartner und sehr hilfsbereit.

Notfall

Die in Canada und den USA einheitliche Telefonnummer für **Notfälle** aller Art ***(Emergencies)*** ist **911**. Einer neuer Notruf für deutschsprachige Besucher ist ***toll free*** © **1-888-222-1373**.

Banken

Eine Bankfiliale findet sich noch im kleinsten Ort. Die meisten akzeptieren anstandslos die gängigen **Reiseschecks** und zahlen ohne Abzug den Nennwert aus. Gelegentlich gibt es eine **Summenbegrenzung** bei der Entgegennahme. Oft muß der Pass vorgelegt werden. Das gilt ausnahmslos auch für die Auszahlung von Bardollars gegen Kreditkarte ***(Cashing).*** Die Mehrheit der Banken honoriert ***Mastercard*** (***Eurocard***) und ***VISA***. Banken öffnen ihre Schalter üblicherweise von montags bis freitags (manchmal auch samstags) um 9 Uhr und schließen bei durchgehender Geschäftszeit bisweilen bereits um 14 Uhr, selten später als 16 Uhr.

Botschaften und Konsulate

Embassies and Consulates

Die diplomatischen Vertretungen des eigenen Landes sind für Touristen normalerweise nur von Interesse, wenn **Not am Mann** ist, in erster Linie bei Verlust der Finanzen und der Papiere. Soweit "lediglich" Reiseschecks und Kreditkarten abhandengekommen sind, helfen die ausgebenden Organisationen und Eigeninitiative. Ist der **Pass weg**, läßt sich der Gang zur Botschaft bzw. zu den Konsulaten nicht vermeiden. Die Adresse des jeweils nächstliegenden zuständigen Konsulats erfährt man durch einen Anruf bei seiner Botschaft:

In den USA

Deutschland: 4645, Reservoir Road NW,
PO Box 71998
Washington DC 20007
© 292-298-4249/8140

Schweiz: 2900 Cathedral Ave NW
Washington DC 20008
© 202-745-7900

Österreich: 2343 Massachusetts Ave NW
Washington DC 20008
© 202-483-4474

In Canada

Deutschland: 275 Slater Street, 14th Floor
Ottawa, ON K1P 5H9
© (613) 232-1101

Schweiz: 5 Marlborough Ave.
Ottawa, ON K1N 8E6
© (613) 235-1837

Österreich: *Austrian Embassy*
445 Wilbrod Street
Ottawa, ON K1N 6M7
© (613) 563-1444

Hinweise

Bei Dokumentenverlust hilfreich sind auf jeden Fall **Fotokopien**, die man bereits vor Reiseantritt zu Hause angefertigt haben sollte. Nebenbei sei angemerkt, daß die Konsulate zwar zur Hilfe verpflichtet sind, aber in der Regel wenig Begeisterung für diese Aufgabe zeigen. Mit der Hilfeleistung verbundene eventuelle finanzielle Aufwendungen holt sich der Staat in der Heimat zurück.

Datum

In Amerika ist die Datenschreibweise Monat/Tag/Jahr. Der **25. Juni 1998** schreibt sich demzufolge **06/25/98**.

Elektrischer Strom

Nordamerika verfügt über ein Wechselstromnetz mit einer Spannung von 110-125 Volt und einer Frequenz von 60 Hertz. Apparaten, die sich auf 110/125 V umschalten lassen, schadet der Wechsel von 50 auf 60 Hertz nicht; Rasierapparate laufen etwas rascher. **Steckeradapter** beschafft man besser hier.

Feiertage

USA

An Feiertagen bleiben Banken, Postämter und öffentliche Verwaltungen geschlossen. **Private Geschäfte brauchen ein Feiertagsgebot nicht zu beachten** und locken ihre Kunden gerade dann mit Sonderangeboten zum ***Family Shopping***:

Feiertagsbezeichnung	Datum	Bemerkungen
New Years Day	1. Januar	Neujahrstag wie bei uns
Martin Luther King Day	3. Montag im Januar	Gedenktag an den ermordeten Prediger wider den Rassenhaß
President`s Day	22. Februar	Washington`s Geburtstag, heute Feiertag zu Ehren aller ehemaligen Präsidenten
Good Friday	Freitag vor Ostern	Karfreitag
Memorial Day	Letzter Montag im Mai	Tag zur Ehrung aller Gefallenen. Das Wochenende läutet den Sommer ein
Independence Day	4. Juli	Unabhängigkeitstag, wichtigster Feiertag der USA, Umzüge und Paraden, Feuerwerk
Labor Day	1. Montag im September	Tag der Arbeit, wie bei uns der 1. Mai. Ende der Feriensaison.
Columbus Day	12. Oktober	Gedenktag an die Entdeckung Amerikas
Veteran`s Day	11. November	Ehrentag für die Veteranen der US-Armee
Thanksgiving	4. Donnerstag im November	Erntedankfest
Christmas Day	25. Dezember	Nur **ein** Weihnachtstag

Feiertage

Canada

Weitgehend gelten identische Daten, wenn auch teilweise unter abweichender Bezeichnung. Viele Geschäfte bleiben zwar auch an Feiertagen geöffnet, aber durchweg mit reduzierten Öffnungszeiten. Folgende kanadischen Feiertage weichen von der umseitigen US-Listung ab:

Easter Monday	Ostermontag
Victoria Day	vorletzter Montag im Mai
Canada Day	1. Juli
Provincial Day	erster Montag im August
Thanksgiving	2. Montag im Oktober
Remembrance Day	11. November
Boxing Day	26. Dezember

Es entfallen *M.L.King, President`s, Memorial, Independence* und *Columbus Day*.

Fernsehen

Das amerikanisch/kanadische Fernsehen wird von einer Handvoll großer kommerzieller Gesellschaften dominiert. Daneben gibt es viele Lokal-/Regionalsstationen die Programmteile der national operierenden Sender übernehmen. Gegen die seichten, in oft sehr kurzen Abständen von Werbung unterbrochenen Programme ist das Angebot unserer öffentlich-rechtlichen Sender fast eine intellektuelle Wohltat, und auch unsere Kommerzsender schneiden im Vergleich dazu nicht schlecht ab. Die oft gelobten, locker gemachten amerikanischen Nachrichten vermitteln noch intensiver als bei uns überwiegend Momentaufnahmen aktueller Geschehnisse; zudem sind sie extrem auf ***National/Regional News*** beschränkt. International berichtenswert ist nur, was die Politik und Interessen der USA bzw. Canadas stark tangiert.

Insgesamt besitzen **anspruchsvollere Sendungen Seltenheitswert**. Für alle, die der ewigen Werbebotschaften überdrüssig sind, kommt **werbefreies Kabelfernsehen gebührenpflichtig** ins Haus. Filme am laufenden Band von jugendfrei bis Softporno ohne Unterbrechungen durch Werbespots gibt es auf ***Movie Channels***. Viele Hotels und Motels werben damit.

Klimaanlagen

Die weite Verbreitung von Klimaanlagen ist in den vielen Regionen mit enormer sommerlicher Hitze und oft gleichzeitig hoher Luftfeuchte eine Wohltat. Aber man findet sie überall auch in klimatisch eher gemäßten Breiten. **Hotelzimmer** besitzen in ganz Nordamerika fast ausnahmslos ***Air Conditioning***. In den preiswerteren Kategorien handelt es sich aber regelmäßig um unter Fenstern angebrachte Apparate, die recht

Air Conditioning

lautstark ihr Werk verrichten. Bei schwüler Witterung hat man dort nur die Wahl zwischen schweißtreibender Wärme oder dem Lärm der Anlage. Die Mehrheit aller **Mietfahrzeuge in den USA** (in Canada unterschiedlich) verfügt ebenfalls über Klimaanlagen, deren Betrieb mindestens einen Extraliter Benzin pro 100 Kilometer schluckt. Oft fährt man mit ein bißchen Fahrtwind angenehmer. Zurückhaltung beim Umgang mit *Air Conditioning* kann nicht schaden. Vor allem Erkältungskrankheiten sind die Folge eines allzu extremen Wechsels zwischen der Backofenhitze draußen und den niedrigen Temperaturen im Wagen.

Maße & Gewichte

In **Canada** gilt das **Dezimalsystem**. Die Einführung metrischer Maß- und Gewichtseinheiten ist zwar auch in den **USA** seit Jahren gesetzlich beschlossen, man findet aber bis heute nur in Broschüren und auf Wegweisern der Nationalparks so exotische Angaben wie Kilometer, Liter und Celsius. Ansonsten gelten *Miles, Gallons, Pounds* usw.:

1 inch		2,54 cm
1 foot	12 inches	0,305 cm
1 yard	3 feet	91,44 cm
1 mile	1760 yards	1,61 km
1 acre	4840 square yards	0,40 ha
1 square mile	640 acres	2,59 km^2
1 fluid ounce		29,57 ml
1 pint	16 fluid ounces	0,47 l
1 quart	2 pints	0,95 l
1 gallon	4 quarts	3,79 l
1 barrel (Öl)	42 gallons	158,97 l
1 ounce		28,35 g
1 pound (lb)	16 ounces	453,59 g
1 ton	2000 pounds	907,19 kg

Notfälle – Neues Notfall-✆ für Deutsche 1-888-222-1373

– Krankheit/Unfall

Anruf

In dringenden Notfällen, gleich ob man in erster Linie einen Arzt, den Unfallwagen oder die Polizei benötigt, ruft man die **Nummer 911** an. Sollte die ***Emergency Number*** ausgefallen sein, wählt man die **"Amtsleitung" 0**.

Vor jedem Notfall-Anruf sollte man sich über den eigenen **Standort** vergewissern und für Rückrufe die Nummer des Apparates, von dem aus man telefoniert, parat haben. In den USA besitzen auch Münzfernsprecher eine Nummer und können angerufen werden.

– Pass-/Geldverlust

Passverlust

Bei Verlust des Passes helfen die nächstgelegenen diplomatischen Vertretungen (➪ Seite 133), aber auch die Notfallzentralen der Kreditkartenunternehmen.

Reiseschecks

Falls Reiseschecks verlorengehen oder gestohlen werden, ruft man die ausgebende Institution (*Toll Free Number*) an und erhält dann vom Aufenthaltsort abhängige Direktiven für die Ausstellung von Ersatzschecks. Voraussetzung für den Ersatz ist das Vorhandensein des Kaufnachweises und eine "Buchführung" über ausgegebene Schecks.

Hilfe

Sind alle Unterlagen und auch die Kreditkarten abhanden gekommen, hilft ***Western Union*** (Büros in vielen Städten Canadas und der USA) in Kooperation mit der **Reisebank** (Filialen in den Bahnhöfen der wichtigsten deutschen Großstädte und an einigen Grenzübergängen). Wer sich **von zu Hause Geld schicken lassen** möchte, kann innerhalb weniger Minuten nach Einzahlung in einer Reisebank-Filiale in einem *Western Union Office* seiner Wahl über den Betrag verfügen. Weitere Details dazu erfährt man unter ✆ 069/2648201. *Western Union* in Amerika ✆ 1-800-325-6000.

Polizei

Äußeres und Verhalten der amerikanischen Polizei entsprechen auch in der Realität weitgehend dem aus **Fernsehserien** bekannten Bild. Tatsächlich baumelt der Colt am Halfter, und auf dem Lande und in der Kleinstadt steht auf dem Wagen der Obrigkeit immer noch ***Sheriff***. Der amerikanische wie kanadische Arm des Gesetzes ist mit mehr Vollmachten ausgestattet und greift in der Ausübung seiner Pflichten im Bedarfsfall hart durch; in Anbetracht des im Zweifel bewaffneten Gesetzesbrechers vielleicht verständlich. Mit vielen Polizisten, sofern man etwas angestellt hat bzw. in Verdacht gerät, ist nicht gut Kirschen essen. Das Verhalten bei **Verkehrskontrollen** und **Gestopptwerden** nach Übertretungen wurde bereits auf Seite 87 erläutert.

Post

Laufzeiten/ Postämter

Die amerikanische/kanadische Post funktioniert zuverlässig, aber nicht unbedingt besonders schnell. Brief- und Postkartengebühren bewegen sich deutlich unterhalb des deutschen Niveaus. **Post nach Übersee** geht (mit der Ausnahme von Paketen) automatisch per Luftpost, wenn die dafür vorgesehen ***Air Mail Stamps*** benutzt werden. Für Briefe nach Europa ist mit Laufzeiten von **rund 1 Woche** zu rechnen. Postämter befinden sich auch noch im kleinsten Nest und sind dank der zu den Schalterstunden (Zeiten etwa wie bei uns) immer aufgezogenen **Nationalflagge** selten schwer zu finden.

Briefmarken gibt es auch in **Automaten** in Supermärkten und Einkaufszentren. Dort allerdings mit einem Aufschlag, d.h., ein Nennwert von beispielsweise $0,40 kostet $0,50 oder ähnlich.

Postlagernd

Wer in Nordamerika Post empfangen möchte und über keine festen Anlaufpunkte verfügt, kann als *American Express* Reisescheck- oder Kreditkarteninhaber die zahlreichen **AE-Vertretungen** als Adressen nutzen. Gut funktioniert auch das postlagernde System (***General Delivery***), vorausgesetzt, es herrscht Klarheit über das aufbewahrende Postamt. Jedes von ihnen läßt sich durch eine Postleitzahl (***Zip-Code***) eindeutig identifizieren. Bei Konsulaten und in den (nur noch wenigen) Amerika-Häusern liegen *Zip-Code*-Verzeichnisse aus.

Radio

Radiostationen sind überwiegend **Lokalsender** mit geringen Reichweiten. In den dünn besiedelten Regionen beider Länder ist das Radio daher 10 Autominuten außerhalb einer Ortschaft mehr oder weniger tot. Zumindest gilt das für **FM** (=UKW). Auf **AM** (Mittelwelle) findet man zur Not immer noch einen *Country* & *Western*-Sender und/oder Stationen mit religiösen Botschaften und Programmen erbaulichen Liedguts. Eine **faszinierende Angelegenheit** sind landesweit ausgestrahlte politische *"Talk Shows"*, die von konservativen bis rechtsradikalen Organisationen gesponsert werden. In die mit aktuellen Tagesereignissen verknüpften **Tiraden** gegen alles, was nach Sozialgesetzgebung, Verweichlichung oder gar Einschränkung des freien Waffenbesitzes riecht, können sich Hörer telefonisch einklinken und mitdiskutieren.

Wer sprachlich fit genug ist, um den Ausfällen der landesweiten Moderatoren, speziell des Stars seiner Zunft, ***Rush Limbaugh*** (sprich: Limbo), folgen zu können, mag kaum glauben, daß derartige Tiefschläge unter die Gürtellinie etwa gegen Präsident Bill Clinton und vor allem seine – gegen alle traditionellen Werte – emanzipierte Frau Hillary straffrei möglich sind.

Temperaturen

In den USA werden Temperaturen in °Fahrenheit gemessen. In Canada gilt die europäische Norm. Die Formeln für die Umrechnung von Celsius in Fahrenheit und umgekehrt lauten wie folgt:

°Fahrenheit = 32° + 1,8 mal °Celsius bzw.

°Celsius = (**°Fahrenheit – 32°**) **: 1,8**

Celsius	–15°	–10°	-5°	0°	5°	10°	15°	20°	25°	30°	35°	40°
Fahrenheit	5°	14	23°	32°	41°	50°	59°	68°	77°	86°	95°	104°

Trinkwasser

nur USA

Ein Problem in vielen Regionen ist die Wasserqualität. Das amerikanische Leitungswasser wird im allgemeinen stärker als bei uns mit Chemie behandelt, um auch noch den letzten Keim abzutöten. Man riecht und schmeckt es. Für Kaffee und Tee, oft auch zum Kochen empfiehlt es sich daher, das Leitungswasser zu meiden und durch ***Drinking Water*** aus dem Supermarkt zu benutzen. Es wird überall in 1/2-Gallonen-Behältern (ca. 4/8 l) ab ca. $0,60/*Gallon* verkauft.

Umsatzsteuern/Erstattung in Canada

Sales Tax

In fast allen US-Staaten und den meisten kanadischen Provinzen (nicht in Alberta und den nördlichen Territorien) wird auf Güter und Dienstleistungen eine Umsatzsteuer erhoben. Sie schwankt **zwischen 5% und 9%** und wird auf die Nettopreise aufgeschlagen. Wie bei uns gibt es gespaltene Sätze in Abhängigkeit von der Art des Umsatzes. Gelegentlich entfällt die Steuer beim Kauf von Lebensmitteln, woanders bei Arbeitslohn (etwa auf Reparaturrechnungen). Neben *State* und *Provincial Sales Taxes* fallen oft noch zusätzliche lokale Steuern an (etwa vielenorts in Oregon, wo keine *Sales Tax* existiert); für Touristen relevant sind solche Zusatzsteuern gelegentlich bei der Automiete und Hotel-/Motelübernachtungen.

GST Canada

In Canada gibt es **zusätzlich zur Umsatzsteuer der Provinzen** eine ***General Sales Tax***. Die ***GST*** ist eine Mehrwertsteuer und beträgt einheitlich 7%. Besucher können die **Erstattung von** während des Aufenthalts **gezahlten GST** beantragen für:

- Übernachtungskosten in Hotels, Motels etc.
- Waren bei Ausfuhr innerhalb von 60 Tagen nach dem Kauf

Wer von Canada in die USA reist, kann den Antrag in ***Duty Free Shops*** abgeben und bekommt sofort sein Geld zurück.

Informationen darüber erhält man unter ✆ (800) 66V-ISIT/ ✆ (800) 668-4748 oder ✆ (613) 991-3346.

Zeit

In Amerika steht **"am"** (*ante meridiem*, vormittags) oder **"pm"** (*post meridiem*, nachmittags) hinter einer Zeitangabe:

9 Uhr	**9 am**
21 Uhr	**9 pm**
12.00 Uhr	**12:00 pm oder *noon***
12.20 Uhr	**12:20 pm**
24.00 Uhr	**12:00 am oder *midnight***
0.20 Uhr	**12:20 am**

In **Fahrplänen** werden "am-Zeiten" häufig in Normalschrift, **"pm-Zeiten" in Fettschrift** gekennzeichnet.

Zeitungen und Zeitschriften

Zeitungen/ Nachrichten

Die einzige **in den USA** landesweit verbreitete Zeitung ist ***USA Today*** (Mo-Fr). Sie besitzt ein relativ gutes Niveau. Bei Interesse dafür, was in den USA vorgeht, lohnt sich ihr Kauf (überwiegend in Automaten für $0,50/$0,75). Internationale Nachrichten findet man darin nur, soweit sie die Politik der USA irgendwie betreffen und/oder Sensationswert besitzen. Die wenigen höherwertigen Zeitungen (z.B. ***New York Times, Washington Post, Los Angeles Times, San Francisco Chronicle***) werden außerhalb ihres regionalen Verbreitungsgebietes kaum gelesen. In **Canada** gibt es keine *USA Today* vergleichbare im ganzen Land erhältliche Zeitung.

Lokale Zeitungen berichten überwiegend über regionale Themen und sind darüberhinaus reine Werbeträger. Schon der Nachbarstaat bzw. nächste Provinz ist für sie weit entfernt. Internationale Nachrichten findet man darin kaum.

Bei den Zeitschriften existieren ein breites Sortiment für alle denkbaren Spezialbereiche und jede Menge Blätter der seichten Unterhaltung mit Klatsch und Tratsch. Darüber hinaus gehen nur die bekannten ***Newsweek, Time*** und einige Wirtschaftsmagazine. Sie sind auch in Canada erhältlich. Insgesamt ist das Zeitungs- wie Zeitschriftenangebot mit der europäischen Vielfalt und unserem Standard im Bereich Kultur und Politik nicht vergleichbar.

Deutsche Presse

Internationale Publikationen gibt es nur in einer Handvoll spezialisierter ***News Shops*** der großen Cities (Gelbes Telefon-buch unter *News*; Liste der Spiegel-Verkaufsstellen in Nordamerika beim "Spiegel" abfragbar, ✆ 040/30070). Für viel Geld ergattert man dort schon mal den "**Spiegel**", den "**Stern**", "**Die Welt**" und eine **Bild Zeitung**. Sieht man von wenigen Ausnahmen ab, führen die meisten sog. ***International News Stands*** in den Flughäfen nur britische und spanischsprachige Zeitungen und Zeitschriften.

Zeitzonen

Die folgende Übersicht zeigt die Unterteilung Nordamerikas in Zeitzonen. Insgesamt existieren 7 Zeitzonen. Der Übergang von einer Zeitzone zur anderen ist unterwegs oft unklar. Selten gibt es Hinweisschilder.

In den meisten Provinzen Canadas und in vielen US-Staaten beginnt am ersten Sonntag im April die **Sommerzeit** (***Daylight Saving Time,*** kurz **DST**). Die Uhren werden dann um eine Stunde vorgestellt. DST endet am letzten Sonntag im Oktober.

Saskatchewan hält sich nicht an die DST. Deswegen haben **Manitoba** und Saskatchewan im Sommer verschiedene Uhrzeiten.

Zoll

Bei der Rückkehr

Wer aus Nordamerika in die Heimat zurückkehrt, braucht **in Deutschland** bis zu folgenden Grenzwerten weder Zoll noch Umsatzsteuer zu bezahlen:

Mitbringsel im Wert bis zu **350 DM,**

darin enthalten maximal

500 Gramm Kaffee und
50 Gramm Parfüm und
200 Zigaretten und
1 l Spirituosen oder **2 l Wein**.

Alle darüberhinausgehenden Werte werden mit dem jeweiligen Zollsatz plus 15% MWSt. belegt, sofern die Mitbringsel deklariert werden, Nicht deklarierte, entdeckte Waren kosten bestenfalls "nur" zusätzliche Strafgebühren.

DIE USA
MIT FLUGZEUG UND MIETWAGEN
mit kanadischen Städten
Calgary, Toronto und Vancouver

In den Reisekapiteln verwendete Abkürzungen und Zeichen

Diplomatische Vertretungen

B	Botschaft
HK	Honorarkonsulat
GK	Generalkonsulat

Öffnungszeiten

am	Uhrzeiten vormittags
pm	Uhrzeiten nachmittags
noon	12 Uhr mittags
min	Minuten

Straßen/Adressen

mi	Meilen
#	Symbol für Nummer/Zahl, in erster Linie Straßennummer
I	für Interstate Freeway
I-84	Interstate Freeway #84 (Autobahn)
Ave	Avenue
Blvd	Boulevard
Dr	Drive
Fwy	Freeway
Hwy	Highway
Pkwy	Parkway
Pl	Plaza/Place
Rd	Road
St	St

Sehenswürdigkeiten

NP	National Park
NM	National Monument
NRA	National Recreation Area
NSS	National Seashore
NLS	National Lakeshore
NHP/S	National Historic Park/Site

TEIL 2: STÄDTE UND NATIONALPARKS

1. ZUM AUFBAU DER STÄDTE- UND NATIONALPARK-KAPITEL

Nutzung von Karten und Index

Auf den folgenden fast 400 Seiten werden **33 ausgewählte Hauptreiseziele in den USA und 3 Cities und Umgebung in Canada** in jeweils alphabetischer Reihenfolge behandelt. Sie sind in den Umschlagklappen besonders hervorgehoben. Aus der Karte hinten ersieht man gleichzeitig, welche kleineren Städte, Nationalparks und -monumente als Abstecher Berücksichtigung fanden. Außerdem geben das Inhaltsverzeichnis und der geographische Index Auskunft darüber, welche Sehenswürdigkeit wo zu finden ist, einschließlich Besucherattraktionen, die in den Klappenkarten aus Gründen der Übersicht nicht speziell ausgewiesen werden konnten.

Grundsätzliches zum Aufbau

Kennzeichnend für die Reisekapitel dieses Buches sind die ausführlichen Erläuterungen zu allen touristisch bedeutsamen lokalen Gegebenheiten, namentlich zu Flughafen-, Transport- und Übernachtungssituation. Zusammen mit einer kurzen Bewertung des jeweiligen Hauptziels und einem Vorkapitel zu dessen Geographie, Klima und Geschichte ist derartigen Informationen in vielen Fällen mehr Raum gewidmet als der Beschreibung von Sehenswürdigkeiten. Denn wichtigste Voraussetzung für einen Reiseverlauf nach Wunsch ist die möglichst problemfreie und rasche Klärung aller anfallenden organisatorischen Fragen. Sie stellen sich bei einem ***City-*** und ***National Park-Hopping*** anders und vor allem häufiger als etwa bei einer längeren Rundreise ausschließlich per Auto.

Alle **Reisekapitel** sind mit kleinen, sich aus örtlichen Besonderheiten ergebenden Abweichungen **identisch aufgebaut**. Die folgenden Anmerkungen zu den einzelnen Gliederungspunkten sollen helfen, die Informationen richtig zu interpretieren und optimal zu nutzen.

GEOGRAPHIE, KLIMA UND GESCHICHTE

Geographie

Unter dem Stichwort Geographie findet der Leser eine kurze Erläuterung von Lage und Anlage einer Stadt und ggf. ihrer Umgebung. Dabei geht es nicht um Vollständigkeit, sondern in erster Linie um besucherorientierte Hinweise.

Klima

Wesentliches Element der Charakterisierung des Klimas ist die **Angabe der bestgeeigneten Reisezeit**. Die Zahlen über durchschnittliche Sonnentage pro Jahr und der Tage mit Niederschlägen sind statistische Durchschnittswerte. Die Temperaturen besitzen erst im Vergleich Aussagekraft. Z.B. sind Werte über 25°C nur möglich bei erheblich höherer Mittagstemperatur und eher geringer nächtlicher Abkühlung. Umgekehrt kennzeichnen etwa Werte um 10°C im Januar bei starker abendlicher Abkühlung frühlingshafte Wärme tagsüber.

Geschichte

Die Ausführungen zur Geschichte beschränken sich auf die wesentlichsten Fakten zu Gründung und Anfängen einer Stadt bzw. Region, berücksichtigen aber auch wichtige spätere Ereignisse und Entwicklungen. Die aktuell erreichte Einwohnerzahl schließt die Einleitung ab.

Daten und Fakten

Area Code

An erster Stelle dieses wichtigsten Abschnitts der Stadtkapitel steht der jeweils gültige ***Area Code***, also die telefonische Vorwahl (➪ Seite 140). Bei der Angabe von Telefonnummern im einzelnen wird der *Code* im allgemeinen nicht wiederholt.

Diplomatische Vertretungen

Die Adressen und Telefonnummern der diplomatischen Vertretungen sind immer dann hilfreich, wenn etwa Pass und Ticket abhanden kommen oder Situationen eintreten, die allein nicht bewältigt werden können. Die Möglichkeiten der Honorarkonsulate (HK) zu **Hilfeleistung** sind jedoch begrenzt. Ist kein Generalkonsulat in der Nähe, ist es oft ratsam, im Notfall zunächst die Botschaft anzurufen; ➪ Seite 133.

Visitors Information

Unter Besucherinformation sind oft mehrere Adressen angegeben. In einigen Fällen handelt es sich um Büros, die ausschließlich Material per Post versenden. Bevor man sich eigens auf den Weg zu einem *Information Center* macht, sollte man anrufen und sich vergewissern, daß und ob persönliche Vorsprache Sinn macht. Die Erfahrung lehrt zudem, daß sich Anschriften häufig ändern. Wer sich vor der Reise Unterlagen schicken lassen möchte, wird auf Anfrage meist prompt bedient. Weder bei telefonischen und schriftlichen Anfragen, noch in den meisten Büros direkt darf man mit Deutschkenntnissen des Personals rechnen. Sie sind eher die Ausnahme.

Airports

Die Angaben zu den Flughäfen beginnen mit dem international üblichen ***3-Letter-Code***, der auch in den Flugplänen der Airlines benutzt wird (➪ Seite 58). Neben der Bezeichnung des jeweiligen Airports steht eine Telefonnummer, unter der man generelle Auskünfte einholen kann. Oft handelt es sich um ***Recorded Messages***, Informationen vom Band. **Flugauskünfte gibt es nur bei den Gesellschaften selbst**.

Welche der großen Fluglinien einen *Airport* anfliegen, findet sich im Anschluß an eine kurze Erläuterung seiner Lage und ggf. weiterer Charakteristika. Die angegebenen Transferzeiten sind nur Näherungswerte. Mit weniger Zeit darf man für die eigene "Umsteigplanung" auf gar keinen Fall rechnen, mehr ist nicht selten notwendig.

Eine Karte (außer bei kleineren Städten) und Kurzkennzeichnung bereiten den Leser auf die konkreten Gegebenheiten jedes einzelnen Airports vor. Vor Ort gibt es in den meisten Fällen genaue ***Airport Maps***.

Airport-Transport Die Details des Airport-City Transports im voraus zu kennen, hat den Vorteil, sich in Ruhe für die beste Alternative entscheiden zu können.

Automiete Unter Umständen kann das auch der **Mietwagen** direkt ab Airport sein, wenn ohnehin die Absicht besteht, für Stadt- und Umgebungsbesichtigung ein Auto zu leihen. Die Frage, ob und inwieweit sich das im Einzelfall empfiehlt, wird regelmäßig beantwortet. Die Liste der im Airport bzw. in dessen Umgebung vertretenen Firmen sagt lediglich, welcher Verleiher auf jeden Fall vorhanden ist. Zusätzliche, oft preiswertere *Car Rentals* gibt es fast immer; ➪ Seite 76.

Öffentlicher Transport Die lokalen Netze der öffentlichen Verkehrsmittel unterscheiden sich in den Nordamerika erheblich. Wo sie gut sind, lohnt sich ein Mietwagen oft nicht. Die **Tarife** schwanken stark: In einigen Städten sind **Bus und U-Bahn** außerordentlich preiswert und innerhalb bestimmter Zonen sogar gratis (z.B. Seattle, Portland). Generell gilt: der City- und Vorortverkehr in den meisten US-Großstädten ist billiger als bei uns. Bei den **Taxitarifen** gibt es ebenfalls große Differenzen.

Rundfahrten Auch wer im allgemeinen kein Freund organisierter Besichtigungstrips ist, findet in manchen Städten bedenkenswerte Möglichkeiten, an mehr oder weniger geführten **Touren per Bus, Boot oder zu Fuß** teilzunehmen. Die wichtigsten sind samt ungefähren Kosten genannt.

Unterkünfte Die Frage der Unterkunft stellt sich auf manchen Reisen fast täglich neu. Gleichgültig, ob man eher Jugendhotels und YMCA, Mittelklasse-Motels oder Hotels der höheren Kategorien bevorzugt, immer geht es um ein **vernünftiges Preis-/Leistungsverhältnis** und eine **günstige Lage**. In erster Linie diese Kriterien liegen den Empfehlungen zugrunde. Für den Leser genauso wichtig wie die konkreten Nennungen ist die grundsätzliche Kennzeichnung der Quartiersituation am Zielort. Die Unterschiede von Stadt zu Stadt sind erstaunlich und stark saison- und wochentagabhängig (➪ Seiten 105/108).

Die angegebenen **Preise** für Unterkünfte bis auf die Fixpreise der Jugendherbergen (Tarife 1997) liefern gute Anhaltspunkte im Vergleich zur lokalen Konkurrenz, können aber stark von der effektiven Forderung abweichen. **Grundsätzlich beziehen sich die Angaben auf Doppelzimmer ohne Steuern und Frühstück und entsprechen dem Preisniveau an vergleichsweise "günstigen" Tagen**. Das sind in manchen flughafennahen und City-Hotels Freitag und Samstag, teilweise auch Sonntag, wenn die Geschäftskundschaft ausbleibt.

Restaurants Neben Einzelempfehlungen, die besonders originelle, lokal bekannte und/oder außergewöhnlich exquisite Restaurants betreffen, wurde zum **Thema Essengehen** vor allem Wert darauf gelegt, dem Leser eine Auswahl zu bieten. D.h., ihn auf

Restaurantarkaden, Straßenblocks und *Shopping Malls* aufmerksam zu machen, wo mehrere oder sogar zahlreiche Alternativen für unterschiedliche Geschmäcker und Geldbeutel zu finden sind und möglichst auch das Ambiente stimmt.

Shopping

Für Mitbringsel und für Einkäufe unterwegs sind typische und/oder besonders günstig zu erstehende Produkte samt passenden Läden sowie die besten lokalen ***Shopping Center/Malls*** mit einer kurzen Charakterisierung aufgelistet.

Sicherheit

Zu guter Letzt geht es um die – tagsüber selten, aber nach Einbruch der Dunkelheit bisweilen latent vorhandene – Gefährdung durch Kriminalität. Die Sicherheitssituation zeigt nicht nur von Stadt zu Stadt große Unterschiede, sondern kann auch innerhalb ein- und derselben City erheblich differieren. Besondere Risiken, so vorhanden, und ggf. zu beachtende Verhaltensweisen werden angesprochen.

SEHENSWÜRDIGKEITEN

Die Beschreibung der Sehenswürdigkeiten orientiert sich an den örtlichen Gegebenheiten:

Systematik

Sie beginnt in der Regel mit **Besucherattraktionen im Stadtzentrum**, die man weitgehend **zu Fuß** erreichen kann. Es folgen die Sehenswürdigkeiten in Vorstädten, für deren Besuch oft noch öffentliche Verkehrsmittel benutzt werden können. Die Reihenfolge berücksichtigt die geographische Lage, setzt aber auch Prioritäten.

Umgebung

Kleinere **Abstecher** in die Umgebung sind überwiegend als separate (Tages-)Ausflugsmöglichkeiten per Auto, gelegentlich auch per Bus, Boot oder Eisenbahn beschrieben.

National-parks

Für den Besuch von Zielen im weiter entfernten Umkreis einer Großstadt, darunter viele **Nationalparks und -monumente**, werden in den meisten Fällen mehrtägige **Rundfahrten per Mietwagen** vorgeschlagen und mit Streckenempfehlungen detailliert (etwa von Salt Lake City zum *Yellowstone Park* und weiter zu den Nationalparks in Südost-Utah).

Eintritt/ Golden Eagle Pass

Für die Einrichtungen unter Verwaltung des ***US-National Park Service*** wurde auf die Angabe von Eintrittspreisen verzichtet. Ihr Besuch kostet pro Pkw bis zu 6 Insassen zwischen \$3 und \$20 (z.B. *Grand Canyon, Yosemite, Yellowstone*); die meisten erheben \$10. Einzelpersonen zahlen \$2-\$10. Wer den Besuch mehrerer Nationalparks und/oder Nationalmonumente per Auto plant, sollte überlegen, sich den ***Golden Eagle Passport*** **für \$50** zuzulegen. Er berechtigt für ein ganzes Jahr vom Monat der Ausstellung an zum freien Eintritt in alle Parks etc. (in Verbindung mit einem Ausweis). Stehen mehrere populäre Parks, die \$10 oder sogar \$20 Eintritt kosten, auf der Reiseliste, amortisiert sich der Pass bereits bei 3-5 Besuchen.

2. STÄDTE UND NATIONALPARKS USA

ALBUQUERQUE mit SANTA FE

Albuquerque (*"Elbukörki"*) ist mit fast **400.000 Einwohnern** zwar die mit Abstand größte Stadt in New Mexico und mit Ausnahme des Zentrums eine typisch amerikanische City. Regiert wird der Staat jedoch vom 58 mi entfernten Santa Fe aus. Im Großraum Albuquerque/Santa Fe lebt über ein Drittel der Bevölkerung des insgesamt nur dünn besiedelten Staates New-Mexico (ca 1,5 Mio. Einwohner bei einem Staatsgebiet von immerhin 312.000 km^2). Dort konzentrieren sich auch Handel, Industrie (speziell Rüstung) und Forschung (Elektronik, Kerntechnologie). Für Santa Fe und seine Umgebung spielen Einkünfte aus dem Tourismus eine dominierende Rolle.

Geographie, Klima und Geschichte

Geographie

Albuquerque liegt auf einer Hochebene (1600 m über NN) im zentralen New Mexico. Einst bildete der *Rio Grande* die westliche Stadtgrenze, über die Albuquerque längst hinausgewachsen ist. Der größte Teil des Stadtgebietes befindet sich zwischen dem (hier noch nicht sonderlich) "Großen Fluß" und den 20 mi weiter östlich steil aufragenden *Sandia Mountains*, einem Gebirgszug der südlichen *Rocky Mountains* mit Gipfeln von über 3000 m Höhe. Mitten im heißen Wüstenklima bieten die Berge im Sommer mit moderaten Temperaturen und einer Vegetation, die man sonst in den gemäßigter Breiten findet, Erholung von Hitze und Dürre und von Dezember bis März beim Wintersport.

Santa Fe, eine der – hinsichtlich der weißen Besiedelung – ältesten Städte der USA – in bereits 2000 m Höhe – dehnt sich immer weiter in die Ausläufer der *Sangre de Cristo Mountains* aus (ebenfalls ein Teilgebirge der *Rocky Mountains)*, erstreckt sich aber vor allem im Tal des *Santa Fe River,* einem Nebenfluß des *Rio Grande,* und der sich daran anschließenden südlichen Ebene.

Klima

In ***Albuquerque*** herrscht trockenes, kontinentales Klima mit reichlich Sonnenschein (fast 300 Tage/Jahr) und meist wolkenlosem Himmel. Die Sommer sind heiß (60 Tage über 30°C, doch die Hitze ist wegen der Trockenheit erträglich), die Winter – wegen der Höhenlage – relativ kalt. Der Großteil der (wenigen) Niederschläge geht auf oft kurze, aber heftige Gewitter zurück. Trotz der nur 400 m betragenden Höhendifferenz ist das Klima in **Santa Fe** deutlich kühler und regenreicher als in Albuquerque. Frostige Nächte sind ab Ende Oktober und bis einschließlich April häufig. Im Winter fällt in den Bergen der Region viel Schnee.

Beste Reisezeiten für Albuquerque und Santa Fe sind das späte Frühjahr, der Frühsommer und Herbst.

Sonnenschein: 283 Tage — **Niederschläge:** an 59 Tagen
Heißester Monat: Juli 32°C — **Kältester Monat**: Januar 2°C

Geschichte

Der Spanier ***Francisco Vásquez de Coronado*** erreicht **1540** mit 300 Soldaten auf der Suche nach den sieben sagenhaften "Goldenen Städten von Cibola" die heutige Region um Albuquerque und Santa Fe

1598 Offizielle 'Inbesitznahme' der Region für die spanische Krone und Beginn der Christianisierung der Ureinwohner, der sog. Pueblo-Indianer. Errichtung zahlreicher Missionen.

1610 Gründung von Santa Fe und Etablierung als Hauptstadt

1680 Aufstand der Pueblo-Indianer und Vertreibung der Spanier

1692 Rückeroberung des Gebiets durch General *Don Diego de Vargas Ponce de Leon*. Damit Beginn einer 130-jährigen Periode unter spanischer Herrschaft

1706 Gründung von Albuquerque; die Namensgebung bezieht sich auf den Herzog von Albuquerque, den damaligen Vizekönig der spanischen Besitzungen in Nordamerika

1821 Mit der Unabhängigkeit Mexikos gerät auch der nördliche Teil der spanischen Kolonien von Neu-Mexiko bis Kalifornien in mexikanische Hand. Santa Fe besitzt zu jenem Zeitpunkt 6.000 Einwohner, Albuquerque ca. 8.000. Beide Städte profitieren in der Folge vom sog. *Santa Fe Trail*, einer Handelsroute von Missouri (Ausgangspunkt St. Louis) nach Albuquerque, auf der auch Einwanderer ins – noch mexikanische – Land strömen.

1846 Santa Fe und Albuquerque werden gleich zu Beginn des amerikanisch-mexikanischen Krieges von US-Truppen besetzt

1848 Nach dem verlorenen Krieg tritt Mexiko das Gros seiner Territorien von Texas bis Kalifornien einschließlich New Mexico endgültig an die USA ab.

1851 Santa Fe wird trotz des mittlerweile größeren Albuquerque auch Hauptstadt des US-Territoriums New Mexico

1862 Während des amerikanischen Bürgerkriegs besetzen Truppen der Konföderation für 2 Monate beide Städte

1880 Die Eisenbahn erreicht Albuquerque und sorgt 2 mi östlich der *Old Town* für ein neues Stadtzentrum, das aber bald mit der Altstadt zusammenwächst.

1912 New Mexico wird US-Bundesstaat mit Santa Fe als Kapitale

1926 Die neu definierte kontinentale Hauptstraße von Ost nach West (Chicago–Los Angeles), die ***Route 66***, führt mitten durch Albuquerque (die heutige Central Ave ist Teil davon und zeigt noch deutliche Spuren der *Good Old Times*).

1942 Nördlich von Santa Fe wird das **Forschungszentrum** Los Alamos zum Bau der Atombombe geschaffen. .

1995 Gegenüber 1942, also in rund 50 Jahren, hat sich die Bevölkerung Albuquerques vervierfacht

1998 Das Territorium, später der Bundesstaat New Mexico ist seit 150 Jahren Teil der Vereinigten Staaten von America

Albuquerque hat ca. **390.000 Einwohner**, Santa Fe **56.000**.

Daten und Fakten Albuquerque

Telefonische Vorwahl/Area Code New Mexico: 505

Besucherinformation

- ***Albuquerque Convention and Visitors Bureau,*** © 243-3696, © (800) 284-2282, 121 Tijeras NE, Mo–Fr 8am–5pm
- ***Old Town Visitors Center,*** © 243-3215, 303 Romero St, Mo–Sa 10am–5pm, So 11am–5pm
- **Informationschalter** im Flughafen Mo–Sa 9:30am–8pm

Flughafen *(ABQ)*

Albuquerque International Airport, © 842-4366

Anlage

Der kleine Flughafen von Albuquerque liegt 7 mi südöstlich von *Downtown* und verfügt über ein H-förmiges Terminal. Wegen seiner hohen Lage wird der Flughafen gern für *High-Altitude-Tests* neu entwickelter Flugzeugtyen genutzt

Besonderheiten

Werke von Künstlern des Staates New Mexico bilden die ***Albuquerque International Airport Art Collection***; sie sind auf das ganze Terminal verteilt. Eine beim Info-Schalter erhältliche Broschüre erläutert dazu Einzelheiten. Zahlreiche **Flugzeugmodelle** flankieren den Aufgang zu den *Gates*.

Verbindung Airport-City/nach Santa Fe

Albuquerque

Bus #50 fährt Mo–Fr 6:30am–6pm alle 30 min nach *Downtown* (5th/Gold St), Sa stündlich , So gar nicht. Fahrpreis $0.75

Airport Express Shuttle nach *Downtown:* $8.

Ein **Taxi** kostet zur Old Town ca. $10, Fahrzeit 15-20 min.

Santa Fe

Direkt ab Airport nach Santa Fe fährt der ***Shuttlejack Bus***, © 982-4311/© 800-452-2665, 12x täglich. Einfache Fahrt (75 min) $20. ***Greyhound*** und ***TMN Coaches*** fahren 4x täglich vom Busbahnhof in der 2nd St SW für ca. $12; Fahrzeit ca. 90 min.

Car Rental

Alamo, Avis, Budget, Dollar, Enterprise, Hertz, National, Snappy, Thrifty, Rent-a-Wreck

Öffentliche Verkehrsmittel Albuquerque

Busse

Sun-Tran Transit, © 843-9200, Mo–Sa 6am–6pm; Fahrpreis $0,85

Taxi

Die erste Meile kostet $3,60, jede weitere $1,70
Albuquerque Taxi, © 883-4888, ***Yellow Cab***, © 247-8888.

In Albuquerque ist man mit einem **Mietwagen** gut beraten. Denn das öffentliche Verkehrsnetz ist dünn, und ohne fahrbaren Untersatz sind einige interessante Ziele selbst im Stadtgebiet nur schwer und im weiteren Umfeld so gut wie gar nicht zu erreichen.

Santa Fe

Hinweise zum Transport in und um Santa Fe im separaten Abschnitt zu Santa Fe.

Stadtrundfahrten/Ausflüge

Gray Line Tours, © 243-5501, bietet Stadtrundfahrten und Ausflüge zu Zielen in der Umgebung. Verschiedene ***Rafting*-Firmen** (z.B. *New Wave Rafting*, © 800-984-1444, auch ab Santa Fe) veranstalten Schlauchboot-Trips auf dem oberen Rio Grande und Rio Chama. Halbtagestouren kosten inkl. Transport zum Start und Verpflegung ab ca. $40, ein ganzer Tag ab $75, 3 Tage ab $230.

Unterkunft Albuquerque

Übersicht

Die Unterkunftstarife sind saisonabhängig moderat bis teuer. Preiswertere **Motels** findet man entlang der **Central Ave**, die von Ost nach West quer durch die ganze Stadt läuft. An den Ausfahrten der beiden Autobahnen stehen vor allem Häuser der Hotelketten-Mittelklasse. Gut besetzt ist u.a. das Umfeld der Ausfahrten #165, #166 und #167 der I-40, z.B.:

An der I-40

Howard Johnson East, 15 Hotel Circle, © (505) 296-4852, ab $49

Park Inn Int`l, 601 Paisano St/Exit 166, © (505) 293-4444, ab $35!

Best Western American Motor Inn, 12999 Central Ave NE, Exit #167, © (505) 298-7426, ab $49, Motel mit RV-Park (Camping)

Rodeway Inn East, 12901 Central Ave NE, © (505) 298-7426, ab $39

An Wochenenden übernachtet man günstig am Airport, z.B.:

Airport

Marriotts Courtyard, 1920 Yale Ave, © (505) 843-6600, ab $59

Wyndham Garden, 2910 Yale Ave, © (505) 843-7000, ab $59

Hostel

Das **Albuquerque International (*Route 66*) Hostel** liegt in der 1012 West Central Ave, © 243-6101 und © 247-1813.

Reservierung

Von Juni bis September (*Labor Day*) machen Reservierungen Sinn. Besonders angezeigt sind sie für die Zeiten des ***Indian Market*** (Ende August), des ***State Fair*** (Wochenende nach *Labor Day* bis Ende 3. Septemberwoche) und vor allem der ***Balloon Fiesta*** (1.Oktoberwoche mit Hotel-Höchstpreisen, ⇨ Seite 153).

Zentrale Hotelreservierung Albuquerque unter © 766-9770 oder von außerhalb auch unter © 1-800-466-7829.

Essengehen und Shopping

Rund um Plaza der ***Old Town*** warten zahlreiche **Restaurants** und (reichlich teure) ***Shops*** auf touristische Kundschaft. Indianische **Handwerkskunst** kauft man preiswerter in Santa Fe (⇨ Seite 156) oder im ***Indian Pueblo Center*** (⇨ Seite 153). In dessen Cafeteria werden u.a. **indianische Gerichte** serviert. **Mexikanische *Fast Food*** (**FF**) und **Restaurants** gibt es in allen Stadtteilen, u.a. an der 2400 Central Ave das ***Frontier (FF)***, in der 5024 4th St NW ***Antonio`s Restaurant*** und sehr schön ***Las Mananitas*** in der 1800 Rio Grande Ave NW. ***Food Courts*** und Restaurants findet man in den großen ***Shopping Malls*** wie der ***Winrock Mall*** (I-40, Exit #162) und der ***Cottonwood Mall*** an der Straße #528, westlich des Rio Grande/südlich Rio Rancho.

Sicherheit

Albuquerque ist eine weitläufige Großstadt, die ihre problematischen Ecken außerhalb der üblicherweise von Touristen besuchten Zonen besitzt. Eine derartige Zone findet man östlich der *Old Town* im Dreieck zwischen dieser, der I-25 und der Central Ave. Bei Dunkelheit kann lediglich der Bereich um die *Old Town Plaza* bei Betrieb auch für Fußgänger als einigermaßen gefahrlos bezeichnet werden. Dasselbe gilt im September für das Gelände der *New Mexico State Fair.* Anderswo sollte man abends Vorsicht walten lassen. Tagsüber besteht in Albuquerque kein Anlaß zu größerer Sorge.

Sehenswürdigkeiten Albuquerque

Old Town

Ein guter Ausgangspunkt für eine Besichtigung ist die ***Old Town***, siehe Karte, wo die spanisch/mexikanischen Ursprünge der Stadt erhalten blieben bzw. rekonstruiert wurden. Hinter den Adobe-Fassaden geht es in Kunstgalerien, Souvenirshops (Indianerschmuck und *Handicraft)* und Restaurants in erster Linie um die Dollars der Touristen. Eine im ***Old Town Visitors Center*** (Plaza/303 Romero St) erhältliche Karte bietet eine gute Orientierungshilfe für die weitere Stadterkundung.

Museen

In Albuquerque gibt es eine Reihe sehenswerter Museen:

- Östlich der *Old Town* liegt das ***Albuquerque Museum*** in der 2000 Mountain Rd NW (Di–Sa, 9am–5pm), ein solarbeheiztes Museum zur regionalen Geschichte, Kunst und Wissenschaft mit vielen Ausstellungsstücken.

Naturwissenschaften

- Nur zwei Blocks weiter, 1801 Mountain Rd/Rio Grande Blvd, sind es zum ***New Mexico Museum of Natural History***, einem hochgelobten Naturkundemuseum mit originellen Demonstrationen (Modellvulkan in Funktion, Höhlenleben in der Eiszeit, lebensechte Dinosaurier etc.), täglich 9am–5pm, $4, Dynamax-Kino $4, Kombi-Ticket $7. In den Bau integriert ist eine hübsche **Cafeteria** mit einer sonnigen Aussichtsterrasse.

Pueblo Indianer

- Ein weiteres Museum findet man im ***Indian Pueblo Cultural Center***, ✆ 843-7270, 2401 12th St NW, täglich 9am–5:30pm, $3. Die Indianer der **19 *Pueblos*** Neu-Mexikos präsentieren dort in Schaukästen im musealen Untergeschoß schöne Beispiele ihres Kunsthandwerks. Überirdisch befinden sich Galerien und (im Vergleich zu den Läden der *Old Town* weniger teure) *Shops* für alles, was mit Indianerkultur zu tun hat. Im Museumsrestaurant stehen (amerikanisierte) indianische Gerichte auf der Karte. An Wochenenden finden Indianertänze und handwerkliche Demonstrationen statt.

Atom Museum

- Auf dem Gelände der *Kirtland Air Force Base* ist das ***National Atomic Center***, ✆ 845-6670, beheimatet, täglich 9am–5pm, Eintritt frei; Zufahrt über den Wyoming Blvd. In der Halle dieses Museums

Atombombe

sind die Atom- und H-Bomben von den ersten bis zu jüngsten Modellen zu bewundern, außerdem Dokumente zum Thema "Bau der Bombe in Los Alamos". Draußen stehen die Trägerwaffen samt einer ausrangierten B-52. Den Film ***Ten Seconds that Shook the World*** über das *Manhattan Project* sollte man sich ansehen; täglich um 10:30am, 11:30am, 2pm und 3pm; Dauer ca. 1 Std.

Sandia Mountains

Einen tollen Blick über die Weite des Landes (spektakulär bei Sonnenuntergang) hat man vom ***Sandia Crest*** Gipfel, einem **Aussichtspunkt** in den *Sandia Mountains* hoch über Albuquerque, den man auf der Straße #536 gut mit Auto anfahren kann. Ca. 2 km südlich davon (Fußpfad auf der Kammhöhe) befindet sich die Station der ***Sandia Peak Aerial Tramway***, angeblich die längste Seilbahn Nordamerikas. Die Talstation erreicht man am besten über die I-25, Exit 228, *Montgomery Blvd*, und dann Straße #556; das Retourticket kostet $13. Ende Mai bis *Labor Day* täglich 9am–10pm. Den Rest des Jahres gelten verkürzte Zeiten.

State Fair

Eine große Sache ist in Albuquerque der ***State Fair* im September**, der am Wochenende nach *Labor Day* beginnt und bis zum dritten Septemberwochenende dauert. Auf den ***Fairgrounds*** am San Pedro Drive (nördlich des *Atomic Center*) läuft in dieser Zeit ein attraktives Mischprogramm aus Jahrmarkt, Landwirtschaftsschau, Rodeo und *Entertainment*.

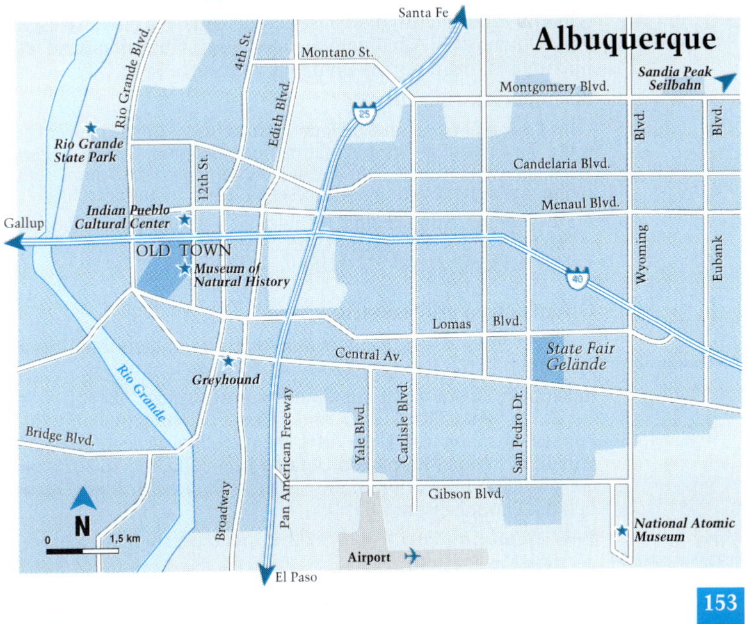

Der richtige Sight zur richtigen Zeit

Balloon Fiesta

In der ersten Oktoberwoche wird Albuquerque alljährlich Schauplatz eines der größten **Heißluftballontreffen** der Welt. Die täglichen Starts Hunderter von bunten und häufig kurios geformten Ballons finden auf einem Gelände westlich der I-25 North am Alameda Blvd statt (***Balloon Fiesta Park***). Wer zahlt, darf mitfliegen. Angeblich kommen 1,6 Mio. Besucher; Tausende von Wohnmobilen parken um die Startplätze.

> **Sicherheit in Santa Fe**
>
> Das kleine, übersichtliche Santa Fe ist nicht bekannt für eine hohe Kriminalitätsrate. Tagsüber kann man alle Sehenswürdigkeiten einschließlich der Restaurant- und Galerienstraße *Canyon Road* ohne Besorgnis ablaufen. Abends ist zumindest der Zentrumsbereich unproblematisch. Allerdings muß man vor Taschendieben auch in Santa Fe und mehr noch in **Taos** auf der Hut sein.

Daten und Fakten Santa Fe

Anfahrt

Man kann Santa Fe direkt per Flugzeug erreichen; aber die großen nationalen *Carrier* fliegen nicht bzw. nur mit ihren *Commuter* Maschinen zum *Regional Airport* der Hauptstadt. Für einen Santa Fe Besuch wird daher in den meisten Fällen Albuquerque Zielflughafen sein. Mit Bus oder Mietwagen von *Downtown* Albuquerque oder vom Flughafen sind es maximal 90 min. bis ins Zentrum von Santa Fe.

Besucherinformation

- Im ***La Fonda Hotel*** an der Hauptplaza befindet sich im Foyer der für Touristen am besten zugängliche Schalter der Besucherinformation, Mo–Fr 9am–12am. Dieses Hotel muß man sich ohnehin einmal von innen angesehen haben, ⇨ unten.
- Ein weiterer **Info-Schalter** befindet sich an der Ecke Lincoln/Palace Ave auf der gegenüberliegenden Seite der Plaza; Mo–Sa 9am–4.30pm; ✆ 800-777-2489.

Öffentliche Verkehrsmittel

Bus

Die Busverbindungen **Albuquerque–Santa Fe** und zurück finden sich unter den Daten und Fakten zu Albuquerque.

In Santa Fe existiert nur ein dünnes Vorort-Busnetz der *Santa Fe Trails*, ✆ 9848-6730, das Mo–Sa 6:30am–7:30pm betrieben wird. Für Besucher von Interesse dürfte vor allem **Bus #6** sein, der halbstündlich zu den **Museen am *Camino Lejo*** verkehrt; Abfahrt von der zentralen Busstation in der Sheridan Ave, einen Block westlich der Plaza; Fahrpreis $0,50.

Taxi

Bei ***Capital City Taxi,*** ✆ 438-0000, kostet die erste Meile $2, jede weitere Meile $1.30.

Unterkunft

Situation

Als Touristenhochburg verfügt Santa Fe zwar über zahlreiche Hotels und Motels, die **Übernachtungskosten** liegen indessen besonders im Innenbereich weit über dem sonst in New Mexico üblichen Niveau. Auffällig ist die große Zahl besserer Hotels mit attraktiver Innenarchitektur. Außerhalb des Zentrumbereichs ballen sich an der **Cerillos Road** (Straße #85 in Richtung Süden) zahlreiche Motels und Hotels aller Preisklassen. Dort befindet sich ebenfalls das

- **International Hostel**, 1412 Cerillos Rd, © 988-1153, ab $13, auch EZ/DZ verfügbar ab $25.

Zentrale Zimmer-Reservierung unter © 1-800-466-7829

Essengehen und Shopping

Der Bereich rund um die **Plaza** platzt vor lauter **Shops** und **Restaurants** aus allen Nähten (➪ unten). Viele Restaurants, von denen manche über Gartenterrassen verfügen, und zahlreiche **Galerien** liegen an der nahen **Canyon Road**.

Sehenswürdigkeiten Santa Fe

Charakteristik

Santa Fe, die Hauptstadt von Neu-Mexiko ist mit nur 65.000 Einwohnern klein, aber fein: sie weist ein ganz **anderes Stadtbild** auf als sonst in den USA gewohnt. Mit ihrer Mischung aus indianischer, spanischer und angelsächsischer Kultur ist Santa Fe eine den attraktivsten und interessantesten Städte Nordamerikas. Der von der Pueblokultur inspirierte **Adobebaustil** überwiegt nicht nur im Zentrum der Altstadt, sondern dominiert die gesamte Architektur von der Familienvilla über die öffentlichen Gebäude und Hotels bis zu den *Shopping Malls*. Zahlreiche Künstler haben sich seit den 20er Jahren in Santa Fe niedergelassen und die Stadt zu einem der größten Kunst- und Designzentren der USA gemacht.

***Zentrum/* Plaza**

Erster Anlaufpunkt in Santa Fe sollte die zentrale ***Plaza*** sein, um die sich die Mehrheit der Sehenswürdigkeiten gruppiert. Dank weiträumiger Ausschilderung findet man leicht dorthin. Da die engen Straßen im Zentrum immer vollgeparkt sind, stellt man das Auto – so vorhanden – auf einem der (gebührenpflichtigen) Parkplätze rund ums Zentrum ab.

Indianer-Handarbeit

Im Plazabereich drängen sich Souvenir- und Modeboutiquen, vor allem für die touristische Kundschaft. Schöne Textilien, Schmuck-, Leder- und Töpferwaren und anderes Kunsthandwerk reizen zum Kauf. Aber nur an den staatlich konzessionierten **Verkaufsständen der Indianer** unter den Arkaden des *Palace of the Governors* kann man sicher sein, daß der angebotene Schmuck und andere Produkte indianische Handarbeit sind und die Qualität bestimmten Vorgaben entspricht.

Anlauf-punkte

Ohne Shopping, Restaurant- und/oder Museumsbesuche läßt sich das zentrale Santa Fe in einer guten halben Stunde erlaufen. Nicht zu übersehen sind bei einem Rundgang

- die ***St. Francis Cathedral***
- der ***Palace of the Governors mit Museum***
- das ***Museum of Fine Arts***
- das ***Oldest House in Santa Fe/the USA***
- die ***San Miguel Chapel***
- das ***La Fonda Hotel,*** wo man sich im Foyer umsehen sollte.

Museen

Für Museumsbesuche gibt es ein **kombiniertes Ticket** für $8, das innerhalb von 4 Tagen zum Eintritt in die vier staatlichen Museen berechtigt. **Sie sind täglich 9am–5pm geöffnet.**

- Die ***St. Francis Cathedral*** (1869), 6am–6pm, Cathedral Plaza, war die erste Kirche zwischen Durango/Mexiko und St. Louis, die zur Kathedrale erhoben wurde. Ihr europäischer Baustil bildet einen reizvollen Kontrast zur Adobe-Umgebung.
- Der ***Palace of Gouvernors***, Palace Ave; 1610 erbaut, diente bis 1909 nacheinander als spanischer, indianischer, mexikanischer und amerikanischer Regierungssitz, und ist heute ein **Museum zur bewegten Geschichte Neu-Mexikos**.
- Das ***Museum of Fine Arts*** befindet sich in einem großen Adobe-Bau in der Lincoln Ave und zeigt speziell Kunst des Südwestes.
- Die ***San Miguel Chapel***, Old Santa Fe Trail, Mo–Sa 10am–4pm, So 1:30pm–4:30pm, $1, ist eine der ältesten Kirchen des Landes. Obwohl das Gebäude während des Pueblo-Aufstandes 1680 abbrannte, blieben die dicken Adobe-Wände erhalten.

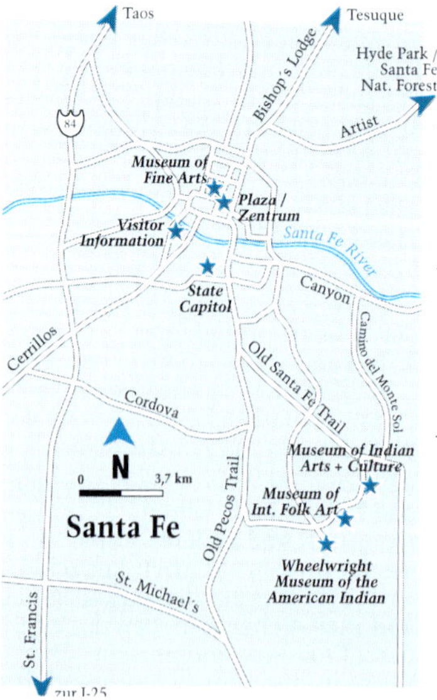

- ***The Oldest House***, 215 E. De Vargas St, ist eines von mehreren "ältesten" Bauten der USA, ganz sicher aber der Stadt; es soll aus der Zeit um 1200 stammen.
- Das ***Museum of Indian Arts and Culture***, Museumskomplex am Camino Lejo weit außerhalb des inneren Rings; zeigt die Unterschiede zwischen den verschiedenen Pueblokulturen
- Das ***Museum of International Folk Art***, dem Indianermuseum benachbart; beschränkt sich nicht auf den US-Südwesten. Die Sammlung der *Girard Foundation* zeigt Szenen des täglichen Lebens aus über 100 Ländern in aller Welt.
- Beim ***Wheelwright Museum of the American Indian*** handelt es sich um eine Privatinstitution (Spende wird erbeten). Eine kleine Ausstellung indianischer Korbmacher-, Töpfer- und Webkunst wartet im Erdgeschoß des Gebäudes, das einem indianischen Hogar nachempfunden wurde. Im Tiefgeschoß befindet sich ein *Trading Post* mit vielen Produkten und Indianerliteratur.

Ziele in der Umgebung von Santa Fe

Mindestens einen zusätzlichen Tag, besser 2 Tage benötigt man für einige der populären Ziele in Santa Fes Umgebung:

Los Alamos

Die künstliche Stadt Los Alamos, im 2. Weltkrieg eigens zur Entwicklung der Atombombe geschaffen, liegt 30 mi nordwestlich von Santa Fe. Nach Abschluß des ***Manhattan Project*** wurde aus Los Alamos ein *Brain Trust*, der an wichtigen militärischen Projekten weiterarbeitete. Die heutigen ***National Laboratories*** befassen sich daneben auch mit zivilen *High-Tech* Projekten z.B. auf den Feldern Regenerative Energien, Reaktorsicherheit etc.

Museen

- Im ***Historical Museum*** finden sich in den engen Räumen eines alten Blockhauses bemerkenswerte Dokumente zur unglaublichen Geschichte von Zustandekommen und Ablauf des Projektes. Mai bis Sept. Mo–Sa 9:30am–4:30pm, So ab 11am. Sonst kürzere Öffnungszeit; kein Eintritt, aber Spende wird erwartet.
- Im ***Bradbury Science Museum*** geht es um die Technik der Atombombe und anderer militärisch bedeutsamer Entwicklungen. Ein Film demonstriert Produktion und Einsatz der Bomben mit den hübschen Bezeichnungen ***Little Boy*** und ***Fat Man*** auf Hiroshima und Nagasaki.

Bandelier National Monument

- Biegt man kurz vor Los Alamos links ab, gelangt man zum ***Bandelier National Monument*** mit den sehenswertesten Hinterlassenschaften vorkolumbischer Kulturen der Region im Tal des Bohnenflusses. Der ***Frijoles Ruins Trail*** führt zu Relikten von *Kivas*, zu mehrstöckigen Lang- und Rundbauten und zu Höhlenwohnungen. Mindestzeitbedarf vor Ort: 2 Std.

Taos

- Der Künstlerort Taos, 70 mi nordöstlich von Santa Fe, zeigt sich ebenfalls voll im attraktiven ***Pueblo Adobe-Look***. Die hübsche ***Plaza***, die **Bent Street** und die **Kit Carson Road** sind lebhaft und bunt. Über **50 Galerien** findet man im engeren Umfeld des kleinen Zentrums, dazu zahlreiche *Shops*, Kneipen, Cafes und Restaurants. **Indianer-Artesanias** kosten in Taos **Spitzenpreise**. Zum Hauptziel, dem *Taos Pueblo*, sind es von Taos noch 3 mi.

Taos Pueblo

- Das Taos Pueblo besteht aus mehrstöckigen, festungsartig angelegten Gebäuden mit stufenförmig übereinander konstruierten Wohntrakten. Touristen dürfen dieses besterhaltene, pittoreske Adobedorf nur äußerlich bewundern und außerdem
  - fotografieren ($5 je Kamera)
  - mit der Videokamera filmen ($10)
  - und einkaufen (*Jewelry*, *Pottery* und Produkte der *Bakery*)

  Öffnungszeiten täglich 8:30am–4:30pm; Eintritt je Wagenladung $5; Einzelpersonen $3, Studenten $1.

Pecos National Monument

- Ein gern empfohlener Abstecher bezieht sich auf das *Pecos National Monument*, rund 30 mi östlich von Santa Fe (attraktive Strecke überwiegend auf der I-25). Die Geschichte der ehemaligen **Missionsstation *Pecos*** ist zwar ganz interessant, es existieren aber nur noch die Ruinen der Kirche und Reste umliegender Gebäude einschließlich einer rekonstruierten *Kiva*. Lohnenswert nur bei viel Zeit.

ATLANTA

Atlantas Stadtsiegel, ein aus der Asche aufsteigender Phönix, reflektiert den raschen Wiederaufbau der Südstaatenkapitale nach fast totaler Zerstörung 1864 im amerikanischen Bürgerkrieg. Die Konföderierten-Flagge weht – ungeachtet der mittlerweile vergangenen 130 Jahre – bis heute in den Vorgärten hartgesottener Regionalpatrioten. In *Margaret Mitchells* Bestseller ***Vom Winde verweht*** wurde Atlantas Rolle und Schicksal literarisch verarbeitet und weltbekannt. Aus der damals 10.000-Einwohner-Stadt entwickelte sich die Metropole des Südens mit dem – nach abgefertigten Passagieren – zweitgrößten *Airport* der USA nach Chicago.

Touristisch gehört Atlanta trotz der Olympischen Spiele 1996 nicht zu den Top-Cities. Die Stadt liegt als **wichtigster Umsteig-Flughafen** der USA (➪ Seite 33) für viele aber sozusagen "am Wege" und ist einen Zwischenstop immer wert, außerdem ein guter Ausgangspunkt für Abstecher nach Chattanooga und zum *Great Smoky Mountains* Nationalpark, eventuell auch an die Küste nach **Savannah** und **Charleston**.

Geographie, Klima und Geschichte

Geographie

Atlanta liegt im Norden von Georgia in einer hügeligen Landschaft im Anschluß an die ***Blue Ridge Mountains***, südlichen Ausläufern der Appalachen. Zentral aus allen Richtungen auf die Hauptstadt zulaufende *Interstate*-Autobahnen unterstreichen die große wirtschaftliche Bedeutung Atlantas für den ansonsten weitgehend ländlich geprägten Bundesstaat Georgia.

Klima

Bei einer Höhenlage von 340 m über NN werden Hitzewellen aus dem Süden ein wenig abgemildert. Dennoch gehört die Stadt bei Temperaturen, die **35°C** leicht übersteigen, und hoher Luftfeuchtigkeit im **Sommer** (Juni bis September) zu den klimatisch weniger angenehmen Städten. Die **Winter** sind dagegen **mild** mit wenig Schneefall und dafür umso mehr Regen. Vor winterlichen Kälteeinbrüchen wird Atlanta durch die Berge im Norden und Nordwesten weitgehend geschützt.

Als **beste Besuchszeit** gilt der **Herbst** ab Ende September. Im Oktober läßt sich auch in Georgia, nicht nur in den Neuengland-Staaten, die Laubfärbung des ***Indian Summer*** bewundern.

Sonnenschein: 204 Tage	**Niederschläge:** 112 Tage
Heißester Monat: Juli 24°C	**Kältester Monat:** Januar 7°C

Geschichte

Ein ***Standing Peachtree*** genanntes Dorf der *Cherokee*-Indianer am Ufer des *Chattahoochee River* war Keimzelle der Entstehung Atlantas. Der Pfirsichbaum spielt bis heute in über 30 Straßenbezeichnungen eine unübersehbare Rolle, ➪ Sehenswürdigkeiten.

1833 **Erste weiße Anwesen** in der Nähe von *Standing Peachtree*

1837 Die Schienen der ***Atlantic & Western Railroad*** passieren *Standing Peachtree*. Es entwickelt sich ein neuer Ort namens ***Terminus.***

1843 *Terminus* erhält **Stadtrechte** unter dem Namen *Marthasville.*

1845 Umbennung in ***Atlanta***.

1861 Ausbruch des **Bürgerkriegs**. Die Einwohnerzahl steigt, als die Landbevölkerung in die vermeintlich sichere Stadt flieht.

1864 Nach 107 Belagerungstagen **Einnahme** und weitgehende Einäscherung Atlantas durch die Unionstruppen unter *General Sherman*. Wiederaufbau in wenigen Jahren.

1886 Produktionsbeginn von ***Coca Cola***. Das Hauptquartier des Konzerns befindet sich immer noch in Atlanta.

1929 ***Martin Luther King*** wird in Atlanta geboren

1939 Premiere des Films ***Gone with the Wind*** (Vom Winde verweht), gedreht nach *Margaret Mitchells* Romanvorlage

1973 Als dritte amerikanische Großstadt wählt Atlanta einen **schwarzen Bürgermeister** (der Bevölkerungsanteil Farbiger betrug damals 67% und ist seither weiter gewachsen).

1976 Der Gouverneur Georgias, ***Jimmy Carter***, gewinnt die Präsidentschaftswahlen und wird der bis heute einzige aus diesem Staat stammende US-Präsident (1977-1981). Ein ***Presidential Center*** würdigt seine Leistungen.

1996 Olympische Sommerspiele (20. Juli bis 4. August)

Der Großraum Atlanta beherbergt rund **2,8 Mio Einwohner**. In der ***City of Atlanta*** wohnen etwa **400.000** Menschen.

Über 70% der Bevölkerung Atlantas sind Afro-Amerikaner. Dieses Mural fand sich im "schwarzen" Stadtteil Sweet Auburn

Daten und Fakten

Telefonische Vorwahl/Area Code: 404 (Umgebung 770)

Diplomatische Vertretungen

- **GK der BRD**, © 659-4760, Marquis Two Tower, Suite 901, 285 Peachtree Center Ave,
- **GK der Schweiz,** © 872-7874, 1275 Peachtree St NE, Suite 425
- **HK Österreich**, © 264-9858, 3355 Lenox Rd NE, 860 Lenox Tower

Besucherinformation

- ***Atlanta Convention and Visitors Bureau;*** © 659-4270; 233 Peachtree St, Peachtree Center, Suite 2000, Mo–Fr 9am-5pm
- **Informationsstände** in der *Peachtree Mall* © 521-6633; Underground Atlanta (577-2148) und dem Lenox Square Shopping Center; © 266-1398.

Flughafen (ATL)

Atlanta Hartsfield International Airport (✆ 530-6600)

Der *Airport* wurde benannt nach ***William B. Hartsfield***, von 1939 bis 1961 Bürgermeister der Stadt. Das "Drehkreuz des Südens" ist Prototyp eines Umsteigeflughafen. Bei seiner bis heute einmaligen Anlage wurden neue Wege beschritten: die ***Runways*** verlaufen parallel, zwischen ihnen liegen die Terminals. Erweiterungen sind dadurch ohne Probleme möglich.

Fluglinien: AA, CO, CP, DL, HP, NW, TW, UA, US
Hub: DL
Transferzeiten: Dom–Dom 35-55 min, Int–Dom 1:30 Std

Lage

Atlanta Hartsfield liegt 9 mi südlich von *Downtown* zwischen den Autobahnen I-75 und I-85. Herzstück des *Airport* sind das *North* und *South Terminal*, die zusammen einen Gebäudekomplex bilden. Darin befinden sich das *Ticket*ing, *Baggage Claim* und alle weiteren Einrichtungen der Fluggastabfertigung. Busse und Taxen warten am westlichen Ende des Gebäudes. Die 6 Concourses sind parallel angeordnet und durch ein Tunnelsystem verbunden. Zwischen ihnen verkehrt eine computergesteuerte Untergrundbahn. Ein Sprachgenerator (mit Südstaatenakzent!) kündigt die jeweils nächste Station an. Info-Stand der ***Traveler's Aid i***m Hauptterminal.

Schließfächer ($1/24h) findet man in den Verbindungstunnels zwischen den Flugsteigen. Eine zusätzliche Gepäckaufbewahrung (*Storage Room* – $5/24h) gibt es im *North Terminal*.

Zeitvertreib

Wem die Zeit in Atlanta lang wird, könnte nach einer Runde mit der Airport-U-Bahn die **Kunstwerke** besichtigen, welche die Terminals verschönern helfen. Fünf davon sind im *Main Terminal* und neun weitere bei den Ab-ängen zur *Transportation Mall* zu sehen. Im *North Terminal* kann man **fernsehen** und an **Spielautomaten** daddeln.

Verbindung Airport–City

U-Bahn

Atlanta verfügt über ein modernes **U-Bahn System**. Eine der beiden Linien bedient den *Airport*. Mit ihr geht es schnell und preiswert in die Innenstadt: alle 12 min 4:30am–1:15am in der Woche, an Wochenenden alle 15 min 5:15a–12:45am. Fahrtzeit etwa 20 min, Ticket $1.50. Station in der Nähe des *Baggage Claim*.

Shuttle

Der ***Atlanta Airport Shuttle*** fährt *5am–midnight* alle 20-30 min zu den großen Hotels der Innenstadt, einfache Fahrt $8-12, hin und zurück $15-20.

Taxi

Ein **Taxi** nach *Downtown* kostet ca. $15; Fahrtzeit 20-30 min.

Car Rental

Alamo, Avis Budget, Dollar, General, Hertz, National

Der Verkehr ist in Atlanta an Werktagen sehr dicht, das **Autofahren** vor allem während der *Rush Hours* zeitraubend. Ein Leihwagen wäre nur für Abstecher in die weitere Umgebung zu erwägen. Alle wichtigen Sehenswürdigkeiten innerhalb der Stadt sind mit U-Bahn oder Bus relativ gut zu erreichen.

Öffentliche Verkehrsmittel City

U-Bahn

Die ***Metro Atlanta Rapid Transit Authority MARTA*** (© 848-4711 und 7838) unterhält 2 U-Bahnlinien. Die Flughafenlinie (Nord-Süd) kreuzt in *Downtown* in der Station *Five Points* die Ost-West-Linie. Zur Frequenz unter *Airport–City* Transport.Einzeltickets $1,50; ein Wochenpass kostet nur $11. Weitere Pässe für 2–5 Tage und fürs Wochenende sind ebenfalls erhältlich, jedoch saisonal wechselnd. Ohne Paß werden der exakte Fahrpreis oder *Token* (aus den Automaten: 10 Token $14) benötigt, um die Sperre zum Bahnsteig zu überwinden. Ein **Info-Schalter** für öffentliche Verkehrsmittel befindet sich in der zentralen Station ***Five Points***.

Bus

Das **Busnetz** der *MARTA* ist im Zentrum dicht, in der Fläche eher dünn, geht u.a. aber bis zum *Stone Mountain Park*; Fahrpreis ebenfalls $1,50; Transfers kostenlos, Wochenpass $11. Mo–Fr 6am–10pm, Sa+So 8am–4pm. Einige Buslinien lassen sich ganz gut auch zur Stadtbesichtigung nutzen, z.B. die Linie #10 von *Downtown* zum *Arts Center*.

Taxi

Taxis **können** in Atlanta **nicht** an der Straße **gestoppt werden**. Die erste Meile kostet ca. $1,50, jede weitere ca. $1,20. *Downtown* Taxis für Kurzstrecken kosten $4; bei mehr als 2 Personen $2 zusätzlich pro Person.

Checker, © 351-1111; ***Yellow Cab***, © 521-0200

Rundfahrten

Bus

Eine volle Stadtrundfahrt, z.B. mit *Gray Line* (© 767-0594), gibt es ab ca. $25, eine Fahrt zum *Stone Mountain Park* kostet ca. $30. Vielfältige Angebote findet man in Broschüren wie z.B. *Atlanta Now* der ***Tourist Information***.

Zu Fuß

Bei schönem Wetter veranstalten Experten des *Atlanta Preservation Center* (© 876-2040) zwischen April und Oktober **Führungen zu Fuß** (*Walking Tours*) durch interessante Stadtviertel und Gebäude wie das *State Capitol* und *Underground Atlanta, Historic Downtown* oder den *Fox Theatre District*. je $5/Pers.

Unterkunft

Übersicht

Preisgünstige Unterkünfte zu finden, ist in Atlanta vor allem an Wochenenden kein besonderes Problem. In der Ober- und Mittelklasse gibt es zahlreiche günstige Angebote unter dem sonst üblichen Preisniveau. Einige Motelketten sind gleich mit mehreren Häusern vertreten. Insbesondere findet man sie entlang der Ringautobahn I-285 rund um die Stadt, u.a. im sonst oft (aber nicht in Atlanta) teuren Airport-Bereich. Ab $45-$50 findet – außer bei besonderen Anlässen wie etwa Kongressen – ein Mittelklasse-Zimmer, wer auf die aktuelle lokale Werbung achtet. Die Listenpreise, wie sie etwa im *AAA-Guide* abgedruckt sind, gelten dann häufig nicht.

Für eine **generelle Reservierung** faktisch aller Quartiere in Atlanta und Umgebung kann man auch die

Georgia Room Reservation unter © (800) ENJOYGA

anrufen, ohne daß ein Aufpreis anfällt.

Die folgenden Empfehlungen beziehen sich auf alle Kategorien. Die Effektivpreise können ggf. höher sein, siehe oben.

Flughafenbereich

- **Econolodge Atlanta Airport**, © 368-0218, 4505 Best Rd, ab $39
- **Comfort Inn**, © 881-6788, 120 North Ave NW, ab $50
- **Holiday Inn Airp. North**, © 762-8411, 1380 Virginia Ave, ab $49
- **Red Roof Inn**, © 8761-9701, 2471 Old National Pkwy, ab $36
- **Fairfield Inn,** © 761-8371, 2451 Old National Pkwy, ab $45

Zentrumsbereich

- **Ramada Hotel Downtown**, 175 Piedmont Ave, ab $59, © (404) 659-2727
- **Travelodge Downtown**, 311 Courtland St NE, ab $58, © (404) 659-4545
- **Days Inn Downtown**, 300 Spring St, ab $69, © (404) 523-1144
- **Hyatt Regency** im Peachtree Center, 265 Peachtree St, ab $225, aber Sa+So ab $99; architektonisch reizvolles Luxushotel mit allen Annehmlichkeiten, © (404) 577-1234
- **Holiday Inn Central**, 418 Armour Drive, ab $59, © (404) 873-4661
- **Midtown Manor**, 811 Piedmont Ave NE, ab $45, © (404) 872-5846

Vororte

- **Motel 6 Atlanta East Point** © 762-5201, 4427 Commerce Dr, ab $29
- **Knight`s Inn Southeast** © 243-3515, 2608 Boulder Crest Rd, ab $36
- **Red Roof Inns North** und **Druid Hills,** © (800) 843-7663, ab $35

Billigquartiere

- **YMCA**, © 659-8085, 22 Butler St, 3 Blocks von Downtown entfernt. Keine Vorausreservierung; ab $23.
- **Woodruff International Hostel**, © 875-2882, 223 Ponce de Leon Ave, $15; kleines Haus mit 20 Betten in Downtown Atlanta.
- **Atlanta Dream Hostel**, © 370-0380, 222 East Howard Ave, MARTA Decatur Station, originell+citynah mit Biergarten, $12

Essengehen

Eateries

Die im nächsten Absatz genannten **Shoppingzentren** sind reich bestückt mit ***Fast Food Eateries*** und besseren Restaurants vielfältiger Provenienz. Erwähnenswert ist außerdem

- der Restaurantkomplex ***International Food Works*** im 1. Stock (2nd Floor) des *Georgia Pacific Tower.*

Drive-in

- Eine originelle Angelegenheit ist das ***Varsity***, 61 North Ave (an der I-85), U-Bahn North Avenue, das größte *Drive-in Restaurant* der Welt. Im auch vorhandenen Innenrestaurant läuft in jedem Raum ein anderer TV-Kanal.

Shopping

Five Points

Im Kreuzungsbereich der Straßen *Decatur/Marietta, Edgewood* und *Peachtree,* einem als ***Five Points*** bezeichneten Block (U-Bahn-Station), befindet sich die zentrale *Shoppingzone* Atlantas. Nördlich davon liegt das *Peachtree Center* und nordwestlich *The Omni* (siehe unten):

Underground

- ***Underground Atlanta***, Peachtree/Central/Alabama St, ist ein mehrstöckiges, zum Teil unterirdisches Einkaufszentrum mit weit über 100 Läden und Restaurants. Unterhaltungskünstler sorgen oft für *Entertainment* und Volksbelustigung. Die Besonderheit dieser *Mall* sind restaurierte Antebellum-Häuser, die vom Feuer des Jahres 1864 verschont blieben.

Peachtree

- Der Gebäudekomplex ***Peachtree Center*** beherbergt neben *The Mall,* einem viergeschossigen Einkaufs- und Restaurantbereich, auch die beiden Luxushotels *Peachtree Plaza* und *Hyatt Regency Atlanta.* Das *Peachtree Plaza* ist mit 71 Stockwerken eines der höchsten Hotels der Welt. Vom Drehrestaurant (Tischreservierung: © 589-7506) hat man einen tollen Blick.

The Omni

- Als Gegenstück des *Peachtree Center* gilt westlich davon ***The Omni International*** (Techwood Dr), ein Büro-, Geschäfts- und Hotelzentrum mit ebenfalls mehrstöckiger *Shopping Mall.*

Inman Park

- ***Little Five Points*** nennt sich ein eher konventioneller *Shopping District* (Euclid/Moreland Ave-Straße #23) im Stadtteil **Inman Park**, ca. 3 mi östlich *Downtown.*
- Das größte Einkaufszentrum der Stadt ist ***Lenox Square*** (Peachtree/Lenox Rd) im Nordosten des Vorortes Buckhead; weitere ausgedehnte *Malls* liegen an der die Stadt umschließende Autobahn I-285 (***Perimeter),*** namentlich die ***Cumberland Mall*** und ***The Galleria***, beide im Vorort Marietta, (Straße #41/*Cobb Pkwy* unweit der I-75 North).

SICHERHEIT

Atlantas Kriminalitätsrate gehört zu den höchsten des Landes. Touristen, die sich im wesentlichen im Bereich *Downtown* bewegen, spüren davon allerdings so gut wie nichts. Problematisch ist vor allem der Ostteil Atlantas, wo u.a. der *Martin Luther King Historic District* liegt. Nachts sollte man die U-Bahn meiden.

Sehenswürdigkeiten

Die Liste der touristisch interessanten Sehenswürdigkeiten ist für eine Stadt von der Größe Atlantas trotz **Olympia 1996** nicht besonders lang. Mancher mag sich noch für das **Stadion** interessieren. Es liegt weithin sichtbar zwischen I-75/85 und der Capitol Ave südlich des Zentrums.

Downtown

Atlantas Innenstadt einschließlich *Georgia State University*, Kongresszentrum und Regierungsviertel befindet sich zwischen der östlichen Ausbuchtung der I-75/85 und Northside Dr (Straße #29) oberhalb der I-20. Innerhalb dieses Bereichs sind als Anlaufpunkte in erster Linie zu nennen:

Underground Atlanta

– ***Underground Atlanta*** ist nicht eines von mehreren zentralen Einkaufszentren (siehe oben). Die historische, unter dem heutigen Straßenniveau liegende Ebene wurde im Bürgerkrieg als Verbandsplatz genutzt und später vom modernen Atlanta quasi überbaut. Nachdem man diese Flächen wiederentdeckt und ihre Bebauung im Stil des 19. Jahrhunderts restauriert hatte, wurde *Underground Atlanta* zu einem Hauptanziehungspunkt.

Coca Cola

– Unter historischem Blickwinkel paßt zum Untergrund durchaus die nahe ***World of Coca Cola*** (✆ 676-5151), 55 Martin Luther King Dr, Mo–Sa 10am–8:30pm, So noon–5pm, $4, ein Museum mit über 1000 Gegenständen zu allen Aspekten rund um das "beliebteste Erfrischungsgetränk der Welt". Bereits 1886 erfand *Doc Pemberton* die *Coca Cola*-Zauberformel. Das Eintrittsgeld kann man nach der Besichtigung wieder hereintrinken, es schließt ausdrücklich *Coke, all you can drink*, ein.

Capitol

– Vom *Coca Cola Pavilion* sind es nur wenige Schritte bis zum ***Georgia Plaza Park*** mit der ***City Hall*** und dem ***Georgia State Capitol***, Washington Ave/Mitchell St, Mo–Fr 8am–5pm, Sa 10am–2pm, So 1am–3pm, Führungen werktags 10am, 11am, 1pm, 2pm; U-Bahn *Georgia State*. Das Regierungsgebäude, ein Nachbau des Kapitols in Washington, besitzt eine vergoldete Kuppel und beherbergt das ***Museum of Science and Industry*** (Mineralien, Fossilfunde, indianische Handarbeit; Mo–Fr 8am–5pm, Sa 10am–4pm, So ab *noon*).

CNN

– Westlich von *Five Points* in unmittelbarer Nähe des *Omni* und des Kongresszentrums hat der Nur-Nachrichtensender ***CNN*** (*Cable News Network*) seinen Sitz im *CNN Center*, Techwood Dr/Marietta St. Die Fernsehstudios können besichtigt werden (maximal 20 Personen pro Führung). Führungen werktags stündlich *9am–6pm*, $6; Anmeldung unter ✆ 827-2300.

M.L. King

– Auf die jüngere amerikanische Geschichte zurück geht der ***Martin Luther King Jr. National Historic Site***, östlich der I-85 (Auburn und Edgewood Ave; U-Bahn *Five Points*, dann Bus #31), wo der 1968 in Memphis ermordete Bürgerrechtler und Nobelpreisträger als Prediger wirkte. Zentrales Gebäude des umfassenden Gesamtkomplexes ist das *Martin Luther King Center for Nonviolent Social Change*, 449 Auburn Ave; täglich geöffnet im Sommerhalbjahr 9am–8pm; restliche Zeit bis 5:30pm.

Cyclorama

– Das ***Civil War Museum*** (Cherokee Ave am Westrand des *Grant Park*) beherbergt das ***Cyclorama***, ein 122 m langes und 15 m hohes Rundgemälde, das plastisch die Schlacht um Atlanta darstellt. Das heute um Lichteffekte und Kriegslärm erweiterte Werk wird den Besuchern von einer Drehtribüne aus erläutert; ein absolutes Muß! Geöffnet 9:30am–5:30pm, im Winter bis 4:30pm; $6; Einlaß in Gruppen alle 30 min.

Zoo

– Gleich neben dem *Cyclorama* befindet sich der Eingang in den ***Atlanta Zoo***, Mo–Fri 10am–4:30pm, Sa+So bis 5:30pm, $8. Der Clou dieses Zoos sind sein *African Rain* und *Tiger Forest* mit vielen Affenarten, speziell Gorillas, und ein Reptilienhaus.

Fox Theatre

– Nördlich *Downtown* mag den einen oder anderen das nostalgische ***Fox Theatre***, ✆ 881-2000, interessieren, Ponce de Leon Ave/ 660 Peachtree St NE (U-Bahn *North Ave*), ein Kinopalast aus den 20er-Jahren mit über 4.500 Sitzplätzen. Brillant restauriert; seither sehr sehenswert. Das grandiose Südstaatenepos ***Gone with the Wind*** erlebte dort 1939 seine Uraufführung. Heute werden hauptsächlich *Musicals* und *Shows* gezeigt. Führungen Mo+Do *10am*, Sa *10am* und *11:30am*, $4.

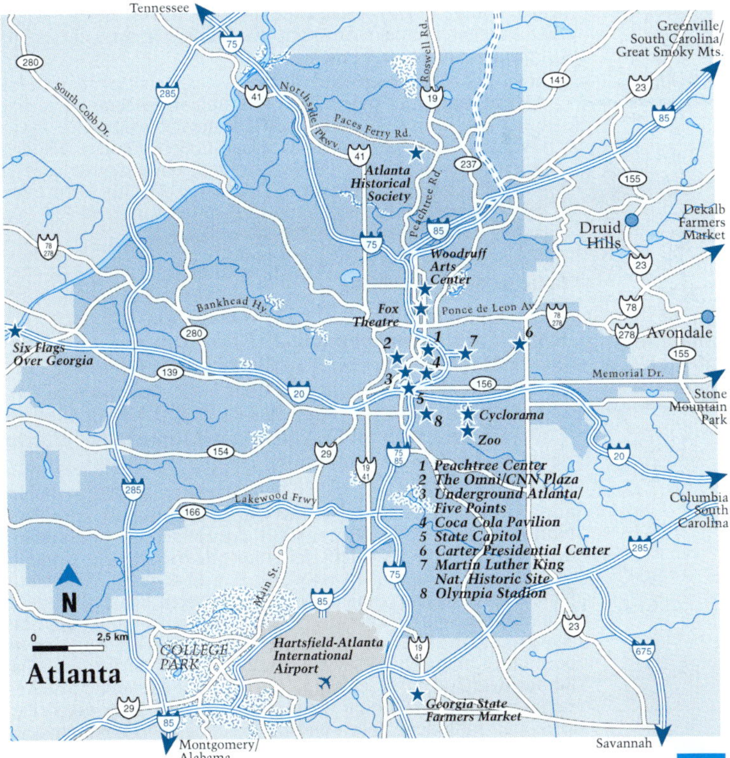

Vororte

Kunstmuseum

– Das ***High Museum of Art***, © 892-3600, 1280 Peachtree St NE im *Woodruff Arts Center* nördlich *Downtown* (U-Bahn), besticht durch seine ungewöhnliche Architektur, Di–Sa *10*am–5pm, Mi–9pm, So noon–5pm, $6. Das völlig weiße Gebäude wurde mehrfach preisgekrönt. Es beherbergt eine bedeutende Sammlung europäischer Kunstwerke, u.a. Renaissance-Gemälde der bekannten Kress Sammlung, und moderne *Americana.*

Geschichtsmuseum

– Die ***Atlanta Historical Society*** unterhält ein **Museum** und mehrere historisch bedeutsame Anwesen auf einem Gelände in Buckhead, ca 9 mi nördlich des Zentrums, Andrews Dr NW/ Paces Ferry Rd, Mo–Sa 10am–5:30pm, So noon–5pm, $7. Sehenswert vornehmlich für Besucher, die für Details des **Bürgerkriegs und** des **Wiederaufbaus** von Atlanta Interesse zeigen.

Carter Center

– Ein ***Carter Presidential Center*** fehlt in Atlanta natürlich nicht: *Copenhill*, einige Meilen östlich der Innenstadt. Anfahrt über Highland Ave; mit dem Bus #16 von Five Points bis Cleburne Ave. Mo–Sa *9am–4:45pm*, So *noon–4:45pm*, $4. Leben und Werk ***Jimmy Carters*** werden in einem Museum gewürdigt. Zu sehen sind Filme, Photos, Schautafeln und ein Teil der 27 Mio.(!) Dokumente aus der Amtszeit des Erdnußfarmers, der es zum Präsidenten der USA brachte.

Six Flags

– Einer der acht wegen ihrer *Roller Coaster* populären ***Six Flags Amusementpark***s steht 12 mi westlich von Atlanta (Six Flags Road SW unweit der I-20 westlich des Chattahochee River). Über 100 *Rides*, darunter ein Dreifach-Looping und der Nachbau des legendären *Coney Island Cyclone*, einer Achterbahn im nostalgischen Holzbalkendesign. Ab Mitte Mai bis Mitte Oktober täglich ab 10am geöffnet. Schlußzeiten variieren; Frühjahr/ Herbst nur Wochenenden, Tagespass $30.

Ziele in der Umgebung

Stone Mountain Memorial Park

Die Hauptattraktion in der Umgebung von Atlanta ist der ***Stone Mountain Memorial State Park***, 16 mi östlich der City (*Stone Mountain Freeway*, Straße #78, oder *Memorial Hwy*, Straße #10; dorthin am besten über I-285; ggf. auch mit der U-Bahn nach Avondale, dann Bus #120 (nur Mo–Fr 4pm und 7.30pm fährt). Geöffnet täglich *6am*–Mitternacht, Einfahrt per Auto $6. Die meisten Einrichtungen kosten separat.

Beim *Stone Mountain* handelt es sich um einen 263 m hohen, kuppelförmigen **Granitfelsblock** von 5 mi Umfang, in dessen Nordwand ein Relief (24 m x 55 m) der Helden der Südstaaten – der konföderierte Präsident ***Jefferson Davis*** und die Generäle ***Jackson*** und ***Lee*** – gemeißelt wurde (Fertigstellung 1970 über 57 Jahre nach Arbeitsbeginn), das Gegenstück zum *Mount Rushmore Memorial* in South Dakota (➪ Seite 391). Auf die Kuppe des Massivs gelangt man von der Westseite zu Fuß (ca. 2 km Aufstieg, bei normaler Kondition leicht in 1 Stunde hin und zurück machbar, lohnenswert) oder per Seilbahn. Von oben hat man eine tolle Aussicht. Im rund um diesen riesigen Granitblock angelegten Park existieren zahlreiche Sport- und Zerstreuungsmöglichkeiten:

Im Sommer wird eine Stunde nach Sonnenuntergang die *Lasershow* ***Night on Stone Mountain*** auf die Felsfläche rund um Helden der Südstaaten projiziert, ein sagenhaftes Spektakel, **das allein den Besuch des Parks bereits lohnt**; dafür kein extra Eintritt.

Chattanooga

Etwa 120 mi nördlich von Atlanta liegt – schon in Tennessee – ***Chattanooga***. Einen Abstecher wert ist die Stadt in erster Linie wegen ihrer auf Bürgerkriegsschlachtfeldern errichteter **Militärparks**. Außerdem könnte eine (mindestens) **3-Tage-Rundfahrt** über Chattanooga zum *Great Smoky Mountains National Park* und *Blue Ridge Parkway* führen:

Chickamauga

– Etwa 10 mi südlich von Chattanooga (noch in Georgia) erreicht man den ***Chickamauga Battlefield National Military Park*** (8am–4:45pm, Sommer bis 5:45pm), eine Heldengedenklandschaft beidseitig der Straße #27 (➪ auch *Gettysburg* unter *Washington*). Ein Rundkurs führt durch hügeliges Gelände voller Denkmäler, Statuen und Geschütze. Das ***Visitor Center*** in einer nostalgischen Südstaatenvilla an der Nordeinfahrt läßt *multimedial* das Schlachtgeschehen von 1863 noch einmal ablaufen und zeigt eine Sammlung der damals verwendeten Waffen.

Lookout Mountain

– Ein weiterer Schauplatz der Kämpfe war der ***Lookout Mountain*** über dem Fluß. Am äußersten Punkt des Hochplateaus befindet sich der ***Fort Point Park*** mit Aussichtsterrassen. Ein Besucherzentrum dokumentiert die *Battle above the Clouds*, die zur Einnahme des Berges durch die Unionstruppen führte. Zufahrt *Lookout Mountain* über die Straße #17, dann weiter auf #58.

Aquarium

– Das kleine *City Center* von Chattanooga besaß lange keine markanten Anziehungspunkte. Dank des ***Tennessee Aquarium*** mit großem Vorplatz und ***Shopping Mall*** zwischen *Downtown* und dem Tennessee River (Broad Street) hat sich die Innenstadt spürbar belebt. Dieses außerordentliche Süßwasseraquarium beeindruckt schon allein durch die ungewöhnliche Geometrie seiner Architektur. Geöffnet 10am–18pm, $11.

Choo-Choo

– Im alten Bahnhof (Market St) steht der legendäre ***Chattanooga Choo Choo***, ein bunt restaurierter Zug, der einst Chattanooga und Cincinnatti verband. Eisenbahnfans sind mit der ***Tennessee Valley Railroad*** noch besser bedient, zu erreichen über die östliche Stadtumgehung #153. Von der *Grand Junction Station* fährt ein Zug aus den 30er-Jahren mehrfach täglich (von April bis Oktober) über einen 12 km-Kurs und zurück, $8.

National Park

– Bei Weiterfahrt zum ***Great Smoky Mountains National Park*** (ca. 120 mi östlich Chattanooga) empfiehlt sich, den westlichen Eingang anzusteuern, dann *Little River Road* zum ***Sugarlands Visitor Center*** , dem zentralen Anlauf- und Informationspunkt.

Gatlinburg

– **Gatlinburg** in unmittelbarer Parknähe besitzt eine voll auf den Tourismus ausgerichtete Infrastruktur ein populärer Ferienort. Die größte Seilbahn der Welt führt hinauf in den ***All Seasons Amusementpark Obergatlinburg***, ein Dorf, das im Sommer Bayern spielt und im Winter Skipisten bietet.

Newfound Gap

– Von Gatlinburg geht es auf der Straße #441 über die *Smoky Mountains* in Richtung Cherokee. Die sogenannte *Newfound Gap Road* durch das "Gebirge des großen Rauchs" kreuzt die Kammlinie und Wasserscheide (*Newfound Gap*, 1540 m).

Blue Ridge Parkway

– An der südlichen Einfahrt stößt man auf den ***Blue Ridge Parkway***, eine nur Pkws und Ferienfahrzeugen vorbehaltene Straße. Sie läuft über 469 mi entlang der südöstlichen Höhenzüge der Appalachen durch Virginia und North Carolina und verbindet *Shenandoh* und *Great Smoky Mountains National Parks*. Die ersten 150 mi von *Oconaluftee* bis *Linville Falls* sind landschaftlich am reizvollsten. Wer bis hierher gelangt ist, sollte sich zumindest das Teilstück bis *Asheville* nicht entgehen lassen.

Asheville

– In Asheville (North Carolina) steht das ***Biltmore House*** und ***Estate***, vom *Parkway* Abfahrt Straße #25 in die Stadt hinein, nach einigen Meilen links. Der Öl- und Finanzmagnat ***Vanderbilt*** ließ sich Ende des 19. Jahrhunderts diesen Palast im Stil eines Loireschlosses bauen. Besichtigung $25; täglich 9am–5pm

Abstecher an die Küste

Atlanta ist ein günstiger Ausgangspunkt zum Besuch der Küstenstädte **Savannah/Georgia** und **Charleston/South Carolina.** Sie werden von vier wichtigen *Airlines* angeflogen. Bei der relativ geringen Entfernung (ca. je 260 mi) kann man den Abstecher auch und ggf. preiswerter **per Mietauto** machen.

Savannah

Savannah (140.000 Einwohner), etwa 10 mi landeinwärts am *Savannah River* gelegen, erlebte im 19. Jahrhundert als Hauptverschiffungshafen für Georgias Baumwolle seine Blütezeit, verlor dann aber an Bedeutung.

Riverfront

– Heute sind die Obergeschosse restaurierter **Lagerhäuser am Hafen** mit Ausgang zur Baystreet Savannahs erste Adresse (***Factorwalks***). An der *Riverfront* findet man *Shops*, Restaurants und Kneipen. Das ***Ships of the Sea Museum*** steht voller Schiffsmodelle und Buddelschiffe (503 River St, 10am–5pm, $3).

Old Town

– Dahinter liegt die **Altstadt**, deren Kennzeichen in regelmäßigen Abständen angelegte quadratische Parks sind, um die der Verkehr herumgeleitet wird. Schöne Villen, alte Stadthäuser im Kernbereich und grüne Alleen sorgen für ein **attraktives Stadtbild**; herausragend in dieser Beziehung ist die Oglethorpe Ave.

Fort Jackson

– Zum Besuch Savannahs gehört eine Fahrt zu den alten, die Schifffahrtstraße bewachenden Forts. Das ***Old Fort Jackson*** liegt nur wenige Meilen außerhalb der Stadt (President St, dann ausgeschilderte Zufahrt, 9am–5pm).

Telefonvorwahl/*Area-Code* Savannah: 912

Besucherinformation: *Savannah Visitors Center*
© 944-0460, 301 Martin Luther King Jr. Blvd, 9am–5pm

Flughafen (SAV): *Savannah International Airport,*
© 964-0514, 8 mi nordwestlich der Stadt

Airlines: CO, DL, US

Taxi nach Downtown: $15-$20, 20-30 min

Unterkunft: Die *Visitor Information* hilft bei der Hotelsuche und gibt preisreduzierte Übernachtungscoupons aus

Fort Pulaski

– Bekannter ist das ***Fort Pulaski National Monument*** auf einer Insel im Mündungsbereich des *Savannah River* (15 mi auf der Straße #80/Island Expressway/ Tybee Rd, 8:30am–6:45pm, im Winter bis 5pm, $2). Noch einmal 5 mi sind es bis zur ***Savannah Beach*** auf *Tybee Island*; $3 Parken.

Charleston

Charleston gilt als das Kleinod der Küstenstädte am Atlantik. Der zentrale Bereich liegt auf einer Halbinsel zwischen *Ashley* und *Cooper River*. Der Stadt vorgelagert sind zahlreiche Inseln; auf einer von ihnen steht das ***Fort Sumter National Monument***, wo einst die Kampfhandlungen zwischen Unionstruppen und Konföderierten begannen.

Old Town

– Die geschichtsträchtige **Altstadt** an der Spitze der Halbinsel wird nach Norden durch die Calhoun St begrenzt. Entlang Meeting St, East Bay St und Murray Blvd sowie rund um die *Market Area* findet man die wichtigsten und schönsten Gebäude aus der Vor-Bürgerkriegszeit. Mit der **Karte *Historic Charleston*** *($5)* von der *Visitor Information* (Adresse im Kasten) fällt die Orientierung leicht. Eine gute Einstimmung auf die Stadt bietet der dort gezeigte **Film *Forever Charleston***; $3.

– Das touristische Angebot ist in Charleston vielfältig: **Geführte Spaziergänge** zu historischen Gebäuden, **Stadtrundfahrten in *Vans*** und **Kutschen**, **Bootsfahrten** und **Windjammer *Cruises*** durch die Charleston Bay. Fahrrad- und Tretkutschen-Verleiher bedienen Besucher, die sich eher für individuelles *Sightseeing* erwärmen. Die besten **Restaurants und Kneipen** findet man in der East Bay St und Umfeld.

Museen

– Ansehenswert sind das ***Charleston Museum*** (für Naturkunde und Geschichte der Stadt und Umgebung, 360 Meeting St, Mo–Sa 9am–5pm, So ab 1pm, $2) und das ***Gibbes Museum of Art*** (135 Meeting St, Di–Sa 10am–5pm, $2).

Kriegsschiffe/ Fort Sumter

– Außerhalb der Altstadt ist Charleston – abgesehen von schönen Wohnbezirken auch nördlich der durch die Stadt laufenden Straße #17 – nicht übermäßig attraktiv. Neben dem *Fort Sumter* (mehrmals täglich Boote ab *Municipal Marina* und *Patriots Point*), könnte man dem ***Naval & Maritime Park*** am *Patriots Point* (Nordufer des Cooper River) gut einen Besuch abstatten. Der mächtige Weltkrieg-II Flugzeugträger *USS-Yorktown*, ein U-Boot, die atomgetriebene *Savannah* und weitere Schiffe sind dort zu besichtigen, täglich 9am–6pm, Eintritt $9. Die Boote zum ***Fort Sumter*** kosten $10 retour.

Telefonvorwahl/*Area Code* Charleston*:* 803
Visitors Information Center, © 722-8338, 375 Meeting St
Flughafen (CHS): *Charleston International Airport,* © 767-1100, 10 mi nordwestlich der Stadt

Airlines: CO, DL, UA, US

Taxi nach Downtown: $12-$14, ca. 20 min, *Van*: $8

Unterkunft: Entlang der I-26 und der parallel laufenden Straße #52 zwischen Stadt und *Airport* befinden sich zahlreiche *Motels* und *Hotels* aller Kategorien. Die Unterkünfte in und in der Nähe der Altstadt sind unverhältnismäßig teuer.

BOSTON

Boston, **älteste *Big City* der USA** und Hauptstadt des Staates Massachusetts, spielte in der amerikanischen Geschichte als Ausgangspunkt des Aufstandes gegen die britische Kolonialmacht eine bedeutende Rolle. Viele der mit dem Unabhängigkeitskampf verbundenen historischen Gebäude existieren noch heute und bilden in Bostons Zentrum einen reizvollen Kontrast zu den Glasfassaden der Wolkenkratzerarchitektur.

Geographie, Klima und Geschichte

Geographie

Boston liegt rund 200 mi nördlich von New York an der Atlantikküste (Massachusetts Bay). Der zentrale Bereichder City mit der Altstadt befindet sich auf einer durch Charles River und den *Inner Harbor* gebildeten Halbinsel. Die Straßen in *Downtown* Boston sind eng und verwinkelt. Der britische Einfluß ist im Stadtteil *Beacon Hill* und rund um den Park *Boston Common* immer noch unverkennbar. Nördlich des Charles River erstreckt sich die Schwesterstadt Cambridge mit der *Harvard University*.

Klima

Atlantische Einflüsse mildern ein wenig die klimatischen Extreme, denen der nordamerikanische Osten ausgesetzt ist. Nichtsdestoweniger kann es im Sommer sehr heiß und schwül werden. Dafür sorgt feuchte Warmluft, die vom Golf von Mexiko am Ostrand der Appalachen entlang nach Norden zieht. Im Winter reduzieren die Neuengland-Ausläufer des Gebirges im allgemeinen die Wirkung kanadischer Hochdruckkeile, schließen aber Kälteperioden, in denen sogar der Charles River zufrieren kann, nicht vollständig aus. Das Zusammenwirken von Meeresklima und Kaltluft führt oft zu starken Schneefällen, das Frühjahr ist meist regenreich. Als beste Besuchszeit gilt daher und wegen des Neuengland ***Indian Summer*** der Herbst (Mitte September bis Mitte Oktober).

Sonnenschein: 100 Tage — **Niederschläge:** 130 Tage
Heißester Monat: Juli 23°C — **Kältester Monat:** Januar 0°C

Geschichte

Gründung 1630 durch englische Puritaner. In der Folge Entwicklung zur wichtigsten (Hafen-)Stadt der britischen Kolonien.

1773 ***Boston Tea Party***: Als die Briten den Kolonien eine Teesteuer auferlegten und deren eigenständigen Handel mit Drittländern untersagten, stürmten 200 Mitglieder des Geheimbundes *Sons of Liberty* als Indianer verkleidet das englische Schiff ***Beaver*** und warfen die Teeladung über Bord. Sie lösten damit den Aufstand gegen Großbritannien aus, der 3 Jahre später zur Unabhängigkeits-Proklamation der nordamerikanischen Kolonien führte.

1776 **Washington befreit die Stadt** von britischer Besatzung

1788 Massachusetts wird einer der **13 Gründerstaaten** der USA, Boston vorübergehend die Staatshauptstadt.

1872 Ein **Großfeuer** verwüstet Boston. Das gegenwärtige Stadtbild im Zentrum stammt weitgehend aus der Zeit danach.

1897 **Erste Untergrundbahn** (*Subway*) der USA eröffnet

Die City of Boston beherbergt heute ca. **580.000 Einwohner**, der Großraum rund **4,2 Mio. Menschen**.

Daten und Fakten

Telefonische Vorwahl/Area Code: 617

Diplomatische Vertretungen:

GK der BRD (536-8172), 3 Copley Plaza, Suite 500
HK der Schweiz (266-2038), 535 Boylston St
HK Österreichs (426-0330), 211 Congress St, Suite 400

Besucherinformation

Visitor Information Kiosk, 147 Tremont St/Boston Common Park
Greater Boston Convention & Visitors Bureau, © 536-4100, Suite 1944, Prudential Tower, **beide Informationsstellen** Mo–Fr 8:30am–5pm, Sa 10am– 6pm, So 11:30am–6pm.

Flughafen (BOS)

Logan International Airport © 973-5500, © 800-235-6426, benannt nach *Edward L. Logan*, einem berühmten Kampfflieger des 1. Weltkriegs.

Fluglinien: AA, AC, CO, CP, DL, HP, NW, TW, UA, US
Mini-Hub: NW, DL
Transferzeiten: Int to Dom 1:30 Std., Dom to Dom 30-40 Min

Lage

Der *Logan Airport* liegt 4 mi nordöstlich der Innenstadt auf einer aufgespülten Halbinsel, die weit in den *Boston Harbor* hineinreicht. Beim Landeanflug kann daher der Eindruck enstehen, das Flugzeug setze im Wasser auf. Ungewöhnlich hoch ist mit 100 m der *Control-Tower*.

Der Flughafen verfügt zur Zeit über 5 *Terminals* unterschiedlicher Bauart, die um einen Rundkurs angeordnet sind. Zwischen den Terminals verkehrt der ***Massport Shuttle*** #11 gratis.

Schließfächer befinden sich in allen Terminals (75c/24h).

Besonderheiten

Im Terminal C gibt es neben einem relativ preiswerten **Restaurant** zwei überdimensionale **Murmelbahnen**, an denen sich Wartezeiten gut vertreiben lassen. Eine **Aussichtsplattform** befindet sich im 16. Stock des *Control Tower* (zwischen den Terminals B und C). Von dort überschaut man *Airport* und *Downtown Boston*. Bei klarer Sicht sind im Nordwesten sogar die White Mountains/New Hampshire zu erkennen. Der Zugang zum *Tower* liegt ein wenig versteckt. Vom obersten Deck der Parkgarage überblickt man das Flughafen-Vorfeld.

Verbindung Airport-City

U-Bahn

Die preiswerteste ($1) – und manchmal auch schnellste – Verbindung zur Innenstadt ist die U-Bahn, genannt **'T'**. Zur T-Station *Airport* verkehrt von früh morgens bis 1 Uhr nachts alle 10 min der kostenlose ***Massport Shuttle*** (#22 oder #33), Abfahrt vom Untergeschoß der Terminals. Die U-Bahn fährt alle 8-12 min.

Bus

Die Busse der ***Airways Transportation Company*** verkehren im Halbstunden-Takt zu wichtigen Downtown-Hotels; $8.

Boot

Eine originelle Transportvariante ist der ***Airport Water Shuttle***, ein Boot über den *Inner Harbor* zur *Boston Waterfront*. Vom Flughafen (*Lower Level* der Terminals) geht es mit dem ***Water Shuttle Van*** zum Dock. Das Ticket für die 10-min-Schiffspassage kostet $8. Die Boote verkehren werktags alle 15 min 6am–8pm, Fri bis 11 pm, Sa jede halbe Stunde 10am–11pm, So bis 8pm.

Taxi

Eine **Taxifahrt** nach *Downtown* durch die *Bay Tunnel* kostet bis zu. $20. Zu Verkehrsspitzenzeiten sind sie oft verstopft, U-Bahn oder Schiff dann für weniger Geld schneller.

Information

Aktuelle Informationen und Auskünfte zu den Verkehrsverbindungen (***Ground Transport***) zwischen Airport und City wie auch in die Umgebung erhält man unter © 800-23-LOGAN. An den Info-Ständen der Terminals A, C und E (Untergeschoß) kann man sich gleich bei Ankunft mit Broschüren zu öffentlichen Verkehrsmitteln und Sehenswürdigkeiten versorgen. Kaum ein anderer Airport bietet vergleichbar gute Informationsmöglichkeiten.

Car Rental

Alamo, Am. Int., Avis, Budget, Dollar, Hertz, National

Hinweis

Boston kann gut zu Fuß und mit öffentlichen Verkehrsmitteln erkundet werden. Eine Fahrzeugmiete empfiehlt sich nur bei über Boston hinausgehenden Reiseplänen. Die Miettarife sind überdurchschnittlich hoch.

Öffentliche Verkehrsmittel City

U-Bahn/Bus

U-Bahn- und Buslinien in Boston werden von der ***Massachussetts Bay Transit Authority MBTA***, © 722-3200/5657 oder (800) 392-6100, Mo–Fr 7am–11pm, Wochenende 9am–6pm, betrieben. Das U-Bahn-System **T** (für *Transit*) ist schnell und effizient. Es gibt eine blaue, eine rote, eine orange und eine grüne Linie. Als "Anhängsel" der *Green Line* verkehren **Straßenbahnen** (*Above Ground Trolleys*) ab Copley Square. Ein MBTA-Informationsbüro befindet sich an der *T-Station Park Stree*t; dort und am Flughafen kann man **Mehrtages-Pässe** kaufen (1 Tag $5, 3 Tage: $9, 7 Tage: $18). Die Pässe gelten auch für die Benutzung des Bus-Systems.

Taxi

Town Taxi © 536-5000; ***Checker*** © 536-7000

Fahrrad

Community Bike Shop, 496 Tremont St (542-8623)

Rundfahrten

Empfehlenswert in Boston ist die Benutzung der ***Old Town Trolleys.*** Zwei Unternehmen befördern mit orange-/grünfarbenen bzw. blauen Vehikeln Touristen für $16 auf einem Rundkurs zu sämtlichen Sehenswürdigkeiten in der Innenstadt. Innerhalb eines Tages kann beliebig aus- und wieder zugestiegen werden. ***Tickets*** gibt`s an eigenen Ständen der Linien am *Boston Common* (Tremont St) und an der *Long Wharf*.

Stadtrundfahrten per Bus und Ausflüge in die Umgebung:

- **Gray Line,** © 426-8805
- **Brush Hill Tours ,** © 986-6100

Kosten je nach Dauer $15-$30.

Statt mit Fahrzeugen geht es in Boston auch ganz gut zu Fuß:

- **Boston by Foot**, © 367-2345, Führung durch verschiedene Stadtviertel (nur im Sommer), ca. $6.

Unterkunft

Situation

Boston ist eine der teuersten US-Cities. Das gilt im touristischen Bereich speziell für die Unterkunft. Schalter für **Hotelreservierungen** ab Mittelklasse (ab ca. $70-$80, meist teurer) befinden sich in *Terminal* C und E des Flughafens.

In **Flughafennähe** gibt es nur 3 Hotels (***Hilton, Holiday Inn*** und ***Ramada***) mit Zimmerpreisen ab $90 pro Nacht.

Im **Kernbereich** gibt es überwiegend sehr gute hochpreisige Hotels, die allerdings teilweise günstige ***Weekend Rates*** bieten. Noch relativ citynah und für Boston moderat (ab ca. $75 an Wochenenden) sind die beiden ***Howard Johnson-Hotels*** westlich Back Bay:

- z.B. ***Howard Johnson Lodge Fenway***, 1271 Boylston St (Nähe Fenway Park), DZ $90–$130, © (617) 267-8300.

Empfehlenswert im mittleren Preisbereich sind außerdem:

- ***Newberry Guest House***, 261 Newberry St, DZ $85-$115, © (617) 437-7666, ein schönes zentrales viktorianisches Haus.
- ***Beacon Inn*** (2 Häuser Brookline, westlich Fenway) 1087 und 1750, Beacon St, DZ $43-$76, © (617) 566-0088

Bed & Breakfast

Im britisch geprägten Neuengland hat *B&B* Tradition:

- ***Beacon Hill Bed & Breakfast***, 27 Brimmer St, DZ $140, © (617) 523-7376, ein schönes viktorianisch eingerichtetes Haus im Zentrum mit einem Hauch von Luxus

Bed & Breakfast Associates Bay Colony, *Babson Park Branch*, vermittelt Privatunterkünfte, © (617) 449-5302.

Für gutes *B & B* in Cambridge folgende Adressen:

- ***B&B Cambridge***, Cambridge St, DZ $40-$90, © (617) 868-7082 und *toll free* © (800) 287-7082, empfehlenswert
- ***Cambridge House Inn*** – B&B, 2218 Massachsetts Ave, DZ $110-$150, © (617) 491-6390, die feinere Alternative

Billig-quartiere

Den hohen Übernachtungskosten ernsthaft Paroli bieten kann man nur im Hostel und (begrenzt) im YMCA/YWCA:

Boston International AYH-Hostel (Downtown),
12 Hemenway St, © (617) 536-9455, $15-$18

Back Bay AYH Sunmmer-Hostel, nur jeweils 15.06.–25.08.
512 Beacon St (Uni Boston), © (617) 353-3294, $20

Greater Boston YMCA,
316 Huntington Ave, © (617) 536-7800, ab $36 EZ

Berkeley Residence YWCA (nur für Frauen)
40 Berkeley Street, © (617) 482-8850, ab $36 EZ

Außerhalb

Ein (relativ) gutes Preis/Leistungs-Verhältnis bieten die beiden Häuser von ***Susse Chalet***, ca. 10 mi südlich der City im Vorort Neponset, 800 bzw. 900 Morrissey Blvd, Exit #12/13 von der Autobahn I-93/#1; ab ca. $70/$60; © (800) 5-CHALET.

Essengehen und Shopping

In Bostons Altstadt sind die zusammenhängenden Bereiche ***Quincy Market*** und ***Faneuil Hall Market*** (zwischen Congress St und der Waterfront/I-93 und zwischen Market und State St) die richtige Wahl sowohl für den kleinen Snack als auch für einen Restaurantbesuch. Der vom Obst- und Gemüsemarkt zum Shopping- und Restaurantzentrum umfunktionierte Komplex beherbergt über 160 Läden und Restaurants.

Weitere Restaurants konzentrieren sich in der **Hanover Street** östlich des Expressway und im Stadtteil **Backbay** im Bereich Commonwealth, Newbury und Boylston Streets.

- **Newbury Street** westlich des *Boston Common*, die Flaniermeile für Konsumfreunde mit gefüllter Brieftasche. Ein teurer Shop reiht sich dort an den anderen.
- Im ***Copley Place Shopping Center***, Copley Square, setzt sich das teure Flair fort. Einkaufen in über 100 Läden zwischen *Marriot* und *Westin Hotel*.
- ***Filene's Basement***, 426 Washington St, ein national bekannter Billiganbieter, besitzt eine ganze Etage mit radikal preisreduzierten Artikeln, deren Preise weiter sinken, wenn sie länger in den Regalen liegen.

Sicherheit

Boston im Innenstadtbereich und Cambridge sind tagsüber nicht gefährlich. Meiden sollte man die zentralen Parkanlagen *Boston Common* und *Public Gardens* nach Einbruch der Dunkelheit. Ein in jüngster Zeit zu beobachtender Anstieg der Kriminalität in bestimmten Vororten betrifft nicht die touristischen Bereiche der Stadt

Sehenswürdigkeiten

Freedom Trail

Der *Freedom Trail* (Freiheitspfad) führt durch Bostons Altstadt vom *Boston Common Park* zum *Bunker Hill Monument* jenseits des Charles River. Eine rote Linie auf dem Gehweg markiert dessen Verlauf vorbei an historischen Stätten und Gebäuden. Erläuterungen zu den Sehenswürdigkeiten am Freiheitspfad gibt es auf Kassetten. Sie können samt Walkman in vielen Hotels und bei den Informationsbüros ausgeliehen werden (*Walkabout Rentals*). *Ranger* der Nationalparkbehörde, welche die Sehenswürdigkeiten am *Freedom Trail* (**Boston National Historical Park**) betreut, veranstalten kostenlose Führungen. Einzelheiten im **Besucherzentrum** des *National Park Service* neben dem ***Old State House***.

Die wichtigsten Punkte am *Freedom Trail* sind:

- Der ***Boston Common*** 19 ha große, lebhaft genutzte Parkanlage im Herzen der Stadt, ältester öffentlicher Park der USA, vormals Weide, Schießplatz, Sklavenmarkt und Exekutionsort.
- ***[New] State House and Archives***, Beacon St, Mo–Fr 9am–5pm. 1795 auf einer Anhöhe über dem *Boston Common* erbaut, beeindruckt das Regierungskapitol durch seine goldene Kuppel.
- ***Granary Burying Ground***, Tremont St, 8am–4:30pm, kleiner malerischer Friedhof neben der *Park Street Church*. Auf den Grabsteinen die Namen berühmter Söhne der Stadt.
- ***Kings Chapel and Burying Ground***, Tremont/School St. Erste anglikanische Kirche (1688) und ältester Friedhof der Stadt.
- ***Old City Hall***, School St, altes Rathaus; Statue von *B. Franklin.*
- ***First Public School Site***, School St, 1635, erste öffentliche Schule der USA, u.a. waren *Franklin* und *Waldo Emerson* dort Schüler
- ***Old Corner Bookstore***, Ecke School/Washington St, Buchhandlung von 1712; früher Literaten-Treffpunkt.
- ***Old South Meeting House,*** Washington St, 9:30am–5pm im Sommer, 10am–4pm im Winter, eines der geschichtsträchtigsten Gebäude Neuenglands: 1729 als Kirche erbaut, aber auch als Versammlungsort benutzt. Am 16. Dezember 1773 brachen von hier aufgebrachte Bürger zur *Boston Tea Party* auf.
- **Old State House**, Washington/State St, 10am–4pm, $1.25. Zu Beginn des 18. Jahrhunderts Sitz der Regierung. 1776 wurde hier die amerikanische Unabhängigkeitserklärung verlesen.

Fortsetzung Freedom Trail

- **Boston Massacre Site**, Congress/State St. Ein Kreis aus Pflastersteinen markiert die Stelle, wo am 5. März 1770 englische Soldaten 5 Bürger Bostons erschossen. Das Massaker gilt als Vorbote der späteren Revolution.
- ***Faneuil Hall*** am Faneuil Square, Mo–Fr 10am–4pm. Das auch 'Wiege der Freiheit' genannte Gebäude beherbergt im Untergeschoß Marktstände (siehe Essengehen), darüber die Versammlungshalle aus revolutionärer Zeit und im 2. Stock das ***Ancient and Honorable Artillery Company Museum***.
- ***Paul Revere House***, 19 North Square, 9:30am–4:15pm, $2. Das älteste erhaltene Haus Bostons (1680) gehörte *Paul Revere*, einem der Teilnehmer an der *Tea Party*, der durch seinen Ritt am 16. April 1775 von Boston nach Lexington unsterblich wurde. Jedes Schulkind kennt *Paul Revere*, der die Unabhängigkeitskämpfer vorm bevorstehenden englischen Angriff warnte.
- ***Old North Church***, Salem/Hull St, älteste Kirche Bostons (1723).
- **USS Constitution**, ©242-5601, *Charlestown Navyyard* jenseits des Charles River, Water St, Führungen 9:30am–4pm. Das 1797 erbaute Schlachtschiff, auch *Old Ironsides* genannt, blieb in 40 Seegefechten ungeschlagen. Seinen Spitznamen verdankt es dem Eichenrumpf, den keine Kanonenkugel je durchschlagen konnte. An Land gehört ein kleines Museum zum Komplex, 9am–6pm, Frühjahr/Herbst bis 5pm.
- ***Bunker Hill Pavilion***, Water St, 200 m westlich der *USS Constitution*, 9:30am–5pm im Sommer, sonst bis 4pm, $4. Multimedia-Spektakel ***The Whites of their Eyes*** zur Schlacht von Bunker Hill. Ausgesprochen sehenswert.
- ***Bunker Hill Monument***; ein 67 m hoher Granitobelisk auf dem *Breeds Hill* (Monument Square) erinnert an eines der ersten großen Gefechte des Bürgerkriegs. Vom *Bunker Hill* großartige Aussicht über Boston.

Black Heritage Trail

Der *Black Heritage Trail* ergänzt in gewisser Weise den ***Freedom Trail***. Boston spielte nicht nur im Unabhängigkeitskampf der amerikanischen Kolonien eine wichtige Rolle, sondern auch als Vorreiter der Sklavenbefreiung. Eine graue Linie markiert den Pfad an Gebäuden vorbei, welche für die Befreiungsbewegung bedeutsam waren. Zu nennen sind u.a. das ***African Meeting House*** (8 Smith Court), die älteste noch stehende Kirche einer schwarzen Gemeinde, die ***Phillips School*** (Anderson/ Pinckney Sts), die als erste Schule weiße und schwarze Schüler aufnahm, und das ***Lewis and Harriett Haydon House*** (66 Phillips St), in dem die Familie Haydon flüchtigen Sklaven half. Weitere Details im ***African-American National Historic Site***, 46 Joy St, täglich 10am–4pm.

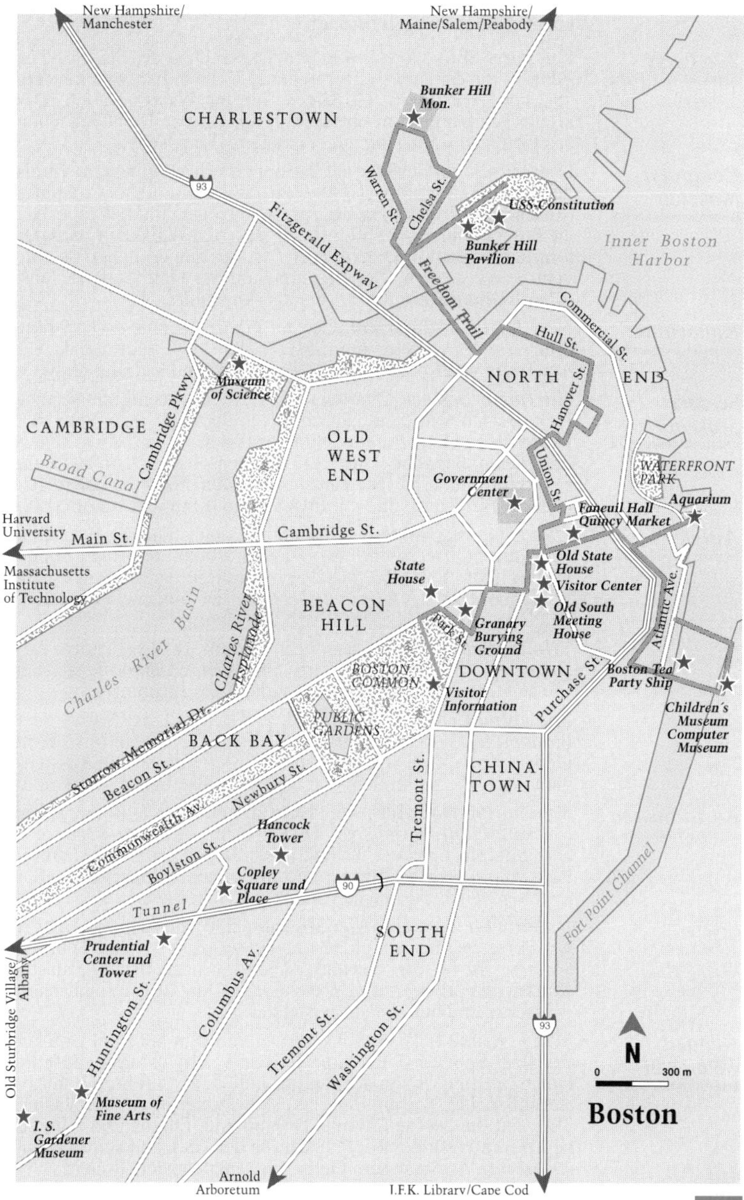
New Hampshire/ Manchester
New Hampshire/ Maine/Salem/Peabody
Bunker Hill Mon.
CHARLESTOWN
93
Warren St.
Chelsa St.
USS-Constitution
Bunker Hill Pavilion
Inner Boston Harbor
Fitzgerald Expway
Freedom Trail
Commercial St.
Hull St.
NORTH END
Hanover St.
Museum of Science
Cambridge Pkwy.
CAMBRIDGE
OLD WEST END
Broad Canal
WATERFRONT PARK
Government Center
Union St.
Aquarium
Faneuil Hall Quincy Market
Harvard University
Main St.
Cambridge St.
Massachusetts Institute of Technology
Old State House
Visitor Center
State House
Old South Meeting House
BEACON HILL
Charles River Basin
Charles River Esplanade
Granary Burying Ground
Park St.
Atlantic Ave.
BOSTON COMMON
DOWNTOWN
Boston Tea Party Ship
Children's Museum Computer Museum
Visitor Information
Purchase St.
PUBLIC GARDENS
Storrow Memorial Dr.
BACK BAY
Beacon St.
Newbury St.
CHINA-TOWN
Commonwealth Av.
Tremont St.
Hancock Tower
Boylston St.
Copley Square und Place
90
Tunnel
Fort Point Channel
Prudential Center und Tower
SOUTH END
Old Sturbridge Village/ Albany
Columbus Av.
Huntington St.
Tremont St.
Washington St.
93
N
0
300 m
Museum of Fine Arts
I. S. Gardener Museum
Boston
Arnold Arboretum
J.F.K. Library/Cape Cod

Weitere Sehenswürdigkeiten

Tea Party

– ***Tea Party Ship***, Congress St Bridge. Nachbau des Schiffes ***The Beaver***, von dem am 16. Dezember 1773 als Indianer verkleidete "Söhne der Freiheit" 60 Kisten Tee ins Wasser warfen. Das kleine **Schiffsmuseum** enttäuscht; $6. Origineller ist da schon das ***Children`s Museum*** auf der anderen Kanalseite.

Computer Museum

– Das im selben Gebäude (300 Congress St, 10am–5pm, Fr bis 9pm, im Winter Mo geschlossen; $8), befindliche **Computer Museum** wird von allen Besuchern hoch gelobt. U.a. "erleben" die Besucher in einem 50-fach vergrößerten ***Walk- in-Computer*** förmlich, wie im Inneren die per Tastatur eingegebenen Befehle verarbeitet werden. Geöffnet im Sommer täglich 10–18 Uhr; sonst Di–So bis 17 Uhr; $7; Kinder+Jugendliche $5.

Aquarium

– ***New England Aquarium***, Central Wharf/Atlantic Ave, T-Blue Line: *Aquarium,* 9am–6pm, Mi+Fr--9pm, $8. Sehr attraktives Aquarium mit Robben, Haien, Seelöwen- und Delphin-Show.

Science Museum

– ***Museum of Science***, Charles River Dam, T-Green Line: Science Park, Sa–Do 9am-5pm (Sommer bis 9pm), Fr 9am–9pm, $7. Exponate und Experimente zum "Anfassen" (*hands-on exhibits*) aus vielen Bereichen der Naturwissenschaft. Dem Museum angeschlossen sind das ***Charles Hayden Planetarium*** (regelmäßig *Lasershows*) und ein **IMAX-Kino** (Kino + Museum $17).

Aussicht

– ***John Hancock Tower***, Trinity Plaza/Copley Square, Aussichtsplattform (*Observatory)* Mo–Sa 9am–10pm, So 10am–10pm, Winter noon–10pm, $3. Mit 240 m ist dieser völlig verspiegelte Wolkenkratzer das höchste Gebäude der Neuenglandstaaten. Großartiger Blick über Stadt und Umgebung.

– ***Trinity Church***, Copley Square, 9am–5pm. 1877 vollendete Kirche neben dem *Hancock Towe*r, in dessen Glasfassade sie sich spiegelt. Interessanter Gegensatz und gutes Fotomotiv.

– ***Prudential Center***,Huntington Ave, T-Green Line: *Copley* oder *Prudential*, Mo–Sa 10am–10pm, So noon– 10pm, $3. Mit 228 m nicht ganz so hoch wie der *John Hancock Tower.* Die Aussicht vom *Skywalk* im 52. Stock ist aber kaum weniger faszinierend.

Kunstmuseen

– ***Museum of Fine Arts***, 465 Huntington Ave, T-Straßenbahn: *Museum/Huntington Ave,* Di–So 10am–5pm, Mi–10pm, $7, aber Mi 4pm–6pm frei. Beeindruckender Bau, sehr gute Sammlung ägyptischer, asiatischer und europäischer Kunstwerke aller Epochen. Auch zahlreiche *Americana.* Sehenswert.

– ***Isabella Stewart Gardner Museum,*** 280 The Fenway, Anfahrt wie *Fine Arts Museum* plus 5 min Fußweg, Di–So noon–5pm, im Sommer Di–So, $6. Gebäude im Stil venezianischer Paläste. Kunstwerke aller Art, zahlreiche Gemälde alter italienischer. deutscher und holländischer Meister.

Kennedy Memorial

– ***John F. Kennedy Library***, Columbia Point im Stadtteil Dorchester, 9am–5pm, $6. T-Red Line: JFK/University of Massachusetts. Freier *Shuttle Bus* von dort halbstündlich. Architektonisch brillanter Bau (I.M. Pei) am Ende einer Landzunge direkt am Wasser. Blick auf die Boston-Skyline. Dokumente, Photos und Film zu Leben und Werk des 35. Präsidenten der USA und seines ebenfalls einem Attentat zum Opfer gefallenen Bruders Robert.

Cambridge

Harvard

Cambridge liegt am Nordufer des Charles River und beherbergt die 1636 als erste Universität Amerikas gegründete ***Harvard University***, bis heute eine der herausragenden akademischen Lehranstalten der USA. Die ***T-Red Line*** verbindet *Downtown* Boston mit Cambridge und dem Zentralbereich der Universität. Dort gibt es auch ein Informationsbüro:

- ***Harvard University Information Center***, ✆ 495-1573, 1350 Massachusetts Ave, Mo–Fr 9am–4.45pm, So 1pm–4pm.
- Der ***Harvard Yard*** und die bemerkenswerte Bibliothek (*Widener Library*) grenzen unmittelbar an den Harvard Square. Von den diversen Museen in Harvard ist besonders empfehlenswert das ***Peabody Museum of Archeologie and Ethnology*** (Oxford St) mit einer guten indianischen und *Maya*-Abteilung.
- Das ***Massachusetts Institute of Technologie***, T-*Red Line*: *MIT/ Kendall*, ein 1861 gegründetes Forschungsinstitut, heute technische Uni von Weltrang, befindet sich ebenfalls in Cambridge.

Ziele in der Umgebung

Plymouth

Beim heutigen Plymouth, 40 mi südlich Boston, landeten 1620 von der englischen Krone vertriebene ***Pilgrim Fathers***. Ein Nachbau ihres erstaunlich kleinen Schiffes, der ***Mayflower II***, liegt im Zentrum von Plymouth unverfehlbar am ***State Pier***. An Bord berichten in zeitgenössische Kostüme gekleidete Schauspieler als Seeleute und Passagiere über "ihre" Atlantiküberquerung. Jedoch nur von April bis November; die restlichen Monate überwintert die *Mayflower* in Florida. Öffnungszeiten im Juli/ August 9–19 Uhr, sonst bis 17 Uhr. Ein **Einzelticket** kostet $6; Kinder $4.Interessanter ist die ***Plimoth Plantation***, ein Palisadendorf der Art, wie es die Neusiedler seinerzeit errichteten. Die "Bewohner" agieren in Trachten des 17. Jahrhunderts und demonstrieren Handwerk und Aktivitäten der Urväter des weißen Amerika. Das Dorf steht etwa 3 mi südlich Plymouth an der #3A. **Kombinationsticket** Dorf plus *Mayflower* $20; geöffnet im Sommer 9am–6pm.

Cape Cod National Seashore

25 km südlich von Plymouth beginnt die Halbinsel Cape Cod. Die Küstenorte sind beliebte (Sommer-)Ferienziele mit stark von ***High Life*** an Stränden und strandnahen Gebieten geprägter Infrastruktur. Der Zugang zur ***Cape Cod National Seashore*** jedoch, einem Dünen-, Strand- und Naturschutzgebiet unter Nationalparkverwaltung, ist streng geregelt. Nur auf offiziellen Plätzen kann geparkt werden: $5. An der Spitze der Halbinsel liegt **Provincetown,** Künstlerdorf, beliebter Sommertreff für ***Gay People*** und **Touristenmagnet**. Galerien, schicke Boutiquen und Fischrestaurants prägen den kleinen Ort. Hochseeangeln und Walbeobachtung (*Whale Watching* mit fast garantiertem Erfolgserlebnis ab $15) gehören zu den bevorzugten Aktivitäten. Im Sommer verkehrt täglich ein Boot von Boston nach Provincetown – Anleger in Boston an der *Long Wharf,* ca. $30 für den R*eturntrip.*

Inseln

Schick und teuer sind die Inseln **Marthas Vineyard** und **Nantucket** südlich der Cape Cod Halbinsel. Man erreicht sie mit der Fähre ab Hyannis, Falmouth oder Woods Hole. Flüge ab Boston.

Old Sturbridge Village

Ein besonders lohnenswerter Ausflug von Boston führt zum ***Old Sturbridge Village***, ca. 100 km westlich der Stadt im Dreieck zwischen Massachusetts Turnpike I-90 und der I-84. Wie die *Plimoth Plantation* ist *Old Sturbridge* ein ***Living Museum***, dabei eines der ältesten und besten ganz Nordamerikas. Auf einem hügeligen Waldareal von rund 80 Hektar steht ein **ländliches Neuengland-Städtchen aus der Zeit um 1830** mit 40 aus allen Teilen Neu-Englands hierher versetzten und restaurierten historischen Gebäuden. Der minimale **Zeitbedarf** für den Besuch beträgt drei Stunden, leicht benötigt man mehr. Dabei muß man den frühen Toresschluß um 17 Uhr beachten, im Winter 16 Uhr. Der **Eintrittspreis** beträgt $16, Kinder ab 5 Jahren die Hälfte.Ganzjährig ab 9 Uhr geöffnet; Einlaß bis 1 Stunde vor Schluß. Das Ticket gilt für 2 aufeinanderfolgende Tage ($16).

BUFFALO/NIAGARA FALLS (USA)

Buffalo wird in diesem Buch ausschließlich wegen der nahen Niagara Wasserfälle behandelt. Zum weltberühmten Naturschauspiel sind es vom Flughafen rund 25 mi. Buffalo verfügt mit Ausnahme des Kunstmuseums über keine Besucherattraktion von Rang. Die Niagarafälle ziehen neben Millionen "normaler" Touristen ungezählte Brautpaare an: ***Honeymoon at Niagara Falls*** ist in Amerika eine besonder Tradition.

Geographie, Klima und Geschichte

Geographie

Buffalo liegt im äußersten Westen des Bundesstaates New York an Lake Erie und Niagara River. Der Fluß verbindet den Erie- mit dem Ontariosee und markiert einen kurzen Abschnitt der Grenze zwischen den USA und Canada. Auf beiden Seiten entstanden Städte namens "Niagara Falls". Beide sind voll vom Tourismus geprägt. Mehrere Brücken überspannen den Niagara River, darunter die eindrucksvolle ***Peace Bridge*** zwischen Buffalo und Fort Erie und die ***Rainbow Bridge*** über den *Niagara Canyon*.

Klima

Relativ milde Sommer mit viel Sonnenschein und kalte, schneereiche Winter mit über 130 Frosttagen kennzeichnen die Region. Die im Winter zugefrorenen Großen Seen verstärken die Kälte und halten im Sommer die Temperaturen niedriger als weiter landeinwärts.

Sonnenschein: 160 Tage | **Niederschläge:** 168 Tage
Wärmster Monat: Juli: 21°C | **Kältester Monat:** Januar -7°C

Geschichte

1613 Entdeckung der Niagara Fälle durch *Samuel de Champlain*

1678 Der Mönch *Louis Hennepin* gelangt an die Fälle. Durch seine Berichte werden die Niagara Fälle bekannt.

1679 Errichtung einer ersten Siedlung am Ort des heutigen Buffalo

1758 Erste Siedlung an den Niagara Falls

1825 Wirtschaftlicher Aufschwung Buffalos durch den (heute bedeutungslosen) **Erie Canal**, der den Eriesee mit dem Hudson River und damit mit Atlantik und Europa verbindet.

1827 Ein Lastensegler wird im Auftrag von drei Hotelbesitzern mit einer "Besatzung" wilder Tiere über die Fälle gekippt. Damit beginnt die Geschichte der Bezwingung der Fälle.

1840 **Eisenbahnanschluß** Buffalos

1859 überquert der Zirkusakrobat ***Blondin*** die Schlucht unterhalb der Fälle erstmals auf einem Drahtseil. Danach wiederholt er die Aktion mehrmals unter erschwerten Bedingungen. Seine Glanznummer ist der Transport eines Eisenofens, auf dem er in Seilmitte ein Omelette zubereitet.

1895 Bau des ersten **Wasserkraftwerks**

1899 Ein ***Steve Brodi*** überlebt beim ersten Versuch überhaupt den Sturz über die *Horseshoe Falls* in einem Holzfaß. Bis zum Verbot dieser "Mutprobe" 1961 versuchen zahlreiche Nachahmer in Fässern und anderen Behältern dasselbe. Viele davon kommen um.

1960 treibt der 7-jährige Roger Woodward nach einem Bootsunfall über die Fälle und wird nach dem Sturz nur leicht verletzt aufgefischt.

1963 Einweihung der seinerzeit weltgrößten Wasserkraftwerke, welche die ursprüngliche Gewalt der Niagara Fälle tageszeitabhängig um bis zu 75% reduzieren.

1995 *Robert Overacker* aus Kalifornien jagt per *Jet Ski* über die Kante und stirbt, weil sich sein Fallschirm nicht öffnete.

1996 Der jüngste Versuch paßt zur *Honeymoon Capital*: ein Pärchen überlebt den Sturz in einer Doppelkapsel nur leicht verletzt.

Buffalo

Buffalo ist mit rund **330.000 Einwohnern** nach New York City die zweitgrößte Stadt des US-Staates. Nach Jahren der Strukturkrise und des industriellen Niedergangs bietet heute das restaurierte Zentrum wieder einen freundlichen Anblick.

Niagara Falls/USA besitzt etwa **62.000**, die gesamte Region Buffalo/N.F. rund 1,2 Mio Einwohner.

Daten und Fakten

Telefonische Vorwahl/Area Code: 716

Diplomatische Vertretungen

- **HK der BRD:** 135 Delaware Ave, ✆ 854-4010
- **HK der Schweiz:** 3421 N Benzing Rd, Orchard Park, ✆ 825-3814
- **HK Österreichs:** 107 Delaware Ave, *Statler Bldg*, ✆ 852-7000

Besucherinformation

- ***Buffalo Convention & Visitors Bureau***, ✆ 852-0511, von außerhalb ✆ 800-BUFFALO), 107 Delaware Ave, Mo–Fr 8:30am –5pm. Dieses Informationsbüro im *Statler Tower* (gegenüber der *City Hall*, ⇨ HK Österreich) ist weniger gut sortiert als das
- ***Niagara Falls Visitors & Convention Bureau***, ✆ 285-2400, von außerhalb ✆ 800-338-7890, 310 4th St, Mo–Fr 9am–5pm, im Sommer auch am Wochenende. Viele Prospekte und Werbehefte, die aber ebenfalls am *Transportation Center* (Station für den Stadtbus aus Buffalo) und teilweise im Besucherzentrum am *Prospect Point* erhältlich sind.

Flughafen (BUF)

Greater Buffalo Airport (632-3115)

Der *Buffalo Airport* ist der den Niagarafällen am nächsten gelegene große Verkehrsflughafen. Er befindet sich ca. 9 mi östlich der Stadt und besteht aus zwei *Terminals* (*East* und *West*), zwischen denen ein Shuttle-Bus verkehrt.

Fluglinien: AA, CO, DL, NW, UA, US

Verbindung Airport-City/Niagara Falls

Busse

Zwischen Flughafen und Buffalo Innenstadt (Busterminal und *Amtrak Station*) verkehren die Busse #24A und #24C. Während der Woche 6am–11:30pm alle 30-60 min, samstags von 7:30am–7pm. Sonntags gibt es nur 2 (!) Verbindungen um 11:20am und um 3:40pm. Die Fahrtzeit beträgt 40 min, der Fahrpreis $4.

Taxi

Für $9 kann man mit dem **Airport Taxi-Van** (633-TAXI) zu einem der großen Hotels der Innenstadt fahren; ein richtiges Taxi kostet ca. $12, zu den **Niagara Fällen c**a. $35.

Nach Niagara Falls

ITA Buffalo Shuttle, © 800-551-9369, fährt vom Flughafen zum *Niagara Falls Bus Terminal* und zu allen wichtigen Hotels in der Nähe der Fälle. Abfahrt alle 60-75 min 7am–5:30pm,ca. $30 retour.

Car Rental

Autovermietungen im Airport-Bereich:
Am.Int., Avis, Budget, Hertz, National, Snappy, Thrifty

Hinweis

Eine Automiete muß in Anbetracht der geringen Entfernung zu den wichtigsten Sehenswürdigkeiten und akzeptablen Busverbindungen nicht sein. Sie lohnt nur für Reisende, die wenig Zeit haben oder mehr als nur die Niagara Fälle sehen möchten.

Öffentliche Verkehrsmittel Buffalo/Niagara Falls

Bus

Die ***Niagara Frontier Metro Transit,*** © 285-9319) organisiert den öffentlichen Nahverkehr im Bereich Buffalo und Niagara Falls. Vom *Buffalo Metropolitan Transportation Center*, kurz: Transpo-Center, in der 181 Ellicot Street – dort sind Routenkarten und Fahrpläne erhältlich – geht es mit Bus #40 zu den Fällen. Mo–Fr 5:30am–11:30pm alle 30–90 min, Sa 6:45am–11:15pm, So 7:50am–11:20pm, Fahrtzeit 55-60 min. Der letzte Bus fährt gegen 10pm zurück. Die Fahrpreise richten sich nach durchfahrenen Zonen.

Starßenbahn

Entlang der Main St verkehrt eine Straßenbahn teilweise ober-, teilweise unterirdisch. Zwischen South Park Ave und Goodell St (im oberirdischen Bereich) ist die Benutzung kostenlos; sonst $1,20.

Taxi

Dier erste Meile kostet $1.50, jede weitere Meile $1.20

LaSalle Cab © 284-8833; ***United Cab*** © 285-9331

Rundfahrten

Über geführte Bustouren von Buffalo zu den Fällen informiert die ***Chamber of Commerce*** (siehe oben). Direkt in Niagara Falls lassen sich Rundfahrten buchen, die zu allen Sehenswürdigkeiten entlang des Niagara River führen (3-4 Stunden ab $20), z.B. bei

Niagara Scenic Tours © 648-1500;

Bridal Veil Tours © 297-0329

Unterkunft

Flughafenbereich

- **Airways Motel**, © 632-8400, 4230 Genesee St, ab $50
- **Super 8 Motel**, © 688-0811, 1 Flint Rd, kein eigener Zubringerdienst, ab $58 im Sommer, sonst niedriger
- **Red Roof Inn**, © 689-7474, 42 Flint Rd, kein eigener Zubringerdienst, ab $45

Außerdem Häuser der Hotelketten **Sheraton, Ramada, Marriott**.

In Buffalo

- **Best Western Inn**, © 886-8333, 510 Delaware Ave, ab $75
- **Travelodge Buffalo**, © 882-2200, 84 Main St, ab $50

Niagara Falls

In Niagara Falls unterzukommen ist im allgemeinen kein Problem. Hotels und Motels gibt es in Hülle und Fülle, und wohl wegen dieser Konkurrenz zu eher moderaten Tarifen. Ab Oktober bis April/Mai kosten Zimmer ab $30. Dabei ist die Höhe der Tarife weitgehend abhängig von der Distanz zu den Fällen. In Fallnähe überwiegen die **Hotels der Mittelklasse** (***Comfort Inn, Howard Johnson, Quality Inn, Holiday Inn, Ramada*** etc.). Dort sollte man im Sommer/an Wochenenden im voraus reservieren. **Preisauskunft und Buchung** unter den auf Seite 109 genannten gebührenfreien Telefonnummern. Bei Wunsch nach möglichst "fallnaher" Übernachtung wäre eines der Hotels auf kanadischer Seite, von deren Zimmern man tatsächlich die Wasserfälle überblicken kann, eigentlich die bessere Wahl, ⇨ Empfehlungen unter Toronto.

Hotels und Motels ballen sich im übrigen entlang dem **Niagara Falls Blvd/Straße #62** (Verlängerung der Walnut Ave), darunter viele sehr preiswerte Quartiere. Wer etwa an einem Wochenende im Sommer zunächst kein Glück hat, sollte sich an das ***Visitors Information Center*** in der Niagara St/Ecke 4th wenden. In den Info-Broschüren dort findet man außerdem **Coupons mit kräftigen *Discounts*** für kommerzielle Attraktionen und auf Tarife vieler Hotels.

Canada

Noch zahlreicher und bei der momentanen Wertrelation zwischen kanadischem und US-Dollar allgemein etwas preiswerter sind die Übernachtungsmöglichkeiten in Canada.

Hostel

Das ***Niagara Falls International Hostel***, 1101 Ferry Ave & Memorial Pkwy, © (716) 282-3700, ist 14 Blocks vom Niagara River entfernt, Reservierung wegen der geringen Kapazität (45 Betten) auch außerhalb der Hochsaison angezeigt; ab $13. Das **YMCA,** 1317 Portage Rd, liegt noch weiter weg von den Fällen und ist mit $25 für den Schlafplatz im Mehrbettzimmer eigentlich zu teuer; © (716) 285-8491

Hinweis

Preiswertere Motels findet man an der **Straße #62** nahe dem *Niagara Falls Airport*. Ohne Mietwagen sind sie aber nur schlecht zu erreichen. Das gilt auch für die nahezu endlose Aneinanderreihung von **Hotels und Motels aller Preisklassen auf der kanadischen Seite** an der Ausfallstraße **#20/Lundy`s Lane** in Richtung Toronto.

Essengehen und Shopping

Buffalo

Buffalos Beitrag zur amerikanischen Küche besteht in scharf gewürzten ***Chicken Wings***, gegrillten Hähnchenflügeln. Es gibt sie für wenig Geld in den meisten Snack Bars und Restaurants. In der Fußgängerzone in Buffalos Innenstadt (Main St) und an der *Lakefront* findet man viele Restaurants.

Niagara Falls

Das ***Top of the Falls Restaurant*** mit Panoramafenster steht auf *Goat Island* im Niagara River. Der Blick über die *Horseshoe Falls* will natürlich bezahlt sein. Die preiswerte Alternative dazu sind die verschiedenen Snack Bars und Restaurants im *Rainbow Center*, siehe übernächsten Absatz. Im danebenliegenden ***Wintergarden*** stehen Picknicktische unter tropischem Grün.

Aus den (Dreh-)Restaurants von drei **Aussichtstürmen** lassen sich auf kanadischer Seite die Fälle von oben bestaunen.

Für **Einkäufe** bieten sich vor allem an die

- ***Rainbow Centre Factory Outlet Mall***, ein Shoppingparadies mit **Wintergarten** voller tropischer Pflanzen am Rainbow Blvd einen Block hinter dem Parkplatz am *Prospect Park* und
- die ***Factory Outlet Mall***, Niagara Falls Blvd/Military Rd (Straße #265), größte Shopping Mall dieser Art weit und breit mit über 150 Läden aller Art. Mo–Sa 10am–9pm, So 10am–5pm.

> **Sicherheit**
>
> Die Niagara Fälle sind fest in touristischer Hand. Die mit Abstand größte Gefahr im Umfeld der Fälle besteht darin, in Boutiquen oder Restaurants geneppt zu werden. Anders sieht es in Buffalo aus: In manchen Vierteln empfiehlt es sich gar nicht, zu Fuß unterwegs zu sein. Die Innenstadt sollte man ab Einbruch der Dunkelheit meiden.

Sehenswürdigkeiten

Buffalo

Wie erwähnt, sind Sehenswürdigkeiten in Buffalo dünn gesät. Nach einer umfassenden Sanierung sind aber *Downtown* und die *Waterfront in den letzten Jahren* ansehnlicher geworden.

Unbedingt einen Besuch wert ist die

Museen

- ***Albright-Knox Art Gallery***, ✆ 882-8700, 1285 Elmwood Ave, Di–Sa 11am–5pm, So noon–5pm, $5. Dieses bekannte Museum beherbergt Kunstwerke von der Antike bis zur Gegenwart. Zahlreiche Gemälde namhafter Europäer (*Van Gogh, Chagall, Picasso* u.v.a.) und Amerikaner wie z.B. *Rauschenberg* und *Warhol* gehören zur eindrucksvollen Kollektion

Außerdem interessant sind

- das ***Museum of History*** in Nachbarschaft zum Kunstmuseum an der Elmwood Ave, Öffnungszeiten wie Kunstmuseum

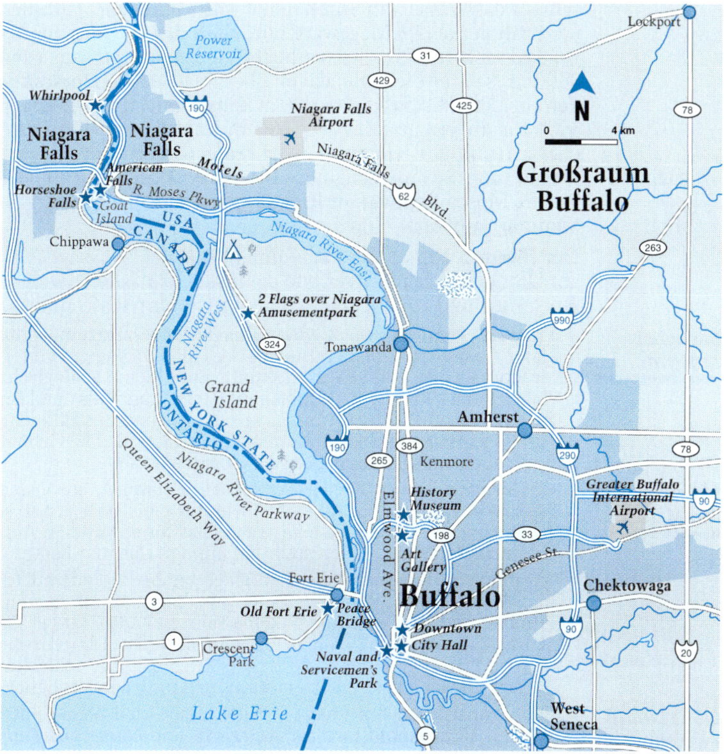

City Hall

– das alte **Rathaus** (*City Hall*) von 1901, ein ***Art Deco*** Hochhaus am Niagara Square mit Aussichtsplattform im 28. Stock, Mo–Fr 9am–3:30pm, Sa 9am–5pm

Lakefront

– die ***Lakefront***, quasi unter den Pylonen der I-190 und der Brücke über den Buffalo River (*Skyway* #5) befindet sich der ***Naval & Servicemen's Park*** mit dem Lenkwaffenkreuzer *Little Rock*, einem Zerstörer und einem Weltkrieg-II U-Boot als Kernstücken; im Sommer 10–18 Uhr, Eintritt $5, Kinder $3. Ein Park mit einem ausgedehnten **Yachthafen** schließt sich nach Norden an.

Niagara Falls

Die kolossalen Wassermengen, die den Niagara River auf rund 1 km Breite – Kammlinie der kanadischen und amerikanischen Fälle zusammengenommen – jahraus jahrein 55 m tief hinabstürzen, haben nirgendwo ihresgleichen. Dabei reduzierte der Bau neuer Kraftwerke 1963 die ursprüngliche Gewalt des Wassers erheblich: unterirdische Kanäle entnehmen dem Fluß einige Meilen oberhalb der Fälle bis zu 4500 m^3/sek (!). Aus immensen Auffangbecken beidseitig des Niagara schießt

schießt das Wasser ein Stück flußabwärts durch die Turbinen der Kraftwerke (2,5 Megawatt) zurück in das 107 m tiefer liegende Flußbett. Tagsüber verbleibt ein Minimum von rund 3000 m^3/sec für die Fälle, davon über 90% für die ***Horseshoe Falls*** der kanadischen Seite (640 m Kammlinie) und nur knapp 10% für die *American Falls* (330 m Kammlinie). Ein Besucherzentrum des ***Niagara Power Project*** informiert zu allen Fragen der Stromerzeugung, Lewiston Road unweit des Robert Moses Parkway in Richtung Norden, 10am–5pm, im Sommer 9am–6pm, Eintritt frei.

Der ***Niagara Falls State Park*** umfaßt u.a. den *Prospect Park* am Ufer des Niagara River und die Insel *Goat Island,* welche *Horseshoe* und *American Falls* trennt; von Interesse sind:

Besucherzentrum

- ***Prospect Point Visitor Center***. Das Besucherzentrum sollte erster Anlaufpunkt an den Fällen sein. Die *Park Ranger* verteilen dort Karten und geben Auskunft. Eine kleine **geologische Ausstellung** zum Thema "Entstehung der Niagara Falls" und der Film ***Niagara Wonders*** stimmen auf das Erlebnis der Fälle ein. Parken kann man nebenan auf dem Großparkplatz. Die Gebühr deckt auch ein späteres Parken auf Goat Island ab.

Maid of the Mist

- ***Observation Tower***, 8am–Mitternacht im Sommer, ansonsten 8:30am–4:30pm, $0.50. Aussichtsturm mit einer über den Kessel der amerikanischen Fälle ragenden Plattform. Mit dem Aufzug gelangt man zur Ablegestelle der ***Maid of the Mist***-Boote.
- Abfahrten ab ***Prospect Point*** bzw. ab gegenüberliegendem Ufer im Sommer im 15-Minuten-Takt 9am–8pm, alle 30 min im Frühjahr und Herbst ab 10am, keine Fahrten Ende Oktober bis Mitte Mai, $8 einschließlich Ölzeug-Leihe. Die Fahrt in die unmittelbare Nähe der Fälle ist ein Erlebnis, aber leider oft lange Warteschlangen, gleich morgens und nach 6pm erträglich.

Goat Island zwischen den Fällen

- Die Grünanlagen des *Prospect Park* setzen sich nach Süden und auf ***Goat Island*** fort, die ***American*** und ***Horseshoe Falls*** trennt. Die kleineren ***Green, Luna*** und ***Three Sisters Islands*** umgeben die Hauptinsel. Wer nicht gern läuft, kann dorthin mit dem Auto oder dem ***Viewmobile*** fahren ($4).

Master Pass

- Keine Gebühr kostet das ***Viewmobil*** für Inhaber des ***Master Pass Book*** für alle Attraktionen auf der US-Seite der Fälle. Es ist im ***Visitor Center*** für $15 erhältlich. Der *Master Pass* enthält *Tickets* für das ***Festival Theater***, die ***Maid of the Mist***-Bootstour, ***Cave of the Winds Trip***, Aquarium etc. und erlaubt außerdem **freies Parken** auf den Plätzen rund um die *Falls*.

Goat Island

- Ob mit oder ohne *Master Pass*; zur "Ziegeninsel" kann man – zumindest eine Strecke – gut **zu Fuß** gehen; der hintere (freie) **Parkplatz auf *Goat Island*** liegt weit weg von den Aussichtspunkten, der Platz am Restaurant bei den Fällen (gebührenpflichtig, aber der Parkschein vom Prospect Park gilt weiter und umgekehrt; frei mit *Master Pass*) ist oft voll besetzt.
- Neben den *American Falls* stürzt Wasser auch noch über die schmalen ***Bridal Veil Falls*** zwischen Goat und Luna Island. Eine tolle Sache ist der ***Cave of the Winds Trip***: per Fahrstuhl geht es 50 m tiefer und dann auf glitschigen Holzstegen mitten

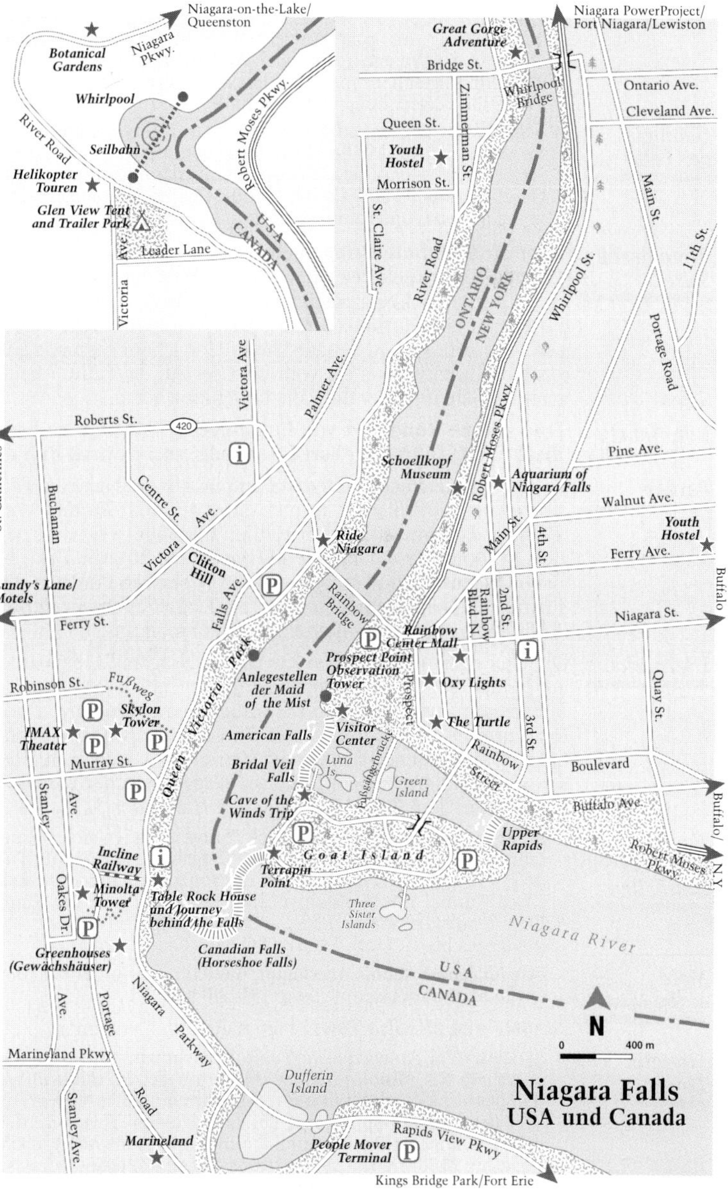
Niagara-on-the-Lake/
Queenston
Niagara PowerProject/
Fort Niagara/Lewiston
Botanical Gardens
Niagara Pkwy.
Whirlpool
River Road
Seilbahn
Helikopter Touren
Glen View Tent and Trailer Park
Leader Lane
Victoria Ave.
Robert Moses Pkwy.
USA
CANADA
Great Gorge Adventure
Bridge St.
Whirlpool Bridge
Zimmerman St.
Ontario Ave.
Cleveland Ave.
Queen St.
Youth Hostel
Morrison St.
St. Claire Ave.
River Road
ONTARIO
NEW YORK
Whirlpool St.
Main St.
11th St.
Portage Road
Victora Ave
Palmer Ave.
Roberts St.
420
St. Catherines
Buchanan
Centre St.
Victora Ave.
Schoellkopf Museum
Aquarium of Niagara Falls
Pine Ave.
Walnut Ave.
Robert Moses Pkwy.
Main St.
4th St.
Youth Hostel
Ferry Ave.
Ride Niagara
Clifton Hill
Lundy's Lane/
Motels
Falls Ave.
Rainbow Bridge
Rainbow Blvd. N.
2nd St.
Buffalo
Niagara St.
Ferry St.
Rainbow Center Mall
Queen Victoria Park
Prospect Point Observation Tower
Anlegestellen der Maid of the Mist
Prospect
Oxy Lights
Robinson St.
Fußweg
Skylon Tower
IMAX Theater
The Turtle
3rd St.
Quay St.
Visitor Center
American Falls
Rainbow Street
Murray St.
Bridal Veil Falls
Luna Is.
Fußgängerbrücke
Green Island
Boulevard
Stanley Ave.
Cave of the Winds Trip
Buffalo Ave.
Buffalo/
N.Y.
Upper Rapids
Robert Moses Pkwy.
Incline Railway
Goat Island
Terrapin Point
Minolta Tower
Table Rock House und Journey behind the Falls
Oakes Dr.
Three Sister Islands
Niagara River
Greenhouses (Gewächshäuser)
Canadian Falls (Horseshoe Falls)
USA
CANADA
N
0
400 m
Niagara Parkway
Portage Road
Ave.
Marineland Pkwy.
Stanley Ave.
Dufferin Island
Rapids View Pkwy
Marineland
People Mover Terminal
Kings Bridge Park/Fort Erie
Niagara Falls
USA und Canada

hinein in Nässe und Gischt am Fuße der Brautschleierfälle; $5 inkl. Ölzeug. Ein paar hundert Meter weiter liegt ***Terrapin Point*** in der Westecke der Insel. Aus einer etwas ungünstigen Position überschaut man von dort die kanadischen ***Horseshoe Falls***, die "eigentlichen" Niagarafälle.

Geologie der Fälle

- ***Schoellkopf Geological Museum***, Moses Parkway nördlich der *Rainbow Bridge*, Mi–So 10am–6pm, Sommer täglich, 9:30am-7pm, $0.50. Detailliertere Darstellung der Entwicklung und Geschichte der Fälle als im ***Visitor Center***. Fußgängerbrücke von dort zum **Aquarium** mit Seehund- und Delphinshows.

Kanadische Seite

Über die ***Rainbow Bridge*** gelangt man nach Niagara Falls/ Canada. Die Brücke ist oft verstopft. Wer den kleinen Fußmarsch nicht scheut: es sind ca. 2 km von der USA-Seite der Brücke zu den *Horseshoe Falls*. **Den Reisepass nicht vergessen**! Von Brücke und kanadischem Ufer schaut man aus günstigerem Blickwinkel als vom US-Ufer auf die Fälle. Abends strahlen Scheinwerfer die Fälle farbig-kitschig an.

Rundfahrt

Eine schöne Rundfahrt von Buffalo/NF (USA) und die kanadische Seite führt über Fort Erie wieder zurück nach Buffalo.

Parken

Auch am kanadischen Ufer ist Parkplatz in der Nähe der Fälle rar. Sicher kommt man immer unter auf dem ***Rapids View Parking Lot*** an, etwa 2 km südlich der Fälle. Von dort pendelt im Sommer der ***People Mover*** (im 15-20 min-Takt) bis nach Queenston und stoppt an allen wichtigen Punkten. Die Fahrkarte ($4) gilt einen vollen Tag. Es gibt auch ein ***Park & Ride Ticket*** und alle Insassen eines Fahrzeugs für $11.

Uferparks

Die Ufer entlang des nur 56 km langen Niagara River wurden auf beiden Seiten parkartig angelegt. In Canada begleitet der Fußgängern und Radfahrern vorbehaltene ***Niagara Parks Recreational Trail*** den Fluß von Fort Erie bis Niagara-on-the-Lake. Der Besucherstrom konzentriert sich jedoch auf den etwa 2 km langen Abschnitt dieses Weges zwischen ***Rainbow Bridge*** und dem ***Table Rock*** vor den *Horseshoe Falls*.

Tunnel unter den Fällen

- Im Besucherkomplex ***Table Rock House*** befinden sich Restaurant, *Shops*, ***Visitor Centre*** und der Eingang zu den ***Scenic Tunnels***. Per Fahrstuhl geht es auf die ***Journey behind the Falls*** einen Tunnel mit Aussichtsöffnungen 38 m unter der Kante. Ein Erlebnis! Im Sommer bis *Labour Day* täglich 9–22 Uhr, Rest des Jahres bis 19 Uhrr. Eintritt $6.

Maid of the Mist

- Das **Niagara-Erlebnis überhaupt,** die Fahrt mit einer der ***Maid of the Mist*** Barkassen, ➪ Seite 186. Ab hier $10.

Skylon- und ***Minolta Tower*** bieten den Blick von oben:

Minolta Tower

- $1 kostet die Auffahrt vom *Table Rock* hinauf zur Portage Rd unterhalb des ***Minolta Tower*** (99 m) mit der *Incline Railway* (Fußpfad links von der Station). Autofahrer parken oben gratis,. Von der Aussichtsplattform des fallnächsten Turms genießt man einen tollen Panoramablick. Im Sommer bis Mitternacht, sonst bis 21 Uhr göffnet. Eintritt $6, Jugendliche $5.

Skylon Tower

– Der Clou des ***Skylon Tower*** (160 m), Robinson St etwas im Hintergrund (Zufahrt Buchanan Ave oder Murray St), sind die außen laufenden verglasten Fahrstühle und das **Drehrestaurant**; Reservierung unter ✆ (905) 356-2651. Auffahrt zum ***Observation Deck*** $7. Bis Mitternacht im Sommer, sonst variabel.

IMAX-Kino/ Daredevils

– Ein Besuch im **IMAX-Kino** (Film *Niagara Miracles, Myths and Magic)* und der damit verbundenen Ausstellung ***Daredevils Adventure*** *(*beim *Skylon Tower)* ist uneingeschränkt empfehlenswert. In der ***Daredevil***-Ausstellung sind viele der für die - "Bezwingung" der Fälle benutzten Behälter, Utensilien sowie Dokumente und Fotos zu sehen. Kombieintritt $8.

Weitere Kommerz-angebote

– Ein ungewöhnliche Ballung von "Touristenfallen" kennzeichnet die Straßen **Clifton Hill** und Victoria Ave, die mehr und mehr Jahrmarktscharakter annehmen. Ende 1996 wurde unweit der *Rainbow Bridge* auch noch ein **Spielkasino** eröffnet.

Marineland

– Besuchenswerter als die Clifton Hill Attraktionen erscheint ***Marineland*** (südlich der Fälle; 7657 Portage Rd) mit Delphin- und Killerwalshow, einem Zoo mit Bären und Büffeln und einem – auf Kinder ausgerichteten – *Amusementpark*. Weiter außerhalb an der Lundy`s Lane liegt die ***Typhoon Lagoon*** mit Riesenrutschen und Wellenbad.

Queenston Heights Park

Folgt man dem ***Niagara Parkway***in Richtung Lake Ontario, passiert man den *Queenston Heights Park*, Schauplatz einer Schlacht des kanadisch-amerikanischen Krieges. Ein monumentale Siegessäule erinnert an den kanadischen Triumph.

Fort George

Das *Fort George* am Niagara River unweit von Niagara-on-the-Lake wechselte im Krieg von 1812-1814 mehrmals den Besitzer. Heute ist die Anlage ein ***National Historic Site*** und dank seiner Palisaden attraktiver als das Gegenüber *Fort Niagara* oder etwa das *Fort Erie*; Mitte Mai bis Ende Oktober 10–17.30 Uhr, sonst Mo-Fr 10–16 Uhr..

Niagara-on-the-Lake

Niagara-on-the-Lake liegt an der Mündung des Niagara River in den Lake Ontario. Das hübsche **Stadtbild des 19. Jahrhunderts** blieb dort großenteils erhalten und ist eine enorme Touristenattraktion. Das Städtchen errang 1996 zu Recht den Titel der ***Prettiest Town of Ontario***, der hübschesten Stadt Ontarios. Das alljährliche ***Shaw Festival*** (April bis Oktober) lockt jeweils eine Viertelmillion Theaterfreunde an.

Parkway

Wer über genügend Zeit verfügt, könnte dem ***Niagara Parkway*** von den Fällen auch nach Süden folgen bzw. diese Straße als Alternative zur Autobahn nach Buffalo auf amerikanischer Seite wählen, wenn die Reisepläne in Richtung USA gehen.

Old Fort Erie

Der *Niagara Parkway* endet/beginnt in **Fort Erie**. Die grauen Mauern des ***Historic Fort Erie*** beherbergen heute ein Museum (südlich der *Peace Bridge* über den Niagara River nach Buffalo, Straße #1). Im Sommer finden Exerziervorführungen in alten Uniformen statt, die von Kanonenböllern begleitet werden. Im Sommer 10–18 Uhr; Frühsommer/Herbst bis 16 Uhr; $4.

CHICAGO

Auch wer noch nie in Chicago war, kennt den berühmtesten, oder besser, den berüchtigsten Bürger der Stadt, ***Al*** (-phonse) ***Capone***. Ihm genügten wenige Jahre, um es als Obergangster des illegalen Alkoholgeschäfts zum Prototypen des Mafiosi amerikanischer Prägung zu bringen. Die Zeit und vor allem die städtebauliche Umstrukturierung der City haben die Stätten und Spuren seines Wirkens – obwohl hier und da noch sichtbar – weitgehend verschwinden lassen. **"Wolkenkratzer" aus Stahl, Marmor und Glas** sind das Markenzeichen des modernen Chicago. Außer in New York wuchsen in der letzten Dekade nirgendwo sonst mehr architektonisch anspruchsvolle Hochhäuser in den Himmel.

Allein die ***Skyscraper*** und das von ihnen geprägte **City-Panorama** sind einen Besuch wert. Darüberhinaus ist die Stadt eine der kulturellen Hochburgen des Landes.

Geographie, Klima und Geschichte

Geographie

Die nach New York und Los Angeles **drittgrößte Metropole** der USA liegt am südwestlichen Ufer des Lake Michigan im Bundesstaat **Illinois**. Ihre Vorstädte im Südosten gehören bereits zum Nachbarstaat Indiana, ihr Einzugsbereich im Norden geht bis an die 50 mi entfernte Grenze von Wisconsin.

Die Mehrheit der Sehenswürdigkeiten konzentriert sich auf *Downtown Chicago* unter Einschluß des *Grant Park* im Süden und des *Lincoln Park* im Norden, ein Gesamtgebiet von ungefähr 6 km Länge und 2 km Breite zwischen Michigan Lake und dem Nord- und Südarm des *Chicago River*. Der *Grant Park* direkt am See ragt in das zentrale Stadtgebiet hinein. Er wird westlich von der Michigan Ave begrenzt. Diese wichtigste Nord-Süd-Achse der Innenstadt markiert gleichzeitig die Ostseite des sog. ***Loop***. Die Bezeichnung bezog sich ursprünglich nur auf eine innere, von den Schienen der Hochbahn umrundete Region zwischen Südarm des *Chicago River* und *Grant Park*, steht aber heute als Synonym für die gesamte Südcity. ***Downtown*** setzt sich mit zahlreichen Hochbauten auf der Nordseite des *Chicago River* als Stadtteil ***Near North*** weiter fort bis zur Oak Street und dem gleichnamigen ***Beachpark*** (Baden mitten in der Großstadt!). Oberhalb der North Ave, westlich des *Lincoln Park* und östlich der Halstead St, befinden sich die restaurierten Straßenzüge der ***Old Town***.

Klima

In Chicago herrschen kontinentale Klimabedingungen. Extreme Wettersituationen resultieren aus der nach Süden und Norden weitgehend ungeschützten Lage am ***Lake Michigan***. Die Sommer sind trotz des Sees sehr heiß mit Tagesdurchschnittstemperaturen um 30°C. Auch Temperaturen bis 40°C bilden im Juli/August keine Ausnahme, ebensowenig eine hohe Luftfeuchte, die gelegentlich vom Golf nach Norden dringt. Gemildert wird die Hitze durch die meistens vorhandene Brise von See her. Im von Canada beeinflußten kalten Winter mit viel Schnee fegt eisiger Wind in die Stadt, der auch an kühlen Tagen anderer Jahreszeiten recht unangenehm sein kann. Für einen Besuch eignen sich am besten die Monate **Mai/Juni** und **September/Oktober** mit – für unsere Begriffe – bereits bzw. noch sommerlichen Tagestemperaturen. Im Herbst sind die Aussichten auf gutes Wetter besser als im regenreicheren Frühsommer.

Sonnenschein: 197 Tage **Niederschläge:** 123 Tage
Heißester Monat: Juli 27°C **kältester Monat:** Januar -3°C

Geschichte

Erste französische Pelztierjäger und Missionare erreichten die Südufer des Lake Michigan und den Chicago River bereits **Ende des 17. Jahrhunderts**.

1794 verkaufen Indianer den jungen USA ein Gebiet, auf dem sich heute *Downtown* befindet

1804 wird **Fort Dearborn** errichtet; aber bereits **1812** dessen **Zerstörung**

1816 **Wiederaufbau**, danach Entstehen einer permanenten Siedlung

1833 Chicago erhält **Stadtrechte** – 550 Einwohner

1837 leben bereits über 4000 Menschen in der Stadt

1848 Fertigstellung des ***Illinois-Michigan-Canal***. Er verbindet Chicago mit dem Mississippi River und den Südstaaten

1852 **Eisenbahnanschluß** nach Osten

1860 über 100.000 Einwohner

1861 Bürgerkriegsbeginn. Chicago dient als wichtiger Standort für die Kriegsproduktion der Nordarmeen und Nachschubplatz.

1865 Nach Kriegsende beginnt die endgültige Erschließung des Westens. Chicago wird zum zentralen **Schlachthof** für das Vieh der Prärien.

1871 Ein **Großfeuer** vernichtet die Stadt, 90.000 von 300.000 Einwohnern werden obdachlos. Erhalten in *Downtown* bleibt nur der *Water Tower*. Ersatz der Holzhäuser durch Steinbauten"

1884 'Geburt" des amerikanischen **Wolkenkratzers** durch erstmalige Anwendung der Stahlskelettbauweise

1890 1.000.000 Einwohner

1920–1933 **Prohibition** (Alkoholverbot), Verbrechersyndikate kämpfen um die Kontrolle der illegalen Destillen und Vetriebswege. ***Al Capone*** behält dabei die Oberhand. Trotz unzähliger Morde und anderer Verbrechen kann man ihm nichts nachweisen. Er wird 1932 wegen Steuerhinterziehung verurteilt und in *Alcatraz* eingekerkert. Mit Aufhebung der Prohibitionsgesetze endet auch das damit verbundene Bandenunwesen.

1942 Erste (kontrollierte) **atomare Kettenreaktion** gelingt an der Universität von Chicago, Voraussetzung für den Bau der Atombombe

1959 Die **Öffnung des Seeweges** über den St. Lorenz Strom macht Chicago für Seeschiffe erreichbar.

1974 Fertigstellung des ***Sears Tower***

ab 1982 Renaissance des Hochhausbaus in den 80er-Jahren. Neue, eindrucksvolle Gebäude postmoderner Architektur entstehen in rascher Folge. Zur Gestaltung und Auflockerung der Citybebauung werden mehr als anderswo Kunstwerke eingesetzt.

Chicago zählt heute rund **2,8 Mio Einwohner**, die Gesamtbevölkerung der ***Metropolitan Area*** beträgt – je nach geographischer Abgrenzung – bis **über 8 Mio**. Davon sind 40% farbig.

Daten und Fakten

Telefonische Vorwahl/Area Code: 312 (City), **630**, **708, 847**

Diplomatische Vertretungen

- **GK der BRD**, © 580-1199, 676 N Michigan Ave, Suite 2000
- **GK der Schweiz**, © 915-0061, 737 N Michigan, Olympia Center
- **GK Österreichs**, © 222-1515, 400 N Michigan Ave, Wrigley Bldg

Besucherinformation

Airports

- In den Terminals 1, 2 und 3 des ***O`Hare Airport*** jeweils auf dem *Lower Level* sowie im Terminal 4 hinter dem Zoll befinden sich ***Illinois Tourism* Infostände**, 9am–9pm. Gutes Prospektmaterial und mündliche Auskünfte. Nützlich für die Weiterfahrt nach *Downtown* ist die Broschüre *Fly by Traffic*.
- Im ***Midway Airport*** befindet sich der *Tourist Information* Schalter am Südende des *Main Terminal*, werktags 9am–5pm.

Downtown

- Das ***Chicago Office of Tourism***, © 744-2400 und © 800-487-2446, 163 E Pearson St/Michigan Ave verteilt in der historischen Pumpstation (gegenüber der unverfehlbare *Water Tower)*, Prospekte und Stadtpläne, 9:30am–5pm. Daneben gibt's eine kleine historische Ausstellung und außerdem alle 30 min den gut gemachten und informativen Film ***Here's Chicago*** ($5).
- ***Chicago Cultural Center*** im Loop-Bereich, Ecke Randolph St/ Michigan Ave, ebenfalls 9:30am–5pm.

Flughafen 1 (ORD)

Chicago O'Hare International Airport, © 686-2200

Nach Passagieraufkommen ist Chicago O'Hare **größter Flughafen der Erde** (1996 fast 70 Mio, ➪ Seite 31). Er hieß früher Orchard Field (daher der Code ORD), wurde aber nach dem zweiten Weltkrieg nach Edward O'Hare benannt, einem aus Chicago stammenden Kampfflieger.

Fluglinien: AA, AC, CO, CP, DL, HP, NW, TW, UA, US

Hub: AA, UA

Transferzeiten: Dom-Dom 25-50 min, Int-Dom 1:30 Std

Aufbau

Der Flughafen liegt 18 mi nordwestlich der Innenstadt zwischen den *Interstate Freeways* I-90 und I-294. Er besteht zunächst aus drei U-förmig miteinander verbundenen *Terminals,* über welche die Flüge amerikanischer Gesellschaften abgewickelt werden. An ihnen hängen direkt 8 *Concourses.* Ein neunter **separater Concourse** (**C, nur *United Airlines***) ist mit dem Terminal 1 über einen Tunnel verbunden. Etwas abseits befindet sich das noch relativ neue ***International Terminal*** (#4), das nur per Airportbahn zu erreichen ist, die im 7-min-Takt die Terminals verbindet.

Schließfächer findet man in den *Concourses* E, F, H und K sowie im *Terminal* 4 hinter der Sicherheitskontrolle.

Verbindung Int`l Airport–City/Midway Airport

Informationsstände für öffentliche Verkehrsmittel befinden sich auf dem *Lower Level* der Terminals 2+3 und Terminal 4.

Schnellbahn

Den preiswertesten und vor allem während der *Rush-Hours* vormittags und nachmittags schnellsten Transport nach *Downtown* Chicago bietet der ***Rapid Train*** der CTA: $1.50, ca. 40 min. Fahrtzeit. Die Station befindet sich unter dem **Terminal 4**, der über Laufbänder mit Terminals 1-3 verbunden ist. Die Züge verkehren tagsüber in Abständen von wenigen Minuten, sind aber fast immer voll bis überfüllt. Auch nachts fährt alle 30 min ein Zug.

Bus

Taxi

Zu wichtigen Zielen (Hotels) in der Innenstadt, die mit der Schnellbahn nicht direkt erreicht werden können, und in verschiedene Vorstädte fahren die Kleinbusse der Firma ***Continental Airport Express***, Abfahrten viertelstündlich von den ***Arrival Areas*** der Terminals, Fahrpreis ca. $15 für die einfache Strecke und $25 retour. Mit dem **Taxi** ist man günstigstenfalls 30 min, oft aber eine volle Stunde und mehr unterwegs und zahlt dafür ab $25. Zum ***Midway Airport*** kostet eine Taxifahrt ca. $35.

Car Rental

Avis, Budget, Dollar,
Hertz, National, Payless, Snappy, Thrifty

Hinweis zur Automiete

Chicago verfügt über ein relativ gutes Nahverkehrsnetz. Viele Wege in *Downtown* lassen sich gut zu Fuß bestreiten. Bei nur wenigen Tagen Aufenthalt ist ein Mietwagen deshalb keine Notwendigkeit. Da Parkplätze und Parkhäuser in Innenstadt und Umfeld Mangelware und kostspielig sind, kann ein Mietwagen sogar hinderlich sein. Ein Auto macht sich aber ggf. bezahlt, wenn eine preisgünstige Unterkunft an der Peripherie der Stadt gefunden werden soll, siehe unten.

Flughafen 2 (MDW)

Chicago Midway Airport, © 767-0500

Der citynähere *Midway Airport* wird immerhin von fünf großen *Airlines* angeflogen, wiewohl nicht mit der hohen Frequenz wie *O'Hare*. Wer die Wahl hat, liegt mit Midway genausogut wie O`Hare. Allerdings nur, wenn der Weiterflug auch ab Midway geht, sonst muß man sich auf dem Riesenflughafen *O`Hare* wieder ganz neu orientieren.

Fluglinien: CO, DL, HP, NW
Transferzeiten: mindestens 25 min

Der vergleichsweise kleine Flughafen liegt ca. 10 mi südwestlich der Innenstadt und ca. 15 mi (südlich) von O'Hare entfernt. Der L-förmige *Main Terminal* verfügt über drei *Concourses* A bis C. In allen befinden sich **Schließfächer**.

Verbindung Airport-City

Bahn

Bus

Taxi

Mit dem öffentlichen **Bussystem** gelangt man nur mit Umsteigen bis *Downtown* (Bus #54B/#62). Seit kurzem ist Midway mit dem CTA-System verbunde, in weniger als 30 min ist man mit der orangen U.Bahn-Linie in Downtown. Der ***Continental Airport Express*** bietet die komfortablere Lösung des Transportproblems, $11 einfache Fahrt, $16 das *Return Ticket*. Ab 2 Personen lohnt sich aber bereits ein **Taxi**, Fahrtzeit 30-40 min, ab $18.

Car Rental

Avis, Budget, Dollar, Hertz, National, Thrifty; im Umfeld von Midway sind Off-Airport Vermieter nicht weit. Kommentar zur Automiete, siehe vorstehend auf Seite 193.

Öffentliche Verkehrsmittel

Bahn

Die *Chicago Transit Authority* ***CTA***, © 836-7000 betreibt ein gut ausgebautes, wenn auch nicht mehr ganz junges Schnellbahnnetz. Mit der Bahn können sowohl viele Vororte erreicht, als auch kürzere Entfernungen in der Innenstadt zurückgelegt werden. Über eine Schleife umrundet die Schnellbahn die gesamte Südcity (***The Loo****p*). Beachtet werden muß, daß nicht alle Züge an jeder Station halten, und einige Stationen an Wochenenden und Feiertagen geschlossen sind.

Bus

Rund **150 Buslinien** ergänzen das Bahnnetz. Für beide Verkehrsmittel beträgt der Grundpreis $1.50 (***Rush Hour*** $1,80). Expressbusse, die nicht an jeder Station halten, kosten einen Zuschlag von $0,25. Mit einem *Transfer-Ticket* für $0.50 darf innerhalb von 2 Stunden bis zu zweimal umgestiegen werden. Viele Linien verkehren Sa und So nicht. **10 *Token*** für Bus und U-Bahn für $12,50 sind an vielen Stationen (nicht allen), einigen Supermärkten und gekennzeichneten Läden erhältlich. Ein **Wochenpass** kostet $18,50.

Taxi

De Taxi-Grundgebühr beträgt $1.50, jede weitere Meile kostet $1.20. Die größten Firmen sind ***Yellow Cab*** und ***Checkers*** , beide © 829-4222.

Rundfahrten

Doppeldecker

Für eine erste Orientierung und Einführung (Erläuterungen nur in Englisch) in ***Downtown Chicago*** eignet sich nichts besser als eine volle Rundfahrt mit den roten, im Obergeschoß offenen **Doppeldeckerbussen** (*Doubledecker Bus Rides*, ca. 90 min). Die Busse befördern ihre Passagiere für $8 über einen gut zusammengestellten Rundkurs (ca. 60 min) und fahren in 15 min-Intervallen, täglich 10–16 Uhr. An den Stops darf beliebig unterbrochen werden. Eine volle Runde bringt einen ausgezeichneten Überblick und erleichtert Zurechtfinden wie Prioritätensetzung für nachfolgende selbständige Unternehmungen. Eine weitere Möglichkeit bieten ***Trolley Tours*** auf einer einer ähnlichern Rundfahrtstrecke wie beim Doppeldecker. Der ***Chicago Trolley*** fährt bis zum *Museum of Science & Industry*; Tourpreis $10-$13.

Bus #146

Einen ähnlichen Zweck könnte auch eine preiswerte Fahrt für $1,35 mit dem **Bus #146** erfüllen, wenn etwa die Warteschlangen für den Touristenbus zu lang erscheinen. Er fährt vom *Aquarium/ Museum of Natural History* über die gesamte Michigan Ave bis zum *Lincoln Park* und darüberhinaus.

Tours

Konventionelle **Stadtrundfahrten** veranstalten u.a. *American Sightseeing Chicago*, © 427-3100, und *Gray Line*, © 346-9506.

Gangster Tours

Walking Tours

Neben ihnen gibt es eine Reihe kleinerer *Sightseeing-Companies*, die sich auf Besonderheiten Chicagos spezialisiert haben und z.B. ***Gangster-Tours*** zu den Schauplätzen der Al Capone-Zeit veranstalten, © 881-1195. In den Büros der ***Tourist Information*** findet man die entsprechende Werbung wie auch Angebote für ***Walking Tours***, etwa durch die Hochhäuserschluchten mit Erläuterungen zu Architektur und Kunstwerken, z.B. ***ArchiTours***, © 922-3432.

Per Schiff

Bootsfahrten auf dem Chicago River und Lake Michigan gibt es natürlich auch; sie sind eine reizvolle Ergänzung zur Stadterkundung per Bus und zu Fuß. Die **Anlegestelle der Ausflugsboote** befindet sich unverfehlbar unterhalb der Michigan Ave Brücke am Wacker Drive.

Unterkunft

Hotels/ Motels bei den Flughäfen

Übernachten in oder im Umfeld von ***Downtown Chicago*** ist mit wenigen Ausnahmen ein recht teures Vergnügen. Dagegen sind die Kosten im Bereich der beiden Flughäfen ***Midway*** und ***O`Hare*** relativ erträglich. In vielen Häusern gelten aber attraktive ***Weekend Rates***, ⇨ Seite 114. Rund um ***O`Hare*** ballen sich Hotels und Motels aller Klassen (Kreuzungsbereich I-90/I-194 und Flughafenzubringer #190/Mannheim/Irving Park/Higgins/River Rd). Insbesondere im Nordabschnitt der Mannheim Rd findet man ganz in der Nähe der **Luxushotels** auch **Motels der moderaten Mittelklasse** wie die ***Travelodge*** mit Normaltarifen **ab ca. $55**.

Im Bereich ***Midway*** liegen zahlreiche Motels an der **Cicero Ave** zwischen Airport und I-294 (ca. 8 mi südlich). Die Preise sinken mit der Entfernung zum Flughafen.

Vororte

In den Vororten entlang der *Interstate*-Autobahnen und an der Stadtumgehung I-294 (***Tri State Tollway***) sind die meisten der nationalen Motelketten unübersehbar vertreten. Die Preise liegen dort nur wenig über dem anderswo üblichen Niveau. Ein gebührenfreier Anruf genügt, um das nächstliegende freie Zimmer zu erfragen, ➪ Seite 109.

Downtown

Bei der ***Visitor Information*** ist ein ***Hotel Guide Metro Chicago*** erhältlich, der die *Downtown* Hotels beschreibt und Wochenend- und andere Sondertarife nennt. Besonders reizvoll sind nostalgische Luxushotels, die für den tieferen Griff ins Portemonnaie einen schönen Gegenwert bieten wie etwa das

- **Midland Hotel**, 172 West Adams, © (312) 332-1200, ab $75 *Weekend Rates*
- **The Palmer House Hilton**, 17 East Monroe, © (312) 726-7500, ab $80 *Weekend Rates* (auch bei uns zu moderaten Tarifen bei Reiseveranstaltern buchbar).

Noch relativ günstige reguläre Preise **ab ca. $85** gelten für die

- **La Salle Motor Lodge**, 720 N La Salle St, © (312) 664-8100
- **Days Inn Lake Shore Drive**, 664 LSD, © (312) 943-9200
  - **Quality Inn,** jenseits des South Chicago River in der Halstead St/Ecke Madison, © (312) 829-5000
- **Ohio House Motel**; 600 N La Salle St; © (312) 943-6000

Etwas teurer, aber auch fürs Shopping und abendliche Aktivitäten günstig gelegen ist das **Claridge Hotel** in einer ruhigen Wohnstraße mit viktorianischen Häusern nördlich der *Oak Beach*: 1244 N. Dearborn Parkway, © (312) 787-4980, Fax (312) 266-0978, ab $120. Unter denselben Aspekten sind auch die **Lennox House Suites** nahe der Michigan Ave eine gute Wahl, 616 Rush St, © (312) 337-1000, Fax (312) 337-7217); ebenfalls ab ca. $120.

Hyde Park

Das **Ramada Inn** in Kenwood Hyde Park, dem **Universitätsviertel** – © (312) 288-5800, (800) 237-4933, DZ ab $70 – liegt zwar außerhalb, aber das Milieu dieser Gegend ist angenehm; auf dem Lake Shore Dr erreicht man rasch die City.

Billigquartiere

Für weniger Geld übernachtet man auch in Chicago im

- **Chicago International Hostel**, 6318 N Winthrop Ave, © (312) 262-1011, $14
- **International House Youth Hostel**, 1414 E 59th Street, © (312) 753-2270, $16
- **Chicago Lawson YMCA** und **YWCA**, 33 W Chicago Ave, © (312) 944-6211, EZ ab $28, DZ ab $37. Zentral und simpel.

Für alle ist eine zeitige Reservierung angebracht.

Bed & Breakfast

Chicago ist keine typische *Bed & Breakfast*-Stadt, auch wenn es eine ***B & B-Zentrale*** gibt, die für jeden das richtige Angebot hat: ***Bed and Breakfast Chicago Incorporation***, © 951-0085. Preise ab $60 aufwärts

Essengehen, Blueskneipen und Shopping

Restaurants und Fast Food

Die Restaurantauswahl in Chicago ist enorm. Und natürlich sind auch die *Fast Food* Alternativen zahllos, etwa im ***Food Court*** der ***Chicago Place Shopping Mall*** im 8. Stock, 700 N Michigan Ave, im ***Water Tower Place***, schräg gegenüber, oder in der ***Atrium Mall*** im *State of Illinois Center*, 100 West Randolp St, das ohnehin einen Besuch verdient. Auch besuchenswert ist die mit Restaurants gespickte ***Mall North Pier*** (mit Kindermuseum) an der *Waterfront*, Ende Illinois St.

The 95th

- Wer es sich leisten mag, gönnt sich zum Essen den Blick über die City vom 95. Stock des ***John Hancock Center*** im ***The 95th***, ✆ 787-9596, amerikanische Küche ab ca. $25 für den Hauptgang; Menüs etwa ab $50. Tischreservierung empfehlenswert.

Chicago Pizza

- Und in Chicago muß man mindestens einmal Pizza essen. Sie wurde dort 1943 "erfunden", zwar von Italienern, aber eben nicht in Italien, wohin sie erst von Chicago aus gelangte. Die 100%-ige Chicago Pizza gibt's in der (Ur-) **Pizzeria *Uno***, ✆ 321-1000, 29 E Ohio, oder im Ableger ***Due,*** ✆ 943-2400, 619 N Wabash.

Bessere Restaurants

Im nördlichen Bereich von ***Near North*** beginnen feine, stadtnahe Wohnbezirke. Dort findet man viele ansprechende Restaurants, ebenso wie in den Straßenzügen der ***Old Town*** nördlich der North Ave (Eugene/Wells St).

Chigaco Blues

In der **Old Town** findet man nicht nur viele Restaurants, sondern auch die populärsten ***Blues Clubs*** Chicagos (Lincoln Ave/Halstead/Fullerton Sts). Am besten sind **B.L.U.E.S.**, 2519 N Halstead, und **B.L.U.E.S. etcetera**, 1124 W Belmont Ave. Wer in einem Hotel in ***Downtown*** *(The Loop)* untergekommen ist und abends nicht mehr weit fahren möchte, findet im ***Jazz Showcase***, 636 S Michigan Ave im *Blackstone Hotel*, und im ***Cotton Club***, 1710 S Michigan, gute Alternativen.

So richtig los geht's in den meisten *Clubs* nicht vor 22 Uhr.

Essen im Museum

Da ein Besuch des *Art Institute* ein Muß ist, läßt sich gleich eine Mahlzeit in dessen ***Garden Restaurant*** im Innenhof mit einplanen, ein schöner Platz im Grünen mitten in der City. Draußen sitzt man gut im ***Cafe Brauer*** im **Lincoln Park**.

Wer nach Besuch des ***Museum of Science & Industry*** im Stadtteil Hyde Park Hunger verspürt, kann wenige Blocks nördlich in der 53rd St zwischen Cornell und Kimbark St unter rund **20 verschiedenen Restaurants** wählen.

Shopping

Das Zentrums Chicagos ist ***Shoppers Paradise***:

In ***Near North*** wird die Michigan Ave zur ***Magnificent Mile***, einer Einkaufsstraße für den gehobenen Bedarf mit Boutiquen und Kaufhäusern für alles, was gut und teuer ist. Als Krönung des *City-Shopping* gilt der ***Water Tower Place***, 835 N Michigan Ave, mit 130 Läden auf 7 Etagen. Weitere Einkaufsparadiese sind der ***Chicago Place***, 700 Michigan Ave, die ***Atrium Mall*** im *State of Illinois Center*, 100 W Randolp St, und die mit Restaurants nur so gespickte ***North Pier Mall*** an der *Waterfront*, Ende Illinois St.

SICHERHEIT

Zwar sind die Zeiten Al Capones lange vorüber, aber die Kriminalstatistik Chicagos ist auch heute alles andere als erfreulich. Um den gesamten Stadtsüden sollten Touristen – mit Ausnahme des Viertels Hyde Park mit der *Chicago University* und dem *Museum of Science* – selbst tagsüber einen großen Bogen machen. Stadtsüden meint hier alle Straßenzüge südlich der Roosevelt Rd (Höhe *Field Museum*). Leider bezieht sich dies auch auf den Bereich Martin Luther King Dr/43rd St mit dem urigen *Blues Club* ***New Checkerboard***. Schon ein paar Schritte vom Wagen zum Lokal sind dort abends fast zuviel. Wen das *New Checkerboard* und der *Cotton Club* (1710 S Michigan Ave) reizen, sollte ein Taxi nehmen.

Auch die ***Loop Area*** mit dem *Grant Park* ist nach Einbruch der Dunkelheit nicht sicher. Das gilt ebenfalls für den Bereich westlich des *Loop* bzw. des *South Chicago River* mit den Bahnhöfen der *Union* und *Northwestern Railroad*. ***Near North*** und ***Old Town*** dagegen gelten innerhalb der belebten Zonen als weniger gefährdet.

SEHENSWÜRDIGKEITEN

Alles Wesentliche findet man mit den auf Seite 202 genannten Ausnahmen in *Downtown* und im Umfeld der Innenstadt.

Downtown - The Loop

Hochhäuser

Die interessanteste Sehenswürdigkeit Chicagos sind seine ***Skyscraper*** samt der zwischen sie plazierten **Skulpturen** von teilweise enormen Ausmaßen. Hochhäuser und Kunstwerke konzentrieren sich auf ***The Loop***. Die wichtigsten Gebäude sind in der Karte auf Seite 201 eingetragen. Mit einer für wenige Dollar erhältlichen Broschüre zu Architektur und Details ist ein Rundgang durch den ***Skyscraper Jungle*** noch aufschlußreicher, z.B. ***Chicago since the Sears Tower*** oder ***A Guide to Downtown Buildings***. Oder man schließt sich einer der geführten ***Walking Tours*** an, die vom ***Archicenter***, ✆ 782-1776 organisiert werden, 330 S Dearborn.

Hochbahn

Einen besonderen Eindruck, den man sich nicht entgehen lassen sollte, vermittelt eine ohrenstrapazierende **Umrundung der Südcity per Hochbahn**, ***El*** genannt (von *Elevated*).

Bustour

Als Einstieg empfohlen sei aber vor allem die Fahrt mit einem der **Doppeldecker-Busse** oder dem *Trolley*, ⇨ unter Rundfahrten. Danach kann man sich gut orientiert auf den Weg zu jenen Zielen machen, die besonders reizvoll erscheinen.

Sears Tower

Unbedingt zu jedem Besuchsprogramm gehört natürlich die Auffahrt im Expressfahrstuhl zur Aussichtsplattform des

- ***Sears Tower,*** 233 S Wacker Dr zwischen Jackson und Franklin St, im Sommer 9am–22.30 Uhr, sonst bis 21.30 Uhr, $8 inklusive einer Diaschau. Der 1974 vollendete *Sears Tower* ist mit 443 m derzeit das dritthöchste Gebäude der Welt. Vom ***Skydeck Observatory*** im 103. Stock in 412 m Höhe hat man einen sagenhaften Blick über die City und den Lake Michigan. Von oben lassen sich die – im doppelten Wortsinn – herausragendsten Hochhäuser leicht identifizieren. Die interessantesten von ihnen sind im **Chicago Stadtplan** auf Seite 201 eingetragen. Um allzu langes Schlangestehen vor den Fahrstühlen zu vermeiden, empfiehlt sich der Besuch gleich morgens oder kurz vor Einbruch der Dämmerung. Auch bei Dunkelheit lohnt sich die Auffahrt.

Helmut Jahn

- Auch von innen gesehen haben muß man das **State of Illinois Center**, Clark/Randolph St, dessen voll verglastes Atrium allein 17 Stockwerke hoch ist. Das Gebäude wurde 1985 vom deutschen Architekten *Helmut Jahn* realisiert, der seither auch noch mit weiteren Gebäuden bekannt wurde.

Börsen

- Im absoluten Gegensatz zu diesem Helmut Jahn-Hochhaus der Postmoderne steht das prunkvolle ***Board of Trade Building*** im *Art Deco*-Design der 20er-Jahre, 141 W Jackson Blvd. In ihm ist eine der ältesten Warenbörsen der Welt untergebracht. Von zwei Galerien im 5. Stock können Besucher dem hektischen Treiben zuschauen; Mo–Fr 9am–2pm, Eintritt frei.
- Eine weitere **Warenbörse** ist die ***Chicago Merchantile Exchange***, ✆ 930-8249, 30 S Wacker Dr. Dort geht es u.a. um Zukunftskontrakte (Optionen) über verderbliche Güter wie Fleisch und Getreide. Besuchergalerie Mo–Fr 7:30am–3:15pm, Eintritt frei.

Skulpturen

Die teilweise mehrere Stockwerke hohen Skulpturen von Künstlern wie *Picasso, Chagall* und *Miró,* um nur die bedeutendsten zu nennen, lassen sich nicht übersehen. Über genaue Standorte und Einzelheiten unterrichtet der bei der *Visitor Information* erhältliche ***Loop Sculpture Guide***.

Eine Tour mit dem oben offenen oder verglasten Doppeldecker vermittelt zum fairen Preis einen guten ersten Überblick

Im *Loop*-Bereich unbedingt besucht haben sollte man auch

Museen

- das ***Art Institute***, © 443-3500, Michigan Ave/Adams St, faktisch im Grant Park unmittelbar östlich des Loop, Mo–Fr 10:30am–4:30pm, Di bis 8pm, Sa 10am–5pm, So noon–5pm, $6. Man benötigt in Anbetracht der **Größe dieses Kunstmuseums** nicht unter 3-4 Stunden für den Besuch. Es beherbergt Gemälde, Skulpturen und andere Kunstwerke erster Qualität in einer Zahl, die nur vom *Metropolitan Museum* in New York übertroffen wird. Überwältigend die Kollektion europäischer Impressionisten mit einer *Renoir*- und *Monet*-Ausstellung, die allein mehrere Räume füllt. Eindrucksvoll sind auch die zeitgenössischen *Americana*. Wer sich dafür interessiert, findet mehr davon im ***Terra Museum***.
- ***Field Museum of Natural History***, © 922-9410, 1200 S Lake Shore Dr steht am unteren Ende des *Grant Park*, 9am–5pm, $6, Do Eintritt frei. Dieses Museum bietet mehr als die Bezeichnung vermuten läßt: und zwar – wie in ähnlichen Museen anderswo auch (z.B. in New York, Denver und Washington) – die **Flora und Fauna Nordamerikas** in lebensgroßen Dioramen plus eine ganze Reihe von Sonderabteilungen, und eine hervorragend gemachte Darstellung der **indianischen Kulturkreise** Nordamerikas. Vergleichbares über die Ureinwohner des Kontinents existiert kaum irgendwo sonst. Zeitbedarf: bei bewußtem "Mut zur Lücke" nicht unter 3 Stunden.

In unmittelbarer Nachbarschaft des *Field Museum* stehen

Aquarium

- Das ***Shedd Aquarium/Oceanarium*** ist vom Field Museum zu Fuß durch einen Tunnel zu erreichen. Die Attraktion des Komplexes ist das neuere *Oceanarium*. Dort finden Vorführungen mit Walen, Delphinen und Robben statt. Der Blick von der Zuschauertribüne fällt nicht nur auf das Tauchbecken, sondern durchs große Panoramafenster auf den Lake Michigan. Das Aquarium beherbergt 6000 Wassertiere aus aller Welt und ein echtes, lebendes Korallenriff. Geöffnet täglich 9–18 Uhr; Kombinierter Eintritt für Oceanarium/Aquarium $9, nur letzteres $5, Kinder $5 bzw. $3, Do frei.

Near North

Im Bereich *Near North* wurden die meisten Besonderheiten von der ***Magnificent Mile*** über die **Pizzerias *Uno*** und ***Due,*** den ***Water Tower*** und das markante ***John Hancock Center*** bis zur Oak Street im Zusammenhang mit Restaurants und Shopping bereits angesprochen, es bleibt folgendes:

- Auch auf dem ***John Hancock Center*** (338 m) existiert eine **Aussichtsplattform** (94. Stock). Der Blick ist fast so gut wie vom *Sears Tower*, jedoch mit ganz anderer Perspektive in der Nähe des Lake Michigan. Warteschlangen vor dem Fahrstuhl sind selten und dann kürzer; 9am–midnight, $4.
- Das ***Museum of Contemporary Art*** liegt an der 220 Chicago Ave östlich der Michigan Ave. Dort wird Kunst ab 1940 gezeigt. Wechselnde Ausstellungen. Geöffnet Di–Sa 10–17 Uhr, So ab 12 Uhr. Eintritt $5, Kinder $2, Di frei .

Baden

Wem es an einem warmen Sommertag in der Stadt zu heiß wird, hat an der ***Oak Street Beach*** Gelegenheit zu einem Bad im erstaunlich klaren Lake Michigan.

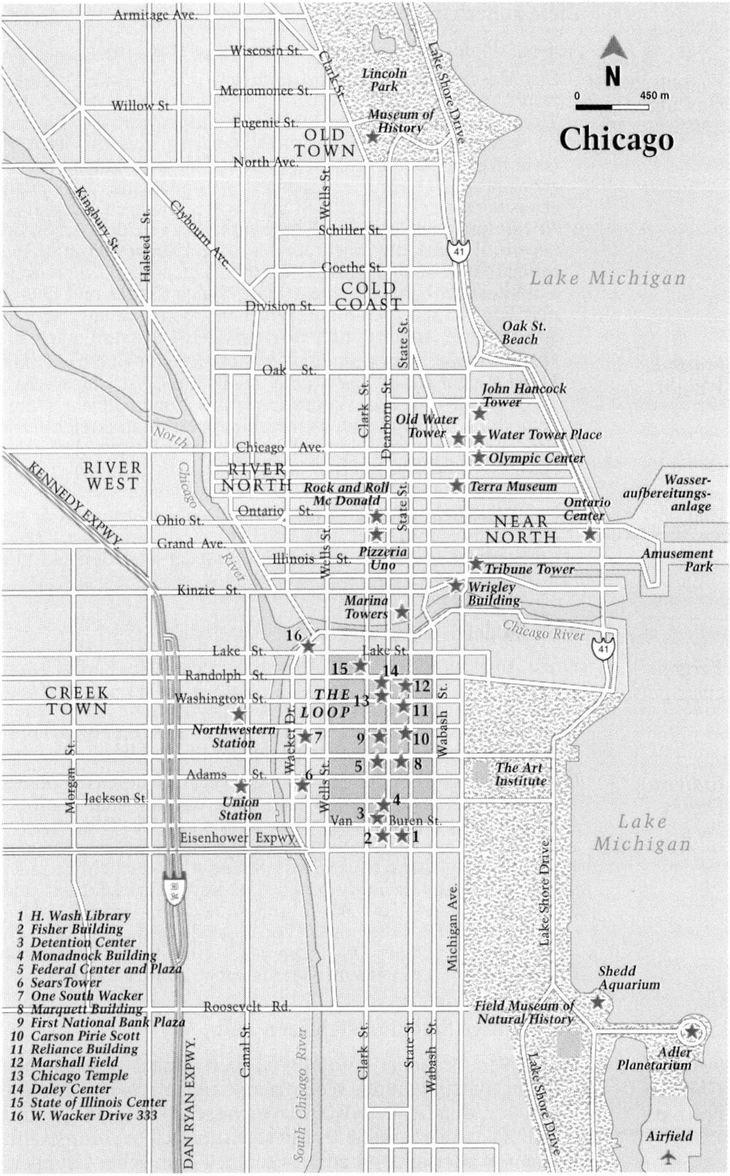
Chicago
N
0 450 m
Lake Michigan
Lincoln Park
Museum of History
OLD TOWN
COLD COAST
RIVER WEST
RIVER NORTH
NEAR NORTH
CREEK TOWN
THE LOOP
Oak St. Beach
John Hancock Tower
Old Water Tower
Water Tower Place
Olympic Center
Terra Museum
Rock and Roll Mc Donald
Pizzeria Uno
Tribune Tower
Wrigley Building
Marina Towers
Ontario Center
Wasser-aufbereitungs-anlage
Amusement Park
Northwestern Station
Union Station
The Art Institute
Shedd Aquarium
Field Museum of Natural History
Adler Planetarium
Airfield
1 H. Wash Library
2 Fisher Building
3 Detention Center
4 Monadnock Building
5 Federal Center and Plaza
6 Sears Tower
7 One South Wacker
8 Marquett Building
9 First National Bank Plaza
10 Carson Pirie Scott
11 Reliance Building
12 Marshall Field
13 Chicago Temple
14 Daley Center
15 State of Illinois Center
16 W. Wacker Drive 333

Ziele außerhalb Downtown Chicago

Außerhalb des City-Bereichs lohnen in erster Linie:

Wissenschafts-museum

- Das ***Museum of Science and Industry***, 57th St/Lake Shore Dr (von Downtown Bus #6), täglich 9:30am–4pm, Sommer und Wochenenden bis 5:30pm, genereller Zutritt frei, aber Eintritt für Sonderausstellungen. Das größte derartige Museum der Welt ist in in einem bombastischen Komplex im Jackson Park untergebracht. Die behandelte Thematik ist umfassend, die Vielfalt etwas verwirrend, die Darstellung etwas altmodisch. Populärste Attraktionen sind ein **Kohlebergwerk**, das von den Amerikanern funktionsfähig erbeutete deutsche **U-Boot 505** und eine tolle **Modelleisenbahnanlage**. In einer *Whispering Gallery* werden akustische Phänomene erklärt. ***Space Center*** und ***Omnimax*-Kino** fehlen auch nicht. Selbst ein oberflächlicher Besuch läßt sich mit Anfahrt unter einem halben Tag kaum machen.

Frank L. Wright

- Nur bei großem Interesse für Architektur lohnt sich das ***Frank Lloyd Wright House and Studio***, © 848-1500, 951 Chicago Ave im Stadtteil Oak Park; Führungen im Sommerhalbjahr 11am, 1pm, 3pm, $6; Anmeldung empfehlenswert. Man erreicht Oak Park mit dem Auto über die I-290, Ausfahrt Harlem Ave, oder per CTA-Schnellbahn-Linie LD. In Oak Park befinden sich 25 weitere Gebäude, die nach Wrights Entwürfen entstanden.

Zoo

- Der ***Brookfield Chicago Zoo***, © 485-0263, 1st Ave/31st St im gleichnamigen Stadtteil südwestlich von Oak Park, 10am– 5pm, im Sommer 9:30am–5:30pm, $4. Ausgedehntes Gelände mit mehr als 2000 Tieren.

Ziele in der Umgebung

Vergnü-gungspark

Great America, © (312) 249-1776, in Gurnee, 40 mi nördlich von Chicago bei Waukegan, ist ein weiteres Mitglied der ***Six Flags Kette***. U.a. verfügt er über eine riesige nostalgische Achterbahn. Ende Mai bis Ende August täglich ab 10am bis Dämmerung; Frühjahr und Herbst nur an Wochenenden ab 10am, $28.

Indiana Dunes Park

Etwa 40 mi südöstlich am Ufer des Lake Michigan liegen die Dünen der ***Indiana Dunes National Lakeshore*** und der gleichnamige, mit dem Nationalpark verbundene ***State Park***. Das Dünengebiet erreicht man am besten über die I-94, Ausfahrt Straße #49 oder Michigan City. Unweit der Stadt (Straße #12 westlich) befindet sich mit dem ***Mount Baldy*** der höchste Sandberg des Strand- und Naturschutzparks. Zum Baden und Wandern in den Dünen besitzt der *State Park* die besten Vorausssetzungen. Aufschluß zu Entstehung der Dünen und Flora der Region liefern ein ***Visitor Center*** an der Straße #12 und verschiedene ***Nature Trails***. .

Der richtige *Sight* zur richtigen Zeit

Taste of Chicago Festival

Fast 3 Mio. Besucher kommen jährlich (letztes Wochenende im Juni bis zum ersten Wochenende im Juli) nach Chicago, um sich kulinarisch verwöhnen zu lassen. ***The Taste*** ist laut Werbung das weltgrößte "Freßfest" unter freiem Himmel mit Gerichten aller in der Stadt vertretenen ethnischer Gruppen.

DALLAS/FORT WORTH

Kenn-zeichnung

Seit der Ermordung Kennedys (1963) besitzt die wirtschaftliche Drehscheibe des mit 670.000 km² im Hauptstaatsgebiet mit Abstand größten US-Staates Texas (nur das ferne Alaska besitzt mehr Fläche) ein eher negatives Image. Die TV-Serie *Dallas* tat ein übriges, indem sie zeigte, wie in den Chefetagen der Hochhäuser von *Downtown* Dallas Ölmillionäre vom Schlage eines *J.R. Ewing* und dollarschwere Viehzüchter ihr abgefeimtes kapitalistisches Spiel treiben.

Die weniger bedeutende Schwesterstadt **Fort Worth** wird hier nur deshalb in einem Atemzug mit Dallas genannt, weil zwischen beiden der gleichnamige ***International Airport*** liegt, einer der wichtigsten Flughäfen der USA (⇨ Seite 31). Von Deutschland aus fliegen *Lufthansa* und *American Airlines* nonstop nach Dallas/Ft. Worth.

Weder die Doppelstadt Dallas/Fort Worth noch die Umgebung muß man unter touristischem Blickwinkel unbedingt gesehen haben. Aber einen besseren Eindruck von Texas – Realität wie Klischee – erhält man in keiner anderen Großstadt des Staates. Da viele Verbindungen ein Umsteigen in Dallas mit sich bringen, ist ein Zwischenaufenthalt erwägenswert.

GEOGRAPHIE, KLIMA UND GESCHICHTE

Geographie

Die nach Houston zweitgrößte Stadt Texas' liegt auf nur ca. 200 m Höhe im Nordosten des Staates am Rande der Prärien des Mittleren Westens. Zusammen mit Fort Worth bildet sie die **größte *Metropolitan Area***. Die Umgebung ist weitgehend flach, geht aber westlich der urbanen Zone in eine Hügellandschaft über. Etwa 80 mi nördlich fließt der aus vielen Western bekannte *Red River*. Er markiert die Grenze zum Nachbarstaat Oklahoma. Rund um Dallas/Ft. Worth und im gesamten Osten Texas' fallen die vielen Seen auf, durchweg künstlich angelegte Wasserreservoire.

Klima

Sie sind von existentieller Bedeutung für die Landwirtschaft der Region und Voraussetzung für die Wasserversorgung der Millionenbevölkerung im Raum Dallas/Ft. Worth. Denn die Niederschlagsmenge ist im Osten Texas' erheblichen Schwankungen unterworfen (500 mm bis 1.400 mm jährlich). Generell liegt das Gebiet in einer Gutwetterzone mit angenehmen klimatischen Bedingungen im Frühjahr und Spätherbst, wobei im Herbst Regentage deutlich seltener auftreten. Der "Winter" entspricht einem warm ausfallenden Frühling unserer Breiten. Dank der Nähe zum Golf von Mexiko (ca. 290 mi) kann die Luftfeuchte vor allem im Sommer hoch sein. In Verbindung damit machen Tagestemperaturen um und oft über 30°C bis zu 40°C in den Monaten Juni bis September einen Aufenthalt außerhalb klimatisierter Gebäude und Fahrzeuge beschwerlich.

Sonnenschein: 203 Tage — **Niederschläge:** 79 Tage
Heißester Monat: August 30°C — **Kältester Monat:** Januar 8°C

Geschichte

Im Gegensatz zum Süden Texas', wo bereits im frühen 18. Jahrhundert spanische Missionen und Siedlungen entstanden, blieb der Norden wie das *Oklahoma Territory* lange den Indianern überlassen. Obwohl Texas damals noch zu Mexiko gehörte, drangen Anfang des 19. Jahrhunderts Amerikaner in das Gebiet vor und deklarierten 1836 den unabhängigen Staat Texas (dazu mehr unter San Antonio). Von Dallas war damals noch keine Rede. Erst

1841 gründete ein irischer Einwanderer namens *John Neely Bryan* einen ***Trading Post*** am Trinity River, um mit *Cherokee* und *Caddo* Indianern Handel zu treiben.

1845 ***Anschluß von Texas an die USA als Bundesstaat***

1856 Nach weiterer Besiedelung des Gebietes in der Umgebung des Handelspostens Ausrufung einer Stadt mit Namen Dallas bei zunächst nur 300 Einwohnern

1870 **Anschluß an das Eisenbahnnetz**, danach rasches Wachstum auf der Grundlage von Ackerbau und Viehzucht

1872 **6.000 Einwohner**

1900 Aufstieg zum größten Baumwollmarkt der USA

1930 **Ölfunde** sorgen für einen ungeahnten Aufschwung: Texas entwickelt sich in der Folge endgültig (⇨ Houston, Seite 242) zum größten Ölproduzenten der USA. Trotz gewisser Schwankungen im Laufe der Jahrzehnte bildet Öl vor Agrarerzeugnissen immer noch die Basis texanischer Wirtschaftskraft.

1963 im November **Ermordung** des Präsidenten **John F. Kennedy**

1974 Eröffnung des **Flughafens** Dallas/Ft.Worth

Die Cities Dallas und Fort Worth zählen heute zusammen nahezu **1,5 Mio. Einwohner**. Für den Großraum (***Metroplex***) wird eine Bevölkerung von **fast 4 Mio**. genannt.

Daten und Fakten

Telefonische Vorwahl/Area Code: 214/972, Ft. Worth 817

Besucherinformation

- ***Visitors Information Counter*** in allen Terminals des *Airport.*
- Mehrere Büros existieren ***Downtown:*** in der *Dallas Galleria,* in der *Northpark Mall,* in der 1303 Commerce St und im Westend Market Place, 603 Munger St. Öffnungszeiten Mo–Fr alle 8am–5pm, Sa ab 9am, So ab *noon*. Dort gibt es umfangreiche Unterlagen für ganz Texas. Sehr hilfreich ist die jährlich neu aufgelegte Broschüre ***Official Visitors Guide to Dallas/Fort Worth*** (und angrenzende Ortschaften).
- ***Dallas Convention and Visitors Bureau,*** ✆ (972) 746-6603 und *toll-free* ✆ (800) C DALLAS, Hauptquartier im *Renaissance Tower*, 1201 Elm St, Mo–Fr 8am–5pm

Diplomatische Vertretungen

- **HK der BRD,** ✆ 239-8687, 5001 Spring Valley Rd, Suite 1000 E
- **HK der Schweiz,** ✆ 341-2708, 8516 Thunderbird Lane

Flughafen (DFW)

Dallas/Fort Worth International Airport, © 574-8888

Dem Anspruch, daß in Texas alles besonders groß zu sein hat, genügt auch der *Airport*. Er beansprucht mit seinen 6 Start- und Landebahnen und allen sonstigen Einrichtungen eine Fläche von 72 km^2. Bis Ende 1997 sollen noch zwei weitere Runways hinzukommen. Auf dem Gelände befinden sich das **größte Flughafenhotel der Welt**, der **größte Parkplatz der USA** und gleich zwei 18-Loch-Golfplätze. Piloten mögen DFW als einen der sichersten Flughäfen des Landes.

Fluglinien: AA, CO, CP, DL, HP, NW, TW, UA, US
Hub: AA, DL
Transferzeiten: Dom to Dom 30 min, Int to Dom 80 min

Anlage

Der Flughafen liegt etwas nördlich versetzt ziemlich genau in der Mitte zwischen beiden Städten. Ihre Zentren sind jeweils rund 20 mi entfernt. Einzigartig ist die Anordung der Flughafengebäude: der Freeway #97 läuft mit zwei getrennten, mehrspurigen Richtungsfahrbahnen in schnurgeradem Nord-Süd-Verlauf durch das Flughafengelände. Entlang dieser Straße liegen sechs halbrunde, spiegelbildlich angeordnete Komplexe, die als *Terminal* (2E-4E, 2W), Parkgarage (4W) oder Hotel (*Hyatt Regency*, 3W) dienen. Nördlich und südlich dieser Gebäude befinden sich weitere Parkplätze, im Süden an der Ostseite die Gelände der Mietwagen-Firmen.

Airport-Bahn

In DFW verbindet die automatisch gesteuerte ***AIRTRANS*-Bahn** *Terminals* und Parkplätze. Seit der Installierung im Jahr 1974 legten ihre kleinen Wagen über 70 Mio. Meilen zurück. Es existieren fünf verschiedene Routen durch den Komplex; Die Benutzung ist kostenlos.

Schließfächer befinden sich in allen Terminals, $0.75/24h Bei ***Air Vita*** (im Hyatt Hotel) kann man **duschen**, $8.

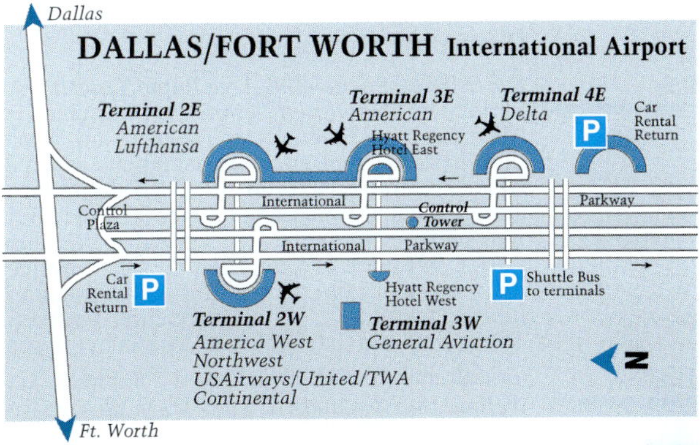

Verbindung Airport-City

Übersichtliche Tafeln in allen Terminals zeigen die verschiedenen Möglichkeiten des ***Ground Transport***:

Bus

Den preiswertesten Transport bieten öffentliche Busse für $2,50. Der Zeitbedarf liegt allerdings wegen der Umsteigenotwendigkeit bei 90 min und mehr: Zunächst muß man vom jeweiligen *Terminal* mit dem (kostenlosen) Shuttle zum *Long Term Parking Lot South* fahren. Von dort geht es mit **Bus #300** zum ***South Irving Transit Center*** (25 min), von dort mit **Bus #203** nach *Downtown* Dallas (30 min); nicht am Wochenende.

Nach **Fort Worth** fährt der *Airporter Bus*, © 334-0092, halbstündlich von den Terminals 4E, 3E, 2E und 2W, $7. Haltepunkte in Fort Worth sind diverse Hotels und das *Airporter Terminal* nördlich der Innenstadt.

Van Service

Die bequeme, aber teurere Alternative zum Linienbus ist der ***Super Shuttle***. Die Kleinbusse halten für einen Preis von $15 in Dallas und von $20 in Ft. Worth direkt vor Haus- oder Hoteltür.

Taxi

Ein **Taxi** kostet ab ca. $25 nach *Downtown* Dallas und ist damit ab 2 Personen preiswerter als der Van.

Car Rental

Alamo, Avis, Budget, Dollar, Enterprise, Hertz, National, Thrifty

Insbesondere an Wochenenden – wenn die öffentlichen Busse nicht oder nur mit erheblich verminderter Frequenz verkehren – bietet ein Leihwagen zur günstigen ***Weekend Rates*** die beste Lösung des Transportproblems. Wer sich bei nur kurzem Aufenthalt auf die wesentlichen Sehenswürdigkeiten im Zentrum von Dallas bzw. Fort Worth beschränken mag, kommt in beiden Städten auch ohne Auto aus.

Dallas Love Field Airport

Auf dem ***Dallas Love Field Airport,*** © 670-6080, wenige mi nördlich der Innenstadt, werden hauptsächlich innertexanische Flüge abgewickelt. Der *Airport* ist **Heimatbasis** der preiswerten ***Southwest Airlines***.

Öffentliche Verkehrsmittel

Bus

Die 600 Busse der ***Dallas Area Rapid Transit DART,*** © 979-1111, verkehren überwiegend 5am–8pm, auf einzelnen Strecken bis Mitternacht bei reduzierter Frequenz am Wochenende. *DART*-Informationsstände gibt es in der Innenstadt an den Ecken Main/Akard St und Ervay/Elm St. Der Fahrpreis richtet sich nach durchfahrenen Zonen und beträgt $0.75-$1.75; überwiegend $1. Einige Expressrouten kosten Aufschlag. In Dallas' Innenstadt hat DART zwischen den rund um die City angelegten Parkplätzen und zentralen Punkten das ***Hop-a-Bus*** System mit drei Linienführungen (rot, blau, grün) eingerichtet. Verkehr im 10-Minuten-Takt zum Einheitstarif von $0.25, einem *Quarter*.

Taxi

Grundgebühr ca. $2.70, jede weiter Meile ca. $1.20
Yellow Cab © 426-6262, ***Lone Star Cab*** © 821-6310

Rundfahrten

Geführte Touren besitzen den Vorteil eines erläuterten Abfahrens aller wichtigen touristischen Ziele. Wegen relativ großer Entfernungen – insbesondere bei Einschluß von Fort Worth – ist die konventionelle Stadtrundfahrt in Dallas erwägenswerter als in vielen anderen Städten. Das gilt vor allem in den heißen Monaten Juni bis September, wenn man nach einer Besichtigung in den klimatisierten Bus zurückklettern kann. Wie in den meisten Städten ist ***Gray Line***, © 824-2424, auch in Dallas Marktführer bei den Rundfahrten.

Unterkunft

Situation

Dallas verfügt über mehr als 40.000 Hotel- und Motelbetten. Wenn nicht gerade mehrere Kongresse gleichzeitig stattfinden, gibt es immer noch irgendwo ein Zimmer. Die starke Konkurrenz führt an Wochenenden im Airport-Umfeld und in Downtown zu vergleichsweise günstigen Angeboten. Die bei den Büros der ***Visitor Information*** erhältliche Broschüre ***Dallas Weekends*** listet viele Sonderpreise.

Arlington

Beabsichtigt man, mehrere Tage zu bleiben und dabei Dallas und Fort Worth zu besuchen, wäre auch ein Standquartier in Arlington – einem Vorort zwischen beiden Städten westlich des Flughafens – eine Möglichkeit. Im Bereich des *Amusementpark Six Flags over Texas* (siehe unten), südwestlich I-10/ *Freeway* #360, dort **Division St/Copeland Rd**, findet man zahlreiche Motels und Hotels. An Wochenenden steigen dort – im Gegensatz zu *Airport-* und *Downtown-Hotels* – die Tarife.

Flughafenbereich (alle mit Airport Shuttle Service)

- **Red Roof Inn,** © 929-0020, 8150 Esters Blvd, Irving, ab 49$
- **Fairfield Inn Airport,** © 929-7257, 4800 W Carpenter Fwy, ab $58
- **La Quinta Inn,** © 252-6546, 4105 W Airport Fwy, ab $59
- **Courtyard Marriott,** © 550-8100, 1151 W Walnut Hill, ab $64
- **Drury Inn,** © 986-1200, 4210 W Airport Fwy, ab $67
- **Wyndham Colinas,** © 650-1600, 110 W Carpenter Fwy, ab $69

Die **Hoteltafel** in den *Terminals* zeigt die genaue Lage aller Hotels und Motels in der Umgebung des *Flughafens*

Downtown

Im *Downtown* überwiegen Hotels der oberen Mittel- bis Luxusklasse ab $100 und erheblich teurer. Das absolute Spitzenhotel ist das

- **Hyatt Regency Dallas Reunion,** © 651-1234, 300 Reunion Blvd, $120-$210. *Don't just visit a sight – stay in one* lautet der Slogan dieses Architektur-Glanzstücks aus Stahl und Glas, das durch den Vorspann der Dallas-Fernsehserie bekannt wurde.

An Wochenenden gelten vielfach Sonderpreise, z.B. im

- **Holiday Inn Aristocrat,** © 741-7700, 1933 Main, ab $79

Relativ preisgünstig auch in der Woche sind das

- **Harvey Hotel Downtown,** © 922-8000, 400 N Olive, ab $89
- **Fairfield Inn,** © 760-8800, 2110 Market Cente Blvd, ab $59

Vororte im Bereich der Stadtumgehung I-635/I-20

- **Exel Inn Dallas East,** ✆ 328-8500, I-30 E, Exit 51, ab $35
- **Red Roof Inn East,** ✆ 388-8741, I-30 E, Exit 51, ab $39
- **La Quinta East,** ✆ 324-3731, I-30 E, Exit 51, ab $35
- **Hampton Inn Addison,** ✆ 991-2800, 4555 Beltway Dr, ab $59
- **Motel 6 Addison,** ✆ 386-4577, Beltline East of Midway, ab $39, eines der besten Häuser der Kette
- **Motel 6 Northwest,** ✆ 484-9111, 2660 Forest Lane, ab $37, ehemaliges **Texian Inn**, daher überdurchschnittlich für Motel 6

Fort Worth

Entlang der Freeways findet man die meisten Motels, u.a.:

- **Holiday Inn Central,** ✆ 534-4801, I-30, Exit 17C, ab $69
- **Comfort Inn,** ✆ 535-2591, I-30, Exit 17C, ab $49
- **Motel 6,** ✆ 921-4900, 4433 S Fwy I-35, Exit 46, ab $32
- **Motel 6,** ✆ 293-8595, 6600 S Fwy, I-35, Exit 44, ab $32
- **Quality Inn South,** ✆ 923-8281, I-35, Exit 46B, ab $49

Essengehen

Steaks

Wenn nicht in Texas, wo sonst erhält man über den Tellerrand hängende Steaks? 28oz (840 g) schwere und noch größere Fleischportionen stehen auf der Karte aller anständigen Steak-Restaurants. Davon gibt es in Dallas jede Menge, siehe die Broschüren der ***Visitor Information***. Eine gute Adresse fürs rustikale ***Cowboy-Diner*** mit ***Country Live Music*** ist das ***Trail Dust Steak House,*** ✆ 357-3862, Composite Dr, I-35 nordwestlich *Downtown* unweit des *Love Field Airport*.

West End

Auch andere als Steak-Geschmäcker werden in der ***West End Area*** gut bedient, einem umfunktionierten alten Lagerhausbezirk nördlich Elm St und westlich der Lamar St. Im ***West End Marketplace*** (Munger Ave/Record St) ballen sich die Lokale.

Fort Worth

In Fort Worth bieten sich die Restaurants in den ***Stockyards*** an, z.B. das berühmte ***Billy Bobs Texas***, wo nicht nur *Steak* und *Country Music*, sondern am Wochenende auch noch professionelles *Bull Riding* geboten wird (siehe unten).

Shopping

Western Wear

Sowohl im ***Dallas Westend*** als auch in den ***Fort Worth Stockyards*** gibt es jede Menge Shops für alles, was mit dem Texas-Cowboyleben zu tun hat: Stiefel, Hüte, Lassos, Sättel etc. Läden für ***Western Wear*** findet man auch in Einkaufszentren.

Malls

Metroplex Dallas/Fort Worth besitzt die **größte Shoppingfläche pro Einwohner** aller Metropolen der USA. Es fällt bei den vielen *Shopping Malls* schwer, nur einzelne zu nennen:

- ***Galleria***, Dallas Pkwy/I-635 in Addison. Über 160 Läden und 4 Kaufhäuser, 20 Restaurants und eine Eislaufbahn, sehr interessante Architektur.

Shopping Malls

- ***Irving Mall***, Hwy 183/Beltline Rd N, kleine *Mall*, die Erwähnung findet, da sie mit dem Flughafenbus Richtung Innenstadt gut zu erreichen ist.
- ***Valley View Center***, Preston Rd/I-635 unweit der *Galleria*, über 200 Shops und 4 Kaufhäuser.
- ***The Outlet Mall of America***, 1717 E Spring Creek Pkwy in Plano (noch weiter nördlich als Valley View und *Galleria*). Zahlreiche Shops mit Markenware zu Discount-Preisen.
- ***Tandy Center Mall***, Taylor/3rd St in *Downtown* Fort Worth ebenfalls mit ganzjähriger Eislaufbahn.
- ***Sundance Square***, Fort Worth, einen Block von der *Tandy Center Mall* entfernt (Main/2nd-3rd St), hübsch angelegter Restaurant- und Shoppingkomplex mit viel Grün.

Sicherheit

Tagsüber ist Sicherheit in *Metroplex* kein Thema, zumal nicht im Inneren eines Autos. Abends kann man auch die touristischen Bezirke *Westend* in Dallas und *Stockyards* in Fort Worth ohne weiteres zu Fuß erkunden. Außerhalb dieser beiden Bereiche ist jedoch Vorsicht angebracht.

Sehenswürdigkeiten Dallas

Downtown Dallas

In Dallas liegen die wichtigsten Besuchspunkte im zentralen Bereich, der zwischen ***Old City Park*** und dem Kunstmuseum im Maximum etwa 2 km Durchmesser aufweist. Neben den wenigen historischen Relikten und dem Platz der Kennedy-Ermordung sind vor allem einige städtebauliche Glanzstücke von Interesse. In erster Linie

Steaks

- der ***Reunion Tower***, 300 S Reunion Blvd, ein 50stöckiger Turm, und der bereits erwähnte Glaspalast des ***Hyatt Regency Hotel*** gleich nebenan. Der Turm, dessen obere Stockwerke von einem runden, nachts beleuchteten Gitternetz umschlossen werden, gilt als Wahrzeichen der Stadt. Vom ***Observation Deck*** überschaut man die City und Umgebung; 10am–10pm, Sa+So 9am –12pm, Eintritt $2.

Wasserspiele

- Sehenswert ist der ***Thanksgiving Square***, eine grüne Oase mit Wasserläufen und Brunnen inmitten von Hochhäusern, Pacific Ave/Ervay St unweit des Hauptpost und *Greyhound Station*.

Kennedy Ermordung

- Das ***John F. Kennedy Memorial***, eine schlicht gehaltene Gedenkstätte, erinnert an das Kennedy-Attentat vom 22. November 1963; zwischen Main und Commerce St auf Höhe Market St.
- Vom 6.Stock des benachbarten ***Texas School Book Depository***, 411 Elm St, feuerte ***Lee Harvey Oswald*** seinerzeit auf den im offenen Wagen vorbeifahrenden Präsidenten. Dort wurde das ***6th Floor Museum*** eingerichtet, das die Einzelheiten des – bis heute umstrittenen – Tathergangs und der Untersuchung dokumentiert sowie Bilder aus dem Leben des Ermordeten zeigt, ✆ 653-6666, täglich 9am–6pm, $4.

Blockhütte – Nur ein paar Schritte entfernt vom *Kennedy Memorial* auf der anderen Seite der Main St steht ***Bryan Cabin***, eine Rekonstruktion der Zedernholz-Blockhütte des Stadtgründers *John Neely Bryan*, siehe unter Geschichte.

West End – Von der ***West End Historical Area***, nur wenig nördlich der *Bryan Cabin* (Record St), war bereits im Zusammenhang mit den Restaurantempfehlungen die Rede. Dieser im wesentlichen von Dallas-Besuchern frequentierte ehemalige Lagerhausbezirk voller restaurierter Backsteingebäude zwischen Elm/ McKinney St und Lamar/Record St mit zahlreichen Shops und Lokalen wird auch gerne ***Westend Dining and Drinking District*** genannt, der richtige Anlaufpunkt für den Abend also.

Hochhäuser – Von den Hochhäusern in *Downtown Dallas* fallen u.a. auf der ***Southland Life Tower*** (Bryan/Olive St) mit der *Chapel in the Sky* im 41. Stock, das Gebäude der ***First National Bank*** (Elm/ Field St) und das ***First International Building*** unmittelbar gegenüber. Imponierend ist auch die ***Dallas City Hall***, Young St, ein $32 Mio.-Bau des renommierten Architekten *I.M. Pei*.

Stadtpark – Erholung von Beton, Glas und City-Stress bietet der ***Old City Park*** mit vielen Gebäuden aus dem 19.Jh., die eigens hierher geschafft wurden. Etwa 800 m südwestlich des Rathauses an (Ervay/St.Paul/Thornton Fwy). Die Picknick-Tische im Park eignen sich gut zum *Open-air Lunch*.

Farmers Market – Nur wenig nördlich vom City Park ist der ***Farmers Market*** auf einem Gelände zwischen Harwood St und *Pearl Expressway* beheimatet, einer der größten Obst- und Gemüsemärkte der USA mit vielen artfremden Verkaufständen und Läden. Täglich geöffnet von frühmorgens bis zur Dämmerung.

Kunstmuseum – Am entgegengesetzten Ende der Innenstadt befindet sich der neue ***Arts District*** mit dem ***Dallas Museum of Art***, 1717 N Harwood St/Ross Ave, Di+Mi 11am–4pm, Do+Fr 11am–9pm, Sa+ So bis 5pm, gratis. Ein Kunstmuseum erster Güte von präkolumbischen Werken über italienische Renaissance Gemälde und Rodin Skulpturen bis zur amerikanischen Moderne. Die Kollektion wird ergänzt durch einen Skulpturengarten.

State Fair Park

– Ursprünglich war das Kunstmuseum im ***Fair Park*** zuhause, einer Parkanlage, die einmal jährlich Schauplatz des ***Texas State Fair*** (Messe und Ausstellung) ist und den Rest des Jahres als erweiterter Stadt- und Veranstaltungspark dient (2nd Ave südwestlich von *Downtown*). Neben dem ***Coliseum***, einer 7000 Zuschauer fassenden Halle für Rodeo, Pferde Leistungsschauen etc., und der ***Cotton Bowl***, einem Stadion für über 70.000 Besucher, beherbergt der Park eine Reihe von Museen. Dank ihrer ***Art Deco*** Architektur wurde der *State Fair Park* 1986 zum *National Historical Landmark* erklärt. Von den Museen sind in erster Linie interessant das ***Museum of Natural History*** (Mo–Sa 9am–5pm, So 11am–5:30pm, $3) und das Technikmuseum ***Science Place*** (täglich 9:30am–5:30pm, $6).

Ziele in der Umgebung

Six Flags

– Einer der bekanntesten Vergnügungsparks der USA ist ***Six Flags over Texas*** in Arlington, ca. 15 mi westlich Dallas und 5 mi südlich des *International Airport*, I-30/ Hwy #360. Die ungewöhnliche Bezeichnung des Parks bezieht sich auf die sechs Staaten, zu denen das Texas-Territorium im Laufe der Jahrhunderte gehörte: Spanien, Frankreich, Mexiko, Texas als selbständige Republik, die Konföderation der Südstaaten und schließlich die USA. Öffnungszeiten Juni–August 10am–10pm, Fr+Sa bis Mitternacht; Frühjahr und Herbst nur Sa+So 10am–8pm, $28, 2-Tage-Pass $35. Vor den nervenkitzelnden Achterbahnen (*Rollercoasters*) sind die Warteschlangen oft lang, so daß es schwerfällt, das Eintrittsgeld wieder "herauszufahren".

Wasserpark

– Ebenfalls in Arlington unweit *Six Flags* hat sich der Wasserplanschpark ***Wet'n Wild*** angesiedelt, 1800 Lamar Ave, Juni bis Mitte September, 10am–6pm, Sommer bis 9pm, $20. *Wet'n Wild* ist die Kopie des Orlando-Originals und genauso gut. Verschiedenste Wasserrutschen, Brandungs- und Planschbecken bieten nicht nur Kindern Spaß. ***Ein weiterer Wet'n Wild Park*** befindet sich im Vorort Garland nordöstlich von *Downtown* Dallas im Bereich der I-635.

Mesquite

– In Mesquite, einem östlichen Vorort, findet von April bis September jeden Freitags und Samstag Abend das über die Grenzen Texas` hinaus bekannte ***Mesquite Championship Rodeo*** statt; © 285-8777, 8pm–10pm, Eintritt ab $8. Wer gerade am Wochenende in Dallas weilt, kann dort eine professionelle *Rodeo Show* miterleben.

Southfork Ranch

– Gesonderte Erwähnung verdient auch die ***Southfork Ranch*** aus der Fernsehserie ***Dallas.*** Sie war schon während der Laufzeit ein fester Bestandteil der Dallas-Attraktionen und kann immer noch täglich besichtigt werden. Wer gerne *Miss Ellies* Lehnstuhl, *JRs Oil Rigg* und *Bobbys* Pferdekoppel aus der Nähe betrachten würde, muß zunächst bis Plano fahren, rund 20 mi nördlich von Dallas. Vom ***Freeway #75***, *Exit* 30, geht es auf der Parker Rd (ca. 6 mi) zur Straße #2551 und dann unverfehlbar zur ausgeschilderten Ranch. Geöffnet im Sommer täglich 9am –6pm, sonst bis 5pm; Eintritt $6.

Fort Worth

Fort Worth, immerhin eine Großstadt mit über 400.000 Einwohnern, führt neben der großen Schwesterstadt Dallas eine Art Schattendasein. Nicht ganz zu Recht. Es bereitet kein Problem, dort einen Tag abwechslungsreich zu gestalten.

Information

- ***Convention & Visitors Bureau,*** © (817) 336-8791, © (800) 433-5747, Water Garden Place, 100 E 15th St, Suite 400.
- Außerdem ***Visitor Information Center*** in den *Stockyards.*

Das Zentrum liegt im Dreieck, das durch I-30/I-35W und den Trinity River gebildet wird. Zentrale Achse der Innenstadt ist die Main St. Gleich hinter dem Informationsbüro *Downtown,* verbunden mit dem ***Convention Center***, stößt man auf die meistfotografierte Kreation von Fort Worth, den ***Water Garden***, eine begehbare "Wasserschlucht". Einige Blocks nördlich davon befinden sich die schon erwähnten Einkaufszentren ***Tandy Center*** und ***Sundance Square***. Die wichtigsten Attraktionen in Fort Worth sind allerdings die ***Stockyards*** und der Museumsdistrikt:

Stockyards

- Die ***Fort Worth Stockyards Historic Area*** liegt ca. 2,5 mi nördlich der Innenstadt (Straße #287BR). Die *Stockyards* waren Endstation für Millionen von Rindern, die von ihren Weidegründen im Westen nach Fort Worth getrieben wurden. Heute sind die *Stockyards* ein touristischer Komplex, in dem die rauhe Cowboy-Vergangenheit romantisiert und kommerziell ausgebeutet wird. Wenn *Stockyards,* dann auch ***Billy Bob's Texas***. *Billy Bob's* ist eine landesweit bekannte Institution: Restaurant und Kneipe mit Cowboy-Atmosphäre, *Country Western Music* und – vor allem – ***Bull Riding*** auf dem künstlichen Stier. Kaum einer, der's versucht, bleibt länger als ein paar Sekunden im Sattel.

Museen

- In Fort Worth konzentriert sich die Mehrheit der Museen auf den ***Cultural District*** rund um das ***Will Rogers Memorial Coliseum***, dem örtlichen Veranstaltungszentrum von Konzert bis *Rodeo*, ca 2,5 mi westlich des Zentrums. Sehenswert sind in erster Linie das ***Kimbell Art Museum*** (architektonisch ungewöhnlich, Sammlung aller möglichen Kunstwerke von den alten Griechen bis Picasso) und das ***Amon Carter Museum of Western Art*** mit Gemälden und Skulpturen vom Leben im Wilden Westen. Wer sich für *Western Art* interessiert, findet bei der ***Richardson Collection***, 309 Main St, weitere Werke der beiden herausragenden Exponenten dieser Richtung, *Remington* und *Russell.*

Der richtige *Sight* zur richtigen Zeit:

State Fair of Texas, alljährlich vom letzten Wochenende im September bis zum dritten Wochenende im Oktober. Ein gewaltiges Spektakel mit Paraden, Shows, Ausstellungen, Rodeo, Jahrmarkt und Entertainment.

DENVER

Dank jahrelanger Ausstrahlung der Fernsehserie *Denver Clan* (in den USA: *Dynasty*) wurde Denver ähnlich wie Dallas hierzulande zum Begriff. Mancher wird sich noch an die markant musikalisch untermalte Titeleinblendung mit der Denver City-Silhouette vor den Gipfeln der nahen Rocky Mountains erinnern. Die *Rockies* und mit ihnen verbundene Ziele sind die touristische Hauptattraktion Colorados; Denver ist für ihren Besuch idealer Ausgangspunkt.

Die Stadt selbst bietet weniger Sehenswürdigkeiten. Die Anreise lohnt daher nur, wenn einige Tage für Abstecher in die nähere und weitere Umgebung zur Verfügung stehen.

GEOGRAPHIE, KLIMA UND GESCHICHTE

Geographie

Denver liegt 85 mi südlich von Wyoming im Zentrum der Westhälfte der USA, aber noch östlich der ***Rocky Mountains*** in einer weitgehend ebenen Landschaft am Rande der **Prärien** des mittleren Westens. Zu ihnen gehören auch – für manche sicher überraschend – rund 40% des Colorado Territoriums. Nur der Westteil des Staates wird von Hochgebirgszügen dominiert. Die Nord-Süd Autobahn I-25 markiert in etwa die Trennlinie zwischen den gegensätzlichen Landschaftsbildern. Auf die sich fast ohne Übergang erhebenden *Foot Hills* der Rocky Mountains stößt man in Nord-Colorado 10-15 mi westlich dieser *Interstate.* Die ebenfalls durch Denver laufende Ost-West *Interstate* #70 dagegen führt mitten durch die Rockies. Die Strecke zwischen Idaho Springs und dem Skizentrum Vail (80 mi) gilt als der schönste Autobahnabschnitt der USA.

Da die Prärien von Osten nach Westen stark ansteigen und vor Erreichen der Berge bereits eine Höhenlage von 1600 m aufweisen, nennt sich die Colorado Hauptstadt auch gerne ***Mile High City***. Sie ist die einzige echte Metropole zwischen El Paso und Calgary/ Canada, ihr Einzugsgebiet entspricht der Größe Westeuropas.

Klima

Denver erfreut sich eines sonnenreichen Kontinentalklimas mit warmen, aber wegen der Höhenlage selten zu heißen Sommertagen. Die Winter sind wegen der Rocky Mountain Barriere gegen Westen relativ schneearm. Regentage konzentrieren sich auf Frühjahr und Frühsommer. Beste Besuchsmonate sind August, September und (früher) Oktober. Das Herbstwetter kann in den Hochlagen Colorados allerdings recht wechselhaft und ungemütlich sein, auch wenn in Denver die Sonne scheint.

Sonnenschein: 246 Tage — **Niederschläge**: 88 Tage
Wärmster Monat: Juli 22°C — **Kältester Monat**: Januar -1°C

Geschichte

Seit der Gründung Denvers sind noch keine 150 Jahre vergangen. **Goldfunde** am *Cherry Creek* und *South Platte River* führten 1858 zu einem kurzlebigen Boom, der Errichtung einer Siedlung und des ersten Saloons in Colorado. Die Mehrheit der Prospektoren verließ nach der Entdeckung von Goldadern im nahen Central City (siehe unten) die – wie sich bald herausstellte – ziemlich unergiebigen Flußbetten um Denver. Aber die junge, verkehrsgünstig gelegene 5000-Seelen-Stadt partizipierte am Reichtum des Nachbarn in den nahen Rockies und wurde

1861 **Hauptstadt** des Colorado Territory. Dabei blieb es auch
1876 nach der Proklamierung des US-Bundesstaates Colorado. Bereits
1875 hatte ein **Silberboom** in den Bergen begonnen, der die Einwohnerzahl rasant ansteigen ließ, so daß schon
1890 die Bevölkerung Denvers die 100.000-Marke überschritt.
1893 Ende des Silberbooms; ab
1894 **Goldrausch** im Cripple Creek Bereich 100 mi südlich von Denver
1900 Einwohnerzahl bei 135.000
1907 Einweihung des mit einer Goldkuppel gekrönten State Capitol

Starkes Wachstum kennzeichnete den Raum Denver auch nach der Jahrhundertwende. Heute leben **480.000 Einwohner** in der City of Denver und fast **2 Mio.** in der *Metropolitan Area.*

Daten und Fakten

Telefonische Vorwahl/Area Code: 303, Colorado 970

Diplomatische Vertretungen

- **HK der BRD,** ✆ 279-1551, 350 Indiana St Office Bldg, Suite 400
- **HK Österreichs,** ✆ 292-9000, First Interstate Tower, 621 7th St
- **HK der Schweiz,** ✆ 499-5641, 2810 Iliff, Boulder

Besucherinformation

- ***Denver Visitors Bureau,*** ✆ (800) MILE HI 6, 225 West Colfax Ave, schräg gegenüber dem *Civic Center*, Mo–Sa 8am–5pm; sehr gut mit Material versorgtes Informationsbüro an zentraler Stelle. Hilfreich ist der ***Denver & Colorado Official Visitors Guide***, der jährlich neu aufgelegt wird.
- An der Ecke 16th St Mall/Curtis St. steht der ***Ticket-Bus*** (Mo–Fr 10am–6pm, Sa 11am–3pm). Hier bekommt man Karten für Theater, Konzerte und Sportveranstaltungen.

Flughafen (DIA)

Denver International Airport, ✆ (800) AIR 2 DEN

Lage und Anlage

Denvers neuer Flughafen, 23 mi nordöstlich der Innenstadt, ist ein ***Airport* der Superlative**: Er ist für weit über 100 Mio. Passagiere jährlich ausgelegt; in den *Terminals* befinden sich zahlreiche Läden und Restaurants. Auf dem 137 km^2 großen Gelände (doppelt so groß wie Manhattan) befinden sich fünf Start- und Landebahnen, weitere sind geplant. Der Tower ist mit 100 m einer der höchsten der Welt. Ein weiterer Rekord ergab sich ungeplant: wegen endloser Probleme mit einer neuartigen Gepäckbeförderungsanlage verzögerte sich die Eröffnung des Airports um anderthalb Jahre, wobei jeder Tag Verzögerung Zusatzkosten in Höhe von $1 Mio. verursachte.

Fluglinien: AA, CO, DL, HP, NW, TW, UA, US
Hub: UA
Transferzeiten: 30-50 min

Architektur

Denver International besteht aus einem beeindruckenden Hauptgebäude (benannt nach Flugpionier *Elrey Jefferson*), dessen 34 unterschiedlich hohe, zeltartige Dachtürme aus teflonbeschichtetem Fiberglasgewebe die nahen Rocky Mountains symbolisieren sollen. Auch bei viel Betrieb kommt darunter kein Gefühl der Enge auf. Eine U-Bahn verbindet das *Terminal* mit den zur Zeit **3 *Concourses***.

Schließfächer befinden sich in allen Gebäuden.

Wartezeiten

Wartezeiten lassen sich dank der bereits erwähnten Ausstattung mit Läden und Restaurants leicht überbrücken. Von überall blickt man auf das Flugvorfeld. Auch wer nur in Denver umsteigt, sollte sich – sofern die Zeit reicht – die architektonische Meisterleistung des ***Jefferson Terminal*** ansehen. Im *Concourse* B gibt es eine ***Massage Bar***, 15 min Massage durch einen erfahrenen Physiotherapeuten kosten $15.

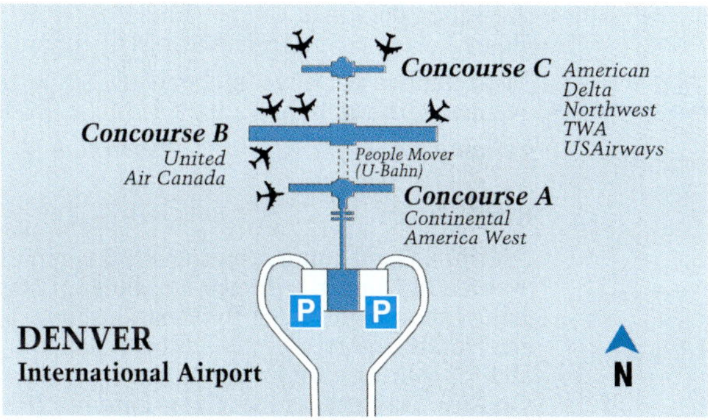

Verbindung Airport-City

Bus

Billigste Verbindung nach *Downtown* Denver sind die Busse des ***Regional Transportation Distric***t, **RTD,** © 299-6000. Die Haltestellen befinden sich vor den Türen 506 und 511, Buslinie AF benötigt nach *Downtown* 45 min bis zu 1 Stunde. Abfahrt stündlich 6:45am–12:45am, Fahrpreis $6. Alle 15 min fährt ein Bus zur ***Stapleton Transfer Station***, von dort gibt es weitere Verbindungen in die Innenstadt.

Ein ***Van Service*** bedient für $15 die wichtigsten Hotels in *Downtown* Denver: ***Airporter*** und ***DASH.*** Auf dem *Baggage Claim Level* befindet sich ein ***Ground Transportation Information Counter***, © 342-4059, der Ankömmlinge berät.

Taxi/ Car Rental

Ein **Taxi nach *Downtown*** kostet ca. $40-$50.

Alamo, Avis, Budget, Dollar, Hertz, National, Payless, Thrifty

Hinweis

Die wichtigsten Sehenswürdigkeiten der Stadt liegen im Zentrum nah beieinander. Für ihren Besuch benötigt man kein Auto. Der weiter von der Innenstadt entfernte ***City Park*** mit dem unverzichtbaren ***Museum of Natural History*** und dem **Zoo** ist gut per Bus erreichbar. Für Ausflüge in die Umgebung geht indessen nichts über den fahrbaren Untersatz.

Öffentliche Verkehrsmittel

Bus

Die von **RTD,** © 299-6000, unterhaltenen Busverbindungen sind relativ gut. Ein Informationsbüro mit Fahrplänen aller Linien befindet sich an der Station *Civic Center*. Eine ***Bus System Map*** kostet $1. Die meisten Busse verkehren nur bis 9pm; Fahrpreise nach Tageszeit unterschiedlich $0,50-$1. RTD Busse fahren auch nach Boulder und Golden ($2,50). Ein spezieller ***Culture Bus*** verbindet alle Touristenattraktionen im Zentrum und fährt im Halbstundentakt; Tagespass $1.

Zwischen der *Civic Center*- und *Market St Station* pendeln Busse kostenlos die 16th Street Mall auf und ab (bis 7pm).

Taxi

Taxis können in Denver nicht auf der Straße herbeigewunken werden. Grundgebühr $1.50, jede Meile $1.40.

Yellow Cab, © 777-7777 ***Metro Cab***, © 333-3333

Rundfahrten

Stadtrundfahrten und insbesondere Touren in die Umgebung werden in Denver zahlreich angeboten. Entsprechende Werbung findet man in den Informationsbüros und allen größeren Hotels. *Sightseeing* per Bus oder *Van* durch Denver kostet ab $15, Fahrten zum *Rocky Mountain National Park* ab $34. Größter Veranstalter ist ***Gray Line***, © 289-2841. ***Historic Denver Tours,*** © 534-1858, bietet Führungen zu Fuß durch *Capitol Hill* und *Boomtown,* den alten Stadtkern am Larimer Square. Beide ***Walking Tours*** dauern ca. 2 Stunden, $8; September bis Mai. Voranmeldung ist empfehlenswert.

Unterkunft

Situation

Dank scharfer Konkurrenz sind die Hoteltarife in Denver relativ günstig, vor allem zum Wochenende in *Downtown* und im Bereich des *Central Airport* (Kreuzungsbereich I-70/I-270 und am Freeway #35, der Zufahrt zum alten *Airport*).

In manchen dort befindlichen erstklassigen Häusern kommt man oft zu Mittelklassepreisen unter. Beachtenswert sind die Angebote für AAA-Mitglieder, ➪ Seite 92. Die hotelmäßige Infrastruktur für den erst 1995 in Betrieb gegangenen neuen

International Airport ist noch im Aufbau begriffen. Hotels und Motels entstanden z.B. an der **Tower Road** zwischen I-70 und dem **Pena Drive,** der autobahnartigen Zufahrt für DIA. Zur Zeit wird ein großer Teil der ***Near-Airport*** **Übernachtungen** noch mit der Hotellerie beim alten *Stapleton Airport* abgewickelt, der neuerdings *Central Airport* heißt.

Bereich neuer Airport (DIA)

- **Fairfield Inn by Marriott at Denver International,** ©/Fax 576-9640, 6854 Tower Rd, ab $75
- **Holiday Inn Denver International Airport,** © 371-9494 Fax 9528, 15500 E 40th Ave, ab $105

Bereich des alten (Central) Airport

- **Econolodge Denver Airport**, 7201 E 49th Ave, ab $32
- **Days Hotel Denver Airport,** © 320-0260, 4590 Quebec, ab $63
- **Motel 6,** © 372-0740, 12020 29th Ave/2 mi vom Airport, ab $29
- **Regal Inn,** © 371-0740, 12033 E 38th Ave, ab $29
- **Courtyard by Marriott,** © 333-3303, 7415 E 41st Ave, Wochenendtarif ab $78.

Downtown

- **Comfort Inn,** 401 17th St, © (303) 296-0400, ab $69
- **Oxford Hotel**, 1600 17th St, © (303) 893-3333, ab $89 am Wochenende, historisches Hotel nahe der *Union Station*
- **Days Inn Capitol Hill,** © 691-2223), 1150 E Colfax, ab $48
- **Radisson Hotel,** © 893-3333, 1550 Court Place, ab $69 am Wochenende, erstklassige Unterkunft mitten in Downtown

Die besondere Alternative

- **Brown Palace Hotel,** © 297-3111, 321 17th St, ab $175. Denvers Waldorf Astoria. Gediegene Eleganz der Jahrhundertwende mit modernem Luxus unserer Tage kombiniert.

B & B

- ***Bed&Breakfast Inns*** sind in Denver die Alternative zu Mittelklassehotels, z.B. das ***Castle Marne***, ein burgartiger Bau, © (303) 331-0621, und das ***Queen Anne Inn***, © (303) 296-6666.

Preiswert

- **Denver International Hostel,** © 832-9996, 630 E 16th Ave, $12
- **Melbourne International Hostel,** © 292-6386, 607 22nd St, $12
- **YMCA,** © 861-8300, 25 E 16th St, EZ ab $20, DZ ab $30, sehr zentral mit Sporteinrichtungen und Pool
- **The Standish,** © 534-3231, 1530 California St, ab $15 (EZ ohne Bad), DZ ab $20, altes Haus in zentraler Lage Downtown

An Denvers **Ausfallstraßen** gibt es viele preisgünstige Unterkünfte, geballt z.B. an der Arapahoe Rd im Süden, Ausfahrt #197 von der I-25.

Essengehen

Situation

Innerhalb des relativ kleinen touristisch besonders interessanten Bereichs ist das gastronomische Angebot groß:

- Für den schnellen Imbiß empfiehlt sich das ***Tabor Center*** am Ende der 16th Street Mall. Eine ***Fast Food Arcade*** bietet reiche Auswahl. Um die Ecke liegt der **Larimer Square** mit einer Reihe guter Restaurants der gehobenen Klasse.
- Für mexikanische Gerichte bietet ***The Armadillo*** prima Preis-Leistungs-Verhältnis; mehrere Filialen, *Downtown* in der 1445 Market St, © 825-5858.

- Und noch eine mexikanische Empfehlung: ***Casa Bonita,*** eine Art Restaurant-Happening mit *Mariachi* Musik und Entertainment; prima mit Kindern; © 232-5115, 6715 W Colfax Ave in Lakewood in einem *Shopping Center*. Preiswert.

Elch-/ Buffalo-Steaks

- Wenn man sich schon in Colorado befindet, reizen vielleicht Spezialitäten wie Elch- oder Buffalo Steaks. Sowas gibt`s in einem besonders originellen Ambiente im ***Buckhorn Exchange Restaurant & Saloon,*** © 534-9505, 1000 Osage St, unweit *Downtown*. Reservierung zu empfehlen, speziell Fri & Sa, wenn ***Folk Music live*** geboten wird. Relativ teuer.
- Noch origineller ist ***Baby Doe`s Matchless Mine,*** © 433-3386, 2520 W 23rd Ave, eine nachgebaute Erzmine. *Steaks* und *Seafood,* mittlere Preise.
- In der ***Wynkoop Brewing Company,*** © 297-2700, 1634 18th St, gibt es Hausbräu und preiswertes *Sunday Brunch*. Amerikanische Karte, moderate Preise.

Shopping

16th St Mall

Die *16th St Mall* wurde bereits mehrfach erwähnt. Auf die in den 80er-Jahren eingerichtete Fußgängerzone, die oberhalb des *Civic Center* beginnt und etwa 2 km lang ist, sind die Stadtväter von Denver stolz. Neben dem genannten ***Tabor Center*** mit einer ganzen Reihe ausgefallener Ladentypen und dem Larimer Square, der neben den Restaurants teure und attraktive Boutiquen beherbergt, gibt es in der zentralen Shopping-Zone Denvers Kaufhäuser und Läden aller Art. Ab 6pm allerdings schließen viele Shops bereits ihre Pforten, und die *Mall* leert sich rasch, wenn nicht gerade irgendein *Festival* für Betrieb auf den Straßen und Plätzen sorgt.

Zahlreiche ***Shopping Malls*** findet man in den Vorstädten:

Malls

- z.B. die ausgedehnte ***Southwest Plaza Mall*** mit rund 200 Shops und Kaufhäusern, 8501 Bowles Ave, oder – kaum kleiner – ***Cinderella City***, 701 W Hampden, beide im Stadtsüden in Englewood westlich der I-85. Sehenswert ist das ***Riverfront Festival Center***, Bowles Ave/Santa Fe Dr, unweit der SW Plaza Mall, ein Edelmarkt hinter Glasfassaden.

Markt

- Die Alternative zum konventionellen Shopping ist der ***Flea Market***, Colorado Blvd/E 64th St, im nördlichen Vorort Commerce City unweit des alten (*Stapleton) Airport*. Er findet samstags und sonntags 6am–5pm statt; Anfahrt über Brighton Blvd (Straße #265).

SICHERHEIT

Denvers Kriminalitätsrate ist im amerikanischen Maßstab durchschnittlich hoch. Die Innenstadt gilt tagsüber als unproblematisch. Mit Einbruch der Dämmerung, Büro- und Geschäftsschluß sind *16th Street Mall* und *Downtown* jedoch mit Vorsicht zu genießen, ebenso der östliche Abschnitt der Ost-West-Achse Colfax Ave.

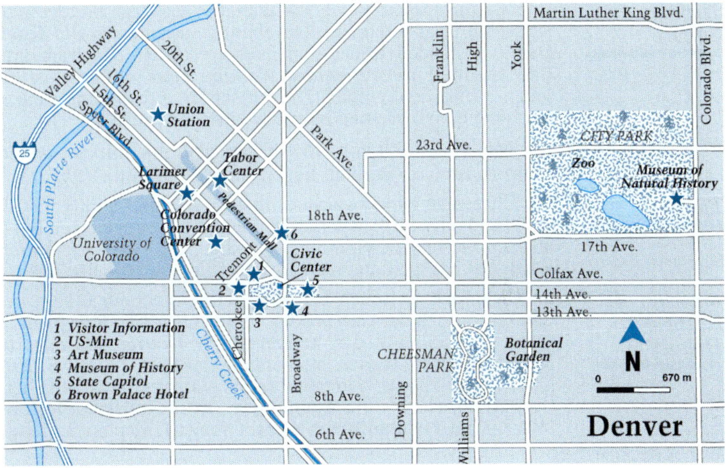

Sehenswürdigkeiten

Zentrum

Die Sehenswürdigkeiten Denvers konzentrieren sich auf die engere City rund um das ***Civic Center***. Dort gruppieren sich Repräsentations- und Verwaltungsgebäude um einen zentralen Park an der Colfax Ave. Nördlich davon drängen sich in den Straßen beidseitig des Broadway die Marmor- und Glaspaläste der Banken und Versicherungen. Einen Besuch wert sind in erster Linie:

Capitol

– Das ***Colorado State Capitol***, Colfax Ave/Grant St, Mo–Sa 9:30am –5:30pm, Führungen alle 30-40 min. Von der vergoldeten Kuppel des erst 1907 gebauten Regierungspalastes fällt der Blick über Denver auf die Gipfel der Rocky Mountains. Die 15. Stufe der Freitreppe vor dem Westeingang liegt genau eine Meile über dem Meeresspiegel (***Mile high City***).

Museen

– Das ***Colorado State History Museum***, 13th/Broadway, Mo–Sa 10am–4:30pm, So ab noon, $3. Ausrüstung, Gerät und Fotos aus den *Good Old Days*, der Zeit der Indianer, Trapper und Goldsucher. Bemerkenswerte Dioramen.

– Das ***Denver Art Museum,*** © 640-2793, 100 W 14th Ave, Di-Sa 10am–5pm, So noon-5pm, $3, ein eigenwillig gestalteter, burgartiger Bau. Das Museum ist bekannt für seine hervorragende Sammlung präkolumbischer und indianischer Kunst.

Münze

– Die ***United States Mint,*** © 844-3582, eine der beiden großen Münzprägeanstalten des Landes (20 Mio. Münzen täglich), 320 W Colfax, Mo–Fr. 8am–2:45pm; Gratisführung halbstündlich, im Sommer alle 20 min; Dauer ebenfalls 20 min. Wartezeit häufig sehr lang, frühe Ankunft hilft. Nach Begutachtung der Münzproduktion darf man zu guter Letzt noch einen Blick auf die eindrucksvollen Goldvorräte werfen.

Larimer Square

- Vom Larimer Square, 15th St/Larimer St am Westende der *16th Street Mall* war bereits die Rede. Hinter aufpolierten ***Old Town Denver*** Fassaden findet man Nobelgeschäfte, Galerien und Restaurants. Eine ***Self-guided Walking Tour*** führt an historischen Gebäuden vorbei. Die Broschüre mit Erläuterungen gibt's bei einem kleinen Informationsstand direkt vor Ort.

Einige Meilen östlich von Downtown, aber noch im weitesten Sinn im *Inner City*-Bereich liegen *Cheesman* und *City Park*:

Parks

- Der **Cheesman Park**, zwischen 8th/13th Ave und York/Franklin St (Bus #6 oder #10), beherbergt einen hübsch angelegten Botanischen Garten (im Sommer 9am–8pm, $4). Vom ***Cheesman Memorial*** hat man einen großartigen Blick auf die Rockies.

Museum of Natural History

- Im ***City Park*** zwischen Colorado und University Blvd, zwei Blocks nördlich der Colfax Ave, befinden sich der **Zoo** (täglich 9am–6pm, $6) und das hervorragende ***Denver Museum of Natural History***, täglich 9am–5pm, Fr bis 9pm; $6. Die Schaukästen zum Thema "Flora und Fauna Nordamerikas" sind hervoprragend, ebenso die **Ausstellung zur indianischen Kultur**. **IMAX-Kino/Planetarium** mit *Laser Shows* fehlen auch nicht.

Ziele in der näheren Umgebung

Rundfahrt

Ein langer Tag würde für folgenden Ausflug ausreichen, der reizvolle und gleichzeitig sehr unterschiedliche Ziele miteinander verbindet. Zunächst geht es auf der I-70, dann Straße #58 zum 12 mi entfernten Städtchen Golden, Sitz der bekannten

Golden

- ***Coors Brewery***, 3rd/Ford St. ***Coors Rocky Mountain Beer*** gehört zu den meistverkauften Marken im US-Westen. Führung und Bierprobe im *Tasting Room*, Mo–Sa 8:30am–4:30pm, Juni–August, sonst 10am–4pm. Auskunft/Reservierung: ✆ 277-2337.
- Von der Straße #6 zweigt etwa 1 mi südlich Golden die Straße #93 zum ***Lookout Mountain*** ab. Oben befindet sich das **Grab *Buffalo Bills***, außerdem ein kleines sehenswertes **Museum** (9am–5pm, $2) zu Leben und Werk dieses berühmtesten Westmanns seiner Zeit. Die Aussicht auf Denver wird mitgeliefert.

Central City

- Die Straße #6 West führt durch das malerische Tal des Clear Creek. Auf der Straße #119 geht es ins ehemalige Goldrauschgebiet des Doppelstädtchens **Central City/Black Hawk** (20 mi von Golden) bereits im Vorgebirge der Rocky Mountains. Fassa-den und Relikte aus den 60er-Jahren des vorigen Jahrhunderts wurden für Kneipen und Spielsalons restauriert, seit das einst verbotene **Glücksspiel** 1991 legalisiert wurde. Im neuen Spielerparadies stehen nun in fast jedem Haus ganze Batterien von *Slot-Machines*. Bus-Zubringerservice ab Denver.

Idaho Springs

- Die *Virginia Canyon Road*, von der lokalen Tourismus-Werbung als ***Oh-my-God-Roµad*** propagiert, führt an noch intakten **Goldminen** vorbei hinunter nach Idaho Springs (6 mi Serpentinenstraße aus Schotter, bei Trockenheit problemlos).

Mount St. Evans

- Durch Idaho Springs, das bessere Tage gesehen hat, gelangt man auf der ***Highest Road in the US*** (Straße #103/5) zum Gipfel des 4280 m hohen Mount St. Evans (30 mi).

Zurück nach Denver

– Zurück nach Denver nimmt man Straße #103, dann die I-70). Ein Abstecher führt zum ***Red Rock Amphitheatre*** (Ausfahrt #259, Straße #26). Von den Rängen dieser grandiosen *Open-air*-Bühne zwischen roten Felsen schauen die Besucher auf die ferne *Denver Skyline*, besonders schön bei Sonnenuntergang. Die ***Visitor Information*** in Denver hat das jeweils aktuelle Programm. Telefonische Auskunft unter © 575-2637.

Heritage Square

– Jenseits der I-70 an der #40 in Richtung Golden liegt das ***Victorian Shopping Village Heritage Square***, ein 19.Jahrhundert-Kommerzdorf mit Jahrmarkt-Elementen und einer Sommerrodelbahn. Von Juni bis August Vorstellungen im ***Dinner Theater*** und in der ***Music Hall***, ***Chuckwagon Supper*** mit *Western Country Show*. Information/Reservierung © 278-1938.

Zum Rocky Mountain National Park

Mindestens einen vollen Tag sollte man für den Besuch des ***Rocky Mountain National Park*** einplanen. Die östliche Hauptzufahrt befindet sich bei Estes Park, ca. 70 mi von Denver entfernt. Eine 240 mi lange Rundfahrt durch den Nationalpark und die *Arapahoe National Recreation Area* auf dessen Westseite und weiter auf den Straßen #40 und I-70 zurück nach Denver läßt sich ebenfalls noch innerhalb eines Tages machen, obwohl die Zeit zum Verweilen dabei knapp wird.

Estes Park

– Das hübsche Städtchen Estes Park ist das Einfallstor zum Nationalpark. Zahlreiche Hotels/Motels und Lokale aller Kategorien lassen keine Wünsche offen. .

Bear Lake Bereich

– Das **Besucherzentrum** des Nationalparks wartet etwa 3 mi westlich von Estes Park an der Straße #36. Eine Diashow zeigt die Rockies von ihrer schönsten Seite. Die populäre ***Bear Lake Road*** führt zu Ausgangspunkten für Gebirgswanderungen.

– Da die Parkplätze entlang der *Bear Lake Road* im Sommer oft schon früh am Tage besetzt sind, ist der kontinuierlich verkehrende ***Shuttle-Bus*** eine gute Option nicht nur für unmotorisierte Besucher. Eine besonders hübsche Wanderung führt vom *Bear Lake* zu *Dream* und *Haiyaha Lake* und zurück über die ***Alberta Falls*** (2-3 Stunden).

– Auf der ***Trail Ridge Road*** geht es über den ***Fall River Pass*** in 3.600 m Höhe auf die Westseite der Rockies.

Der *Rocky Mountain Park* ist im Sommer, speziell **an Wochenenden** hoffnungslos **überlaufen.** Wenn irgend möglich, sollte man diesen Park dann nur an Wochentagen besuchen. Bis in den Juni und ab Ende September ist die Höhenstraße gesperrt.

Weitere Ziele in Colorado

National-park-Route

Denver könnte als Ausgangspunkt einer größeren Colorado-Rundfahrt dienen, um die drei besten, aber weit auseinanderliegenden Parks des Staates miteinander zu verbinden: Die ***Great Sand Dunes***, das ***Dinosaur Monument*** und den ***Mesa Verde Park***. Abstecher nach Santa Fe/New Mexico und/oder zum ***Arches NP*** in Utah, ➪ Seiten 155 bzw. 416), könnten bei ausreichend Zeit in die Route einbezogen werden. Die im folgenden skizzierte Rundstrecke läßt sich ohne Erweiterungen gut in einer Woche abfahren, der minimale Zeitbedarf beträgt 5 Tage bei wenig Verweilzeit unterwegs.

Great Sand Dunes

- Über die I-70 und die Straßen #91/#24/#285/#17 geht es zunächst zum ***Great Sand Dunes National Monument*** (ca. 200 mi). Ca. 20 mi nordöstlich von Alamosa hat sich vor den Gipfeln der südlichen *Rocky Mountains* ein riesiges Dünenfeld von 130 km^2 Ausdehnung mit bis zu 200 m hohen Sandbergen gebildet.

Durango

- Über Alamosa, einem Städtchen mit deutlich mexikanischem Einschlag, und die Straße #160 durch die ***San Juan Mountains*** erreicht man **Durango** (170 mi), die Tourismus-Zentrale des südwestlichen Colorado. Die Stadt eignet sich mit seiner dichten Kneipenszene gut zum Übernachten (zahlreiche Motels).

Mesa Verde Park

- Ca. 35 mi westlich Durango liegt ***Mesa Verde***, kulturhistorisch bedeutsamster Nationalpark der USA. In den Schluchten des Plateaus wurden erst Ende des vorigen Jahrhunderts die sogenannten ***Cliff Dwellings*** entdeckt, unter höhlenartigen Felsüberhängen angelegte Siedlungen. Sie wurden von Stämmen der präkolumbischen ***Anasazi*** vor 800-900 Jahren errichtet.

Silverton/ Ouray

- Auf fantastischer Gebirgsstrecke geht es von Durango über die alte **Silberminenstadt** Silverton (nostalgische Eisenbahnfahrt mit der *Durango-Silverton Railway* täglich möglich) und **Ouray** (heiße Quellen; Mineralschwimmbad) nach Grand Junction (170 mi). Ein Abstecher könnte dem ***Black Canyon of the Gunnison National Monument*** gelten, einer pittoresken Schlucht aus schwarz-dunklem Gestein, die der Gunnison River schuf.

Colorado NM

- Einige Meilen westlich Grand Junction wartet das ***Colorado National Monument*** mit steilen Felswänden und -monolithen.

Dinosaur NM

- Von Grand Junction sind es auf der Straße #139, dann #64/#40/#149 rund 150 mi zum ***Dinosaur National Monument*** im Grenzgebiet von Colorado und Utah. Es umfaßt ein Gebiet von rund 830 km^2 schwer zugänglicher zerklüfteter Canyonlandschaft. Im ***Dinosaur Quarry*** und ***Visitor Center*** zeigt man eindrucksvolle Dinosaurierknochen (Stichstraße ab Jensen/Utah (7 mi); im Sommer 8am–7pm, Rest des Jahres bis 4:30pm.
- Empfehlenswert ist der ***Scenic Drive*** (31 mi), welcher in der Nähe der Ortschaft Dinosaur beginnt. Die Fahrt bis zum Ende der zunächst eintönigen Stichstraße (31 mi) lohnt sich. Vom letzten Parkplatz geht es auf einem Kammlinien-Pfad bis zum Aussichtspunkt ***Harpers Corne****r* (ca. 1 mi).

Zurück nach Denver

- Auf der Straße #40 geht es über Steamboat Springs zurück zur I-70 und nach Denver (300 mi ab *Dinosaur*). Man könnte die Rundstrecke aber auch über den *Rocky Mountain National Park* schließen.

EL PASO

El Paso, einst gesetzlose Stadt am Rio Grande im Grenzgebiet zwischen Mexiko und den USA, Ziel ungezählter Westernhelden und -bösewichter. Wem wäre sie kein Begriff!

Kennzeichnung

Die heutige Realität ist nicht weniger ernüchternd als sie es wohl immer schon war. El Paso zeigt zwar mit *Freeways*, moderner *Downtown*-Architektur, *Shopping Malls* und *Fast Food* Filialen an den Ausfallstraßen alle typischen Elemente amerikanischer Cities, gleichzeitig aber in manchen Ecken Schmutz und Verfall in einem Maße, das an Großstädte der Dritten Welt erinnert. Auf der mexikanischen Seite, in **Ciudad Juarez**, fallen trotz der auf den Grenztourismus eingestellten wohlgefüllten Shops viel Armut und Elend ins Auge.

Die Stadt El Paso für sich ist kein wichtiges Ziel einer zeitlich begrenzten Amerikareise, aber idealer Ausgangspunkt für eine Fahrt zu den Nationalparks ***Guadalupe Mountains***, ***Carlsbad Caverns*** und ***Big Bend***, vor allem aber zum einmaligen ***White Sands National Monument***.

GEOGRAPHIE, KLIMA UND GECHICHTE

Geographie

El Paso liegt im westlichsten Zipfel von Texas in enger Nachbarschaft zu Mexiko im Süden und dem US-Staat New Mexico im Westen und Norden. Die **wüstenartige Landschaft** am hier kanalisierten und zur Kloake verkommenen Rio Grande ist weitgehend eben, Vegetation gedeiht nur dort, wo bewässert wird. Von Norden her schieben sich die **Franklin Mountains**, ein südwestlicher Ausläufer der Rocky Mountains, wie ein Keil in die Stadt. Da im Nordosten der militärische Trainingskomplex **Fort Bliss** und der Flughafen die Ausdehnung El Pasos ebenfalls begrenzen, entspricht die Stadtanlage dem Buchstaben W mit voneinander separierten Stadtteilen im Norden, Westen und Osten. Das weitere Wachstum der Stadt vollzieht sich in Richtung Nordwesten und Südosten entlang der Transkontinentalautobahn I-10.

Ciudad Juarez

Auf der anderen Seite des Rio Grande ist Ciudad Juarez die größte mexikanische Stadt an der 4000 km langen Grenze zwischen beiden Ländern. Drei Brücken führen im Citybereich über den Fluß. Über die ***Stanton Street Bridge*** gelangt man auf kürzestem Weg (auch zu Fuß) von Zentrum zu Zentrum.

Klima

Zwei Worte kennzeichnen El Pasos Klima hinlänglich: trocken und heiß. Sommerhitze über 40°C ist trotz der Höhenlage (ca. 1.200 m) keine Seltenheit und außerhalb klimatisierter Räume nur schwer zu ertragen. Temperaturen bis 30°C (ab Ende Mai bis Juni und Anfang September bis Mitte Oktober) erscheinen dank trockener Luft noch als angenehm. Auch bei großer Wärme tagsüber kann es in Frühjahr und Herbst nachts erstaunlich kühl werden. Niederschläge sind gering (200 mm/Jahr); sie konzentrieren sich zudem auf die Monate März bis Juni.

Sonnenschein: 294 Tage	**Niederschläge**: 45 Tage
Heißester Monat: Juli 28°C	**Kältester Monat**: Januar 7°C

Geschichte Die von Weißen geschriebene Geschichte der El Paso Region am Rio Grande beginnt gegen Ende des 16. Jahrhunderts:

1598 erhält die Gegend die Bezeichnung El Paso (*del Norte*)

1680 Gründung der **Missionsstationen Ysleta** und **Socorro** südöstlich des heutigen El Paso

1780 wird die spanische Militärgarnison ***San Elizario*** am Rio Grande weitere 12 mi südlich errichtet. Um sie herum entsteht die gleichnamige Ortschaft, später Sitz des *El Paso County*

1821 Mexiko übernimmt mit der Unabhängigkeit auch die nordamerikanischen Besitzungen des ehemaligen Kolonialherrn Spanien

1827 begründet ein *Juan Maria Ponce de Leon* eine Siedlung, aus der El Paso hervorgehen sollte, die aber zunächst unbedeutend bleibt

1854 bauen die Amerikaner nach dem amerikanisch-mexikanischen Krieg 1848 und Annektierung der mexikanischen Provinzen in Nordamerika einen Militärstützpunkt, ***Fort Bliss***, zum Schutz der Siedler gegen Indianer und mexikanische Übergriffe

1862 *Fort Bliss* wird West-Hauptquartier der Konföderierten im Bürgerkrieg, aber bereits vor Kriegsende von der Union genommen

1881 Mit der Ankunft der **Eisenbahn** und Bau einer Station in El Paso beginnt die eigentliche Entwicklung der Stadt

1923 100.000 Einwohner

El Paso zählt heute bereits eine Bevölkerung von rund **500.000 Menschen**, davon sind 2/3 spanisch-mexikanischer Abstammung. Der **Großraum El Paso** einschließlich Ciudad Juarez beherbergt etwa **1,5 Mio Einwohner**.

Daten und Fakten

Telefonische Vorwahl/Area Code: 915

Besucherinformation

- **Informationsstand** im Flughafen am Aufgang zu den *Concourses*
- ***El Paso Tourist Bureau,*** © 544-0062, (800) 351-6024, 1 Civic Center Plaza, Mo–Fr 10am–5pm

Flughafen (ELP)

El Paso International Airport, © 772-4271

Fluglinien: AA, CO, DL, HP
Transferzeiten: 20-30 min

Der Flughafen liegt ca. 7 mi nordöstlich des Zentrums. Das *Terminal* ist verbunden mit einem *West* und einem *East Concourse*. Erweiterungspläne sehen einen schrittweisen Ausbau für die nächsten Jahre vor. Die Gepäckaufbewahrung befindet sich auf der Westseite des Terminals. Im kleinen ***Shopping Center*** des Flughafens (*La Placita*) werden schöne indianische und mexikanische Produkte angeboten, 8am-7pm. Zahlreiche **Flugzeugmodelle** sind in Schaukästen ausgestellt.

Verbindung Airport-City

Bus

Bus #33 mit der Aufschrift *Government Hill* fährt von der Westseite des Terminals in die Innenstadt, $0,90. ***Sprint Airport Shuttle System*** unterhält einen *Van Service*; Abfahrt alle 10-15 min Höhe *Continental Airlines*, $7.

Taxi

Ein Taxi kostet ca. $15, Fahrtzeit 15-25 min

Car Rental

Alamo, Avis, Budget, Dollar, Hertz, National, Snappy

Hinweis

Unzureichende öffentliche Verkehrsmittel und weit auseinanderliegende Sehenswürdigkeiten machen einen Aufenthalt in El Paso ohne (klimatisierten) Mietwagen vor allem in den heißen Sommermonaten beschwerlich. Wenn die Nationalparks der Umgebung das entscheidende Motiv für den Flug in Texas' Süden lieferten, ist ohnehin eine Fahrzeugmiete unumgänglich. **Fahrten nach Mexiko** sind entweder untersagt oder kosten Aufpreis.

Öffentliche Verkehrsmittel

Bus

Sun City Area Transit, © 533-3333 betreibt die lokalen Buslinien. Zwar ist das Busnetz relativ dicht, aber die Verkehrsfrequenz niedrig; das bedeutet: lange Wartezeiten in der Hitze. Ab Spätnachmittag gelten eingeschränkte Abfahrtszeiten, ebenso sonntags. Alle Busse fahren in *Downtown* an der San Jacinto Plaza ab (Oregon/Mills St), Fahrpreis ca. $1. Die ***Visitor Information*** verteilt gratis eine Broschüre ***Sightseeing by Bus***.

Taxi

Grundgebühr ca. $1.20, jede Meile ca. $1.50

Rundfahrten

Ein in stündlichen Abständen verkehrender ***Trolley*** der *Sun Metro Transit* fährt auf einem Rundkurs durch El Paso und passiert dabei die wichtigsten Sehenswürdigkeiten. Abfahrt von der *Convention Center Plaza* (vor dem Pavillon der Tourist Information), mehrere Haltestellen zum beliebigen Aus- und wieder Zusteigen unterwegs; Tagespass $6. Der ***El Paso-Juarez Trolley*** fährt einen grenzüberschreitenden Rundkurs vom *Convention Center* über den Rio Grande durch Ciudad Juarez, Abfahrten jeweils zur vollen Stunde (10am–5pm; im Winter 9am–4pm). Beliebige Unterbrechung an den Haltestellen; Tagespass $12. Konventionelle Stadtrundfahrten durch El Paso und *Shopping Trips* über die Grenze kann man bei ***Golden Tours,*** © 799-0555, 332 N Clark Dr, buchen, ebenso abendliche Fahrten zum ***Juarez Racetrack*** (Hunderennen).

Unterkunft

Die meisten Hotels und Motels in El Paso besitzen einen *Swimming Pool*. Den kann man in Anbetracht der vorherrschenden Temperaturen auch gut gebrauchen. Selbst wenn das Motel nebenan ohne Pool weniger kostet, sollte man überlegen, ob ein paar Dollar mehr für den Vorzug eines kühlen Bades nicht gut angelegt sind. El Paso ist aber generell kein besonders teures 'Hotelpflaster'.

Flughafenbereich

- **Rodeway Inn,** © 778-6611, 6201 Gateway West, ab $45
- **Econolodge Ft. Bliss,** © 778-3311, 6363 Montana Ave, ab $38
- **La Quinta, Geronimo,** © 778-9321, 6140 Gateway East, ab $43

City

- **Travelodge City Center,** © 544-3333, 409 E Missouri St, ab $43
- **Camino Real Hotel,** © 534-3000, 101 S El Paso Rd, ab $89, ein nostalgisches Haus in zentraler Lage, bestes Haus am Platz
- **Holiday Inn Downtown,** © 533-8241, 325 N Kansas, ab $59
- **Motel 6 Central,** © 533-7521, Raynolds Rd/I-10, ab $29

Außerhalb

- **Comfort Inn,** © 594-9111, 900 Yarbrough Rd, ab $49
- **Motel 6 East,** © 594-8533, I-10, Exit 29/Lee Travino Dr, ab $29

Außerdem zahlreiche Motels der Budget- bis Mittelklasse entlang *North Mesa St* (#80) in etwa parallel zur I-10.

Preiswert

- **El Paso International Hostel** at the Gardner Hotel, © 532-3661, 311 E Franklin Ave, 40 Betten, ab $13, sehr zentral
- **El Paso Central YM/WCA,** © 533-3941, 701 Montana Ave

Essengehen

Tex-Mex

Die Kombination Texas und Mexiko in El Paso legt es nahe, Steaks und/oder mexikanisch zu essen, ***Tex-Mex Food***.

Letzteres kann man auch "original" in Mexiko probieren. Dort besteht aber selbst in besseren Restaurants immer ein Restrisiko, Montezumas Rache heraufzubeschwören. Dafür ist es dort billiger. Für El Paso sei empfohlen

- **Forti's Mexican Restaurant,** 321 Chelsea St, preiswert
- **Alexandros,** © 546-9211, 309 E Overland St, Tex-Mex, moderat

Steaks

Fürs Steak gibt es nichts besseres als das unübertroffene

- ***Cattleman's Steak House,*** © 544-3200, auf der ***Indian Cliffs Ranch*** in Wildwest-Landschaft ca. 32 mi östlich von El Paso, daher nur für Autofahrer: I-10 *East, Exit* 49, dann 5 mi in nördliche Richtung. Reservierung normalerweise nicht nötig, große Kapazität (aber nur 5pm–10pm, So ab 12:30pm). Rustikale Atmosphäre, Texas, wie es sein soll. Hervorragende Steaks in beliebiger Größe und Zubereitung. Nicht billig, immer Betrieb.

Shopping

Grenzübertritt

Dem Einkauf in El Paso ziehen die meisten Touristen das Shopping-Erlebnis in Ciudad Juarez vor. Mexiko-Artikel werden zwar in Hülle und Fülle auch diesseits der Grenze angeboten, aber im allgemeinen teurer und ohne echtes Mexico-Flair. Der Grenzübertritt ist per **Taxi,** per ***Trolley*** und auch zu Fuß ohne weiteres möglich. Von der Innenstadt führen zwei Brücken über den Rio Grande (ca. 400 m) nach Mexiko. Ausländer dürfen nicht vergessen, den Pass mitzunehmen. Er wird zwar beim Verlassen der USA nicht und beim Einmarsch nach Mexiko selten angeschaut, aber die Rückkehr in *God's Own Country* ist ohne Reisepass unmöglich.

Einkaufen in Mexiko

Gleich, über welche Brücke man nach Mexiko gelangt, das geballte Warenangebot beginnt gleich jenseits der Grenze. Wichtig ist, sich zunächst zu orientieren, um nicht Fantasiepreise für minderwertige Ware zu zahlen. Manche Artikel gibt es besser und billiger in den *El Paso Shopping Malls*, dazu noch ohne das in Mexiko unabdingbare Feilschen.

Markt

Empfehlenswert ist der ***Juarez Mexico City Market*** in der Avenida 16 de Septiembre (erste große Querstraße etwa 500 m hinter der Grenze), von der Ecke noch einmal ca. 500 m nach links (östlich). Innerhalb des Marktgebäudes befinden sich zahllose Verkaufsstände. Wer Interesse zeigt, wird zunächst mit unrealistischen Anfangsforderungen – meist in Dollar – konfrontiert, die unbedingt kräftig heruntergehandelt werden müssen. Sonst läuft man – zumindest dort – Gefahr, stark überhöhten Preisen aufzusitzen. Bei vielen Händlern kann per Kreditkarte gezahlt werden.

In El Paso findet man die üblichen Shopping Malls z.B. die ***Sunland Park Mall*** (Sunland Park Dr/I-10 West) oder die ***Cielo Vista Mall***, Hawkins Gateway West in Airportnähe, El Pasos größtes Einkaufszentrum.

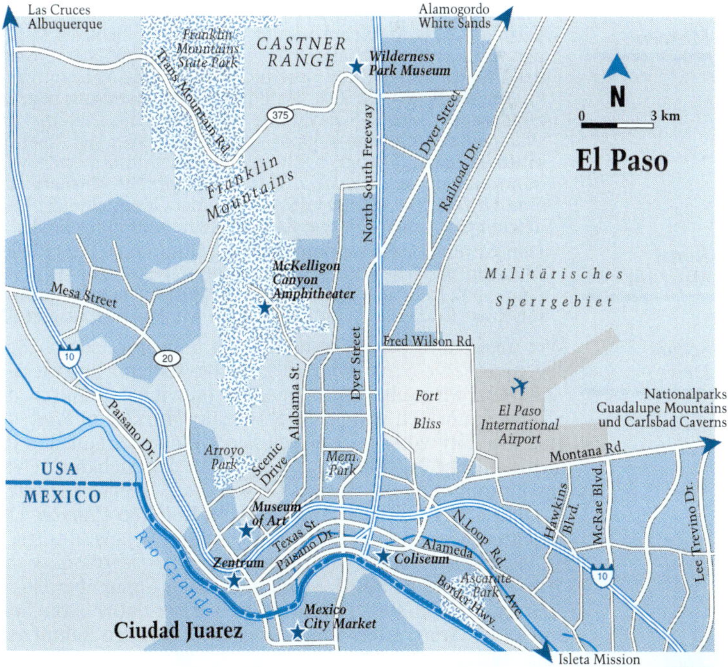

Sehenswürdigkeiten El Paso

Situation

Wie bereits angedeutet, verfügt El Paso kaum über besondere Sehenswürdigkeiten im eigentlichen Sinne. Es gibt wenig, was man unbedingt besucht haben müßte, auch wenn im Zentrum einige alte Gebäude einen interessanten historischen Hintergrund besitzen. Von der örtlichen Tourismus-Werbung werden gerne die alten Missionsstationen herausgehoben, aber äußerstenfalls den Besuch der schlichten

- ***Ysleta Mission***, der ältesten Missionskirche Texas' (1682), im Südosten der Stadt könnte erwogen werden. Sie gehört zum Gelände der ***Tigua Indian Reservation and Pueblo*** (859-7913), Alameda Ave/Zaragoza Rd, Di–Fr 9am–4pm, Sa bis 5pm. Die *Tigua* Indianer be-treiben in einem Adobegebäude einen überwiegend auf Touristen zielenden Shop mit Schmuck- und Töpferwaren, die ein reizvolles *Tigua Design* zeigen und durchweg sehr formschön sind, aber auch relativ teuer. Im Sommer finden mittwochs bis sonntags (Rest des Jahres nur am Wochenende) indianische Tänze statt, Eintritt $3.

Fort Bliss

- Südtexas' militärische Tradition beleuchten mehrere **Museen** auf dem Gelände des Fort Bliss, eines riesigen Stützpunktes der US-Army und -Airforce, das auch ein Trainingszentrum der Bundesluftwaffe beherbergt. Die Zufahrt zum Fort Bliss erfolgt über den North-South-Fwy, Exit Forrest Rd.

Museen

- Das ***Fort Bliss Replica Museum***, © 568-4518) befindet sich in den restaurierten Gebäuden des einst vorgeschobenen Postens der US-Armee, ➪ unter Geschichte 1854. Das Museum zeigt Gegenstände aus der Zeit des Bürgerkriegs, berichtet über die Heldentaten der US-Kavallerie und die Erschließung des Westens, täglich 9am–4:30pm, Eintritt frei. Wer sich über die einst berittene Truppe noch ausführlicher informieren will, kann dies im ***3rd Armored Cavalry Regiment Museum*** tun. Das ***Air Defense Artillery Museum*** ist der Geschichte der Luftabwehr gewidmet. Diverse Raketen stehen im Freigelände.

Kunst Museum

- Den kulturellen Kontrapunkt zu den Militaria setzt das ***El Paso Museum of Art***, 1211 Montana Ave, Di–Sa 10am–5pm, So 1pm–5pm, frei. Neben europäischen Meistern (aus der bekannten *Kress Collection*) sind indianische Kunstwerke ausgestellt.

Scenic Drive

Wer über ein Mietauto verfügt, sollte unbedingt den hochgelegenen *Scenic Drive* (Rim Rd) zwische Alabama und Mesa St abfahren. Man überblickt bereits von vielen Punkten der Straße, am besten vom Aussichtspunkt ***Murchison Park***, die gesamte City von El Paso, den Rio Grande Verlauf und die mexikanische Nachbarstadt. Folgt man der Alabama St von der Einmündung des *Scenic Dr* weitere 2 mi nach Norden, erreicht man die Stichstraße in den ***McKelligon Canyon***. Das gleichnamige **Amphitheater** ist beliebter Veranstaltungsort für *Open-air* Konzerte und eine *Musical History Show* mit dem Titel***Viva, El Paso!***, Mitte Juni–Mitte September Do–Sa 8:30 pm, $8-15. *Dinner* ab ca. 2 Std. vor der Show extra. Sehr empfehlenswert, allein schon wegen des äußeren Rahmens!

Sicherheit

El Paso ist tagsüber in der Innenstadt zwar nicht direkt gefährlich, aber auch nicht unproblematisch. Seine Handtasche sollte man immer fest im Griff haben und das Auto, so vorhanden, verschließen und nichts sichtbar liegenlassen, was Interesse erwecken könnte. Das gilt insbesondere für die grenznahen Straßenzüge und Ciudad Juarez. Nach Einbruch der Dunkelheit gelten die Straßen El Pasos als ziemlich unsicher.

Zu den Nationalparks der Umgebung

Rundfahrt

Bei ausreichend Zeit lassen sich alle vier im folgenden beschriebenen Nationalparks auf einer Rundstrecke miteinander verbinden; minimaler Zeitbedarf dafür wären 5 Tage. Steht weniger Zeit zur Verfügung, genügten für den Besuch der ***Carlsbad Caverns*** und der ***White Sands*** zur Not 2 Tage, wenn man auf einen Aufenthalt im ***Guadalupe Mountains Park*** verzichtet. Zu den Parks im einzelnen:

White Sands

- Eine der ungewöhnlichsten Landschaften unter der Obhut des *National Park Service'* ist das ***White Sands National Monument***, 14 mi südwestlich von Alamogordo (bis dorthin von El Paso ca. 85 mi). Diashow und ein kleines Museum im ***Visitor Center*** geben Aufschluß über die Entstehung des schneeweißen Gebietes mit bis zu 15 m hohen Hügeln. Eine Besucherstraße, die an windigen Tagen von Schneepflügen freigehalten wird, führt mitten hinein in das blendende Weiß. Von den Parkplätzen kann man nach Belieben die Gipsdünenlandschaft erkunden. Am intensivsten erlebt man *White Sands* am frühen Morgen (Einfahrt ab 7am) und am Spätnachmittag bis zur Dunkelheit. Die Straße wird im Sommer bis 21 Uhr (bei Vollmond länger) offengehalten.

Carlsbad Caverns

- Vom *White Sands Monument* zum ***Carlsbad Caverns National Park*** sind es über Alamogordo (dort ggf. Übernachtung, viele preiswerte Motels) rund 200 mi. Die direkte Entfernung von El Paso beträgt 150 mi. Das ***Visitor Center*** über den größten der Allgemeinheit zugänglichen Höhlen der Erde legt 5 mi abseits der vorbeiführenden Straße #62/#180.

  Die Höhlen dürfen individuell besichtigt werden:

  (1) Die ***Natural Entrance Tour*** beginnt am Höhleneingang und be-zieht sich auf den Abstieg durch tunnelartige, nur von der Fledermaushöhle unterbrochene, später zum *Main Corridor* mit bis zu 60 m Deckenhöhe erweiterte Bereiche. 250 m unter der Erde liegen der *Kings Palace* und die *Queens Chamber*.

  (2) Die ***Big Room Tour*** (Ein-/Ausstieg per Fahrstuhl) entspricht einem etwa 2 km langen Rundweg durch die riesigen Haupträume der Höhle in 220 m Tiefe.

  Die benötigte Zeit wird in den Broschüren des Parks übertrieben. Auch bei ruhiger Gangart benötigt man kaum mehr als eine Stunde für den Abstieg durch den *Natural Entrance* und eine weitere Stunde für den *Big Room*. Wer den (leichten) Fußmarsch bergab nicht scheut, sollte sich für den natürlichen Eingang entscheiden. Aber **Achtung:** Im Sommer ist 3:30pm letzter Einlaß am Höhleneingang, am Fahrstuhl hingegen um 5pm. Vor *Memorial* und nach *Labor Day* gelten die Zeiten 2pm/3:30pm. Öffnung ganzjährig um 8:30am.

Der ***Golden Eagle Passport*** (➪ Seite 147) besitzt für die Höhlenbesichtigung **keine Gültigkeit**; Eintritt $5 pro Person.

Fledermäuse

Ein Erlebnis sind die Fledermäuse, die zu Hunderttausenden in der ***Bat Cave*** leben und von Frühjahr bis Oktober bei Sonnenuntergang lärmend aufsteigen und im Morgengrauen zurückkehren. Auf dieses Schauspiel zu warten, lohnt sich.

Guadalupe Mountains

– Übernachtung im Ort Carlsbad oder (teurer) in Whites City. Von Whites City sind es keine 40 mi zum ***Guadalupe Mountains National Park*** auf der Grenze zwischen New Mexico und Texas, von El Paso dorthin rund 110 mi. Nur zwei Zufahrten erschließen den weitgehend unberührten reinen Landschaftspark: Die nördliche Stichstraße endet nach wenigen Meilen am Eingang zum ***McCittrick Canyon***, in den ein Wanderpfad hineinführt (ca. 4 km zum Umkehrpunkt *Pratt Cabin*). Hauptzufahrt ist die Straße zum ***Visitor Center*** und *Pine Springs* Parkplatz, Ausgangspunkt für ***Wilderness Trails*** in die einsame Gebirgswelt. Eine empfehlenswerte Kurzwanderung führt im Pine Springs Flußbett zum Canyonengpass ***Devils Hall***.

Big Bend NP

– Ein (mindestens) 3-Tage-Umweg könnte von den Guadalupe Mountains weiter zum **Big Bend *National Park*** im großen Bogen (daher *Big Bend*) des Rio Grande führen. Auf der landschaftlich optimalen Straßenkombination #54/I-10/#118 über **Fort Davis** sind es rund 280 mi bis zum ***Visitor Center Panther Junction,*** von El Paso aus 350 mi. Der Park umschließt ein etwa 3000 qkm großes Gebirgsareal (*Chisos* und *Santiago Mountains*). Von der Durchgangsstraße zweigen Stichstraßen zu drei Besucher-Bereichen ab:

- ***Rio Grande Village*** in einer grünen Uferoase
- ***The Basin***, eine Hochebene im zerklüfteten Chisos Gebirge
- ***Santa Elena***, Endpunkt des *Ross Maxwell Scenic Drive*

Trails

In allen beginnen lohnenswerte *Trails*. Besonders zu empfehlen sind der hübsche Pfad durchs Uferschilf des Rio Grande zum Eingang des ***Boquillas Canyon*** und der Weg in den ***Santa Elena Canyon*** hinein und zu ***Hot Springs*** am Ufer des Rio Grande.

Unterkunft

Im Park existiert nur eine minimale Versorgungsinfrastruktur. Übernachten kann man in einer Lodge im Chisos Basin, relativ parknah in Study Butte/Terlingua (dort unbedingt das ***Kiva-Restaurant*** besuchen; auch Kneipe, an Wochenenden Tanz) und Lajitas, einem halbmexikanischen Dorf am Rio Grande.

Zurück nach El Paso

Zur Rückfahrt nach El Paso sollte man die attraktive achterbahnartig geführte Straße #170 am Rio Grande entlang über Presidio wählen. Nach Überquerung der ***Cuesta Del Burro Mountains*** verflacht die Strecke. Es folgen ab Marfa 200 mi ohne nennenswerte Abwechslung.

FLAGSTAFF und der GRAND CANYON NATIONAL PARK

Flagstaff ist **das** Einfallstor für den *Grand Canyon*-Tourismus und gleichzeitig wichtigster Verkehrsknotenpunkt im nördlichen Arizona. Die I-17 aus Phoenix trifft bei Flagstaff auf die Ost-West-Autobahn I-40. Auf der Bundesstraße #89 geht es weiter nach Norden zu den Utah-Nationalparks. Die Stadt als solche bietet außer kolossalen Motelkapazitäten und der dazugehörigen Versorgungsinfrastruktur für Touristen wenig. Sie ist aber ideales Standquartier für den Besuch des Grand Canyon und diverser Nationalmonumente im Umfeld.

GEOGRAPHIE, KLIMA UND GESCHICHTE

Geographie Nördliches Arizona

Flagstaff liegt auf dem ***Coconino Plateau*** am südlichen Rand des ***Great Plateau***, einer hochgelegenen Felslandschaft, die weite Gebiete im nördlichen Arizona, in Südost-Utah und Südwest-Colorado umfaßt. In der einst durchgängigen Ebene entstanden durch Erosion, Verwerfungen und vulkanische Aktivität *Canyons*, Gebirgszüge und Felsmonolithen. Während Flagstaff ebenso wie der Südrand des Grand Canyon sich auf über 2000 m Höhe befinden, liegt das nur 27 mi entfernte Sedona im weiten Tal des *Oak Creek* (siehe unten) bereits 800 m tiefer. Zwischen Flagstaff und *Grand Canyon* ragen die ***San Francisco Mountains*** mit dem über 4000 m hohen *Humphrey Peak* empor, ein beliebtes Wintersportgebiet der Großstädter aus Phoenix und Las Vegas. **Flagstaff** besteht aus einem kleinen Zentrum nordöstlich der Abzweigung der Straße #180 zum *Grand Canyon* und meilenlangem *Business* entlang der Straße #89A.

Grand Canyon

Der ***Grand Canyon of the Colorado River***, wie es vollständig heißt, liegt – über die Autobahnen I-40 und I-17 per Auto gut erreichbar und nur 80 mi vom Verkehrsknoten Flagstaff entfernt – in der nordöstlichen Ecke Arizonas. Die weltberühmte Schlucht entstand dadurch, daß über Jahrmillionen hinweg das sog. Kaibabplateau nach oben driftete, und sich gleichzeitig der von den Rocky Mountains kommende und in die Bucht von Kalifornien (Mexiko) mündende Colorado Fluß immer tiefer ins weiche Gestein "sägte". Sie ist rund 350 km lang, zwischen Nord- und Südrand bis zu 24 km breit und – von den höchsten Stellen des Nordrandes bis zum Flußbett – im Maximum 1800 m tief. Dem Besucher bieten sich, soweit das Auge reicht, auf allen Höhenstufen mächtige Felsformationen unterschiedlichster Färbung. Vom eigentlichen "Helden" der Szene, dem Colorado River, sieht man von oben kaum etwas. Er fließt in zahllosen Kehren weitgehend verborgen hinter den Wänden der bis zu 450 m tiefen inneren Schlucht. Nur von wenigen Aussichtspunkten aus lassen sich kurze Abschnitte des oft sedimentbeladenen Flusses erkennen.

Beide Seiten, ***North Rim*** und ***South Rim,*** sind voll erschlossen durch Randstraßen (*Rim Roads*), Wanderpfade, Aussichtspunkte und eine umfassende Versorgungsinfrastruktur. Außerdem existieren die ***Visitor Center*** und **Museen** der Nationalparkbehörde zu Information und Belehrung der Besucher.

Klima um Flagstaff

Wegen der **Höhenlage** gelten in Flagstaff – und generell in den Plateauregionen Nordarizonas – ganz andere klimatische Bedingungen als weiter südlich oder in Kalifornien und Neu-Mexiko. Die Winter sind überraschend kalt. Zwar fällt nicht übermäßig viel Schnee, aber er hält sich bis in den April hinein. Frühsommer und Herbst zeichnen sich bei Bewölkung durch niedrige Tagestemperaturen aus. Sonnige Tage bringen im Mai/Juni und im September/Oktober angenehme Wärme, der aber oft Nachtfröste folgen. Juli und August können recht heiß sein. Heftige Gewitterschauer sind dann jedoch häufig und sorgen für Abkühlung.

Grand Canyon

Der **Südrand** des *Grand Canyon* liegt auf Höhen zwischen 2100 m bis 2400 m. Die klimatischen Bedingungen entsprechen dort in etwa denen von Flagstaff. Während der Sommer-Hochsaison muß mit regelmäßigen kräftigen Schauern gerechnet werden. Da die **Nordseite** um rund 300 m über der Südseite liegt, herrschen dort rauhere Witterungsbedingungen mit Schneefall oft schon im Oktober. Die Zufahrt dorthin (Straße #67) bleibt daher während des Winters bis Mai geschlossen. **Auf der Südseite sind die Randstraßen ganzjährig geöffnet**.

Das ***Klima im Canyon*** variiert in Abhängigkeit von der Höhenlage. Im inneren Canyon zwischen 700 m und 1200 m herrscht ein trockenes Wüstenklima mit Temperaturen bis über 50°C im Sommer. Bei Wanderungen hinunter in die Schlucht muß man die mit der Tiefe zunehmende Hitze bedenken.

Heißester Monat: Juli 21°C **Kältester Monat**: Januar 0°C

Geschichte

Flagstaff bedeutet nichts anderes als **Fahnenmast**. Der namensgebende *Flagstaff* wurde anläßlich der 100-Jahrfeier der USA in der damals noch winzigen Siedlung am ***Wagon Trail*** nach Kalifornien am 4. Juli 1876 als weithin sichtbares Symbol errichtet. In der Zwischenzeit wandelte sich der *Trail* zur Autobahn (I-40) und Flagstaff zu einer Stadt mit 47.000 Einwohnern, die mit Abstand größte in einem Gebiet von über 100.000 qkm Ausdehnung.

Grand Canyon

Im *Canyon* und beidseitig der Schlucht gibt es zahlreiche Spuren **vorkolumbischer Indianer-Besiedelung**. Eine erste spanische Expedition erreichte die damals menschenleere Schlucht 1540, weitere Gruppen folgten und berichteten enthusiastisch davon. Unsterblichen Ruhm erwarb sich der einarmige Major John Wesley Powell, als er es

1869 fertigbrachte, mit 4 Booten und einer Handvoll Leuten den Colorado River zu bezwingen (➪ unter IMAX-Kino in Tusayan).

1876 erkannte ein Fred Harvey die touristische Attraktion des Grand Canyon und errichtete

1882 das erste **Hotel** am *Grand View Point*.

1893 wurde die Schlucht und Umfeld zur ***Forest Preserve***,

1908 zum **Nationalmonument** erklärt.

1919 Aufwertung zum **Nationalpark**, dessen Gebiet

1975 auf die heutige Ausdehnung erweitert wurde.

Innerhalb des Nationalparks existiert auf der Südseite das ***Grand Canyon Village*** mit sämtlichen Einrichtungen zur Bewältigung des Besucherandrangs: Hotels, Restaurants, Campingplätze, Einkaufszentrum, Shuttle-Busse und sogar ein Bahnhof. Vor den Toren des Parks entstand das **Touristendorf Tusayan**.

Daten und Fakten

Telefonische Vorwahl/Area Code: 520

Besucherinformation

- **Flagstaff Visitor Center,** © 774-9541, (800) 842-7293, im Bahnhof, Mo–Sa 8am–6pm, So bis 5pm. Umfangreiches Material zu Flagstaff, Orten und Sehenswürdigkeiten der Umgebung, speziell zum *Grand Canyon*. Weniger Hektik als am *Canyon.*
- **Visitor Center im Nationalpark**, 6 mi nordwestlich der Einfahrt, im Sommer 8am-6pm, Rest des Jahres bis 5pm. Karten, Museum, Filme, Dia-Show.
- **Park Headquarters,** © 638-7888, 8am-5pm
- **Information Unterkünfte** im Grand Canyon Village, © 638-2631
- **Zimmerreservierung** im Bereich Grand Canyon, © 638-2401
- **Wetterauskunft** und Straßenzustand, © 638-7888

Der zeitungsartige ***THE GUIDE***, ein regelmäßig neu aufgelegtes Informationsblatt, wird gratis verteilt und gibt Auskunft über alles Wesentliche wie Veranstaltungen, *Shuttle-Bu*s-Fahrpläne, Zeiten von Sonnenauf- und -untergang etc.

Flughafen (FLG)

Flagstaff Pulliam Field Airport

Fluglinen: HP

Taxi

Der Flughafen liegt 5 mi südöstlich der Stadt und besteht aus einem winzigen Terminal mit nur einem *Gate.* Nach Flagstaff geht es nur per Taxi (ca. $ 12) oder Mietwagen. Die wenigen Telefone sind nach Ankunft eines Fluges schnell blockiert.

Dream Taxi, © 774-2934; ***Taxicab*** © 526-4123

Auto-vermietung

Am Flughafen besitzen nur *Budget* und *Hertz* Schalter. In der Stadt viele weitere Vermieter, u.a. *Rent-A-Den*t, © 774-7394.

Flughafen (GCN)

Grand Canyon National Park Airport

Fluglinien: *Air Nevada, Scenic Airlines, Las Vegas Airlines*

Rundflüge

Die meisten **Verbindungen** bestehen mit Las Vegas. *Scenic* und *Grand Canyon Airlines* veranstalten Rundflüge.

Der Flughafen verfügt über ein *Terminal* und über eine gesonderte Abflughalle für die *Sightseeing*-Flüge.

Transport Airport–Grand Canyon

Shuttle Bus, © 638-2475, 8:15am–7:15pm stündlich zum *Grand Canyon Village*, $8 hin und zurück

Taxi: © 638-2822

Autovermietung: Budget, Dollar

Öffentliche Verkehrsmittel in Flagstaff

- ***Pine County Transit,*** © 779-6624. 3 Busrouten entlang der wichtigsten Straßen, Frequenz ca. einmal pro Stunde für $0,75.
- ***Nava-Hopi Buslinie,*** © 774-5003, © (800)892-8687, fährt 2x täglich zum *Grand Canyon* (ca. $25) und 3x nach Phoenix (ca. $50), beide Preise hin und zurück.

Verkehrsmittel im Nationalpark

Bus

Im Sommer (*Memorial* bis *Labor Day*) kostenloser ***Shuttle-Bus*** (15 min Frequenz; 7:30am bis Sonnenuntergang)) vom *Village* bis zum Ende der *West Rim Road* (die dann für den privaten Verkehr gesperrt wird); außerdem Rundkurs durch das Dorf. Sinnvolle Einrichtung, aber zu bestimmten Zeiten lange Warteschlangen

- ***Hiker`s Shuttle*** fährt vom Dorf zum Start-/Endpunkt des *South Kaibab Trail* in den *Canyon,* $3. Mehrmals vormittags.
- ***Rim-to-rim Van-Transport*** vom Südrand an den Nordrand und umgekehrt mit ***Transcanyon,*** © 638-2820; *one-way* ca. $60.
- ***Tusayan-Grand Canyon Shuttle,*** © (800) GRAND-CANYON, verbindet die Hotels vor den Toren des Parks mit dem Grand Canyon Village, stündlich, im Sommer häufiger, $4, retour $7.
- **Dampfeisenbahn** von Williams zum Grand Canyon Village, © (800) 843-8724, im Sommer 1x täglich.

Rundfahrten/-flüge

Ab Flagstaff

- **Gray Line,** © 774-5003, bietet Touren zu Zielen der näheren Umgebung (Sunset Crater, Meteor Crater), zum *Grand Canyon* und nach Sedona, Jerome und zum Montezumas Castle an.
- ***Blue Goose Backpacker Tours and Travel***, © 774-6731; Trips zum *Grand Canyon* und zu anderen Zielen mit Führung ab *International Hostel* (*Grand Canyon* ca. $37)

Grand Canyon

- ***Sightseeing*-Busse** sammeln ihre Passagiere an den verschiedenen *Lodges* im Park auf. Auskunft und Buchung in der *Bright Angel Lodge,* © 638-2631. Fahrten zu den etwas entlegeneren Aussichtpunkten mit Erläuterungen. Relativ teuer.

Rundflüge

- Sechs verschiedene Veranstalter bieten **Flugzeug- und Hubschrauberrundflüge** über den *Canyon* an. Abflug ab Tusayan und dem *Airport,* Kosten je nach Flugzeit $50-150. Man kann ungefähr pro Flugminute $2 rechnen.

Hinweis

Nur die Hubschrauber tauchen gelegentlich ein wenig in den *Canyon* hinein; Flugzeuge bleiben weit oberhalb des Randniveaus. Die Flüge sind ein Erlebnis, aber nur bei schönem Wetter das Geld wirklich wert.

Unterkunft

Flagstaff

Flagstaff ist mit Hotels und Motels aller Preisklassen vollgestopft. Auch **preiswerte Unterkünfte** lassen sich in der Regel leicht auftreiben. Außerhalb der Saison werben viele Motels unübersehbar mit niedrigen Sonderpreisen ab $25.

Flagstaff

Es gibt sogar zwei Jugendherbergen:

- **The Weatherford Hotel** (AYH assoziiert), ✆ 774-2731, 23 N Leroux St, ab $12, DZ ab $35. Jugendherberge in einem nostalgischen Hotelbau im Zentrum
- **Motel Du Beau International Hostel,** ✆ 774-6731, 19 W Phoenix, ab $13 inkl. Frühstück. Gehört zu AAIH, ➪ Seite 117.

In der Mittelklasse sind u.a. empfehlenswert die Kettenhäuser

- **Econolodge East**, ✆ 527-1477, 3601 E Lockett Rd, ab $39-$89
- **Hampton Inn,** ✆ 526-1885, 3501 E Lockett Rd, ab $69
- **Fairfield Inn**, ✆ 773-1300, 2005 S Milton Rd, ab $55-$79

Grand Canyon

Die Kapazität der **Hotels im *Grand Canyon Village*** ist begrenzt. Sie sind oft Monate im voraus ausgebucht. Wer Wert auf ein Zimmer in einem Hotel in Randnähe legt, sollte frühzeitig reservieren: sämtliche Unterkünfte im *Grand Canyon Village* können über ✆ **(303) 29PARKS** gebucht werden.

Im Park

- **Bright Angel Lodge**, $60-$100, populärste Lodge im Park, Zimmer nur bei langfristiger Reservierung.
- **Thunderbird Lodge**, $95-$110, verbunden mit der *Bright Angel Lodge*, neueres Gebäude, ebenfalls am *Canyon*, schöne Aussicht (*Rim View*) von den Zimmern im 2. Stock
- **El Tovar Hotel**, $120-$180, 1905 erbautes Hotel am Canyon
- **Kachina Lodge,** $95-$115, am Canyon neben El Tovar Hotel

Tusayan

Wer ohne Reservierung kommt, wird ein Zimmer nur noch in Tusayan finden. Gerade billig ist es dort ebenfalls nicht:

- **Moqui Lodge,** ✆ 638-2424, $75-$115, im Winter geschlossen
- **Best Western Grand Canyon Squire Inn,** ✆ 638-2681, $75-$105
- **Quality Inn,** ✆ 638-2673, $95-$135

Essengehen und Shopping

Restaurants Flagstaff

Flagstaff bietet nichts für Feinschmecker, dafür entlang der Hauptstraße Santa Fe Ave die bekannten Kettenrestaurants. Wenig verkehrt machen kann man bekanntlich in Amerika mit Steak, Pizza und *Mexican Food*

- ***Sizzler Steakhouse*** beim *Fairfield Inn,* Milton Road, Zufahrt I-17
- ***Alpine Pizza Restaurant***, 7 Leroux St und 2400 E Santa Fe Ave.
- ***El Charro Café***, 409 S San Francisco St, gut und preiswert

Kunsthandwerk

Indian Handicraft ist das Shopping-Zauberwort im und rund ums Indianerland. In Flagstaff gibt es zahlreiche Läden mit Gegenständen indianischer Handarbeit. Hübscher Schmuck, Textilien, Keramik und wunderschöne *Kachina*-Puppen werden im Shop des Museum von *Northern Arizona* verkauft, aber leider zu sehr hohen Preisen. Das größte **Einkaufszentrum** weit und breit ist die

Mall

- ***Flagstaff Mall***, 4560 North Highway #89, Mo–Fr 10am–9pm, Sa 10am–6pm, So noon–5pm. Vor den Toren der Stadt in Richtung Lake Powel/Monument Valley.

Restaurants Grand Canyon

Restaurants und Cafeterias im Village sind im Sommer fast ständig und ansonsten zu den üblichen Essenszeiten überlaufen, außerdem teuer. Am besten zur Hungerbekämpfung ist noch die ***Yavapai Cafeteria*** (Selbstbedienung) am *Mather Center*/Großparkplatz geeignet. Abends findet dort *Life Music & Dancing* statt. Draußen stehen Picknicktische.

Kulinarische Köstlichkeiten wird man trotz der hohen Preise weder am Grand Canyon noch in **Tusayan** finden. **Selbstverpflegung** ist daher empfehlenswert. Ein ganz privater Imbiß an einsamer Stelle am Rand (etwa abseits der Aussichtspunkte der *East Rim Road*) bei Sonnenuntergang ist nicht zu übertreffen. An manchen Aussichtspunkten stehen **Picknicktische** (sehr hübsch im Bereich *Yaki Point*).

Souvenirs

Neben diversen Souvenirshops verfügen *Grand Canyon Village* und Tusayan über *General Stores*, Minikaufhäuser mit integriertem Supermarkt. Indianerschmuck und -keramik sind dort viel teurer als anderswo. **Schmuck** gibt es preiswerter an Navajo-/Hopi-Verkaufsständen östlich des Parks an den Straßen #64 und #89, aber auch – zu noch 'zivilen' Preisen – im großen *Shop* für *Indian Handicraft* in Cameron.

Sicherheit

Am ***Grand Canyon*** wie auch in anderen Nationalparks kein Problem. Die Park-Ranger üben Polizeifunktion aus und haben ihre Areale offenbar gut im Griff. Tusayan als reines Touristendorf ist ebensowenig kriminalisiert. Sein Auto sollte man dennoch gut verschließen und Handtasche wie Kamera aufmerksam im Auge behalten.

Flagstaff ist ebenfalls unproblematisch. Am Abend kann Vorsicht trotzdem nicht schaden – wie überall in Amerika.

Sehenswürdigkeiten in Flagstaff

Wie bereits gesagt, gibt es in Flagstaff nicht viel sehen. Der Ort ist trotz eines ansprechenden Kerns mit dem *City Park* insgesamt reizlos. Einen Besuch wert sind das

Museum

- das ***Museum of Northern Arizona*** liegt 3 mi nördlich von Flagstaff an der Straße #180 (zum *Grand Canyon*), 9am-5pm, $5. Rustikales Museumsgebäude im Blockhausstil; Kollektion zu Archäologie, Geologie und Biologie der Region. Wechselnde **Ausstellungen zu Kunst und Kultur** der Navajo, Hopi und Zuni Indianer. Qualitativ hochwertiger und teurer Shop.

Observatorium

- das ***Lowell Observatory*** © 774-2096/3358, Mars Hill Rd hinter dem *City Park*, $3 Spende. Führungen 9am–5pm nach Anmeldung. Von dort wurde 1930 der Planet Pluto entdeckt.

Pow Wow

- Im Wochenende vor dem 4. Juli findet in Flagstaff ein großes Indianerfest mit Tänzen, Rodeos und anderen Ereignissen statt.

Im *Grand Canyon National Park*

Ziel und Sehenswürdigkeit sind in diesem Fall identisch. Alles dreht sich um Aktivitäten am und im *Grand Canyon*. Die Mehrheit der Besucher beschränkt sich auf ein Abfahren oder -laufen eines Teils der Randstraße bzw. der am Rand entlangführenden Fußwege mit zahlreichen Aussichtspunkten.

Rim Trails

– Vom ***Visitor Center*** führt der ***West Rim Trail*** bis zum Straßenendpunkt *Hermits Rest* (ca. 13 km) und der ***South Rim Trail*** über das Yavapai Museum bis zum *Mather Point* in östliche Richtung (ca. 2,5 km). Beide bieten bei geringen Höhenunterschieden keine Schwierigkeiten.

Die besten **Aussichtspunkte** entlang dieser beiden Wege sind (von West nach Ost) *Pima Point, Mohave Point, Hopi Overlook, Maricopa* und *Yavapai Point* mit dem gleichnamigen Museum.Dort tolle Panoramascheibe über dem *Canyon*.

Mather Point

Der östliche Endpunkt des Weges, ***Mather Point***, ist der beste Platz bei Sonnenuntergang.

Rim Road

– Die Aussichtspunkte an der ***East Rim Road*** vom – ebenfalls zur Beobachtung des Sonnenuntergangs – beliebten ***Yaki Point*** bis zum ***Desert View*** an der Osteinfahrt in den Park sind nicht mehr durch Fußwege untereinander verbunden, davon ist *Grandview Point* besonders eindrucksvoll. Der *Watchtower* (*Desert View*) besitzt einen pittoresken Aussichtsturm (Eintritt).

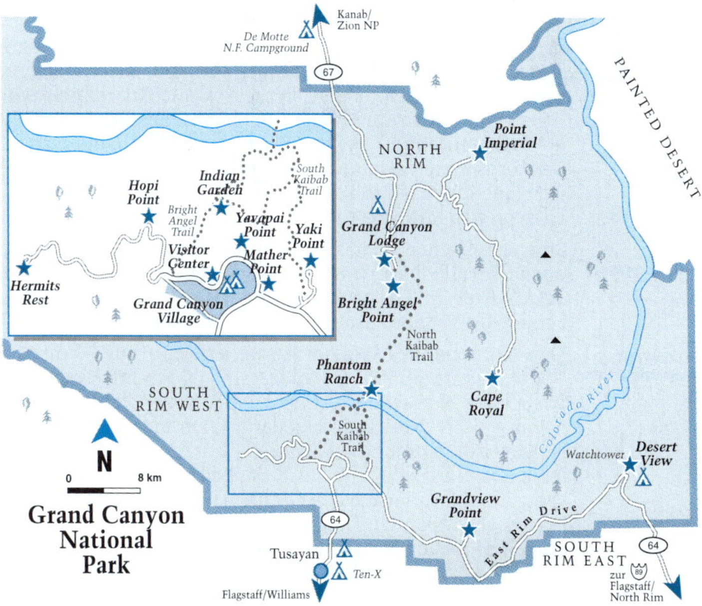

Grand Canyon
National
Park

Abstieg

Die anstrengende Ergänzung zum *Sightseeing* vom Rand aus ist die Wanderung in den Canyon hinunter:

- *Der* ***South Kaibab Trail*** *mit Startpunkt unterhalb des Yaki Poin*t ist der kürzere und steilere (13% im Schnitt!), der
- ***Bright Angel Trail*** mit Startpunkt unweit westlich der gleichnamigen *Lodge* der beliebtere (Wasser unterwegs), aber längere.

Über exakte Streckenlängen, Wanderzeiten, Schwierigkeitsgrad, zu beachtende Regeln etc. gibt die oben erwähnte Informationszeitung *The Guide* ausführlich Auskunft.

Ranger im ***Visitor Center*** und an den Ausgangspunkten (*Trail Heads*) beantworten ebenfalls Fragen und geben Tips.

Übernachten im Canyon

Nur Leute mit Bombenkondition machen den Marsch hinunter und wieder hinauf innerhalb eines Tages. Unten kann man in der ***Phantom Ranch*** übernachten im Schlafsaal (ca. $22/Person) und in rustikalen *Cabins*, ca. $58 für 2, $78 bei 4 Personen, Reservierung unter © (303) 29PARKS.

Muli

Ohne individuelle Reservierung kommt in der *Phantom Ranch* nur unter, wer einen **Mulíritt** in die Schlucht als Inklusivtour bucht (Telefon oben). Über $270/Person im EZ (2 Personen im DZ $480) kostet das Vergnügen für 2 lange Tage auf dem Sattel inkl. Übernachtung und Verpflegung. Dennoch ist der Andrang groß, gelegentlich werden aber kurzfristig Plätze frei. Der 12-Stunden retour-Ritt an einemTag kostet $115.

Schlauchboot-Trips

Der Clou zur Bezwingung des Grand Canyon sind mehrtägige ***River Trips***, die in Lees Ferry bei Marble Canyon beginnen und im Lake Mead enden. Diese Schlauchbootfahrten sind bis zu einem Jahr im voraus ausgebucht. Die Büros der ***Visitor Information*** in Tusayan, Flagstaff und Williams verfügen über Prospekte verschiedener Veranstalter. Mit Glück findet sich eine kurzfristige Teilnahmemöglichkeit, z.B. bei ***Grand Canyon Expeditions***, © (800) 544-2691.

Film

Statt der eigenen Grand Canyon Bezwingung tut es zur Not auch der tolle Film *Grand Canyon – The Hidden Secrets* im **IMAX-Kino in Tusayan**. Teilweise wurde er von Schlauchbooten aus gedreht. Stündlich 8:30am-8:30pm (Sommer), $7.

Nordseite

Den **Nordrand des Canyon** ist stellenweise nur 10 mi vom Südrand entfernt. Auf der Straße sind es 215 mi. Eigens zum Besuch des Nordrandes Extrazeit einzuplanen, lohnt sich nur, wenn weitere Nationalparks der Region auf dem Reiseplan stehen, z.B. *Zion* und/oder *Bryce Canyon*. Denn im Prinzip bietet die Nordseite nichts Neues. Anders sieht es ggf. aus für sportliche Naturen, die den *Grand Canyo*n von Rand zu Rand bewältigen möchten. Da der *North Kaibab Trail* mit 14,5 mi erheblich länger ist als die beiden Pfade auf der Südseite, steigt man zunächst im Norden ab. Für den Transport sorgt der *Transcanyon Van Service*, siehe oben.

Ziele in der Umgebung

Neben dem *Grand Canyon*, der von Flagstaff aus per Auto in einer schönen 200-Meilen-Rundfahrt angesteuert werden kann, gibt es rings um die Stadt eine ganze Reihe weiterer interessanter Ziele für **Tagesausflüge**:

Schwarze Landschaft

- ***Sunset Crater National Monument,*** 15 mi nördlich Flagstaff, Straße #89. Schwarzer **Vulkankegel** in seinem Lavafeld. Aufschlußreicher Lehrpfad. Ist den Abstecher unbedingt wert.

Wupatki

- ***Wupatki National Monument,*** 36 mi nördlich von Flagstaff. Die Zufahrtstraße zum *Sunset Crater* führt als *Loop Road* weiter nach Norden am Rand der ***Painted Desert*** (Bunte Wüste) entlang, einer von Felsformationen durchsetzten Ebene, zu über 3000 Jahre alten Ruinen aus indianischer Vorzeit.

Walnut Canyon

- ***Walnut Canyon National Monument,*** 16 mi östlich Flagstaff auf der I-40. Ruinen von Dörfern der *Sinagua* Indianer unter überhängenden Felshängen am Rande der malerischen "Walnuß Schlucht". Wanderung mindestens 1 Std. auf zunächst steiler Treppe hinunter in den *Canyon* und durch die ***Cliff Dwellings***. Sehens- und besucheswert.

Meteor Crater

- ***Meteor Crater,*** kommerziell genutzte Sehenswürdigkeit, 45 mi östlich Flagstaff auf I-40, dann 6 mi Zufahrt, $7. Vor 49.000 Jahren schlug dort ein Meteorit ein und schuf einen enormen Krater. Das Gelände wurde vor den Mondlandungen von den US-Astronauten zum Training genutzt. Nicht sehr ergiebig.

Sedona

– ***Oak Cree Canyon.*** Die Straße #89A führt von Flagstaff durch die dicht bewaldete **Schlucht** des Oak Creek in steiler Abfahrt nach Sedona. Kurz vor Erreichen dieses beliebten Ferienortes öffnet sich die Schlucht zu einem weiten Tal, das von rostroten Felsmonolithen und steilen Felswänden begrenzt wird. Schöne Badestellen am Oak Creek, beeindruckende Landschaft.

Tuzigoot

– ***Tuzigoot National Monument,*** 30 mi südlich Sedona. Guterhaltene **Ruinen eines Hügeldorfes** der vorkolumbischen *Sinagua.* Kleines Museum. Nur bei kulurhistorischem Interesse.

Montezuma Monument

– ***Montezumas Castle National Monument,*** 40 mi südlich von Flagstaff an der I-17. Ruine eines fünfstöckigen, von den Spaniern als **Aztekenschloß** angesehenes Bauwerks im Felshang. Besichtigung nur aus der Distanz eines Rundweges. Ziel aller Busrundfahrten in der Gegend.

Versteinerte Bäume

– ***Petrified Forest National Park,*** 100 mi östlich Flagstaff; südliche Einfahrt an der Straße #180. Hochinteressantes Gebiet voller versteinerter Baumstämme aus dem Trias (180 Mio. Jahre). Lehrpfad gleich am Südeingang. Großer *Shop.* ***Trails,*** am besten *Long Logs* und *Blue Mesa.* ***Visitor Center*** und Museum im Norden an der I-40, aufschlußreicher Film alle 30 min. Überblick über die *Painted Desert,* ➪ auch *Wupatki NM.*

Lake Powell

– ***Glen Canyon National Recreation Area,*** ca. 140 mi nördlich Flgstaff, Straße #89. Schutzgebiet rund um den riesigen **Lake Powell**, der durch den aufgestauten Colorado im Grenzgebiet Arizona/Utah entstand (enormer *Glen Canyon* Staudamm). Fantastisches Wassersportrevier. Motor- und Hausbootverleih in der Wahweap Marina bei Page, ✆ (800) 528-6154.

Cliff Dwellings

– ***Navajo National Monument,*** ✆ (602) 672-2366, 150 mi ab Flagstaff, Straßen #89/#160/#564. Sehenswerte, gut erhaltene vorkolumbische Klippendörfer ähnlich den *Cliff Dwellings* im *Mesa Verde NP.* Aussichtspunkte. Nur mit Rangerführung.

Monument Valley

– ***Monument Valley,*** *Navajo Tribal Park,* ✆ (801) 727-3353, 190 mi ab Flagstaff, Straßen #89/#160/#163 im Nordosten Arizonas. *Park Road* geöffnet 8am–5pm, im Sommer von 7am–7pm, $3/Person. Weites Tal mit dem aus vielen Western und Zigarettenwerbung bekannten spektakulären Felsmonolithen.

Schlauchboote am Lake Powell nach überstandenem Trip auf dem Colorado River durch die Canyonlands

HOUSTON

'Houston' war das erste Wort, das auf dem Mond gesprochen wurde. Darauf ist man in der texanischen Metropole bis heute stolz. Das ***Lyndon B. Johnson Space Center***, in dem sich das Kontrollzentrum der Weltraumbehörde NASA befindet, gilt noch vor dem bombastischen *San Jacinto Monument* und dem sehenswerten Schlachtschiff *Texas* als die touristische Hauptattraktion der Stadt. Obwohl in Houston keine Startrampen existieren, ist der Raumfahrtkomplex fast aufschlußreicher als das *Kennedy Space Center* in Cape Canaveral.

Wer kein ausgeprägtes Interesse an *Mission Control,* Raketen und anderen Exponaten zum Thema Raumfahrt mitbringt, findet in Houston außer *San Jacinto* und einer Phalanx eindrucksvoller Hochhäuser in *Downtown* und im Stadtteil Oak Park nur wenig, was mehr als einen Kurzbesuch rechtfertigt.

GEOGRAPHIE, KLIMA UND GESCHICHTE

Geographie

Texas' größte City liegt in der südöstlichen Ecke des Staates etwa 40 mi von der Golfküste entfernt, die dort von der Uferlinie der *West, East* und *Galveston Bay* gebildet wird. Die weit ins Landesinnere reichenden Buchten sind gegen das Meer durch die östliche *Bolivar Peninsula* und die vorgelagerte ***Galveston Island*** geschützt. Die langgestreckte Insel ist mit Houston über den *Gulf Freeway* verbunden und rasch erreichbar. Mit ihren Yachthäfen und schier endlosen Stränden sind Insel und Stadt gleichen Namens bevorzugte Freizeitreviere der ***Houstonians***.

An der ***Galveston Bay*** und am *Houston Ship Channel* finden sich ausgedehnte Hafenanlagen, viele Werften und Raffinerien. Die Landschaft rund um die Stadt ist rundherum überwiegend reizlos. Nur der ***Sam Houston National Forest*** bietet in etwa 50 mi Entfernung neben *Galveston* Naherholungsziele.

Das nahezu quadratische Geschäfts- und Verwaltungszentrum von Houston wird markiert durch den Wasserlauf *Buffalo Bayou* im Norden, die I-45 im Süden und Westen und den *Eastex Fwy* #59 im Osten. Die mitten durch die Stadt führende I-10 schließt oberhalb des *Bayou* den Kreis der *Freeways* rund um Downtown.

Klima

Das Klima in Houston ist während der sommerlichen Hauptreisezeiten beschwerlich. Wegen der Nähe zum Golf von Mexiko überwiegen von Mai bis September hohe Luftfeuchte und Tagestemperaturen von meist über 30°C. Houston nennt sich deshalb auch ***Air Conditioned Capital of the World***: Die Stromrechnung für die Klimaanlagen beträt über $1 Mrd. pro Jahr. ***Thunderstorms*** mit starkem Wind und kräftigen Gewitterschauern sind im Sommer relativ häufig. März und April sowie Oktober und November gelten daher als beste Monate für den Besuch. Die Winter (Dezember bis Februar) sind nach unseren Maßstäben frühjahrsartig mild und angenehm, aber regenreicher als Frühling und Herbst.

Sonnenschein: 293 Tage **Niederschläge:** 107 Tage
Heißester Monat: August 28°C **Kältester Monat**: Januar 11°C

Geschichte

Bis **1836** gehörte das texanische Gebiet zu Mexiko. Der junge Staat hatte es von der ehemaligen Kolonialmacht Spanien übernommen. Nach einer **Rebellion 1835** entsandte die Zentralregierung eine Expeditionstruppe in die abtrünnige Provinz, um den Aufstand niederzuschlagen. Aber die durch den Kampf um *The Alamo* (➪ San Antonio) geschwächten Mexikaner wurden von den Texanern unter *Sam Houston* im März 1836 in der **Schlacht von *San Jacinto*** vernichtend geschlagen. Noch im selben Jahr

1836 erfolgte die Ausrufung des **selbständigen Staates Texas**, gleichzeitig die Gründung einer Stadt Houston zu Ehren des Siegers von San Jacinto, der auch gleich zum Präsidenten bestellt wurde.

1839 Verlust der Hauptstadtfunktion an Austin.

1845 Anschluß von Texas an die USA als Bundesstaat. Damals hatte Houston bereits 3000 Einwohner und war eine wichtige Hafenstadt für die Verschiffung von Baumwolle.

1856 Eisenbahnanschluß

1901 wird in der Nähe von Houston **Öl** gefunden und damit der Aufstieg der Stadt zur Ölmetropole eingeleitet.

1914 Eröffnung des ***Houston Ship Channel***, einer Vertiefung der Galveston Bay. Houston ist seither für Seeschiffe erreichbar.

1930 Neue Ölexplorationen in der nur 250 mi entfernten Region um Dallas bringen weitere Wachstumsimpulse.

1961 Gründung des **Raumfahrtkontrollzentrums** südlich von Houston.

Trotz einiger Rückschläge in der Zeit der Ölkrisen nennt sich Houston nach wie vor ***Energy Capital of the World***. Sie zählt heute ca. **1,6 Mio** Einwohner. Im Großraum Houston mit dem Industriegürtel an der *Galveston* und *East Bay* und in der Stadt Galveston leben nahezu **4 Mio.** Menschen.

Daten und Fakten

Telefonische Vorwahl/Area Code: 713 und 281

Diplomatische Vertretungen

- **GK der BRD,** ✆ 627-7770, 1330 Post Oak Blvd, Suite 1850
- **GK der Schweiz,** ✆ 650-0000, 1000 Louisiana, First Interstate Bldg
- **HK Österreichs,** ✆ 623-2233, 4800 San Felipe, Suite 800

Besucherinformation

- In jedem Terminal des *Intercontinental Airport* befinden sich auf dem *Level 1* ein ***Information Center*** (besetzt 9am–9pm), auf dem *Level 2* auch Stände der *Travelers Aid*.
- Im ***Hobby Airport*** wurde das ***Information Center*** unweit der *Baggage Claim Area* plaziert, 10am–8pm.
- In *Downtown* findet man im ***Greater Houston Convention & Visitors Bureau,*** ✆ 227-3100, ✆ (800) 231-7799, 801 Congress St, Mo–Fr 8:30–5pm, Sa+So 9am–3pm. Die Zentrale verfügt über sehr umfangreiches Material und deutschsprachiges Personal. Sehr nützlich ist die Broschüre ***Greater Houston Official Visitors Guide*** mit aktuellem Hotelführer.

Flughafen 1 (HOU)

Houston William P. Hobby Airport, © 643-4597

Namensgebung

Der *Houston Hobby Airport* wurde als erster öffentlicher Flughafen der Stadt 1937 *als Houston Municipal Airport* in Betrieb genommen und 1938 in *Howard Hughes Airport* umbenannt. Dem Flugpionier verdankte man u.a. die Finanzierung des ersten Towers. Es stellte sich jedoch heraus, daß Flughäfen, die nach noch lebenden Personen benannt werden, keine öffentlichen Gelder erhalten dürfen. So entschloß man sich noch im selben Jahr zur Rücknahme des neuen Namens. 1967 erfolgte die zweite und diesmal dauerhaftere Umbenennung in *William P. Hobby Airport* zu Ehren eines früheren Gouverneurs. Nach dem Bau des größeren *Intercontinental Airport* wurde *Houston-Hobby* zunächst nur noch von Privatfliegern benutzt. In den 80er-Jahren nahmen aber die großen *Airlines* den kommerziellen Flugbetrieb dorthin wieder auf.

Fluglinien: AA, CO, DL, NW, TW

Transferzeiten: 20 min

Lage

Der *Airport* liegt 7 mi südöstlich der Innenstadt, leicht erreichbar über die I-45 und den Broadway Blvd. Er scheint auf den ersten Blick vor allem aus Parkgaragen und -plätzen zu bestehen. Dahinter liegt das *Terminal* mit drei ***Concourses* A, B** und **C. Schließfächer** fürs Gepäck sind vorhanden.

Verbindung Airport-City

Der Vorteil des *Hobby Airports* ist seine Stadtnähe und der Anschluß an das öffentliche Busnetz.

Bus

Bus #73 fährt zum *Texas Medical Center*; dort steigt man um nach *Downtown* oder fährt weiter nach Bellaire in die Nähe des Einkaufszentrums *Galleria*; Mo–Fr alle 20 min 4:15am–12:15am, Sa+So alle 30–40 min, $1. Die Bushaltestelle befindet sich außerhalb des unmittelbaren Flughafenbereichs am Broadway Blvd.

Der **Expressbus** #88 fährt über den *Gulf Freeway* in 20-30 min in die Innenstadt, im Berufsverkehr bis zu 60 min; nur Mo–Fr 5:40am-5:13pm, $1+$4,50 Zuschlag. Abfahrt am *Terminal.*

Taxi

Ein **Taxi** nach *Downtownt* kostet ca. $18, die Fahrzeit beträgt 20-30 min, im Berufsverkehr bis zu 60 min. Fahrtzeit von *Hobby* zum *Intercontinental Airpor*t rund eine Stunde, ca. $36.

Car Rental

Avis, Budget, Dollar, Hertz, National, Snappy, Thrifty

Hinweis

Die wichtigsten Ziele liegen außerhalb von *Downtown* in der Umgebung (*San Jacinto*, *Johnson Space Center*, Galveston). Mit öffentlichen Verkehrsmitteln ist ihr Besuch umständlich und zeitraubend, z.T. so gut wie unmöglich (*San Jacinto*). Wer sich nicht auf geführte Touren beschränken mag, ist daher in Houston auf ein Mietfahrzeug nahezu angewiesen.

Flughafen 2 (IAH)

Houston Intercontinental Airport ✆ 230-3000

Kennzeichnung

Zur Eröffnung im Jahr 1969 war *Houston Intercontinental* mit 32 qkm der flächenmäßig größte Flughafen der USA. Er gilt bis heute als einer der passagierfreundlichsten US-*Airports*. Im noch relativ neuen *International Airlines Building* östlich des Terminal C können pro Stunde bis zu 2100 ankommende Passagiere abgefertigt werden.

Fluglinien: AA, AC, CO, DL, HP, UA, US
Hub: CO
Transferzeiten: Dom–Dom 20-40 min; Int–Dom 90 min

Lage

Houston Intercontinental liegt rund 22 mi nördlich der Wolkenkratzer der Innenstadt. Er ist über J.F. Kennedy/Jetero Blvd und den Eastex Fwy #59 mit *Downtown* verbunden. Zwei vom Aufbau her fast identische Terminals A und B mit Flugsteigköpfen an allen vier Ecken sowie das hauptsächlich von *Continental Airlines* genutzte Terminal C mit *North* und *South Concourse* stehen für die Fluggastabfertigung zur Verfügung. Zwischen den beiden Terminals B und C liegt das *Mariott Airport Hotel*.

Zwischen den Terminals verkehrt eine Flughafen **U-Bahn**. In allen gibt es **Schließfächer** ($1/24h).

Zeitvertreib

Nur wenige Flughäfen sind derart üppig mit **Videospielhallen** ausgestattet wie *Houston Intercontinental*. Die Gäste des Drehrestaurants im 7. Stock des Flughafenhotels genießen eine **Rundumsicht** weit übers Land.

Verbindung Airport–City

Einen öffentlichen **Bus** nach *Downtown* zum Vororttarif wie im Fall Hobby gibt es in *Houston Intercontinental* nicht.

Van Service

Ein **Airport Express,** © 523-8888, fährt jede halbe Stunde (7am–11:30pm, $17) zum *Hyatt Regency Hotel* in der Innenstadt (ca. 30-45 min) und in die Stadtteile *Post Oak/Galleria* und *Medical Center/Herman Park* (ca. 45-60 min). Abfahrt ab *Arrivals Level* aller *Terminals.*

Taxi

Ein Taxi nach *Downtown kostet* ca. $25, zum Hobby Airport $35

Car Rental

Avis, Budget, Dollar, Hertz, National, Snappy, Thrifty
Kommentar wie unter *Hobby Airport*

Öffentliche Verkehrsmittel

Bus

Den öffentlichen Busverkehr organisiert *Metropolitan Transit Authority* **MTA,** © 635-4000. Das Netz ist relativ gut ausgebaut und weit verzweigt. Busfahren kostet jedoch bei den großen Entfernungen viel Zeit, in *Downtown* mit seinen Einbahnstraßen außerdem Gewöhnung, das Haltestellensystem zu durchschauen.

Dafür beträgt der Fahrpreis für die dort auf- und abfahrenden *Texas Special* Busse nur $0.50. Sonst richtet sich der Ticketpreis nach Streckenlänge (innerer Citybereich $1, weiter Strecken bis $3); Expressbusse ab $1,50.

Taxi

Erste Meile ca. $2.80, jede weitere $1.40
United Cab, © 654-4040; ***Yellow Cab***, © 236-1111

Rundfahrten

Eine vierstündige Stadtrundfahrt mit ***Gray Line***, © 223-8800, kostet ab $25, kombinierte Rundfahrten Stadt/Hafen/NASA $35-$45. Letzteres entspricht bereits den Tagesmietkosten für ein *Subcompact/Compact Car*. Ab 2 Personen bietet eine Besichtigung Houstons per Mietwagen nicht nur mehr Flexibilität, sondern ist auch ökonomischer als die Teilnahme an Rundfahrten.

Unterkunft

Situation

Houston ist beliebte Kongresstadt und mit Hotels und Motels außerordentlich gut bestückt. Das Preisniveau ist dank der starken Konkurrenz erträglich. Auch Häuser der oberen Mittelklasse und höherer Kategorien in Airportnähe, *Downtown* und Houstons zweitem Zentrum ***Post Oak/Galleria*** kosten weniger als in manch anderer Großstadt. Dies gilt insbesondere an Wochenenden. **Preiswertere Motels** konzentrieren sich im Bereich des *Astrodome* und südlich davon in der South Main St und entlang der Ost-West-Achse I-10. Freie Zimmer gibt es auch in **Galveston** von Sonntag bis Donnerstag Abend immer. Werktags sogar an der Strandpromenade (***Seawall Boulevard***) zu akzeptablen Preisen. An den Wochenenden steigen Nachfrage und Tarife.

Wer den Tag im *Johnson Space Center* beginnen möchte, findet entlang der **Galveston Rd** (parallel zur I-45/*Gulf Fwy*) und an der Straße NASA 1 eine gute Auswahl an Unterkünften.

Bei Verzicht auf einen Mietwagen wäre ein Quartier im Bereich *Medical Center/Herman Park* (Main St) empfehlenswert. Auch die Jugendherberge liegt in dieser Gegend. Von dort erreicht man relativ leicht *Downtown, Post Oak/Galleria*, die wichtigsten Museen und das *Astrodome*.

Hobby Airport

- **Red Roof Airport,** ✆ 943-3300, 9005 Airport Blvd, ab $49
- **Drury Inn Airport,** ✆ 941-4300,7902 Mosley Rd, ab $59
- **Great Western Inn,** ✆ 998-8888, 4709 Spencer Hwy, ab $36

Intercontinental Airport

- **Hampton Inn Airport,** ✆ 820-2101, 1502 N Houston Pwy, ab $55
- **Super 8 Int'l. Airport**, ✆ 442-1830, 15350 JFK Blvd, ab $39
- **Quality Inn Int'l. Airport,** ✆ 446-9131, 6115 Clayton, ab $59
- **Doubletree Hotel,** ✆ 442-8000, 15747 JFK Blvd, ab $89; *Weekend Rates* deutlich niedriger. Schönes Hotel im Park.

Downtown

- **Allen Park Inn ,** ✆ 521-9321, 2121 Allen Pkwy, ab $78
- **The Highlander,** ✆ 861-7545, 607 Highland St, ab $49
- **Hyatt Regency,** ✆ (800) 228-9000, 1200 Louisiana/Dallas St, ab $129, Wochenende niedriger. Fantastische Atriumarchitektur. Das optimale Hotel in *Downtown* für die größere Brieftasche.
- **Sara's Bed & Breakfast,** ✆ 868-1130, 941 Heights Blvd, nordwestlich Downtown. Nostalgische viktorianische Villa, ab $55.

Vororte

- **Motel 6 Astrodome,** ✆ 664-6425, I-610/S Main St, etwa 1 mi vom Astrodome entfernt, ab $37
- **Motel 6 Clear Lake,** ✆ 332-4581, Nähe I-45/Gulf Fwy, Exit 25, ab $37. Nur 2 mi vom *LBJ Space Center* entfernt
- **Grant Motor Inn,** ✆ 668-8000, 8200 S Main St, ab $39. Recht gepflegt, alle Zimmer mit Terrassentür zum Garten. Geheimtip !

Preiswert

- **Houston International Hostel,** ✆ 523-1009, 5302 Crawford St, 30 Betten, ab $13 für Mitglieder
- **Houston Downtown YMCA,** ✆ 659-8501, 1600 Louisiana St, 138 Betten, nur für Männer, ab $15

Essengehen

Die **gastronomische Vielfalt** ist in Houston beachtlich:

Downtown

- Wem in Downtown Houston nach einem Snack zumute ist, wird in den ***Park Shops*** im *Houston Center*, McKinney/San Jacinto St, fündig und genießt den Imbiß im begrünten Atrium.
- **Mexikanische Snacks** gibt's im ***Mercado del Sol***, ⇨ *Shopping*
- Unter den 30 Stockwerken des ***Hyatt Regency*** gibt es im Innenhof mehrere Restaurants. In der preislich akzeptablen Cafeteria kann man sich gut vom Stress der Großstadt erholen und die Architektur bewundern.

Post Oak

Eine breite Auswahl an Restaurants und Kneipen findet man im *Post Oak/Galleria* Bereich neben der *Mall* selbst entlang **Westheimer Road** und vor allem **Richmond Ave** (parallel):

Steaks

- ***Old San Francisco Steakhouse,*** © 357-0484, 8611 Westheimer
- ***Trail Dust Steak House,*** © 266-0656, 6100 Richmond Ave. *Live Country Western Entertainment*+Tanz täglich
- ***Molina's Mexican Restaurant,*** © 782-0861, 7933 Westheimer
- ***The Great Caruso,*** © 780-4900, 10001 Westheimer, eine absolute Rarität. Dinner in Parkett, Loge oder Rang eines altmodischen Theaters bei wechselnden Vorführungen und singender Bedienung. Hauptgerichte etwa ab $28.
- ***Joe`Crab Shack - An Embarrassment to any Neighborhood,*** © 952-5400, 6218 Richmond Ave. Originelles Küstenambiente für frische Seafood, speziell Krabben aus dem Golf von Mexico

Galveston

- Äußerst populär ist ***The Strand*** in Galveston, eine verkehrsberuhigte Straße im alten Zentrum der Stadt mit vielen Kneipen und Restaurants (➪ Seite 250).

Shopping

Malls

- Eine eigene Sehenswürdigkeit ist die mehrstöckige Shopping Mall ***The Galleria*** (Westheimer Rd/I-610), eines der größten überdachten Einkaufszentren der USA mit über 300 Läden und Restaurants, 4 Kaufhäusern und Eislaufarena.
- Architektonisch sehenswert im Stadtteil Post Oak ist ***Saks Fifth Avenue***, 1800 Post Oak Blvd, ein aus vielen Boutiquen bestehendes Kaufhaus im Stil einer *Mall* (überwiegend Mode, außerdem einige Restaurants).
- Ein weiteres enormes *Shopping Center* mit 270 Läden und Lokalen ist ***The Village*** unweit der *Rice University* an der Main St/ Herman Park.
- Fürs **Einkaufen in *Downtown*** eignen sich die erwähnten ***Park Shops*** im 3-stöckigen ***Houston Center***, McKinney/San Jacinto

Mexiko Markt

- Farbiger, lebhafter und ganz ohne moderne Sterilität geht es im mexikanisch angehauchten ***Mercado del Sol*** zu, ein wenig abseits, aber nicht weit von *Downtown* inmitten etwas obskurer *Neighborhoods*, Ecke Navigation Blvd (Verlängerung der Franklin St/Jensen Dr).

SICHERHEIT

Downtown Houston ist nach Einbruch der Dunkelheit auf jeden Fall zu meiden. Auch ein Spaziergang durch dann menschenleere Straßen an Sonn- und Feiertagen empfiehlt sich im Innenbereich kaum. Das klimatisierte *Houston Tunnel System* ist außerhalb der Stunden werktäglicher Betriebsamkeit mit Vorsicht zu genießen.

Andere für Touristen interessante Stadtbereiche sind tagsüber nicht gefährlich. Nach Einbruch der Dunkelheit kann man noch einigermaßen sorglos in der *Westheimer Rd/ Post Oak* ein paar Schritte zu Fuß gehen oder auf den Bus warten, anderswo fährt abends besser Taxi, wer kein Fahrzeug gemietet hat.

Sehenswürdigkeiten

Downtown und Post Oak/Galleria District

Kennzeichnung

Houston besitzt heute genaugenommen **zwei Stadtzentren**: *Den Post Oak* Bezirk rund um die *Galleria* und *Downtown Houston*. Wobei *Post Oak* der Innenstadt mehr und mehr den Rang abläuft. Auch die Hochhausdichte wird dort größer.

Hochhäuser

Noch aber beeindruckt vor allem das City-Panorama in *Downtown*. Die **Hochhausarchitektur** bietet das wichtigste Motiv für einen Besuch des Zentrums. Zum Ausgangspunkt einer Besichtigung macht man am besten das *Civic Center* am *Houston Park* nordwestlich der Smith St. An ihr und entlang der Louisiana St findet man die eindrucksvollsten Bauwerke aus Stahl, Marmor und Glas:

- Gegenüber dem ***First Interstate*** Hochhaus setzt die nostalgisch verschnörkelte ***Public Library*** einen Kontrapunkt zu den glatten Fassaden der Nachbarn.
- Das Atrium des ***Hyatt Regency Hotel***s an der Ecke Louisiana/ Dallas eignet sich gut für einen Abstieg in das klimatisierte, alle wichtigen Gebäude verbindende **Tunnelsystem** (5.5 mi, Karten vor Ort erhältlich) unter der Innenstadt. Die breiteren Passagen sind mit Läden und Resturants ausgestattet (Öffnungszeiten begrenzt auf die Büroarbeitszeiten, ca. 7am–6pm). An heißen Tagen bieten sie Erholung vom schwülen Südtexas-Klima.

Außerhalb Downtown

- Als ***Galleria/Post Oak Area*** bezeichnet man in Houston den Bereich unmittelbar westlich der I-610 entlang und um die Westheimer Rd. Bereits von weitem ist das Viertel durch die Ballung neuer Hochhäuser leicht zu erkennen. Gleich neben der *Galleria* (⇨ *Shopping*) steht der ***Transco Tower***, Houstons höchster *Skyscraper*, verschönt durch einen kleinen Park mit dem Wasserfallkunstwerk ***Wall of Water***, einer immensen Wasserwand. Im 51. Stock des Turms befindet sich ein ***Observation Deck***. Die Auffahrt im Expressfahrstuhl ist kostenlos.

Kunstmuseum

- Houston besitzt ein ansehnliches Kunstmuseum. Das ***Museum of Fine Arts***, ✆ 639-7300, Bissonet St/ Montrose Blvd, verfügt sogar über einen eigens geschaffenen Mies van der Rohe-Bau (Di–Sa 10am–5pm, Do bis 9pm, So 12:15pm–6pm, $4). Neben Meistern der italienischen Renaissance sind europäische Im- und Expressionisten stark vertreten, darunter viele große Namen. Auch eine Sammlung an ***Western Art*** ist vorhanden. Gegenüber dem *Fine Arts* Gebäude befindet sich sein moderner Ableger, das ***Contemporary Arts Museum,*** 5216 Montrose St, $3, dessen Ausstellungen amerikanischer Gegenwartskunst interessanter als die Kollektion des Mutterhauses sein können.

Naturkunde Museum

- Von den Kunstmuseen ist es zum *Hermann Park* (Main St) nicht weit. Dort befindet sich das ***Houston Museum of Natural & Medical Science*** mit Planetarium und **IMAX-Kino**, Hermann Circle, Mo–Sa 9am–6pm, So Noon– 5pm, $4. Das Museum setzt den Schwerpunkt auf das Thema Energie, speziell auf Erdöl/-gas. Das obere Stockwerk ist der Medizin vorbehalten. Der nahe ***Zoo*** (Di–So 10am–6pm, $3) ist eher etwas für Familien mit Kindern.

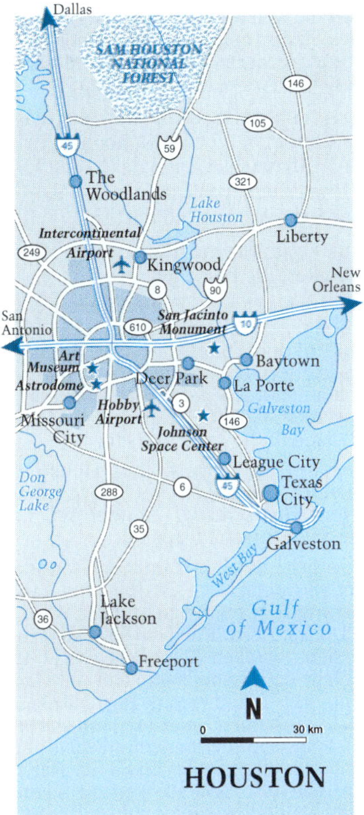

- Das ***Texas Medical Center,*** ✆ 790-1136, Bertner St/Holcombe Blvd südlich des *Herman Park,* ist zwar keine Sehenswürdigkeit im eigentlichen Sinn, wurde aber durch seine Herztransplantationen weltweit bekannt. Wochentags finden um 10am Führungen durch den ausgedehnten Medizin-Campus statt (gratis, telefonische Anmeldung erforderlich).

Folgt man der Main St in südwestliche Richtung, gelangt man – bereits außerhalb des durch die Überschrift skizzierten Bereichs – automatisch zum ***Astrodome*** und die *Amusementparks* ***Astro-*** und ***Waterworld***:

- Die Realität des einst Maßstäbe setzenden Vergnügungsparks *Six Flags over Texas*, heute ***Astroworld***, ist in Houston trotz einiger neuerer *Rollercoaster* (Achterbahnen) heute nicht mehr überdurchschnittlich. ***Waterworld*** bietet wie die örtliche Konkurrenz ***Splashtown USA*** an der I-45 *North* den großen Wasserspaß. Im Sommer 10am–Dämmerung. Frühjahr und Herbst nur an Wochenenden. Zufahrt über die Parkplätze des *Astrodome,* von dort mit Shuttlebussen zum eigentlichen Eingang.
- Das ***Astrodome,*** ✆ 799-9555, 8400 Kirby Dr, ist Heimat der lokalen *Baseball-* und *Football-Teams.* Die Kuppel dieser über 70 m hohen **Sportarena mit 76.000 Plätzen** besitzt einen Durchmesser von über 200 m. Täglich ca. 1-stündige Führungen um 11am, 1pm und 3pm, $4.

Ziele in der Umgebung

San Jacinto Battleground

Rund 25 mi östlich von *Downtown* Houston befindet sich mit dem ***San Jacinto Battleground State Historic Park*** eine tolle Sehenswürdigkeit, die fast allein die Reise nach Houston lohnt. Anfahrt über die I-10, Exit 787 Lynchburg Rd (kostenlose Fähre über den *Houston Ship Channel*) oder La Porte-Pasadena Fwy, dann Battleground Road.

- Ein bombastisches, 174 m hohes **Monument** (Fahrstuhl zur Aussichtsplattform, Weitblick hinüber zur Houston *Skyline,* 9am–6pm, $3) erinnert an die hier 1836 von den Amerikanern gewonnene Schlacht gegen die Mexikaner, welche die endgültige Annektion von Texas durch die USA zur Folge hatte. Das ***Museum of Texas History*** (gratis) am Fuße des Turms informiert über die geschichtlichen Details, ➪ auch unter San Antonio, Stichwort Geschichte.

Battleship

- Zum San Jacinto Park gehört die weltweit einmalige Rarität des **Weltkrieg-I-Schlachtschiffes *Texas***, eine nach Bauart und Dimensionen sagenhafte Festung der Meere. Sie kann vom Maschinenraum bis zur Brücke besichtigt werden, 10am–5pm, $4.

Raumfahrtzentrum

Neben dem *San Jacinto Monument* sollte der Besuch des ***Lyndon Baines Johnson Space Center***, © 224-2100, höchste Priorität haben, Straße NASA 1, Abzweigung von der I-45/ *Gulf Fwy*, ca. 30 mi südlich *Downtown*, geöffnet täglich 9am–7pm. Von Houston fährt der Expressbus #246 dorthin.

- Gleich eingangs des Geländes begrüßt eine riesige, in die Waagerechte gelegte ***Saturn V*-Rakete** die Besucher.
- Vom Parkplatz ($3) geht es zunächst zum ***Visitor Center*** mit Ausstellungshalle an der D Ave. Die zugänglichen Gebäude – einschließlich *Mission Control* und Trainingsstätten für *Skylab* und *Space Shuttle* mit detailgetreuen Modellen der Raumschiffe in Originalgröße – können nur auf der hochinteressanten ***Tramtour*** besichtigt werden. Geöffnet täglich 9–19 Uhr. Der Eintrittspreis von $12 schließt die *Tramtour* ein.

Galveston

Einen Abstecher nach Galveston (ca. 50 mi südlich Houston) könnte erwägen, wer einen Extratag Zeit hat. *Texas Bus Lines* fahren 4x täglich vom *Busterminal* (*Downtown* La Branch/Texas St), Fahrpreis $12 einfache Strecke.

Stadtbild

- Das Seebad **Galveston** auf der Insel gleichen Namens präsentiert seinen heute abgeblätterten viktorianischen Charme alter Tage noch im Bereich des *Broadway East* und angrenzender Wohnstraßen. Eine ansprechend restaurierte Kneipen- und Restaurantzeile (***The Strand***) existiert zwischen *Rosenberg Ave* (25th St) und *21st Street* in der Nähe des Fischerboothafens am *Galveston Channel*. Im ehemaligen Bahnhof am Kopfende des *Strand* hat man ein **Eisenbahnmuseum** (***Center for Transportation***) untergebracht, 10am–5pm, $5. Die maritime Bedeutung der Galveston Bay wird mit dem alten **Segler *Elissa*** am Hafen (10am–5pm, $5) und dem ***Seawolf Park*** auf Pelican Island (Abfahrt vor Erreichen von Galveston ausgeschildert) unterstreichen, wo ein Weltkrieg II-U-Boot und -Zerstörer liegen.

Strände

- An der Seeseite läuft meilenweit der ***Seawall Boulevard*** mit zahllosen Hotels, Appartmentanlagen und der üblichen touristischen Infrastruktur. Im Stadtbereich sind die Strände relativ schmal und weniger einladend, besser wirken *State* und ***County Parks*** östlich (***Stewart Beach Park***, Autos am Strand erlaubt) und westlich des Ortes. Mit den Stränden in Alabama und Florida haben die *Texas Beaches* indessen wenig gemein. Auch die Wasserqualität ist nicht die beste.

Der richtige *Sight* zur richtigen Zeit

Rodeo

*Die **Houston Livestock Show and Rodeo***, eine große Vieh- und Landwirtschaftsausstellung mit Jahrmarktskomponenten, findet in der zweiten Februarhälfte auf dem Gelände rund um das *Astrodome* statt. Die große *Rodeo-Supershow* läuft in dieser Zeit täglich unter der Kuppel des Riesenstadions.

KEY WEST

Kenn-zeichnung

Die westlichste der *Florida Keys*, gern als ***Tropical Paradise*** bezeichnet, verdankt nicht zuletzt *Earnest Hemingway*, daß sich tagtäglich unzählige Touristen per Auto, Boot und Flugzeug in das kleine Städtchen ergießen, und es heute mehr Hotels als Fischerboote gibt. Seit der Schriftsteller für drei Jahrzehnte dort lebte und soff, hat sich zwar manches verändert, aber die tropisch üppige Vegetation, die weißen Holzhäuser im leichten **Gammel-Look** und vor allem der kitschig-schöne Sonnenuntergang blieben wie sie waren. Nach wie vor besitzt Key West eine mit keinem anderen Ort der USA vergleichbare "unamerikanische" Atmosphäre, entspannt, tolerant und *easy going*. Und so zieht es immer noch vorzugsweise Menschen hierher, die ein Leben etwas außerhalb des üblichen *American Way of Life* suchen, zum Beispiel viele *Gay People*. Eine nicht ganz unberechtigte Verballhornung von Key West lautet ***Key Weird***, verrückte oder sonderbare Insel. Die Bezeichnung paßt auch aufs hohe Preisniveau für alles, was mit Tourismus zu tun hat.

Flug

Einen Flug nach Key West kann man nur empfehlen. Man spart damit die zeitraubende Anfahrt auf einer Straße, die auf der Karte und in manchen Farbprospekten mehr verspricht als die Realität halten kann. Die Aussicht aus dem Flugzeug über die Inselwelt der *Florida Keys* im türkisblauen Meer ist dagegen umwerfend schön.

GEOGRAPHIE, KLIMA UND GESCHICHTE

Geographie

Die ***Florida Keys*** sind **Koralleninseln**, die unterhalb des Festlands einen 110 mi langen Bogen bilden. Key West, letzte größere Insel der Kette und südlichster Außenposten der USA, liegt keine 100 mi von Kuba entfernt. Die Straße #1 verbindet das 30 km² große Eiland über 42 zum Teil meilenlange Brücken und 32 Inseln mit Südflorida. Nach Miami sind es rund 170 mi. Der Ort Key West füllt den gesamten westlichen Teil der Insel aus. Sein (touristisches) Zentrum befindet sich in der Nordwestecke rund um den ***Mallory Square*** und beidseitig der Duval Street. Die – nur mäßig attraktiven – Strände liegen an der Südküste.

Klima

Das durchgehend warme, subtropische Klima sorgt dafür, daß in Key West ganzjährig Saison herrscht. Mit Schwankungen zwar, jedoch weniger ausgeprägt als auf dem Festland (⇨ Orlando und Miami). Kälteausläufer erreichen die Insel nur selten. Die lähmende im übrigen Florida vorherrschende Sommerhitze und Luftfeuchte werden auf den Keys durch die Brisen vom Meer her ein wenig gelindert.

Eine tropische Spezialität sind kurze, aber äußerst heftige sommerliche Wolkenbrüche, die aber nur kurzfristig für Abkühlung sorgen. Die Wassertemperaturen sinken nie unter 20°C und erreichen im Herbst in flachen Gewässern bis zu 28°C.

Geschichte

Die Geschichte der *Florida Keys* beginnt im traditionellen Sinn erst mit dem Kauf Floridas durch die Amerikaner 1818. Während der spanischen Zeit boten sie ähnlich anderen Karibikinseln Piraten Unterschlupf. Die Austreibung der **Seeräuberplage** erfolgte **1822** durch die US-Marine. Key West entwickelte sich als Versorgungshafen für die Kriegsschiffe. Außerdem brachten Fischfang, Tabakhandel mit Kuba und Zigarrenproduktion Gewinn. Als besonders einträglich erwies sich auch das Abwracken und Ausplündern der auf den Riffen um die *Keys* gestrandeten Schiffe. Bis nach dem 1. Weltkrieg erwirtschaftete Key West das höchste Pro-Kopf-Einkommen Floridas. Eine technische Meisterleistung war die Verlängerung der **Eisenbahn** von Miami bis Key West **1912.** Nach der Zerstörung eines Teils der zahlreichen Brücken **1926** durch einen Taifun wurde die Strecke nicht wieder instandgesetzt. An ihre Stelle trat die Straße.

Key West hat heute rund **25.000 Einwohner**.

Daten und Fakten

Telefonische Vorwahl/Area Code: 305

Besucherinformation

- ***Key West Chamber of Commerce,*** © 294-2587, (800) 527-8539, 402 Wall St am Mallory Square, 8:30am-5pm. Gute Broschüre *Guide to the Florida Keys & Key West.*
- ***Key West Welcome Center,*** © 296-4444, (800) 284-4482), 3840 N Roosevelt Blvd, an der Hauptzufahrtstraße unweit westlich der letzten Brücke zum Zentrum, 9am–7pm. Bei Anreise mit dem Auto wichtiger Haltepunkt zum Beschaffen eines Stadtplans und ggf. für Hotelreservierung.

Flughafen (EWY)

Key West International Airport, © 296-5439

Fluglinien: AA, DL, US

Lage Der Flughafen von Key West liegt im Südosten unweit des South Roosevelt Blvd; Entfernung zum Zentrum ca. 4 mi.

Taxi Einziges öffentliches Verkehrsmittel zwischen Airport und Stadt ist das **Taxi**, Kosten $7-13.

Car Rental Das Mietwagenangebot auf der Insel ist begrenzt, rechtzeitige Reservierungen sind ggf. zu empfehlen. Bei Einwegmieten von und nach Key West verlangen die meisten Vermieter sehr hohe Rückführungspauschalen.

Vermieter Avis, Budget, Dollar, Hertz, Thrifty, Value.

Eine sehr gute Alternative zum Auto sind auf Key West **Mopeds und Fahrräder**:

- ***Keys Moped,*** © 294-0399, 523 Truman Ave, ab ca. $18/Tag.
- ***Bubbas Bike Rental,*** © 294-2618, 705 Duval St, ab ca. $8.
- ***Key West Hostel,*** © 296-5719, 718 South St, ab $4; $30/Woche.

Öffentliche Verkehrsmittel

Bus

Key West Port & Transit Authority, © 292-8161. Zwei Buslinien umrunden die Insel, täglich ca. 6:30am–10:15pm alle 15 min; So stündlich, $1. Routenplan im Bus und bei der *Visitor Information*.

Rundfahrten

- ***Conch*** (sprich: Konk) ***Tour Trains,*** © 294-5161, fährt mit kleinen Zügen auf Gummirädern ab Mallory Square rund um die Insel zu allen Sehenswürdigkeiten. Täglich 9am–4:30pm (letzte 90 min-Tour), Frequenz nach Bedarf. $15.
- Bei ***Old Town Trolley,*** © 296-6688, kann man die Fahrt beliebig unterbrechen und wieder zusteigen. Zeiten wie oben, $16.

Unterkunft

Situation

Hotels und Motels konzentrieren sich an der Zufahrtstraße (Roosevelt Blvd/Palm Ave), und in den Bereichen Duval und South St im Südwesten. Die Tarife erreichen ab Dezember bis Mai astronomische Höhen bis über $400 in den Luxusherbergen und selbst in der Mittelklasse glatt $200-300 für ein durchschnittliches Zimmer Sommer und Herbst sind preiswerter, aber $60 pro Nacht muß man auch dann fürs einfache Motel schon in etwa einplanen. Eine Reihe von Hotels zählt ausschließlich schwule Kundschaft. Wer nicht dazugehört, sollte im Zweifel fragen.

- **Comfort Inn,** © 294-3773, 3824 N Roosevelt Blvd, ab $85
- **Southernmost Motel in the USA,** © 296-6577, 1319 Duval St, ab $79, originell wegen der Lage.
- **Caribbean House,** © 296-1600, 226 Petronia Fleming St, ab $49; etwas für junge Leute, die ggf. zusammenrücken
- **Key West Hostel,** © 296-5719, 718 South St, $14-$19; DZ verfügbar ab ca. $48; im Winter höher; unbedingt reservieren
- **Best Western Ambassador**, © 296-3500, 3755 S Roosevelt, ab $95 als die bessere noch erschwingliche Unterkunft am Strand

Preisvergleich

In der Nebensaison lohnt es sich, Preise zu vergleichen, bevor man bucht. Im Winter kann froh sein, wer ohne Reservierung unterkommt. Reservierungen von außerhalb durch das

Key West Reservations Center, © (800) 356-3567 bei Anruf aus Florida, © (800) 327-4831 bei Anruf aus anderen Staaten

Essengehen, Shopping und Kneipen

Rund um den Mallory Square und in der Duval St gibt es jede Menge Restaurants, viele besitzen *Open-Air*-Terrassen (am ***Mallory Dock*** direkt über dem Meer). ***Seafood***-, also Fisch-, Muschel- und Krabbengerichte sind die großen Renner. Die Preise – so scheint es – spielen keine Rolle. Man kann es sich leisten oder fährt erst gar nicht nach Key West.

Fußgängerzone

Abends wird ein Teil der *Old Town* für Autos gesperrt und zur Fußgängerzone erklärt. Blitzschnell füllen sich dann Duval St und Mallory Square mit bunten Verkaufsständen mit tausenderlei Ramsch und Souvenirs für Touristen. *Papa Hemingway* wird dabei posthum gnadenlos vermarktet.

Kneipen

In der bunten (Musik-)Kneipenszene, die in ihrer Dichte in den USA nur vom *Vieux Carée* New Orleans` übertroffen wird, geht es erst ab 10pm so richtig los. Ein Muß ist die Stammkneipe *Hemingway*s, ***Sloppy Joe's***, oder war es doch ***Captain Tony`s Saloon***, wo er sich regelmäßig besoff?

SICHERHEIT

Wo soviel Wohlstand zur Schau getragen wird wie auf Key West, und Tausenden von Touristen das Geld locker sitzt, bleiben kriminelle Begleiterscheinungen nicht aus. Nach Einbruch der Dunkelheit sind nur die belebten Straßen im Westteil sicher. Als problematisch gelten dann speziell einige östliche Strandbereiche mit Fixer-Treffpunkten. Vom Strandspaziergang bei Mondschein sollte man absehen, auch wenn die Luft noch so lau ist.

SEHENSWÜRDIGKEITEN

Besuchsmotiv für Key West sind vor allen Dingen das *Flair* und tropische Ambiente und die Gewässer ringsum, siehe auch den einleitenden Absatz.

Rundfahrt

Wer sich für die Geschichte von Key West und mit ihr verbundene Details interessiert, ist mit einem der beiden ***Tour Trains*** nicht schlecht bedient – Erläuterungen auf Englisch und Spanisch. Individueller läßt sich Key West mit **Fahrrad** oder Moped erkunden, Verleih vorstehend. Man kann auch im **Glasbodenboot** das Korallenriff vor der Insel bewundern, an Angel- und Segel-Ausflügen teilnehmen, sich für ein paar hundert Dollar Tagesmiete eine Yacht chartern oder per **Wasserflugzeug** zu den *Dry Tortugas* fliegen (ab $100), trinkwasserlosen Inseln nahe Kuba mit der Festung *Fort Jefferson*.

Sonnenuntergang

Keine Sehenswürdigkeit, sondern ein **Ritual** ist die ***Sunset Party at Mallory Dock***. Allabendlich trifft sich dort die internationale Touristenschar, um dem angeblich schönsten Sonnenuntergang der Welt zu huldigen und nach gelungener Vorstellung zu applaudieren. Wer allerdings erst spät kommt, besitzt vor lauter Menschen kaum eine Chance, die orange-glutrote Sonne im Meer versinken zu sehen. Feuerschlucker, Einradfahrer, Zauberkünstler und *Steel Drummer* geben dem Kult den passenden Rahmen.

Außerdem sind zu sehen:

Museum

– Unweit des Mallory Square befindet sich das kleine ***Mel Fisher Maritime Heritage Society Museum*** (Greene/Front St, 9:30am –5pm, $5) mit Prunkstücken aus den gehobenen Schätzen und Gerät von zwei 1622 gesunkenen spanischen Galeonen. Die Werbung übertrifft die Qualität der Ausstellung.

Hemingway

- ***Hemingway House,*** 907 Whitehead St, 9am–5pm, $7. Der neben *Tennesee Williams* bekannteste Bürger der Stadt verfasste dort seine größten Werke, z.B. *Schnee am Kilimandscharo, Wem die Stunde schlägt* und *Der alte Mann und das Meer.*

Strände

- ***Southernmost Point,*** South/Whitehead St, der südlichste Punkt des US-amerikanischen Festlands in der Südwestecke der Insel.
- ***Fort Zachary Taylor State Park*** in der äußersten Südwestecke, (Whithead, dann Southard St). In den Mauern des alten Forts stehen zahlreiche Bürgerkriegskanonen. Wichtiger ist aber der **Strand** auf diesem bis vor kurzem noch gesperrten Gelände; 8am–Sonnenuntergang, Eintritt $3,50/Auto, $0,50/Person.
- ***Lighthouse Museum,*** 938 Whitehead St, 9:30am–4:30pm, $5. In diesem Museum wird die Funktionsweise alter Leuchttürme erklärt. Vom alten Turm schöner Blick über die Umgebung.

Aquarium

- ***Key West Aquarium,*** 1 Whitehead St, 10am–6pm, $7, eines der ersten Freiluftaquarien der Welt. 11am, 1pm, 3pm und 4:30pm Führungen. Haie, Meeresschildkröten, tropische Fische.
- ***Martello Tower,*** 3501 S Roosevelt Blvd, 9:30am–5pm, $5. Alte Festung in Flughafennähe mit Museum zu Geschichte und Entwicklung der Insel, Betonung militärischer Ereignisse.

Der richtige Sight zur richtigen Zeit:

Hemingway Fest (Mitte Juli), eine Woche langes Fest zu Ehren des großen Literaten mit Wettbewerben im Kurzgeschichtenschreiben und Angeln, Literaturseminaren und einen *Hemingway* Ähnlichkeitswettbewerb (*Look-alike-Contest*).

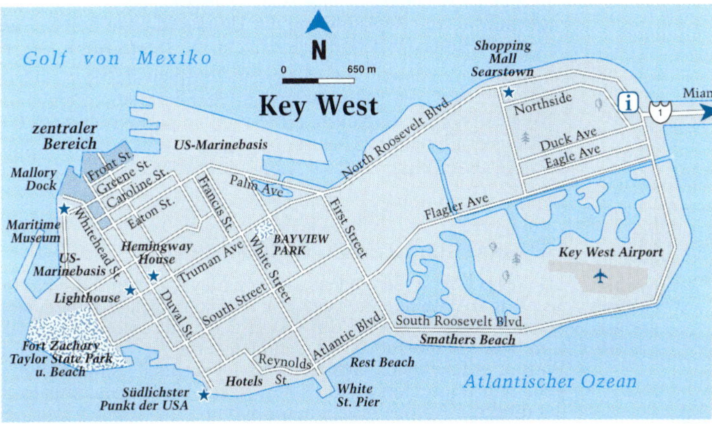

LAS VEGAS

Die Las Vegas-Werbung behauptet, daß die Stadt nie schlafe. Ganz falsch ist das nicht. In Wahrheit aber erwacht sie erst richtig nach Sonnenuntergang und findet bei Tagesanbruch wenige Stunden Ruhe, bevor sich in Spielsälen und *Amusementparks* rund um den *Strip* neue Betriebsamkeit entfaltet. Fast alles dreht sich direkt oder indirekt ums Glücksspiel, die Kasinos und ihre Besucher.

Auch wer keine besondere Lust verspürt, mit seinem Geld *Slot Machines* zu füttern, *Black Jack* (17 und 4) oder Roulette zu spielen, sollte mindestens einen vollen Tag plus langen Abend einplanen. Denn faszinierend ist die Stadt allemal, gleich wie das eigene Urteil über Las Vegas am Ende ausfällt.

Aber nicht nur Kasinos und *Shows* sorgen für Besucher, auch die in Nevada formal erleichterte, rasche **Eheschließung** (und -scheidung!) führt alljährlich Tausende in die Wüstenstadt.

Heiraten in Nevada

Das Gesetz verlangt, daß **beide Partner mindestens 18 Jahre alt** sein und dies durch eine ***Identification***, also den Reisepass, unter Beweis stellen müssen. Dann steht der umgehenden Ausfertigung einer ***Nevada Marriage License*** für **$35** (in bar) nichts entgegen. Besitzt man eine solche (sie ist bis Mitternacht erhältlich im *Court House*, 200 South 3rd Street), geht man zu einer beliebigen *Wedding Chapel* (einige sind sogar in Kasinos integriert), wo der Bund fürs Leben je nach Ausstattung ab **$50** aufwärts plus Spende für den *Reverend* (den Pfarrer) besiegelt wird. Trauzeugen stehen meist auf Abruf bereit. Wer die Gültigkeit der Eheschließung zu Hause anerkannt wissen möchte, muß sich beim **Honorarkonsulat** seines Landes – gegen Gebühren (ca. $50) – eine **Beglaubigung der Heiratsurkunde** holen. Das deutsche Konsulat befindet sich in der 925 Desert Inn Road.

Neben Las Vegas sind auch Reno und vor allem die Nevada-Ortschaften am Lake Tahoe bevorzugte Standorte kommerzieller Hochzeitskapellen. Angeblich werden alljährlich über 50.000 Paare aus aller Welt in Nevada getraut.

GEOGRAPHIE, KLIMA UND GESCHICHTE

Geographie

Las Vegas liegt in der Südostecke von Nevada unweit der kalifornischen Grenze in einer vegetationsarmen, flachen **Wüstenlandschaft** 600 m über NN. Im Osten der Stadt erstreckt sich der durch den Colorado River gebildete Stausee *Lake Mead*, im Westen erheben sich Gebirgsformationen bis 3.600 m Höhe, in denen im Winter Ski gelaufen wird. Nach Los Angeles sind es auf der direkten Autobahn I-15 keine 300 mi.

In der City gibt es zwei voneinander getrennte Kasino-Bereiche: Das Zentrum (Fremont St und Nebenstraßen) und den Las Vegas Boulevard, besser bekannt unter der Bezeichnung ***Las Vegas Strip***. Er verläuft parallel zur I-15 und ist nicht zu verfehlen.

Klima

Im Sommer wird es in Las Vegas oft extrem heiß. Nahezu unerträgliche Hitze über 40°C ist zwischen Juni und Mitte September keine Seltenheit. Wegen der geringen Luftfeuchte lassen sich Temperaturen bis 30°C aber noch einigermaßen aushalten.Abends bleibt es wegen der aufgeheizten Asphalt- und Betonflächen in Las Vegas erheblich wärmer als außerhalb. Frühjahr (April/Mai) und Herbst (Mitte September bis Mitte November) sind klimatisch am angenehmsten. In den kühlen Wintermonaten herrscht am meisten Betrieb. Als absolute Hochsaison gelten die Weihnachtstage mit Neujahr und die Osterzeit. Da die Wüste von Nevada im Durchschnitt kaum mehr als 10 cm Niederschlag jährlich erhält, stehen an windigen Tagen mitunter riesige Sandwolken über die Stadt.

Sonnenschein: 320 Tage — **Niederschläge**: 24 Tage
Heißester Monat: Juli 32°C — **Kältester Monat**: Januar 7°C

Geschichte

Nach Entdeckung einer Quelle im Las Vegas Valley im Jahr 1829 wird **1855** eine erste **Mormonensiedlung** gegründet, aber bereits **1857** wieder aufgegeben.

1903 Erst mit dem Bau der Eisenbahnstrecke Los Angeles–Salt Lake City entwickelt sich eine permanente Ortschaft.

1910 Das im Westen bis dahin übliche Spielen um Geld wird verboten, **erste illegale Spielhöllen** entstehen.

1911 Wasser aus **Tiefbrunnen** schaffen die Voraussetzung für die Entwicklung vom Dorf zur Stadt.

1931 Aufhebung des bis dato landesweit geltenden Glücksspielverbots in Nevada, zur gleichen Zeit Beginn der Arbeiten für den Bau des **Hoover Staudamms**, ➪ unten. Scharen von Arbeitskräften strömen in die Region, gerade recht, um an den Segnungen der liberalisierten Gesetzgebung zu partizipieren. In den Folgejahren bis heute ziehen die Kasinos in der Wüste immer mehr Spieler an.

1935 Die Fertigstellung der immensen **Hoover-Kraftwerke** sorgt für preiswerten elektrischen Strom. Dennoch zählt Las Vegas

1940 nur ganze 8.000 Einwohner (!),

1960 aber immerhin schon 64.000 Einwohner

1970 125.000 Einwohner

1980 165.000 Einwohner

1990 230.000 Einwohner

heute 330.000 Einwohner; Großraum über 700.000

Ein Ende der lediglich vom 2. Weltkrieg unterbrochenen, beispiellosen Expansion ist bis heute nicht in Sicht. Immer noch werden zusätzliche Kasinos bzw. *Amusementparks* gebaut, und die Besucherzahlen steigen Jahr für Jahr. Erst in den 90er-Jahren eröffneten das Märchenschloß ***Excalibur,*** das ***Mirage,*** die ***Luxor***-Pyramide, ***Treasure Island,*** der ***MGM***-Palast, 1996 der über 300 m hohe ***Stratosphere Tower*** und 1997 ***New York-New York*** und ***Montecarlo***.

Daten und Fakten

Telefonische Vorwahl/Area Code: 702

Diplomatische Vertretung

- **HK der BRD,** © 734-9700, 925 E Desert Inn Rd, Suite C

Besucherinformation

- Gleich drei Informationsstände gibt es im ***Main Terminal*** des Flughafens, einen weiteren Schalter im **Concourse C**.
- ***Las Vegas Chamber of Commerce,*** © 735-1616, 711 Desert Inn Rd, Mo–Fr 8am–5pm. Telefonnummer von außerhalb Nevadas: (800) 634-6681
- ***Las Vegas Convention and Visitors Authority,*** © 892-7575, 3150 S Paradise Rd beim *Hilton Hotel/Casino*, Mo–Fr 8am–6pm

Flughafen (LAS)

Las Vegas McCarran International Airport, © 261-5743

Der Las Vegas Airport ist einer der architektonisch besonders gelungenen Flughäfen der USA. Das *Main Terminal* verfügt über 3 *Concourses*.

Fluglinien: AA, CO, CP, DL, HP, NW, TW, UA, US
Hub: HP
Transferzeiten: 30 min, Air Nevada 45 min.

Lage

Der Flughafen liegt nur 6 mi vom Stadtzentrum entfernt, fast in Nachbarschaft zu den südlichsten Kasinos des *Strip* (*New York-New York, MGM, Excalibur* und *Luxor*).

Schließfächer findet man im Bereich der Flugsteige (75c/Tag). Gepäckaufbewahrung ist im *Main Terminal* ($1.50-$5/Tag).

Zeitvertreib

An strategisch günstigen Positionen im *Main Terminal* und in den *Concourses* stehen zahlreiche ***Slot Machines*** (einarmige Banditen) mit geringer Gewinnquote. Vom 6. Stock der Parkgarage hat man einen guten **Blick über die Stadt**.

Verbindung Airport-City

Bus

Eine Verbindung vom Airport in die Innenstadt zu Vororttarifen bietet die **Buslinie #302**, $1,50. Den anderswo üblichen Gratis-*Hotel-Shuttle Service* bieten in Las Vegas nur wenige Häuser.

Van Service

Kleinbusse mehrerer ***Van Service***-Firmen befördern Passagiere zu den Hotels am ***Strip*** ($5) oder in ***Downtown*** ($7). Ermäßigung bei Kauf von Hin- und Rückfahrt. Schalter und Abfahrt vom *Lower Level* im Bereich der Gepäckausgabe.

Taxi

Ein **Taxi** zum *Strip* oder nach *Downtown* kostet ca. $10-$25, je nach Entfernung und Verkehrssituation.

Car Rental

Einige Vermieter bieten Autos für Nettopreise um $20/Tag an, begrenzen dann aber die Meilen (nur für Tagesausflüge geeignet). Relativ groß ist bei den *Rental Car*-Firmen in Las Vegas die Auswahl an Sportwagen und exotischen Fahrzeugtypen.

Car Rental

Eine **Schautafel** zwischen den beiden Gepäckausgabezonen listet alle Vermieter am *Airport* und in dessen Nähe:

Ajax, Alamo, Avis, Budget, Dollar, Enterprise, General, Hertz, National, Rent-a-Wreck, Thrifty, Value

Ein Leihwagen lohnt sich aber nur für Fahrten in die Umgebung. In der Stadt selbst benötigt man kein Fahrzeug.

Öffentliche Verkehrsmittel

Bus

***Citizens Area Transit*, CAT,** © 228-7433, heißt das Bussystem der Stadt. Die aus Besuchersicht wichtigste Linie (#301) fährt den den *Strip*, ab und verbindet ihn mit *Downtown*; 7am–1am alle 15 min, bis 4:15am jede halbe Stunde, danach stündlich, $1,50.

Taxi

Taxis sind relativ teuer: die erste Meile kostet $3,70, jede weitere $1.50. Eine ganze Reihe von Firmen sind im Geschäft:

ABC Union, © 736-8444
Checker+Yellow, © 873-2000
Desert, © 376-2688
Nellis, © 252-0201

Dimensionen

Die **Ausdehnung des *Strip*** ist enorm: Allein der Kernbereich zwischen den Kasinos *Circus Circus* bis zum *Luxor* mißt fast 3 km. Nach *Downtown* sind es vom Circus Circus noch einmal weitere 2 km in nördliche Richtung.

Rundfahrten

Bustouren

Las Vegas ist beliebter Ausgangspunkt für **Busfahrten**. **Gray Line,** © 384-1234, oder **Ray and Ross Tours** © 646-4661, bieten außer *Hoover Dam Trips* ($18-20), *City Sightseeing* (ab $18) und Fahrten zu anderen Attraktionen der Umgebung wie *Old Nevada, Valley of Fire* und *Death Valley*, ➪ unten.

Flüge zum Grand Canyon

In Las Vegas lassen sich auch Rundflüge und insbesondere **Flüge** zum und über den ***Grand Canyon*** buchen, ohne und mit Zwischenaufenthalten im Nationalpark:

Lake Mead Air, © 293-1848;
Air Nevada © 736-8900
Scenic Airlines, © 739-1900

Die Preise reichen von ca. $95 für einen kurzen Überflug des Canyon bis zum 2-Tage-Trip mit Übernachtung ab ca. $300.

Unterkunft

Situation

Die **Hotel-Werbewand** im Flughafen ist sehr groß. Wer noch kein Zimmer gebucht hat, kann dies von dort aus nachholen. Man sollte wegen erheblicher Preisunterschiede für vergleichbare Häuser immer mehrere Angebote einholen. Zwar verfügt Las Vegas heute über mehr als 110.000 Hotelzimmer, wenn aber zu den Touristen auch noch 20.000 Kongreßteilnehmer kommen, wird selbst diese Kapazität schon mal knapp. An Wochenenden sind Zimmer z.T. erheblich teurer, in besonders beliebten Anlagen wie dem *Luxor* oder *Mirage* sogar häufig ausgebucht.

Zentrale Reservierung

Sicher, aber selten preiswerter als bei individueller Suche geht, wer eines der zentralen **Reservierungsbüros** ein paar Tage vor der Ankunft kostenfrei anruft, z.B. die

Reservation-Hot Line: © (800) 332-5333

In Las Vegas sind Unterkünfte wie folgt zu unterscheiden:

Kasino-hotels

Die **Kasinos** leben vom Glücksspiel und sind daran interessiert, Spieler über preiswerte Zimmer in ihr Haus zu bringen. Das gilt vor allem im Fall pauschal anreisender Gäste für Kasinos mit weniger bekannten Namen und/oder für solche mit extrem hoher Zimmerzahl. Einige Häuser großer Hotelketten wie das *Hilton* betreiben zwar auch ein Kasino, nutzen ihren guten Namen aber gleichzeitig für anspruchsvollere Übernachtungsgäste. Die folgenden Angaben beziehen sich auf Mindestpreise im Zeitraum So–Do. Mittelklasse-DZ findet man in anderen Häusern außerhalb der Wintersaison und ohne Großkongress ohne weiteres schon ab $35. Selbst Preise unter $30 sind möglich. Relativ preiswert ist *Circus Circus*:

Am Strip

- **Circus Circus,** © 734-0410, © (800) 634-3450), ab $39
- **Caesars Palace,** © 731-7110 ©, (800) 634-6661), ab $115
- **Excalibur,** © 597-7777, © (800) 937-7777), ab $55
- **Luxor,** © 262-4000 ©, (800) 288-1000), ab $99
- **MGM,** © 891-1111, © (800) 929-1111), ab $69
- **Mirage,** © 791-7111, © (800) 627-6667), ab $79
- **Treasure Island,** © 894-7111, © (800) 944-7444), ab $89

Die genannten Untergrenzen gelten nur So–Do und können aus aktuellen Gründen stark abweichen.

Normale Hotels

Zahlreich "normale" Hotels ohne Kasinobezug liegen preislich innerhalb ihres – in der jeweiligen Kategorie – üblichen Rahmens, passen aber ihre Effektivpreise der aktuellen Buchungssituation in Las Vegas flexibel an. Sehr günstig "mittendrin" gelegen sind

- **La Quinta Inn**, © 739-7457, 3782 Las Vegas Blvd, ab $50
- **Travelodge South Strip**, © 739-7457, 3735Las Vegas Blvd, ab $39

Immer preiswert ist die Jugendherberge:

Hostel

- **Las Vegas International Hostel,** © 385-9955, 1208 Las Vegas Blvd S, 85 Betten, im Winter 40; ab $12. Ebenfalls gute Lage.

Essengehen und Bars

Situation

Ob es nun ein *Steak Dinner* oder eher gesunde Kost von der *Salad Bar* sein soll, in Las Vegas ist das Sattwerden eines der geringsten Probleme. Leuchtreklamen und Handzettel weisen den Weg. Viele Kasinos werben mit preiswerten Buffetmahlzeiten ($3-$6), wobei der Teller unbegrenzt nachbeladen werden darf. Besonders bekannt für seine reichhaltigen ***All-you-can-eat*-Billig-Buffets** ist das ***Circus Circus***. Bei 12.000 Gästen täglich bleibt dort allerdings die Individualität auf der Strecke, es geht zu wie in einer riesigen Kantine. Oft gelobt werden die Buffets im ***Mirage*** und im ***Golden Nugget***.

Kleine **Snacks** wie eine Handvoll *Nachos*, Popcorn oder ein Glas Krabbencocktail gibt es – speziell nach Mitternacht – hier und dort umsonst oder gegen symbolische Niedrigpreise.

Restaurants

In keinem Kasino fehlen andererseits ein oder mehrere gute Restaurants mit oft origineller Ausstattung, am besten in den Kasinos der neuen Generation wie ***Treasure Island, Mirage, MGM*** und ***Luxor***; attraktiv ist aber auch ***Caesars Palace***. Auf dem ***Stratosphere Tower*** gibt es in 250 m Höhe das ***Top-of-the-World-Restaurant***. In solchen Restaurants sind die Preise gar nicht niedrig. Die früher übliche ***Dinner-Show***, wo zum zum Inklusivpreis *Steak* und *Show* geliefert wurden, existiert fast nicht mehr. Die *Cocktail-Show*, während der ein Drink oder auch mehrere genossen werden, und das große Bühnen- und Kostümspektakel vor ganz normalen Zuschauerrängen überwiegen heute.

Kneipen

Zu jedem Kasino gehört zumindest eine Bar, oft sind es auch mehrere. Dort kann man sich seinen Drink bestellen und bezahlen oder als aktiver Spieler darauf warten, daß der **Drink auf Kosten des Hauses** ganz von selbst kredenzt wird; siehe auch zur Situation in den Kasinos auf der folgenden Seite. Ähnlich wie mit Billig-Buffets werben viele Kasinos auch mit preiswerten Drinks wie ***Budweiser* $0,75!**

Shopping

Malls

Wie überall in Amerika findet man auch in Las Vegas große Einkaufszentren an den Ausfallstraßen. Direkt am Strip ist die ***Fashion Show Mall,*** 3200 S Las Vegas Blvd, mit 140 Läden voll auf die Bedürfnisse des Las Vegas Publikums zugeschnitten. Aber auch in die – vor allem neuen – Kasinos sind Shopping-Arkaden mit exquisiten wie Souvenir-Shops integriert

Weitere große ***Shopping Malls*** sind:

- ***Meadows Mall***, 4300 Meadows Lane, 140 Läden
- ***Boulevard Mall***, 3528 S Maryland Pkwy, 80 Läden

Eine gute Meile südlich der Kasinos eröffnete 1997 die nun größte ***Belz Factory Outlet Mall*** der USA direkt am Strip.

Sehenswürdigkeiten in Las Vegas

Die Kasinos

Kennzeichnung

Neben den Kasinos und den mit ihnen verbundenen Attraktionen findet man in Las Vegas nur wenig Sehenswertes. Das Glücksspiel, Show und Entertainment dominieren die Stadt. Spielen darf (und soll, wenn es nach den Kasinobetreibern geht) erst, wer das 21. Lebensjahr vollendet hat. In den weitläufigen Spielhallen überwiegen ***Slot Machines*** (einarmige Banditen). Außerdem werden ***Poker, Blackjack*** (17 und 4) ***Keno*** (Zahlenlotto), ***Bingo, Baccarat*** und ***Roulette*** gespielt. Undurchschaubar ist das Würfelspiel ***Craps*** an langen, wannenartigen Tischen mit einer Mannschaft von gleich 4 Croupiers. Für – erkennbar aktive – Spieler sind **Getränke gratis**, die Bedienung erwartet aber wenigstens $1 *Tip*. Nur-Zuschauern wird gesagt: ***You must be playing***! Sie dürfen aber an der Bar bestellen und natürlich bezahlen.

Gutscheine

Viele Kasinos locken Besucher mit Gutscheinen (***Coupons***) für kostenlose Spielchips, Bier oder Cocktails für $1 und manchesin ihre Häuser. Wer näher hinschaut, bemerkt rasch, daß die meisten *Coupons* nicht viel wert sind. Billige Mahlzeiten, preiswerte oder freie Drinks bekommt man vielenorts auch ohne Gutscheine (siehe oben), und der Gratisgriff an die speziellen *Slots* für Couponinhaber lohnt selten das Anstehen.

Bei wenig Zeit sollte man sich auf die interessantesten – das sind vor allem die neueren – Kasinos konzentrieren:

Am Las Vegas Boulevard, dem *Strip*

Situation

Die noch relativ junge Strategie "Weg vom reinen Kasino, hin zum ***Resort Hotel***" mit allen Schikanen für kommerzialisierten Spaß unter einem Dach, erwies sich als überaus erfolgreich. Las Vegas zieht nun auch Familien mit Kindern an, die mit Glücksspiel allein nicht zu locken waren oder damit auch gar nichts im Sinn hatten. Zu den in den letzten Jahren bereits neu entstandenen Komplexen vom Typ *Amusementpark* kommen laufend weitere hinzu:

Treasure Island

– Sagenhaft ist die **"Seeschlacht"** zwischen englischem Linien- und Piratenschiff in der *Bucaneer Bay* vor ***Treasure Island,*** einer "Schatzinsel" im karibischen Fantasiestil. Die Breitseiten bis zum dramatischen Ende werden täglich mehrfach abgefeuert (Zeiten am Eingang). Schon lange vor dem Beginn jeder Schlacht muß man sich ein gutes Plätzchen am "Rand der *Bay*" (also am *Strip*) suchen, sonst sieht man kaum etwas.

Mirage

– Nachbar von *Treasure Island* ist das ***Mirage***, Heimkulisse des berühmten deutschen Magier-Paars ***Siegfried & Roy*** und ihrer weißen Tiger. Vor dem *Mirage* bricht alle 15 min ein **Minivulkan** rotglühend aus: am besten in der Abenddämmerung anzusehen.

Caesar`s Palace

– Obschon älter, besticht der römischen Palästen nachempfundene ***Caesar`s Palace*** immer noch. Dieses Kasino kann innen wie außen ohne weiteres mit moderneren Attraktionen mithalten.

New York New York

– Ein weiterer Großkomplex am *Strip* heißt ***New York-New York***. Er wird von einer enormen Achterbahn umrundet . Eine Replika der **Freiheitsstatue** in 75% Originalgröße und die 100 m lange ***Brooklyn Bridge*** sind Zutaten zur *Skyscraper*-Kulisse.

Excalibur

– Ebensowenig wie *Treasure Island* verheimlicht das burgartige ***Excalibur*** die Anleihen bei *Disneyland.* Das ***Fantasy Fairyland***, ein kleiner, eher auf kindliche Gemüter zugeschnittener *Indoor Amusementpark* im Tiefgeschoß, und das zweimal täglich stattfindende Ritterspektakel ***King Arthur`s Tournament*** (sehenswert die reiterischen Leistungen) erfreuen sich großer Beliebtheit bei jung und alt.

MGM

– Im **MGM Casino-Komplex** gibt es über 5000 Zimmer, 10 Restaurants, einen Pool mit Sandstrand, Tennisplätze und Fitnessstudio.s. Der *Open-air* ***MGM Great Adventure Theme Park***. hinter dem Gebäudetrakt war der erste echte Vergnügungspark am Strip – er ist zugänglich für jedermann.

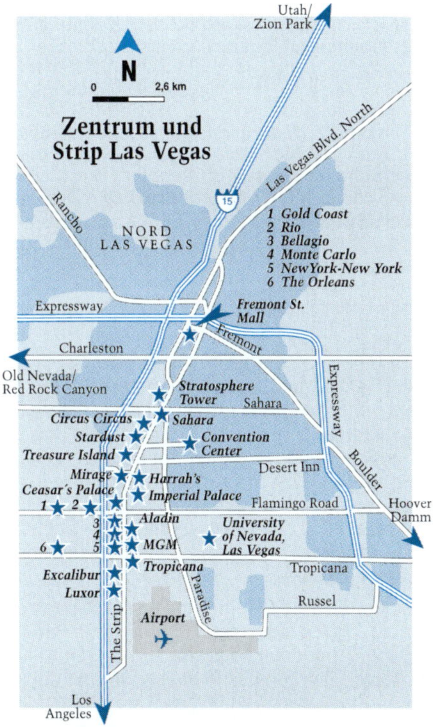

Luxor

Gleich neben dem *Excalibur* steht die **Luxor-Pyramide** mit der ***Sphinx*** am Eingang, das vielleicht spektakulärste Bauwerk am Strip und ein tolles Fotomotiv. Hinter der verspiegelten Fassade verbergen sich Hotelzimmer, die nur über Arkaden im riesigen Hohlkörper zugänglich sind. Unbedingt hineinschauen!

Weitere Kasinos

Wie gesagt verblassen die "Vorzüge" anderer Kasinos etwas im Licht all dieser Attraktionen. Von ihnen ist vielleicht noch ***Circus Circus*** mit Akrobatik-Vorführungen in der Zirkuskuppel über den Spielautomaten und dem ***Grand Slam Adventure Park*** unter dem Transparentdom am rückwärtigen Parkplatz besuchenswert, außerdem der ***Imperial Palace*** (neben *Harrahs* und gegenüber *Mirage*) wegen seiner ***Antique and Classic Auto Collection*** mit über 200 tollen Oldtimern im oberen Stockwerk im hintersten Winkel der Kasinofluchten; täglich 10-23 Uhr, Eintritt $7. Das obere Ende des *Strip* markiert der über 300 m hohe ***Stratosphere Tower***, dessen

Stratosphere Tower

Observation Deck einen weiten Blick über den Lake Mead und die Fels- und Wüstenlandschaften der Umgebung bietet. Nervkitzelnd ist die Achterbahn entlang der Außenfassade der Oberdecks in gut 250 m Höhe. Und damit nicht genug, können sich Mutige noch 30 m höher katapultieren lassen und für Sekunden das Gefühl des freien Falls "genießen".

Downtown

Fremont Street Mall

Die Kasinos in ***Downtown*** (*Fremont Street* Fußgängerzone) sind weit weniger spektakulär, liegen aber dicht an dicht und bilden im abendlichen Lichterglanz seit eh und je ein prima **Fotomotiv**. Neuerdings wurde die *Fremont Street Mall* komplett überdacht und mit Lautsprecherbatterien ausstaffiert. Bei Dunkelheit wird nun jeweils zur vollen Stunde eine ***Laser Light &Sound Show*** unter die gesamte Dachlänge von rund 300 m projiziert, ein Spektakel einzig zu dem Zweck, die Las Vegas Besucher nicht ganz an den Strip zu verlieren.

- In ***Binion's Horseshoe*** lassen sich $1 Mio. in bar (100 Scheine à $10.000) hinter dicken Panzerglasscheiben bewundern.
- Das ***Golden Nugget*** ist das äußerlich attraktivste Kasino. Was sonst als ein riesiges Goldnugget könnte dort ausgestellt sein!

Außerdem

Mormonen Museum

- Der ***Old Mormon Fort State Historic Park*** am Las Vegas Blvd North/Washington Ave, Do–Mo 9am–3:30pm. Restaurierter, ursprünglich 1855 errichteter befestigter Komplex. Das kleine Museum zeigt das Leben der Mormonen zur damaligen Zeit.

Planschpark

- ***Wet'n Wild***, am *Strip* unweit *Circus Circus*, Juni–August 10am–8pm, Apri, Mai, Sept., Okt. bis 6pm; $22. Guter Planschpark mit hohen Wasserrutschen, aber immer ziemlich voll.

Sicherheit

Überfälle, Mord und Totschlag sind nicht an der Tagesordnung. Denn die Kasino-Mafia sorgt für Sicherheit und Ordnung. Negative Schlagzeilen würden den Touristen- und Dollarstrom abebben lassen. Die Straßen von Las Vegas sind daher weniger gefährlich als die anderer US-Großstädte, insbesondere nachts, da auf den Bürgersteigen (*Side-Walks*) bei gleißender Illumination Betrieb bis zum frühen Morgen herrscht. Die – kürzer werdenden – noch dunklen Abschnitte am *Strip* sollte man zu vorgerückter Stunde dennoch besser meiden.

Es kann nicht schaden, Bargeld, Kreditkarten und Papiere sicher am Körper zu tragen oder im Hotelsafe zu verstauen. Nicht für alle Verbrechen zeigt die Kriminalstatistik im übrigen günstige Zahlen: Las Vegas weist eine der höchsten Vergewaltigungsraten der USA auf.

Ziele in der Umgebung

Die Umgebung von Las Vegas besteht durchaus nicht nur aus flacher Wüstenlandschaft:

Hoover Dam

- Der bereits 1936 fertiggestellte, 223 m hohe ***Hoover Dam*** ist immer noch Touristenattraktion #1 außerhalb der Stadt (30 mi östlich, Straße #93 über Boulder City, der einzigen Stadt in Nevada mit Glücksspielverbot). Vor allem die Einbettung des Damms zwischen steil aufragenden Canyonwänden macht ihn zur Sehenswürdigkeit. Der für den Bau notwendige Beton hätte für eine zweispurige Straße von San Francisco nach New York gereicht. Las Vegas könnte ohne den Strom aus den Turbinen des Hoover Damms nicht mehr existieren. Kontinuierlich **Führungen** durch Staumauer und Kraftwerk 9am-4 pm, im Sommer 8am-6:pm, $2; hochinteressant. **Häufig Wartezeiten**.

Lake Mead

- Der ***Lake Mead*** (National Recreation Area) entstand durch den Bau des Hoover Dam und besitzt heute eine Länge von etwa 185 km und eine durchschnittliche Tiefe von über 50 m. Karte und Information im ***Visitor Center*** an der Straße #93, 4 mi östlich Boulder City, im Sommer 8:30am–6pm, sonst bis 4:30pm. Der Stausee ist ein beliebtes Wassersportrevier. Am besten genießt man See und Felslandschaft vom **Boot** aus. An den Marinas findet man (sehr teure) **Verleihstationen**, Mindestalter des Mieters 25 Jahre, Bootsführerschein nicht erforderlich.

Valley of Fire

- Das ***Valley of Fire*** ist ein *Nevada State Park* im Bereich des Nordarms des Lake Mead. Zufahrt über die I-15/Straße #169 oder über die *Northshore Rd* ab Straße #93/Boulder Beach durch eine ans *Death Valley* erinnernde Landschaft. Fantastische Felsformationen, welche die Nachmittagssonne tiefrot reflektieren, sind die Attraktion. Kleines Besucherzentrum, 8:30am-4:30pm.

Red Rock Canyon

- Die ***Red Rock Canyon Recreation Lands***, etwa 21 mi westlich, erreicht man über den Charleston Blvd (Straße #159). Eine Aussichtsstraße läuft 13 mi durch graue und rote Sandsteinformationen. Besucherzentrum 9am–4:30pm. Reizvolle Wanderwege und Kletterfelsen. Folgt man der #159 einige Meilen weiter, gelangt man zur ***Bonnie Springs Ranch***, einem rustikalen Ausflugslokal mit **Pferdeverleih** in der *Red Rocks*-Region.

Nationalparks im Einzugsbereich

Las Vegas eignet sich gut als Ausgangspunkt zum Besuch der Nationalparks *Grand Canyon*, *Zion*, *Bryce Canyon* (beide Utah) und *Death Valley* (Kalifornien):

Death Valley

- Das ***Death Valley*** liegt im Grenzbereich zwischen Kalifornien und Nevada. Anfahrt von Las Vegas am besten über Pahrump. Entfernung zur zentral liegenden, grünen Oase *Furnace Creek* mit Besucherzentrum; © (619)-786-2331, 8am–5pm) ca. 120 mi. Mindestens einen vollen Tag einplanen. Das ***Visitor Center*** informiert über die geologischen Ursprünge des Tals und den Artenreichtum von Flora und Fauna in der scheinbaren Leere. Übernachtung möglich, aber teuer: ***Furnace Creek Inn*** oder ***Ranch*** © (619) 786-2345; $75-$375).

Death Valley

Das Tal des Todes ist der Boden eines ausgetrockneten Salzsees, dessen tiefster Punkt 84 m unter dem Meeresspiegel liegt. Hohe Gebirgszüge zwischen Tal und Pazifik halten Niederschläge fast völlig fern. **Die Sommer sind glühend heiß**: Juni–September über 40°C im Tagesdurchschnitt, gelegentlich über 50°C, deshalb nur mit funktionierender Klimaanlage erträglich. **Kühlwasser vor der Fahrt checken**. Im Fall einer Panne bei großer Hitze nicht versuchen, zu Fuß Hilfe zu holen, sondern am Auto warten. Annehmbare Temperaturen herrschen von Oktober bis April.

Unbedingt sollte man den ***Artist Drive*** (10 mi südlich Furnace Creek) abfahren und den *Golden Canyon* durchwandern (ca. 30 min). Er liegt unterhalb des ***Zabriskie Point***, neben ***Dantes View*** bester Aussichtspunkt über das Tal des Todes. Östlich davon beginnt der ***Twenty Mule Team* Rundkurs** durch Formationen im gleichnamigen Canyon.

Im Norden (von Furnace Creek ca. 60 mi) steht ***Scottys Castle***, ein schloßartiges Anwesen in mexikanischem Stil, das ein Scotty genannter Cowboy und Goldsucher mitten in der Wüste errichten ließ. Für $8 gibt es im Wohnbereich des Palastes sogar einen Wasserfall zu bewundern. Der Umweg ist dennoch nur lohnenswert für Leute mit viel Zeit.

Zion Park

– Zum **Zion National Park** im Südwesten Utahs sind es 180 mi. Einzige Straßenverbindung von Las Vegas ist die I-15. Sie führt in Nevada zunächst eintönig durch die Wüste und bietet als einzige Abwechslung den Umweg über das ***Valley of Fire***, ⇨ oben. Erst in Utah verläßt sie die Wüstenebene. Nächste größere Stadt (16.000 Einwohner, Mini-Flughafen) ist **St. George**, etwa 40 mi.

Von dort geht es auf der Straße #9 am Virgin River entlang durch eine Landschaft wie aus dem Bilderbuch des Wilden Westens. Hinter **Springdale** (Motels, B&Bs, Restaurants, Campingplätze) erreicht man Haupteinfahrt und ***Visitor Center*** des *Zion Park*.

Der ***Zion Canyon Scenic Drive*** (Stichstraße, ca. 10 km) folgt dem Virgin River in ein enger werdendes, üppig grünes Tal. Hochaufstrebende Felswände bieten fantastische Fotomotive. Am Straßenendpunkt beginnt der ***Gateway to the Narrows Trail***. Der befestigte und frequentierte Teil des Weges endet nach ca. 1,5 km. Bei niedrigem Wasserstand und gutem Wetter kann man im Fluß bis zu den *Narrows* waten (1 mi in eisigem Wasser, sehr anstrengend, Minimum 2 Std. retour). Der Abstand zwischen den 600 m hohen Sandsteinwänden schrumpft im Engpaßbereich auf wenige Meter zusammen.

Weitere sportliche Wanderungen sind der Aufstieg zur ***Angels Landing*** (450 m Höhenunterschied) oder zum ***Observation Point*** gegenüber (noch 200 m höher). Von beiden Aussichtspunkten sagenhafter Blick in das Tal und über die Zion Landschaft. Weniger harte *Trails* führen zu den ***Emerald Pools*** und am *Weeping Rock* vorbei zum ***Hidden Canyon*** (2 Stunden).

Übernachten

Für stilvolles Übernachten empfiehlt sich die **Zion Lodge** (Blockhaus-Stil), Reservierung unter ✆ (801) 586-7686; $75-$120. Preiswertere Unterkünfte in Springdale, z.B. **Canyon Ranch Motel** ✆ (801) 772-3357, $50-$90), und St. George. Beste Besuchszeit ist der September, schön das Frühjahr ab Mai.

Colob Canyons

– Bei Weiterfahrt in Richtung Salt Lake City auf der I-15 passiert man die ***Kolob Canyons Road***, eine gering frequentierte Stichstraße (ca. 8 km) hinauf zum hochgelegenen *Kolob Canyons Viewpoint* mit Weitblick auf die umliegenden Massive (eingangs kleines Besucherzentrum). Lohnende Wanderung (11 km und 700 m Höhendifferenz, nicht unter 6 Stunden retour) zum weltgrößten, freistehenden Felsbogen, dem ***Kolob Arch***.

Bryce Canyon

– Zum ***Bryce Canyon National Park*** sind es vom Virgin River Valley im Zion Park rund 80 mi. Die Straße #9 führt im Ostteil des Zion mitten durch eine felsige Wunderwelt. Ein Abstecher könnte noch dem ***Cedar Breaks National Monument*** (Straße #14) gelten, in dessen Mittelpunkt ähnliche Formationen wie im *Bryce Canyon* stehen.

Bryce Canyon gilt neben dem *Grand Canyon* als **der spektakulärste Park des amerikanischen Südwestens**. Unter dem Rand einer Hochebene *(Paunsaugunt Plateau)* erstreckt sich auf 40 km Länge ein Gebiet bizarrer Formationen erodierten Sandsteins. Besonders bei wechselnden Lichtverhältnissen liefern die Säulen, Türme und Skulpturen ein faszinierendes Farbspiel. Informativer Einstieg im *Visitor Center* (hervorragende Dia-Show). Eine Stichstraße führt zum ***Rainbow Point*** (17 mi). An ihr liegen zahlreiche Aussichtspunkte und *Trailheads*.

Das **Minimalprogramm** (ca. 2 Stunden) besteht aus einem **Spaziergang** am *Rim Trail* zwischen *Sunrise, Sunset* und *Inspiration Point* über dem ***Amphitheater of Standing Rocks***. Unbedingt zu empfehlen sind Wanderungen. Der kürzeste (ca. 2,5 km) Pfad hinunter in das Felslabyrinth ist der ***Navajo Loop Trail*** vom *Sunset Point* aus. Wer mehr als die dafür nötige Stunde Zeit hat, sollte den fantastischen ***Peek-A-Boo Trail*** vom Sunset bis zum Bryce Point wählen (7 km plus 3 km Rückweg auf dem *Rim Trail*; etwa 3 Std). Noch ein wenig länger ist der ***Fairyland Trail*** vom gleichnamigen zum *Sunrise Point* (mit Rückweg am Rand entlang ca. 13 km).

Übernachten

Übernachtung in der ***National Park Lodge*** © (801) 586-7686, $76-$110 oder in Motels an der Zufahrtstraße zwischen der Straße #12 und dem Parkeingang, z.B. ***Bryce Canyon Pines Motor Inn*** © (801) 834-5336, $40-70) oder das ***Ruby`s Inn*** (*Best Western*) vor den Toren des Parks, ab ca. $60. Weitere Motels und sehr gute ***B&B Inns*** findet man im kleinen Ort **Tropic**, nur wenige Meilen östlich unterhalb der Abbruchkante des Bryce.

Rundfahrt

Der Besuch der beschriebenen Nationalparks könnte auch im Rahmen einer Rundstrecke über den *Grand Canyon* (dann mindestens 4 Tage) oder sogar-- in erweiterter Form – über die *Capitol Reef, Arches, Canyonlands National Parks* (➪ Salt Lake City, Seite 416f) und das *Monument Valley* (➪ unter Flagstaff) erfolgen (mindestens 1 Woche).

Der richtige *Sight* zur richtigen Zeit

Rodeo

Das ***Las Vegas Helldorado Rodeo*** findetmit wechselnden Daten im Mai statt; es ist eine der größten und bekanntesten Rodeo-Veranstaltungen der USA, Eintritt $8-$20.

LOS ANGELES

Der Großraum Los Angeles, kurz LA, ist wirtschaftlicher Dreh- und Angelpunkt der Westküste und nach Metropolitan New York das **zweitgrößte Ballungsgebiet der USA**.

Wie bekannt, setzte Los Angeles noch stärker als andere amerikanische Cities auf das Auto und den Ausbau eines umfassenden Freewaynetzes. Nachdem die zehn- und zwölfspurigen Autobahnen und bis zu vierstöckigen Kreuzungen und Abzweigungen lange Zeit als vorbildlich angesehen wurden, sieht sich die Stadt heute an den Grenzen des Individualverkehrs. Endloser *Stop-and-go*-Verkehr nervt die Autofahrer.

Als Tourist in Los Angeles sollte man sich daher – soweit möglich – auf Samstage, Sonn- und Feiertage konzentrieren. Der Verkehr auf den – zur Überbrückung größerer Distanzen unvermeidlichen – *Freeways* hält sich dann in erträglichen Grenzen. Für den Besuch der Vergnügungsparks, vor allem *Disneyland* und *Universal Studios*, sind Wochentage geeigneter. Wer in der Nähe übernachtet (➪ Unterkunft, Seite 274), vermeidet Anfahrt und damit Verkehrsprobleme.

Geographie, Klima und Geschichte

Geographie

Metropolitan LA setzt sich aus einer Vielzahl von Städten zusammen. Zwar existiert unweit der historischen Ursprünge (Olvera St, ➪ unten) ***Downtown Los Angeles***, ein Geschäftszentrum mit der für die *Big Cities* Amerikas typischen *Skyline* aus Stahl und Glas, aber es besitzt bei weitem nicht die Bedeutung der Zentren anderer Großstädte für ihre Umgebung.

Während große Teile des Stadtgebietes einst wüstenartigen Ebenen abgetrotzt wurden, wachsen die nördlichen Vororte auf der Linie Pasadena-San Bernardino bereits in die *Foothills* der weitgehend menschenleeren *San Gabriel Mountains* hinein. In den Höhenlagen zwischen 2000 m bis 2700 m nur rund 50 mi von Downtown Los Angeles entfernt, wird im Winter sogar Ski gelaufen. Im Nordwesten ist LA über die einst Barrieren bildenden Santa Monica und Verdugo Mountains hinaus in das San Fernando Valley gewachsen. Die Hügel wurden bis auf den ***Topanga State Park*** in Ozeannähe oberhalb Malibu und den populären Griffith Park (siehe unten) weitgehend mit Luxusvillen zugebaut.

Für Los Angeles-Verhältnisse relativ nah beieinander und in kurzer Distanz zum internationalen Flughafen liegen im Nordwesten die Stadtzonen **Hollywood**, **Santa Monica**, **Beverly Hills**, der **Wilshire District** und **Downtown**.

Dort konzentrieren sich auch die meisten touristischen Sehenswürdigkeiten. Rund 25 mi südlich von Downtown LA bilden die felsige Halbinsel ***Rancho Palos Verdes***, die Stadt **Long Beach** und die südlichen Strände einen weiteren Anlaufbereich. Die Nachbarstädte **Buena Park** und **Anaheim** im Südosten beherbergen die Vergnügungsparks Disneyland und Knott's Berry Farm.

Klima

Wechselhaftigkeit kennzeichnet das Los Angeles Klima. Dabei liegen die Tagestemperaturen im Sommer statistisch im Bereich zwischen 25°C und 30°C bei schweißtreibender Luftfeuchte, im Winter zwischen 15°C und 20°C. Vorausgesetzt, weder Smog, Bewölkung oder Seenebel hängen über der Stadt. Erhebliche Abweichungen von den Mittelwerten – mitunter innerhalb weniger Stunden – sind häufig. Klares Wetter herrscht von August bis November. Regen fällt überwiegend in den Wintermonaten.

Sonnenschein: 258 Tage **Niederschläge**: 35 Tage.
Heißester Monat: August 21°C **Kältester Monat**: Januar 13°C

Geschichte

LA blickt auf eine nur gut 200-jährige Geschichte zurück:

1781 Gründung des *'**Pueblo** de Nuestra Señora la Reina **de los Angeles** de Porciúncula'* durch den spanischen Gouverneur *de Neve* und den aus Mallorca stammenden Franziskanerpater *Junípero Serra*. Bis in die mexikanische Zeit blieb das Dorf der Engel eine kleine Missionsstation, die auch

1847 bei der Eroberung durch die Amerikaner im mexikanisch-amerikanischen Krieg erst ganze 1500 Einwohner beherbergte.

1850 Beginn einer Expansionsphase als Folge des kalifornischen **Goldrausches** in der *Sierra Nevada*

1876 Anbindung von Los Angeles an das transkontinentale Schienennetz; die Bevölkerungszahl liegt nun bereits bei 40.000

1890 Erfolgreiche **Ölbohrungen** sorgen für weiteren Aufschwung

1900 Bevölkerung über 100.000.

1908 Erste Filmgesellschaften lassen sich u.a. wegen der vielen Sonnentage in Los Angeles nieder

1913 Bau eines Aquädukts, das Wasser aus der 400 km entfernten Sierra Nevada nach Los Angeles transportiert. Heute wird die Stadt über ein System von Kanälen versorgt, das bis nach Nordkalifornien und zu den Stauseen des Colorado reicht.

1932 **Olympische Spiele**

1984 **zum 2. Mal Olympische Spiele**

Je nach geographischer Abgrenzung nennt man heute für den Großraum LA Einwohnerzahlen zwischen **8 Mio** und **14 Mio**.

Daten und Fakten

Achtung: Vorwahl-Wechsel 1998: (310) wird z.T. geändert in (562)!

Telefonische Vorwahl/Area Codes: 213 und 310

U.a. die Küstenorte von Malibu über Santa Monica, der *International Airport* Bereich und Rancho Palos Verdes bis Long Beach haben die Vorwahl **310**, die Bereiche Hollywood, Wilshire District, Downtown den Code **213**.

Diplomatische Vertretungen:

- **GK der BRD,** © 213-930-2703, 6222 Wilshire Blvd, Suite 500
- **GK Österreichs,** © 213-444-9310, 11850 Wilshire Blvd, Suite 501
- **GK der Schweiz,** © 213-388-4127, 3440 Wilshire Blvd, Suite 817

Besucherinformation

- **Informationsschalter im *Tom Bradley Building*** des LA International Airport (*Upper & Lower Level*), siehe unten
- ***Greater LA Visitors Bureau,*** © 213-624-7300, 685 Figueroa St, zwischen 774 St und Wilshire Blvd, Mo-Sa 8am-5pm
- ***Tourist Information Santa Monica,*** © 310-393-7593, 1400 Ocean

Flughafen (LAX)

Los Angeles International Airport, © (310) 646-2270)

Bedeutung

Los Angeles spielt eine überaus bedeutende Rolle im US-Luftverkehr. Die meisten Pazifikflüge und 70% der Luftfrachtimporte aus Asien werden über LAX abgewickelt.

Fluglinien: AA, CO, CP, DL, HP, NW, TW, UA, US
Hub: DL
Transferzeiten: Int to Dom 2:00; Dom to Dom 30 Min

Lage

Der Airport liegt an der Pazifikküste und gehört zum Stadtteil Inglewood, einige Meilen südlich Santa Monica. *Downtown* LA ist ca. 17 mi entfernt. Viel Grünn verschönert die großzügig angelegten Hallen und Gänge. 8 Terminals wurden hufeisenförmig angeordnet, die Terminals 1 bis 3 auf der Nordseite, das große ***Tom Bradley International Terminal*** auf der West- und die Terminals 4 bis 7 auf der Südseite. In der Mitte befinden sich Parkhäuser und das ***Theme Building*** mit einem Restaurant in luftiger Höhe.

Schließfächer befinden sich in allen Terminals (75c/24h)

Aussichtspunkt

Auf dem ***Theme Building*** befindet sich ein ***Observation Deck*** (9am-5pm). Aus 45 m Höhe überschaut man die Rollfelder ringsum. Das **Restaurant** im *Tom Bradley Terminal* ist das größte Flughafenrestaurant der USA (700 Sitzplätze).

Weitere wichtige Flughäfen im Großraum LA sind:

Ontario (ONT) ✆ (714) 983-8282, AA, CO, DL, HP, NW, TW, UA, US

Ontario International Airport liegt ca. 45 mi östlich von LAX (zwischen I-10/San Bernhardino und Ponoma *Freeway*) weit entfernt von der City und allen touristischen Attraktionen. Nichtsdestoweniger spielt dieser Flughafen mit über 5 Mio Passagieren/Jahr eine zunehmend wichtige Rolle.

RTD Bus #496 nach Downtown LA $4, 60-90 min; Taxi ca. $90, *Super Shuttle Van* ca. $50.

Burbank (BUR) ✆ (818) 840-8847, AA, DL, HP, NW

Der ***Hollywood-Burbank Airport*** liegt 14 mi nordöstlich LAX (I-5), RTD Bus #94 nach Downtown LA $1.25, ca. 60 min. In der Nähe liegen die *Universal City Studios* und der Studiokomplex der Fernsehgesellschaft NBC.

Orange County/ *John Wayne Airport* (SNA),
✆ (714) 755-6500, AA, CO, DL, HP, NW, TW, UA, US

Kleinerer Flughafen südlich Santa Ana unweit des San Diego Freeway. Liegt in der **Nähe von *Disneyland***; *Airport Coach*, ✆ (800) 772-5299, dorthin $8, nach LAX $18.

Taxi nach *Disneyland* ca. $28, nach LAX ca. $70. Wer in LA lediglich *Disneyland* besuchen will, sollte zum *Airport Orange County* fliegen und die Hektik von LAX umgehen.

Long Beach ***Municipal Airport* (LGB),** ✆ (310) 421-8293, DL, HP,
Busverbindung RTD #457 nach *Downtown* LA. Bus #111 nach *Downtown* Long Beach. Dort Straßenbahn (*Long Beach Tram*) nach *Downtown* LA $2, ca. 1 Std. Mit dem *Super Shuttle Van* nach LAX ca. $20, Taxi ca. $40

Verbindung Airport-City/Stadtteile

Bus

Alle Verkehrsmittel fahren vom *Lower Level* der Terminals (Ankunftsbereich) ab und halten an farbig gekennzeichneten Abschnitten der äußeren Fußgängerinseln. Taxis – sie fahren in der inneren der beiden Fahrspuren, alle anderen Verkehrsmittel benutzen die äußere Spur – halten in den gelben Zonen, die Shuttle-Busse der Autovermieter und Hotels in den grünen, Zubringer-Vans in den blauen und andere Busse in den roten Zonen. Der ***LAX Shuttle*** stoppt bei den weißen Schildern: Route A verbindet alle Terminals, Route C fährt zum Busterminal des öffentlichen Nahverkehrs.

Taxi

Wer sich in LA nicht auskennt und auch nicht vom Hotel abgeholt wird, sollte Taxi oder ***Van Service*** öffentlichen Bussen vorziehen. Denn Busfahren in LA ist eine komplizierte Angelegenheit. Bei den vielen in LA möglichen Zielen würde eine in Einzelheiten gehende Erläuterung den hier gegebenen Rahmen sprengen.

Taxikosten z.B. nach Downtown ca. $30, nach Disneyland $85.

Van Service

Über die aktuellen Kosten der verschiedenen ***Vans*** informieren Transportschalter bzw. Übersichtstafeln mit Telefon in jedem Terminal. Preisvergleiche lohnen sich. Vor den Terminals weisen *Curb Helper* die Passagiere ein.

Car Rental

Avis, Budget, Dollar, Hertz, National und nahezu alle anderen bekannten Ketten sowie lokale Vermieter im Airport-Umfeld.

Zwar kann LA per Auto ein Alptraum sein, aber ohne Auto ist der innerstädtische Transport schwierig und (noch) zeitraubend(er). Einmal mit dem Auto unterwegs sollte man die Freeways während der Stunden mit dem größten Verkehrsaufkommen meiden (6am–10am und 3pm–7pm). Unbedingt erforderlich ist ein detaillierter Stadtplan. Die Übersichtskarten der Autovermieter sind für mehr als eine oberflächliche Orientierung nicht ausreichend. Auf dem *Freeway* bleibt – selbst mit Beifahrer – zur Routen- und Abfahrtentscheidung bisweilen nur wenig Zeit. Es ist daher wichtig, sich vor Fahrtantritt die Route einzuprägen.

Öffentliche Verkehrsmittel LA

Bus

Der Großraum Los Angeles wird von mehreren Busgesellschaften bedient, die wichtigste ist ***Metropolitan Transit Authority MTA,*** © (213) 626-4455, die mit 3000 Bussen ein 5000 mi (!) langes Streckennetz betreibt. Auskunft und Routenkarte im Zentralbüro Arco Plaza Bldg, Level C, in der City 5th/505 Flower St, Mo–Fr 7:30am–4pm. Im Norden und Nordwesten fahren die Busse der ***Santa Monica Big Blue Bus Line,*** © (310) 451-5444, und im Süden ***Orange County Transit,*** © (714) 636-RIDE. Im LAX-Airportbereich findet man auch noch ***Culver City Bus Company,*** © (310) 559-8310, die aber nur ein kleines Streckennetz bedient.

Zwar verfügt LA über ein flächendeckendes Bussystem, aber die Busse sind – außer im Fall gesonderter Busspuren – noch langsamer als der Individualverkehr. Nach langwierigen Busfahrten bleibt oft zu wenig Zeit. Mitunter lange Wartezeiten an Haltestellen in praller Sonne und unterkühlte Fahrgasträume machen das Busfahren zusätzlich beschwerlich.

DASH

Die positive Ausnahme bilden die nur in Downtown verkehrenden **DASH-Busse** (*Downtown Area Short Hop,* © (800) 266-6883Mo–Sa alle 10–15 min), mit denen man für einen Quarter (*exact change!*) die wichtigsten Hotels, *Shopping Malls* und Sehenswürdigkeiten erreichen kann. Route A fährt über Little Tokyo, Route B über *Chinatown*; Umsteigen ist kostenlos.

U-Bahn

Für viel Geld wird seit Jahren ein U-/S-Bahnnetz gebaut bzw. erweitert. Eine der wenigen bislang funktionierenden für Besucher interessanten Routen ist die von ***Downtown*** **nach Long Beach**.

Taxi

Im **Taxi** zahlt man für die erste Meile ca. $2.50, für jede weitere Meile ca. $1.50. Wegen der großen Entfernungen zwischen den Sehenswürdigkeiten entstehen schnell Kosten, die weit über denen einer Wagenmiete liegen. Wer sich fürs Taxi entschließt, sollte den ungefähren Fahrpreis immer vor Fahrtantritt erfragen.

LA Red Top, © (213) 934-6700 United, © (213) 653-5050
Checker, © (213) 482-3456

Rundfahrten

Geführte Touren

Geführte Busfahrten durch Hollywood und die Villenviertel von Beverley Hills und Bel Air, wo – verschanzt hinter hohen Zäunen, Hecken und Mauern – berühmte Filmstars und andere Größen leben, sind bei amerikanischen LA-Touristen überaus populär. Daneben gibt es natürlich auch ganz normale Stadtrundfahrten und Ausflüge zu den Amusement-Parks der LA Area wie *Disneyland, Universal Studios* etc.

Kaum eine dieser Touren lohnt sich, denn

- auf **Hollywood/Beverly Hills Besichtigungen** geht es überwiegend um die Anwesen bekannter Fernsehserien-Stars und den neuesten Hollywood-Klatsch. Zum Verständnis der Erläuterungen fehlen den meisten Touristen aus Europa Vorkenntnisse. Lediglich die erhöhte Position der Sitze im Bus, die bessere Einsichten in den Lebensstandard der Glamour-Society erlaubt als der Blick aus dem Pkw, ist dabei ein Vorzug gegenüber einer individuellen Fahrt. Die aktuellen Adressen von Stars und Sternchen samt Lageplan gibt es in Beverley Hills bei fliegenden Händlern an zentralen Ecken zu kaufen.
- **konventionelle Stadtrundfahrten** bringen wegen der großen Entfernungen wenig und stoppen in LA durchweg auch an Orten, die anstelle von Sehenswürdigkeiten eher kommerziell-touristischen Schnickschnack bieten (*Farmers Market*, Olvera Street, ➪ unten). Besser steuert man gezielt die Punkte an, welche den eigenen Interessen besonders entsprechen.

Amusement-parks

- für den **Besuch der Vergnügungsparks** kommt es meist billiger, einen *Shuttle-Van* zu nehmen und die Eintrittskarte selbst zu kaufen, als Pauschaltouren zu buchen. Tourteilnehmer geniessen bei den Vergnügungsparks allerdings oft den Vorzug, direkt ohne Anstehen in den Park gelassen werden. An bestimmten Tagen kann etwa in Disneyland die Warteschlange am Ticketschalter schon mal 20 min oder länger sein.

Unterkunft

Präferenz

Wenn nicht klare andere Präferenzen bestehen, spricht vieles für die Region **Santa Monica/West Los Angeles/Westwood/ Hollywood** als Ausgangspunkt für einen Los Angeles Besuch. Von dort läßt sich die Mehrheit der Sehenswürdigkeiten (mit Ausnahme von *Disneyland*) vergleichsweise gut erreichen. Und der Pazifik mit seinen Stränden liegt nicht allzuweit entfernt. In diesem Bereich stößt man entlang der Hauptstraßen (u.a. Wilshire Boulevard, Santa Monica Boulevard, Ocean Avenue von Santa Monica bis Venice, Hollywood Boulevard) auf zahlreiche Hotels und Motels aller Preisklassen.

- **Comfort Inn,** ✆ (310) 828-5517, (800) 228-5150, 2815 Santa Monica Blvd, ab $65; unweit der Beach
- **Travelodge ,** ✆ (310) 451-0761, (800) 578-7878, 1525 Ocean Ave, ab $75; an der Küstenstraße nahe dem Santa Monica Pier
- **Dunes Motor Hotel,** ✆ (213) 938-3616, 4300 Wilshire Blvd, ab $49

Airport

Achtung: Vorwahl-Wechsel 1998: (310) wird z.T. geändert in (562)!

In Los Angeles gehört auch der **Airport Bereich (Inglewood)** zu den verkehrsmäßig noch praktischen Adressen für einen Besuch. Die Hotels in der Flughafen-Zone sind vor allem an Wochenenden unterbelegt und bieten mit reduzierten Tarifen ein oft prima Preis-Leistungsverhältnis. Ausgesprochen günstig sind auch die **Tarife deutscher Veranstalter** für die Airport-Hotels in LA. Nichts verkehrt machen kann man mit dem ***Holiday Crown Plaza*** und dem ***Westin Hotel,*** die 1997 um 100 DM/Nacht angeboten wurden. Deutlich unter dem Standard dieser Häuser der Oberklasse liegende Hotels kosten nur 20-25 DM weniger.

Wer vor Ort preiswert buchen will, muß erhebliche Abstriche machen. Bei Eigenbuchung bieten das ***Travelodge Hotel*** (© 800-421-3939) und ***Holiday Inn Express*** flughafennahe, günstige Alternativen ab ca. $60. Am Wochenende ab $75 kostet das ruhige ***Marriott Courtyard Airport*** etwa 2 mi südlich LAX.

Noch flughafennah und auch ohne Auto akzeptabel, da die große *Shopping Mall Fox Hills* benachbart liegt, ist das

Wyndham Garden Hotel ab $69; 5990 Green Valley © 641-7740.

Anaheim

Dank ***Disneyland*** befindet sich die dichteste Motel- und Hotelkonzentration im Großraum Los Angeles in Anaheim (*Harbor Boulevard* beidseitig der I-5/*Katella Ave*). Eine sagenhafte Kapazität in allen Kategorien sorgt dort häufig für ein Überangebot und damit für Sonderpreise unter den offiziellen Tarifen. Nur an Sommerwochenenden und Feiertagen wird es schon mal eng.

Reservierung

Über © **(800) 537-7666 / 527-9997** können viele Hotels/ Motels in Los Angeles gebührenfrei reserviert werden.

Preiswert

Billigunterkünfte **für junge Leute** gibt es in erster Linie in der eingangs empfohlenen Region, **Bett ab $12**:

Santa Monica Int`l Hostel, 1436, 2nd St, © (213) 393-9913

Jim`s Venice Beach, 17 Brooks Ave, © (310) 399-4018

Interclub Hostel, 2221 Lincoln Blvd, © (213) 305-0250

Santa Monica International Guesthouse, 1032 7th St, Mehrbettzimmer und EZ/DZ mit Frühstück/Abendbrot. © (310) 395-0555.

Hollywood Wilshire International YMCA, 1553 N Hudson Ave, © (213) 467-4161; Fax 467-3026.

Hollywood International Youth Hostel and Guest House, 6561 Franklin Ave, © (213) 850-6287

Hollywood International Center, 426 Hill St, © (213) 467-4161

Hollywood International Hostel, 6820 Hollywood Blvd, © (213) 463-0797 oder (800) 750-6561.

Weitere Jugendherbergen sind:

LA Int`l Hostel in San Pedro, 3601 Gaffey St, © (310) 831-8109

Fullerton Int`l Hostel, 1700 N Harbor Blvd, © (714) 738-3721

Colonial Inn Hostel, beliebtes Hostel in Huntington Beach, 421 18th St, © (714) 536-3315.

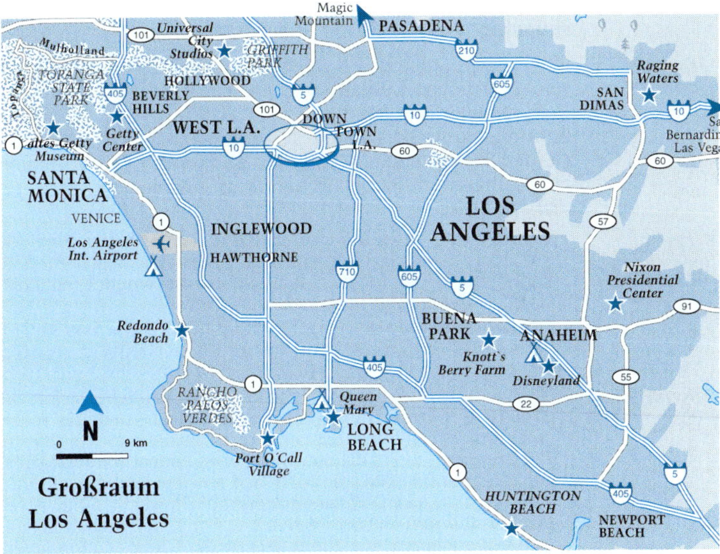

Essengehen

In Anbetracht der großen Entfernungen wird man in LA Restaurants meistens in der Nähe des eigenen Quartiers oder der besuchten Sehenswürdigkeiten suchen.

Beaches

- In **Santa Monica** konzentrieren sich viele Restaurants am gleichnamigen Boulevard und der Ocean Ave. Nur wenige Meilen sind es von dort nach **Westwood** im Umfeld der UCLA, wo sich jede Menge ***Eateries*** und Kneipen für junge Leute im Bereich Wilshire/Westwood Blvd finden. Nicht weit ist es von dort (per Auto) zur **Venice Beach** mit zahlreichen Open-air Lokalen am ***Ocean Front Walk***. Nicht so touristisch ist die Strandpromenade weiter südlich. Sowohl in **Manhattan** als auch vor allem in **Redondo Beach** findet man viele Lokale direkt am Wasser.

Ports o`Call

- Wer die lange Fahrt in Kauf nimmt oder sowieso die *Queen Mary* besichtigt, findet im (künstlichen) Fischerdorf **Ports o`Call** in **San Pedro** (nördlich Long Beach) rustikale (mexikanische) Fisch- und Krabben-Grilllokale mit *Open-air* Decks über dem Wasser.
- Nicht ganz billig, aber qualitativ gut ist das äußerlich auf karibischen Wellblechschuppen gemachte ***The Reef*** am Kai von **Long Beach** vor der Queen Mary.

Disneyland

- Im Falle ***Disneyland*** gibt es außerhalb des Parks (der Besuch kann jederzeit unterbrochen werden) weniger überlaufene, bessere und dennoch nicht teurere Restaurants – und sogar Kneipen für den Abend – rund um den künstlichen See im **Disneyland Hotelkomplex**; vom Haupteingang ohne weiteres zu Fuß bzw. mit der Monorail erreichbar.

Shopping

Situation

Fürs *Shopping* bietet LA unendliche Möglichkeiten in zahlreichen riesigen **Einkaufszentren** wie auch an bunten Verkaufsständen (Venice Beach, Olvera Street) und exquisiten **Boutiquenkonzentrationen** der Luxusklasse (vor allem im ***Golden Triangle*** von Beverly Hills). Von den **Souvenirshops** in den Brennpunkten des Tourismus' und deren Umfeld gar nicht zu reden.

Airport-Bereich

- ***Century City Shopping Center***, 10250 Santa Monica Blvd, Mo –Fr. 10am–9pm, Sa 10am–6pm, So 11am–6pm. Open Air Einkaufszentrum u.a. mit zwei Kaufhäusern und einem Kino. Praktisch bei Unterkunft im Berich West LA.
- ***Fox Hills Mall***, Slauson Ave/Jefferson Blvd/Marina Fwy in Culver City. Überdachtes Zentrum mittlerer Größe in relativer Nähe des Flughafens (Bus #6).

Downtown

- In Downtown LA gibt es diverse Shopping-Bereiche, so z.B. die ***Broadway Plaza*** (7th/8th und Flower/Hope) und die mehrstöckigen Laden- und Restaurantkonzentrationen im ***Westin Bonaventure*** Hotel (404 SOuth Figueroa, fantastische Architektur innen und außen, die man sich sowieso mal gut ansehen kann) und im ***ARCO Plaza Building*** (505 Flower St). Die in einigen Reiseführern und der lokalen Tourismuswerbung oft hervorgehobenen Shoppingmöglichkeiten in der *China-* und in *Japantown* sowie auf dem sog. *Farmers Market*, ➪ unten, sind alles in allem eher enttäuschend.

Anaheim/ Santa Ana

- Unweit *Disneyland* befindet sich an derChapman Ave/I-5 das *Shopping Center* ***The City***, weiter südlich in Santa Ana an der I-405 (von Anaheim einfach dem Harbor Blvd folgen) einer der größten Shopping-Komplexe des Großraums LA, die ***Southcoast Plaza*** mit mehren verbundenen großen *Malls*.

SICHERHEIT

LA besitzt eine außerordentlich hohe Kriminalitätsrate. Die Stadt rangiert bei schweren Gewaltverbrechen hinter Miami und Washington DC an dritter Stelle. In den letzten Jahren hat insbesondere die Bandenkriminalität von – überwiegend farbigen – Jugendlichen stark zugenommen. Die Polizei scheint dem machtlos gegenüberzustehen. Diese Banden beherschen vor allem das Gebiet östlich der Innenstadt, aber auch *Downtown* ist nach Einbruch der Dunkelheit kein sicheres Pflaster. Überhaupt betritt man die Straße – außer im bis spät nachts belebten Westwood (Blvd) – abends nur im Auto bzw. Taxi oder bleibt im Hotel. Abzuraten von späten Ausflügen zu Fuß ist selbst in der tagsüber sicheren und scheinbar harmlosen Vorstadt Santa Monica. Venice etwa gehört zu den nachts ausgesprochen problematischen Zonen, Vorsicht auch bei Billigunterkünften in diesem Bereich.

SEHENSWÜRDIGKEITEN

Downtown, Exposition Park und Wilshire District

Downtown

Wie im Abschnitt Geographie kurz erläutert, gibt es in Los Angeles keinen Stadtkern im üblichen Sinn. Nichtsdestoweniger existiert ein – dank der Hochhauskulisse – auch aus der Distanz deutlich erkennbares ***Downtown Los Angeles***. Zu *Downtown* zählt neben dem Geschäfts- und Finanzzentrum das ***Civic Center*** mit Administrations-, Gerichts- und Kulturgebäuden, die als *State Historical Park* ausgewiesene **Altstadt** sowie – in Randlage – ***Chinatown*** und ***Little Tokyo.*** Das Gebiet hat die Form eines Dreiecks und wird durch den *Pasadena Freeway* (I-110) oberhalb und unterhalb der Kreuzung mit dem *Hollywood Freeway* #101, die 7th St östlich der I-110 und die Alameda St bis hinauf zur College St begrenzt.

Parken

Die Park- und Verkehrssituation in *Downtown* ist im allgemeinen problematisch. Wer mit Auto in die City fährt, stellt den Wagen am besten auf einem der (teuren) Parkplätze in den Randzonen oder in einem Parkhaus ab. Vieles kann man gut zu Fuß erreichen; für längere Wege nimmt man die Busse des *Downtown Area Short Hop* (**DASH**, Seite 272).

Rundgang

Für eine Besichtigung der gläsernen Paläste der Versicherungen, Banken und Luxushotels und der neuesten Kreationen postmoderner **Architektur** beginnt man am besten am Südende (8th/7th St) der Figueroa St. Die ***ARCO Plaza*** läßt sich nicht verfehlen, ebensowenig das ***Westin Bonaventure Hotel*** mit seinen einst *Downtown* prägenden, heute von jüngeren Nachbarn überragten Glastürmen. Das Innenleben dieses Komplexes (mit Shopping Arkaden auf diversen Ebenen) ist mindestens ebenso interessant wie seine äußere Architektur.

Vom *Westin Bonaventure* sollte man vielleicht der 4th St bis zur Hope St folgen und weiter oben (spätestens 1st St) zur Grand Ave hinübergehen:

Kunstmuseum

- An der ***Capitol Plaza*** steht etwas abgesenkt der eindrucksvolle Bau des **Museum of Contemporary Art** (Di–So, 11am-5pm, Do bis 8pm; $4). Überwiegend amerikanische Kunst seit den 40er-Jahren bis zur Gegenwart mit Werken bekannter Größen des Kunstgeschehens wie *Rauschenberg, Warhol, Kline*.
- ***City Hall***, 454 Spring St im Civic Center. Vom *Observation Deck* des 130 m hohen Rathauses (10am–4pm) hat man einen großartigen Rundumblick.

"Old Town"

- ***Pueblo de los Angeles State Historic Park***, Alameda/Spring St. Unmittelbar jenseits des *Hollywood Freeway* pflegt man die Reste der spanisch/mexikanischen Vergangenheit. Ein ***Visitor Center*** an der Main Street informiert über Einzelheiten; die verbliebenen historischen Gebäude sind nur mäßig sehenswert. Im Mittelpunkt des touristischen Interesses steht das überbordende kommerzielle Angebot in der restaurierten **Olvera Street** mit jeder Menge *Mexico Shops* und *Mexican Food Restaurants*.

Chinatown

– Die Los Angeles ***Chinatown***, einige Blocks nördlich des *Pueblo* ist zwar bei weitem nicht so groß und prächtig wie die San Franciscos, aber im zentralen Fußgängerbereich zwischen Hill St und Broadway oberhalb der College St zumindest recht pittoresk. Viele Läden und Restaurants in der Chinatown schließen bereits am frühen Abend (nach 6pm) ihre Pforten.

Japantown

– Östlich des Broadway zwischen 1st und 2nd St liegt ***Little Tokyo*** (San Pedro St/Central Ave), ein japanisches Miniviertel *(Japanese Village Plaza)*. Man könnte es zum Besuch eines der *Sushi Restaurants* aufsuchen (*Sushi* = speziell zubereitete, schmackhafte Häppchen aus Fisch und Meeresfrüchten).

Exposition Park Museen

Nicht mehr ganz zum Bereich *Downtown* LA gehört der ***Exposition Park***, Figueroa St/Exposition Blvd, liegt aber – auf dem Harbor Freeway #110 leicht erreichbar – nur rund 4 mi südlich der City. Kernstück des Komplexes ist

– das nostalgische ***Coliseum***, Hauptschauplatz der Olympischen Spiele von 1984 und 1932.

– Das ungemein ausgedehnte ***California Museum of Science and Industry*** (10am–5pm, Eintritt frei), ein Technik Museum, umfaßt vielfältige Sondertrakte, darunter am interessantesten das Aerospace Building zur Luft- und Raumfahrt (IMAX-Kino $6).

– Das ***Los Angeles County Natural History Museum*** (Di–So, 10am –5pm, $6), in Breite und Präsentation ein gutes naturgeschichtliches Museum, liegt in nächster Nähe.

Wilshire District

Die rascheste Verbindung von *Downtown* zu den Stränden im Westen ist der *Santa Monica Freeway*. Weitgehend parallel dazu läuft nördlich der **Wilshire Boulevard** durch den prosperierenden gleichnamigen Bezirk und später – zwischen Sunset und Santa Monica Boulevard – als dritte wichtige Verkehrsachse durch die unten beschriebene *Westside*. Noch im Wilshire District passiert diese breite Allee den **Hancock Park**, der zwei wichtige Sehenswürdigkeiten beherberbergt:

LACMA

– In seiner Südwestecke das ***Los Angeles County Museum of Art*** **(LACMA)**, © 213-857-6000, einen Komplex aus fünf um eine zentrale Hofanlage gruppierten Gebäuden und drei Skulpturengärten (Di–Do, 10am–5pm; Fr bis 9pm, Sa+So 11am–6pm, $6).

Im ***Anderson Building*** findet man in erster Linie Kunstwerke europäischer und amerikanischer Provenienz des 20. Jahrhunderts, im ***Hammer Building*** eine beachtliche impressionistische Sammlung und im ***Ahmanson Building*** vor allem die alten Meister, darunter Rembrandt und Frans Hals, und eine exquisite Kollektion von Rodin-Skulpturen. Aus dem Rahmen fällt der Pavillon für japanische Kunst *(**Pavilion for Japanese Ar**t)*, dessen Architektur außen wie innen ungewöhnliche Akzente setzt.

Teer-tümpel

– Die berühmten ***La Brea Tar Pits***, mit einer teerigen Brühe angefüllte Teiche, in denen im Laufe der Erdgeschichte unzählige Tiere versanken. Über eine Million Knochen wurden aus den Pits geborgen und teilweise wieder zu Skeletten zusammengesetzt. Sie sind im **Page Museum of La Brea Discoveries** gleich hinter den *Tar Pits* zu sehen (Di–So, 10am–5pm, $6).

Santa Monica/Venice, Malibu, Beverly Hills/Hollywood

Venice

Folgt man vom Hancock Park der Fairfax Avenue in südliche Richtung, stößt man bald auf den Venice Boulevard, der gradlinig hinunter an den Ozean nach **Venice** führt, während der Wilshire Boulevard weiter nördlich am gepflegten Palisades Park (Ocean Ave/Santa Monica Beach) endet. Das Venedig Los Angeles`, dem Namensvorbild nur entfernt verwandter Stadtteil mit an Kanälen gelegenen Wohnvierteln, gehört zu den schillerndsten Attraktionen von LA. Für Besucher kommt es dort im wesentlichen auf die ***Venice Beach*** an mit Kernabschnitt zwischen Grand und Venice Blvd. westlich der Ocean Ave bzw. Speedway. Die entscheidende Rolle spielt

Strand-promenade

- der **Ocean Front Walk**, eine betriebsame Strandpromenade mit oft exzentrischem Treiben. Sie läuft von der *Santa Monica Pier*, einem überdachten Jahrmarkt über dem Wasser, bis zur immensen *Marina del Rey*. In Venice gesellt sich zu Radfahrern und Joggern viel Volk. Entlang der Open-Air-Restaurantzeile und bunten Verkaufsstände zeigen Könner ihre Skate Board und Inline Skate Artistik, starke Männer, Volley- und Basketballer produzieren sich im neuen ***Recreation Center***, und die Radfahrer preschen auf einer Betonspur über den Strand. Leider wirken heute die Straßen schon gleich hinter dem Strandbereich unerfreulich.

Malibu

In Malibu, an der Straße #1 (*Pacific Coast Highway*) noch vor den *City-Limits* von LA/Santa Monica befindet sich der altrömische Palast des ***Jean Paul Getty Museum***, der den Besuch

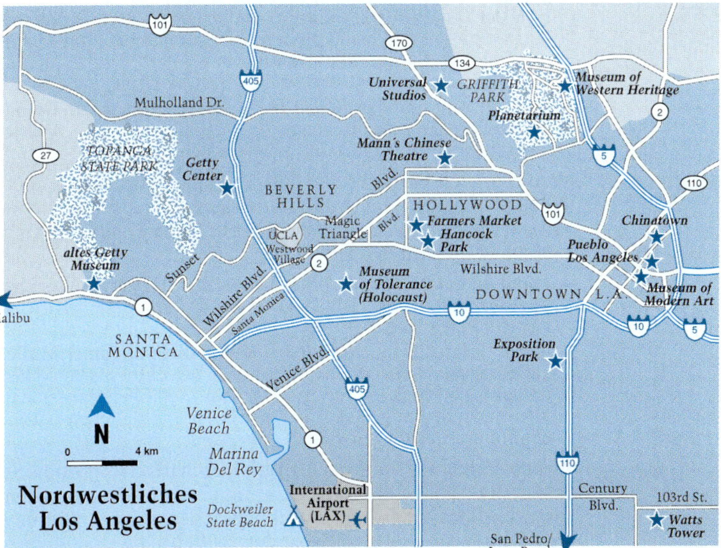

schon fast allein wert war. Er beherbergte eine **riesige Sammlung von Kunstgegenständen aller Epochen**, die *Getty* selbst und – nach seinem Tod – die Verwalter der *Jean Paul Getty* Stiftung zusammengetragen haben und laufend erweitern.

Neubau Getty Center

Mit der Fertigstellung eines enormen Neubau-Komplexes ist die alte Villa für Renovierung und Umbau geschlossen. Neuer Anlaufpunkt ist nun das ***Jean Paul Getty Museum*** am gleichnamigen *Drive* nördlich von Bel Air: I-405/*San Diego Freeway, Exit Jean Paul Getty*. Dort gibt es keine Parkprobleme mehr wie vormals in Malibu, eine *Monorail* befördert die Besucher vom *Parking Lot* ins Museum. *Up-to-date* Information und neue Öffnungszeiten unter © (213) 458-2003.

Sunset Boulevard

Nur wenig östlich des *Getty Museum* zweigt der ***Sunset Blvd.*** vom Pacific Coast Highway ab. Er führt kurvenreich durch die Ausläufer der Santa Monica Mountains an zahllosen Villen der Upper Class vorbei durch die feine ***Westside*** von LA.

Westwood

- Mittendrin liegt der Stadtteil **Westwood** zwischen Sunset und Wilshire Boulevard östlich der Interstate #405 (San Diego Freeway), Sitz der bekannten ***University of California Los Angeles***, kurz **UCLA**, mit einem bemerkenswerten Campus für 35.000 Studenten. Unterhalb (= südlich) des Universitätsgeländes hat sich das *Westwood Village* als *der Nightspot* für junge Leute etabliert (Restaurants, Discos und Erstaufführungskinos).

Beverly Hills

- In **Beverly Hills** wird der Sunset Boulevard zur mit Palmen gesäumten Prachtallee. An den unübersehbaren Ständen fliegender Händler kann man spezielle Lagepläne zur Identifizierung der Anwesen von Filmstars und Prominenz kaufen. Besonders attraktive und leicht zusätzlich abzufahrende Straßen sind nördlich des Sunset Boulevard/Beverly Glen, Coldwater und Benedict Canyon Drive und südlich Beverly Drive und Cañon.
- Über letztere und den *Rodeo Drive* gelangt man in die ***Golden Triangle*** genannte exklusivste Shopping Zone von Los Angeles (zwischen Santa Monica und Wilshire Boulevard).

Hollywood

Weiter östlich verändert die dort als Sunset Strip bezeichnete Allee ihr Erscheinungsbild und wird zur durchschnittlichen Geschäftsstraße. Parallel dazu läuft in **Hollywood** der gleichnamige Boulevard, wo vor

- ***Mann's Chinese Theatre*** (zwischen La Brea/Highland Ave) Stars und Sternchen ihre Hand- und Fußabdrücke samt Spruch im Zement verewigt haben.
- In die Gehsteige des Hollywood Blvds (***Walk of Fame***) wurden auf einer guten Meile Länge beidseitig des chinesischen Theaters und ein Stück in die Vine St hinein 2500 überdimensionale Messingsterne eingelassen und per Gravur zahlreichen Größen des Showgeschäfts gewidmet.

Zwar bevölkern erstaunliche **Touristenscharen** Hollywood. Sie finden aber außer diesen "Attraktionen" und einigen interessanten Buchläden kaum wirklich Sehenswertes. Die meisten Filme werden längst woanders gedreht.

Griffith Park und Universal City Studios

Griffith Park

Nordöstlich Hollywood zwischen dem *Freeway* #101 und dem *Golden State Freeway* (I-5) liegt der ***Griffith Park***, den man am besten über die Vermont Ave ansteuert. Sie führt durch hügeliges Waldgelände (Vermont Canyon) mit enormer Picknickkapazität, Sportanlagen und Wanderwegen zum

- ***Planetarium/Laserium*** mit einer Aussichtsterrasse, von der man an Tagen mit guter Sicht einen Großteil von Los Angeles überblickt. Bei Dunkelheit schaut man auf ein endloses Lichtermeer. Die im Laserium veranstalteten *Laser-Shows* erfreuen sich größter Beliebtheit. Programmauskunft und Ticketreservierung unter © (818) 997-3624. Im Eingangsbereich des Parks liegt das
- ***Greek Theatre,*** © (213) 216-6666, ein *Open-Air* Amphitheater, das von Ende Mai bis Oktober überwiegend für Konzerte von Rock bis Klassik genutzt wird.
- Das ***Gene Autry Western Heritage Museum*** (Di–So, 10am– 5pm), eines der besten Museen Amerikas zum Thema "Eroberung des Westens" und dessen Aufarbeitung in Cowboylegenden, Wildwest-Shows (Buffalo Bill) sowie Film- und TV-Produktionen, befindet sich im Osten des Parks. Anfahrt über Crystal Springs/ Zoo Drive (vom Los Feliz Blvd oder I-5), Ausschilderung Zoo.

Universal Studios

Von den diversen Amusementparks im Großraum Los Angeles sind die ***Universal City Studios,*** © (818) 508-9600, und *Disneyland* die mit Abstand populärsten.

Erstere liegen nur wenige Meilen westlich des Griffith Park nahe am Hollywood Freeway #101, Universal City Plaza, Zufahrten ausgeschildert (8am–8pm im Sommer, Einlaß bis 5pm; sonst 9am–6:30pm, $35 plus Parkgebühren). Die Anlage besteht aus zwei separaten Teilbereichen:

Shows

- In dem durch Shops und Restaurants ergänzten ***Entertainment Center*** laufen unterschiedlichste Showveranstaltungen. Die wichtigsten sind die *Wild West Show*, die *Star Trek-Show* unter Publikumsbeteiligung, *Animal Actors Show* (dressierte Tiere), ein Schwert-Stunt und die *Miami Vice Show*. In ihrer Art sind alle *Shows* sehenswert und unterhaltsam, solange man vermeidet, das Geschehen auf der Bühne kritisch zu reflektieren.

Studios

- Unterhalb des Show-Geländes liegt das ***Studio-Center***, erreichbar auf Rolltreppen. Der Feuersturm ***Backdraft***, eine Reise per Fahrrad mit *E.T.* durch den Weltraum und die Demonstration von *Special Effects* in ***The World of Cinemagic*** ziehen dort das Publikum an, das geduldig in meist langen Schlangen auf Einlaß zu den Vorführungen wartet.

Tram Ride

- Durch das Gelände der Studios geht es per ***Tram-Ride*** (mehrere aneinander-gehängte offene Wagen mit insgesamt etwa 150 Personen). Die Fahrt dauert ungefähr 1 Stunde. Pausenlose Erläuterungen gelten den zahllosen Filmen, die in Stadtattrappen und an künstlichen Seen gedreht wurden, und den jeweiligen Aktionen der Stars, deren lückenlose Kenntnis vorausgesetzt wird. Für Schrecken und Spaß ist gesorgt, wenn eine Flutwelle auf die *Tram* zudonnert, der Weiße Hai angreift und die Erde bebt.

Anaheim/Buena Park und Long Beach

Anaheim

Anaheim im Südosten von *Metropolitan LA* beherbergt mit **Disneyland** die neben den *Universal Studios* meistbesuchte Touristenattraktion der Westküste. Von ***Downtown*** LA erreicht man Anaheim am schnellsten auf dem ***Santa Ana Freeway*** (I-5), von **West LA** und **Long Beach** über den *Redondo Beach Freeway* #91 oder die Kombination *San Diego/Garden Grove Freeway* (I-405/#22) und danach ebenfalls I-5. Der **Disney-Mammutparkplatz** ($6!, Einfahrt über Harbor Blvd oder Katella Ave) läßt sich dank der Wegweisung kaum verfehlen.

Disneyland

Disneyland ist täglich geöffnet; Mo–Fr 10–18 Uhr, Sa+So 9–24 Uhr; im Sommer auch werktags zeitweise bis 24 Uhr. **Eintritt $36 pro Person** (Kinder 3-11 nur wenigermäßigt $27) für den Ganztagespass, der die Teilnahme an sämtlichen *Rides* und den Besuch aller sonstigen Attraktionen einschließt. Ermäßigte 2- und 3-Tage Pässe sind ebenfalls verfügbar.

Wie das ***Magic Kingdom*** in Florida, ➪ Seite 353, ist auch das bereits 1956 eröffnete *Disneyland* in unterschiedliche Themenbereiche untergliedert. Da sich bereits an Tagen mit mittlerem Andrang (alle Tage von Juni bis Anfang September sowie Wochenenden) vor den meisten *Attractions* und *Rides* lange Wartezeiten ergeben, macht es Sinn Prioritäten zu setzen. Die folgenden ***Rides*/Themen** lohnen Wartezeiten nach Meinung der Autoren mehr als andere:

- **Main Street USA**:
  Eisenbahnfahrt zur Übersicht über den Gesamtkomplex
- **Adventureland mit New Orleans Square:**
  Pirates of the Caribbean (bester *Ride* überhaupt!)
  The Haunted Mansion (fantasievolle Geisterbahn)
  Jungle Cruise (Bootstrip durchs "gefährliche" Afrika)
  Swiss Family Tree House (Baumhaus mit prima Einfällen)
- **Frontierland und Critter Country**
  Big Thunder Mountain (Achterbahn im Wilden Westen)
  Splash Mountain (Nasses Vergnügen im "Baumstamm")
  Country Bear Show (urkomische singende"Bären")
  Riverboat Cruise (Umrundung einer Abenteuerinsel per Mississippi-Raddampfer)
- **Fantasyland** (vorzugsweise für Kinder geeignet):
  It`s a Small World
  Peter Pan`s Flight
  Magic Journeys
- **Tomorrowland**:
  Star Tours (Simuliertes intergalaktisches Abenteuer)
  Space Mountain (Extrem-*Rollercoaster* im "Weltall")

Kürzlich hinzu kam ***Mickeys Toontown,*** eine auf kleine Kinder zugeschnittene Welt der *Disney*-Charaktere.

Paraden und Feuerwerk Jeden Nachmittag um 14 oder 15 Uhr findet die ***Disney Character Hit Parade*** durch die Main Street zum *Frontierland* statt, ein unterhaltsamer, lustiger Zug, der eine halbe Stunde dauert. An bis Mitternacht geöffneten Tagen gibt es nach Einbruch der Dunkelheit die ***Main Street Electric Light Parade*** mit einem tollem Feuerwerk zum Abschluß. Alles übertrifft ***Fantasmic***, eine neue ***Disney-Lasershow*** am Nachthimmel.

Knott`s Berry Farm Während Disneyland von seiner Konzeption her eine Sonderstellung einnimmt, gehört ***Knott's Berry Farm*** im Anaheim benachbarten Stadtbezirk **Buena Park** (8095 Beach Boulevard zwischen Redondo Beach/*Riverside Freeway* #91 und Lincoln Ave) zu den typischen ***US-Amusement Parks*** (➪ Seite 39) mit Achterbahnen, Shows etc. Im Sommer täglich 10–23 Uhr, sonst bis 18 Uhr, samstags bis 22 Uhr. Eintritt $29.

Ritterturnier Ebenfalls am Beach Blvd von Buena Park, ein wenig nördlich von *Knott's Berry Farm*, wird in ***Medieval Times, Dinner & Tournament*** das (europäische) Mittelalter wieder lebendig. Der mittelalterliche Schmaus kostet inklusive des ritterlichen Turnierspektakels zwar abends ab **$33 pro Person**, dafür wird aber auch eine **tolle Reitshow** geboten. Die Anfangszeiten variieren, Auskunft und Reservierung unter ✆ (800) 899-6600.

Planschparks Im LA-Bereich befindet sich die beste Anlage für den großen Wasserspaß (➪ Seite 41) in **San Dimas**. ***Raging Waters*** sind über den *Freeway* #57/I-210 (*Orange/Foothill*) anzusteuern. Eintritt $20 für alle über 1,20 m. Kinder bis 1,20 m zahlen $12. Kinder unter 1.05 m frei. Jahreszeitlich wechselnde Öffnungszeiten, im Sommer 10–19 Uhr; ✆ (909) 592-6453.

Südküste LA Über das *Freeway*-Netz aus allen Richtungen gut erreichbar besetzt die selbständige **City of Long Beach** die kurze LA-Südküste an der *San Pedro Bay*. Nach der Felsküste der Rancho Palos Verdes Halbinsel und ausgedehnten Industrie- und Hafenanlagen setzen sich dort die breiten **Strände** fort und reichen mit kleinen Unterbrechungen bis San Diego und weiter auf die Baja California Mexicos.

Long Beach Nach Long Beach hinein führt der gleichnamige *Freeway*. Von der Uferstraße und der unverfehlbaren Parkanlage am Wasser mit ***Shoreline Village***, einem Restaurant- und Kneipencenter, ***Marina, RV-Park*** und ***Convention Center*** fällt der Blick auf der Küste vorgelagerte mit Palmen getarnte **Ölförderinseln** und die gegenüberliegende ***Queen Mary***. Der nostalgische Ozeanriese war zusammen mit der ***Spruce Goose***, dem größten Flugzeug aller Zeiten, das am Kai dahinter stand, lange eine stark beachtete Touristenattraktion. Nach dem Verkauf des Riesenluftschiffes nahm das Interesse jedoch ab. Die *Queen Mary* dient heute mit ihren im Originalzustand erhaltenen Kabinen überwiegend als **Hotel- und Restaurantschiff**. ***Self Guided Tours*** durchs Schiff täglich 10–18 Uhr; $10.

Ziele in der Umgebung von LA

Six Flags Magic Mountain

– Außerhalb von Los Angeles im Norden an der I-5 bei Valencia, befindet sich der neben *Knott's Berry Farm* zweite große Amusementpark konventioneller Art: **Six Flags Magic Mountain** bietet typische Jahrmarkt-*Rides* und unübertroffene ***Super Roller Coaster*** (Achter-Loopingbahnen: *Colossus, Viper* und *Revolution*). Die Warteschlangen sind aber leider noch länger als in anderen Parks, Wartezeiten von einer Stunde und mehr für 5-10 min. Vergnügen nicht selten. Wasserzerstäuber über den Häuptern der Wartenden in praller Sonne sorgen dafür, daß niemand schlapp macht. Spätestens bei 50% vollem Parkplatz ist die Situation wie beschrieben. April–Oktober ab 10am, Schlußzeiten variieren. Rest des Jahres nur Wochenendeb, $31; Parken $6.

Santa Catalina Island

– **Santa Catalina Island**. Man mag es fast nicht glauben, aber nur 22 mi entfernt vom Automobildorado LA gibt es tatsächlich ein Fleckchen Erde ohne Kraftfahrzeuge. Entdeckt wurde Santa Catalina von *Juan Rodriguez Cabrillo* im Jahre 1542; später diente die Insel vorzugsweise als Unterschlupf für Schmuggler und Piraten. Mit der Eröffnung eines Spielkasinos wurde Catalina Island 1929 der Öffentlichkeit zugänglich gemacht. Sowohl in **San Pedro** (*Terminal* unterhalb der Vincent Thomas Bridge) als auch in **Long Beach** (am Kai vor der *Queen Mary*) legen die Ausflugsboote nach **Avalon** ab, der einzigen Stadt auf der Insel. Wer der Hektik von Los Angeles entfliehen möchte: Die Überfahrt (ca. 2 Std, mit der Express-Fähre ca. 1 Std) kostet ab $25 retour. Aktuelle Information und Reservierung unter © (800) 228-2546; Schnellfähre © (800) 464-4228.

Palm Springs

– **Palm Springs**, ein zunächst wegen heißer Quellen entstandenes Städtchen 115 mi östlich LA am Rande der *California Desert* (I-10), entwickelte sich zu einer Winterspielwiese der Reichen und Prominenten.Wichtigste Attraktion heute: Golf- und Tennisplätze sowie die Poollandschaften der zahlreichen **Hotels/ Motels** aller Kategorien (**sehr preiswert im Sommer**, wenn die Temperaturen auf über 40°C steigen).

Sehenswert sind das ***Palm Springs Desert Museum*** (September bis Mai. Di–So 9am–4/5pm; $6) und die Formationen des ***Indian Canyon*** mit über 1000-jährigen Palmen in der *Agua Caliente Indian Reservation* (Eintritt $4, 9am–5pm täglich/Palm Canyon Dr). Ein besonderes Erlebnis bietet die ***Aerial Tramway*** (Seilbahn), auf den 2500 m hohen *San Jacinto Peak*, hoch über Palm Springs, wo Klima und Vegetation gemäßtigter Breiten vorherrschen und im Winter Ski gelaufen wird. Auffahrten im Sommer Mo–Fr ab 10am bis 9pm, Sa+So ab ab 8pm, sonst kürzer, 2 Wochen im August geschlossen, $17.

Joshua Tree National Park

– Der 2.300 km² große ***Joshua Tree National Park*** besticht durch das Zusammenspiel der Joshua Kakteen und einer ungemein attraktiven Fels- und Wüstenlandschaft. ***Visitor Center*** im Ort Joshua Tree und bei Twentynine Palms. Anfahrt über die I-10 und Straße #62 (ca 30 mi nordöstlich Palm Springs). Haupteinfahrtab Joshua Tree. Beste Besuchszeit zur Kakteenblüte im Frühjahr Anfang April bis Ende Mai. Im Sommer extrem heiß. Entlang der Straße von Yucca Valley bis Twentynine Palms stehen **viele wochentags preiswerte Motels**.

MEMPHIS

Der ungewöhnliche Name *Memphis* für eine Stadt in Amerika geht auf einen ihrer Gründer zurück, den späteren US-Präsidenten General *Andrew Jackson*. Ihn erinnerte der für die Anlage eines Hafens am Mississippi aus-gewählte Platz an die Topographie der alten ägyptischen Hauptstadt. Den Strom betrachtete er als eine Art "amerikanischen Nil". Die rechtzeitig vor der 175-Jahr-Feier 1993 fertiggestellte *Great American Pyramid* knüpft an diesen Zusammenhang an, ⇨ unter Sehenswürdigkeiten.

Trotz einer regional erheblichen wirtschaftlichen Bedeutung verdankt Memphis seinen international überdurchschnittlichen Bekanntheitsgrad dem berühmtesten Bürger der Stadt, ***Elvis Presley***. Ohne ihn und die Gedenkstätte ***Graceland*** gäbe es nicht die Millionenzahlen im Memphis-Tourismus. Wen das Ziel *Graceland* nicht besonders reizt, braucht Memphis bei der Reiseplanung keine hohe Priorität einräumen.

GEOGRAPHIE, KLIMA UND GESCHICHTE

Geographie

Memphis in der südwestlichen Ecke von **Tennessee** an der Einmündung des *Wolf River* in den *Mississippi* ist die größte Stadt des US-Staates und kommerzielles Zentrum für den zentralen Süden der USA. Es liegt rund 450 mi nördlich von New Orleans; Arkansas und der Staat Mississippi sind unmittelbare Nachbarn. Memphis' Umgebung ist überwiegend flach und bietet – sieht man ab vom breiten, stellenweise malerischen Tal des Mississippi – keine sonderlichen landschaftlichen Reize.

Klima

Memphis befindet sich in der Einflußzone des Golf von Mexiko. Hitze und hohe Luftfeuchte sorgen für ein schweißtreibendes Sommerklima. Frühjahr und Herbst sind angenehmer, Wetterumschwünge aber wegen der nach allen Seiten hin ungeschützten Lage keine Seltenheit. Im relativ kurzen Winter kann es trotz im Schnitt milder Temperaturen zu Kälteeinbrüchen kommen.

Sonnenschein: 217 Tage	**Niederschläge**: 106 Tage
Heißester Monat: Juli 28°C	**kältester Monat:** Januar 4°C

Geschichte

Bereits in der ersten Hälfte des 16. Jahrhunderts gab es Erkundungen den Mississippi flußaufwärts. 1739 errichteten die Franzosen eine **Festung** im Bereich des heutigen Memphis. Obwohl das Gebiet von den Franzosen beansprucht wurde und erst 1803 durch den berühmten ***Louisiana Purchase*** an die USA fiel, bauten die Amerikaner schon 1797 und 1801 die ***Forts Adams*** und ***Pickerwick*** in der Region.

1819 Mit der Bestimmung eines Platzes für einen neuen Hafen am Mississippi faktische **Gründung** durch General *Andrew Jackson*.

1826 Memphis erhält **Stadtrechte** .

1862 Die von einer Unionsflotte vom Mississippi her angegriffene Stadt fällt im Bürgerkrieg an die Nordstaaten.

1878 Eine **Gelbfieberepidemie** entvölkert Memphis, woraufhin sie
1879 die Stadtrechte wieder verliert und sie
1893 nach wirtschaftlicher Erholung zurückerhält.
1910 besitzt Memphis bereits 130.000 Einwohner.
1954 ***Elvis Presley*** begründet seine Karriere durch erste Aufnahmen im Memphis *Sun Studio*.
1968 **Ermordung von *Martin Luther King*** im *Lorraine Motel*.
1977 *Elvis Presley* stirbt am 16. August in Graceland.

Memphis zählt heute rund **600.000 Einwohner**, der **Großraum** einschließlich West Memphis in Arkansas über 800.000.

Daten und Fakten

Telefonische Vorwahl/Area Code: 901

Diplomatische Vertretung

- **HK der BRD**, © 525-8271, 100 N Main Bldg, Suite 3002

Besucherinformation:

- ***Visitor Information Center***, © 543-5333, 340 Beale St, Mo-Sa 9am-6pm, im Winter bis 5pm, So ab noon. Gut ausgestattet, kompetent
- **Tennessee Welcome Center**, an der I-55 South, Ausfahrt Shelby Drive.

Flughafen (MEM)

Memphis International Airport, © 922-8000

Bedeutung

Der Flughafen von Memphis ist eine wichtige Drehscheibe für Northwest Airlines, die dort 80% aller Flüge abwickelt, und ein *Superhub* für den *Integrator Federal Express*. Diese Knotenpunktfunktion macht *Memphis International* zum zweitgrößten Frachtumschlagsplatz der USA.

Fluglinien:
AA, DL, NW, TW, UA, US

Hub: NW

Transferzeiten:
20-30 min

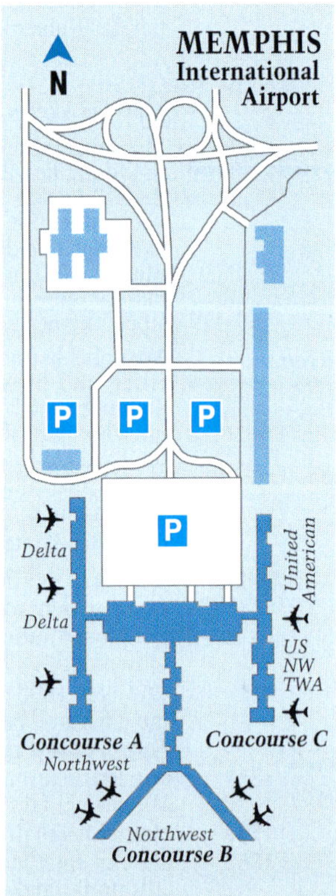

Architektur

Der etwa 8 mi südöstlich der Innenstadt gelegene Flughafen gewann mehrere bedeutende Architekturpreise für die interessante Säulenfront. Über die äußeren Gestaltung hat man aber offenbar sein Innenleben vernachlässigt, das unfreundlich wirkt. Im Verbindungstrakt zwischen den Terminals A und C wird eingecheckt. Mit diesem H-förmigen Komplex zusammen hängt das Y-artige Terminal B. Eine weitere *Runway* und ein neuer Terminal sind im Bau.

Schließfächer befinden sich in allen *Concourses*; sie sind nicht geeignet für große Gepäckstücke. Photos und Flugzeugmodelle zeigen im ***Aviation Historical Room*** (Terminal B) *Upper Level,* die Entwicklung der Luftfahrt im Memphis.

Verbindung Airport–City/Graceland

Bus

Vom *Lower Level* fährt **Bus** #32A in die City; werktags 9 x und samstags 7 x pro Tag; sonntags kein Betrieb. Der erste Bus fährt um 6:45am, der letzte um 6:15pm. An der Station *Fairgrounds* muß umgestiegen werden (Bus #10 oder #56). Fürs Warten und die Unbequemlichkeit einer bis zu eineinhalbstündigen Fahrt entschädigt der Ticketpreis von nur $1.20. Die Fahrt mit einem der **Vans** zu den großen Hotels der Stadt kostet $9; ca. alle 20 min.

Taxi/ Car Rental

Das **Taxi** nach *Downtown* kostet ca. $17(20-30 min), nach *Graceland* ca. $8 (10-15 min).

Avis, Alamo, Budget, Dollar, National, Thrifty

Da die Busverbindungen schlecht und die Sehenswürdigkeiten weit über das Stadtgebiet verteilt sind, benötigt ein Auto, wer mehr als nur *Graceland* und das Zentrum sehen möchte.

Öffentliche Verkehrsmittel

Bus

Den öffentlichen Nahverkehr organisiert die *Memphis Area Transit Authority* **MATA,** © 274-MATA. Das MATA-Netz weist erhebliche geographische Löcher auf; manche Ziele sind nur über zeitraubende Umsteigeverbindungen zu erreichen, z.B. der Flughafen (➪ oben). Die Busse verkehren generell werktags 6am–10pm bei relativ geringer Frequenz, Einheitspreis $1,20. Der Service ist an Wochenenden reduziert. Ein ***Trolley*** fährt die Main Street für $0,50 \`rauf und \`runter.

Taxi

Grundgebühr ca. $2,40, jede Meile ca. $1.20.
United Cab © 525-0521 **Yellow Cab** © 526-2121

Rundfahrten

Bus

Stadtrundfahrten bieten ***Gray Line,*** © 948-8687, ***Cottonland Tours,*** © 757-8982 und ***Blues City Tours,*** © 522-9229, an. Dreistündige Tour ab $18. Fahrten nach ***Graceland*** inklusive Eintritt und Führung kosten ca. $30, beide Touren zusammen ab $42.

Schiff

Attraktiver ist da vielleicht ein **Mississippi Trip** mit der *Memphis Queen* (März–Dezember). Ein 90-min-Ausflug kostet $10.

Unterkunft

Dank *Graceland* ballen sich Hotels und Motels am Elvis Presley Blvd und entlang Brooks Rd und Winchester Rd zwischen *Graceland* und Airport. Das Preisniveau ist saisonabhängig, aber prinzipiell nicht sehr hoch.

Airport-bereich/ Graceland

- **Hampton Inn Airport,** © 396-2200, 2979 Millbranch Rd, ab $59
- **Days Inn Airport,** © 345-2470, 1533 E Brooks Road, ab $49
- **Comfort Inn Graceland,** © 345-3344, 1581 E Brooks, ab $49
- **Motel 6 Graceland E+W,** © 346-0992, 3620 Brooks Rd, ab $39

Downtown

- **The Peabody**, © 800-PEABODY, 149 Union Ave, ab $109, das nostalgische Grand Hotel, die #1 am Platz, sehr zentral
- **Days Inn Downtown**, © 527-4100, 164 Union Ave, ab $59, nur ein paar Schritte entfernt vom *Peabody*
- **Radisson Hotel,** © 528-1800, 185 Union Ave, ab $79, die bessere Alternative zum Days Inn, preiswerter als das *Peabody*

Preiswert

- **Memphis Castle Hostel (AAIH),** © 527-7174, 217 N Waldran St, in einer alten viktorianischen Villa, ab $12, DZ ab $35.

B & B

- **Bed & Breakfast** wird in Memphis von **2 Agenturen** vermittelt: © (800) 458-2421 oder © (800) 336-2087, ab $65 für 2 Personen.

Sehr preiswerte Motels existieren in **West Memphis**, *Memphis' Ugly Sister* jenseits des Mississippi. Sie sind nach Überquerung der Brücken nicht zu übersehen, allerdings ist die Umgebung dort nicht übermäßig einladend.

Essengehen und Shopping

Barbecues

Memphis nennt sich ***Barbecue Capital of the World***, und so steht Gegrilltes vom Holzkohlenfeuer hoch in Kurs, z.B. ***Spare Ribs*** im *Rendezvous*, 52 2nd St, bei ***Beale St Bar-B-Que***, 205 Beale St, oder bei ***Leonard's Pit Barbecue***, mehrere Lokale, u.a 4560 Elvis Presley und 1140 S Bellevue Blvd.

Malls

An der ***Mid America Mall*** Fußgängerzone in der Main Street im Zentrum und ihrem Umfeld ballen sich viele *Eateries*. Ein ganze Reihe ansprechender Restaurants und diverse Kneipen warten in der Beale St auf Besucher. In *Big Mama's Bar & Grille*, 209 Beale St, gibt`s abends *Diner, Drink & Live Music*.

Von der Fußgängerzone ***Mid America Mall*** mit zahlreichen Shops in der Main St in *Downtown* war bereits die Rede.

Der ***Overton Square***, Cooper St/Madison Ave unweit des *Art Museum* im Overton Park, ist ein kombinierter Shopping- und Restaurant-Komplex, oft belebt durch *Entertainment* und Straßenmusikanten.

Outlet Shopping

Die ***Belz Factory Outlet Mall***, © 386-3180, beherbergt 50 Läden mit preisreduzierten 2. Wahl Artikeln, 3536 Canada Rd (13 mi außerhalb der Stadt: I-40, Exit 20).

Indianer-Handarbeit gibt es im ***Chucalissa Indian Village***, ➪ unter Sehenswürdigkeiten

Sicherheit

Für amerikanische Verhältnisse besitzt Memphis kein besonders großes Kriminalitätsproblem. Der Besuch touristisch frequentierter Bereiche ist ungefährlich. Gewisse Stadtviertel sind allerdings mit Vorsicht zu genießen. Als unsicher gelten vor allem West Memphis und die Bezirke südlich der Beale Street.

Sehenswürdigkeiten

Charakter der Stadt

Memphis wirkt für seine Einwohnerzahl außerordentlich ausgedehnt. Das Zentrum auf einer Anhöhe über dem Mississippi ist dagegen verhältnismäßig klein und ohne weiteres zu Fuß zu erkunden. Sehr attraktiv mit altem Baumbestand und vielen typischen Südstaaten-Villen sind die Stadtviertel östlich der Innenstadt (Central/Poplar Ave).

Graceland liegt rund 9 mi südlich *Downtown* Memphis am – wo sonst? – Elvis Presley Blvd, der parallel zur I-55 verläuft.

Graceland

- Die Elvis Presley Gedenkstätte *Graceland* hat das Ausmaß einer nationalen Sehenswürdigkeit mit ***Visitor Center*** und allem Drum und Dran zur Bewältigung großer Besuchermengen angenommen. Der Kult, der hier um den 1977 verstorbenen (ist er wirklich tot?) König des Rock'n Roll getrieben wird, sucht seinesgleichen. Faszinierend sind dort weniger Elvis' Villa, seine beiden Flugzeuge, die Fahrzeugsammlung und tausenderlei Gegenstände aus seinem kurzem Leben als vielmehr die totale Vermarktung und Legendenbildung um das einstige Idol einer ganzen Generation.

  Graceland ist täglich geöffnet 8:30am–5pm, *Memorial* bis *Labor Day* 7:30am–6pm, Eintritt separat für jede Attraktion bzw. Kombinationstickets, als Krönung die ***Platinum Tour***, die nichts ausläßt; \$3-\$19. Information unter © (800) 238-2000.

Zu den Attraktionen im einzelnen:

Einzelne Attraktionen

- Die Bezeichnung ***Graceland*** bezog sich ursprünglich nur auf Elvis' Wohnhaus, das *Graceland Mansion*. Seine Besichtigung kostet \$9. Die Führung geht im Eiltempo durch alle Räume. Höhepunkt ist der *Trophy Room*, wo die Gold- und Platinplatten, Elvis' Gitarren und Kostüme ausgestellt sind. Im *Meditation Garden*, dem letzten Anlaufpunkt und täglichen Schauplatz herzzerreißender Szenen, liegt der *King* begraben.
- Das ***Elvis Presley Automobil Museum*** (Eintritt \$5) ist nur für Elvis- oder Auto-Fans besuchenswert. Neben 20 Fahrzeugen, die im Leben des Stars eine Rolle spielten, werden Ausschnitte aus allen Filmen gezeigt, in denen Elvis irgendwie am Steuer saß.
- Der echte Fan schaut sich außerdem noch Elvis' zwei **Flugzeuge** (\$4), seinen **Tourbus** und das ***Sincerely Elvis Museum*** an (\$3), in dem das Privatleben des Stars freundlich beleuchtet wird. Auf keinen Fall sollte man sich die ***Giftshops*** entgehen lassen. Deren Auswahl an **Elvis-Souvenirs** ist überwältigend.

Chucalissa

Für *Graceland*-Besucher bietet das ***Chucalissa Indian Village*** in 20 Autominuten Entfernung ein kulturelles Kontrastprogramm: 8 mi westlich auf der Mitchell Rd zum *T.O. Fuller State Park*, dahinter die Einfahrt. Di–Sa 9am–4:30pm, So ab 1pm, $3. Der von der *University of Memphis* betreute Nachbau eines präkolumbischen Indianerdorfes, das vor etwa 1000 Jahren hier stand, ist die vielleicht **eindrucksvollste Memphis-Sehenswürdigkeit**. Eine Diashow im ***Visitor Center/Museum*** vermittelt Einzelheiten zu Dorf und Leben seiner Bewohner.

Downtown

Den zentralen Bereich in Downtown Memphis bilden Main, 2nd und 3rd St etwa zwischen Union und Poplar Ave, vor allem aber die **Fußgängerzone** in der Main Street mit der ***Civic Center Plaza*** vor den dominierenden Gebäuden der öffentlichen Verwaltung. Parallel zur ***Mid America Mall*** verläuft die Front St noch auf der Anhöhe über dem Mississippi. Zwischen Stadt und Fluß liegt der *Confederate Park* gegenüber ***Mud Island***. Am Ufer entlang führt der Riverside Dr, auf den Autofahrer bei Anfahrt über die I-55 (vom Airport oder von Süden) automatisch geraten. Auffällig an Memphis' Innenstadt ist das Fehlen der anderswo im Zentrum üblichen Hochhausbebauung. Sehenswert sind neben der freundlichen Anlage der Innenstadt als solcher:

Peabody Ducks

- Das ***Peabody Hotel***, 149 Union Ave, mit der landesweit bekannten Attraktion der *Peabody Ducks*: Jeden Morgen um 11am watschelt eine Schar Enten auf rotem Teppich unter Pianoklängen vom Fahrstuhl durch die Halle zum Wasserbecken, planscht dort den Tag über und wird pünktlich um 5pm – zum Ergötzen von Hotelgästen und Touristen – wieder aus der Halle geführt.

Pyramide

- ***The Pyramid*** (an der Auction Ave etwas nördlich des inneren Bereichs), ein 32 Stockwerke hoher Pyramidennachbau aus Stahl und Plastik dient als Veranstaltungshalle. Er soll an die namensgebende ägyptische Stadt erinnern, ➪ Einleitung.

Mississippi

- Eine Magnetschwebebahn fährt vom *Confederate Park* hinüber nach **Mud Island,** einer durch Mississippi und einen alten Arm des Wolf River gebildeten langgestreckten Halbinsel (Mai–Oktober 10am–8pm, $6). Im Fahrpreis enthalten ist der Eintritt ins *Mississippi River Museum* mit einem Modell des Flusses.

Blues

- Als wichtigste Attraktion der Stadt gleich hinter *Graceland* wird die **Beale Street** genannt, wo zu Beginn des Jahrhunderts der *Blues* geboren worden sein soll. In einer ganzen Reihe von Clubs und Restaurants gibt es dort täglich *Live Music*. Hohen, insbesondere durch die Tourismus-Werbung geweckten Erwartungen wird die *Beale Street* aber nicht immer gerecht.

M.L. King

- Im *Lorraine Motel* wurde 1968 der Bürgerrechtler Martin Luther King ermordet. Daraus entstand das ***National Civil Rights Museum***, 406 Mulberry St nur wenig südlich der Beale St, $5. Es würdigt die Geschichte der amerikanischen Bürgerrechtsbewegung.

Sun Records

- Im ***Sun Record Studios***, 706 Union Ave, täglich 10am–6pm, $5, nahm *Elvis Presley* seine erste Platte auf. Für $50 können Besucher ihr Talent zeigen und selbst eine Kassette/CD produzieren.

Vororte/ Museen

Eine Fahrt in die östlich des Zentrums gelegenen Vororte lohnt sich – wie oben erwähnt – schon allein wegen der herrlichen Villen. Besuchenswert sind außerdem

- Das ***Brooks Museum of Art***, Poplar Ave/Overton Park, Di–Sa 10am–5pm, So 11:30pm–5pm, frei, ein Kunstmuseum in schöner Umgebung. Die Sammlung umfasst Werke der italienischen Renaissance und des Impressionismus sowie amerikanische Kunst mit Schwerpunkt 19. und frühes 20. Jahrhundert.
- Das ***Pink Palace Museum***, 3050 Central Ave, Mo-Mi 9am-5pm, Do–Sa bis 9pm, So noon-5pm, $6; ***Planetarium*** $3. Claurence Saunders, der Gründer der ersten Selbstbedienungs-Supermarktkette mit dem schönen Namen ***Piggly Wiggly***, baute sich hier einen Palast aus rosa Marmor. Als er sein Vermögen verlor, fiel das Haus an die Stadt, die darin ein Museum einrichtete und auch noch ein IMAX-Theater hineinsetzte.

Planschpark

- Zur Abkühlung an heißen Tagen richtig ist der ***Adventure River Water Park***, 6880 Whitten Bend Cove am östlichen Stadtrand (unweit I-40, *Exit* 14), *Memorial–Labor Day* 10am–8pm, $15.

MIAMI

Miami ist die jüngste der US-Metropolen. Sie gilt als Drehscheibe des internationalen Drogenhandels und Brückenkopf Südamerikas in den USA. Hunderttausende von Exilkubanern haben dafür gesorgt, daß im Großraum Miami heute mehr Spanisch als Englisch gesprochen wird. Bei kältegeplagten Amerikanern aus den Nordstaaten und Kanadiern steht Miami nach wie vor als Synonym für Sonnenurlaub und Hotelluxus.

Geographie, Klima und Geschichte

Geographie

Miami liegt an der Atlantikküste im südlichen Zipfel Floridas und bildet das untere Ende eines über 100 km langen urbanen Ballungsraumes mit den ineinander übergehenden Städten West Palm Beach, Boca Raton, Fort Lauderdale und Hollywood. Miami vorgelagert sind die Inseln Virginia Key und Key Biscayne und Miami Beach. Der schmale Inselstreifen wird im Norden nur durch einen schmalen Kanal von einer anschließenden Landzunge getrennt. Gemeinsam bilden sie die für den *Port of Miami* und unzählige Yachthäfen genutzte Biscayne Bay. Vom Festland führen mehrere Brückentrassen, sog. ***Causeways***, nach Miami Beach und zu den Keys hinüber. Das Stadtzentrum von Miami befindet sich zwischen der I-95 und der Bucht nördlich des Miami River.

Wie der gesamte Süden Floridas ist auch Miamis Umgebung absolut eben. Die Entwicklung zur heutigen Millionenmetropole war nur möglich durch die Trockenlegung riesiger Sumpfareale. Die Ausdehnung des Stadtgebietes erfolgte durch Anlage schnurgerader, überwiegend durchnumerierter Straßen. In Ost-West-Richtung verlaufen *Streets* und von Norden nach Süden *Avenues*. Straßennamen findet man in den feineren Stadtteilen **Coral Gables** und **Coconut Grove** sowie im Fall einiger Hauptverkehrsachsen.

Die Festlandsküste besitzt in und südlich von Miami keine Strände. Soweit die ursprünglichen Mangrovensümpfe beseitigt wurden, ist sie bis an die Wasserlinie bebaut. Über schöne natürliche Strände verfügt nur *Key Biscayne*. Die breiten Strände von Miami Beach sind aufgespült und nicht besonders attraktiv.

Klima

Miamis Klima ist subtropisch. Während der Sommermonate machen hohe Luftfeuchtigkeit und Temperaturen bis über 40°C Reisen in Südflorida recht beschwerlich. Kräftige Regenschauer sind keine Seltenheit. Die Zeit von Juni bis September ist daher Niedrigpreis-Saison. In den Monaten April, Mai und Oktober herrschen – aus unserer Sicht – hochsommerliche Temperaturen. Das Klima der Wintermonate entspricht in etwa dem eines überwiegend trockenen Sommers in unseren Breiten. Dazu gehört auch dann und wann ausgesprochen kühle Witterung. Von Dezember bis Februar lassen sich Strand- und Badefreuden selbst im südlichsten Florida nicht mit Sicherheit genießen. Die Wassertemperaturen sinken zeitweise unter die 20°C Marke. Beste Reisezeit für Südflorida sind Oktober, November und März bis Mai.

Sonnenschein: 283 Tage — **Niederschläge**: 129 Tage
Heißester Monat: August 28°C — **Kältester Monat**: Januar 18°C

Geschichte

Spanier gründen zwar bereits **1567** eine **erste Missionsstation** am Miami River. Aber in den folgenden Jahrhunderten bleibt die Küstenbesiedelung in Südforida zunächst sehr dünn.

1819 Die USA kaufen Florida von der spanischen Krone

1821 Beginn der Besiedelung durch US-Amerikaner

1842 Ende der sogenannten **Seminolen-Kriege**; Verdrängung der Seminolen, Mischlingen aus indianischer Urbevölkerung und Spaniern, in Reservate, einige davon westlich von Miami am Tamiami Trail.

1875 Eine *Julia Tuttle* erwirbt große Sumpfareale in Südflorida und überredet den Eisenbahnbaron *Henry Flagler* zum Bau einer **Bahnlinie**. Die *East Coast Railroad* geht zunächst bis West Palm Beach.

1896 Verlängerung des Schienenstranges bis Miami. Damit Beginn des Aufschwungs. Miami hat.500 Einwohner, aber im Jahr

1900 bereits eine Bevölkerung von 5.000

1912 Weiterführung der **Eisenbahn bis Key West**

1913 Erste Brücke von Miami nach Miami Beach

1930 100.000 Einwohner. Miami Beach entwickelt sich zum **Ferienparadies.** Viele Hotels im *Art Deco* Stil entstehen.

1945 und später setzt sich die vor dem Krieg begonnene Entwicklung stürmisch fort. Miami und Südflorida werden zu bevorzugten **Winterreisezielen** und Altersruhesitz für wohlhabende Rentner.

1960 **Hispanisierung** Südfloridas, speziell Miamis, durch mehrere Hunderttausend Kubaflüchtlinge

um 1980 Miami Beach im **Niedergang**

seit 1990 Programm zur **Restaurierung** von Miami Beach. *Boom* in *Downtown* Miami: neue Hochhäuser und Bankpaläste in der Brickell Ave dank Dollarmilliarden aus dem Drogengeschäft

Die **City of Miami** besitzt heute etwa **450.000 Einwohner**, davon leben in **Miami Beach rund 90.000**; der Großraum Miami (*Dade County*) beherbergt **1,8 Mio** Einwohner.

Daten und Fakten

Telefonische Vorwahl/Area Code: 305 (im Norden teilw. 954)

Diplomatische Vertretungen

- **Konsulat der BRD,** © 358-0290, 100 N Biscayne Blvd, New World Tower, Suite 171
- **Konsulat der Schweiz,** © 274-4210, 7301 SW 97th Ave, Chiropractic Center
- **HK Österreichs,** © 325-1561, 1454 NW 17th Ave

Besucherinformation

- Im Terminal E im *Miami International Airport* befindet sich ein großer Stand der ***Visitor Information***.
- **Greater Miami & Visitors Bureau**, 701 Brickell Ave, © 539-3000, 800-283-2707; Mo–Fr 8am–6pm
- Stände der ***Visitor Information*** u.a. ***Downtown*** (Biscayne Blvd/ Bayside Market) und **Coconut Grove** (2820 McFarlane Ave).

Flughafen (MIA)

Miami International Airport, © 871-7000

Bedeutung

Der Airport wurde 1928 von der Fluggesellschaft *PAN AM* für den Luftverkehr nach Kuba angelegt. Neben *New York Kennedy* ist Miami wichtigster US-Flughafen für internationale Flüge; vor allem nach Europa, Lateinamerika und die Karibik.

Fluglinien: AA, CO, CL, DL, NW, TW, UA, US
Hub: AA
Transferzeiten: 30-50 min

Lage

Der *International Airport* liegt 7 mi westlich *Downtown*, nach Miami Beach sind es ca. 10 mi. Er verfügt über 7 hufeisenförmig angeordnete Terminals (B-H). Internationale Flüge werden im Terminal E abgefertigt.

Schließfächer befinden sich an allen Ausgängen ($1/24h), Gepäckaufbewahrung im Terminal B *Upper* und Terminal G *Lower Level* (ab $1/24 h)

Viewpoint

Auf Miamis Flughafen wird die Zeit nicht lang. Von der **Dachterrasse** des flughafeneigenen Hotels überschaut man die Landebahnen (Eingang gegenüber Terminal E. Mit dem Fahrstuhl nach oben!). Das **Schwimmbad** dort ist für Hotelgäste gedacht. Gegen eine Gebühr kann die Anlage aber von jedermann benutzt werden; Handtücher inklusive.

Kurzweil

Mit der Flughafenbahn kann man ans Ende des Terminals E fahren und vom *Burger King Restaurant* die Hektik auf dem Vorfeld betrachten. Neben dem Eingang zum Terminal E gibt eine **Ausstellung** mit Flugzeugmodellen über Vergangenheit und Zukunft des Flughafens Auskunft.

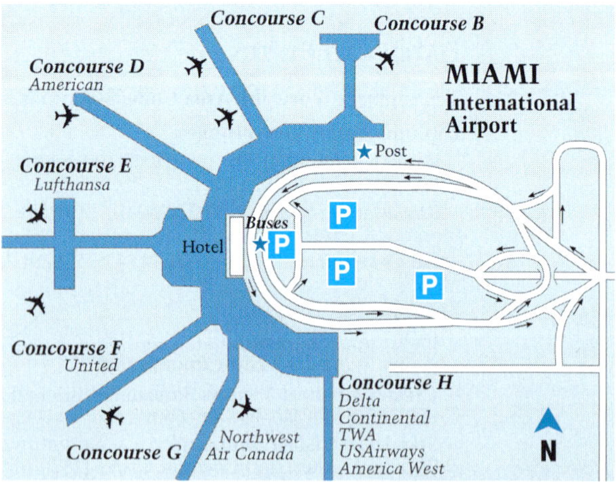

Verbindung Airport–City/Miami Beach

Bus

Linienbusse nach Miami fahren von der unteren Ebene des Flughafens ab (*Greyhound*-Büro):

Nach *Downtown* Miami verkehren Busse #3 und #20.Nach Süd Miami Beach Umsteigen in *Downtown* in Bus C oder K zur Collins Ave. Fahrpreis für alle Busse $1,35, Transfer $0,50.

Taxi

Taxen nach *Downtown* kosten ab $15, nach Miami Beach $20-$30

Car Rental

Nirgendwo sonst in den kontinentalen USA ist ein Mietwagen so preiswert wie in Florida. Eine Taxe nach Miami Beach kann mehr kosten als der Tagestarif für einen Kleinwagen. Wer sich mehrere Tage in Miami aufhalten möchte und auch Abstecher in die Umgebung plant, etwa in die *Everglades* oder nach Key West, fährt auf jeden Fall am billigsten per Mietauto.

Autovermietungen im Airportbereich:
Alamo, Avis, Budget, Dollar, Hertz, National, Thrifty, Value und diverse lokale Anbieter

Öffentliche Verkehrsmittel in Metropolitan Miami/Dade County

Bus

Zuständig für den öffentlichen Nahverkehr ist **Metro-Dade Transit,** ✆ 638-6700, 6am–11pm. Der Großraum Miami wird vergleichsweise gut bedient. Um sich zurechtzufinden, benötigt man unbedingt eine Streckenübersicht, gratis erhältlich z.B. am Infoschalter im Flughafen oder am Info-Stand in *Downtown* am *Bayside Market*. Hauptverkehrsmittel sind Busse. Mit Buchstaben gekennzeichnete Buslinien fahren nach Miami Beach, Ziffern markieren Ziele in Vororten und Downtown. Die Busse verkehren im allgemeinen in Abständen von 20-30 min, teilweise (nachts) jedoch nur alle 60 min. Miami ist allerdings nicht der Ort, wo man nach Einbruch der Dunkelheit längere Zeit an einer Haltestelle warten sollte. An Sonn- und Feiertagen gelten herabgesetzte Verkehrsfrequenzen. Einheitspreis $1,35.

Hochbahn

Downtown Miami wird von einer Hochbahn, dem ***Metromover***, umkreist. Aus den computergesteuerten Wagen genießt man eine gute Aussicht über die Innenstadt – und das für ganze 25 Cents. Die Betriebszeiten sind begrenzt: 6am–9pm an Werktagen, 8:30am –6:30pm an Wochenenden.

Metrorail

Schnellste Verbindung zwischen *Downtown* und den Vororten im Norden und Süden ist die ***Metrorail***, eine 70 mph schnelle Hochbahn. Die Züge verkehren entlang der 21 mi langen Strecke während der Woche alle 15-20 min 6am–9pm, am Wochenende 6:30am–6:30pm. Fahrpreis: $1,35 (nur in Münzen zu entrichten); Transfer $0,50. An der Station ***Government Center*** kann man zum *Metromover* umsteigen.

Taxi

Alle **Taxifahrer** im *Dade County* müssen das *Miami Nice Program* über sich ergehen lassen, in dem höfliches Benehmen und richtiges Ablesen des Taxameters geübt werden.

Central Cab, ✆ 532-5555 **Metro Cab**, ✆ 888-8888
Yellow Cab, ✆ 444-4444
Grundgebühr: ca. $1,20, jede Meile ca. $1.80

Rundfahrten

Bus

Geführte Stadtrundfahrten haben den Vorteil, daß man im klimatisierten Bus chauffiert wird und sich weder um Busverbindungen noch um Orientierung, Staus und Parkplätze kümmern muß. Angesichts der meist vorherrschenden Hitze und Luftfeuchte und der großen Entfernung zwischen wichtigen touristischen Anlaufpunkten wiegen diese Vorzüge schwerer als anderswo. Für Miami wären solche Touren deshalb erwägenswert, obwohl sie an anderer Stelle in diesem Buch oft mit Skepsis beurteilt werden.

- Die beiden größten Unternehmen sind ***Gray Line,*** © 325-1000 und ***American Sightseeing,*** © 688-7700; eine Halbtages-Tour durch Miami kostet ab $22. Ausflüge in die *Everglades* oder nach Key West sind ebenfalls buchbar.

Schiff

- Der Hafen von Miami ist Ausgangspunkt zahlreicher **Kreuzfahrten** in die Karibik. 1-Tages-Trips werden schon ab $75 angeboten, im Preis sind Mahlzeiten enthalten. Ein Ausflug auf die Bahamas kostet ab $120. Kurzentschlossene finden bei ***Sea Escape*** noch Platz: © 800 432 0900.
- **Bootstouren** durch die Biscayne Bay mit Passieren der Anwesen von Reichen und Berühmten starten vor allem an der Marina am ***Bayside Market***.

zu Fuß

- Einige Stadtviertel kann man auch **zu Fuß** erkunden, z.B. den ***Art Deco District*** von Miami Beach (Führungen $5, © 672-2014) oder **Coconut Grove**.

per Fahrrad

- ***Miami Beach Bicycle Center,*** © 531-4161, 923 W. 39th St, verleiht Fahrräder stunden-, tage- und wochenweise ($15/Tag). Bikes sind ideal zum Abfahren der Küstenpromenade.

Unterkunft

Situation

Miami verfügt über ungezählte Hotelzimmer aller Preisklassen. Hochsaison mit den höchsten Preisen sind Dezember bis März und Ostern. Aber auch dann sind Unterkünfte selten knapp. Zu anderen Zeiten sind die Tarife günstig, akzeptable Zimmer schon ab $35 zu haben. Vor allem im ***Airport*-Umfeld** und in **Miami Beach** ist die Auswahl groß. Besonders preiswerte Unterkünfte finden sich dort zwischen der 10. und 40. sowie im Bereich der 80. Straße etwas "landeinwärts".

Flughafenbereich

- **Miami Airways Motel,** © 883-4700, 5001 36th St, ab ca. 40$
- **La Quinta Inn,** © 599-9902, NW 36th St beim Fwy #826, ab $59
- **Hilton & Towers Miami Airport,** © 262-1000, 5101 Blue Lagoon Dr, ab $130, aber über Reiseveranstalter etwas günstiger. Überaus angenehmes Hotel der Oberklasse mit großen Pools.

City Center

- **Hampton Inn Downtown,**
  2500 Brickell Ave, ab $85, © 854-2070
- **Holiday Inn Downtown,**
  200 SE 2nd Ave, ab $69, ©.374-3000,

Miami Beach

Der Miami Beach-Bereich ist wieder in und wird viel besucht; das schlug auf die Tarife durch. Aber es kommt immer auf die Saison an. Eine **Hotelvermittlung** für den Bereich Miami Beach befindet sich in der **407 Lincoln Rd**, © **531-3553**.

Noch verhältnismäßig **preiswerte *Art Deco* Hotels** sind

- **Beach Comber**, 1340 Collins Ave, © 531-3755; ab $60-$110
- **Breakwater Hotel**, 940 Ocean Dr, © 532-1220; ab $95

Weiter nördlich stehen für die größere Brieftasche

- **Delano`s**, 1685 Collins Ave, © 672-2000; ab $130, das Juwel unter den *Art Deco Hotels* alles ganz in weiß, eher Alice im Wunderland als Miami Beach; toller Pool, gute Bar in der Lobby
- **Fontainebleau Hilton Resort & Spa,** © 538-2000, 4441 Collins Ave, $160-$320. Sein Pool mit Wasserfällen und tropischen Pflanzen galt lange als schönster der Welt. Ein riesiges Wandgemälde der Poollandschaft an der Collins Ave zeigt allen, die sich das Hilton nicht leisten, was ihnen entgeht.

Hostels

Die *Hostel*-**Alternativen** sind

- **Miami Beach International Hostel /AYH)**, 1438 Washington Ave, © (305) 534-2988, $12-$14
- **The Tropics Hotel**, 1550 Collins Ave, © (305) 531-0361, $15, Zimmer ab $36
- **Miami Beach International Travelers Hostel**, 236 9th St, © (305) 534-0268, ab $13

Coconut Grove

Eine besonders **gute Adresse im Stadtsüden** ist das

- **Doubletree Coconut Grove**, 2649 S Bayshore Dr, ab $139, © (305) 858-2500, in bester Lage im gleichnamigen Stadtteil

Generelle **Florida-Hotelreservierung** unter © (800) 96HOTEL

Essengehen und Shopping

Malls und Märkte

Miami ist ein Einkaufsparadies: kleine **Ramschläden** in Miami Beach, **Marktstände** in *Little Havanna*, elegante **Einkaufszentren** in *Downtown* und Coconut Grove und riesige ***Shopping Malls*** in den Außenbezirken.

Übersicht Restaurants

Ähnliches gilt fürs Essen. Miami wimmelt nur so von ethnischen Restaurants jeder Provenienz und vielfältigen Snackbars. Preiswert und schmackhaft sind die Snacks der kubanischen Imbiß-Stände im Umfeld der **Flagler St** westlich der **8th Ave**. Eine große Auswahl bieten die *Eateries* im ***Bayside Marketplace*** (⇨ unten) in einem schicken und preislich gehobenen Ambiente. Ähnliches gilt für ***Mayfair in the Grove*** (⇨ unten) im Nobelviertel *Coconut Grove*. Dort gibt es auch attraktive **Straßenrestaurants**, wie man sie sonst in den USA relativ selten findet. Für den höheren Anspruch siehe unter *Miracle Mile* in *Coral Gables*.

Moe`s Cantina, 616 Collins Ave in Miami Beach, ist bekannt für prima mexikanische Küche und einen herrlichen Patio.

Bayside – ***Bayside Marketplace,*** 401 Biscayne Blvd, Mo–Sa 10am–10pm, So noon–8pm. Ein basarartiger $100 Mio-Komplex in der *Bayside* Parkanlage unmittelbar angrenzend an die Innenstadt. Unter Arkaden befinden sich Stände für alles, was das Touristenherz begehrt. Dort finden auch *Live Concerts* und *Entertainment* vor der Kulisse des ***Miamarina*** Yachthafens statt. An den Piers rundum kann man ***Sightseeing Tours*** durch den Hafen von Miami und die Biscayne Bay buchen.

Mayfair – ***Mayfair Shops in the Grove,*** 2911 Grand Ave, Mo–Fr 10am–7pm, Mo & Do bis 9pm, So noon–5:30pm. Teure Boutiquen, Nachtclubs, Restaurants und Kunstgalerien zwischen Wasserfällen, Springbrunnen und tropischen Pflanzen auf mehrfach versetzten Ebenen.

Bal Harbor – ***Bal Harbor Shops,*** 9700 Collins Ave, Mo–Sa 10am–6pm, Mo, Do, Fr bis 9pm, So noon–5pm. Die Mall für Leute mit großem Geldbeutel. Der Normalverdiener begnügt sich in Bal Harbor mit *Window-Shopping*.

Omni – ***Omni International Mall,*** 1601 Biscayne Blvd, Mo–Sa 10am–9pm, So noon–5:30pm. Die typisch amerikanische Shopping Mall, 125 Läden, 10 Kinos und an die 20 Restaurants.

Aventura – ***Aventura Mall***, 19501 Biscayne Blvd, Mo–Sa 10am–9:30pm, So noon–5:30pm. Größte Mall der Stadt: 4 Kaufhäuser, über 200 Läden und Restaurants.

SICHERHEIT

Miami ist kein ganz ungefährliches Pflaster und – in einem Kopf-an-Kopf Wettbewerb mit Washington DC – sogar *Crime Capital of the USA*. Rapides Bevölkerungswachstum, Spannungen zwischen den unterschiedlichen ethnischen Gruppen und Rassen, kolossale soziale Gegensätze und dazu der Drogenhandel sind Gründe dafür, daß die Polizei alle Hände voll zu tun hat. Offenbar war diese nach den spektakulären Mordfällen – nicht nur – an deutschen und Schweizer Touristen Mitte der 90er-Jahre nicht untätig. Die Polizeipräsenz an Brennpunkten des Tourismus und an Autobahn-Rastplätzen zeigte Wirkung. Im Bereich Miami Beach etwa, vor einiger Zeit selbst bei Tage zweifelhaft, kann zumindest im belebten Teil des *Art Deco District* heute sogar abends gebummelt werden.

Ansonsten sollte man nach Einbruch der Dunkelheit vor allem die Innenstadt, Miami Beach außerhalb der *Art Deco High Life*-Gegend und den gesamten Nordosten der Stadt meiden; und schon gar nicht aus dem Auto steigen.

Tagsüber besteht beim Besuch touristischer Ziele und Stadtteile und in Einkaufszentren kein übertriebener Anlaß zu Sorge. Ein bißchen mehr Aufmerksamkeit, was Taschendiebe angeht, als anderswo, ist aber geboten. Autos sollten besser verriegelt gefahren und unbedingt auch bei kurzen Stopps verschlossen werden.

Sehenswürdigkeiten

Downtown

Die Trassenführung der unübersehbaren *Metromover* Hochbahn markiert in etwa den Kern des Stadtzentrums. *Downtown Miami* ist gekennzeichnet durch eine sich verdichtende Hochhausbebauung. In den letzten Jahren entstanden viele neue Hochhäuser, speziell Bankpaläste jenseits des Miami River in der Brickell Ave, der ***Wallstreet*** Floridas. Angeblich erfolgte die Finanzierung des Baubooms mit Kapital der Drogenmafia. Das *Southeast Financial Center* (240 m) und der *Centrust Tower* (175 m) nah am Miami River sind architektonische Glanzstücke. Im zentralen Bereich vom Miami ist in erster Linie folgendes besuchenswert:

Little Havanna

- Der Stadtteil ***Little Havanna*** liegt nur wenige Blocks westlich *Downtown* zwischen Flagler/8th St und 12th/27th Ave. Das auch als ***Calle Ocho***, achte Straße, bezeichnete kubanische Viertel wird gerne als Alternative zum US-Stadtbild gerühmt. In Wirklichkeit handelt es sich um ein von den Zutaten des *American Way of Life* durchaus nicht unberührtes Viertel mit einer gewissen Latino-Charakteristik. Zu finden sind Restaurants und *Fast Food*-Stände mit Spezialitäten aus Kuba, Läden für den Bedarf der kubanischen Kundschaft und der Touristen. Dazu ein bißchen mehr Leben und Treiben auf der Straße als anderswo. Immerhin kann man preiswert essen, in einem Café den berühmten *Cafe Cubano* trinken oder den Dominospielern über die Schulter schauen.

Flagler Street

- Östlich von *Little Havanna* ist die Flagler Street zwischen NW 1st Ave und der *Bayfront* zentrale **Hauptgeschäftsstraße** (vor allem Importläden), wo heute ebenfalls mehr Spanisch als Englisch gesprochen wird. An ihr befindet sich auch das ***Metro Dade Cultural Center*** (101 W Flagler St/NW 2nd Ave), Veranstaltungsort kultureller Ereignisse mit fast täglichem Abendprogramm. Um einen Innenhof gruppieren sich die Gebäude des ***Historical Museum of Southern Florida*** (Mo–Sa 10am– 5pm, Do bis 9pm, So ab *noon*, Eintritt), des ***Center of Fine Arts*** und der größten Bücherei der Stadt mit über 1,5 Mio. Bänden.

Bayside *Market*

- Auf Höhe der NE 3rd St liegen jenseits des *Biscayne Blvd* direkt am Wasser der ***Bayside Marketplace*** und der Nobel-Yachthafen ***Miamarina.*** Der "Marktplatz an der Bay" ist ein attraktiver Shoppingkomplex mit 150 Läden. Unter den Restaurants befindet sich auch das ***Miami Hard Rock Café***.

Hafen

- Im benachbarten ***Port of Miami*** werden 75% des weltweiten Kreuzfahrtverkehrs abgewickelt. Vor allem an den Wochenenden ist dort einiges los. Einen guten Blick auf die Luxusliner hat man vom ***Mac Arthur Causeway***, der citynächsten Verbindung nach **Miami Beach**. Nördlich dieser Brücken-Straße fallen Palm, Hibiscus und Star Island ins Auge, **Wohninseln** der *Upper Class* mit traumhaften Wassergrundstücken und eigenen Yachtanlegern.Wer die Inseln gern näher in Augenschein nehmen möchte, kann den (gebührenpflichtigen) zur großen Brücke parallel laufenden ***Venetian Causeway*** nehmen, der in "Tuchfühlung" zu solchen Anwesen über die sechs *Venetian Islands* nach Miami Beach führt.

nach Miami Beach

Miami Beach gliedert sich in drei Bereiche:

- oberhalb des *MacArthur Causeway* (*Lummus Park* und höher) entlang der Collins Ave und Nebenstraßen die in den letzten Jahren restaurierten Hotelkästen der Vorkriegszeit, der berühmte ***Art Deco District***
- danach bis ***Surfside*** endlos erscheinende Aneinanderreihungen mal schäbiger, mal luxuriöser Hotel- und Appartmentbauten samt einer darauf abgestimmten Infrastruktur
- ganz im Norden schließlich ***Bal Harbor***, ein riesiger Yachthafen, umgeben von teuren Läden und Restaurants.

Strände

Die eher grauen als weißen Strände, obwohl breit aufgespült, enttäuschen. Sie können mit den meisten anderen Florida-Stränden – etwa auf der nahen Key Biscayne – nur bedingt konkurrieren. Dafür läuft von der 21. bis zur 46. Straße eine 2 mi lange ***Beachfront Promenade*** am Meer entlang, die sich bei Joggern, Skatern und Bikern großer Beliebtheit erfreut.

Art Deco

Mit Millionenaufwand wird auf Miami Beach seit Jahren der ***Art Deco District*** wieder aufgefrischt; es existiert sogar ein spezielles ***Welcome Center*** (1244 Ocean Drive im *Leslie Hotel*; Mo–Sa 11am–6pm). Entlang der Collins Avenue (Straße #A1A) und rund um den Lummus Park erstrahlen nun zahlreiche restaurierte Fassaden aus den 20er- und 30er-Jahren in zarten Pastelltönen, wo vor einer Dekade noch Verfall und Niedergang vorherrschten. Gleichzeitig hat sich ein bemerkenswertes ***High Life*** mit Discos, Restaurants und Kneipen eingestellt. Unweit der herausgeputzten Bereiche gibt es aber immer noch slumartige Straßenzüge.

Südliche Stadtteile

Key Biscayne

Folgt man der Brickell Ave (Straße #1) nach Süden, erreicht man am *Wainwright Park* den *Rickenbacker Causeway*, die Brücke hinüber zur **Key Biscayne** mit den schönsten, palmengesäumten Stränden Miamis im ***Crandon*** und ***Bill Bags Cape Florida Park***. Auf der Insel Virginia Key befindet sich

Aqua-Marine Park

- das **Miami Seaquarium,** © 361 5703, 4400 Rickenbacker Causeway, 9:30 am-6:30pm, Kasse bis 4pm, $20. Wer Seaworld (in Orlando, San Diego und San Antonio) nicht kennt, kommt auch in diesem Aqua-Marinepark auf seine Kosten. Immerhin war TV-Delphin Flipper dort einst zuhause.

Renaissance Villa

- Die **Villa Vizcaya,** © 250-9133, 3251 S Miami Ave, 9am–5pm, $10, liegt unmittelbar südlich des Rickenbacker Causeway. Der Industrielle *James Deering* ließ sich diesen Palast im italienischen Renaissance-Stil 1916 erbauen und von einer wunderschönen Gartenanlage umgeben. Im Inneren erwartet den Besucher eine Sammlung europäischer Kunstgegenstände aus verschiedenen Epochen. Abends regelmäßig Konzerte. Interessante Zufahrt durch tunnelartig gewachsene Mangroven.

Fort Lauderdale
595
Davie
N
0
4,5 km
Miami
1
Hollywood
Miramar
Hallandale
Golden Beach
821
441
Cooper City
N. Miami Beach
Orlando
Florida's Turnpike
75
826
817
NORTH MIAMI
Bal Harbour
Bay Harbor Island
Opa-Locka
27
95
1
Surfside
HIALEAH
7th Ave
Miami Shores
Kennedy Causeway
Homestead Extension
Hialeah Park Race Track
Palmetto Expwy
Miami Springs
Collins Ave.
195
Miami International Airport
Miami
Art Deco District
East-West Expwy.
836
DOWN-TOWN
MacArthur Cswy.
Miami Beach
Flagler St.
27th Av.
Bayside Market
Westflorida / Fort Myers / Tampa
Tamiami Trail
Little Havanna
41
Venetian Pool
Museum of Science
CORAL GABLES
Villa Vizcaya
Westwood Lakes
Seaquarium
South Dade Expwy.
Mayfair in the Grove
821
South Miami
COCONUT GROVE
CRANDON PARK
Fairchild Gardens
Key Biscayne
874
MATHESON HAMMOCK PARK
Kendall
BILL BAGGS STATE PARK
1
Parrot Jungle
Atlantic Ocean
Cape Florida
Südflorida Everglades Park und Key West

Museum of Science

– Zwischen Highway #1 und dem Bayshore Drive gelegen, profitiert das ***Museum of Science*** (mit Planetarium) von der Nachbarschaft der populären *Villa Vizcaya*. Es gehört in seiner Branche zum amerikanischen Durchschnitt.

Coconut Grove

– Folgt man von der *Villa Vizcaya* dem Bayshore Drive nach Süden, erreicht man nach 2 mi den zentralen Bereich (Main Highway/Virgin St) des Edelviertels **Coconut Grove**, dessen Palmenbestände der Bezeichnung Ehre machen. Straßencafés und Restaurantterrassen verbreiten südländisches Flair. Das exklusive Shopping-Center ***Mayfair in the Grove*** besticht durch maurische Stilelemente und ein wasserdurchflossenes Atrium. Gegenüber liegt der nicht minder eindrucksvolle ***Cocowalk*** Komplex mit Shops, Restaurants und *Night Clubs* an der Ecke Grand Ave/Virginia.

Coral Gables

– Die große Zeit des benachbarten Stadtteils **Coral Gables** begann in den 20er Jahren, als ein *George Merrick* einige Meilen südwestlich des Zentrums eine Stadt nach seinen Wunschvorstellungen, ***The City Beautiful***, anlegen ließ: Wasserwege mit kleinen Brücken, Parks, Springbrunnen, Gärten und Gebäude nach mediterranen Vorbildern. Ein Kunstwerk ist der in einen alten Steinbruch hineingebaute ***Venetian Pool*** (2701 DeSoto Blvd, besuchenswert), das einzige zum *National Historic Landmark* erklärte Schwimmbad der USA. Sehenswert sind außerdem das *Biltmore Hotel* (1200 Anastasia Ave), die ***City Hall*** im Stil eines italienischen Palastes (405 Biltmore Way) und das ***Coral Gables House***, in dem der Stadtgründer mit seiner Familie lebte (907 Coral Way). An der ***Miracle Mile*** (SW 22nd St.) reihen sich teure Läden und Kunstgalerien. Wer nach gediegenen Speiselokalen sucht, liegt in der *Dining Capital of Southern Florida* richtig.

Ziele noch weiter südlich (über den *Matheson Hammock Park* hinaus, dort kleine Stände, Picknickplatz unter Mangroven) könnten sein:

Botanischer Garten

– die ***Fairchild Tropical Gardens,*** © 667-1651, 10901 Old Cutler Rd, 9:30am–4:30pm, $7, ein fantastisch angelegter, 34 ha großer botanischer Garten. Mit über 5000 verschiedenen tropischen und subtropischen Pflanzen und mächtigen exotischen Bäumen der beste tropische Park der USA. Man sollte unbedingt zu Fuß gehen und nicht etwa die Minibahn benutzen. Kleines sehenswertes *Palm Products Museum* im Souvenirladen.

Papageien

– der ***Parrot Jungle***, 11000 SW 57th Ave unweit der *Fairchild Gardens*, 9:30am–6pm, $13 (sehenswerter Parkplatz zwischen Mangroven!). Zahlreiche bunte Papageien, Flamingos, Tropen- und andere Vögel in einem blumenreichen Park. Mehrere Papageien-Shows täglich. Stark kommerzialisiert.

Zoo

– der ***Dade County Metrozoo***, 12400 SW 152nd Rd/Coral Dr westlich Florida`s Turnpike, 9:30am–4/5pm, $7, flächenmäßig größter käfigfreier Zoo der USA, der höchstens noch vom San Diego Zoo übertroffen wird. Besonders stolz ist man auf die Koalas und weißen Tiger.

Affenpark

– der ***Monkey Jungle***, 14805 S.W. 216th St, 9:30am-6pm, $12, wo die Menschen hinter Gittern sind und die Affen frei herumlaufen. Affen aller Arten, Größen und Farben tummeln sich in einer Art tropischem Regenwald.

Nördliche Stadtteile

Im Stadtnorden von Interesse sind für den einen oder anderen:

Jai-Alai Stadion

- das ***Jai-Alai Fronton Stadium,*** © 633-6400, 3500 NW 37th Ave; $3, Sitzplatz $1 zusätzlich; *Jai-Alai* (sprich *Hai Lai*) ist das schnellste Ballspiel der Welt und wurde ursprünglich im Baskenland und in Havanna gespielt. Viele der Spieler sind Spanier oder Kubaner. Die Spielregeln ähneln denen des *Squash*. Statt der Schläger halten die Spieler *Cestas*, bananenförmige Fangkörbe, die individuell angefertigt werden. Der Spielball kostet $100, hält aber nur eine Viertelstunde. Der Reiz des *Jai-Alai* liegt im Wetten (ab $2). Die Spieler müssen sich deutliche Worte des Wettpublikums gefallen lassen, wenn sie die Erwartungen nicht erfüllen. Die Saison dauert von Ende November bis Ende April; Spielbeginn ca. 7pm, Di&So keine Spiele, aber dafür Mo&Sa "Matinee" am Vormittag.

Rennbahn

- der ***Hialeh Park*** mit dem *Hialeh Racetrack*, © 887-4347, E 21st St/E 4th Ave, ist angeblich eine der schönsten Pferderennbahnen der Welt und *Miami Vice*-Fans und Rennsport-Anhängern sicher ein Begriff. Rennsaison ist von März bis Mai, zu anderen Zeiten wirkt die Bahn verkommen. Die Flamingos im Pool des Innenfeldes sind das ganze Jahr über von der Tribüne aus als rosa Punkte zu erkennen. Im Park stehen viele exotische Pflanzen.

Ziele in der Umgebung

Fort Lauderdale

- **Fort Lauderdale**, 30 mi nördlich von Miami, erfreut sich heute als Ferienziel, Zweitwohnsitz und Überwinterungsparadies wohlhabender Rentner deutlich größerer Beliebtheit als Miami. Ein Großteil der Stadt wird von Kanälen durchzogen, Liegeplatz für zahllose Yachten in Marinas und an privaten Bootsstegen. Neben Strand und Wassersport ist in Fort Lauderdale **Einkaufen** angesagt. Zahlreiche ***Shopping Malls*** besetzen die strategisch wichtigen Punkte der Stadt. Modern und konventionell ist die ***Galleria*** am Sunrise Blvd. zwischen Küstenstraße #A1A und der #1, während am entgegengesetzten Ende des Boulevards unweit des Sawgrass Expressway #869 die immense ***Outlet Mall Sawgrass Mills*** mit *Franklin Mills* in Philadelphia und *Belz* in Las Vegas um den Rang der größten US-*Outlet Mall* konkurriert.

Telefonvorwahl/Area Code: 305, teilweise 954
- **Ft Lauderdale Area Visit Info**
  © (800) 22SUNNY, 22 E Las Olas Blvd.

Flughafen (FLL): Fort Lauderdale-Hollywood Int`l Airport, © 557-6100, 4 mi südlich des Stadtzentrums.
- **Airlines**: AA, CO, CP, DL, NW, TW, UA, US
- **Taxi** zu den Hotels am Meer ca. $15,
  Bus #1 nach Downtown $1.
- **Mietwagen**: Alamo, Avis, Budget, Dollar, Enterprise, Hertz, National, Payless, Snappy, Thrifty und lokale Anbieter
- **Öffentliche Verkehrsmittel**: *Broward County Transit*, © 357-8400; Tickets ab $1; 7-Tage-Pass $8

Everglades

– ***Everglades National Park*** an der Südspitze von Florida, ca. 90 mi südlich von Miami. Information, unter © (305) 242-7700, Box 279, Homestead FL 33034, Eintritt $10/Auto.

Ein Besuch in diesem Nationalpark ist eine Reise in die Vergangenheit. Einst entsprach ganz Südflorida einer Sumpflandschaft wie man sie heute noch in den *Everglades* findet (ca. 10.000 km²). Zufahrt in den Park über Homestead/Florida City (Straße #27). Anti-Mückenspray oder -lotion und Verpflegung nicht vergessen! Der einzige Laden in Flamingo ist extrem teuer.

Das ***Visitor Center*** (8am–5pm) gleich eingangs des Parks informiert über Ökologie, Flora und Fauna der *Everglades* und hält Karten bereit. Von der Straße nach Flamingo an der Florida Bay zweigen Zufahrten zu Ausgangspunkten von Naturlehrpfaden (am besten ***Anhinga*** und ***Gumbo-Limbo Trail***, ca. 1 Stunde Zeitbedarf für beide) und Aussichtstürmen ab. In Flamingo existiert eine umfassende touristische Infrastruktur; neben einer *Lodge* und großem Campingplatz u.a. **Verleih für Kanus und Motorboote** (Kanus ab $25/Tag). Geführte Bootstrips durch die sumpfige Wildnis werden ebenfalls angeboten. Sumpfboote (***Airboats***) dürfen nur außerhalb der Parkgrenzen die Sümpfe lärmverseuchen. *Airboat-Tours* gibt es am Tamiami Trail (Straße #41) von Miami nach Naples an der Golfküste.

Unterkunft

In **Homestead** gibt es eine starke **Ballung von Kettenmotels** aller Kategorien. Die ***National Park Lodge*** in Flamingo ist relativ teuer und oft ausgebucht, © (305) 253-2241, ab ca. $69.

Key Biscayne

– ***Key Biscayne*** ein kaum bekannter ***National Park***, der bis auf eine Anlegestelle am *Turkey Point* (ca. 10 mi östlich von Homestead) unter Wasser liegt und die Korallenriffe vor Floridas Südzipfel schützt. Ein Besucherzentrum (8am–5pm) informiert an der Straße #1. Glasbodenboot- und Tauchausflüge.

Korallen Riffe

– ***John Pennekamp Coral Reef State Park*** auf Key Largo. Zufahrt zur Basis in einem Mangrovensumpfgelände mit kleinem Strand von der Straße #1. Der *State Park* umfaßt ein bei Schnorchlern und Tauchern überaus beliebtes Unterwasserareal. Ebenfalls Glasbodenboot-Touren.Bootsleihe, Reservierung unter © (305) 451-1621. Die Korallenriffe liegen küstennäher (ca. 1 km) als im weniger frequentierten Nationalpark.

Florida Keys

– Unter den **Florida Keys** versteht man die Kette von Florida vorgelagerten Koralleninseln, die sich in einem langen, geschwungenen Bogen von Miami Beach bis Key West erstreckt. Auf der Karte wirken die ab Key Largo über Straßenbrücken miteinander verbundenen Keys (ca. 100 mi von Key Largo bis Key West) wie leicht erreichbare Karibikinseln. Die Realität ist auf den ersten 40 Meilen etwas enttäuschend. Erst hinter **Lower Matecumbe Key** stößt man auf hellen Sandstrand und eine brillante Wassertransparenz. So richtig makellos zeigt sich erst die ***Sandspur Beach*** im ***Bahia Honda State Park*** auf der gleichnamigen Insel.

nach Key West

– Bis **Key West** sind es von Miami ca. 170 mi. Trotz der kritischen Anmerkung oben ist die Fahrt über die zahlreichen Inseln und Brücken ein Erlebnis. Das gilt auch für den **Flug** mit herrlichen Ausblicken über die Keys und das türkisblaue Meer. Alles Weitere zur südlichsten Stadt der kontinentalen USA im eigenen Key West Kapitel ab Seite 251.

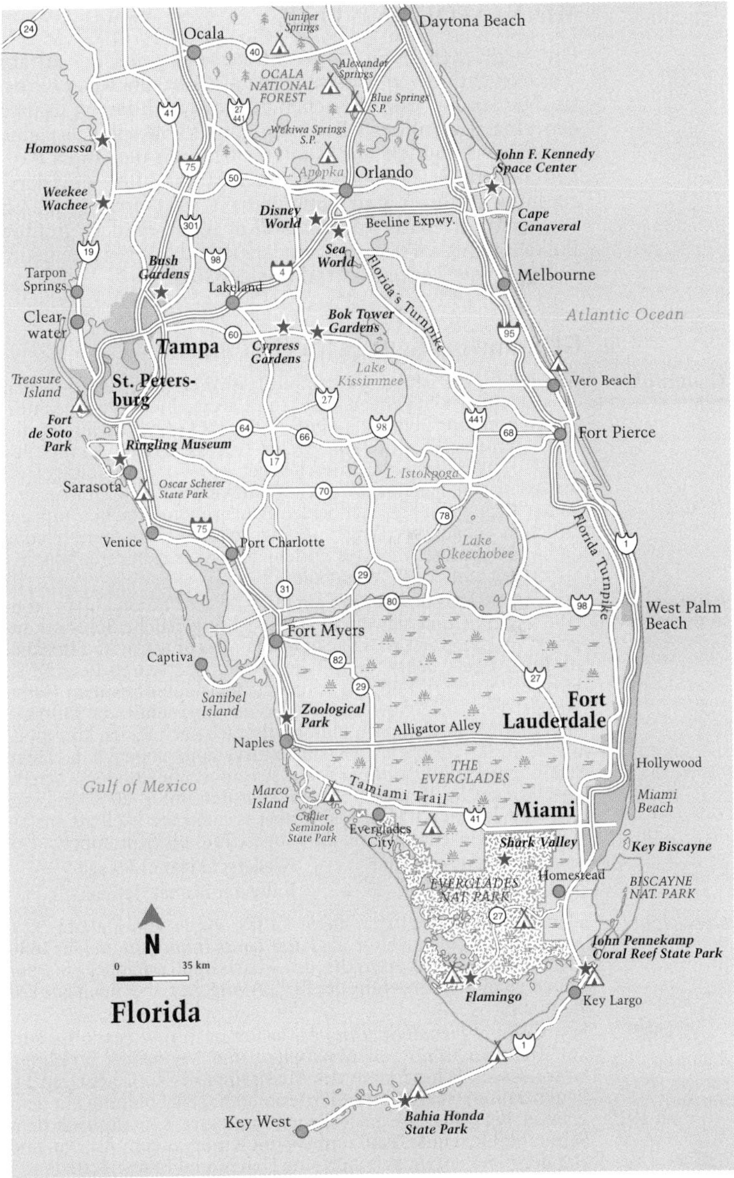
Florida
0
35 km
N
Daytona Beach
Ocala
Juniper Springs
Alexander Springs
OCALA NATIONAL FOREST
Blue Springs S.P.
Wekiwa Springs S.P.
Homosassa
L. Apopka
Orlando
John F. Kennedy Space Center
Weekee Wachee
Disney World
Sea World
Beeline Expwy.
Cape Canaveral
Bush Gardens
Lakeland
Florida's Turnpike
Melbourne
Tarpon Springs
Clearwater
Tampa
Bok Tower Gardens
Cypress Gardens
Atlantic Ocean
Lake Kissimmee
Treasure Island
St. Petersburg
Vero Beach
Fort de Soto Park
Ringling Museum
Fort Pierce
Sarasota
Oscar Scherer State Park
L. Istokpoga
Venice
Port Charlotte
Lake Okeechobee
Florida Turnpike
West Palm Beach
Fort Myers
Captiva
Sanibel Island
Zoological Park
Fort Lauderdale
Naples
Alligator Alley
Hollywood
THE EVERGLADES
Gulf of Mexico
Marco Island
Tamiami Trail
Miami
Miami Beach
Collier Seminole State Park
Everglades City
Shark Valley
Key Biscayne
Homestead
EVERGLADES NAT. PARK
BISCAYNE NAT. PARK
John Pennekamp Coral Reef State Park
Flamingo
Key Largo
Key West
Bahia Honda State Park
24
40
41
27 441
75
50
301
19
98
4
60
95
27
441
64
66
98
68
17
70
78
75
1
29
31
80
98
82
29
27
41
27
1

MINNEAPOLIS/ST. PAUL

Die ungleichen ***Twin Cities*** Minneapolis und St. Paul am Zusammenfluß von Mississippi und Minnesota River bilden im Norden der USA zwischen Chicago und der Westküste den einzigen größeren Ballungsraum. Minneapolis ist eine dynamische, typisch amerikanische City mit modernen Wolkenkratzern. St. Paul, die Hauptstadt Minnesotas, wirkt demgegenüber ruhiger und konservativer. Seit einigen Jahren besitzt Minneapolis mit der ***Mall of America***, dem größten Einkaufszentrum der USA, eine neue und faktisch die heute bedeutendste Touristenattraktion der Stadt.

Geographie, Klima und Geschichte

Geographie Die Zwillingsstädte am Oberlauf des Mississippi liegen in den Ausläufern der hügeligen Wald- und Seengebiete eines Staates, der sich untertreibend als ***Land of 10.000 Lakes*** bezeichnet. Ihr Erscheinungsbild wird von dieser Charakteristik Minnesotas unübersehbar geprägt: zahlreiche Seen gehören zum Stadtgebiet, umgeben von beneidenswerten Wohnvierteln und großzügigen Parks. Abgesehen von den beiden *Downtown*-Bereichen mit der üblichen schachbrettartigen Anlage und der Totaleinkreisung durch vielspurige *Freeways* wirken die *Twins* daher freundlicher als manch andere US-Metropole.

Klima Die *Twin Cities* unterliegen am Ostrand der Prärien einem (kontinentalen) Klima, das durch starke jahreszeitliche Schwankungen gekennzeichnet ist. Die Sommer sind sehr warm und trocken. Im Juli/August überwiegen Tage mit Temperaturen über 25°C. Für Regen und Abkühlung sorgen Tiefausläufer aus dem Osten und gelegentliche Gewitter. Wegen der ungeschützten Öffnung des Gebietes sowohl nach Norden als auch nach Süden kommt es häufig zu überraschenden Temperaturveränderungen, d. h., Hitze schon mal im Frühsommer und Kälteeinbrüche durchaus bereits im Oktober. Im Winter sind Temperaturen unter -20°C und viel Schnee normal. Frühjahr und Herbst können wechselhaft ausfallen. Beste Besuchszeit sind die Monate Juni bis September.

Sonnenschein: 200 Tage **Niederschläge:** 113 Tage
Heißester Monat: Juli 23° C **Kältester Monat**: Januar - 10° C

Geschichte Das Gebiet der heutigen *Twin Cities* wurde von Dakota- und Sioux-Indianern bewohnt, als ***Pater Louis Hennepin*** im Jahr **1680** die St. Anthony Wasserfälle des Mississippi erreichte. Bis zur ersten weißen Besiedelung der Region vergehen aber noch gut 120 Jahre. Erst

1807 läßt ***Colonel Josuah Snelling*** das später nach ihm benannte **Fort** am Zusammenfluß von Mississippi und Minnesota errichten. Unter dessen Schutz kann der Mississippi bis zum heutigen St. Paul befahren werden.In der Folge entsteht eine Siedlung mit dem

ab 1820 Namen ***Pig`s Eye***, die nach Errichtung einer Kapelle nach dem Schutzheiligen in **St. Paul** umbenannt wird.Aus dem Anlege- und Handelsplatz entwickelt sich eine Hafen- und Industriestadt.

1822 Erste Industrie in Form einer Säge- und Getreidemühle bei den St. Anthony Wasserfällen.

1848 Gründung der **Siedlung St. Anthony** am Ostufer des Mississippi in der Nähe der Fälle, die aber im Gegensatz zu St. Paul bis zur Anbindung an das Schienennetz ländlichen Charakter behält.

1858 Minnesota wird **Mitglied der Union**, Hauptstadt St. Paul. Viele europäische Einwanderer kommen in den jungen US-Staat, darunter viele Deutsche und Skandinavier.

1872 St. Anthony wird mit einer Siedlung auf der anderen Seite des Flusses vereint und in **Minneapolis** umbenannt. Der Name ist eine Kombination des indianischen Wortes *Minne* (Wasser) und des griechischen Wortes *Polis* (Stadt). Die Stadt entwickelt sich zur Mehl- und Weizen-Kapitale der USA.

1938 Einweihung der Schleusen zur Schiffbarmachung des oberen Mississippi, damit einhergehend Strukturwandel

Heute hat **Minneapolis 370.000 Einwohner**, **St. Paul 275.000**, der Großraum zählt mehr als **2,2 Mio**. Menschen.

Daten und Fakten

Telefonische Vorwahl/Area Code: 612

Besucherinformation

- Gut ausgestattete ***Tourist Information*** auf dem *Lower Level* des Minneapolis-St. Paul-*International Airport*:.
- ***Minneapolis Convention and Visitors Association,*** © 348-2453, 1219 Marquette Ave, Mo–Fr 8am–5.30pm. Ein weiteres Informationsbüro befindet sich in der ***City Center Shopping Mall*** (Mo–Fr 10am– 8pm, Sa 10am–6pm, So noon–5pm).
- ***St. Paul Convention and Visitors Bureau,*** © 297-6985, © (800) 627-6101, 101 Norwest Center, 55 E. 5th St, Mo–Fr 8am–5pm
- ***Minnesota State Office of Tourism,*** © (800) 657-3700)

Flughafen (MSP)

Minneapolis/St. PaulInternational Airport, © 726-5577

Lage

Der Flughafen liegt 13 mi südöstlich von Minneapolis und 9 mi südwestlich von St. Paul. In den 20er-Jahren wurden auf dem Gelände noch Autorennen gefahren. Mit täglich über 2.200 Flugbewegungen ist er einer der 15 größten Flughafen der USA, 84.000 Arbeitsplätze hängen von ihm ab. Die wichtigste *Airline* ist die hier beheimatete ***Northwest,*** welche in Minneapolis ihren größten *Hub* unterhält. Auf *Northwest Airlines* entfallen über drei Viertel des Passagieraufkommens.

Viele Szenen zum bekannten Film ***Airport*** wurden 1969 in Minneapolis gedreht.

Fluglinien: AA, CO, DL, HP, NW, TW, UA, US
Hub: NW
Transferzeiten: Dom–Dom 40 min, Intl–Dom 1 Std

Airport

Das Hauptterminal des Flughafens entspricht einem großen, nach Osten offenen U. Aus dem *Main Terminal* (*Lindbergh-Terminal,* benannt nach dem Atlantikflieger Charles A. Lindbergh, der aus Minnesota stammte) ragen ***Blue*** und ***Red Concourse*** hervor, während ***Green Concourse*** den nördlichen und ***Golden Concourse*** den südlichen Schenkel bilden.

Die ***Commuter Airlines*** haben ein eigenes kleines *Terminal*, das an den ***Green Concourse*** anschließt, während das ***Hubert H. Humphrey Terminal*** (für internationale Ankünfte) weit abseits liegt. Zwischen diesem und dem Hauptgebäude verkehren alle 10 min Busse.

Schließfächer findet man in allen *Concourses* ($1/24h).

Zeitvertreib

Im *Green Concourse* bei den Gates 62-68 befindet sich in einer Glaskanzel ein kleines ***Oberservation Deck***. Wem der Blick von hier nicht genügt, der sieht vom obersten Stock des Parkhauses mehr. An verschiedenen Stellen im Flughafen befinden sich Videospielautomaten und Münzfernseher.

Verbindung Airport-City/Minneapolis

Bus

Die billigste Verbindung in die Stadt sind die Busse der ***Metropolitan Transit Commission MTC***. Nach Minneapolis fahren die Linien #35P, #7C-7F, #15G+J für $1-2, Fahrzeit ca. 30 min. Nach *Downtown* St. Paul nimmt man Bus #54 oder #4G, Fahrpreis $1,50. Abfahrt aller Busse vor dem *Green Concourse.*

Van

Airport Express (Van) kostet ca. $11 nach Minneapolis und $9 nach St. Paul.

Taxi

Für eine Taxifahrt bezahlt man ca. $20 nach Minneapolis und $18-20 nach St. Paul, die Fahrzeit beträgt ca. 30 min.

Car Rental

Im Airportbereich: Avis, Budget, Hertz; Alamo, American. Intl., Dollar, Payless, Snappy, Thrifty.

Ohne Planung größerer Ausflüge in die Umgebung kommt man in den Twin Cities einigermaßen ohne Mietwagen aus.

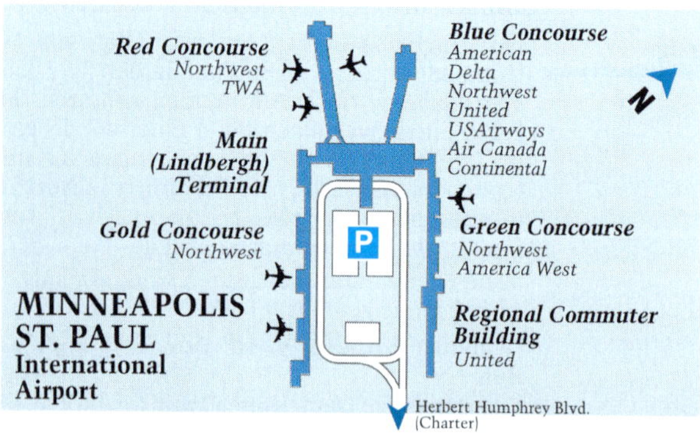

Öffentliche Verkehrsmittel

Bus

Minneapolis und St. Paul verfügen über ein sehr gutes öffentliches Nahverkehrssystem mit über 900 Bussen. Betrieben wird es von der ***Metropolitan Council Transit Operations,*** © 349-7000. Der Fahrpreis beträgt $1-$1,75. Eine gute Orientierungshilfe geben die (kostenlosen) *Transit-Maps* der MTC, auf der alle Routen im Stadtplan verzeichnet sind.

Rundfahrten

Organisierte Ausflüge veranstaltet wie überall u.a. ***Gray Line,*** © 591-0999, aber in kaum einer City gibt es weniger gute Argumente für derartige Rundfahrten. Die in den *Twin Cities* interessierenden Ziele lassen sich besser individuell ansteuern.

Unterkunft

Hotels/ Motels

Übernachten in und um Minneapolis/St. Paul ist nicht ganz billig. Häuser vieler **Kettenmotels** sind im Stadtgebiet gleich mehrfach vertreten. Gut besetzt – auch mit Unterkünften der Mittelklasse – sind die Bereiche um den ***Airport*** herum und in **Bloomington**: I-494 *Exits* #2 A/B/C und #3 sowie #7A/B. Unweit des Flughafen befinden sich die eingangs bereits erwähnte bombastische ***Mall of America*** und ganz nah dran das

Airport

- **Marriott Fairfield Inn**, nur durch den Großparkplatz von der *Mall* getrennt, moderate Wochenend-Tarife ab $59
- **Comfort Inn Airport,** © (612) 854-3400, 1321 E 8th St, ab $59
- **Hampton Inn Airport/Mall of America,** © (612) 861-1000, 7745 Lyndale Ave S in Richfield, ab $64

Zentrum

In der City von **Minneapolis** sind vor allem die Hotels der Ober- und Luxusklasse bestens vertreten (***Marriott, Hyatt, Hilton***); individuell und gut gelegen zwischen *Downtown* und dem Shopping-/Restaurantcenter *Riverplace* liegt das

- **Nicollet Island Inn B& B**, © (612) 331-1800; ab ca. $85.

Ein günstig gelegenes Hotel der Mittelklasse ist das

- **Best Western Normandy**, 405 S 8th St, © (612) 370-1400; ab $69

In **St. Paul** läßt sich mit dem sehr zentral gelegenen *Days Inn* wenig verkehrt machen:

- **Days Inn Civic Center**, 175 W 7th St, © (612) 292-8929; ab $69

Billigquartiere

Wer sein Reisebudget schonen will, geht in **Minneapolis** ins

- ***City of Lakes International House***, 2400 Stevens Ave, © (612) 871-3210, ab $14/Person.

In **St.Paul** entspricht dem das

- ***International AYH-Hostel Caecilian Hall***, 2004 Randolph Ave © (612) 690-6604, ab $14/Person

Die Touristen-Infos haben übersichtliche ***Accommodation Guides*** und eine aktuelle Liste der ***Bed & Breakfast Places***.

Shopping und Essengehen

Mall of America

Nicht wenige Besucher der *Twin Cities* kommen nur aus einem Grund: Sie wollen die legendäre ***Mall of America*** erleben, das größte Einkaufszentrum der USA mit integriertem *Amusementpark*. Sie liegt unweit des *International Airport* im Vorort Bloomington, von der I-494, *Exit* 24th Ave; © (612) 883-8800. Geöffnet ist dieser Konsumtempel ungeheuren Ausmaßes (4 Großkaufhäuser, über 400 Läden, 14 Kinos, zahllose Restaurants, Cafés und Nachtclubs) Mo–Sa 10am– 9:30pm, So 11am–7pm. Die **Restaurants** und **Kneipen** im Obergeschoß bleiben auch nach Geschäftsschluß zugänglich.

Camp Snoopy

Neben der schieren Dimension der *Mall of America* ist das eigentlich Besondere ***Knott's Snoopy Camp***, größter überdachter **Vergnügungspark** der USA im riesigen Atrium. Faktisch ein typischer Jahrmarkt sorgt er mit *Roller Coaster*, Wildwasserbahn und 3D-Kino für Kurzweil während und nach dem *Shopping*. Ob Kritiker oder Bewunderer amerikanischer Konsumexzesse, dieses Einkaufszentrum muß man gesehen haben!

Restaurants

Mit einem Besuch der *Mall of America* erledigt sich auch die Frage der Versorgung. Dort findet jeder, was gefällt, vom Hamburger bis zum *4-Course-Dinner*.

Nicollet Mall

Die ***Nicolett Mall*** im Zentrum der City of Minneapolis nimmt für sich in Anspruch, die **erste Fußgängerzone** der USA gewesen zu sein. Der Straßenverkehr ist bis auf Busse aus insgesamt 12 Blocks verbannt. Hotels, Kaufhäuser und Läden in kleineren und größeren Shopping-Passagen mit zahlreichen ***Restaurants*** und ***Fast Food***-Ständen sind dort über das klimatisierte ***Skyway*-System** miteinander verbunden.

Gute Adressen in der City von **Minneapolis** für **kulinarische Genüsse** aller Art von *Fast* bis *Fine Food* sind der *Riverfront*-Bereich auf dem Ostufer des Mississippi mit dem ***Riverplace Center*** und dem benachbarten (Musik-)Kneipenzentrum ***St. Anthony Main***. Viele Restaurants gibt`s auch im ***Warehouse District*** unmittelbar nordwestlich der *Inner City*.

St. Paul

In **St. Paul** kann man in den ***Skyways*** und den darin integrierten Shoppingzentren (***Saint Paul Center, Galtier Plaza, Farmers Market***) die ***Eateries*** ebensowenig verfehlen wie in Minneapolis rund um die *Nicollet Mall*.

Sicherheit

Im Vergleich zu anderen US-Metropolen ist die Kriminalität in den *Twin Cities* gering. Statistisch bilden St. Paul und Minneapolis sogar das Schlußlicht unter den Großräumen dieser Dimension. Man sollte deshalb nicht gleich leichtsinnig werden und bei Dunkelheit durch Parks spazieren. Aber generell besteht in MSP kaum Anlaß zu Sorge.

Sehenswürdigkeiten St. Paul

Kenn-zeichnung

Das kleine Zentrum von St. Paul zwischen 10th St und Mississipi besitzt vor allem um den ***Rice Park*** herum einen hübschen Kern. Östlich des Parks beginnt der ***Business District***, dessen Gebäude weitgehend durch die bereits erwähnten ***Skyways***, vollklimatisierte Korridore in Höhe des 2. Stocks, miteinander verbunden sind. In das *Skyways System* integriert ist das ***Saint Paul Center***, eine *Shopping* und *Restaurant Mall* mit viel Grün und künstlichen Wasserfällen in den unteren Geschossen des ***Minnesota World Trade Center*** und des ***North Central Life Tower***. Das moderne Gegenstück zum *Rice Park* ist im Osten der ***Mears Park*** (6th und Jackson St) mit der ***Galtier Plaza***, einem Boutiquen-, Restaurant- und Entertainmentkomplex gleich nebenan. Besuchenswert sind:

Museen

- Das historische ***Landmark Center*** *von 1902* am erwähnten Rice Park war früher ein Gerichtsgebäude, heute ***Minnesota Museum of American Art*** (Di–Fr 10:30am–4:30pm, Sa+So ab 1pm).
- Das ***Science Museum of Minnesota***, 30 E. 10th St, ist ein modernes Naturkunde-Museum mit vielen Experimenten zum Ausprobieren. Ein Filmtheater für die ***Omnima***x-Filme gehört zum Komplex. Di–Fr 9:30am–9pm, Sa 9am–9pm, So 10am–9pm, Kombiticket für Museum und *Omnitheater* zusammen $7.

Rathaus

- In der ***City Hall and Courthouse***, 15 Kellog Blvd/Wabash St, beeindruckt vor allem die 11m hohe Statue ***Indian God of Peace*** aus weißem Onyx, Mo–Fr 8am–4:30pm, frei.

Capitol

- Das ***State Capitol*** *liegt* auf einer Anhöhe über der Innenstadt. Der Vorplatz bietet einen tollen Panoramablick über St. Paul und Mississipi. Das kolossale, mit einem vergoldeten römischen Kampfwagen mitsamt Rössern verschönte Bauwerk im Stil der italienischen Renaissance lohnt innen wie außen die Besichtigung. Es trägt eine der größten freitragenden Domkuppeln der Welt, Mo–Fr 9am–5pm, Sa 10am–4pm, So 1pm–4pm.

Geschichts-museum

- Die Geschichte des Staates präsentiert eindrucksvoll das neue ***Minnesota History Center,*** 345 Kellogg Blvd gegenüber dem *State Capitol*, Di–Sa 10am–5pm, So ab noo, frei.

"Petersdom"

- Unübersehbar südlich von Museum und Capitol steht ein verkleinerter Nachbau des Petersdom, die ***Cathedral of St. Paul***, 239 Selby Ave, Mo–Sa. 8am–5pm, Do bis 4pm, So 1pm–4pm.

Villenviertel

- An der Kathedrale beginnt die **Summit Ave**, eine Straße hoch über dem Fluß mit gut erhaltenen vikorianischen Villen. Dort lebten u.a. Eisenbahnbaron *James J. Hill* (#240, Eintritt $3), und der Schriftsteller *John F. Fitzgerald* (#599).

Parks

Trotz Mississippi verfügt St. Paul über keine echte *Waterfront*; das Steilufer wird von alten Lagerhäusern besetzt, darunter laufen Eisenbahnschienen. Auch das Südufer des *Mississippi* mit Anlegeplatz für Ausflugsdampfer vermittelt kein rechtes *River Flair*. Außerhalb von *Downtown* bietet die Stadt jedoch mit dem ***Como Lake Park*** (kleiner Gratiszoo) und dem ***Lake Phalen Park*** (nordöstlich) hübsche Erholungsareale.

Sehenswürdigkeiten Minneapolis

Downtown

In Minneapolis konzentriert sich alles auf eine gute halbe Quadratmeile zwischen 5th/Hennepin Ave und Washington Ave/11th Street. Wie in St. Paul ist ein Großteil der Gebäude in diesem Bereich über ***Skyways*** miteinander verbunden.

- Herausragend im doppelten Sinn sind der nostalgische ***Foshay Tower*** (9th/Marquette Ave) aus dem Jahr 1929, der ***IDS Tower*** (8th/Nicollet) und das imposante ***Federal Reserve Bank Building*** (3rd und Nicollet). Die Nicollet Ave ist zwischen der – bis auf Lokalbusse – verkehrsfreien 4th und 10th Street Fußgängerzone und nennt sich ***Nicollet Mall,*** ➪ oben.

Riverfront Bereich

- Nach Geschäftsschluß verlagert sich das Leben von *Downtown* auf das nahe Mississippi-Ufer. Vor allem auf das ***Riverplace Center*** an der kopfsteingepflasterten *Main Street* der Ostseite des Flusses. Dessen Kneipen und Restaurants, viele mit *open-air* Terrassen, sind vor allem im Sommer populär. Nach Einbruch der Dunkelheit ist in den Lokalen weiter südlich im attraktiveren ***St. Anthony Main* Komplex** mehr los.

Nicollet Island Park

- Von der Südspitze des ***Nicollet Island Park***, zu Fuß erreichbar über eine Brücke von der Main Street am *Riverplace,* überschaut man *Mississippi* und die gegenüberliegende **Schleuse** zur Katarakt-Umgehung (Besichtigung bis 10pm möglich; Zufahrt von der 1st Ave). Im Sommer finden im ***Amphitheater*** des Parks eintrittsfreie Abendveranstaltungen statt.

Walker Arts Center

- Am entgegengesetzten Ende der City, im "Knie" der *Interstate* #94, befindet sich der ***Loring Park***. Eine Fußgängerbrücke über die Cityautobahn stellt die Verbindung zum ***Walker Arts Center*** (725, Vineland Place) und einem außergewöhnlichen ***Sculpture Garden*** her. Das bekannteste Objekt, mittlerweile fast ein Wahrzeichen von Minneapolis, ist der riesige Löffel mit Kirsche, ***Spoonbridge and Cherry***. Der Schwerpunkt des Museums liegt auf der Präsentation avantgardistischer Arbeiten; u.a. sind Werke von *Warhol* und *Lichtenstein* zu sehen. Für Kunstinteressierte ist das *Arts Center* eine der Hauptsehenswürdigkeiten; Di–Sa 10am–5pm, Do bis 8pmr, So ab 11am, $4.

Arts Institute

- Im modernen ***Minneapolis Institute of Arts*** (Ecke 24th Street/ 3rd Ave) geht es konventioneller zu. Unter den zahlreichen Kunstgegenständen verschiedenster Epochen und Kulturkreise fehlen auch europäische Meister nicht, sogar *Rembrandt* und *van Gogh* sind vertreten; Di–Sa 10am–5pm, Do bis 9pm, So ab noon, Eintritt frei.

Seenplatte

Einmalig ist die zentrumsnahe Seenplatte (*Cedar Lake* bis *Lake Harriet*), die über breite *Parkways* mit dem Mississippi Uferpark und weiteren Seen und Parks im Stadtgebiet derart verbunden ist, daß sich Minneapolis fast vollständig auf grünen Prachtstraßen umrunden läßt. An diesen Alleen und in denWohnvierteln um die Seen herum stehen zahllose Anwesen der Luxusklasse (besonders an den Uferstraßen um *Lake of the Islands, Calhoun* und *Harriet Lake,* sowie am *West River Parkway*). Trotz ausgedehnten Privatbesitzes verblieb noch genügend Raum für öffentliche Parks mit **Badestränden,**

Picknicktischen und vielen Einrichtungen für sportliche Aktivitäten. Am **Lake Calhoun** etwa kann man Fahrräder, Rollschuhe oder Kaunus mieten, Infos beim *Minneapolis Park and Recreation Board*, ✆ 661-4800. Sehr schön ist der ***Lyndale Park*** am nördlichen und östlichen Ufer des *Lake Harriet*, der über einen **Rosengarten** und **Vogelpark** verfügt.

Minnehaha Park

– Im ***Minnehaha Park*** am *Mississippi* kann man die gleichnamigen Wasserfälle bewundern. Unterhalb des Parks liegt mit den ***Locks #1*** eine weitere Schleusenanlage. Zur Besichtigung sind die Einrichtungen bis zur Dämmereung frei zugänglich.

Fort Snelling

– Das ***Historic Fort Snelling*** liegt etwas schwer erreichbar zwischen den *Freeways* #5 und #55. Die imposante Festungsanlage hoch über *Mississippi* und *Minnesota River* hält in den Sommermonaten als *Living Museum* die Erinnerung an seine einstige Funktion als Außenposten an der *Western Frontier* wach. Original kostümierte Soldaten exerzieren, schießen und zelebrieren den Flaggenappell. In den Gebäuden erläutern zeitgenössisch gekleidete Zivilisten das Leben im Fort vor 170 Jahren. Ein sehr gutes ***Visitor Center*** vermittelt weitere Einblicke. Zeitbedarf nicht unter 2 Stunden; Mo–Sa 10am–5pm, So ab *noon*, $5.

Zoo

– Noch weiter südlich befindet sich der ***Minnesota Zoo***. Am einfachsten ist er über den *Freeway* #77 anzusteuern, *Exit* #90. Der Zoo gehört zur Gruppe der zehn besten amerikanischen Tierparks; im Sommer Mo–Sa 10am–6pm, So bis 8pm, $9.

Theater

Minneapolis und St. Paul sind Heimat von fast 100 Theaterensembles, das bekannteste spielt im ***Guthrie Theatre***, ✆ 377-2224, 725 Vineland. Karten für denselben Tag gibt`s ab $6.

Musik

Das kulturelle Angebot der Stadt beschränkt sich nicht auf Museen und klassische Künste: Die Musikszene hat u.a. mit ***Prince*** einen der bekanntesten Rockstars der Gegenwart hervorgebracht. Er besitzt in Minneapolis noch ein Plattenstudio. Informationen zur bewegten Musikszene entnimmt man leicht einem der diversen Stadtmagazine.

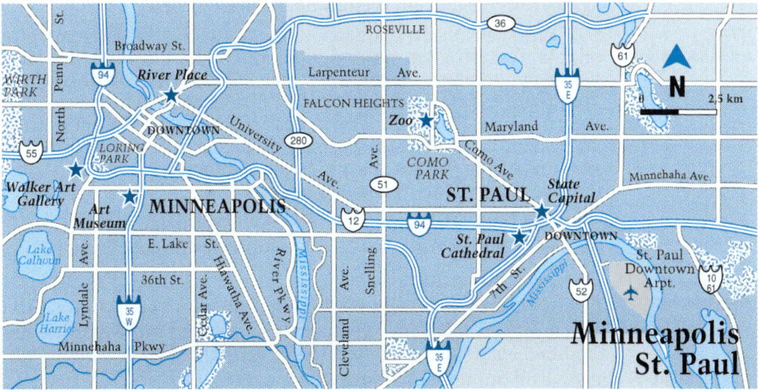

NASHVILLE

Hochburg der Country Music

Kennen Sie *Barbara Mandrell* und *Hank Williams Jr*? Sagt Ihnen der Name *Marty Robbins* etwas? Nicht? Dann haben Sie wahrscheinlich mit ***American Country* & *Bluegrass Music*** wenig im Sinn und werden Nashville nicht ganz oben auf die Liste Ihrer Wunschziele gesetzt haben. Umso populärer ist die – heute neben Branson/Missouri – Hochburg dieser typisch amerikanischen Musik natürlich bei *Folk & Country Fans*. Im täglichen Leben der Bürger spielt das Musikbusiness in der Hauptstadt Tennessees eher eine untergeordnete Rolle.

Weniger bekannt ist, daß Nashville über einige der schönsten ***Antebellum Mansions*** des Landes verfügt, und die Villenviertel der Stadt jedem Südstaaten-Bilderbuch Ehre machen würden. Wer den *Mammoth Caves National Park* im nahen Kentucky besuchen möchte, findet in Nashville den parknächsten großen *Airport*.

Geographie, Klima und Geschichte

Geographie

Nashville liegt im Norden von Tennessee etwa in der Mitte zwischen der Westgrenze (Mississippi) und dem Ostzipfel des langgestreckten Staates, der im Maximum ganze 115 mi Breite aufweist. Bis Kentucky sind es 35 mi, zum *Mammoth Caves Park* ca. 80 mi. Durch die Stadt fließt in großen Schleifen der Cumberland River, ein Nebenfluß des Ohio River. Östlich und westlich der Stadt wurde er durch eine Reihe von Dämmen zu Seen aufgestaut, die eine Gesamtlänge von mehreren hundert Kilometern erreichen. Die Landschaft rings um Nashville ist im Bereich des Flußtales und nach Süden hin eben, ansonsten leicht hügelig.

Die Stadt dehnte sich um das ***Fort Nashborough*** am Cumberland River zunächst nach Westen und Süden aus. Avenues laufen sternförmig in das Zentrum, das von der Ring-Autobahn I-265 umschlossen wird. Neuere Stadtteile entwickelten sich nordöstlich der Innenstadt im weiten Bogen des Flusses.

Klima

Das Klima in Nashville zeigt keine ausgeprägten Extremwerte oder jahreszeitlichen Besonderheiten. Da die Einflüsse des Golf von Mexico relativ ungehindert nach Tennessee hineinreichen, kommt zur Sommerhitze oft hohe Luftfeuchtigkeit. Gegen Kälteeinbrüche ist Nashville etwas besser geschützt. Temperaturen unter dem Gefrierpunkt sind selten. Leider gibt es in Nashville an windstillen Tagen häufig Smogprobleme. Als beste Reisemonate gelten Mai, Juni und September.

Sonnenschein: 210 Tage	**Niederschläge**: 119 Tage
Heißester Monat: Juli 27°C	**Kältester Monat**: Januar 3°C

Geschichte

Erste Weiße an den Westausläufern der Appalachen unweit des heutigen Nashville waren französische Pelzhändler. Ab

1779 ließen sich Siedler am Westufer des Cumberland River nieder, Pioniere der Armee errichteteten in der Folge Fort Nashborough

1784 aus Nashborough wird **Nashville**

1826 erfolgt die vorläufige Ernennung zur **Hauptstadt**
1830 Entstehung wichtiger Bauten aus Stein und Marmor unter Kopierung altgriechischer Stile
1843 wird Nashville endgültig Kapitale des US-Staates Tennessee
1854 **Eisenbahnverbindung** nach Chattanooga und Atlanta
1855 Fertigstellung des Capitol Building
1862 Einnahme der Stadt im Bürgerkrieg durch Unionstruppen
1925 das bis heute existierende *Western Country* Programm ***Grand Ole Opry*** (⇨ unten) geht erstmalig auf Sendung, damaliger Titel ***WSM Barn Dance***
1972 Eröffnung des Vergnügungsparks **Opryland**

Nashville hat heute rund **450.000 Einwohner**.

Daten und Fakten

Telefonische Vorwahl/Area Code: 615, ggf. 423

Besucherinformation

- Das ***Welcome Center*** im Airport (*Baggage Level*) hat viel Prospektmaterial, Stadtpläne und die *Nashville Hotel/Motel Map* mit aktuellen Übernachtungspreisen. Täglich 6:30am–11pm.
- ***Nashville Area Chamber of Commerce,*** © 259-4700, 161 4th Ave, Mo–Fr 8am–5pm
- ***Tourist Information Center,*** © 259-4747, *Exit* 85 von der I-65/ Robertson Parkway, 8am–8pm

Flughafen (BNA)

Nashville International Airport, © 275-1675

Der *Nashville International Airport* besitzt ein *Terminal*, das zu den freundlichsten und bestgestalteten der USA gehört.

Fluglinien: AA, CO, DL, NW, TW, UA, US
Transferzeiten: 30 min

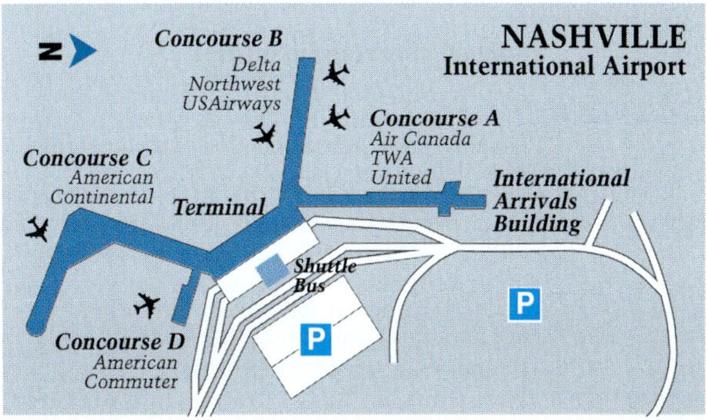

Airport

Der Flughafen liegt 8 mi östlich der Innenstadt zwischen I-24 und I-40. Der Grundriß des dreistöckigen *Main Terminal* erinnert an ein liegendes X mit einem kurzen "unteren Bein" (*Concourse* D). Mit ihm verbunden sind die *Concourses* A-D. Im obersten Stock befindet sich die *Departure Area*, einen Stock tiefer *Arrivals*, Gepäckausgabe und *Tourist Information* (siehe oben), ganz unten im *Entry Level* Hotelwand, *Courtesy Phones* und die Haltepunkte für Busse, Vans , Taxis.

Schließfächer gibt es in jedem Concourse

Kunst

Arts in the Airport ist auch in Nashville ein Thema. Neben einigen Gemälden soll an sonnigen Tagen das ***Airport Sun Project*** Besucher und Fluggäste erfreuen, Lichtspiele mit Sonnenstrahlen im *Ticketing Level* und an der Rolltreppe vom *Baggage Level* nach oben.

Verbindung Airport-City

Information

Das ***Welcome Center*** im *Baggage Level* informiert über die aktuellen Abfahrtszeiten der Busse und alle Transportmöglichkeiten nach Downtown und *Opryland*.

Bus

Buslinie #18 fährt zu normalen Vororttarifen vom Flughafen direkt in die Innenstadt (Union/4th St), werktags 8:15am– 10:30pm, 10 Abfahrten, samstags 8, der letzte 5:30pm, sonntags nur 4 Abfahrten, die letzte um 4pm. Fahrtzeit 30-45 min, $1.35.

Van

Airport Shuttle, © 275-2555, und ***Downtown Airport Express,*** © 275-1180, von 6am bis zum letzten Flug in die Innenstadt, $9.

Taxi

Ein **Taxi** nach Downtown kostet ca. $15, Zeit 20–40 min.

Car Rental

Alamo, Avis, Budget, Dollar, Hertz, National, Payless, Snappy

Es geht in Nashville **zur Not auch ohne Mietwagen**. *Downtown*, die *Music Row* und ggf. noch das *Parthenon* kann man ganz gut per Bus erreichen. Auch zum *Opryland* existieren Verbindungen. Darüberhinaus – etwa Besuch der Villenviertel, Abstecher zum Mammoth Caves Park und/oder nach Chattanooga – wird es allerdings ohne ein Auto schwierig.

Öffentliche Verkehrsmittel

Bus

Die ***Metropolitan Transit Authority* MTA,** © 862-5950, Mo– Fr 6am-7pm, organisiert den öffentlichen Transport in Nashville. Abfahrt- und Endstation aller *Downtown*-Busse ist die *Transit Mall* (Union St zwischen 4th/5th St). Der Fahrpreis beträgt $1,35, Umsteigen/*Transfer* $0.20. Expressbus Zuschlag. Die meisten **Busse** verkehren werktags 6am–11pm, an Wochenenden 6am-6pm bei reduzierter Frequenz, teilweise gar nicht.

Im (erweiterten) Innenstadtbereich fahren die ***Nashville Trolleys*** auf verschiedenen Routen ab dem *Riverfront Park/Downtown* u.a. zur *Music Row*, $1, Taktzeit ca. 10-15 min, 11am bis ca. 6pm.

Taxi

Grundgebühr ca. $1,50, jede Meile ca. $1.70

Nashville Cab, © 242-7070 **Music City Cab,** © 262-0451

Rundfahrten

Bus

An geführten Bustouren aller Art herrscht in Nashville kein Mangel. Neben den üblichen Stadtrundfahrten (Hauptgewicht auf Sehenswürdigkeiten, die mit *Country Music* und seinen Stars verbunden sind) gibt es ***Nashville by Night***, gezielte Ausflüge zu den Villen der Musikprominenz, die ***Opryland*-Inklusivtour** und den organisierten Besuch bei einer der ***Country Western TV-Shows*** von TNN (*The Nashville Network*). Preise und Leistungen für weitgehend ähnliche Touren variieren stark. Die größten Veranstalter sind:

American Sightseeing, © 256-1200 **Gray Line,** © 883-5555
Grand Ole Opry Tours, © 889-9490

Boote

Mehrere *Riverboats* veranstalten Fahrten auf dem – nicht sehr aufregenden – Cumberland River. Sowohl reine *Sightseeing*- als auch Musik-/Dinner-Trips stehen auf dem Programm, ebenso der **Transport *Downtown–Opryland*** und retour. ***River Cruises*** ab 90 min und ca. $12, © 244-3430 oder (800) 342-2355.

Unterkunft

Situation

Nashville verfügt als touristische Hochburg über enorme Hotel- und Motelkapazitäten. Selbst während der Feriensaison ist es von Sonntag bis Donnerstag Abend im allgemeinen kein Problem, ohne Reservierung unterzukommen. Auch die Preise sind dann deutlich niedriger als am Wochenende, wenn die *Grand Ole Opry Fans* in die Stadt einfallen. Außerhalb der Saison (vor *Memoria*l und nach *Labor Day*) gelten teilweise erstaunlich niedrige Übernachtungspreise unter $40 sogar in guten Häusern der unteren Mittelklasse. Die Angebote entlang der *Interstates* rund um Nashville lassen sich kaum verfehlen, besonders gehäuft an der **I-65 Nord, Ausfahrten #84 bis #92** und unweit des ***Airport*** am Briley Pkwy nördlich der I-40. Die im folgenden genannten Minimalpreise geben nur einen Anhaltspunkt. Sie werden bisweilen deutlich unter- und überboten.

Etwas teurer sind City-Unterkünfte und alle Quartiere am Briley Pkwy/*Music Valley* in der Nähe von *Opryland*.

Flughafenbereich

- **Days Inn Airport,** © 889-8881, Int`l Plaza, Briley Pkwy`, ab $55
- **La Quinta Airport,** © 885-3000, 531 Donaldson Pike, ab $59
- **Courtyard Airport,** © 883-9500, 2508 Elm Hill, I-40, *Exi*t 7, ab $69
- **Motel 6,** © 333-9933, I-24/Exit 56, 96 Wallace Rd, ab $35

Downtown

- **Doubletree Hotel,** © 244-8200, Two Commerce Place, ab $69 und sehr viel höher. Die feine Alternative.
- **Best Western Metro Inn,** © 259-9160, 99 Spring St, im Winter ab $36, im Sommer ab $49. Wer vom Flughafen aus anruft und geschickt verhandelt, wird abgeholt oder bekommt ein Taxi geschickt und bezahlt.
- **Budget Host Inn,** © 244-6050, 10 Interstate Drive, ab $29
- **Travelodge Downtown,** © 242-2630, 800 Robertson Pkwy, $45

Opryland

- **Shoney's Inn,** © 255-9977, Music Row, ab $59
- **Hampton Inn,** © 226-3300, Trinity Lane/I-65 Exit 87B, ab $45
- **Brick Church Inn,** © 226-7490, 2403 Brick Church Pike/ebenfalls Abfahrt 87B von der I-65, ab $42
- **The Cumberland Inn,** © 226-1600, Trinity Lane, ab $39
- **Drury Inn,** © 226-9560, 2306 Brick Church Pike, ab $45
- **Opryland Hotel,** © 889-1000, 2800 Opryland Drive/Briley Pkwy, ab $140. Die **absolute Nobelherberge** mit Flair.

Essengehen

Essen wie die Cowboys

Wo *Country & Western* zuhause ist, verlangt der Fan deftige Cowboykost wie *Steak* oder *Spare Ribs* mit *Beans, Baked Potatoes* und *Salad*. Am besten, wo auch gleich *Life Music* läuft, etwa im

- **Nashville Palace** gegenüber Opryland Hotel/Music Valley Dr,
- **Boots Randolph's,** Printers Alley/Downtown,
- **The Stockyard,** 901 2nd Ave/Downtown
- **Wildhorse Saloon**, 120 2nd Ave N, zugleich enormer *Dance Club*

Immer o.k. ist auch in Nashville das

- **Hard Rock Café**, 2nd Ave/Broadway in *Downtown*

Shopping

Kleidung

Nashville ist für seine zahlreichen Shops mit Riesenauswahl an Westernkleidung (*Western Wear*) bekannt, z.B.

Jacken

- **The Alamo of Nashville**, 324 Broadway, Mo–Mi 9am–7pm, Do–Sa bis Mitternacht. Dort gibt es u.a. die mit zahllosen kleinen Glitzersteinchen (*Rhinestones*) verzierten Jeansjacken, die mehrere tausend Dollar kosten können.

Stiefel

- Die größte Auswahl an Stiefeln findet man im **Boot Country**, 2400 Music Valley Drive unweit des *Nashville Palace*.

Ganz normale Einkaufszentren existieren natürlich auch:

- **Church Street Center** in der Hauptgeschäftsstraße Downtown,
- **Fountain Square**, MetroCenter Blvd/Athens Way nördlich *Downtown* (Straße #12/41A), an einem See mit 30 m hoher Wasserfontäne. Zahlreiche Läden, *Department Stores* und Restaurants
- **Belle Meade Plaza**, Harding Road 2 mi westlich I-440, die etwas feinere Shopping-Alternative auf der Sonnenseite der Stadt.

SICHERHEIT

In Nashville ist zwar auch spät abends mehr los als in vergleichbar großen Städten, aber für einen Ortswechsel sollte man sich selbst auf kurzer Distanz per Auto oder Taxi bewegen, und nicht in *Bus Shelters* auf den Spätbus warten müssen. Unproblematisch ist das rein touristische Music Valley. Tagsüber gibt es keine Probleme.

Sehenswürdigkeiten

In Nashville gibt es im wesentlichen drei voneinander separierte touristische Bereiche. Zunächst zu

Downtown Nashville

Zentrum

Die Tenessee-Hauptstadt überrascht in der Innenstadt mit einer kompakten Hochhausbebauung, deren nüchterne Glas- und Betonarchitektur so gar nicht zum *Country- and Western Image* der Stadt passen will. Nashville ist Sitz einer Reihe von Banken und Versicherungsgesellschaften; daher bezeichnet man sich gern – in schöner Übertreibung – als ***Wallstreet of the South***. Im Kontrast zur Moderne stehen die tempelartigen Gebäude des *State Capitol* und des *War Memorial Building* sowie die Palisaden des

Fort Nashborough

- ***Fort Nashborough*** im kleinen Riverfront Park am Ufer des Cumberland River. Es handelt sich um den Nachbau des ersten Forts aus dem Jahr 1799, das allen allen indianischen Attacken standhielt. Führer in historischen Kostümen erläutern die Geschichte der Anlage. Di–Sa, 9am–4pm, Eintritt frei

Capitol

- Das imposante ***State Capitol*** steht etwas erhöht über der City an der Charlotte Ave/Capitol Plaza.Der Bau entstand in Anlehnung an griechische Vorbilder. Täglich 8am–5pm, Eintritt frei.

War Memorial

- Gegenüber liegen das bombastische ***War Memorial Building*** und, damit über eine Plaza verbunden, das *Center of Performing Arts* mit dem ***Tennessee State Museum*** zu Geschichte, Land und Leuten; Di–Sa 10am–5pm, So ab *noon*; Eintritt frei

Ryman Auditorium

- Das ***Ryman Auditorium***, 116 5th Ave North, 8.30am–4pm, Eintritt $2, wurde 1891 als *Union Gospel Tabernacle* erbaut. Ab 1943 (-1974) gewann die Halle einen weit über die Grenzen Tenessees hinausgehenden Bekanntheitsgrad. Die überaus populäre **Radiosendung *Grand Ole Opry*** ging von dort aus über den Äther. Für viele *Country Fans* ist das *Ryman Theater* eine Art Kultstätte. Ein kleines Museum erinnert an die großen Tage dieser *Mother Church of Country Music*.

Tabakmuseum

- Das ***Museum of Tabacco*** liegt etwas nördlich der Innenstadt an der 800 Harrison St; Mo–Sa 9am–4pm, Eintritt frei. Die Kollektion bezieht sich auf alles, was mit blauem Dunst zu tun hat. Der Besuch dieses ungewöhnlichen Museums lohnt sich.

Music Row

Die ***Music Row Area*** konzentriert sich auf den Kreuzungsbereich der 16th St/Demonbreun und Division Streets. Wer sich auskennt in *Country Western*, mag in der ***Country Music Hall of Fame*** auf seine Kosten kommen, alles andere besteht nur noch aus Reminiszenzen an die Stars des Genres, um Touristen auf der – hier eher vergeblichen – Suche nach *Country Music Flair* das Geld aus der Tasche zu ziehen. Sei es das ***Barbara Mandrell Country*** mit *Christmas Shop*, das ***Wax Museum*** oder die ***Car Collectors Hall of Fame***, gesehen haben muß höchstens die originellen Auto-*Oldtimer*.

Südwestliche Vororte

Relativ citynah findet man westlich bzw. südlich der *Music Row* das *Parthenon* und den prächtigen *Belmont Palast*:

Tempelbau

- Beim ***Parthenon*** im *Centennial Park* /Westend Ave, handelt es sich um den originalgetreuen Nachbau des Parthenon Tempels von Athen. Er wurde 1897 zur 100-Jahr-Feier der Stadt errichtet. Heute beherbergt das Gebäude die Werke amerikanischer Maler des 19. und 20. Jahrhunderts. Di–Sa 9am–4:30pm, $3.

Ante Bellum Mansion

- Das ***Belmont Mansion*** auf dem gleichnamigen Campus (Anfahrt über die die 16th Ave) ist eine prächtige Villa im italienischen Stil erbaut in der Mitte des 19. Jahrhunderts. Führungen Di–Sa 10am–4pm, $5.

Villenviertel

Die das *Parthenon* passierende Westend Ave führt weiter außerhalb durch ausgedehnte Villenviertel des Nashville Geldadels und wird zur Harding Road. An ihr, vielen kleinen Querstraßen und im Belle Meade Blvd-Bereich passiert man zahlreiche fantastische Anwesen. Einige Paläste des 19. Jahrhunderts, z.T. aus der Vor-Bürgerkriegszeit können besichtigt werden, z.B.

Belle Meade

- das ***Belle Meade Mansion*** an der Ecke Ecke Harding/Leake Ave, Mo–Sa 9am–5pm, So ab 1pm; $6. Tatsächlich gibt es am Belle Meade Blvd und Nebestraßen eine ganze Reihe von Anwesen, welche diese Villa noch in den Schatten stellen. Sie sind aber nicht öffentlich.

Cheekwood

Höhepunkt einer Fahrt (ca. 9 mi vom Zentrum) durch die südwestlichen Vororte sind Kunstmuseum und Botanischer Garten *Cheekwood.* Das namensgebende ***Cheekwood Mansion***, in dem das ***Tennessee Museum of Art*** untergebracht ist, liegt in einem großen Gartenkomplex inmitten einer wunderschönen Parklandschaft. Nicht so sehr die einzelnen Elemente der Anlage, sondern die überaus harmonische Gesamtkomposition machen *Cheekwood* zur Sehenswürdigkeit; 9am–5pm, So ab 1pm, $5.

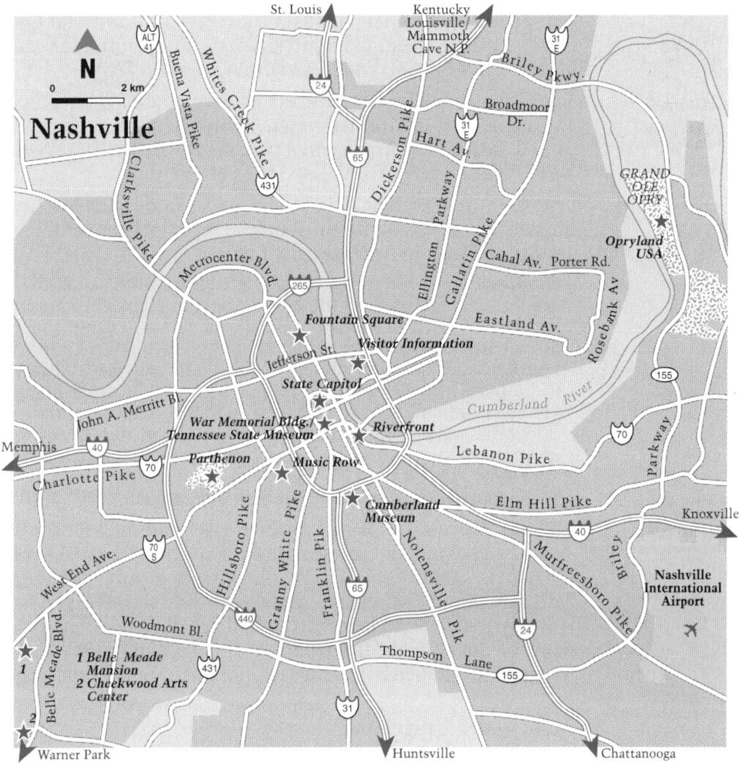

Country Music und Opryland

Country Music

Country Music findet heutzutage in Nashville im wesentlichen im Radio statt. Spezialisierte Sender bedienen *nationwide* die offenbar große Fangemeinde, die 24 Stunden am Tag *Johnny Cash, Hank Williams & Co* hören mag. Logisch, daß auch Fernsehproduktionen rund um die *Country Music* aus Nashville kommen. Sehr populär ist die tägliche Aufzeichnung der ***Nashville Now*** **Show**, deren Publikum zum größten Teil aus Touristen besteht.

Grand Ole Opry

Zu mehr Leben erwacht der *Nashville Sound* am **Wochenende**, wenn die *Mother Church of Country Music*, die ***Grand Ole Opry*** ihre Pforten öffnet. Diese für *Country* and *Folk Fans* sakrosankte Bühne aus den 20er-Jahren wurde 1976 aus der Innenstadt in den Amusementpark ***Opryland*** verlegt und bietet freitags und samstags eine große einschlägige Show; **Ticketreservierung** unter © **(615) 889-6611**, $15-$18. Die Rundfunkübertragung jeder Veranstaltung in der *Grand Ole Opry* ist Ehrensache, die samstägliche Vorstellung läuft auch noch über den TV Sender ***The Nashville Network -TNN***.

Musikkneipen

Für *Country and Bluegrass Music* an anderen Wochentagen muß man sich in eine der vielen Musikkneipen begeben, u.a. sind ***Tootsie's Orchid Lounge*** (422 Broadway) und der ***Nashville Palace*** am Music Valley Dr zu empfehlen.

Orpryland USA

Letzterer, in Wahrheit kein Palast, sondern nur ein Flachbau im *Western Look*, steht am Rande einer **Hotelkonzentration** am **Briley Pkwy** in Nachbarschaft zum

- ***Opryland USA***, einem der traditionsreichsten *Amusementparks* des Landes. Eingebettet in eine Parkanlage am *Cumberland River* zieht er in Verbindung mit der *Grand Ole Opry* enorme Besuchermassen aus den nahen Ballungsgebieten um Louisville und Cicinnati an. Ihn zieren übliche Jahrmarktsattraktionen mit einer Reihe guter *Rides, Shops, Fast Food Restaurants* und diverse Bühnen für Music Shows – vorzugsweise *Country* und *Bluegrass*, versteht sich. Die vertrauten Klängt rieseln sowieso ununterbrochen durch den Park. Nur im Sommer täglich 10am–9pm, Nov./Dez. 4pm–10pm, Jan./Feb. geschlossen, sonst nur an Wochenenden geöffnet, Eintritt $29. Info © (615) 889-37070.

Star Kult

Nur für ausgebuffte Fans von Interesse sind die Häuser der *Nashville Country*-Prominenz. Einige davon besitzen den Charakter kommerzieller Wallfahrtstätten mit *Giftshops*, Museum, alten Tourbussen und Autos der Stars. Die genauen Adressen mit allen Einzelheiten und Besichtigungszeiten liegen bei der ***Visitor Information*** und in ***Hotellobbies*** aus. **Tourmobile** stehen bereit für stundenlange *Sightseeing-Trips*.

Ziele in der Umgebung

Nashville ist ein guter Ausgangspunkt für mehrere Ziele im 200-Meilen-Umkreis. Im Südosten wären dies Chattanooga (130 mi) und der *Great Smoky Mountains National Park* (ca. 190 mi, beide Kapitel Atlanta, Seite 167), Huntsville/Alabama (120 mi) und *Mammoth Cave National Park* (ca. 85 mi):

Mammoth Cave National Park

- Die *Mammoth Cave* besitzt einen ganz anderen Charakter als die meisten Tropfsteinhöhlen: Hohlräume, die sich während Jahrmillionen im weichen Kalkstein gebildet hatten, und unterirdische Wasserläufe wurden durch eine Faltung der Erdkruste angehoben und "trockengelegt". Nach Entdeckung des derart entstandenen, ausgedehntesten Höhlensystems der Welt durch frühe Siedler im Jahre 1798 hatte man es zunächst auf die Salpetervorkommen abgesehen und setzte später Tuberkulosekranke der Höhlenluft aus, bevor man den touristischen Wert der Höhlen erkannte. Sie gelangten 1926 unter die Regie des *National Park Service'* und sind heute eine der meistbesuchten Attraktionen des Systems. Neben den Höhlen spielt für die Popularität auch die von **Wanderrouten** durchzogene Mittelgebirgslandschaft des über 200 km^2 großen Areals eine Rolle.

Führungen

Wegen des vor allem während der Sommermonate enormen Andrangs und der Regelungen für den Höhlenbesuch sollte ein Abstecher vorgeplant sein. Die Touren eines Tages können bis zu 8 Wochen im voraus reserviert werden und zwar über **Destinet, © 1-800-365-2267,** per Kreditkarte. Zu den normalen Tourpreisen kommt dann noch eine $1-Gebühr. Vor Ort im ***Visitor Center*** hat man bis zum Nachmittag des Vortages noch Chancen, muß sich dann aber mit den Touren begnügen, die übrig sind. Alle nach Art, Dauer (2-6 Stunden) und Schwierigkeitsgrad recht unterschiedlichen Führungen laufen in Anbetracht der weiten Verzweigung des Höhlensystems nur durch Teilbereiche. Zur Vorbereitung auf einen Höhlentrip und überhaupt aufschlußreich ist der laufend im *Visitor Center* gezeigte Film.

Schöne **Spazierwege** führen zum ***Historic Cave Entrance*** (gleich hinter dem Besucherzentrum, wo man auch ohne Ranger-Führung ein Stück in die Höhle hineinmarschieren darf), zum ***Overlook*** über den *Green River* und hinunter zur Fähre über den Fluß, sei es über die *River Styx Spring* oder via *Mammoth Dome Sink* und *White's Cave.*

Huntsville

Huntsville ist die Wirkungstätte des nach dem 2. Weltkrieg von Peenemünde in die USA gebrachten deutschen Raketenforschers ***Wernher von Braun***. Sogar das *Convention Center* der Stadt wurde nach ihm benannt.

Space & Rocket Center

– Das ***U.S. Space & Rocket Center*** von Huntsville ist nicht weniger sehenswert als die "Konkurrenz" in Cape Canaveral und Houston (➪ Seiten 358 und 250) – qualitativ wie quantitativ. Das Museum präsentiert fast alle kleineren Raketen, Raumkapseln, Mondlandefähren und jede Art von in der Raumfahrt verwendeter Ausrüstung im Original oder Nachbau. Eindrucksvoll ist der ***Rocket Park*** mit *Saturn-V* und einer Trägerrakete für die *Space Shuttle* Missionen. Auch eine *V-2* fehlt dort natürlich nicht. Das **IMAX-Kino** ist ebenfalls selbstverständlich. Was in Cape Canaveral die Abschußrampen und in Houston *Mission Control,* ist hier das ***Marshall Space Flight Center***. Eine Tour zum *Space Shuttle Test Basin,* zu Fabrikationsanlagen für eine neue Raumstation etc. ist im Eintritt enthalten: **$13**. Geöffnet täglich 8am–6pm im Sommer, Rest des Jahres 9am–5pm.

Innenstadt

– Huntsville besitzt ein kompaktes Zentrum mit einem Mini *Living Museum (Constitution Village),* das man nicht gesehen haben muß; ebensowenig das im Vergleich zu anderen seiner Art eher schlichte Eisenbahnmuseum (*Depot Transportation Museum*). Unbedingt abfahren sollte man aber den ***Twickenham Historic District*** mit einer ganzen Reihe sehenswerter ***Antebellum Houses*** (speziell Adams/Locust St).

Der richtige Sight zur richtigen Zeit

Country Music Fan Fair

Jedes Jahr in der 2. Juniwoche treffen sich die *Country Music Fans* mit ihren Stars in Nashville. Für $80 *Registration Fee* ist der Eintritt zu allen Veranstaltungen, Autogrammstunden etc. während der ganzen Woche abgegolten. Informationen zu aktuellen Daten, Preisen und Events bei der *Tourist Info.*

NEW ORLEANS

Charakteristik

New Orleans weckt Emotionen. Mississippi-Romantik und Südstaatenidylle, Jazz und kreolische *Laissez-Faire*-Atmosphäre prägen die Vorstellungen der meisten Besucher. Und tatsächlich findet in New Orleans, wer danach sucht, die Bestätigung der Klischees: in der restaurierten Altstadt französischen Ursprungs, entlang prächtiger, von *Ante Bellum-Mansions* gesäumten Alleen, vielleicht sogar auf den bunt-weiß gestrichenen Raddampfern auf dem Mississippi und in den *Bayous* der Umgebung.

New Orleans ist heute in Realität eine durch und durch amerikanische City, die es aber versteht, ihre Geschichte und Besonderheiten zu pflegen und zu vermarkten. Die starke Kommerzialisierung vor allem des *French Quarter*, die nicht allen gefallen dürfte, ist das beste Beispiel. Ein Besuch sollte möglichst auch Abstecher zu einigen der unten vorgeschlagenen Ziele beinhalten. Erst dann lohnt sich die Reise in den Süden so richtig. Wenn lediglich 2-3 Tage zur Verfügung stehen, kann nur besichtigt und genossen werden, was die *City of New Orleans* und ihre engere Umgebung zu bieten haben.

Geographie, Klima und Geschichte

Geographie

New Orleans liegt im äußersten Südosten von Louisiana zwischen dem dort 400-800 m breiten *Mississippi River* und dem *Lake Pontchartrain*, einem ausgedehnten Binnensee. Zum weit in den Golf von Mexico hineinreichenden Mündungsdelta des Flusses sind es noch 180 km. Der *Gulf Tidewater Channel* erlaubt Seeschiffen die Fahrt hinauf bis in den Hafen von New Orleans, dessen Anlagen unterhalb der Innenstadt beginnen und sich am *Inner Harbor Navigation Canal* (Verbindung *Mississippi-Lake Pontchartrain*) verzweigen.

Die Stadt ist auf **Sumpfgelände** errichtet, das teilweise unter den Hochwassermarken von Fluß und See liegt und durch Dämme geschützt werden mußte. Heute sind die Sumpfareale im Stadtgebiet weitgehend trockengelegt, nur noch einige Kanäle erinnern an die Probleme früherer Zeiten. Wer New Orleans allerdings mit dem Auto anfährt oder verläßt, wird sie als Stadt der Brücken erleben: enorme Konstruktionen überspannen den Mississippi, die flach über den Lake Pontchartrain geführte Brückentrasse soll mit rund 25 mi die längste der Welt sein, und im Osten überqueren I-10 und die Straße #90 zahlreiche Wasserläufe.

Der touristisch wichtigste Bereich der Stadt ist das alte ***French Quarter*** oder *Vieux Carée* zwischen *Mississippi River*, *Canal St*, *Esplanade Ave* und *Rampart St*. Südwestlich davon liegt innerhalb eines weiten Flußbogens der sehenswerte *Garden District*.

Klima

Temperaturen über 30°C bis zu 40°C sorgen in Verbindung mit hoher Luftfeuchtigkeit von Mai bis einschließlich September für ein **Klima**, das ohne *Air Conditioning* nur schwer zu ertragen ist.

Nachts sinken die Temperaturen in dieser Zeit selten unter 20°C und bleiben meist deutlich darüber. Gewitter mit sintflutartigen Regengüssen sind vor allem im Juli und August häufig. Als beste Besuchszeit gelten März/April und Oktober/November mit moderaten Temperaturen, wobei auf die Herbstmonate statistisch weniger Regentage entfallen. Die kurzen Winter (Dezember–Februar) sind mild mit einer – nach unseren Maßstäben – frühlingshaften bis frühsommerlichen Witterung. Aber auch Kälteeinbrüche mit Nachtfrösten kommen von Oktober bis März vor.

Sonnenschein: 220 Tage **Niederschläge**: 113 Tage
Heißester Monat: Juli 27°C **Kältester Monat**: Januar 12°C

Geschichte

Frankreich hatte bereits Ende des 17. Jahrhunderts Ansprüche auf den gesamten Lauf des Mississippi bis hoch zu den Großen Seen geltend gemacht und das Gebiet

1682 als ***Louisiana*** zur französischen Kolonie erklärt. Aber erst

1718 kam es zur Gründung einer **Ansiedlung** oberhalb des Mississippi-Mündungsdeltas. Sie wurde zu Ehren des damaligen Königs von Frankreich und zugleich Herzogs von Orleans ***Nouvelle Orleans*** genannt und bereits

1721 zur **Hauptstadt** Louisianas erklärt.

1732 zählte Nouvelle Orleans 5000 Einwohner.

1762 fiel die Stadt durch Abtretung an Spanien. Aber die Inbesitznahme durch die Spanier realisierte sich wegen des Widerstandes der Bevölkerung nicht vor **1769**.

1800 übernahm wiederum Frankreich das Gebiet, nur um es

1803 zusammen mit weiteren nordamerikanischen "Besitzungen" im ***Louisiana Purchase*** für ganze $15 Mio. an die USA zu verscherbeln.

1804 zählt die nun ***New Orleans*** genannte Stadt 10.000 Einwohner

1815 machte sie mit der ***Battle of New Orleans*** Geschichte, in der zusammengewürfelte US-Truppen eine britische Invasionsarmee vernichtend schlugen. Zwar erwies sich die Schlacht nachträglich als gegenstandslos, da bereits vorher in London ein Friedensvertrag geschlossen worden war, sie wurde in der Folge jedoch Markstein des amerikanischen Patriotismus.

1850 120.000 Einwohner. New Orleans ist zum Dreh- und Angelpunkt des **Sklavenhandels** geworden.

1862 fällt New Orleans im Bürgerkrieg an die Nordstaaten, was den Kanonenbooten der Union den Zugang zum Mississippi öffnet

1865 Nach dem Bürgerkrieg und einem vorübergehenden – durch das Ende der Sklaverei ausgelösten – Niedergang entwickelte sich New Orleans zu einem der wichtigsten Häfen des Landes

1900 300.000 Einwohner

1960 600.000 Einwohner

Die *City of New Orleans* gehört mit heute nur noch rund **500.000 Einwohnern** zu den überschaubaren Großstädten der USA. In der ***Metropolitan Area*** leben etwa **1,3 Mio.** Menschen, davon rund 40% Farbige. Eine Besonderheit des südlichen Louisiana sind die **Kreolen**, Bürger spanisch/französischer Abstammung, die sich in einigen Lebensbereichen eine eigenständige Kultur erhalten haben.

Daten und Fakten

Telefonische Vorwahl/Area Code: 504

Diplomatische Vertretungen

- **GK der BRD**, ✆ 524-0356, 6560, 2834 Int'l Trade Mart, 2 Canal St
- **GK der Schweiz**, ✆ 897-6510, 1620 8th St
- **HK von Österreich**, ✆ 581-5141, 755 Magazine St

Besucherinformation

- Im ***Airport*** gibt es einen Stand der *Tourist Information* am *Baggage Claim* #8, ✆ 464-2752. Stadtpläne und Unterkunftsverzeichnis kann man sich dort gleich bei Ankunft besorgen.
- ***New Orleans/Louisiana Tourist Center,*** ✆ 568-5661, 566-5011, 5279 St. Ann St am Jackson Square, das gutsortierte Informationsbüro in der Altstadt mit Werbematerial und Broschüren.Eingängie telefonische **Info** ✆ **(800) 33 GUMBO**!

Flughafen (MSY)

New Orleans International Airport, ✆ 464-0831

Code

Der ungewöhnliche Flughafen-Code ist auf die ursprüngliche Bezeichnung *New Orleans* ***Moisant*** *Airport* (nach dem Luftfahrtpionier *John Moisant*) zurückzuführen, die bis 1960 galt.

Fluglinien: AA, CO, DL, NW, TW, UA, US
Transferzeiten: 20-30 min

Lage

Der Flughafen liegt rund 15 mi westlich des Stadtzentrums im Stadtteil *Kenner* zwischen I-10 und Airline Hwy #61. Das zweistöckige Terminal verfügt über 4 *Concourses* A-D. Für *International Arrivals* wird *Concourse* C genutzt.

Schließfächer befinden sich in allen *Concourses* hinter der *Security*, $1/24h. Wer sein Gepäck länger als 24 Stunden verstauen will, muß den Schlüssel beim *Airport Operations Office* abgeben (*Lower Level*).

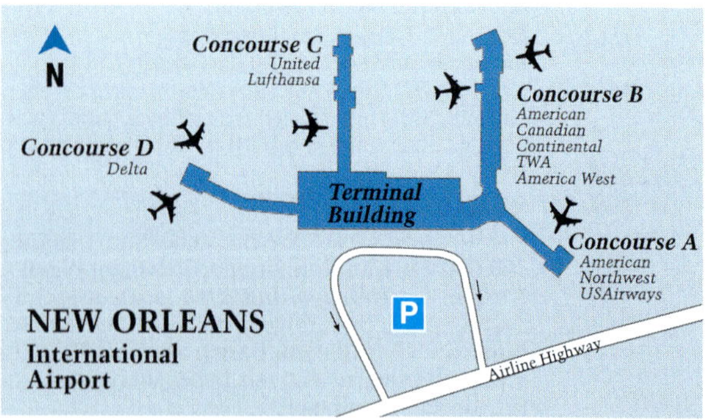

Verbindung Airport-City

Bus

Die **Buslinie** #E2 (Louisiana Transit), ✆ 737-9611, fährt in die Innenstadt; wochentags 6am–6pm stündlich. Fahrpreis $1.25, Fahrzeit ca. 40 min. Haltestelle am *Upper Level* des Terminal.

Airport-Downtown Shuttle Service unterhält einen Schalter im Bereich der Gepäck-Ausgabe. Abfahrten alle 12-15 min vor der *Baggage Claim Area* zu den großen Hotels der City, $11. Gegen Aufpreis auch Transport zu Zielen außerhalb des *Central Business District* -CBD in *Downtown*.

Taxi

Ein **Taxi** nach Downtown kostet bei Besetzung mit bis zu 3 Personen ca. $24, für 4 Personen ca. $30.

Car Rental

Alamo, Avis, Budget, Dollar, Enterprise, Hertz, National, Payless, Snappy, Thrifty

In New Orleans lassen sich alle wichtigen Sehenswürdigkeiten im Zentrum und Umfeld gut zu Fuß oder mit öffentlichen Verkehrsmitteln erreichen. Da Parkplätze im Innenstadtbereich knapp und teuer sind, empfiehlt sich ein Mietwagen dort kaum. Ein Auto benötigt man nur für Ausflüge in die Umgebung.

Öffentliche Verkehrsmittel

Bus

Die *New Orleans Regional Transit Authority* **RTA,** ✆ 569-2700, unterhält ein gut ausgebautes Busnetz. Die Taktzeiten der meisten Linien betragen 10-20 min. Ein ebenfalls von RTA betriebenes Verkehrsmittel ist die berühmte Straßenbahn ***St. Charles Streetcar*** (➪ Sehenswürdigkeiten, Seite 334), die wie alle anderen Linien zum Einheitstarif von $1 benutzt werden kann. Ein Tagespass für sämtliche RTA Verkehrsmittel kostet nur $4, der 3-Tage-Pass $8. Man erhält ihn am RTA-Schalter am Superdome-Parkplatz und in den Lobbies der großen Hotels.

Trolleys

Der ***Riverfront Trolley***, ein Nachbau der originalen *St. Charles Streetcar*, pendelt zwischen *Convention Center*, Kasinos, Anleger für die Mississippi-Dampfer, Aquarium und *French Quarter*; $1,50.

Ein von *Gray Line* betriebener ***Hop-on-hop-off Trolley*** fährt im Stundentakt ab Jackson Brewery über eine ca. 100-min.-Route an den Hauptsehenswürdigkeiten der Stadt entlang mit 10 Haltepunkten; leider mit $18 relativ teuer.

Taxi

Taxis können auf der Straße herbeigewunken werden, sie stehen aber auch an allen touristischen Brennpunkten wie etwa dem *Jackson Square* und vor den City-Hotels. Basispreis ca. $2.50 für eine Person, jede Meile ca. $1.30; jede zuätzliche Person $1.

Checker, ✆ 943-2411, **United,** ✆ 522-9771, **Yellow,** ✆ 525-3311

Rundfahrten

New Orleans ist die Stadt der *Tours*, seien es Stadtrundfahrten und Ausflüge zu den Attraktionen der Umgebung wie den *Ante Bellum Plantations* oder *Bayou-Trips* auf Sumpfbooten, Teilnahme an *Voodoo*-Ritualen und *Jazz Funerals*. Gemeinsam ist allen ein ziemlich hohes Preisniveau.

Bus

Für konventionelles *Sightseeing* ist wie fast überall ***Gray Line,*** © (800) 535-7786, der größte Veranstalter. Ein weitere Anbieter ist ***New Orleans Tours,*** © 592-0560. Deutschprachige Touren – d.h. Kassettenrecorder mit Erläuterungen auf deutsch und Kopfhörer werden gestellt – können ebenfalls gebucht werden.

Swamp Tours

Für Spezialangebote gibt es eine ganze Reihe kleiner Veranstalter, die in den Broschüren der ***Tourist Information*** und mit Werbezetteln auf sich aufmerksam machen. Empfehlenswert sind insbesondere die Sumpffahrten, z.B. ***Honey Island Swamp Tours,*** © 641-1796. Meist werden die Gäste von ihren Hotels abgeholt.

zu Fuß

Über verschiedene Veranstalter kann man Führungen zu Fuß (***Walking Tours***) buchen, z.B. über die Friedhöfe, zu besonders schönen, für New Orleans typischen Innenhöfen und Gärten, zu den Wirkungsstätten berühmter Autoren etc. Die wechselnden Angebote findet man bei der *Tourist Information*.

Mississippi-dampfer

Von der *Spanish Plaza/Riverwalk* (Ende der Canal Street) und dem Anleger an der *Jackson Brewery* starten verschiedene **Raddampfer** (am ansehnlichsten ist die ***Creole Queen***) zu kurzen Mississippi-Fahrten. Das am weitesten entfernte Ziel ist das Schlachtfeld der *Battle of New Orleans*. Wer zum *Audubon Park/Zoo* mit der *Street Car* fährt, hat bis 4x täglich die Möglichkeit, sich von dort mit dem Raddampfer flußabwärts rasch zurück in die Altstadt befördern zu lassen (siehe auch unter Stadtbesichtigung).

Unterkunft

Situation

Als touristische Hochburg und Kongreßstadt verfügt New Orleans über ungezählte Quartiere in allen Preislagen. Es gilt: je näher am *French Quarter*, umso teurer wird die Nacht. Trotzdem sollte man, wenn irgend möglich, versuchen, in Fußgänger- oder nicht zu ferner Taxidistanz zur Altstadt unterzukommen. Denn erst die Abende im *Vieux Carée* machen einen New Orleans Besuch "rund". Und da ist es praktischer, wenn das Motel oder Hotel nicht zu weit entfernt liegt. Für das *French Quarter* oder den *Garden District* sprechen auch die dort zu findenden kleinen Hotels im Nostalgie-Look mit Atmosphäre. Frühzeitige Reservierung dafür ist angezeigt:

Die angegebenen Minimalpreise sind in den wenigsten Fällen an Wochenenden und in der Hauptferiensaison gültig. Völlig außer Kraft gesetzt werden die Normaltarife zur Zeit des *Mardi Gras*, des Karnevals in New Orleans im Februar. Dann sind Zimmer kaum noch zu finden.

Flughafen-bereich

- **Days Inn New Orleans Airport,** © 469-2531, 1300 Veterans Blvd, ab $49
- **Howard Johnsons Airport Hotel,** © 885-5700, 6401 Veterans Blvd, ab $54

French Quarter

- **St. Peter House,** © 524-9232, (800) 935-7815, 1005 St. Peter St, mitten im French Quarter, ab $55. Nostalgisch mit Innenhof.
- **A Creole House,** © 524-8076,(800) 535-7858, 1013 St. Ann St, ebenfalls im French Quarter, ab $50. Nostalgisch wie St. Peter.

- **La Salle Hotel,** © 523-5831, (800) 521-9450, 1113 Canal St, ab $55
- **Days Inn,** © 586-0110, 1630 Canal St nur ein paar Blocks zum *Vieux Carée* am Rand des *Business District*, ab $59
- **Economy Motor Lodge,** © 529-5411, (800) 635-1976, 1725 Tulane Ave etwas nördlich der I-10, ab $49
- **Prytania Inn,** © 566-1515, 1415 Prytania St bereits im *Garden District*, hübsche altmodische Zimmer ab $39 inkl. Frühstück

Besondere Unterkunft

- **The Saint Louis,** © 581-7300, 730 Rue Bienville mitten im *French Quarter* mit Parkgarage, Innenhof, angenehmes Ambiente, ab $79.
- **The Columns,** © 899-9308, 3811 St. Charles Ave im *Garden District*, nostalgische Südstaatenvilla mit nur 20 Zimmern, viktorianischer Stil, ab $49.

Außerhalb Downtown

- **Family Inn,** © (800) 251-9752, 6303 Chef Menteur Hwy/Nähe Harbour Navigation Canal, ab $39

Generell günstiger als die Hotels und Motels nördlich des Mississippi sind Quartiere auf der anderen Seite des Flusses, der ***West Bank***. Viele Motels stehen entlang des *West Bank Expressway* (#90 *Business*) und machen unübersehbar auf sich aufmerksam.

B & B

Im *Garden District* gibt es viele *Bed & Breakfast*-Quartiere:

- **Garden District B&B**, 2418 Magazine St, © (504) 895-4302
- **Bed & Breakfast Reservation Service**, © (800) 729-4640,

Preiswert

Preiswerte Quartiere sind:

- das **Marquette House International Hostel**, 2253 Carondelet St, ©(504) 523-3014, ab $14
- das **India House**, 124 S Lopez St, © (504) 821-1904, seit eh und je das absolute Billigquartier in flauer Gegend, $12.
- **YMCA Int`l Hotel**, 920 St. Charles, © (504) 568-9622, ab $29

Alte Raddampfer sorgen auch in New Orleans für das richtige Mississippi Feeling

Essengehen

Cajun Food

New Orleans ist die kulinarisch interessanteste Stadt Nordamerikas. Viele Besucher soll es in erster Linie wegen der Küche in den Süden Louisianas ziehen. Als typisch für New Orleans gilt die sogenannte ***Creole Cuisine*** oder – etwas vulgärer – ***Cajun Food*** (sprich: 'Käidschen'). Beides meint weitgehend dasselbe. Ein starker Schub französischstämmiger Neusiedler kam Mitte des 18. Jahrhunderts aus Nordkanada (*Acadia*, heute Nova Scotia/New Brunswick) nach Louisiana. Die Einwanderer hatten nach der Einnahme durch die Engländer ihre franko-kanadische Heimat verlassen und wurden im Süden *Acadians* genannt. Daraus entstand im eigenwilligen Louisiana-Kauderwelsch das Wort ***Cajun***.

Creole Cuisine

Bereits unter dem Stichwort Geschichte wurde erläutert, daß der Begriff ***Creole*** für die Mischung französischstämmiger mit den nachfolgenden spanischen Siedlern steht. Die kreolische Küche ist daher strenggenommen die Weiterentwicklung der *Cajun Food*. In kreolischen Gerichten finden sich naturgemäß viele Elemente der französischen und spanischen Küche, vor allem mehr Würze und Schärfe als im üblichen Einerlei der *Hamburger-*, *Steak* und *Chicken*-Gerichte. Hinzu kommt die regional bedingte Betonung *der* ***Seafood*** mit völlig eigenen Fisch- und Krabbenspezialitäten. Nur in New Orleans gibt es z.B. die kleinen ***Crawfish***-Süßwasserkrebse. Die sollte man ebenso probiert haben wie ***Catfish***-Gerichte, ***Gumbo***-Suppe oder ***Jambalaya***-Eintopf.

Empfehlungen

Besonders viele Restaurants gibt es im *French Quarter*, wo aber ein hohes Preisniveau nicht unbedingt auch überdurchschnittliche Qualität bedeutet.

Empfehlenswert sind:

- **Cajun Cookin',** © 529-3663, 729 Conti St, mit allen typischen Spezialgerichten der Region, soweit saisonal verfügbar
- **Café Vieux Carré,** © 524-0114, 241 Bourbon St, gemischte Karte, *Cajun, Creole.* Zwar recht touristisch, aber schön am Eisengitter im 1.Stock plazierte Tische.
- **Court of Two Sisters,** © 522-7273, 613 Royal St, täglich *Brunch Buffet* bei Jazzmusik. Das Buffet enthält auch Louisiana Spezialitäten. Feiner und teuer.
- **Port Orleans,** © 528-9315, 228 Bourbon St, relativ preiswerte *Seafood* Gerichte
- **Bob`s Le Brasserie,** © 525-6351, 920 Poydras St, westlich des *Central Business District*, Steaks & *Cajun Food*, relativ günstiges *All you can eat* Angebot.

Blick von oben

Für den großen Überblick und ohne typische New Orleans Küche ist ein gute Wahl das

- **Marriott's Riverview Roof Top Restaurant**, Canal/Chartres St im 41. Stock. Nicht ganz billig.

Westend

Wer lieber in weniger touristischen Ecken der Stadt speisen möchte, fährt zum ***Westend Park*** am *Lake Pontchartrain*, wo sich von Einheimischen bevorzugte *Seafood Restaurants* konzentrieren.

Nun muß man auch in New Orleans zum Essen nicht unbedingt ein Restaurant aufsuchen. In den folgenden **Märkten** und Ladenzentren gibt es eine große Auswahl an ***Eateries*** und ***Fast Food*** Ständen.

Shopping

Märkte und Malls

An **Einkaufsmöglichkeiten** herrscht im *French Quarter* und Umgebung kein Mangel. Eher wird man erschlagen von der Fülle des Angebots. Entlang der gesamten ***Riverfront*** befinden sich *Shopping*-Komplexe:

- ***Farmers Market***, 900 Peters St, auch Obst- und Gemüsemarkt, an Wochen-enden Flohmarkt.
- ***French Market***, 1008 Peters St, 10am–6pm, Cafes länger geöffnet. Außer Läden viele Cafes, u.a. das berühmte *Cafe du Mond*; gute Atmosphäre.
- ***The Jackson (Jax) Brewery***, 600 Decatur St, 10am–6pm, Fr & So bis 10pm. Ehemalige Brauerei, jetzt 125 Läden und Restaurants.
- ***Canal Place***, 333 Canal St, mehrstöckige *Shopping Mall* im Hochhaus , 9am-6pm. Nicht rein touristisch
- ***Riverwalk***, am Mississippi/Ende Poydras St, 10am–10pm, So bis 7pm. Einkaufszentrum in ehemaligen Lagerhäusern. 140 Läden und Restaurants.
- ***New Orleans Centre***, 1400 Poydras, 10am–9:30pm, So Noon–6pm. Großes Einkaufszentrum unweit des *Superdome*.

SICHERHEIT

In New Orleans gibt es Stadtteile, die man auch tagsüber besser meidet. Ein Großteil des City Park gehört dazu ebenso wie menschenleere Ecken der Besucherattraktion Friedhöfe. Nach Einbruch der Dunkelheit ist nur das belebte und von Polizei stark kontrollierte *French Quarter* sicher. Dort kann man gefahrlos bis weit in die Nacht hinein den Abend verbringen, durch die Kneipen ziehen und Bier sogar auf der Straße trinken. Was zusammengenommen New Orleans bei vielen Amerikanern überhaupt erst so richtig beliebt macht. Denn mit Ausnahme des ebenfalls ungewöhnlichen Key West darf man nirgendwo sonst in ganz Nordamerika völlig legal und gefahrlos derart über die Stränge schlagen.

Für Unternehmungen außerhalb des *Vieux Carrée* oder für den Rückweg zum Quartier sollte man abends selbst bei uns kurz erscheinenden, gut zu Fuß zurückzulegenden Entfernungen besser ein Taxi nehmen.

Sehenswürdigkeiten

Vieux Carée

Vom *French Quarter* am *Mississippi River* zwischen der Nord-Süd-Achse Canal Street und Esplanade war bereits mehrfach die Rede. Es bildet zusammen mit der *Riverfront* und dem *Central Business District* an und östlich der Canal Street das Stadtzentrum.

Kennzeichnung

- Das ***French Quarter*** oder ***Vieux Carrée*** ist eigentlich ein *Spanish Quarter*, denn als es nach einem Brand Ende des 18. Jahrhunderts wieder aufgebaut wurden, befand sich New Orleans in spanischem Besitz. Viele Stilelemente der französischen Zeit blieben damals erhalten bzw. wurden restauriert, vor allem die schmiedeeisernen, oft reich verzierten Balkon- und Arkadengitter im ersten und zweiten Stock der Gebäude. Sie sind typisch für die Altstadt. Ebenso wie der Jazz und die dichte kommerzielle Infrastruktur. Souvenirshops, Boutiquen aller Art, Restaurants und Kneipen machen mit dem Touristenstrom ein Bombengeschäft. Das Leben und Treiben konzentriert sich dabei im wesentlichen auf den Bereich zwischen der *Riverfront*/Jackson Square und Bourbon Street (Fußgängerzone).

Jazz pur

- Tatsächlich ist der Jazz nach wie vor die größte Attraktion *im French Quarter*, insbesondere in der berühmten ***Preservation Hall,*** © 523-8939, 726 St. Peter nahe der Bourbon St, Spende von $3-$5. Dort gibt es in einem kleinen kargen Raum tagtäglich ab 8:30pm bis kurz nach Mitternacht erstklassigen Jazz, dann und wann sogar mit einem Altstar der Szene. Für einen Sitzplatz muß man lange vor Öffnung der Türen um 8pm anstehen. Oft warten den ganzen Abend lange Schlangen auf Einlaß. Nachgerückt wird nur, wenn Besucher gehen. Spät abends bessern sich die Chancen, aber dann ist auch bald Schluß.

Jazz Bars

- Jazz gibt es u.a. auch im ***The Old Absinthe House*** in der Bourbon Street sowie im ***Crescent City Brewhouse***, 527 Decatur Street, zum frisch gebrauten Bier. Im ***House of Blues***, 225 Decatur, treffen sich vielleicht noch mehr Touristen als anderswo , denn allabendlich ab 8pm gibt`s *Live Jazz* und anderes.

Sonst noch im French Quarter

Sehenswert im *French Quarter* sind neben den erwähnten nostalgischen Fassaden die Straßenkünstler (*Breakdancer*, Zauberer, Schnell-eichner etc.) rund um den **Jackson Square**, die beiden *Shopping*- und *Food-Center* ***French Market*** und ***Jax Brewery*** an der Decatur, der ***Farmers Market*** an der Peters Street, der ***Moonwalk*** (vorm Jackson Square) **bei Nacht** wegen des Blicks auf die dann illuminierte Autobahnbrücke über den Mississippi und die ***St.Louis Cathedral***, älteste Kathedrale der USA.

Museen

Im *Vieux Carée* befinden sich mehrere Museen. Am interessantesten sind das historische *Louisiana State Museum* und das *Voodoo Museum*:

- Das ***Louisiana State Museum*** besteht aus mehreren Gebäuden. Die drei wichtigsten (***The Cabildo***, ***Presbytère*** und ***1850 House***) findet man rund um den Jackson Square und ein weiteres, die hervorragend restaurierte ***Old US Mint*** in der Esplanade #400. Sie sind geöffnet Di–So 9am–5pm; Eintritt für ein Gebäude $3/$4; Pass für alle $10 (am selben Tag). Außer den Kollektionen zur Historie Louisianas unter verschiedenen Aspekten beeindruckt auch die Architektur der Häuser.S
- Das ***Voodoo Museum***, 724 Dumaine St, erläutert die Entwicklung dieses Kults in New Orleans und das Leben der Voodoo-Königin *Marie Laveau*. Schrumpf- und Totenköpfe, Knochen und Schlangen dominieren die Ausstellung. So–Do 10am–6pm, Fr+Sa bis 10pm, Eintritt $6.

Riverwalk

Unmittelbar westlich der Altstadt, am unteren Ende der breiten Hauptgeschäftsstraße Canal Street, befinden sich die beiden zusammenhängenden Komplexe des ***World Trade Center*** (im 31. Stock ein *Observation Deck* mit prima Blick über New Orleans und den Mississippi, noch darüber die sich drehende Bar ***Top of the Mart***, Auffahrt $3) und ***Convention Center***, dahinter direkt am Mississippi die ***Spanish Plaza*** mit *Open-air* Lokalen und, daran anschließend, das Boutiquen- und Restaurantcenter ***Riverwalk*** mit dem Anleger für die ***Mississippi Riverboats*** und das Schiff zum Zoo (⇨ unten und Seite 328).

Fähre

Bei der Spanish Plaza/Ende Canal Street befindet sich der Anleger für die kostenlose Fähre über den Mississippi nach Algiers, empfehlenswert wegen des Blicks auf New Orleans auch ohne Absicht, gleich drüben zu bleiben.

Aquarium

Unübersehbar an der Canal Street steht das eindrucksvolle ***Aquarium of the Americas***, das die typische Thematik ein wenig ausdehnt. Neben ordinären Fischen, Haien, Pinguinen, Schildkröten und sonstigem Wassergetier, fanden dort auch Alligatoren aus den Sümpfen Louisianas den ihnen zustehenden Raum. So–Do 9:30am–6pm, Fr+Sa bis 7pm; $11.

Stadion

Der ***Louisiana Superdome***, ein gigantisches überdachtes Stadion für bis zu 90.000 Zuschauer, liegt etwas außerhalb der inneren City, Sugar Bowl Dr/Poydras Ave. Führungen täglich 10am–4pm stündlich, $6.

St. Charles und andere Stadtbezirke

Die offenen ***Streetcars*** der 150 Jahre alten *St Charles* Straßenbahnlinie sind neben dem *Vieux Carée* und dem Jazz **die Attraktion** New Orleans`. Von der Canal Street geht es auf der namensgebenden St. Charles Ave über die Carrollton Ave zur Clairborn Ave und zurück (Gesamtfahrzeit: ca. 90 min). Die *Streetcars* wären trotz ihres nostalgischen Charakters kaum so populär, führte die Schienentrasse nicht durch die namensgebende Allee, an der zahlreiche palastartige Villen des alten New Orleans Geldadels zu bewundern sind. Die Fahrt ist dadurch praktisch eine *Sightseeing-Tour*; das Ticket kostet nur $1 pro Strecke; Tagespass $4, ➪ Seite 327.

Audubon Park/Zoo

– Mit dem Erreichen des ***Audubon Park*** (jahrhundertealter Baumbestand) und der Universitäten *Tulane* und *Loyola* hat man den besten Abschnitt der Strecke hinter sich. Auch ohne einen Besuch im sehr guten **Zoo** (9:30am–5pm, $8), der den südlichen Teil des Parks ausfüllt, könnte man eine Rückfahrt in das Stadtzentrum (*Riverwalk*) ab Zooanleger mit dem *Mississippi Riverboat* erwägen (umgekehrt weniger günstig, da das Schiff dann gegen den Strom kämpft), Abfahrten ab *Audubon Landing* 4x täglich 11am, 1pm, 3pm, 5pm; leider recht teuer: einfache Fahrt $10, Kinder $5.

City Park und Kunstmuseum

– Neben dem *Audubon Park* verdient der **City Park** zwischen City Park Ave und Lee Blvd Erwähnung (RTA *Esplanade Line,* auch *Gray Line Trolley*). Er besitzt nicht den Charme vom *Audubon,* beherbergt aber das ***New Orleans Museum of Art***, Di–Sa 10am –5pm, So ab 1pm; $4. Es gehört nicht zu den ganz großen amerikanischen Kunstmuseen. Seine Sammlung europäischer Im- und Expressionisten einschließlich einiger Werke von *Chagall, Miró* und *Picasso* verdient aber Beachtung, ebenso wie eine Reihe moderner Amerikaner.

Friedhöfe

– Nur wenige Blocks südwestlich des Parks liegen die größten Friedhöfe der Stadt, ***Greenwood*** und ***Metairie Cemetery***, Canal St/City Park Ave/Metairie Rd. Der älteste (1788) ist ***Cemetery No.1***, 400 Basin St. Wegen des sumpfigen Untergrundes werden die Verstorbenen hier in Mausoleen, nicht in Erdgräbern bestattet. Allein schon die große Zahl der Grabmäler (*Tombs*) unterschiedlichster Größe und Bauweise ist sehenswert. Leider gibt es Sicherheitsprobleme, die einen Besuch nur in Gruppen oder in organisierter Form mit sachkundiger Begleitung ratsam erscheinen lassen. Das *Voodoo Museum* (➪ Seite 333) organisiert derartige Führungen nachfrageabhängig. Welche aktuellen Möglichkeiten existieren, weiß die *Tourist Info* im *French Quarter*.

Lake Pontchartrain

– Von den großen Friedhöfen und dem *City Park* ist es zum ***Lakeshore Drive*** am ***Lake Pontchartrain*** nicht mehr weit. Die Uferstraße vom *Inner Harbor Navigation Canal* bis zum ***Westend Park*** (dort existiert eine eigene Infrastruktur aus Yachthäfen und beliebten *Seafood Restaurants*) führt teilweise durch gepflegte Parkanlagen mit Picknickplätzen und *Jogging Trails*. Es gibt dort auch Badestellen zur Abkühlung an heißen Tagen, aber das Wasser des Sees ist nicht übermäßig einladend. Über den *Lake Pontchartrain* führt die mit 24 mi angeblich **längste Brücke der Welt** nach Mandeville mit zwei schönen ***State Parks*** am Seeufer. Im mittleren Drittel der Brücke sieht man kein Land mehr.

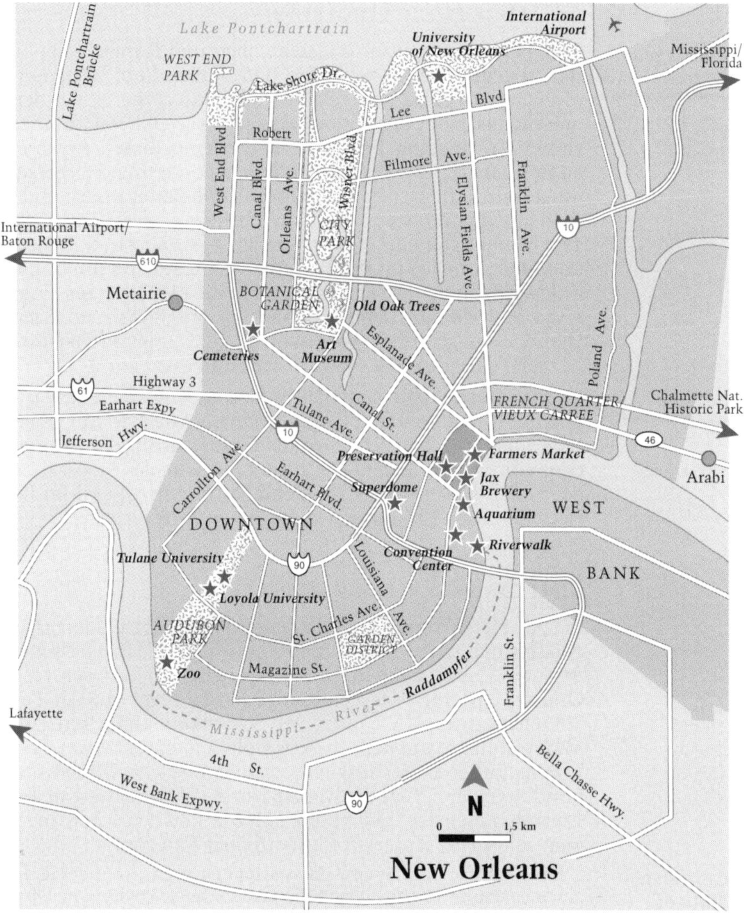

Chalmette Park

– Etwa 9 mi vom Zentrum entfernt liegt der ***Chalmette National Historical Park***. Der Schauplatz der ***Battle of New Orleans*** befindet sich östlich der City direkt am Ufer des Mississippi (St. Bernard Hwy im Stadtteil *Arabi*, Anfahrt auf der St. Claude Ave, Straße #46. Mit öffentlichen Verkehrsmitteln ist der Park nur schwer zu erreichen. Einige alte Kanonen und ein Monument in Form eines weithin sichtbaren Obelisken schmücken das ehemalige Schlachtfeld. Im kleinen ***Visitor Center*** informiert ein hervorragender Film über Hintergründe und Verlauf der sinnlosen Schlacht von 1815 zwischen Briten und Amerikanern, ⇨ Geschichte. Geöffnet täglich 8:30am–5pm.

Ausflüge in die Umgebung

Plantagen, Herrenhäuser

Sehr populär sind Fahrten (siehe oben und Rundfahrten) zu den sogenannten ***Plantations*** und ***Antebellum Mansions***, alten Herrenhäusern der Baumwollpflanzer, die es vor dem amerikanischen Bürgerkrieg dank der Sklavenarbeit zu ungeahntem Wohlstand brachten. Eine Reihe dieser Anwesen kann besichtigt werden, einige wurden zu teuren Herbergen umgestaltet. Zwischen New Orleans und Baton Rouge findet man die bekanntesten *Plantations* beidseitig des Mississippi: am rechten Ufer entlang der Straßen #18 und #1 (***Nottoway*** und ***Oak Alley Plantation***, die berühmteste von allen) und links entlang der Straßen #942, #44 und #48, (u.a. ***San Francisco*** und ***Houmas House***). Prospekte mit Eintrittspreisen, Übernachtungstarifen (***Nottoway***) und Öffnungszeiten gibt es bei der *Tourist Info* in New Orleans und lokal am Wege.

Sümpfe

Swamp Tours durch die romantische und wilde Welt der Mangroven, Alligatoren und *Cajuns* gehören, wie erwähnt, ebenfalls zum typischen New Orleans Touristen-Angebot. Sumpftrips gibt es unweit der City auf der Südseite des Mississippi, bei Slidell jenseits des Lake Pontchartrain (I-10) und im Bereich der Stadt Houma südwestlich von New Orleans. .

Ziele im weiteren Umkreis

Ein Abstecher könnte den Küstenstädten des Nachbarstaates Mississippi gelten und weiterführen über die fantastischen Strände Alabamas bis nach Pensacola (ca. 200 mi von New Orleans entfernt), das bereits in Florida liegt. Auf der I-10 erreicht man alle Ziele rasch. Mit Schlenkern und Alternativrouten sollte man bis nach Pensacola und zurück zwei Tage Zeit kalkulieren. Bei ausgiebigem Verweilen am Strand sind mindestens drei Tage notwendig. An den Küsten und an den Ausfallstraßen der Städte Biloxi, Mobile und Pensacola findet man zahlreiche Unterkünfte sämtlicher Kategorien.

Golfküste/ State of Mississippi

- Die Golfküste des Staates **Mississippi** ist ebensowenig wie die Louisianas mit natürlichen Stränden gesegnet. Versumpfte Uferbereiche erstreck(t)en sich bis ins westliche Alabama hinein. Zwischen Bay St.Louis und Biloxi ist davon nicht mehr viel zu bemerken: Sümpfe wurden trockengelegt und breite Strände aufgespült. Besonders attraktiv sind sie nicht. Vielleicht errichtete man dort deshalb mehrere bombastische **Spielkasinos**. Eine Fahrt über die parallel zur *Interstate* verlaufenden Küstenstraße #90 erhält ihren Reiz vor allem durch eine Reihe prächtiger Südstaatenanwesen an der Strecke.

Davis Bayou

- Östlich Biloxi passiert die Straße die Einfahrt zur *Gulf Islands National Seashore, Teilbereich* **Davis Bayou**, einem Mangrovensumpfgebiet, das vor der Trockenlegung bewahrt wurde. Am *Visitor Center* gibt es Naturkundemuseum und Lehrpfad.

Alabama

– Blendend weißer Sand verbunden mit totaler Transparenz und hellblau-türkiser Färbung des Wassers erwartet Besucher der **Alabama Strände** jenseits der Mobile Bay. Der schnellste Weg führt über Mobile. Möglich ist aber auch eine Fahrt über Dauphin Island und die Autofähre nach Fort Morgan.

Mobile

– Die einzige Hafenstadt Alabamas, **Mobile**, wirbt gerne mit ihren *Antebellum* Häusern und *Historical District*, aber es gibt wenig Sensationelles zu sehen. Die restaurierten *Old Town Houses* gleich neben dem alten *Fort Condé* unterhalb der I-10 (dort auch die örtliche *Visitor Information*) sind aber einen Zwischenstop wert. Südöstlich von Mobile, jenseits der Bay, beeindruckt der ***Battleship Memorial Park*** unweit der I-10.

Battleship Park

Das gewaltige **Weltkrieg-II-Schlachtschiff *Alabama*** ist Mittelpunkt dieses Waffenparks mit U-Boot, B-52-Bomber, Panzerfahrzeugen und Geschützen. Von der Kommandobrücke bis zum Maschinenraum darf man das riesige Ungetüm auf eigene Faust erkunden, ebenso das U-Boot und ein landgebundenes Museum; geöffnet täglich 8:30 bis zur Dämmerung; $8.

Strände

– Die fantastischen **Strände von Alabama** setzen sich bis Panama City in Florida fort. Eine sinnvolle Rundfahrt führte über den *Gulf State Park* an der Küste entlang nach Pensacola.

Pensacola

– Etwa 10 mi südlich von Pensacola passiert man mit dem ***National Museum of Naval Aviation*** (Zufahrt über Straße #295, von dort ausgeschildert zum Gelände der *Naval Air Station*, täglich 9am–5pm, Eintritt frei) eine weitere Sehenswürdigkeit waffentechnischer Art. Das Museum ist mit über 120 ausgemusterten, bestens restaurierten (Militär-)Flugzeugen aller Generationen bestückt (Außenanlage und innen). Im Museumsgebäude darf man sich in die Kanzeln verschiedener Typen setzen; ein Flugsimulator ist auch vorhanden, außerdem die originale ***Cubi Bar*** von den Philippinen 1944 für den abschließenden Drink.

– Ganz in der Nähe steht das vom *National Park Service* verwaltete ***Fort Barrancas***, eine alte Festung vor der Einfahrt zu einer der größten amerikanischen Marinebasen. Auf der anderen Seite der Pensacola Bay steht ***Fort Pickens*** auf Santa Rosa Island.

– Das Zentrum von **Pensacola** besitzt Reste alten Charmes im (winzigen) ***Seville Quarter***, einer hübschen Fassadenzeile mit Kneipen, Restaurants und Entertainment nahe der *Main Plaza*.

Mississippi River Route

Eine andere lohnenswerte Route führt parallel zum Mississippi in zwei Tagesetappen zum bombastischen Bürgerkriegsschlachtfeld nach Vicksburg. Übernachtungsmöglichkeiten am Wege sind reichlich vorhanden. Die Rückfahrt nach New Orleans kann über die I-55 erfolgen (ca. 230 mi).

Baton Rouge

– Zunächst geht es aber auf der I-10 nach **Baton Rouge**, mit 220.000 Einwohnern zweitgrößte und zugleich Hauptstadt Louisianas. Zu sehen gibt es dort nur wenig: In erster Linie ein kleines Marinemuseum mit Kriegsschiffsmodellen und Details zum Atom-U-Boot *USS Baton Rouge* sowie an der Außenpier den Weltkrieg-II **Zerstörer *USS-Kidd*** unterhalb der Autobahnbrücke über den Mississippi. In unmittelbarer Nähe befindet sich das ansehnliche Regierungsviertel. Es wird überragt vom 34 Stockwerke hohen ***Capitol Building***.

Straße #61 – Ab Baton Rouge nimmt man die Straße #61. Erst ab **St.Francisville** wird die Strecke reizvoll. Im Städtchen und weiter nördlich entlang der Straße passiert man zahlreiche ***Antebellum*** Häuser und *Plantations* mit alleeartigen Einfahrten, einige davon sind romantische ***Bed & Breakfast*** Unterkünfte. Bei **Woodville** kann der ehemalige Besitz ***Rosemon t Plantation*** des Präsidenten der Südstaaten-Sezessionsperiode, *Jefferson Davis*, besichtigt werden; sehr reizvolle Anlage, Mo–Fr 10am–6pm, $7.

Natchez – Die historische Stadt am Mississippi hatte – wie es lange schien – ihre besten Tage hinter sich. Ein dank **Spielkasinos auf Mississippidampfern** gestiegener Tourismus brachte jedoch in den letzten Jahren neues Geld. Die große ***Visitor Information*** an der Canal Street unweit des Mississippi läßt sich nicht verfehlen. Dort gibt`s Lagepläne für alle wesentlichen Gebäude in und rund um Natchez: eine ganze Reihe gepflegter, teilweise fantastischer Anwesen warten auf Besucher. In vielen kann man übernachten, besonders stilvoll in der ***Monmouth Plantation*** oder im ***The Briars*** mit Blick über den Mississippi (beide $100-$150). Reservierung von ***Bed & Breakfast Mansions*** unter ✆ (800) 647-6742. Das Originellste an Natchez ist seine urige *Waterfront* am Ende der Silver St (*Under the Hill* mit ***Saloon*** im Gammellook). Der ***Natchez National Historical Park*** (in Entwicklung) besteht im wesentlichen aus dem ***Melrose Estate*** außerhalb (südlich) des Ortes mit einem weiteren sehenswerten *Mansion.* Das – leider dürftige – ***Grand Village of Natchez Indians*** (400 Jefferson Davis Blvd) zeugt von der untergegangenen Kultur der Urbewohner, nach denen Stadt und *Parkway* benannt wurden.

Natchez Trace Parkway – Beim ***Natchez Trace Parkway*** handelt es sich um eine nur für den Ferien- und Privatverkehr zugelassene Straße unter Regie des *National Park Service`*, die über rund 400 mi von Natchez nach Duck River (Tennessee, 60 mi südwestlich von Nashville) führt. Sie folgt einem ehemaligen Indianerpfad und Pionierweg.

Von Port Gibson – einem hübschen Städtchen, das relativ ungerupft den Bürgerkrieg überstand, es war *too beautiful to burn* – sind es 7 mi zum Mississippi und dem ***Grand Gulf Military Monument***. Grand Gulf, einst wichtiger Hafen am Fluß, wurde im Bürgerkrieg niedergebrannt und danach aufgegeben. Zwei Sperrforts scheiterten beim Versuch, Kanonenboote der Unionsstaaten zu stoppen. Ein kleines Museum erläutert Einzelheiten und Hintergründe des Fehlschlags.

Vicksburg Military Park – Der ***Vicksburg National Military Park*** stellt sogar den Militärpark bei Gettysburg (➪ unter Washington DC) in den Schatten. Fast gleichzeitig mit der Niederlage bei Gettysburg empfing die konföderierte Armee 1863 in Vicksburg, ihrer letzten Bastion am Mississippi, einen weiteren schweren Schlag. Im ***Visitor Center*** des Parks (unweit der I-20 im Osten der Stadt) werden Entwicklung und Verlauf des damaligen Geschehens plastisch erläutert. Ein 26 km langer Rundkurs führt durch das hügelige Schlachtfeld von 1863 vorbei an einer unendlichen Zahl von Gedenktafeln, Statuen, Obelisken und gewaltigen Monumenten. Zahllose Kanonen säumen die Straße. Hochinteressant ist das vom Grund des Mississippi gehobene, teilweise restaurierte **Kanonenboot *USS Cairo***. Park 9am–6pm; $5/Wagen.

Vicksburg

– Als Stadt enttäuscht **Vicksburg**. Die von der ***Visitor Information*** (Clay Street nahe der I-20 und des *Military Park*) empfohlene *Driving Tour* durch ***Historic Vicksburg*** passiert zwar wirklich schöne alte *Mansions* in den Außenbezirken, führt aber ansonsten durch teilweise stark vernachlässigte Zonen. Die ***Waterfront*** wird heute dominiert von gleich vier **Spielkasino-Komplexen** auf dem und am Mississippi, im Citybereich schwimmt das *Harrahs*. Reizvolle ***Bed & Breakfast Mansions***; kann man unter © (800) 221-3536 buchen.

Jackson

– Der schnellste Weg zurück nach New Orleans führt auf der I-20, dann I-55 über Jackson, die Kapitale des Staates Mississippi. Im Zentrum findet man zwischen modernem Beton mit der ***City Hall*** und dem ***Governor's Mansion*** auch zwei ansehnliche alte Bauten. Die ***Visitor Information*** befindet sich etwas außerhalb am Lakeland Drive, Abfahrt #98 von der I-55. Nebenan veranschaulicht das ***Museum of Agriculture & Forestry*** die Bedeutung dieser Wirschaftszweige für den Staat; im ***Heritage Park*** lebt noch *Smalltown Mississippi* der Jahrhundertwende.

Der richtige Sight zur richtigen Zeit

Mardi Gras

Das größte Ereignis in New Orleans ist der Fasching. Karnevalsumzüge, Paraden und Bälle finden ihren Höhepunkt am ***Mardi Grass***, dem Faschingsdienstag. Wer zu dieser Zeit New Orleans besuchen will, sollte Monate im voraus seine Unterkunft buchen und sich auf hohe Preise einstellen.

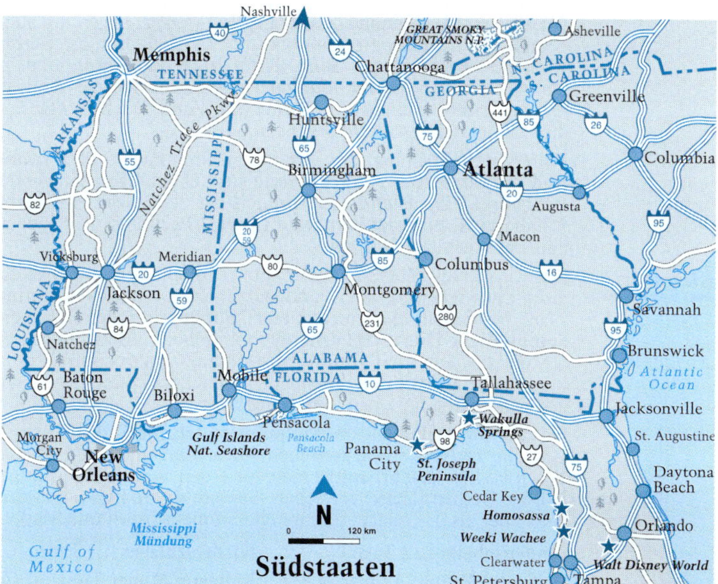

NEW YORK CITY

Diesem Buch liegt ein 44-seitiges Heft *New York City Extra* bei, in dem bereits alle wesentlichen Informationen zu New York enthalten sind. In erster Linie betrifft dies **Sehenswürdigkeiten,** aber auch zahlreiche ausführliche **Unterkunftsempfehlungen,** Details zur Ankunft auf den Airports der City, zum öffentlichen Transport und zu weiteren generellen Fragen. Der hier gewohnte Kapitelaufbau wird allerdings im Beileger nicht ganz eingehalten, insbesondere fehlt eine ausführliche Erläuterung für ***Newark*** und ***La Guardia Airports***.

Die folgenden Seiten sind als Einleitung und Ergänzung zum Beileger gedacht, alles weitere findet sich dort.

Geographie, Klima und Geschichte

Geographie

New York City wird vielfach mit **Manhattan** gleichgesetzt, obwohl die 22 km lange und maximal 4 km breite Insel zwischen *Hudson* und *East River* nur einen kleinen Teil der Gesamtfläche New Yorks (775 km^2) ausmacht. Auf ihr liegen die Hauptziele von NY-City. Zur Metropole am Atlantik gehören außerdem die Stadtteile **The Bronx**, **Queens**, **Brooklyn** und **Staten Island**.

In ***Midtown*** **Manhattan** (34th-60th St/2nd-8th Ave) ballen sich die meisten Hochhäuser. Zwischen Midtown und ***Downtown*** **Manhattan**, dem Finanzdistrikt um *Wallstreet,* liegen die auch touristisch interessanten Stadtbezirke *(Neighborhoods)* ***Greenwich*** und ***East Village***, ***Soho***, ***Little Italy*** und ***Chinatown***. In ***Downtown*** oder ***Lower Manhattan*** drängen sich die Wolkenkratzer, darunter die beiden Türme des *World Trade Center* und die Glaspaläste des *World Financial Center.*

Vom Südende Manhattans legen die Fähren nach *Staten Island* und die Boote zur Freiheitsstatue und ehemaligen Einwanderungsinsel ***Ellis Island*** ab. Nördlich der *Midtown,* im Herzen Manhattans, liegt der berühmte ***Central Park*** und weiter oberhalb das legendäre ***Harlem***.

Klima

Das Klima New Yorks ist durch seine südliche Lage (40. Breitengrad, etwa wie Süditalien) und ozeanische Einflüsse bestimmt. Nach Norden und Süden existieren kaum natürlichen Barrieren. **Sommerliche Hitze** wird daher oft von hoher Luftfeuchte begleitet, die aus dem Golf von Mexiko stammt, während im Winter kanadische Kälteeinbrüche nicht selten sind. Schneestürme sorgen regelmäßig für Chaos auf den Straßen.

Da das Sommerklima im Zusammenspiel mit Großstadtsmog Besuche in New York zwischen Mitte Juni und Ende August beschwerlich macht, sollte man für einen Besuch die weniger heißen Herbstmonate vorziehen. September und Oktober sind trockener als das relativ regenreiche Frühjahr (April und Mai).

Sonnenschein: 232 Tage;	**Niederschläge:** 121 Tage
Heißester Monat: August 24°C;	**Kältester Monat**: Januar 0°C

Geschichte Als die Europäer an den Hudson River kamen, lebten in der Region Indianer vom Stamm der Irokesen. Vermutlich setzte bereits

1524 der florentinische Seefahrer Giovanni da Verazzano seinen Fuß auf die Insel Manhattan. Aber erst

1614 lassen sich holländische Siedler auf Manhattan nieder.

1624 erhält nach Ankunft weiterer 30 Familien aus den Niederlanden das Dorf die Bezeichnung ***New Amsterdam***.

1626 kauft der Generalgouverneur der holländischen Kolonie, *Peter Minuit,* den Irokesen die Insel **Manhattan für 60 Gulden** ab.

1653 Errichtung einer Schutzpalisade am Nordrand der Siedlung. Heute erinnert noch die *Wall Street* an diese "Mauer".

1664 Besetzung der Stadt durch die Engländer und Umbenennung in New York. Zu dieser Zeit leben dort etwa 2.000 Menschen.

1683 Konstituierende Sitzung zur Errichtung der Provinz New York

1700 6.000 Einwohner

1713 Fährbetrieb zwischen Manhattan und Staten Island

1750 50.000 Einwohner

1783 Nach der Unabhängigkeit der USA erfolgt im Jahr 1776 der endgültige Abzug der Briten

1789 Der erste Präsident der USA, ***George Washington***, spricht in New York seinen Amtseid.

1798 Hauptstadt des Staates New York wird Albany

1820 New York ist mit 125.000 Einwohnern die größte Stadt Amerikas

1850 600.000 Einwohner

1857 Beginn der Anlage des *Central Park*

1886 Errichtung der Freiheitsstatue

1898 Zusammenlegung der Stadtteile zum Großraum New York

1900 ***Greater New York*** zählt rund **4 Mio**. Einwohner und ist damit größte und bedeutendste Stadt der Welt

1904 Inbetriebnahme der ersten U-Bahn-Linie

1929 Im Krisenjahr der Weltbörse ("Schwarzer Freitag") Baubeginn des *Empire State Building*, das 1931 vollendet wird.

1950 rund 8 Mio. Einwohner

1952 Fertigstellung des UNO Hauptquartiers am East River

1973 Einweihung des *World Trade Center*

80er-Jahre Während der Präsidentschaft von *Ronald Reagan* boomte der Hochhausbau. Zahlreiche neue "Wolkenkratzer" entstanden in der 80er-Jahren, darunter der ***Trump Tower*** in *Midtown* und das ***World Financial Center*** in *Downtown.* Zwischenzeitlich erlebte Manhattan einen Niedergang, den Verfall der Immobilienpreise und seit Mitte der 90er-Jahr einen neuen Boom.

heute Eines der Hauptprobleme der City, der immerwährende Anstieg der Kriminalität, scheint heute gebannt zu sein. Die Statistik zeigt überall einen scharfen Rückgang der Delikte.

New York City zählt heute – nach Abwanderung vieler Einwohner ins Umland – "nur noch" eine **Bevölkerung von ca. 7,5 Mio**, ***Metropolitan New York*** etwa **11 Mio**. In New York leben mehr **Juden** als in Jerusalem, mehr **Italiener** als in Rom, und mehr **Iren** als in Dublin.

Daten und Fakten

Telefonische Vorwahl/Area Codes

Manhattan/The Bronx: 212
Brooklyn/Queens/Staten Island: 718

Diplomatische Vertretungen

GK der BRD ✆ 308-8700, 460 Park Ave
GK der Schweiz ✆ 758-2560), 757 3rd Ave, 21st floor
GK österreichs ✆ 737-6400), 31 East 69th St

Besucherinformation

In allen **Flughäfen** existieren Informationsschalter für Besucher, ⇨ Airportbeschreibungen. In Manhattan findet man

- das ***New York Visitors and Convention Bureau***, ✆ 397-8222, 2 Columbus Circle (Ecke 8th Ave/59th St)
- das ***Times Square Information Center***, 226 West 42nd St im *Harris Theatre*
- die ***Visitor Information*** im ***World Trade Center*** (*Tower* #2)

Vor allem die Stadt-, U-Bahn- und Busnetzpläne der Informationsbüros sind hilfreich. Veranstaltungskalender und einen New York City Wegweiser gibt es auch in deutscher Sprache.

Flughäfen

New York verfügt über drei große internationale Flughäfen, die zusammen über 80 Mio. Passagiere pro Jahr abfertigen.

Flughafen 1 (JFK)

John F. Kennedy International Airport, ✆ (718) 244-4444

Situation und Bedeutung

Der frühere Flughafen ***Idlewild*** erhielt nach der Ermordung *Kennedys* seine heutige Bezeichnung. Er ist nach Passagieraufkommen und Fläche (rund 20 qkm) der größte der New Yorker Airports. Seine Kerosintanks fassen über 120 Mio. Liter; das entspricht dem Bedarf von 10 Tagen bei vollem Betrieb. Fast 100 Fluggesellschaften fliegen JFK an. Nachmittags schwebt ein Transatlantik-Jumbo nach dem anderen ein. Die Abfertigung der Passagiere geht dann schon mal etwas langsamer, wenn sich vor *Immigration* und *Customs* insbesondere im *International Arrivals Building* lange Schlangen bilden. Und auch außerhalb der *Terminals* herrscht bei Hochbetrieb oft ein ziemliches Chaos. Die normalen Transferzeiten können deshalb weit überschritten werden.

Fluglinien: AA, CO, DL, HP, NW, TW, UA, US

Hub: DL, TW

Transferzeiten: Dom–Dom 30-60 min, Int`l–Dom 60-120 min, (schnellere Transfers bei Verbindungen DL/DL, TW/TW usw. als bei Ankunft mit einem nicht-amerikanischen Carrier)

Terminals

JFK liegt gute 15 mi südöstlich von Manhattan in Brooklyn an der Jamaica Bay. Neun ***Terminals*** sind kreisförmig angeordnet. *American Airlines, Delta, United, Northwest, TWA* und *British Airways* besitzen eigene *Terminals.* Flüge ausländischer Gesellschaften werden über das ***International Terminal*** abgewickelt. Es besteht aus einem Ankunftsbereich (Mitte) und Abflugtrakten (*East Wing* und *West Wing*).

Stände der ***Tourist Information*** findet man in den meisten Terminals, nicht jedoch bei *United, British Airways* und dem ehemaligen, von *Delta* übernommenen *PANAM* Building.

Schließfächer gibt es in allen *Terminals,* eine Gepäckaufbewahrung im *International Arrivals Bldg* (2nd Floor) und im *Delta Terminal* (3rd Floor).

Zwischen den *Terminals* verkehren Tag und Nacht kostenlose ***Airline Connection*** Busse in tageszeitabhängigen Abständen von 5-15 min. Eine komplette Runde dauert bis zu 30 min.

Weiter-transport

In allen *Terminals* gibt es ***Ground Transportation Information Center***, die über die aktuellen Möglichkeiten des Weitertransports informieren. **City Transport** ➪ ***NYC-Extra***.

Zum ***La Guardia Airport*** fährt die Buslinie **Carey**, 5:30am–11pm, $10 alle 30 min. Ein Taxi kostet $20.

Der ***Newark Airport*** in New Jersey und *JFK* liegen 25 mi voneinander entfernt. Van-Verbindung ca. 75-90 min, $24. Ein ***Taxi*** kostet ca. $70, davon ca. $55 regulärer Preis plus $10 für die Fahrt in einen anderen Bundesstaat plus Brückenzoll.

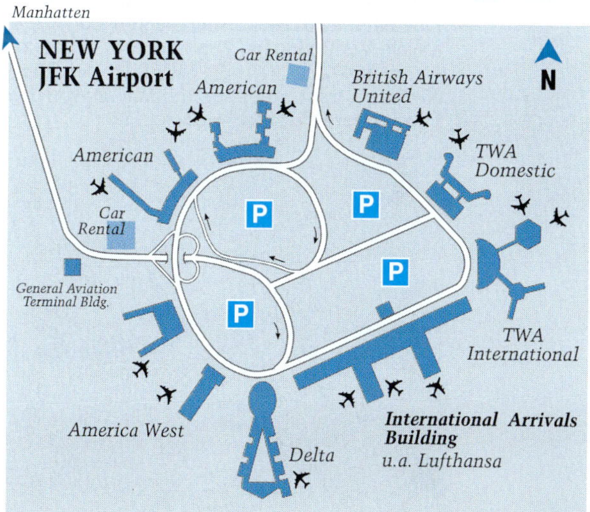

Flughafen 2 (LGA)

La Guardia International Airport, © (718) 533-3400

Bedeutung

La Guardia ist New Yorks wichtigster Flughafen für nationale Flüge. Er wurde nach Bürgermeister *Fiorello La Guardia* (1934-1945) benannt.

Fluglinien: AA, CO, DL, NW, TW, UA, US
Hub: -
Transferzeiten: 30 min

Situation

LGA liegt 8 mi nordöstlich von Manhattan und ist damit von der *Midtown* der am schnellsten zu erreichende Flughafen. Die Startbahnen ragen in die vom East River gebildeten Flushing und Bowery Bay. Vom halbmondförmigen *Main Terminal* erstrecken sich vier "Finger" ins Flugfeld, weitere Terminals befinden sich weiter östlich. Das älteste Abfertigungsgebäude von *La Guardia*, das *Marine Air Terminal* westlich der heutigen Hauptgebäude, wird fast nur noch für Commuterflüge genutzt.

Ein Schalter der ***Tourist Information*** befindet sich im *Main Terminal (Departure Level)* und im *Delta Terminal.*

Es gibt keine **Schließfächer**.

Ein kostenfreier *Airline Connecting Bus* (gelb/weiß) verkehrt 2am–5am zwischen den *Terminals.*

Weitertransport

Ground Transportation Center befinden sich in der *Baggage Claim Area* des *Main Terminal*, im *Delta Terminal* und im *USAirways Terminal*. Transportmöglichkeiten von und zum Flughafen kann man unter © (800) AIR-RIDE telefonisch abfragen. Verbindungen in die City ⇨ ***NYC-Extra***, nach JFK mit ***Carey Bus*** alle 30 min, $10, oder per **Taxi** für $25. Nach *Newark Airport* nur über *Manhattan,* von dort weiter wie im Extra unter EWR beschrieben.

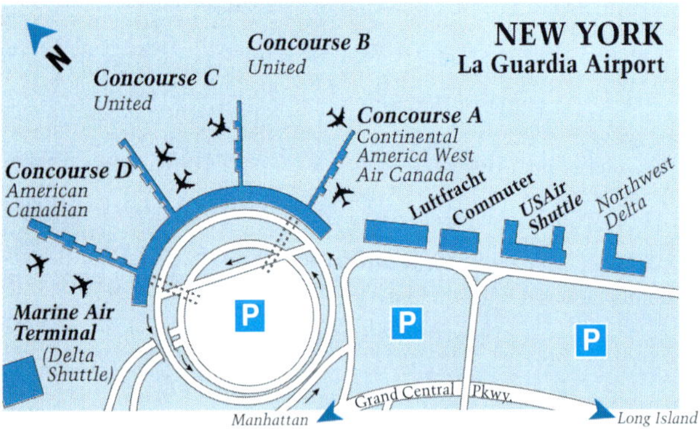

Flughafen 3 (EWR)

Newark International Airport ✆ (201) 961-2000

Bedeutung

Der *Newark Airport* ist der älteste Flughafen im Großraum New York. Der Flugbetrieb wurde dort bereits am 1. 10. 1928 aufgenommen. Heute entlastet EWR stark den JFK Airport.

Fluglinien: AA, CO, DL, NW, TW, UA, US
Hub: CO
Transferzeiten: 40-60 Minuten

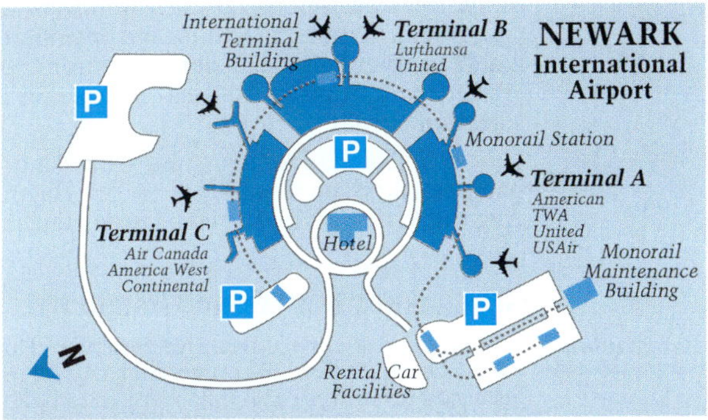

Situation

Der Flughafen liegt im Bundesstaat New Jersey, 16 mi südwestlich von Manhattan. Die 3 Terminals A, B, C sind um eine oval verlaufende Zubringerstraße herum angeordnet. Sie verfügen über je drei Flugsteigfinger A1 bis C3. An ihrem Ende befinden sich Satellitenterminals.

Informationsstände in allen *Terminals* auf der Ankunftsebene.

Schließfächer gibt es in den Satelliten des Terminal B, $1/24h

Im noch relativ neuen Terminal C lassen sich **Wartezeiten** am besten überbrücken. Pflanzen und Lichthöfe, in denen sogar Wasserfälle plätschern, machen den Aufenthalt dort angenehmer als anderswo.

Transport

Ein **Monorail-Bahn** sorgt laufend für den Transport zwischen den *Terminals* und zu den Autovermietern. Nach 10pm übernehmen Busse diese Aufgabe.

Nach Manhattan und zu den anderen Flughäfen

Die ***Ground Transportation Information*** findet man in den *Baggage Claim Areas* der Terminals A und B (*Door* 5), sowie bei *Door 6* des *Lower Level* im *Terminal* C. Eine telefonische Ansage läuft unter der *toll-free number* 1-800-AIR-RIDE, ➪ *JFK* und *La Guardia*. Weitere Details im ***NYC-Extra***.

ORLANDO

Welthauptstadt der Freizeitparks

In den 60er-Jahren erwarb die *Walt Disney Corporation* für das neu zu schaffende kommerzielle Ferienzentrum ***Disney World*** ein 111 km^2 großes Sumpfareal bei Orlando. Das *Magic Kingdom*, die nur leicht veränderte Kopie von *Disneyland* (Los Angeles), wurde 1971 eingeweiht. In den folgenden 20 Jahren kamen mit dem *EPCOT-Center* und den *Disney/MGM Studios* zwei weitere Vergnügungsparks hinzu. Gleichzeitig entwickelte sich eine dichte Hotelinfrastruktur. Auch die Konkurrenz der amerikanischen *Amusement Park*-Industrie (*Sea World, Universal Studios* etc.) etablierte sich. Orlando wurde zur Welthauptstadt des konfektionierten Urlaubs- und Freizeitspaßes und preist sich folgerichtig als ***The Worlds Vacation Center***.

Meiden sollte man Orlando und seine dann übervollen Vergnügungsparks an Feiertagen, in der Hauptferienzeit (Juli/August, Weihnachten/Neujahr, Ostern) und an Wochenenden.

GEOGRAPHIE, KLIMA UND GESCHICHTE

Geographie

Orlando ist das einzige wichtige Ferienziel Floridas abseits der Küste. Die Stadt liegt 230 mi nördlich von Miami inmitten eines **Seengebietes** in weitgehend flacher Landschaft. Zum Weltraumbahnhof Cape Canaveral sind es ca. 45 mi und zur Doppelstadt Tampa/St. Petersburg ca. 80 mi. Die meisten Vergnügungsparks entstanden südwestlich von Orlando entlang der I-4. Vor deren Entstehen waren Orangenplantagen Hauptwirtschaftsfaktor.

Klima

In Florida muß man bei Reisen zwischen Mai und September auf Temperaturen zwischen 30°C und 40°C gefaßt sein. Im Gegensatz zur Küste fehlt im Inland die kühlende Brise. Die Luftfeuchtigkeit ist hoch, in diesem Teil des Staates noch verstärkt durch die umliegenden Sumpfgebiete. Frühjahr und später Herbst sind die beste, meist sonnige Reisezeit, aber bis November und ab März kann es immer noch/schon sehr heiß sein. Die Wintersaison ist gekennzeichnet durch moderate Temperaturen, wie wir sie im späten Frühjahr gewohnt sind. Da Florida durch keine natürlichen Barrieren vor Kälteeinbrüchen aus dem Norden geschützt ist, kann es ab November bis März auch schon mal recht kalt werden. Minusgrade und Schnee sind zwar selten, kommen im Winter jedoch vor. Mit Regentagen ist dagegen eher im Sommer zu rechnen.

Sonnenschein: 232 Tage	**Niederschläge**: 116 Tage
Heißester Monat: August 28°C	**kältester Monat:** Januar 16°C

Geschichte

Nach den Seminole-Kriegen (⇨ Seite 293) bleiben Armee-Soldaten in Florida und kommen 1840 in das Gebiet um Orlando

1860 erste kleine Siedlung; zunächst bilden Baumwolle und Viehzucht die wirtschaftliche Grundlage der Region

1865 Erste **Orangenplantagen** werden angelegt

1867 Die Siedlung erhält den Namen Orlando

1965 Trockenlegung eines großen Sumpfgebietes südwestlich der Stadt und Baubeginn des *Magic Kingdom*

1971 *Walt Disney World Florida* eröffnet

1982 *EPCOT Center* eröffnet

1989 *Disney-MGM Studios* eröffnet

1990 *Universal Studios Florida* eröffnet

1996 Auf dem Gelände von Disney World eröffnet mit *Blizzard Beach* der dritte Planschpark nach *River Country* und *Typhoon Lagoon*

Die Stadt Orlando zählt heute rund **170.000 Einwohner**, der **Großraum** eine Bevölkerung von **rund 1 Mio**. Wichtigste Arbeitgeber sind die Freizeitindustrie und die darauf bezogenen Dienstleistungsunternehmen.

Daten und Fakten

Telefonische Vorwahl/Area Code: 407

Besucherinformation:

Flughafen

- Im *Main Terminal* des Flughafensbefinden sich ein Schalter der ***Tourist Information***, 7am-11pm, und separate separate Ticket- und Infoschalterder großen Attraktionen. Wer hier bereits die Eintrittskarten kauft, vermeidet ggf. Wartezeiten vorm *Ticket Counter* der Parks. Wer hier bereits für Parks wie *Sea World*, *Universal Studios* und andere Nicht-Disney Vergnügungsparks Tickets kauft, kann die überall erhältlichen *Discount Coupons* (➪ nächster Absatz und Seiten 351+356), nicht mehr nutzen.

Infos und Discounts

- ***Orlando Official Visitors Information Center,*** ✆ 363-5871, an der *Mercado Shopping Mall*, 8445 International Dr, 8am–8pm. Dort wird man mit Information fast zugedeckt. Man verteilt ***Discount Coupons*** für alle Besucherattraktionen außer *Disneyworld* und verkauft Tickets zu reduzierten Preisen. Wer einen guten Gegenwert bei der **Übernachtung** sucht, wird dort sicher fündig. Werbezettel mit aktuellen Supertarifen der noch nicht ausgebuchten Häuser finden sich immer. Bei der telefonischen Reservierung ist man dort behilflich.

Flughafen (MCO)

Orlando International Airport, ✆ 825-2001

Anlage

Orlandos Flughafen ist relativ neu. Nachdem die *McCoy Airforce Base* (daher der Code MCO), 1974 geschlossen worden war, begann man mit dem Um- und Ausbau für zivile Zwecke. Erst in den 80er-Jahren entstand für $300 Mio. der heutige Komplex, der kürzlich erweitert wurde. Die Anlage zwischen Seen und immergrünen Gewächsen unterscheidet sich erheblich von der gewohnten Architektur. Auch in den Gebäuden dominiert das Grün von 17.000 (!) Pflanzen.

Fluglinien: AA, CO, CP, DL, HP, NW, TW, UA, US
Hub: DL
Transferzeiten: 30 min

Terminals

Der Flughafen von Orlando liegt 10 mi südlich der Innenstadt und 15 mi östlich von *Disney World*. Sein *Main Terminal* mit drei Ebenen ist mit drei separaten ***Airside Terminals*** verbunden, an denen sich effektiv die Flugsteige befinden. Dorthin gelangt man mit laufend verkehrenden Schnellbahnen.

Die Komplexe A und B liegen auf der Westseite. Das *Airside Terminal C* auf der Ostseite wird ausschließlich von *Delta Airline*s genutzt, die in Orlando einen Marktanteil von fast 30% hält. Es ist ein besonders gelungenes Beispiel für eine freundliche Flughafengestaltung.

Schließfächer findet man überall im Flughafen; $1/24 h.

Unterhaltung

Wer im *Orlando Airport* Wartezeit überbrücken muß, wird Freude an dessen angenehmer Atmosphäre haben. Nicht übersehen sollte man in der *Great Hall* die Skulptur ***The Camper*** von *D. Hanson*, einen auf dem Boden sitzenden, lebensecht wirkenden Flugreisenden. Im *Main Terminal* befindet sich ein Raum mit Videospielen; in Betrieb 8am–Mitternacht.

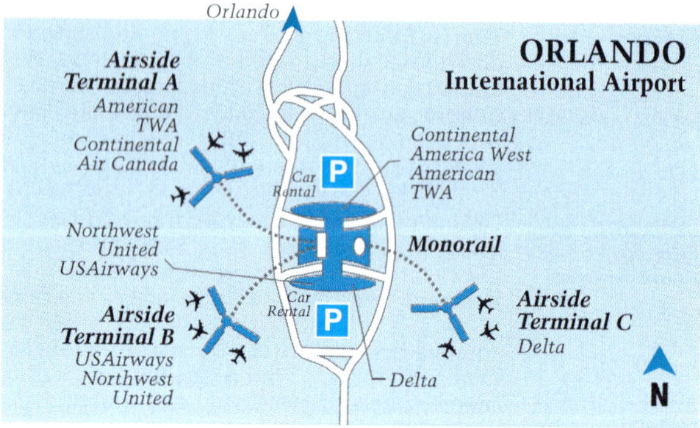

Verbindung Airport-City/Vergnügungsparks

Bus

Die öffentlichen Verkehrsverbindungen sind in Orlando nicht überragend. Zur Innenstadt verkehrt von 6am bis 9pm die Buslinie #11 im Stundentakt, $0.90. Zu den Vergnügungsparks gibt es keinen Linienverkehr, dorthin muß man teure Zubringerbusse nehmen (ab $8 je nach Ziel). Die *Vans* der Autovermieter und Hotels besteigt man im *Level 2*. Dabei wird die Nordseite als Seite A, die Südseite als Seite B bezeichnet. Das ist wichtig zu wissen, wenn man z.B. den Hotelbus anfordert. Leider bieten nur wenige (überwiegend teure) Hotels kostenlosen Transport zum Flughafen und/oder zu den Parks.

Die ungefähren **Transportkosten** betragen

- im ***Van* nach *Disneyworld*** ab $14, retour ab $25
- im **Taxi nach *Downtown*** ca. $25, nach ***Disneyworld*** ca. $35.

Car Rental

Orlando gehört zu den Städten, in denen man schlecht ohne Mietwagen auskommt, denn viele Attraktionen lassen sich alternativ nur mit Taxi oder – meist ebenfalls teuren – Van-Transporten erreichen. Dabei ergeben sich rasch höhere Kosten als bei Automiete, zumal die Florida-Tarife sehr günstig sind. Ausflüge in die Umgebung, wie z.B. nach *Cape Canaveral* oder den diversen Quellfluß-Parks sind ohne eigenes Fahrzeug gar nicht oder nur per *Gray Line Bus*, © 422-0744, zu stolzen Preisen möglich.

Autovermietungen im Airport Bereich

Alamo, Avis, Budget, Dollar, Enterprise, Hertz, National, Payless, Snappy, Thrifty, Value

Öffentliche Verkehrsmittel

Bus

Tri-County Transit **Lynx** (Informationen unter © 841-8240, 6am–9pm) ist zuständig für den lokalen Busverkehr. Nach Downtown, zu einigen *Shopping Malls* und Attraktionen gibt es zwar Verbindungen, das bediente Netz ist aber relativ dünn, die Frequenz der Abfahrten niedrig. An Wochenenden fällt der öffentliche Transport teilweise ganz aus.

Van Service

Verschiedene private ***Van Services*** transportieren Besucher von ihren Hotels zu den wichtigsten Parks und zurück. Die Fahrpreise richten sich nach der Entfernung. Nur relativ wenige parknahe Hotels unterhalten einen **freien *Shuttle-Bus-Service*** für ihre Gäste. In allen Motels/Hotels und bei der *Visitor Information* gibt es die jeweils aktuellen Daten.

Taxi

Für die erste Meile müssen ca. $2.70 und $1.50 für jede weitere Meile bezahlt werden

Checker, © 699-9999
Yellow Cab, © 422-4455
Ace Taxi, © 855-0564
City Cab, © 422-5151

Tour Package

Die Taxi-Unternehmen bieten *Tour Packages* an. Zum Beispiel zahlt man für ein 5-Tage-Paket $80. Dafür wird der Gast vom Flughafen abgeholt, zum Hotel gebracht und an den folgenden Tagen jeweils zu einem beliebigen Vergnügungspark gefahren. Bei mehrtägigen Aufenthalten ist das billiger als eine Fahrzeugmiete, die Bewegungsfreiheit bleibt allerdings eingeschränkt.

Unterkunft

Situation

Übernachten in Orlando bereitet keine Probleme. Dem Daueransturm der Besucher gegenüber stehen enorme Kapazitäten. Orlando verfügt mit fast 100.000 Hotelzimmern und ungezählten Wohnungen (*Condos/Suites*) und Häusern (*Vacation Homes*) zur Kurzmiete neben Las Vegas über die größte Ballung an Touristenquartieren in ganz Nordamerika.

Die teuersten Unterkünfte findet man in *Disneyworld* und Umgebung, die überwiegend von Pauschaltouristen gebucht sind. Erheblich preiswerter sind die **Hotels** und **Motels** an den Ausfallstraßen rund um die Parks und in der Stadt, speziell an der **Straße #192** (***Irlo Bronson Memorial Highway***, östlich

Situation

und westlich der I-4) und am ***International Drive***. Zu Zeiten geringerer Auslastung werben Hotels der Mittelklasse mit Preisen unter $40 fürs Doppelzimmer. Derartige Angebote lassen sich bei einer Fahrt durch die genannten Straßen und Bereiche und entlang der mit Werbung streckenweise vollgepflasterten I-4 nicht übersehen. Wie gesagt, findet man außerdem Hotelwerbung, einzeln und in heftförmiger Listung, und Sonderpreise im Büro der ***Visitor Information*** zuhauf.

Konsequenz

Für Orlando muß man **generell nicht vorbuchen**, im Zweifel zahlt man dann oft zuviel. **Ausnahmen** sind Weihnachten und Neujahr, Januar bis ca. Mitte April an Wochenenden und jeweils eine Woche vor und nach Ostern. Im Gegensatz dazu sind – wie ebenfalls bereits erwähnt – die weltweit vermarkteten **Hotels auf dem Gelände von *Disneyworld*** individuell grundsätzlich nicht zu Sondertarifen zu buchen. Vielmehr sind Zimmer dort immer knapp und ziemlich teuer.

Reservierung

Wer sich nicht der Mühe unterziehen möchte, durch Abfahren der Hotelrouten und Studium der Werbung das richtige Quartier zu finden, kann sich auch an Reservierungszentralen wenden, die zumindest auf dem Papier damit werben, daß sie die günstigsten Tarife bieten:

- ***Central Reservations Corporation***, © (800) 548-3311
- ***Discount Hotel Reservations Center***, © (800) 322-2220
- ***Discount Accommodations***, © (800) 749-1993/(407) 352-9813

In Anbetracht dieser Situation erscheinen **individuelle Hotelempfehlungen** im Bereich rund um die Vergnügungsparks **unangebracht**. Im Grunde ist es so, daß man nur reservieren sollte, wenn die zeitlichen Restriktionen (oben: "Ausnahmen") greifen oder *Disneyworld* angestrebt wird (© 407-W-DISNEY). Der Vorteil der Nähe der DW-Hotels zu den Hauptzielen, und des freien Transports ohne Notwendigkeit, Auto fahren und immer wieder neu parken zu müssen, wird – wie gesagt – teuer erkauft. Wem die Disney-Tarife (ab $99, großenteils viel höher) zu hoch sind, kann außer den Reservierungszentralen jede beliebige **Hotelkette direkt** anrufen (800-©, ➪ Seite 109). Alle sind mit einem, oft mit mehreren Häusern in Orlando vertreten.

Flughafen-bereich

Wer zunächst im Airportbereich unterkommen möchte, etwa wegen später Ankunft, hat neben dem feinen ***Hyatt Airport*** im Hauptterminal (ab ca. $120) und der preislichen Oberklasse wie ***Sheraton*** und ***Doubletree*** die Wahl unter diversen Mittelklasse-Häusern, alle **800-Nummern** Seite 109:

- **Hampton Inn Airport**, ab ca $70
- **Courtyard by Marriott Airpor**t, ab ca. $85
- **Quality Inn Airport**, ab ca. $44
- **Holiday Inn Express Airport**, ab ca. $49
- **La Quinta Inn Airport,** ab ca. $56

Hostels

Preiswerte Quartiere für junge Leute gibt`s auch:

- **Orlando International AYH-Hostel,** © 843-8888, 227 N. Eola Dr, 90 Betten, $11, Zimmer $25, Reservierung notwendig.
- **International Hostel Kissimee (AYH),** © 369-8282,4840 Irlo Bronson Highway, ab $14, Zimmer plus $12.

Essengehen und Shopping

Situation

In allen Vergnügungsparks können die Besucher in zahlreichen *Snack Bars* und Restaurants zu hohen Preisen ihren Hunger stillen. Über die in dieser Beziehung beste Auswahl verfügt EPCOT in seinen Länderpavillons.

Pleasure Island

Außerhalb der Parks, aber noch innerhalb von Disneyworld bieten sich vor allem fürs Abendessen und den Kneipen-/ Disco- oder Nightclub-Abend die Restaurantcenter ***Pleasure Island*** mit ***Disney Village Marketplace*** und ***Boardwalk*** an. Vielfalt und Qualität dort lassen nichts zu wünschen übrig, vorausgesetzt, es kommt auf einen Dollar mehr oder weniger nicht an. Bis Mitternacht, teilweise bis 2am geöffnet.

Int`l. Drive

Ähnlich wie im Fall der Hotels ballen sich zahllose Restaurants und *Fast Food Eateries* am **Irlo Bronson Hwy** und entlang des **International Drive**. Restaurants im Mexico-Stil findet man in der ***Mercado Shopping Mall***.

Downtown

Die ***Church Street Station*** in Orlando (unübersehbar von der I-4) ist ein Restaurant- und Kneipenzentrum mit viel abendlichem *Entertainment*. Sehr empfehlenswert, ➪ Seite 356.

Discounts

Und nicht vergessen: In Orlando gibt`s ***Coupons* auch für den Restaurantbesuch**, sei es der freie Drink oder 10% Rabatt, ein Blick in die Coupon-Seiten der zahllosen Werbebroschüren lohnt sich bestimmt.

Shopping Malls

In Orlando kommt das *Shopping* gleich nach dem Vergnügen. Kleine und große Einkaufszentren säumen alle touristisch frequentierten Straßen. Hier nur eine kleine Auswahl:

- ***Mercado***, 8445 International Drive, 10am–10pm. Diese Mall im *Mexico-Look* beherbergt 50 Läden und Restaurants. Direkt am Int`l Drive residiert dort das Büro der ***Tourist Information***.
- ***Florida Mall***, 8001 South Orange Blossom Trail, Mo–Fr 10am–9pm, So 11am–6pm. 150 Läden, 18 Restaurants sowie 4 Kaufhäuser in einem architektonisch gelungenen Komplex.
- ***Altamonte Mall***, an der State Road #436 im Stadtnorden. Mit 170 Läden und 4 Großkaufhäusern die größte und attraktivste *Shopping Mall* weit und breit mit Springbrunnen und Palmen.
- ***Belz Factory Outlet Mall***, 5401 W Oakridge R, Verlängerung des International Dr nach Norden. Mo-Sa 10am-9pm, So 10am-6pm. Mehrere Gebäude mit über 80 Läden voller sog 2.Wahl-Ware mit Markennamen. Im Grunde eine richtige *Shopping Mall* mit großer Auswahl. Wenn der Wunsch nach günstigen Einkäufen auf dem Programm für Orlando steht, dann hier.

Sicherheit

Orlando ist ein vergleichsweise sicheres Pflaster. In den Vergnügungsparks herrscht Disziplin und Ordnung, eine Welt (fast) ohne Kriminalität.

Vielleicht erfreuen sich auch deshalb die Kommerzdörfer in Disney World so großer Beliebtheit. Man kann dort – anders als in den meisten US-Großstädten – ohne Sorge vor Gewalttaten bis spät in die Nacht hinein bummeln und in lauer Luft seinen Drink genießen.

Sehenswürdigkeiten

Walt Disney World

Übersicht

Trotz aller Konkurrenz ist und bleibt *Disney World* unangefochtenes Zugpferd der amerikanischen Massenbelustigung.

Neben den drei bekannten Themenparks

- ***Magic Kingdom***
- ***EPCOT Center***
- ***Disney-MGM Studios***

gibt es heute noch die beiden tollen Wasserparks ***Typhoon Lagoon*** und ***Blizzard Beach*** sowie die Kleinkindervariante des Planschparks ***River Country***. Darüberhinaus bieten die *Entertainment*- und Shoppingkomplexe ***Pleasure Island, Disney`s Boardwalk*** und ***Disney Village Marketplace*** *Fun* und weiteres *Amusement* für alle, die nach den Parkbesuchen immer noch nicht genug von konfektionierter Unterhaltung, Konsum und Kommerz haben.

Eintritt/ Öffnung

Die *Theme Parks* sind ganzjährig täglich ab 9am in Betrieb; Einlaß ist aber bereits um 8.30am. Der Parkplatz öffnet um 8am (Parkgebühr $6). Schluß ist unterschiedlich je nach Jahreszeit, im Sommer, an Wochenenden und um Weihnachten/ Ostern erst in den späten Abendstunden. Das nur für jeweils einen Park gültige Tagesticket kostet einheitlich für **Erwachsene $38,50**, für **Kinder $31** (jeweils **plus Steuern**), Kinder unter drei Jahren brauchen kein Ticket. Wer an einem Tag zwei Parks besuchen möchte, muß doppelt zahlen. Nur mit **Mehrtagespässen** darf zwischen den Parks gewechselt werden, der günstigste ist z.Zt. der ***4-Day Park Hopper*** (Erwachsene $144, Kinder $115 plus *tax*). Der ***5-Day-World-Hopper*** berechtigt außerdem zu 7 Tagen Nutzung der eingangs aufgeführten Nebenattraktionen.

Vor den Eingängen gibt es bisweilen Leute, die ihre noch gültigen Mehrtagespässe zu günstigen Preisen verkaufen. Wem es gelingt, so einen "Restpass" zu ergattern, spart viel Geld.

Zeitbedarf/ Hinweise

Für jeden der drei großen Parks sollte man einen vollen Tag einplanen. Es empfiehlt sich, zeitig (ab 9am) da zu sein. Am frühen Vormittag sind die Warteschlangen vor den einzelnen Attraktionen in der Regel erträglich, teilweise kaum vorhanden. Selbst an Tagen mit unterdurchschnittlichem Betrieb kann man bei den populäreren Attraktionen ab Mittag längeres Anstehen kaum vermeiden.

Unterbrechung

Wer zwischendurch einen Park verlassen möchte, erhält zur eintrittsfreien Rückkehr am selben Tag einen Stempel auf die Hand. Mit Eintages-Ticket darf man nicht vergessen, sich den Stempel zu holen. Sonst bleibt man bei Rückkehr draußen!

Zu den Parks im einzelnen:

Magic Kingdom

Keimzelle der Entwicklung war das ***Magic Kingdom***, die kaum veränderte, etwas größere Kopie des kalifornischen *Disneyland* und bis heute der wichtigste der drei Themenparks.

Vor dem Einlaß in das magische Königreich der Micky Maus und seiner wohlbekannten Freunde steht die Fahrt vom Parkplatz mit dem Raddampfer über die Lagune der sieben Meere oder mit der *Monorail*-Bahn zum eigentlichen Eingang. **Sieben Bereiche** warten mit zahlreichen ***Attractions*** und ***Rides*** und können bis zu 100.000 Besucher pro Tag "verdauen".

Beste Rides

Sind die Wartezeiten lang, muß man wählen: Wofür lohnt es sich anzustehen? Folgende **Prioritäten** erscheinen sinnvoll:

Main Street USA: die nostalgische Eisenbahn zur Umrundung des gesamten Komplexes, um sich einen Überblick zu verschaffen

Adventureland:

- ***Pirates of the Caribbean***, ein technisch perfekter *Ride*
- ***Jungle Cruise***, eine Bootsfahrt durch tropischen Urwald

Frontierland:

- ***Splash Mountain***, ein feuchtes Vergnügen im Baumstamm
- ***Country Bear Jamboree***, urkomische Show singender "Bären"
- ***Big Thunder Mountain Railroad***, tolle Wildwest-Achterbahn

Liberty Square:

- ***The Haunted Mansion***, phänomenal gute Geisterbahn
- im ***Riverboat Liberty Belle*** rund um *Tom Sawyer's Island*

Fantasyland (eher für kleine Kinder)

- ***It's a Small World*** (nett auch für Eltern)
- ***Peter Pan's Flight***
- ***Mickey's Toontown Fair*** im Liliputstädtchen *Duckburg*

Tomorrowland:

- ***Space Mountain***, ein extrem schneller *Rollercoaster* im "Weltall" (Vorsicht bei Kreislauf- oder Wirbelsäulenschwäche)
- ***ExtraTERRORestrial Alien Encounter***, eine simulierte Reise durch ferne Galaxien mit Schockeffekten.

Außerdem gibt es viel Programm und eine **Parade** jeden Nachmittag um 3pm. Höhepunkte sind der Lichterumzug ***Spectromagic*** sowie das tolle allabendliche Feuerwerk ***Fantasy in the Sky*** über dem Zuckergußschloß.

EPCOT

EPCOT ist Kürzel für ***E****xperimental* ***P****rototype* ***C****ommunity* ***O****f* ***T****omorrow*. Dieser Park sollte zukunftsweisende Lebens- und Arbeitsmodelle unterhaltsam und verständlich präsentieren. Dabei ist eine Mischung aus hochtechnisiertem Vergnügungspark (***Futureworld***) und Manifestation amerikanischer Klischeevorstellungen vom Leben anderer Völker (***World Showcase***) herausgekommen.

Future World

Die von *Sponsoring* beherrschte ***Futureworld*** erinnert zunächst eher an die Gegenwart. *Exxon, Coca Cola, Kodak, General Motors* u.a. präsentieren belehrend unterhaltende Ausstellungen und Zeitrafferfahrten. Die z.T. mit der Bezeichnung des Gebäudes, in dem sie stattfinden, übereinstimmenden *Rides* sind zwar gut gemacht, meist interessant und manchmal sogar spannend. Der **Charme des *Magic Kingdom* fehlt** allerdings.

Folgende ***Shows/Rides*** sind das Anstehen wert:

- ***Spaceship Earth,*** eine Reise durch Zeit und Raum
- ***Ellens Energy Adventure*** im ***Universe of Energy***, typisch amerikanische Show zum allumfassenden Thema "Energie"
- ***Body Wars*** im *Wonders of Life Pavilion*, eine trickreich simulierte, leider zu action-betonte Kurzreise durch das Blutsystem
- ***Horizons,*** ein Trip in die (imaginäre) Zukunft der Menschheit
- ***Journey into Imagination***, eine bunte Fahrt durch Formen und Farben. In der Show *"Honey, I Shrunk the Audience"* werden die verblüfften Zuschauer auf Zentimetergröße "verkleinert".
- ***The Living Seas***, eine "Unterwasserstation", die vom größten Salzwasseraquarium der Welt umgeben wird.

World Showcase

Ins Disney`sche Schaufenster der Welt, dem ***World Showcase*** rund um einen künstlichen See, gehören – wie sich denken läßt – nur mit den USA freundschaftlich verbundene Nationen. Für elf von ihnen (einschließlich Selbstdarsteller America/USA) wurden mehr oder weniger pittoreske **Länderpavillons** errichtet. Neu hinzukommen soll nun auch bald Rußland.

Länder Pavillons

Im Mittelpunkt stehen allerorten die jeweils "typischen" **Produkte** (also Bierseidel und Kuckucksuhren aus Deutschland, Weine aus Frankreich, Pullover aus Schottland etc.), zu erwerben in teuren Shops von Verkäufern in Originaltrachten, und **landesspezifische Restaurants**. ***Germany*** findet in Form eines Mittelalterstädtchens à la Rothenburg seine verdiente Würdigung. Eindrucksvoller sind die **Filme** im chinesischen, kanadischen (beide *Circle Vision*), norwegischen und französischen Bereich. Der einzige echte ***Ride*** in diesem Bereich ist ***El Rio del Tiempo***, eine Reise durch die Zeit, im Mexico Pavillon. Gesehen haben muß man das ***American Adventure***, eine bombastische Show, in welcher die Geschichte der USA phänomenal glorifiziert wird.

Nach Einbruch der Dunkelheit findet allabendlich um 9pm über der ***World Showcase Lagoon*** zu leichter Muse eine *Sound & Light Show* mit Feuerwerk und Laser statt: ***IllumiNations 25***.

Insgesamt

Fazit: Alles gut gedacht, aber Experimente zum selber Ausprobieren – wie etwa in den Science Museen – gibt es nicht. Die passive Aufnahme der "Zukunft" und seichte Berieselung mit "Zukunftsmusik" stehen im Vordergrund. Eine tiefergehende Auseinandersetzung mit Problemen, Möglichkeiten und Grenzen moderner Technik findet nicht statt.

MGM Studios

Der dritte Disney-Park ist der **Welt des Films** gewidmet und (war) eigentlich eine Kampfansage an den (einzig ernst zu nehmenden) Konkurrenten *Universal*, der seit Jahrzehnten in Los Angeles seine Studios betreibt und mit der Vermarktung des Themas "Hinter den Kulissen der Filmproduktion" einen Bombenerfolg hat. Die modifizierte Realisierung des weitgehend gleichen Konzepts durch die *Disney Corporation*, die sich dafür eigens mit dem Filmriesen MGM verbündete, ließ *Universal* nicht ruhen: Schon 1991 wurde nur wenige Meilen nördlich *Disney World* die Florida-Variante der *Universal Studios* eröffnet (➪ folgende Seite).

Philosophie

In beiden Fällen geht es um Filme, Filmemachen und Filmstars in Vergangenheit, Gegenwart und Zukunft. Ein Tag im *MGM* Park verdeutlicht: Kino, Fernsehen und Illusion, so noch nicht selbstverständliches Hauptinteresse jeden Besuchers, sollten es schleunigst werden, vorzugsweise mit Produkten der *MGM* und Disney *Corporation*. Wie großartig die Welt des Films und seiner Stars schon immer war und erst recht noch werden wird, erfahren die für diese gigantische Werbeveranstaltung sogar Eintritt zahlenden Touristen auf der ***Backstage Studio Tour*** und in den Bereichen ***Hollywood Blvd, Lakeside Circle*** und ***Backlot Annex***.

Rides/Shows

Der Besuch dieses Parks kann eigentlich nur Film-Freaks empfohlen werden. Folgende Attraktionen sind ansehenswert:

- ***The Great Movie Ride***, eine Fahrt durch die Filmgeschichte,
- ***Indiana Jones Epic Stunt Spectacular***, eine furiose *Stunt-Show*
- ***Star Tours***, der "Krieg der Sterne" hautnah nacherlebt
- ***Backstage Studio Tour***, ein Ausflug per *Tram* und zu Fuß durch Filmkulissen mit Horror im "Katastrophencanyon"
- ***The Magic of Disney Animation***, Demonstration zu Trickfilmen
- ***The Twilight Zone Tower of Terror***, die jüngste Attraktion: Im Publikumsfahrstuhl reißt – programmgemäß – das Zugseil ...

Und zum Abschluß zaubern auch die *MGM Studios* jeden Abend ein spektakuläres **Feuerwerk** in den Abendhimmel.

Disney-MGM Studios zeigen: Technische Perfektion allein macht es nicht. Ähnlich *EPCOT* fehlen Ausstrahlung und Imagination des *Magic Kingdom*.

Planschparks

Ein Planschpark der sanften Art ist die ***Typhoon Lagoon*** mit hohen Wellen am künstlichen Strand, Wasserrutschbahnen durch zerklüftete Felslandschaft, Schnorchelbecken und Wasserspaß in subtropisch bepflanzter Umgebung. ***Blizzard Beach*** ist die effektvollere Steigerung zwischen "Schnee und Eis". Das ***River Country*** am Bay Lake hinter dem Campingplatz kann mit den beiden Superanlagen nicht mithalten, ist aber für kleine Kinder prima.

Abendunterhaltung

Auch am Abend wird man in *Disneyworld* nicht allein gelassen. ***Disney Village Marketplace, Boardwalk*** und ***Pleasure Island*** samt *Movie Theatre* und ***Planet Hollywood*** sorgen – schick und attraktiv – für ein volles Abendprogramm mit ***Shops, Restaurants, Showplaces*** und **Discos**. Es gilt: *no drugs or crime*, faires Austauschverhältnis Dollar gegen *Fun*. Kein Wunder, daß nicht nur die Gäste aus den *Disneyworld* eigenen Großhotels hierher strömen, sondern auch aus der angrenzenden *Hotel Row* und viele Einheimische aus Orlando und Umgebung.

Downtown Orlando und andere Vergnügungsparks

Kennzeichnung

Orlando, ***The World's Vacation Center***, wird nicht ganz zu Unrecht weitgehend mit *Disneyworld* identifiziert. Orlando besitzt vor allem eine **Servicefunktion** für die von Jahr zu Jahr wachsenden Besucherzahlen in den *Amusementparks*, die sich allesamt südwestlich der Stadt befinden. Im Gegensatz zu *Disneyworld* gibt es praktisch in allen Rabatt auf den hier angegebenen Eintrittspreis (1997) bei Vorlage von ***Discount Coupons*** oder der ***AAA Card*** (➪ Seite 92).

Church Street Station

– Auch der Anziehungspunkt No.1 in Orlandos Innenstadt, die ***Church Street Station,*** 129 W Church St, zwischen Magnolia und Garland in Sichtweite der I-4, lebt von den Touristen. Ein alter Bahnhof wurde dort zum Restaurant-, Kneipen- und Entertainmentkomplex im Nostalgielook umgestaltet. ***Nightlife*** mit Musikshows von *Western Country* (*Cheyenne Saloon*) über Dixieland (*Rosie O'Grady*) bis Rock & Pop (*Orchid Garden Ballroom*) und sonstwas einschließlich Gruselkabinett (*Terror on Church Street)* sorgen für Betrieb bis morgens um 2am. **Ein Ticket** ($18) berechtigt zum Besuch aller Shows.

Amusement Parks

Angesichts der Dominanz von *Disneyworld* bleibt kaum noch Geschäft für die Konkurrenz – möchte man meinen. Aber das Gegenteil scheint der Fall zu sein. Einmal in Orlando können die Besucher offenbar gar nicht genug vom konfektionierten Publikumsvergnügen bekommen. Die wichtigsten Attraktionen neben *Disneyworld* sind:

Sea World

– ***Sea World*** (zwischen I-4 und *Beeline Expressway*, ausgeschildert), vielleicht Amerikas bester Vergnügungspark dieses Typs ("Namensvettern" in San Diego und San Antonio). Die perfekte Dressur der **Wale**, **Delphine und Seelöwen** wird in *Sea World* ergänzt durch eine **Pinguinwelt** und ein **Haifischbecken**, das der Besucher in einer Glasröhre durchquert. **Hulamädchen** und ein **Feuerwerk mit *Lasershow*** am Abend fehlen auch nicht. Öffnungszeiten wie *Disneyworld*; Eintritt inkl. *Tax* $40, Kinder $33.

Universal Studios

– ***Universal Studios Florida*** am Universal Drive (I-4, Exit 30B), der erweiterte und modifizierte Nachbau der *Universal City Studios* von Los Angeles (➪ Seite 281). Auch wer das – vom Flair her attraktivere – "Original" kennt, wird in Orlando noch Neues entdecken, wiewohl die Hauptshows und *Rides* an beiden Orten weitgehend übereinstimmen. Zu erleben sind u.a. Abenteuer mit ***King Kong*** in der ***Kongfrontation***, ein simuliertes **Erdbeben** der Stärke 8,3 (***The Big One***) und die aufregende Reise ***Back to the Future***. Für Action-Freunde gibt es *Stunt Shows*, spektakulär die Verfolgungsjagd auf dem zentralen See, wo alles in die Luft fliegt, und im 3-D-*Surround* Format ***The Terminator 2***.

Kinder werden vom Super-Spielplatz ***Flevels Playland*** begeistert sein, die große Fangemeinde vom Auftritt der ***Blues Brothers.*** Und für einige ist das größte ***Hard Rock Cafe*** der Welt bereits Grund genug, bei *Universal* vorzufahren; direkt vom Parkplatz aus. Ein Problem auch von *Universal* sind die langen Wartezeiten vor den ***Rides*** an Tagen mit gutem Besuch. Täglich ab 9am, Schluß variable; Eintritt inkl. Tax $41; Kinder $33.

Gatorland – ***Gatorland Zoo*** (etwas nördlich Kissimmee am *Orange Blossom Trail*/Straße #17/#92), eine Farm mit über **5000 Alligatoren** in einem Zoo mit tropischen Tieren. Attraktionen sind die mehrfach täglich stattfindenden *Jumparoo Shows* und Alligator-Ringkämpfe. Sehenswert, täglich 8am–6pm, $13.

Splendid China – ***Splendid China***, Floridas vorerst jüngster Themenpark, der sich mit fernöstlicher Kultur und Miniaturbauten asiatischer Sehenswürdigkeiten gegen die *HighTech*-Spielereien der anderen Parks zu behaupten versucht, 3000 Splendid Blvd (Straße #192 südlich von *Disneyworld)* 9am–8pm, $24.

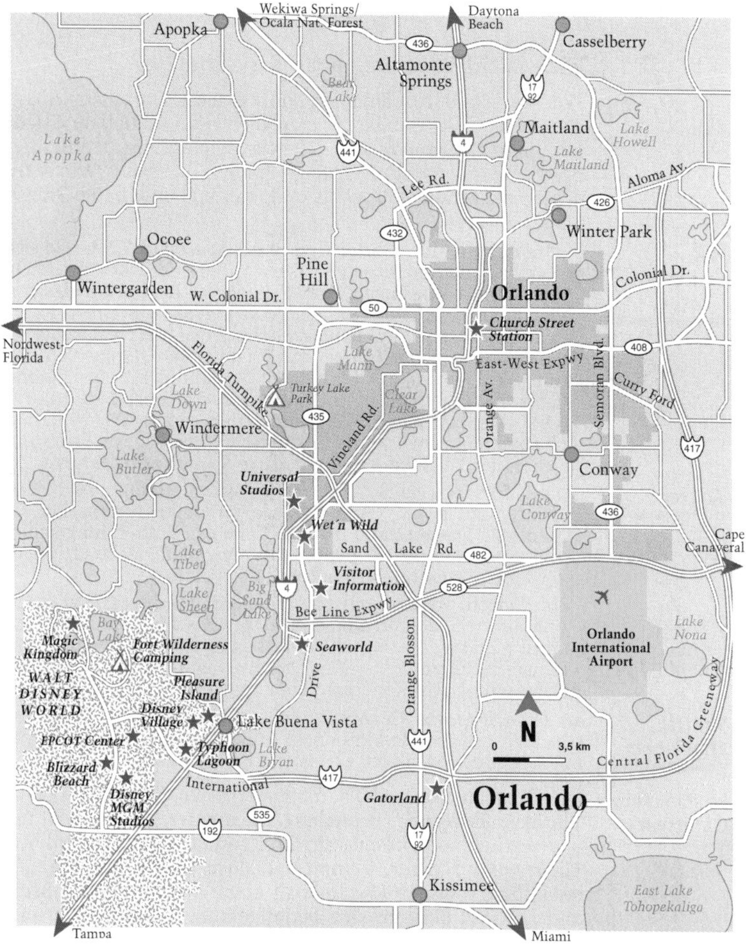

Cypress Gardens

– die ***Cypress Gardens*** (I-4, Exit 23, dann Straße #27 Richtung Miami, bei Waverly auf die #540, ausgeschildert; oder über Winter Haven) bieten einen kommerziell aufgemotzten **botanischen Garten** mit **Bootsfahrt** und viel Schnick-Schnack (*Gardens of the World*) und – am wichtigsten – **Wasserski-Zirkus der Extraklasse**. Zeiten wie *Disneyworld*, $29.

Bok Tower Gardens

– die ***Bok Tower Gardens*** als Kontrastprogramm zur aktionsgeladenen Unterhaltung im Umfeld. Sie liegen etwas südlich der *Cypress Gardens*, erreichbar am besten über die Straße # 27A. Es handelt sich um einen unaufdringlich attraktiv gestalteten Park auf Floridas höchster Erhebung und **Vogelparadies** ohne Kommerz zum geringem Eintritt von $3.

Ziele in Orlandos Umgebung (Karte Seite 305)

Wer schon mal in Orlando ist, sollte einen Extratag zum Abstecher zum *Cape Canaveral* einplanen. Die schnellste Straße zum ***John F. Kennedy Space Center*** ist der gebührenpflichtige *Beeline Expressway*. Den recht hohen *Toll* spart, wer stattdessen die Straße #50 wählt und maximal eine halbe Stunde länger unterwegs ist.

JFK Space Center

– Die Zufahrt zum ***Visitor Center*** des ***Spaceport USA***, wie sich Raketenpark und Museum des *JFK Space Center* heute nennen, heiß ***NASA Causeway***. Allein schon der ***Rocket Garden*** mit den Raketen seit 1958 und die ***Shuttle Plaza*** mit einem Nachbau des *Space Shuttle* ***Explorer***, lohnen den Besuch. Sehenswert ist die ***Space Flight Gallery*** mit Raumkapseln, Originalausrüstung und Details zur Geschichte der amerikanischen Raumfahrt. All das und die Filme im *Spaceport Theater* sind gratis. Die (sagenhaft guten) Weltraumwerbefilme im IMAX-Format ***A Dream is Alive, Destiny in Space*** und als neueste Errungenschaft der 3-D Film ***L5, First City in Space*** kosten Eintritt.

Touren

– Die Mehrzahl der Besucher bucht außerdem eine der beiden Touren durch das NASA-Gelände; zu empfehlen ist eher die ***Kennedy Space Center Tour***, welche den Besuch im grandiosen ***Apollo/Saturn V Center*** mit Originalrakete und Mondlandefähre einschließt; Tourpreis $8, Kinder $5.

Um längere Wartezeiten zu vermeiden, macht es Sinn, nach Ankunft im *Spaceport* zunächst die gewünschte Tour zu buchen und die Zeit bis zur zugeteilten Abfahrt mit Besichtigungen und Filmen zu überbrücken. Der *Spaceport* ist täglich von 9am bis Dämmerung geöffnet, letzte Tour 5pm.

Shuttle Missionen

Im ***Launch Status Center*** befindet sich eine Ausstellung von Objekten der *Shuttle* Missionen. Außerdem wird laufend informiert über den Stand der aktuellen Operationen.

St. Petersburg Clearwater

Die Dreifachstadt und Touristenmetropole #1 der Westküste Floridas, **Tampa/St. Petersburg/Clearwater,** liegt gut 80 mi südwestlich von Orlando am Golf von Mexico und rund um ***Clearwater Harbor, Tampa*** und ***Boca Ciega Bay***. Entlang unendlicher Meilen Uferlinie an Buchten, künstlichen Seen und Kanälen drängen sich Ferienanlagen, Hotelpaläste und zahllose Privatvillen. Ein Yachthafen reiht sich an den anderen. Eine langgestreckte Inselgruppe vom *Egmont Key* im Süden bis *Honeymoon Island* ist der Region vorgelagert und mit ihr durch Brücken verbunden. Die Strände sind zwar nicht ganz so weiß, und das Wasser ist weniger klar als weiter südlich, das tut ihrer Popularität aber keinen Abbruch.

In **St. Petersburg** befindet sich die wesentlichste **kulturelle Attraktion** der Dreierstadt:

Dali Museum

- das ***Salvadore Dali Museum***, 3rd Street/Bayboro Harbor. Neben den Werken Dalis steht dessen exzentrisches Leben im Mittelpunkt der Ausstellung, Di–Sa 10am–5pm, So ab *noon*, $8.

Pier/Arts Museum

- Die St.Petersburg Pier, eine Verlängerung der 2nd Ave mit Park, Yachtmarina und einer auf den Kopf gestellten Pyramide am Ende, das ein *Shopping*- und *Restaurantcenter* beherbergt, erweitert den zentralen Bereich der City. Gleich eingangs der Pier befindet sich am Bayshore Drive im *Straub Park* das ***Museum of Fine Arts***, wie so oft in den USA eine Art Tempelbau mit ionischen Säulen; Di–Sa 10am–5pm, So ab 1pm, $5.

Sunken Gardens

- Die kommerziellen *Sunken Gardens*, 4th Street nördlich von *Downtown* St.Petersburg, reklamieren für sich den ***World's Largest Giftshop***. Der immense Souvenirladen ist fast sehenswerter als die bunten Gärten selbst, täglich 9am–5:30pm, $14.

Tampa/ Ybor City

Tampas Kern ist gekennzeichnet durch eine kompakte **Hochhaussilhouette** unweit der Bay. Ihr spanisches Erbe versucht die Stadt in ***Ybor City*** zu bewahren, einem aufpolierten Viertel unweit der ehemaligen **Zigarrenfabrik** eines Herrn *Ybor:*

- ***Ybor City*** besteht aus einem Teilstück der 7th Ave östlich von *Downtown Tampa* zwischen dem *Crosstown Expressway* (#618) und der *Interstate* #4 und erscheint eher abends besuchenswert. Aber Achtung: das Umfeld ist problematisch!

Busch Gardens

- Die ***Busch Gardens*** sind vielleicht der vielseitigste *Amusementparks* der USA, Anfahrt I-275/ Busch Blvd. Die in einer Riesenparkanlage rund um die **Bierbrauerei *Anheuser Busch*** fabrizierte Mischung aus Jahrmarkt, Show, Exotik, Zoo und Zirkus übertrifft kühnste Phantasien. Wer kritische Reflektionen hintanstellt, wird für $39 Eintritt einen vollen Tag lang Spaß haben. Täglich, im Sommer bis 8pm, im Winter bis 6pm. Knapp eine Meile von den *Busch Gardens* entfernt liegt ***Adventure Island***, ein Wasserplanschpark, der einst Maßstäbe setzte und immer noch prima ist, $21.

Information Tampa/St. Petersburg/Clearwater

Tampa Convention & Visitors Association, © (813) 223-1111 oder (800) 826-8358), 111 Madison St, Mo-Fr 8am-4:45pm.

Tampa International Airport (TPA), © 870-8700, 5 mi westlich von Tampa. Modernes übersichtliches Hauptterminal. Taxi nach Tampa ca. $15, nach St. Petersburg Beaches ab ca. $35; Bus #30 alle 40 min *Downtown* Tampa 6am-8am, Wochenende 10am–5.30pm.

Fluglinien: AA, CO, DL, HP, NW, TW, UA, US

Floridas Quellflüsse und *Springs Parks*

Kennzeichnung

Eine bei uns kaum bekannte Spezialität im zentralen Florida sind fantastische Quellflüsse, die insbesondere **nördlich und westlich von Orlando** von überaus ergiebigen ***Springs*** gespeist werden. Wassermengen zwischen 35.000 m^3 (*Wekiwa Springs*) und über 2 Mio. m^3 (*Silver Springs*) treten dort täglich an die Oberfläche. Die rund um die Quellen und um die ersten Kilometer ihrer Abflüsse herum entstandene Vegetation und die unerhörte Wassertransparenz bei sommers wie winters gleichen Temperaturen zwischen 20° C und 23° C sorgte früh für die Anlage von Parks. Einige dieser Parks (*Silver* und *Weekie Watchee Springs*) sind in Privathand und machen das große Geschäft mit Touristen, die für Unterwassershows, Bootsfahrten durch mit wilden Tieren besetzte "Dschungel", Badelandschaft und viel Kitsch kräftig zur Kasse gebeten werden. Die Mehrheit befindet sich in Staatshand. Herrlich angelegte ***State*** und ***National Forest Parks*** laden bei geringer Gebühr zum Baden, Campen und Kanu-Paddeln ein.

Empfehlung

Die schönsten **staatlichen *Springs Parks*** liegen gut erreichbar:

- ***Blue Springs State Park*** bei Orange City, tiefer, toller Quellfluß nur für Schwimmer; *Scuba Diving* in der Austrittsöffnung; im Winter Heimstatt von *Manatees*/Seekühen; **Kanuverleih**.
- ***Alexander Springs*** im *Ocala National Forest*; schöne Anlage mit großem Badestrand; beliebt bei Familien mit Kindern.
- ***Juniper Springs*** im *Ocala National Forest* mit einer gemauerten Badestelle rund um den Quellbereich, kein Strand; der Clou sind **Kanutouren** über 11 km den *Juniper Creek* hinunter, mit Rücktransport $22-$25 nach Größe; am besten am Vortag reservieren unter © 904-625-2808.
- ***Wekiwa Springs State Park*** ist der Orlando (nördlich) am nächsten gelegene *State Park* mit einer gepflegten Anlage, großem Badesee und **Kanuverleih**.Bei Apopka, Straßen #19/#436.
- ***Homosassa Springs Wildlife Park*** an der Küstenstraße #98/19 bietet einen Bootstrip zu einem Zoo der Florida-Tierwelt samt ***Manatees***, die man sonst kaum zu Gesicht bekommt, Eintritt $8.

Der richtige Sight zur richtigen Zeit

Daytona Beach

Daytona Beach, 60 mi nordöstlich von Orlando, ist bekannt für seine Motorrad- und Autorennen auf dem *Daytona Speedway*. Höhepunkt der Rennsaison ist im Februar die ***Speedweek*** mit einer ganzen Reihe bekannter Rennereignisse.

Während des ***Spring Break***, den Universitäts-Frühjahrsferien (über Ostern), fallen Zehntausende von Studenten in Daytona Beach ein, um dort richtig auf den Putz zu hauen. Die Beliebtheit ausgerechnet von Daytona Beach bei den *Springbreakers* erklärt sich vor allem aus der Zulassung von Autos am Strand und der großen Kapazität preiswerter Motels und Kneipen.

PHILADELPHIA

Charakteristik

Philadelphia ist eine der größten US-Metropolen und gilt neben Boston als "Wiege der Nation". Vor allem wegen ihrer historischen Bedeutung besitzt die Stadt auf nationaler Basis eine erhebliche touristische Anziehungskraft. Für Besucher der USA aus Übersee, die nicht in erster Linie an amerikanischer Geschichte oder deutschen Einflüssen auf den Lauf der Dinge während der Gründerjahre interessiert sind, gehört Philadelphia eher zu den zweitrangigen Zielen. Zumal mit New York und Washington DC die beiden attraktivsten Cities der Ostküste quasi in der Nachbarschaft liegen.

Auch wenn die Stadt von Europa aus teilweise direkt angeflogen wird, ist es naheliegender, Philadelphia – so überhaupt – als Abstecher von New York oder Washington einzuplanen. Dabei macht das Opfern eines Flugabschnitts für Couponflieger ökonomisch wenig Sinn. Bei ca. 100 bzw. 140 mi Entfernung von den Nachbarn sind Busfahrten preiswerter; bei mehreren Personen gilt das sogar für den Mietwagen. Außerdem ist der landgebundene Transport unter Berücksichtigung von An- und Abfahrten zum/vom Flughafen meist schneller.

GEOGRAPHIE, KLIMA UND GESCHICHTE

Geographie

Philadelphia liegt rund 50 mi von der Ostküste entfernt am Westufer des Delaware River etwa auf halber Strecke zwischen New York City und Washington DC. Der Fluß bildet über Hunderte von Meilen die Grenze zwischen Pennsylvania und New Jersey und trennt Philadelphia von ausgedehnten Vororten im Nachbarstaat. Die Stadt entwickelte sich zunächst auf einer Art Landzunge, die vom Delaware River und dem teilweise parallel fließenden Nebenfluß Schuylkill River geformt wird. Das historische Zentrum, heute *Downtown* Philadelphia, befindet sich im nur etwa 4 mi breiten Engpaßbereich zwischen beiden Flüssen.

Klima

Die klimatischen Bedingungen gleichen weitgehend den unter Washington DC beschriebenen, sind aber mit der Folge vielleicht noch kälterer Winter stärker kontinental bestimmt. Beste Reisezeiten sind Frühsommer und Herbst.

Sonnenschein: 205 Tage	**Niederschläge**: 116 Tage
Heißester Monat: Juli: 24°C	**Kältester Monat**: Januar -10°C

Geschichte

Bereits Mitte des 17. Jahrhunderts ließen sich im heutigen Stadtgebiet zunächst Schweden und Holländer nieder. Später folgten Engländer:

1682 gründet William Penn, Führer einer **Quäkergemeinde**, die Stadt der Bruderliebe Philadelphia, in der religiöse Freiheit garantiert ist. So siedeln sich auch deutschstämmige Mennoniten an, die

1683 zusammen mit Holländern den Ort **Germantown** gründen.

1701 4.500 Einwohner; Philadelphia erhält **Stadtrechte**

1732 20.000 Einwohner.

1774 versammelt sich der **erste amerikanische Kongress**

1776 am 4. Juli erklärt der Kongress die **Unabhängigkeit** der 13 britischen Kolonien vom Mutterland

1777 Engländer besetzen vorübergehend die Stadt

1781 Vertreibung der letzten englischen Truppen

1783 Anerkennung der Unabhängigkeit im Frieden von Versailles

1787 Ausarbeitung der amerikanischen **Verfassung** durch einen eigens nach Philadelphia einberufenen Konvent

1789 tritt die im Kern bis heute geltende Verfassung in Kraft. ***George Washington*** wird erster Präsident und Philadelphia die vorläufige **Hauptstadt** der ersten 13 vereinigten Staaten von Amerika.

1800 tritt Philadelphia die Kapitalenfunktion an Washington DC ab.

1876 **Weltausstellung** zum 100. Unabhängigkeitstag.

1976 Wiederum **Weltausstellung** zur nunmehr 200-jährigen Unabhängigkeit der USA.

Philadelphia besitzt heute etwa **1,7 Mio. Einwohner**; im **Großraum** leben fast **6 Mio.** Menschen.

Daten und Fakten

Telefonische Vorwahl/Area Code: 215

Diplomatische Vertretung

- **HK der BRD,** © 922-7415, 11011 PNB Plaza Bldg, 5th/Market St
- **HK der Schweiz,** © 922-2215, 635 Ledger Bldg, Independence Sq
- **HK Österreichs,** © 665-7348, 3 Parkway, 20th Floor

Besucherinformation

- Mehrere Stände der ***Travelers' Aid*** im *International Airport*
- ***Visitors Information Center,*** © 636-1666 und © (800) 537 7676, 1525 J. F. Kennedy Blvd/16th St, 9am-5pm, im Sommer bis 6pm. Dort sehr hilfreicher ***Philadelphia Official Visitors Guide***.
- ***National Park Service Visitors Center,*** © 597-8974, 3rd/Chestnut St, 9am–5pm, im Sommer bis 6pm

Flughafen (PHL)

Philadelphia International Airport, © 492-3181
Fluglinien: AA, CO, CP, DL, HP, NW, TW, UA, US
Hub: US
Transferzeiten: Int–Dom 90 min, Dom–Dom 40 min

Der Airport liegt ca. 8 mi südwestlich der Innenstadt und hat 5 Terminals. Nationale Flüge werden in den Terminals B-E, internationale Flüge im Terminal A abgewickelt.

Schließfächer befinden sich direkt an den Gates, $1/24h.

Verbindung Airport-City

Bahn Der Flughafen ist an das städtische Vorortbahnsystem SEPTA angeschlossen. Züge verkehren ca. 5:30am–11:30pm alle 30 min, Fahrtzeit nach Downtown ca. 25 min, $5 am Schalter, $7 im Zug.

Van/Taxi Mehrere Firmen bieten einen Limousinen bzw. ***Van Service*** ins Zentrum zu den wichtigsten Hotels; ab ca. $10; ein **Taxi** kostet ca. $20-$25, Fahrtzeit in beiden Fällen ca. 20-30 min.

Car Rental Avis, Budget, Dollar, Enterprise, Hertz, National

Für eine Stadtbesichtigung ist in Philadelphia ein Auto wegen des dichten Verkehrs und erheblicher Parkprobleme eher nachteilig. Fast alle wichtigen Sehenswürdigkeiten sind mit öffentlichen Verkehrsmitteln relativ besser und dazu vergleichsweise billig zu erreichen, ⇨ unten.

Öffentliche Verkehrsmittel

Bahn/Bus *Southeastern Pennsylvania Transportation Authority* SEPTA, © 580-7800, unterhält U-Bahn- und Hochbahn-Linien sowie ein dichtes Bus-Streckennetz. Für die Benutzung des Systems gilt ein Einheitspreis von $1,75, **Tagespaß** $5, zu kaufen bei der *Visitor Information*. Transfers kosten $0,50. Regionalbahnen zu Vororten und zum Airport sind teurer. Am interessantesten für Touristen ist die **Linie #76**, die zwischen *Penns Landing* und dem Zoo pendelt. Und zwar für $0,50 alle 15 min 7 Tage in der Woche.

Taxi Für Taxis bezahlt man mehr als in vielen anderen Großstädten: Grundpreis ca. $2, auch jede gefahrene Meile ca. $2
Quaker Cab, © 728-8000 **United Cab,** © 238-9500

Rundfahrten

Situation Philadelphia ist die Stadt der Rundfahrtangebote und Führungen. Kaum irgendwo sonst lassen sich derart viele Trips per Bus, Van, Trolley, Pferdekutsche, Boot und – mit unterschiedlichsten Schwerpunkten – natürlich auch zu Fuß buchen.

Trolley In erster Linie interessant sind die ***Trolleys***, die – wie anderswo auch – auf einem festen Rundkurs entlang der Hauptsehenswürdigkeiten unterwegs sind und den Passagieren gestatten, beliebig zu unterbrechen. Der ***Old Town Trolley***

Trolley

verkehrt zwischen *Penn`s Landing* und dem *Museum of Art* und fährt darüberhinaus durch den *Fairmount Park*; Tagesticket $16. Der ***Penn`s Landing Trolley*** fährt die *Waterfront* auf und ab, die sich aber noch gut zu Fuß meistern läßt. Die Teilnahme an **Stadtrundfahrten per Bus** im üblichen Ablauf erscheint in Philadelphia weniger sinnvoll.

Walking Tours

Vielmehr sollte man bei Bedarf an kenntnisreichen Erläuterungen auf die entsprechenden Angebote an *Walking Tours* zurückgreifen. Im *Independence National Historic Park* etwa, der Hauptattraktion Philadelphias, finden kostenlose, von Rangern geleitete *Walks* statt. Infos und Anmeldung im *National Park Visitor Center.*

Bus Tours

Bustouren sind eher erwägenswert etwa bei Interesse an den *Amish People* durchs Lancaster County, an *Valley Forge* (➪ Seite 368) und *Germantown, z.B.* ***Amish Country Tours*** © (717) 392-8632, ***Heritage Tours International*** © 923-8639 und ***Werner Tours***, © (800) 532-9800.

Bootstrips

An ***Penn's Landing*** warten Boote für Hafenrundfahrten und Ausflüge auf dem Delaware River auf Passagiere.

Unterkunft

In *Downtown* Philadelphia überwiegen die Hotels ab oberer Mittelklasse bis zur Luxuskategorie. Wegen der Popularität der historischen Innenstadt sinken die Preise der Hotels auch an Wochenenden nicht oder nur wenig. Die weniger teuren Unterkünfte im zentralen Bereich sind oft ausgebucht, Reservierung lange im voraus ist zu empfehlen.

Citybereich

- **Comfort Inn Penns Landing,** © 627-7900, 100 N Columbus, ab $89
- **Best West. Independence Park,** © 922-4443, 235 Chestnut, ab $99
- **Holiday Inn City Centre**, © 923-8660, oder **Independence Mall** © 561-7500, 1800 Market bzw. 400 Arch, ab $89
- **The Barclay Hotel**, © 545-0300, 237 S 18th St, ab $70
- **Ramada Inn Center City**, © 568-8300, 501 N 22nd St, ab $59
- **Holiday Inn Express,** © 735-9300, 1305 Walnut St, ab $85
- **Wyndham Franklin Plaza** © 448-2000, 17th/Race St, ab $89
- **The Latham** , © (800) LATHAM-1, 135 S 17th St, Luxus ab $149

Ähnlich wie in New York bietet in Philadelphia ***Bed & Breakfast*** ggf. eine Ausweichalternative:

- ***Abigail Adams B & B***, © 546-7336, 1208 Walnut Street
- ***Bed & Breakfast Center City***, © 735-1137, © (800) 354-8401
- ***Bed & Breakfast Connection,*** © (610) 687-3565, © (800) 448-3619

Preiswert

Preiswerte Unterkünfte sind

- **Bank Street Hostel,** © 922-0222 oder © (800) 392-HOST, 32 Bank Street zwischen Penn`s Landing und Independence Park, ab $14

Preiswert

- **Chamounix Mansion AYH-Hostel,** ✆ 878-3676, W Fairmount Park, ab $14, 48 Betten. Schönes altes Haus am Rand des Parks.
- **Old First Reformed Church,** ✆ 922-4566, 4th/Race St im Zentrum, $12 inkl. Frühstück. Nur im Juli/August, Matrazenlager Ankunft 5pm–10pm; ab 11pm geschlossen.

Flughafenbereich

- **Econolodge,** ✆ 521-3900, in Lester Straße #291, ab $55
- **Red Roof Inn Airport/Knights Inn Airport**, beide ab $49
- **Days Inn Airport,** ✆ 492-0400, 4101 Island Ave, ab $69

Außerhalb

Wer ein Auto mietet oder per Mietfahrzeug anreist, findet auf der Ostseite des Delaware River in New Jersey erschwingliche Quartiere in nicht zu großer Entfernung zur City, u.a.

- **Econolodge Cherry Hill**, Straße #38 ca. 6 mi bis Downtown, ab $39
- **Econolodge Bellmawr**, I-295 Exit 28, Straße #168 S, ab $45

Die Mehrheit der großen Motelketten ist in diesem Bereich mit Häusern vertreten, ➪ 800-Nummern auf Seite 109.

Essengehen und Shopping

Situation

In *Downtown* Philadelphia fürs leibliche Wohl zu sorgen, ist kein Problem. Preiswerte Restaurants gibt`s z.B. in der **Sansom Street**, Höhe 17th/18th St. Viele Restaurants der besseren Kategorie findet man im Bereich der ***Riverfront/Penn`s Landing***. *Good & Fresh Food* für einen Snack oder das Picknick kauft man an Ständen im ***Reading Terminal Market,*** 12th/Arch St oder im ***Italian Market***, 47th/8th Street.

Malls

Wie überall beherbergen auch die ***Shopping Malls*** zahlreiche ***Eateries,*** z.B. im Innenbereich unweit des *Independence Park:*

- **The Gallery**, 9th/Market, Mo-Sa 10am-7pm, Mi bis 9pm, So 11am–6pm, ein enormer Komplex mit über 230 Shops, zahlreichen Restaurants und natürlich auch einem ***Food Court***.
- **The Bourse**, 5th/Market St, eine kleine *Mall* direkt am Park gegenüber dem *Liberty Bell Pavilion*, mehrere Restaurants.

Outlet Mall Franklin Mills

Die neben *Sawgrass Mills* in Fort Lauderdale größte ***Outlet Shopping Mall* der USA**, die wirklich alle Maße sprengt, befindet sich im nördlichen Vorort Franklin Mills. Eine sagenhafte Auswahl in über 200 *Factory Stores* wartet mit teilweise unglaublich niedrigen Preisen. Zufahrt am besten auf der I-95. nach Norden, ca. 16 mi außerhalb.

Sicherheit

Philadelphia wirbt damit, daß es die günstigste Kriminalstatistik aller ähnlich großen Metropolen der USA aufweist. Tatsächlich ist die Stadt im zentralen Bereich und den meisten Vororten tagsüber unproblematisch. Wie auch anderswo ist aber nach Einbruch der Dunkelheit Vorsicht angebracht. Speziell die **U-Bahn** sollte man abends besser nicht mehr benutzen.

Sehenswürdigkeiten

Zentrum

In der Innenstadt unterscheidet man den ***Historic District*** und ***Center City***. Ersterer erstreckt sich zwischen Benjamin Franklin Bridge (Race St) und South Street vom Delaware River bis zur 8th St, *Center City* ab 8th St bis zum Schuylkill River. Das Rathaus (*City Hall*) und der zentrale Bahnhof, die *Reading Station*, markieren das Stadtzentrum.

Historic District

Im ***Independence National Historic Park*** zwischen Race und Walnut Sts entlang der 6th St wurden die wichtigsten historischen Gebäude Philadelphias zu einer geographischen und organisatorischen Einheit zusammengefaßt. Im einzelnen sind zu besichtigen (**Öffnungszeiten** durchweg 9am– 5pm, im Sommer bis 6pm; **Eintritt frei**) :

Independence Park

- ***Independence Hall,*** 5th/Chestnut St. In den vielleicht **historisch wichtigsten Gemäuern** der USA beriet der zweite Kontinentale Kongress über die Loslösung von England. Dort wurden am 4. Juli 1776 die Unabhängigkeitserklärung und schließlich 1787 die Verfassung unterzeichnet. Der *Assembly Room* sieht bis heute aus wie in den Tagen der Unterzeichnung.
- ***Liberty Bell Pavilion,*** 5th St/Market St. Ein Glaspavillon schützt die 1845 gesprungene und seither stumme **Freiheitsglocke**, deren Geläut 1776 die Unabhängigkeit verkündete.
- ***Carpenters Hall,*** 320 Chestnut St, Tagungsort des ersten **Kontinentalkongresses** 1774, war an sich Zunfthalle der Zimmerleute.
- In der ***Congress Hall***, 6th/Chestnut St, tagte der Kongress 1790 bis 1800, solange Philadelphia als Hauptstadt fungierte, im Erdgeschoß das ***House of Representatives***, im 1. Stock der ***Senat***.
- ***Christ Church,*** 2nd/Market Sts., Mo–Sa 9am-5pm, So 1am-5pm. Die einstigen Sitzplätze der Führer der Unabhängigkeitsbewegung sind durch Schilder gekennzeichnet. Auf dem Friedhof der Kirche (5th/Arch St) liegen 5 Unterzeichner der Unabhängigkeitserklärung begraben, darunter *Benjamin Franklin*.

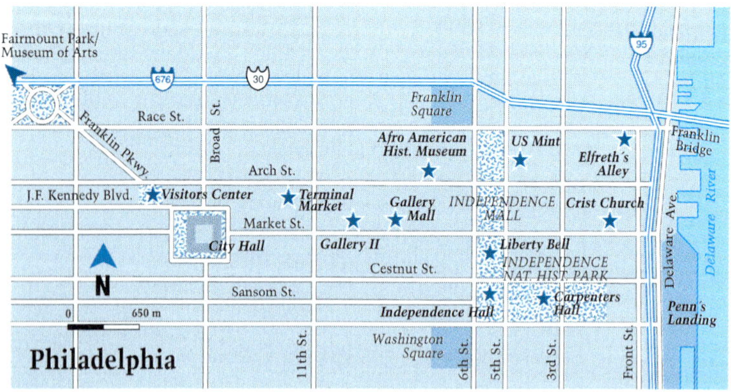

- Außerdem zu sehen sind der ***Franklin Court***, Wohnsitz von *Benjamin Franklin*, das ***Betsy Ross House***, wo *Mrs Ross* auf Bitten von *George Washington* die erste amerikanische Flagge nähte, die ***Old City Hall***, 1791-1800 Sitz des Obersten Gerichtshofes, und noch einige mehr.

Weitere Sehenswürdigkeiten in der Altstadt sind

Münze

- die **US Mint** (5th/Arch St am Nordende der Independence Mall, Mo–Fr 9am–4:30pm, im Sommer täglich), eine der beiden Münzprägeanstalten der USA (die andere steht in Denver), produziert 25.000 Münzen/Minute. Von einer Besuchergalerie kann man diesen unglaublichen Ausstoß beobachten.

Altstadt

- nur wenig oberhalb von *Penn's Landing* zwischen *Waterfront* und der *US-Mint* ***Elfreth's Alley***, Arch/2nd St. Dort stehen noch Häuser aus der Zeit des ausgehenden 18. Jahrhunderts, für die USA eine unerhört lange zurückliegende Zeit.

Penn`s Landing

- Am Delaware River zwischen Market und Lombard Street befindet sich ***Penn's Landing***. 1682 soll *William Penn* an dieser Stelle an Land gegangen sein, wo er nur wenig später "seine" Stadt gründete. Zum heute vielfältig genutzten Gelände mit Yachthafen, Restaurantzeilen etc. gehört ein maritimes Museum mit sechs historischen Schiffen an den Kais. Ein echte Attraktion ist die ***USS-Olympia***, ein Vorläufer späterer Schlachtschiffe mit letzten Elementen von Schiffsromantik des 19. Jahrhunderts. Es war Flaggschiff der Amerikaner im spanisch-amerikanischen Krieg, der sich u.a. vor den Philippinen abspielte; 10am-5pm, $6.

Sehenswürdigkeiten **außerhalb des *Historic District*** sind:

Center City

- die ***City Hall***, Broad/Market St, Mo-Fr 9am-5pm, das aufwendigste Rathaus der Vereinigten Staaten, höher als das Capitol in Washington (167 m einschließlich einer 12 m hohen Bronzefigur William Penns) und bis 1987 das höchste Gebäude der Stadt. Schöne Aussicht vom ***Observation Deck*** (nur 10am–2:45pm).

Franklin Pkwy

- das ***Franklin Institute Science Museum***, 20th/Franklin Pkwy, 9:30am–5pm, ab $7, ein hervorragendes naturwissenschaftliches Museum mit Austellungsstücken und Experimenten zum Anfassen. Sieben wissenschaftliche Bereiche, u.a. Biologie, Luftfahrt, Wandel der Erde.

Fairmount Park

- der 34 km² große ***Fairmount Park*** auf beiden Seiten des Schuylkill River nordwestlich des eigentlichen Stadtzentrums (Zufahrt über Logan Circle und Ben Franklin Pkwy; ggf. per *Trolley*. Im Park befinden sich u.a.

Museen

- das ***Rodin-Museum*** mit der größten Sammlung von Rodin-Skulpturen und -Gemälden außerhalb Paris; 22nd St/Franklin Parkway, Di-So, 10am-5pm); Spende $3-$5.
- das ***Philadelphia Museum of Art*** (26th St/Franklin Pkwy), ist eines der besten und größten Kunstmuseen der USA, das man gesehen haben muß! Kolossale Sammlung, darunter Werke von *Rubens, Renoir, Cezanne, Monet* und *van Gogh*. Für eine komplette Besichtigung benötigt man viel Zeit Di–So, 10am– 5pm, Mi bis 8.45pm. **Gratis** So vor 1pm, sonst **Eintritt** $6.

  Organisatorisch zum Kunstmuseum gehört eine Reihe von in den Park versetzter ***Mansions***, Herrenhäuser der Philadelphia Oberschicht aus dem 18. und 19. Jahrhundert, Mi–So 10am–5pm.

Ziele in der Umgebung

German-town

Wer sich für Details deutscher Einwanderung interessiert, könnte einen kleinen Abstecher nach ***Germantown*** im Stadtnorden machen, keine 10 mi vom Zentrum Philadelphias entfernt. 1683 schenkte *William Penn* einigen deutschen Siedlern dort Land und sorgte so für die Keimzelle der *Pennsylvania Dutch* Besiedelung. Einige Häuser aus den Gründerjahren stehen noch; das **Wyck House** (1690) ist das älteste. Ein Abschnitt der Hauptstraße **Germantown Avenue** wurde zum *National Historic Landmark* erklärt. Das von Mennoniten, Hutterern und *Amish People* stark geprägte ***Pennsylvania-Dutch Country*** liegt weiter westlich und nördlich und reicht etwa bis Lancaster und Allentown/Bethlehem.

Valley Forge

Eine Art Wallfahrtsort ist der ***National Historic Park Valley Forge***. Dort überwinterte *George Washington* 1777/78 und trat trotz der Dezimierung seiner Armee durch Hunger und Krankheit im Frühjahr 1778 siegreich gegen die Briten an. Der Park liegt etwa 15 mi westlich des Zentrums (I-76). Eigentlich gibt es dort nicht viel zu sehen außer während Paraden in alten Kostümen (***Historic Re-enactments*** etwa am Unabhängigkeitstag). Aber es hat sich eine enorme Infrastruktur für die Touristen entwickelt mit jeder Menge Hotels/Motels, Restaurants und *Entertainment.* Dazu paßt ein weiteres Riesen-*Shopping Center,* die ***Court & Plaza Mall***. Das ***Valley Forge Visitors Bureau*** versendet auf Anfrage Prospekte und Veranstaltungskalender © (800) 345-8112.

Atlantic City

Ein weniger anspruchsvolles Ziel liegt in entgegengesetzter Richtung an der Atlantikküste. Die **Kasinos** von Atlantic City ködern Besucher aus Philadelphia und New York City mit billigen oder sogar kostenlosen Zubringerbussen, aber selbst regulär ist die Fahrt mit Zug/Bus bei nur 50 mi Distanz nicht teuer (ca. $11).

Bis Ende der 70er-Jahre war Atlantic City ein über die Jahre heruntergekommenes, ehemals feines Seebad. Gewaltige **Kasinopaläste** und **riesige Parkplätze** verdrängten Slums und schäbige Uralthotels vom Hauptabschnitt der Strandpromenade, wo heute ***Showboat, Taj Mahal*** und ***Trump Plaza/The Grand*** das Bild bestimmen. Die Hoffnung, daß aus dem Spielbetrieb fliessende Dollarmillionen auch zur Beseitigung sozialer Probleme beitragen würden, hat sich nicht erfüllt.

Insofern und im hohen Preisniveau (Parken, Hotels, Restaurants!) unterscheidet sich Atlantic City erheblich von den Vorbildern in Nevada. Von diesen kopiert, wiewohl weniger großzügig, wurde das Innenleben der Kasinos: ***Slotmachines, Craps, Roulette, Keno*** und ***Black Jack*** allerorten. Noch schreiender sind hier die Farben, noch ordinärer oft das Publikum. Den berühmten ***Boardwalk*** und ***Strand*** "zieren" endlos *Shops* und *Fast Food Eateries*.

Dennoch, wer keine Gelegenheit hat, Las Vegas oder Reno kennenzulernen, sollte einen Abstecher nach Atlantic City erwägen. Hier wie dort fällt es schwer, seinen Augen zu trauen.

Der richtige Sight zur richtigen Zeit

Der Unabhängigkeitstag des 4. Juli, der ***Independence Day***, wird in Philadelphia enthusiastisch gefeiert.

PHOENIX

Kennzeichnung

Phoenix, die **Wüstenmetropole im *Valley of the Sun***, gilt als Rentnerparadies und nennt sich mit dem typisch amerikanischen Hang zum Superlativ gerne *Resort Capital of the World*, also etwa "Welthauptstadt der Freizeit- und Erholungsstätten". Tatsächlich gibt es außer in Florida nirgendwo sonst so zahlreiche Ferienhotel-Komplexe mit üppiger Vegetation rund um riesige Poollandschaften. Von unzähligen privaten Refugien ganz zu schweigen. Und welche andere Stadt verfügt schon über 103 Golfplätze?

GEOGRAPHIE, KLIMA UND GESCHICHTE

Geographie

Die Hauptstadt des Bundesstaates liegt im zentralen Süden Arizonas auf einem Niveau von nur rund 300 m über dem Meeresspiegel. Im Osten und Norden erheben sich Gebirgszüge mit Gipfeln bis zu 2000 m Höhe. Die nordöstlichen Stadtteile wachsen bereits in den Bergen vorgelagerte Hügelketten hinein. Gebiete im Süden und Westen sind dagegen bretteben und beherbergen ausgedehnte Obst- und Gemüseplantagen.

Die in Phoenix aufeinanderstoßenden Autobahnen I-17 (von Flagstaff/Grand Canyon) und I-10 (südlichste Ost-West-*Interstate* der USA) bilden einen Ring um das Zentrum der schachbrettartig aufgebauten Stadt. Die Orientierung ist daher einfach. Zentrale Achsen sind die Central Avenue im Ost-West und die Washington Street im Nord-Süd-Verlauf.

Die westlichen Parallelen zur Central Ave sind durchnumerierte *Avenues*, die östlichen *Streets*. Die namensbezeichneten Parallelen zur Washington Street heißen im Norden *Road* und im Süden *Avenue*. Für einen Besuch von **Phoenix** sind vor allem der zentrale Bereich und die Schwesterstadt **Scottsdale** von Interesse.

Klima

Daß es sich im Wüstenklima dank des Wassers aus den Bergen und vom Colorado River gut leben läßt, zeigen die Erfolge der Landwirtschaft: Datteln, Oliven und Citrusfrüchte gedeihen prächtig. Swimmingpools und Klimaanlagen sorgen für das menschliche Wohlbefinden bei 160 Tagen im Jahr mit Temperaturen von 32°C oder mehr. Die Winter (November-März) sind bei Tagesdurchschnittstemperaturen um die 20°C mild und angenehm. Nachts wird es aber gelegentlich recht kühl. Regen beschränkt sich in Form von Gewitterschauern fast nur auf die Sommermonate.

Sonnenschein: 300 Tage	**Niederschläge**: 34 Tage
Heißester Monat: Juli: 32°C	**Kältester Monat**: Januar: 10°C

Geschichte

Im "Sonnental" finden sich Reste einer Besiedelung durch **präkolumbische *Hohokam* Indianer**, die um 1400 aus unbekannten Gründen verschwanden. Für Jahrhunderte blieb das Tal unbewohnt.

1864 Erste weiße Siedler und **Handelsposten** in der Region

1881 2.500 Einwohner

1887 **Eisenbahnverbindung** an die Westküste

1911 **Roosevelt Stausee** sichert die Wasserversorgung
1912 Arizona wird 48. Staat der USA, Phoenix **Hauptstadt**
1926 Anschluß an das Schienennetz im Osten
1950 100.000 Einwohner
1968 320 mi neue Kanäle vom Colorado River nach Phoenix

Das zusätzliche Wasser aus den unteren Colorado Stauseen war die Grundlage für eine Expansion ohne Beispiel. Phoenix ist seit Jahren die amerikanische City mit den höchsten Wachstumsraten und zählt heute fast **1 Mio Einwohner**, der **Großraum etwa 2 Mio**. Neuerdings jedoch stößt das Wachstum an Grenzen. Um das Coloradowasser konkurrieren die Ballungsgebiete Südkaliforniens (Los Angeles, San Diego), Las Vegas und neben Phoenix auch noch Tucson.

Daten und Fakten

Telefonische Vorwahl/Area Code: 602

Diplomatische Vertretungen

- **HK der BRD,** © 952-9100, 4250 E Camelback Rd, Suite 120 K
- **HK der Schweiz,** © 947-0020, 3018 N Scottsdale Rd

Besucherinformation:

- Stände der **Tourist Information** im Terminal 3 des Flughafens zwischen Ankunft und Abflug; im Terminal 4 im Ankunftsbereich; Mo–Fr 9am–9pm, Wochenende bis 5pm
- ***Phoenix & Valley of the Sun Convention and Visitors Bureau,*** © 254-6500, 400 E van Buren im ***Arizona Center***, Mo–Fr 8am–5pm.
- ***Scottsdale Chamber of Commerce***, © (800) 877-1117
- ***Current Events Hotline,*** © 252-5588

Sehr hilfreich ist die Broschüre ***Valley Guide Quarterly***, die komplette Informationen zu Sehenswürdigkeiten, Unterkünften, Restaurants, etc. enthält; ggf. nützlich das *Bus Book* mit allen Fahrplänen der Buslinien.

Flughafen (PHX)

Phoenix Sky Harbor International Airport, © 273-3300

Die Rollbahnen verlaufen beidseitig der Abfertigungsgebäude.
Fluglinien: AA, CO, CP, DL, HP, NW, TW, UA, US
Hub: HP
Transferzeiten: 20-30 Minuten

Anlage

Der *Sky Harbor Airport* liegt ca. 3 mi südöstlich der Innenstadt; Anfahrt über *Squaw Peak Parkway*. Er verfügt über vier separate *Terminals*, die sehr unterschiedlich gestaltet sind. Das *Terminal* 4 teilen sich der *Hub Carrier America West* und *South West Airlines*. Die Mehrheit der *Airlines* nutzt *Terminal* 3, wo sich Ankunft, Check-in und Parkgaragen auf einer Ebene befinden. Ein *Courtesy Bus* verbindet die *Terminals* gratis

Schließfächer in allen Terminals hinter dem *Security Check*.

Shops

Vor allem im *Terminal* 3 findet man zahlreiche Shops. Läden für Indianerschmuck, Keramik und andere Souvenirs des Südwestens dominieren. Die besten **Restaurants** und **Cafeterias** befinden sich im *Terminal* 4 auf dem *Passenger Level*.

Verbindung Airport-City

Bus/Taxi

Die **Busse** von *Phoenix Transit* halten an allen Terminals. Bus #13 verkehrt Mo–Fr 6am–7pm alle 30 min zwischen Airport und Zentrum; $1,50. Im *Bus Terminal* (1st/Washington St) kann ohne Zusatzkosten auf Busse in alle Stadtteile umgestiegen werden. Busse fahren ab *Airport* auch nach Scottsdale und Tempe.

Taxi nach *Downtown* Phoenix ca. $10, nach Scottsdale $13-$20,

Van Service

Für Einzelreisende ist der ***Super Shuttle Van Service*** billiger, ins Phoenix Zentrum ca. $7, nach Scottsdale ca. $12, © 244-9000. Die Vans fahren ihre Passagiere direkt vor die Haustür bzw. ins Hotel.

Car Rental

Ein Mietwagen ist das beste Transportmittel für den Besuch von Phoenix und Umgebung. Denn die Busverbindungen sind relativ schlecht, und die interessanten Ziele liegen weit auseinander bzw. außerhalb. Außerdem kann man die Hitze einen Großteil des Jahres ohne Klimaanlage kaum ertragen. Die Broschüre ***Self-guided auto tours from Phoenix*** der *Tourist Information* leistet für Autoausflüge in die Umgebung gute Dienste.

Alamo, Avis, Budget, Dollar, General, Hertz, National, Value

Öffentliche Verkehrsmittel City

Bus

Metro Valley, © 253-5000, Zwar ist das Busnetz flächendeckend, die Verbindungen sind aber nicht besonders gut. 20-30 min Wartezeit, oft in praller Sonne, sind keine Ausnahme. Die meisten Routen werden nur werktags 5am–8pm bedient. Samstags gilt ein weiter eingeschränkter Fahrplan. Sonn- und feiertags fahren kaum Linienbusse, $1 Tagespaß $3.

DASH

Zwischen *State Capitol* und *7th Street* verkehrt das Minibussystem **DASH** im 10-Minutentakt für $0,50 (nur werktags).

Taxi

Taxen kosten einen Grundpreis von $2,50, jede gefahrene Meile nur noch $1,20.
Checker, ✆ 257-1818 ***Village Cab ,*** ✆ 945-8241

Rundfahrten

Jeep-Tours

In der Freizeitmetropole Phoenix gibt es zahlreiche Firmen, die Stadtrundfahrten (in Anbetracht der wenigen Sehenswürdigkeiten nicht sonderlich lohnend) und Touren in die Umgebung per Bus, *Van* oder *Jeep* organisieren. Die **Fahrten in vierradangetriebenen Fahrzeugen** durch Wüste und schroffe Felsformationen sind eine Phoenix-Spezialität. Eine Liste der aktuellen Angebote gibt es in den Büros der Tourist-Info; auch in den dort erhältlichen Touristenbroschüren wie separaten Firmenfoldern findet man die Werbung dafür.

Phoenix ist auch Ausgangspunkt vieler **Touren in Richtung Flagstaff/*Grand Canyon*** unter "Mitnahme" von Zielen am Wege, ➪ Seiten 376/240 und Kapitel Flagstaff/*Grand Canyon*, Seiten 231ff. Solche Angebote sind recht teuer und ab 2 Personen preiswerter und individueller mit Mietauto zu machen.

Unterkunft

Winterresorts Phoenix/ Scottsdale

Zahlreiche Amerikaner, die es sich leisten können und die Zeit dazu haben, verbringen Winter oder Frühjahr unter der warmen Sonne Arizonas. Und dann darf das Hotel schon etwas besser sein. Doch nicht nur betuchte Pensionäre und Urlauber, sondern auch Kongreßveranstalter haben die Vorzüge der Stadt entdeckt. Das Angebot an Resorthotels der Ober- bis Luxusklasse in Phoenix und vor allem Scottsdale ist daher enorm. Es gibt aber auch eine beträchtliche Anzahl von guten Hotels in mittlerer Preislage.

Saisonpreise

Die hohe, auf die Winternachfrage ausgerichtete Kapazität führt zu niedrigsten Übernachtungstarifen ab Mai bis Ende September. In dieser Zeit findet man viele günstige Unterkünfte. Im Bereich der Ausfallstraßen (**I-17 Nord/Superstition Highway/Apache Boulevard** etc.) und in der **Van Buren St** (Ost) ballen sich **preiswerte Motels**. Tolle Hotelkomplexe befinden sich u.a. in der Scottsdale Rd. Sie reduzieren in der Nebensaison ihre Preise um 50% und mehr.

Am **Airport** sind die Tarife leicht saisonunabhängiger, aber dort gibt`s Mai–Okt. gute Preise, speziell *Weekend Specials:*

Flughafenbereich

- **Courtyard Airport,** ✆ 966-4300, 2621 S 47th St, ab $65
- **Fairfield Inn Airport,** ✆ 829-0700, 4702 University Dr, ab ca. $50
- **Wyndham Garden Hotel Airport,** ✆ 220-4400 oder ✆ 1-800-WYNDHAM, 427 N 44th St, ab $49 Wochenende.

Airport

The Buttes Mountain Top Resort, 2000 Westcourt Way in Tempe nur wenig südlich der I-10, ca. 3 mi vom Airport, ✆ 225-9000, eine tolle Anlage über Phoenix mit Weitblick, versetzten Ebenen, Pools und Wasserfall. Für Leute, die sich was gönnen wollen; ab $99.

Im übrigen ist die **Hotelwand** gerade im *Phoenix Airport* sehr groß. Dort findet sich – außer im Winter – immer ein guter Tarif. Der Übergang von Airportnähe zum **zentralen Bereich** ist wegen der kurzen Distanz fließend. Viele Häuser an der **Van Buren Street *East*** liegen flughafen- und zentrumsnah. Man braucht die Van Buren nur abzufahren und auszuwählen. Gute Häuser befinden sich auch im Bereich ***Midtown,*** z.B.:

Midtown

- **Radisson Hotel Midtowm,** ✆ 234-2464, 401 W Clarendon Ave/ 4th Ave, ab $59
- **Lexington Hotel**, ✆ 279-9811, 100 W Clarendon Ave, ab $44 mit großem Sportsclub

Das **Hostel** in Phoenix heißt

- **Metcalf House AYH-Hostel,** ✆ 254-9803, 1026 N 9thSt, ab $11

In und um Scottsdale ist – wie gesagt – die Auswahl an *Resort Hotels* besonders groß, erstaunlich niedrige Tarife findet man dort teilweise noch bis in den Oktober hinein:

Scottsdale

- **Red Lion`s La Posada Resort,** ✆ 952-0420, 4949 E Lincoln Dr, sagenhaft gut gestaltete Anlage, dennoch nur ab $89.
- **Holiday Inn Downtown,** ✆ 994-9203, 7353 E Indian School Rd, das "normal" gute Holiday in Scottsdale ab $59; mit AAA ab $49
- **Marriott's Camelback Inn,** ✆ 948-1700, 5402 E Lincoln Dr im Stadtteil Paradise Valley, $140-$360. Eines der besten Resort-Hotels der Welt, 3 Schwimmbäder, mehrere Whirlpools, Saunas, Restaurants. Eigener Golfplatz.

Essengehen und Shopping

Mexikanische Küche

Da Phoenix stark mexikanisch beeinflußt ist, liegt es nahe, dort die mexikanische Küche auszuprobieren, z.B. im

- **Los Olivos Mexican Patio,** ✆ 946-2256, 7328 2nd St in Scottsdale. Am Wochenende *Life Music* und Tanz, oder im
- **La Hacienda,** ✆ 585-4848, 7575, E Princess Dr, die feine Alternative mit Schlips und Kragen für die Herren

Steaks

Für Western-Atmosphäre und ein Steak sind immer o.k.

- die **Black Angus Restaurants**, z.B. ✆ 948-4272, 6300 Scottsdale Rd. Oft mit *Country Music*.

Arizona Center

Eine große Auswahl an schönen Restaurants (Terrassen im Grünen) und *Fast Food* Theken (im **Food Court**, 1. Stock) findet man im ***Arizona Center*** in *Downtown Phoenix*. Der begrünte, von Parkplätzen eingerahmte Shopping Komplex liegt zentral in der Van Buren St zwischen 3rd und 4th St.

Scottsdale

Eine gute Auswahl an Restaurants bietet auch das kleine Zentrum von Scottsdale, ➪ Seite 375.

Kunsthandwerk

Schmuck und andere Indianerhandarbeiten werden überall in Phoenix angeboten. Besonders hübsche Artikel gibt es im Laden des ***Heard Museum***, siehe unten.

Zahlreiche Einkaufszentren in Phoenix und Scottsdale konkurrieren um Konsumenten, z.B. das

- ***Arizona Center***, *Downtown* an der Van Buren St, unübersehbarer Anlaufpunkt auch für Unterlagen von der Tourist Info. Schöner, offen gestaltete Shopping Mall mit Restauranttterrassen an kühlenden Wasserspielen.
- ***Metro Center***, 9617 Metro Parkway: 210 Läden, 17 Kinos und fast 50 Restaurants oder Imbißstuben. Nicht übermäßig orginell, aber gigantisch groß.
- ***Biltmore Fashion Park***, E Camelback/24th St, Teure Läden und und etwas feinere Restaurants.
- ***The Borgata***, 6166 N Scottsdale Rd. Der Komplex umfaßt 50 Exklusivläden für den gut gefüllten Geldbeutel, aber welche Atmosphäre! *The Borgata* ist dem mittelalterlichen Stadtkern von San Gimignano (Italien) nachempfunden.

SICHERHEIT

In Phoenix und Umgebung überwiegt der Wohlstand. Armut und Elend sind zwar ebensowenig eine Randerscheinung wie in anderen Großstädten, beherrschen aber nicht das Bild ausgedehnter Stadtviertel wie etwa in Los Angeles. Bei geringeren sozialen Gegensätzen als anderswo liegt denn auch die Kriminalität unter dem amerikanischen Durchschnitt.

In touristisch interessanten Bereichen gibt es tagsüber keine Probleme. Abends ist man ohnehin nur per Auto unterwegs oder gar nicht.

SEHENSWÜRDIGKEITEN

Stadtgebiet Phoenix/Scottsdale

Situation

Echte Sehenswürdigkeiten sind in Phoenix und Scottsdale dünn gesät und liegen weit voneinander entfernt. Bereits eine Bus- oder Mietwagenfahrt nur zu den wichtigsten Zielen (in der folgenden Auflistung etwa die ersten fünf) ist daher automatisch mit einer Art *Sightseeing Tour* auf breiten, palmengesäumten Prachtstraßen durch die Doppelstadt verbunden:

Downtown/ Civic Plaza

- Washington/2nd St und **State Capitol,** © 542-4675, Washington St/17th Ave, Mo–Fr 8am–5pm. Rund um die Civic Plaza findet man nur wenige der für US-Cities typischen Glas- und Betonpaläste. Im Capitol gibt es neben der üblichen Kuppelarchitektur eine Ausstellung zur Geschichte Arizonas.
- **Phoenix Art Museum,** 1625 Central Ave/Mc-Dowell Rd, Di–Sa 10am–5pm, Mi bis 9pm, So ab 1pm, $4. Gute, aber auch nicht

umwerfende Sammlung alter europäischer Meister, einige Impressionisten und Werke von Picasso. Interessante moderne *Americana* – Gemälde, Skulpturen und Objekte.

Indianermuseum

- **Heard-Museum,** 22 E Monte Vista Rd/Central Ave, Mo–Sa 10am –5pm, So ab noon, $5. Eines der bedeutendsten Museen im amerikanischen Südwesten. Sehr gut präsentierte Kollektion zu Leben und Kultur der Indianerstämme Arizonas und Neu-Mexikos.

Kakteengarten

- **Desert Botanical Garden**, 1201 N Galvin Pkwy/McDowell Rd, 7am–10pm, Sommer 8am bis Sonnenuntergang, $6. Eindrucksvoller Garten mit vielen Kakteenarten und anderen Wüstengewächsen. Sehenswert, es sei denn, ein Besuch im *Arizona Desert Museum* bei Tucson stünde noch auf dem Programm. Kaktus-Blütezeit ist zwischen Ende März und Mai.

Scottsdale

- **Scottsdale Zentrum** mit "Altstadt" im *Western-Look*, Scottsdale Rd zwischen Thomas und Indian School Rd. Resort-Hotels, Boutiquen, Kunstgalerien, Schmuckläden und zahlreiche Restaurants. Scottsdale wird von zwei Buslinien, der *Scottsdale Connection*, © 253-5000, bedient, Mo–Sa 7am–6pm.

Viewpoint

- **South Mountain Park** im Stadtsüden S Central Ave. Großer naturbelassener Wüsten- und Felsenpark. Vom *Dobbin Lookout* (800 m) weiter Blick über Phoenix und das *Valley of the Sun*.
- **Greyhound Park,** © 273-7181, 3801 E Washington St. Täglich außer Montag **Windhundrennen**.

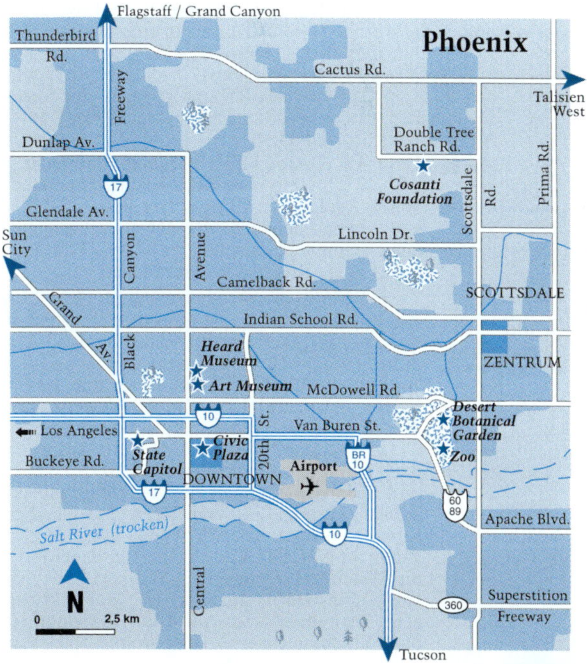

Ziele in der Umgebung

Taliesin West

In den *McDowell Mountains* oberhalb des *Sun Valley* (Cactus Road East, dann 108th St nach Norden zur Taliesin Rd West) liegt ***Taliesin West***, die Architekturschule von ***Frank Lloyd Wright***. Abgesehen vom weiten Blick über Scottsdale und Phoenix, lohnt sich der Weg nur für Architekturenthusiasten. Führungen ($8-$10) finden von Mai bis September Mo–Fr nur vormittags statt, ab Oktober jeweils zur vollen Stunde 10–16 Uhr. Detailinformation unter © (602) 860-2700.

Apache Trail

Der ***Apache Trail*** (Straße #88) folgt einem alten Indianerpfad durch die schroffe Bergwelt der *Superstition Mountains*. Er könnte auch als Tagestour ab Phoenix mit Ziel *Tonto National Monument* ins Auge gefaßt werden. Die teilweise sehr steile und nicht durchgehend asphaltierte Strecke führt ab *Apache Junction* (30 mi östlich Phoenix) zunächst nach *Tortilla Flat* und dann hoch über *Apache Canyon* und *Saguaro Lake* zum *Roosevelt Staudamm*. Am Wege liegt nur wenig nördlich von Apache Junction der ***Lost Dutchman State Park***, mit einem schönen Picknickplatz zwischen Kakteen sowie reizvollen *Trails* in die Berge hinein. In Nachbarschaft zum *State Park* befindet sich die originelle ***Goldfield Ghost Town*** im perfekten **90er-Jahre *Look*** des letzten Jahrhunderts. *Steakhouse, Saloon,* Goldwaschen und eine echte alte Goldmine sorgen für touristischen Betrieb.

Tonto NM

Das ***Tonto National Monument***, ein Klippendorf wie *Montezumas Castle* (➪ Seite 240) befindet sich in einer Felswand wenige Meilen südlich des Damms. Es kann über Stiegen besichtigt werden. ***Visitor Center*** 8am–5pm, Pfad hinauf zu den Ruinen des Dorfs bis 4pm. Zurück nach Phoenix ginge es von dort über die landschaftlich – zwischen Globe und Florence Junction – ebenfalls sehr reizvolle Straße #60.

Casa Grande Ruins

Das ***Casa Grande Ruins National Monument***, bei Coolidge Straße #87, besteht aus den Resten einer mehrstöckigen präkolumbischen Adobekonstruktion. Der Besuch ist als eigener Abstecher nur lohnend bei starkem Interesse an indianischer Historie. Auf einer Rundfahrt *Apache Trail/Tonto NM* könnte man es relativ leicht in die Rückroute einbeziehen.

zum Grand Canyon

Zwar kann man von Phoenix auch direkt zum ***Grand Canyon*** fliegen, aber Phoenix ist mit einer Distanz von 220 mi durchaus noch ein geeigneter Ausgangsort für einen Abstecher dorthin per Auto. Eine landschaftlich sehr schöne und gleichzeitig **abwechslungsreiche Route** (**3 Tage Minimum**) wäre, zunächst die I-17 nach Flagstaff zu fahren und am Wege ggf. noch die *Montezuma Monuments* "mitzunehmen". Weiter ginge es über den *Sunset Crater* und das *Wupatki N.M.* zum *Grand Canyon* und zurück nach Flagstaff auf der Straße #180. Über den ***Oak Creek Canyon*** und **Sedona** kann man die Rückfahrt auf derselben *Interstate* zumindest teilweise vermeiden und gleichzeitig den Reiz der Strecke optimieren. Von Sedona ginge es ggf. noch weiter zum ***Tuzigoot NM***, den Ruinen eines Indianerdorfes, und weiter über die Minenstadt ***Jerome*** nach Prescott Valley. Bei Cordes Junction stößt man wieder auf die I-17. Architekturinteressierte finden etwa 2mi abseits der Autobahn ***Arcosanti***, den Prototyp einer Stadt für zukünftiges urbanes Wohnens des Visionärs Paolo Soleri.

PORTLAND

Charakteristik

Portland, **Oregon**, hat unter den US-Großstädten einen besonders guten Ruf. Die Kriminalität ist relativ niedrig, und die Einwohner erfreuen sich laut Umfrage einer höheren Lebensqualität als in den meisten anderen Metropolen. Abgesehen von günstigem Klima, einer überschaubaren City und hohem Freizeitwert der Umgebung trägt dazu auch die fehlende *Sales Tax* bei: Oregon erhebt generell keine Umsatzsteuer. Obwohl Portland als Stadt durchaus ansehnlich ist, liefern eher die Ziele in der weiteren Umgebung Motive für einen Besuch.

GEOGRAPHIE, KLIMA UND GESCHICHTE

Geographie

Portland liegt rund 100 km von der Küste entfernt beidseitig des Willamette River unterhalb der Tualatin Mountains, welche die Stadt zusammen mit den vorgelagerten Höhenzügen des Küstengebirges von pazifischen Einflüssen abschirmen. Im Mündungsbereich dieses Flusses in den mächtigen Columbia River befindet sich der drittgrößte Hafen der US-Westküste. Das Stadtzentrum wird eingeschlossen von Fluß und Umgehungsautobahn I-405. Die östlichen Vororte von Portland erreichen bereits Ausläufer der Kaskaden. Der immer schneebedeckte 3.700 m hohe Vulkan *Mount Hood* erhebt sich in rund 50 mi Entfernung. Zum *Mount St. Helens* im gleichnamigen *National Volcanic Monument* in Washington State jenseits des Columbia River sind es ca. 80 mi.

Klima

Bedingt durch seine geschützte Binnenlage verfügt Portland über ein ähnlich mildes Klima wie das 1000 km südlichere San Francisco (ohne die dort typischen Nebel) und ist im Sommer sogar deutlich wärmer. Auffälligstes Kennzeichen des Portland-Wetters ist der Regen: statistisch gesehen regnet es fast jeden zweiten Tag. Der Großteil der Niederschläge fällt jedoch im kurzen Winter und im Frühjahr, Frost und Schnee sind selten.

Sonnenschein: 135 Tage — **Niederschläge**: 152 Tage
Heißester Monat: Juli 20°C — **Kältester Monat**: Januar 4°C

Geschichte

Gegründet wurde Portland im Jahr 1844 als **Etappe auf der Kanuroute** zwischen den bereits bestehenden Handelsposten Oregon City am Willamette und Vancouver am Columbia River. Ein Münzwurf entschied zugunsten der Bezeichnung Portland, dem Heimatort eines der Gründers aus Maine.

1849 Oregon City wird Hauptstadt des Verwaltungsterritoriums

1859 Oregon konstituiert sich als eigenständiger US-Staat. Ein **Goldrausch** in den Kaskaden sorgt für starke wirtschaftliche Impulse.

1883 erreicht die **Eisenbahn** Portland, lange bevor die politische Hauptstadt Salem an das Schienennetz angeschlossen wird, und bewirkt in der Folge eine rasante Entwicklung. Um

1900 war bereits eine Bevölkerungszahl von 80.000 erreicht, Portland damit wichtigste Stadt zwischen San Francisco und Seattle.

Die wirtschaftliche Kapitale Oregons hat zur Zeit rund **450.000 Einwohner** im City- und weit über **1 Mio. im Einzugsbereich** (von nur ca. 2,8 Mio. in Oregon insgesamt).

Daten und Fakten

Telefonische Vorwahl/Area Code: 503 und 541

Diplomatische Vertretungen:

- **HK der BRD,** © 222-4090, First Farwest Bldg, 400 SW 6th Ave

Besucherinformation

- Ein **Informationsschalter** befindet sich auf der Ticketing Ebene gegenüber den Check-in-Schaltern, ein weiterer in der *Baggage-Claim Area* des *International Airport.*
- **Portland Visitors Association,** © 222-2223, (800) 345-3214, 26 SW Salmon St an der Ecke Front Ave (*Tri World Center*), im Sommer Mo–Fr 8am–6:30pm, Sa bis 5pm; im Winter kürzer. Sehr gut ist das gratis erhältliche ***Portland Book*** mit Stadtplänen und aktuellen Adressen, Hinweisen und integriertem Verzeichnis für Hotels/Motels ab unterer Mittelklasse.

Flughafen (PDX)

Portland International Airport, © 335-1234

Fluglinien: AA, CO, DL, HP, NW, TW, UA

Hub: Alaska Airlines

Transferzeiten: 20-40 min

Anlage

Der 9 mi nordöstlich des Zentrums gelegene *Airport* verfügt über ein großes übersichtliches Terminal mit 5 Concourses (A-E), die in alle Richtungen von ihm abzweigen. Originale **Souvenirs** und Mitbringsel gibt es im gut sortierten *Made in Oregon*-Laden, 6am–9pm, der leider nicht ganz billig ist.

Verbindung Airport-City

Bus/Taxi

Bus #12 fährt alle 20-30 min. in die Innenstadt 6am–11:30pm, So ab 8am, $1. **Taxi** ab ca. $20, Fahrtzeit bis zu 45 min.

Zu den großen Hotels fährt der ***Raz Tranz Airporter,*** © 246-3301, alle 30 min 6am–midnight, $7, Fahrzeit 30-50 min.

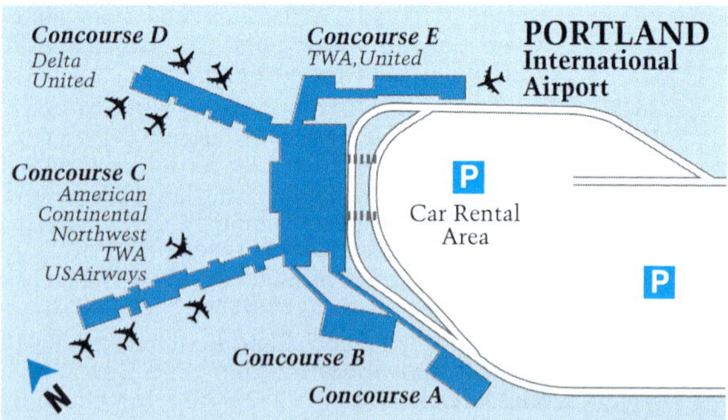

Details zum Transport Airport–City am Informationsstand vor dem *Main Terminal* auf der *Arrivals* Ebene; ***Transport-Assistents*** helfen Ortsfremden, das richtige Fahrzeug zu finden.

Car Rental

Alamo, Avis, Budget, Dollar, Hertz, National, Payless, Thrifty

Zur Besichtigung von Portland benötigt man kein Fahrzeug, im Zentrum, das sich bequem zu Fuß erkunden läßt, hat man damit nur große Parkprobleme und/oder hohe Gebühren für Parkhäuser. Für größere Distanzen – etwa zwischen Old Town und dem Kunstmuseum – benutzt man das im Innenbereich kostenlose Bussystem. Auch Ziele außerhalb des Zentrums sind mit Vorortlinien relativ gut zu erreichen.

Ein Mietwagen ist dagegen für Abstecher ins Umfeld anzuraten. Hinweis für Autofahrer: In Oregon wird man vergeblich nach *Self-Serve* Tankstellen Ausschau halten; Selbstbedienung an den Zapfsäulen ist untersagt.

Öffentliche Verkehrsmittel

Bus

Portland verfügt über ein ausgezeichnetes öffentliches Verkehrssystem. Vor einigen Jahren wurde es sogar zum *Best Transit System in North America* gewählt. ***Tri-Met Transit*** (238-7433, Mo–Fr 7:30am–5:30pm).

In der Innenstadt (***Fareless Square***, Begrenzung in etwa durch den Verlauf der I-405 und den Willamette River) ist die Benutzung aller öffentlichen Verkehrsmittel kostenlos. Darüberhinaus existieren Zonentarife $1-$1.50. **Tagespässe** für $4. Fast alle Buslinien führen durch die *Downtown* ***Transit Mall***. An jeder Haltestelle zeigen Bildschirme die Abfahrtszeiten an; 5:30am– 9pm, teilweise bis 12:30am. Aktuelle Informationen bei Bedarf im ***Tri-Met's Customer Assistance Office*** am Pioneer Courthouse Square, werktags 9am–5pm.

MAX

Das Schmuckstück des öffentlichen Nahverkehrs ist **MAX, *Metropolitan Area Express***, ✆ 228-7246, eine moderne Straßenbahnversion, die erst in den 80er-Jahren installiert wurde, als andere Städte ihre Straßenbahnen stillegten. Für sie gilt das identische Tarifsystem, d.h. im innerstädtischen Bereich ist die Benutzung gratis.

Taxi

Die erste Meile per Taxi kostet $2,20, jede weitere $1.70

Broadway Cab, ✆ 227-1234 **Radio Cab**, ✆ 227-1212

Rundfahrten

Exkursionen

Stadtrundfahrten werden zwischen $15 und $25 angeboten. Die eigenständige Erkundung der Stadt ist in Portland aber einfach. Interessanter erscheinen Exkursionen zu den Attraktionen in der Umgebung (im wesentlichen nur Juni bis *Labor Day* möglich), sofern man kein Auto leihen möchte. Ein Ganztages-Ausflug zum ***Mt. Hood*** kostet ab ca. $35, ebenso eine Fahrt durchs ***Columbia River Valley*** (einschließlich Schaufelraddampfer-Kurztrip) oder eine Tour entlang der **Oregon Küste.** Größter Veranstalter ist – wie meist – ***Gray Line***.

Unterkunft

Situation

Airport

In Portland gibt es bis auf den Bereich um ***Convention* und *Lloyd Center*** keine spezifische Hotel- oder Motelzone. Die Hotellerie in der **Umgebung des Flughafens** besteht aus einigen Häusern der gehobenen Klasse (***Marriott Courtyard*** an Wochenenden Sondertarife) und preiswerteren Motels wie dem ***Super 8*** (Verlängerung des Airport Way; ab ca. $50), einer ***Econolodge, Travelodge*** und einem ***Quality Inn***. Verkehrsgünstig zwischen *Downtown* und der Umgehungsautobahn I-205 liegen preiswertere Motels u.a. am langen **Sandy Blvd** und Nebenstraßen (Abfahrt *Bypass* #30) im Nordosten.

Zentral

In der Mittelklasse im *Downtown*-Bereich ist das

- **Red Lion Hotel Coliseum**, © (800) 547-8010, 1225 N Thunderbird Way, eine gute Wahl und relativ zentrumsnah, ab ca. $65.
- das **Mark Spencer Hotel**, 409 11th Ave, das **Portland Inn**, 1414 SW 6th Ave, und am besten das zentrale **Riverside Inn**, 50 SW Morrison at Front St, alle ab ca. $70, sind zu reservieren über die ***Northwest Connection***: **© (800) 648-6440**.

Preiswerter – dafür etwas weiter weg – ab ca. $35-$39 sind

- **Aladdin Motor Inn**, © (503) 246-8241, 8905 SW 30th St
- **Lamplighter Motel**, © (503) 297-2211, 10207 SW Parkway, zwischen beiden Flüssen westlich der I-5.
- **Thriftlodge**, © (503) 234-8411, 949 E Burnside St
- **Jade Tree Motel**, © (503) 288-689, 13939 NE Hancock

Hostels

Preiswert kommt man wie folgt unter:

- **Ben Stark Hotel & International Hostel**, © (503) 274-1223, 1022 SW Stark St, ab $15, nur 12 Betten, zentrale Citylage
- **Portland International Hostel** (AYH), © (503) 236-3380, 3031 SE Hawthorne Blvd/ 31st Ave, ab $13, ebenfalls sehr klein. Reservierung unbedingt angezeigt.
- **YWCA** (nur Frauen), © (503) 223-6281, 1111 SW 10th St, Bett ab $11; Zimmer ab $25.

Essengehen und Shopping

Situation

Zahlreiche Restaurants und Fast Food Lokale findet man im Mall- und Pioneer Courthouse Square-Bereich, siehe unten. Der ***Old Town District*** beherbergt überwiegend Lokale mit verschiedenen ethnischen Küchen, darunter viele China-Restaurants. Unterschiedlichste Food-Stände sind auch ein wesentliches Element des

- ***Burnside Street Market*** am Samstag und Sonntag Vormittag, ⇨ unten. Ebenfalls an der Burnside St/Ecke Sw 3rd St befindet sich
- ***Chang's Mongolian Grill***, preiswertes Buffetrestaurant, *All-you-can-eat* Menüs. Grillen selbst ausgesuchter Stücke Fleisch/Fisch.
- ***New Market Village***, Ankeny/2nd, ist ein Restaurantcenter am Rande der Old Town

Am Fluß

– Das ***Newport Bay at Riverplace,*** ein beliebtes *Seafood*-Restaurant an der Front Ave/Ende Montgomery St, schwimmt auf dem Willamette River südlich von Downtown. Nicht ganz billig, aber richtig gut und mit Blick auf das City-Panorama.

Malls

Shopping im Innenstadtbereich spielt sich vor allem in der Fußgängerzone des Pioneer Courthouse Square und in der **Transit Mall** der 5th und 6th Ave ab sowie in diversen Einkaufszentren, u.a.:

- **Galleria**, Morrison/10th St, 50 Shops und Restaurants stilvoll um ein lichtvolles Atrium drapiert
- **Pioneer Place**, zwischen 4th und 5th St, beidseitig der Yamhill St, 90 Läden und ein opulenter *Food Court.*
- **Lloyd Center**, nordöstlich des Zentrums, Multnomah/9th St, erreichbar mit der Straßenbahn MAX. 150 Läden, Restaurants, Kinos und Eislaufbahn. Größter Shopping-Komplex Portlands.

SICHERHEIT

Portlands Kriminalstatistik gibt – wie erwähnt – wenig Anlaß zu Beunruhigung. Besondere Sorge ist daher selbst am Abend in Downtown nicht angebracht. Als zu später Stunde problematisch gilt allerdings der Pioneer Court House Square (Morrison/Yamhill St), ebenso die Waterfront im Bereich Burnside Bridge.

SEHENSWÜRDIGKEITEN

Downtown

Das überschaubare **Geschäftszentrum** präsentiert sich freundlich und einladend. Brunnen allerorten, viel Grün und nach alten Mustern hergestellte Laternen sorgen für eine angenehme Auflockerung des Stadtbilds. Da Hochhäuser in Portland nicht mehr als 40 Stockwerke haben dürfen, dominieren Büropaläste die City weit weniger als anderswo. Sie konzentrieren sich vor allem auf die Blocks zwischen Main und Columbia Street bis zur 6th Ave. Eine weitere Regel verlangt, daß 1% der Neubau- und Renovierungskosten für künstlerische Gestaltungsmaßnahmen ausgegeben werden muß. Wer den Erfolg dieser Maßnahme in Augenschein nehmen möchte, findet in der Broschüre ***Portland Public Art Walking Tour*** (bei der *Visitor Information*) einen Kurzführer zu interessanten Gebäuden, Skulpturen und Wasserspielen.

Zentrum

– Zentraler Bereich von Downtown sind – wie oben erwähnt – der ***Pioneer Courthouse Square*** und die ***Mall*** (Fußgängerzone) in der 5th und 6th Ave bis Jefferson Street. Das Geschäftsviertel insgesamt erstreckt sich von der 1st St bis zum Broadway. An der *Mall* befindet sich das ***Portland Building***, das wegen seiner postmodernen Architektur lange Zeit umstritten war. Ein allgemeiner Treffpunkt ist der ***Sidmore Fountain,*** ein Springbrunnen eingangs der *Old Town*, 1st/Ankeny.

Old Town

– ***Old Town,*** ein restauriertes, ehemaliges Lagerhaus- und Hafenviertel (*Skidmore District*) mit ein paar ganz urigen Lokalen, Shops und Galerien (im wesentlichen nördlich der *Burnside Bridge*) setzt einen gewissen Kontrapunkt zur ein bißchen sterilen Atmosphäre von *Downtown* Portland. Eine *Mini Chinatown* existiert im Bereich der 4th/5th Ave. Beides wird in der lokalen Werbung etwas stärker herausgehoben als an sich gerchtfertigt.

Am anderen Ende der Innenstadt befinden sich

Museen

– das **Portland Art Museum,** 1219 SW Park Ave/Jefferson St, Di–Sa 11am–5pm, So ab 1pm, $5. Europäische und amerikanische Kunstwerke von der Renaissance bis zur Gegenwart. Außerdem präkolumbische und afrikanische Kunst. Keine ganz eindeutige Schwerpunktsetzung und besonderen Stärken.

– das Museum der **Oregon Historical Society**, 1230 SW Park Ave, Mo–Sa 10am– 5pm, So noon–5pm, Spende erwartet. Im historischen Museum beeindruckt die Art der Präsentation der geschichtlichen Phasen Oregons, speziell der Einwanderung und ersten Besiedelung des heutigen Großraums Portland/Salem mehr als die Kollektion selbst.

Jenseits des Willamette River steht der Komplex des

Wissenschafts-museum

– ***Oregon Museum for Science & Industry***, 1945 SE Water Ave unterhalb der *Marquam Bridge* (mit Auto relativ kompliziert anzufahren, aber von der I-5 für beide Richtungen gut ausgeschildert), 9:30am–7pm, Do+Fr bis 9pm, $12.Hochgelobt, aber leider ziemlich teuer. Zum Basiseintrittspreis sind noch gesonderte Zuschläge für das ***Omnimax-Theater, ggf. Lasershows*** und für die Besichtigung des **U-Boots *USS Blueback*** (filmbekannt aus "Die Jagd nach *Roter Oktober*") zu zahlen. Lohnenswert in erster Linie mit heranwachsenden Kindern, sofern man den Eintrittspreis verschmerzt.

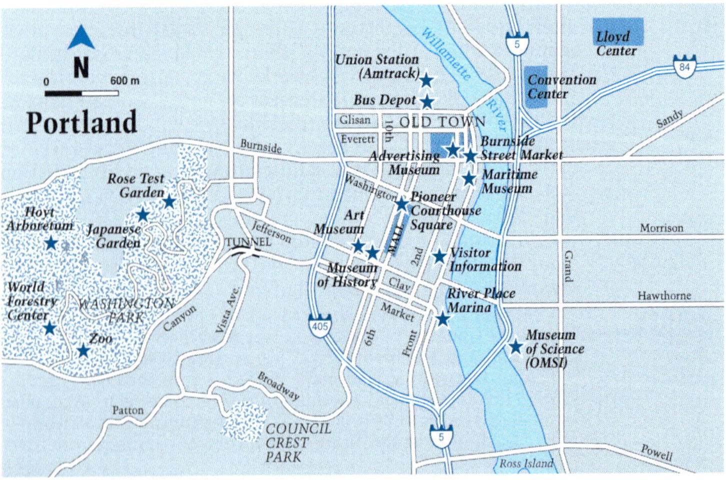

Werbemuseum

– **American Advertising Museum,** 524 Ne Grand Ave, Mi–Fr 11am–5pm, Sa+So noon–5pm, $4. Das Museum thematisiert die Werbung von den – uns heute teilweise urkomisch erscheinenden – Anfängen bis zur Gegenwart. Von besonderem Reiz sind die preisgekrönten alten Fernseh- und Kinowerbespots.

Parks

Portland, die *City of Fountains*, bezeichnet sich auch gerne und ebenfalls zu Recht als *City of Parks*. Sowohl die Anzahl der Parks als auch deren Ausdehnung ist ungewöhnlich. Ein eigener Park-Führer ***A Guide to Portland Area Gardens*** ist bei der *Visitor Information* erhältlich.

Oberhalb (westlich) des Zentrums liegt der

– ***Washington Park,*** Zufahrt über W Burnside St, Bus #63. Der schönste Park der Stadt umfaßt über 60 ha.

Rosengarten

– Im ***International Rose Test Garden*** wird klar, warum sich Portland auch *City of the Roses* nennt. Dort wachsen 400 verschiedene Rosenarten. Die Blütezeit beginnt Ende Mai und geht bis in den Herbst. Weiter Blick von der Terrasse über die City.

– Ebenso vom ***Japanese Garden*** aus oberhalb des Rosengartens, einer hübschen, aber nicht eintrittsfreien Komposition, 10am–6pm, $5. Folgt man den Serpentinen in die höheren Regionen des Parks, gelangt man zum

Arboretum

– ***Hoyt Arboretum,*** Fairview Blvd, einem separaten Edelpark mit herrlichem Baumbestand, eigenem Besucherzentrum und reizvollen Spazierwegen. Unterhalb des Arboretums unweit des Freeway #26 liegen eng beieinander der

Zoo

– ***Washington Park Zoo***, ab 9:30am, Schluß saisonabhängig, $6. Schwerpunkt auf Tieren des US-Westens und des hohen Nordens. Ein offenes Bähnle verbindet Zoo und *Rose Test Garden*.

– Das ***World Forestry Center*** liegt dem Eingang zum Zoo gegenüber. Es informiert über Forst- und Holzwirtschaft mit starkem Akzent auf den Besonderheiten Oregons und der Westküste, 10am-5pm, $3.

Weitere besuchenswerte Parks sind:

Viewpoint

– ***Council Crest Park,*** SW Greenway Ave (am ausgeschilderten *Scenic Drive*, der auch durch den Washington Park läuft), kleiner Park auf einer Erhebung (327 m) über Portland. Bester Aussichtspunkt der Stadt, bei guter Sicht bis zum *Mount Hood*. An solchen Tagen lohnt sich die Anfahrt besonders.

– ***Rhododendron Garden,*** 1120 SW 5th Ave, östlich des Willamette River unweit McLoughlin Blvd (Straße #99E), 8am-Sonnenuntergang, Bus #19 nach Woodstock. Es gibt über 6000 Rhododendren, Azaleen und Farne, große Blütenpracht in April und Mai.

Grotto Wallfahrtsort

– ***The Grotto*** oder ***Sanctuary of our Sorrowful Mother,*** 8840 NE Skidmore St/85th Ave unweit der I-205, 9am–Dämmerung, kein Eintritt. Bus #12 Sandy Blvd. Ein erst 1924 eingerichteter Wallfahrtspark mit zahlreichen religiösen Skulpturen und Statuen. Herzstück ist *The Grotto*, eine künstlich geschaffene Grotte mit Altar, 1946 vervollständigt durch eine Marienfigur, der man heilende Kräfte zuspricht. Ein Fahrstuhl ($1) befördert die Besucher auf die obere Ebene, wo Spazierwege zu Schreinen und ein weiter Blick über den Columbia River warten.

Ziele in der Umgebung

Columbia River Gorge

Etwa zwischen Hood River (Oregon) und Camas/Washougal (Washington State) bricht der mächtigste in den Pazifik mündende Strom Nordamerikas durch das Kaskadengebirge. Das dadurch entstandene Flußtal wird als *Columbia River Gorge Scenic National Area* bezeichnet, romantisierend auch gerne als ***Rhine Valley of America***. Der Vergleich zum deutschen Rheintal ist nicht unberechtigt – einschließlich der beidseitigen Straßen- und Eisenbahntrassen. Nur fehlt es an romantischen Burgen und gemütlichen Dörfern. Das Wasser ist klar und bis in den September hinein badewarm. Unter Windsurfern gilt der Columbia River in diesem Bereich als eines der besten Reviere des Kontinents.

Nordufer

Landseits führt ein ***Scenic Loop*** von Troutdale bis zum *Ainsworth Statepark* oberhalb der I-84 durch dichten Wald vorbei an Wasserfällen und hochgelegenen Aussichtspunkten. Danach ist die Autobahn einzige Uferstraße. Einen pittoresken Verlauf nah am Columbia River und zahlreiche Zugänge zu Badestränden bietet auch die Straße #14 auf der Sonnenseite des Flusses bis Bingen/White Salmon. 20 mi östlich von Camas zieht der ***Beacon Rock*** Kletterer an. In Carson zweigt die Straße zum *Mount St. Helens Volcanic Monument* ab, ➪ unten.

Mount Hood

Der immer schneebedeckte Vulkan **Mount Hood** ist mit 3427 m der höchste Berg Oregons. Eine Fahrt durch die *Columbia Gorge* und rund um das Mt. Hood Massiv auf wunderbarer Gebirgsstrecke (Straßenkombination #35/#26) gehört zu den beliebtesten Tagesexkursionen von Portland aus. Die ***Timberline Lodge***, ein innen großartiges rustikal-nostalgisches Hotel, © (541) 594-2511 (Drehort für den Horrorfilm *The Shining* mit *Jack Nicholson*, 6 mi Stichstraße von der #26) ist Ausgangspunkt für Wanderungen an den Fuß des Berges bis zur Schneegrenze.

Lava Lands

Mindestens als 2-Tages-Trip wäre ein Ausflug nach **Bend**, einer Stadt mit 20.000-Einwohnern östlich der Kaskaden im zentralen Oregon zu planen (von Portland über den *Mount Hood* oder die Hauptstadt Salem etwa 160 mi). Die Lavafelder südlich von Bend gehören zum ***Newberry Crater National Monument***, das mehrere Teilareale umfaßt, darunter das namensgebende Kratergebiet mit dem 30 m hohen ***Obsidian Lava Flow*** aus glasartigem Basalt. Die ***Lava River Cave***, das ***Lava Lands Visitor Center*** und das ***High Desert Museum*** sind die wichtigsten Einzelziele. Unterlagen und Information im Besucherzentrum (9am–5pm), ca. 10 mi südlich Bend unmittelbar an der Straße #97. **Übernachtung in Bend** mit großen, selten ganz ausgebuchten Motelkapazitäten.

Crater Lake Nat. Park

Der ***Crater Lake National Park*** liegt 100 mi südlich von Bend und ca. 260 mi von Portland entfernt. Ein Besuch könnte ggf. in einen 4/5-Tages-Ausflug über die Oregon-Küste und durch die Kaskaden wie beschrieben einbezogen werden. Der Park ist ganzjährig geöffnet. Übernachtung in der ***Crater Lake Lodge***, © (541) 594-2511, nur Juni–September, oder in der ***Fort Klamath Lodge***, © (541) 381-2234, 6 mi südlich. Im Krater eines nach einem Ausbruch vor 6000 Jahren zerborstenen Vulkans bildete sich ein See von 11 km Durchmesser und 650 m Tiefe. Eine 33 mi lange Rundstrecke führt ganz um ihn herum. Aktivitäten: Wandern und Bootsfahrt zur *Wizard Island*, einer vulkanischen Insel im See.

Mount St. Helens

Das ***Mount St. Helens National Volcanic Monument*** liegt, je nach Anfahrt, ca. 100 mi bis 130 mi von Portland entfernt in Washington State. Der Besuch entspricht einer guten Tagestour. ***Visitor Center*** **bei Toutle** 30 mi westlich unweit der I-5 **und am Westrand des Gebietes** informieren eindrucksvoll über den Ausbruch 1980, die Situation vorher und die Erholung des Gebiets bis heute. Noch interessanter als das Westareal des nur über Wanderwege richtig zugänglichen Parkgebietes ist ein (zeitraubender, d.h. plus 1 Tag) Besuch der Ostseite: Eine empfehlenswerte Rundfahrt führt zunächst am Nordufer des Columbia River entlang, dann ab Carson nach Norden (asphaltierte *Forest Road* #30) in die seinerzeit völlig zerstörte Zone. Wichtigstes Ziel ist auf dieser Seite des Vulkanparks die Stichstraße ***Windy Ridge*** oberhalb des geborstenen Kraters. Zurück ginge es über die *Ape Cave* (ausgeschilderter Abstecher, 1 km Höhlenerkundung, Laternenverleih 10am–6pm im Sommer), Cougar und die Straße #503, dann wieder I-5 und zurück nach Portland. Aktuelle Information und Karte an der *Pine Creek Information Station* in der Südwestecke des vulkanischen Monuments.

Oregon Küste

Ein wichtiges Motiv für einen Flug nach Portland könnte auch die Oregon-Küste liefern. An ihr liegen die landschaftlich reizvollsten Abschnitte der US-Pazifikküste. Für Tagestrips empfiehlt sich die Straße #26 als Anfahrtsroute. Erster schöner Anlaufpunkt ist **Cannon Beach** mit breitem Strand und dem pittoresken *Haystack Rock*. Ab **Tillamook** sollte man unbedingt dem ***Three Capes Scenic Loop*** über Cape Meares folgen. Wildromantische Küste: Steilabbrüche, Dünen und Strände in herrlichem Wechsel. Ans Baden im Meer ist jedoch kaum zu denken; die Wassertemperaturen liegen nie über 15°C.

Seelöwen

Das beste Teilstück der Küstenstraße #101 sind die 35 mi zwischen Waldport und Florence: hoch über dem Meer geht es an steil abfallenden Felswänden entlang. Etwa 9 mi nördlich von Florence passiert man die ***Sea Lion Caves***: Ohrenbetäubendes Gebrüll und durchdringender Gestank Hunderter von Seelöwen erwarten die Besucher der riesigen, zum Meer hin offenen Höhle. Ein Erlebnis, wenngleich mit $6 Eintritt nicht ganz billig. Zutritt im Sommer 9am–7pm, sonst nur bis 4/5pm.

Dünen und Geländespaß

Mit Florence erreicht man die ***Oregon Dunes National Recreation Area***, einen 40 mi langen Dünengürtel zwischen Pazifik und der #101. Absoluter Hauptspaß ist dort das ATV/ORV-Fahren. Verleihfirmen bieten geländegängige Vehikel an verschiedenen strategisch günstigen Ecken an, sprich Einfahrten in die freigegebenen Dünengebiete, ab $20/Stunde (ATV = *All Terrain Vehicles*; ORV = *Off Road Vehicles*).

Der richtige Sight zur richtigen Zeit

Rosenfestival

Alle Jahre wieder wird ab Anfang Juni für 3-4 Wochen das *Portland Rose Festival* zelebriert. Die Rosenblüte ist Anlaß für zahlreiche Veranstaltungen, Wettbewerbe, Paraden und Vorführungen. Da es sich beim Rosenfest um **das** Ereignis des Jahres handelt, ist die sonst in Portland nicht so dringende Hotelreservierung im Juni unbedingt anzuraten.

RAPID CITY

Bedeutung

Seinen hohen Bekanntheitsgrad hat Rapid City dem ***Mount Rushmore Monument*** zu verdanken. Vielen Amerikanern ist allein dieses überdimensionale Denkmal für vier der bedeutendsten US-Präsidenten Motiv genug für eine Reise in die etwas abgelegene Stadt. Für ausländische Touristen dagegen mag Rapid City daher eher als ein nachrangiges Ziel erscheinen, ist aber in Wirklichkeit eine Art Geheimtip.

Denn zum Einzugsbereich von Rapid City gehören neben dem ***Mount Rushmore*** *und* dem ***Custer State Park*** die ***Badlands*** und ***Wind Cave National Parks***, die Nationalmonumente ***Jewel Cave*** und ***Devils Tower*** sowie das alte Goldrauschstädtchen ***Deadwood***. Die Zielregion *Rapid City/Black Hills* bietet damit mehr und attraktivere Sehenswürdigkeiten als manche Großstadt und Umfeld. Ein Besuch von 2-3 Tagen läßt sich abwechslungsreich gestalten. Mehr Zeit wäre erholsamer und ließe Muße für Wanderungen, Tierbeobachtung und weitere Aktivitäten.

GEOGRAPHIE, KLIMA UND GESCHICHTE

Geographie

Rapid City liegt im Westen des US-Staates South Dakota am Fuße der *Black Hills*, einer schwarzwaldähnlichen Mittelgebirgsregion mit vielen Seen, die – bei einer Ausdehnung von etwa 150 km Länge und bis zu 80 km Breite – mit ihren Ausläufern in den Nachbarstaat Wyoming hineinreicht. Östlich der Stadt erstrecken sich Prärien und Weizenfelder des Mittleren Westens, unterbrochen von landwirtschaftlich nicht nutzbaren Erosionsflächen, sog. ***Badlands*** (➪ Seite 394). Die in einem Umkreis von mehreren 100 mi größte Stadt ist Wirtschaftszentrale für die Farmer der Umgebung und vor allem des *Black Hills*-Tourismus.

Klima

Das **Klima** wird bestimmt durch die Lage der Region tief landeinwärts. Trockene, warme Sommer mit Tagestemperaturen zwischen 18° und 30° herrschen vor. Die Abende sind wegen der Höhenlage (Rapid City ca. 1000 m) kühl. Die Ostseite der *Black Hills* erhält mit rund 400 mm pro Jahr noch weniger Niederschläge als die weiter östlich liegenden Prärien, davon einen nicht geringen Teil als Schnee. Die Winter sind eher mild mit periodischen Kälteeinbrüchen. Da der Sommer relativ spät Einzug hält, ist angenehmste Reisezeit Juni bis Anfang September. Warme ***Indian Summer***-Tage und herrliche Laubfärbung in den *Black Hills* lassen auch spätere Termine noch reizvoll erscheinen, zumal nach *Labor Day* der Tourismus stark nachläßt.

Geschichte

Einst waren die Black Hills geheiligtes Land der *Sioux* und *Cheyenne* Indianer. 1868 wurden die Gegend diesen Stämmen von der US-Regierung in einem Vertrag als unantastbarer Landbesitz zugesprochen. Mit der Unantastbarkeit war es jedoch schon 1874/75 vorbei, als in den Bergen Gold gefunden wurde. Tausende von Prospektoren strömten ins Indianerland. Die Obrigkeit unternahm nichts gegen den Vertragsbruch durch die eigenen Bürger.

Zwar wehrten sich die *Sioux* verzweifelt und errangen 1876 am ***Little Bighorn River*** gegen die US-Armee unter ***General Custer*** noch einmal einen großen Sieg, aber die *Black Hills* blieben verloren. Die nach den darauffolgenden Massakern (am bekanntesten ist *Wounded Knee* 1890) überlebenden *Sioux* wurden in eine Reihe von Reservaten in der Nähe und in Montana verwiesen.

Die Gründung von Rapid City am *Rapid Creek* geht auf die Tage des **Goldrausches** zurück:

1874 Gründung

1889 Teilung des *Dakota Territory* in South und North Dakota

1927 Beginn der Arbeiten am *Mount Rushmore Monument*

1941 **Fertigstellung des Monuments**; Beginn des wirtschaftlichen Aufschwungs durch einen – nach dem 2. Weltkrieg einsetzenden – starken Tourismus. Über 2 Mio. Menschen besuchen jährlich die Black Hills, die meisten von ihnen während der Sommermonate

Rapid City hat heute etwa **54.000 Einwohner**, mit umgebenden Ortschaften eine Bevölkerung von **rund 80.000**.

Daten und Fakten

Telefonische Vorwahl/Area Code: 605

Besucherinformation

- **Tourist Information im Civic Center,** ✆ 343-1744 und ✆ (800) 487-3223, 444 Rushmore Rd. Geöffnet Mai bis Oktober 7:30am–6pm. Für die Besuchsplanung sollte man sich das aktuelle Heftchen ***Rapid City's VISITOR Magazine*** geben lassen. Gut ist auch das Heft ***Exploring the Black Hills & Badlands***

Flughafen (RAP)

Rapid City Regional Airport, ✆ 394-4195

Fluglinien: DL, NW, UA
Passagiere: 450.000/Jahr

Der kleine Flughafen liegt ca. 8 mi östlich der Stadt und wird von überregional operierenden Gesellschaften nicht sehr oft angeflogen. In erster Linie besorgen deren *Commuter* den Zubringerdienst zum nächsten *Hub,* z.B. *United* nach Denver, *Delta* nach Salt Lake City und *Northwest* nach Minneapolis.

Verbindung Airport-City und öfftentliche Verkehrsmittel

Shuttle

Bei Ankunft von Flugzeugen sorgt ein ***Airport Express Shuttle,*** ✆ 343-5358, für den Weitertransport. Er bringt die Gäste im Bereich von Rapid City zum gewünschten Ziel ($9-$13). Aber Achtung: wer erst telefoniert, etwa um eine Zimmer zu reservieren, könnte die Abfahrt verpassen. Ohne vorgeklärte Unterkunftsfrage macht es ggf. Sinn, sich bei der ***Visitor Information*** im *Civic Center* absetzen zu lassen oder am *Northgate Shopping Center* in kurzer Distanz zu einer langen Reihe von Motels.

Van-Service

Einige Hotels/Motels holen ihre Gäste auch vom *Airport* ab. Zurück zum Flughafen geht es dann mit dem erwähnten ***Airport Shuttle***; das Hotel bestellt ihn ggf.

Taxi

Die Alternative dazu ist das **Taxi**: $20-$25. Sollte kein Taxi bereitstehen, ruft man ***Rapid Taxi*** an: ✆ 348-8080. Für sonstige Fahrten per Taxi gilt $2,50 Grundgebühr, pro Meile ca. $1,25.

Bus

Ein nenenenswerter so zu bezeichnender lokaler Vorortverkehr existiert in Rapid City nur begrenzt. Verschiedene Busfirmen bedienen (ab ***Transportation Center***, 333 6th St) die Ortschaften der Umgebung und Städte in den Dakotas und Nachbarstaaten.

Car Rental

Avis, Budget, Hertz, National, Thrifty

Wer länger als einen Tag bleiben und mehr als den *Mount Rushmore* sehen möchte, kommt um eine Automiete kaum herum. Die Alternative wären geführte Busfahrten. Sie sind ab zwei Personen teurer als ein Leihwagen und werden weder zu allen Zielen noch Zeiten angeboten.

Rundfahrten

Per Bus

Neben der unvermeidlichen Firma ***Gray Line,*** ✆ 342-4461, sind noch ***Old West Tours***, ✆ 348-3139, ***Sturgis Bus***, ✆ 574-2249 und ***Stagecoach Bus Service***, ✆ 343-3113, im Geschäft mit Ausflugstouren zum *Mount Rushmore* und durch die *Black Hills;* sie kosten ab ca. $20, Abendtrip zum *Mount Rushmore* $15, Abholung im Hotel eingeschlossen. In der *Tourist-Info* und in den Hotel-Lobbys liegen die aktuell veranstalteten Touren aus. Vor *Memorial* und nach *Labor Day* läuft indessen fast nichts mehr.

Unterkunft

Situation/ Kettenmotels

Rapid City besitzt zahlreiche Hotels und Motels mit über 5000 Gästezimmern. Die meisten ballen sich nördlich des Roosevelt Park entlang East North St/East Blvd, im Bereich des *Exit* 59 der I-90, im Zentrum (St Joseph/Main St) und an der ***Mount Rushmore Road*** am südlichen Ortsausgang. Die großen Ketten der Mittelklasse (***Days, Holiday, Ramada, Best Western, Super 8, Quality, Econolodge*** u.a) sind teilweise mit mehreren Häusern vertreten, aber relativ viele Motels sind unabhängig. Anfang Juli bis Mitte August und an Wochenenden von Juni bis *Labor Day* wird die Kapazität knapp; sonst ist es kein Problem, in Rapid City unterzukommen. Die Preise liegen etwas höher als in touristisch weniger frequentierten Gebieten, sind aber stark saison- und auslastungsabhängig. Sonderangebote gibt es an schwachen Tagen auch schon mal im Sommer. Außer in und um Rapid City findet man Motels im Bereich der ***Ellsworth Air Force Base*** an der I-90 und besonders **zahlreich in Keystone** in unmittelbarer Nähe des *Mount Rushmore* (teurer!) und in **Custer** (preiswerter).

Einige zusätzliche Adressen neben den Kettenmotels, die man über ihre 800-Nummern anrufen kann (Seite 109), sind:

Unabhängig

- **Alex Johnson Hotel,** © 342-1210, © (800) 888-2539, 523 6th S, im Zentrum, für Rapid City schon fast ein Hochhaus, die historische Herberge im stilvollen Nostalgie-Western-Look, ab ca. $89.
- **Avanti Motel,** © 348-1112, 102 N Maple am Roosevelt Park, ab $59
- **Tip Top Motor Hotel,** © 343-3901 und © (800) 341-8000, 405 St. Joseph Street, zentral gelegen, ab $45
- **Big Sky Motel,** © 348-3200, 4080 Tower/Rushmore Rd, ein wenig außerhalb der Stadt, ab $45
- **Mt. Rushmore President's View Resort (Motel),** © (800) 456-1878, Keystone, ab $45

Bed & Breakfast

In Rapid City und den *Black Hills* gibt es eine erstaunliche Menge an *B&B*-Unterkünften, z.T. auf *Ranches*. Interessante Adressen sind die ***Madison Ranch***, Nemo Rd, 5 mi westlich der Stadt, © 342-6997, und die ***Nemo Guest Ranch***, noch weiter westlich in Richtung Deadwood, © 578-2708. Die ***Visitors Information*** hat eine komplette Liste dieser Quartiere.

Essengehen und Shopping

Restaurants

Obwohl ein dichtes gastronomisches Angebot existiert, sind kulinarische Feste in Rapid City wohl nicht zu feiern. Während der Sommersaison eine Alternative zum Üblichen bietet mit ***Chuckwagon Supper & Show*** u.a. die

- ***Flying T-Ranch,*** © 342-1905, an der #16 zum Mount Rushmore ca. 6 mi südlich von Rapid City. Nachdem Verzehr der deftigen Cowboy-Kost vom Blechteller läuft die *Country Western Show* mit viel Musik und Blödeleien (täglich um 7:30pm; ca. $13).
- In der ***Firehouse Brewing Company*** mit 12 verschiedenen in der lokalen Micro-Brauerei hergestellten Biersorten gibt's auch was Ordentliches zu beißen. Unverfehlbar in der 610 Main Street neben der *Prairie Edge Gallery.*

Black Hills Souvenirs

Typische Produkte aus Rapid City bzw. den *Black Hills* sind Schmuckstücke, hergestellt aus dem in den nahen Bergen gefundenen Gold. Schmuck- und Souvenirläden lassen sich nicht verfehlen. Den größten **Souvenir-Shop** überhaupt findet man beim ***Visitor Center*** des *Mount Rushmore Memorial.* Die Motive und Muster der meisten *Black Hills*-Schmuckstücke wirken allerdings in europäischen Augen konventionell bis kitschig.

Sioux Handicraft

Anders ist es mit**Kunsthandwerk und Gebrauchsartikeln der *Sioux*-Indianer**, erhältlich z.B. im *Shop* des neuen Museum *The Journey* (➪ Seite 390) oder im unübertroffenen ***Prairie Edge***, *Shop* und ***Sioux Gallery***, an der Ecke 6th/Main St. Sagenhaft, was dort an ***Indian Craft*** vorrätig ist – wie das Preisniveau.

Malls

Shopping Center gibt's natürlich auch, und zwar die schon erwähnte ***Northgate Mall*** an der Ecke Campbell/East North St, die große ***Rushmore Mall*** an der I-90 zwischen *Exit* #58 und #59 sowie das ***Baker Park Center***, Ecke West Main St/Jackson Blvd.

Sicherheit

Sicherheit ist in Rapid City und in den Black Hills kein Thema besonderer Besorgnis. Die kriminelle Gefährdung dürfte selbst abends nicht größer sein als im Umfeld stark frequentierter europäischer Touristenziele. Bei großem Andrang am *Mount Rushmore* können ein wenig Umsicht und ein verschlossenes Auto nicht schaden ohne Gegenstände im Blickfeld, die Begehrlichkeit wecken.

Sehenswürdigkeiten

Museen

Besondere Attraktionen hat Rapid City als Stadt nicht zu bieten, aber zwei Museen sind besuchenswert:

- ***The Journey***, © 394-6923, 222 New York St, Di–Fr 9am–5pm, So 1pm-5pm, im Sommer auch Mo, Eintritt $6. Ein schon architektonisch hochmodernes Museum zu Archäologie (Fossilien, Dinosaurierknochen etc.) und Geologie (u.a. interessante Mineraliensammlung) und Geschichte der *Black Hills* Region, speziell der Sioux-Indianer und - sehr ausführlich - der weißen Besiedelung. Es faßt früher in 3 (heute geschlossenen) verschiedenen Museen ausgestellte Stücke in neuer Aufbereitung zusammen. Sehenswert bei Themeninteresse, leider relativ teuer.
- ***Dahl Fine Arts Center,*** © 394-4101, 713 7th St. Das Kunstmuseum beherbergt u.a. ein – leicht naiv-verklärendes – Rundum-Wandbild (***Mural***) des Malers B.P. Thomas von 60 m Länge. Es führt durch 200 Jahre (weißer) amerikanischer Geschichte bis zum imaginären Aufbruch ins Weltall. Mo–Sa 9am–5pm, So ab 1pm, im Sommer teilweise länger. Eintritt frei, kleine Spende.
- ***Dinosaur Park***, Skyline Drive westlich der Quincy St, ausgeschildert; zugänglich 8am-10pm, im Winter 8am-5:30pm. Vielleicht als Ergänzung der Skelette in *The Journey* stehen 7 knallgrüne lebensgroße, aber schlichte Zementdinosaurier auf einer Anhöhe über der Stadt. Der Blick über Rapid City lohnt immerhin die Auffahrt. Die Dinos selbst dürften heute nicht einmal mehr Kinder sonderlich beeindrucken.

Kommerzielle Attraktionen

Außer in Museen können sich die Besucher von Rapid City in kommerziell betriebenen Attraktionen der Umgebung die Zeit vertreiben. Ob im ***Bear Country***, in den ***Reptile Gardens***, diversen illuminierten **Höhlen**, in **Goldminen** mit Waschpfannen (Erfolg garantiert) und Untergrund-Wasserfällen, die Möglichkeiten für ein volles Programm sind vielfältig. Alles steht in den empfohlenen Broschüren, und die *Tourist Information* hält zusätzlich Werbe-*Flyer* bereit.

Windhundrennen

Eine auch bei Rapid City existierende amerikanische Spezialität sind die Windhundrennen. Der ***Greyhound Racetrack*** liegt einige Meilen nordwestlich der Stadt (I-90, Exit 51). Wer wetten oder auch nur zuschauen möchte: Erstes Rennen – Ende Mai bis Mitte September – täglich 8pm, Eintritt $2.

Ziele in den Black Hills

Mount Rushmore

- Touristisches Hauptziel in den *Black Hills* ist das ***Mount Rushmore National Memorial***, 26 mi südwestlich von Rapid City. Unverfehlbar leitet die Ausschilderung den Strom der Fahrzeuge. Von der Aussichtsterrasse des Besucherzentrums schaut man auf die 20 m hohen Köpfe der 4 Präsidenten ***Washington*** (1732-1799), ***Jefferson*** (1743-1826), ***Lincoln*** (1809-1865) und ***Theodor Roosevelt*** (1858-1919). Ein pausenlos laufender Videofilm informiert über Motive und Arbeit (14 Jahre!) ihres besessenen Schöpfers, ***Gutzon Borglum***. Am besten für das obligatorische Foto ist die Vormittagssonne. Frühaufsteher genießen die besten Lichtverhältnisse. Von Mai bis September wird bei Sonnenuntergang von den *Rangern* ein Flaggenappell zelebriert.

Custer Park

- Nur wenige Meilen südlich des *Mount Rushmore* liegt der ***Custer State Park***, ein Natur- und Artenschutzgebiet innerhalb der ansonsten (leider zu) stark kommerzialisierten *Black Hills*. Die kürzeste Zufahrt, die serpentinenreiche *Iron Mountain Road* #16A, ist zugleich die reizvollste. **Eintritt**: $6 pro Wagen oder $3 pro Person für maximal 7 aufeinanderfolgende Tage. Keinen Eintritt zahlt, wer den Park ohne Halt durchquert. Aber das fällt schwer und wäre kaum angezeigt, denn:
- der ***Needles Highway*** bzw. dessen Teilstück östlich des Sylvan Lake durch ein Felsnadel-Areal mit steil aufragenden Monolithen (äußerst populär bei Kletterern) ist spektakulär.
- der idyllisch von Felseneingefaßte ***Sylvan Lake*** reizt zum Baden, Kanupaddeln (Verleih) und Rundwanderung.
- die ***Wildlife Loop Road*** durch das südliche Parkareal bietet zu bestimmten Jahres- und Tageszeiten (unbedingt erst erfragen) die Chance, Teile des reichen Wildbestandes (Büffel, Rotwild und Elche) zu Gesicht zu bekommen. Die Strecke selbst ist eher reizlos und lohnt in Anbetracht ihrer Länge und des Speedlimits nur bei berechtigter Hoffnung auf Sichtung der Tiere.

Mount Rushmore, eine Art Nationalheiligtum der USA

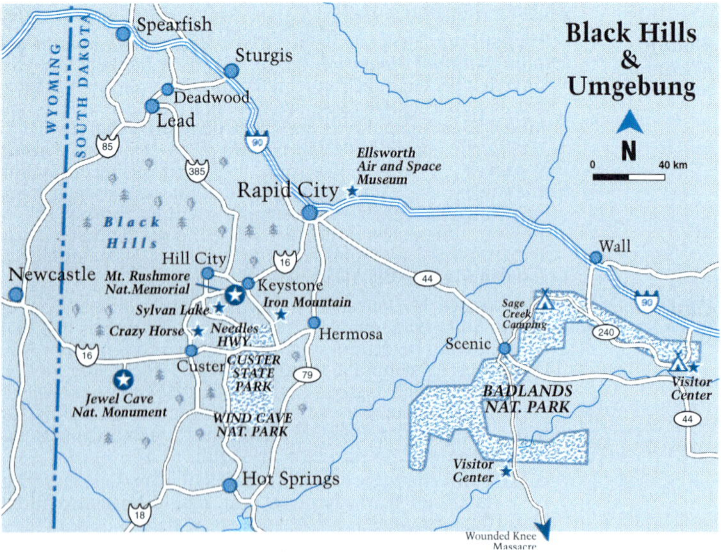

Wind Cave – Im Süden schließt der ***Wind Cave National Park,*** © 745-4600, unmittelbar an den *Custer State Park* an. Das Gelände dieses kleinen Nationalparks, auf dem rund 400 Bisons frei grasen, liegt über einem Teil des komplexen Höhlenlabyrinths unter den *Black Hills*. Die hier völlig abgetrockneten Tropfsteinhöhlen sind durch einen künstlichen Eingang zugänglich. Geführte ein- und zweistündige Touren werden mehrfach täglich angeboten (ab $4, ganzjährig).

Mindestens an der kürzeren Besichtigung sollte man teilnehmen. Für Höhlenfans veranstalten die Parkranger den großen vierstündigen Trip zur Höhlenerkundung abseits der befestigten Wege (*Spelunking*) mit Helm, Laterne und Knieschutz; Auskunft und Reservierung telefonisch.

Jewel Cave – Zum bislang nur ansatzweise erforschten Höhlensystem der *Black Hills* gehört auch die **Jewel Cave**, eine als ***National Monument*** ausgewiesene, von ihrer Charakteristik her mit der *Wind Cave* kaum vergleichbare Höhle etwa 12 mi westlich von Custer an der Straße #16. Wunderbar geformte kristalline Calzitablagerungen gaben der Höhle ihren Namen. Führungen finden lediglich in der Zeit von Mitte Juni bis Ende August statt. Auch in der *Jewel Cave* gibt es ausgedehnte *Spelunking Trips*. Wegen ihrer Beliebtheit sollte eine langfristig reservieren, © 673-2288, wer sich für die Teilnahme interessiert.

Crazy Horse Monument – Ein nur langsam den Anfängen entwachsendes Projekt ist das ***Crazy Horse Monument***, 5 mi nördlich von Custer, Straße #16/ #385. Der bereits 1982 verstorbene Bildhauer *Korzcak Ziolkowski* begann bereits 1949(!) mit der Arbeit am ***Memorial for all North American Indians***, das nach Fertigstellung den Sioux-

Häuptling *Crazy Horse* auf dem Pferd als 170 m hohe Felsskulptur zeigen soll. *Ziolkowskis* Nachkommen führen bereits jetzt das Geschäft mit den Touristen auf einer Aussichtsplattform, in Museum und Cafeteria. Eintritt für den Weitblick: stolze $6.

Hot Springs

– Ein Abstecher von den *Black Hills* könnte dem Städtchen **Hot Springs** gelten (13 mi südlich *Wind Cave NP*). Von den namensgebenden heißen Quellen rund um den Ort speist eine den öffentlichen Badepool ***Evans Plunge*** mit Innen- und Außenbecken. Drei riesige Rutschen sorgen für Warmwasser-Badespaß. Die Anlage befindet sich am nördlichen Ortsausgang unweit der Straße #385. Geöffnet im Sommer 8am–10pm, Frühjahr und Herbst bis 8pm.

Mammut-knochen

– Bei naturhistorischem Interesse lohnt sich der Besuch des ***Mammoth Site National Natural Landmark*** an der südlichen Ortsumgehung, geöffnet April bis Oktober. Knochenreste von 39 dort vor 26.000 Jahren umgekommenen Mammuts wurden an ihren Fundplätzen belassen und präpariert.

Deadwood

– Am Nordrand der *Black Hills* liegen Deadwood und Lead, zwei historische Goldrausch- und Minenstädte, ca. 42 mi bzw. 45 mi von Rapid City entfernt. **Deadwood** mit seinen restaurierten authentischer Fassaden und nostalgischen Kneipen im *Westernlook* an der *Historic Main Street* ist besuchenswerter. Zumal, seit vor einigen Jahren in den *Saloons* die ansonsten illegalen Glücksspiele ***Poker*** und ***Black Jack*** (wieder) zugelassen wurden und auch noch ***Slot Machines*** aufgestellt werden durften. Viel Betrieb herrscht in Deadwood vor allem an Wochenenden.

Devils Tower

– Ist noch Zeit vorhanden, wäre auch ein Besuch im ***Devils Tower National Monument*** in den westlichen Ausläufern der *Black Hills*, bereits in Wyoming, lohnenswert. Es liegt ca. 80 mi westlich von Deadwood über die I-90, von ihr Ausfahrt #198, dann Straßen #111 und #24. Rund 16 mi weiter, aber reizvoller als der direkte Weg von Deadwood zur I-90 ist der Umweg über *Lead* und die Straße #14A durch den pittoresken ***Spearfish Canyon***.

Geologie

Der **Teufelsturm**, ein riesiger abgeplatteter Klotz aus Säulenbasalt, erhebt sich weithin sichtbar etwa 270 m über die Umgebung. Die Geologen erklären *Devils Tower* als *Volcanic Plug*, den erkalteten Kern eines früheren Vulkans, dessen umgebendes Gestein nach und nach erodierte. Eine andere Deutung, nämlich als Landeplatz der Außerirdischen, gab dem Gelände einst der Science Fiction Film "Begegnungen der Dritten Art".

Beliebt sind die Hänge des *Devils Tower* bei Bergsteigern und Kletterern. Der Normalbesucher muß sich mit dem **Rundwanderweg** am Fuße des Berges begnügen (ca. 2 km). Die dafür notwendigen 30 min Zeit sollte man sich unbedingt nehmen.

Zum Badlands National Park

Das Kontrastprogramm zu den *Black Hills* bieten die *Badlands* etwa 70 mi östlich von Rapid City. Für ihren Besuch benötigt man einen vollen Tag. Hin- und Rückfahrt erfolgt bis zum Ort *Wall* über die I-90. Alternativ kann man bei etwas mehr Meilen und Zeitaufwand eine Strecke ganz gut auf der Straße #44 fahren.

Ellsworth Airforce Base

– Auf dem Weg zu den Badlands liegt rund 10 mi östlich von Rapid City (Ausfahrt #66 von der I-90), die ***Ellsworth Air Force Base*** mit dem ***South Dakota Air and Space Museum***, einer Ausstellung ausgemusterter Militärflugzeuge und Raketen; 9am–5pm. Eintritt einschließlich Führung, auf der es **B-1B** und ***Stealth* Bomber** zu sehen gibt, $3 (8:30am–4pm). Der bereits für sich eindrucksvolle ***Open-Air Park* ist frei**. Neuerdings kann auch ein ***Minuteman II***-Raketensilo besichtigt werden. Ellsworth ist im übrigen (immer noch) Kommandozentrale einer weltweit einsatzfähigen Vernichtungsmaschinerie, d.h. von auf die Dakotas verteilten Interkontinentalraketen und einer einsatzbereiten Flotte von Langstreckenbombern. Ein Teil der dort stationierten Flugzeuge war im Golfkrieg eingesetzt.

Wall Drug

– Das Dorf **Wall** an der westlichen Zufahrt zu*m Badlands National Park* ist Heimat des größten und kuriosesten ***Drug Store*** der USA. Der aus zahlreichen Läden, Snack Bars und Austellungen bestehendeKomplex entspricht einem ***Shopping Center* mit Museen**. Dank extremer Werbung entlang der *Interstate* entwickelte *Wall Drug* sich über die Jahre zu einer eigenständigen Touristenattraktion. Der Ort ist ein Muß für einen Zwischenstop vor oder nach dem Besuch der *Badlands*.

Badland

Es macht Sinn, die Besichtigung des ***Badlands National Park*** über dessen Osteingang zu beginnen, sofern eine Rückkehr über die I-90 geplant ist. Bei Rückfahrt über die #44 eignet sich eher die Westeinfahrt. Mit den Vorausinformationen des Besucherzentrums (Ostteil) hat man aber mehr vom Besuch.

– Nach der eintönigen Prärie der Umgebung beeindrucken die ersten bizarren Sandsteinformationen und eigenartig ausgewaschenen grauen Erdhügel bereits gleich hinter der Einfahrt. Aber erst nach Überquerung des ***Cedar Pass*** geht es so richtig hinein in die Mondlandschaft der *Badlands*. "Ungeeignetes, schlechtes Land" für eine Besiedelung, Ackerbau oder Viehzucht befanden die ersten Europäer, die als Trapper und Abenteurer dorthin gelangten. Im ***Visitor Center*** erfährt man alles zu den geologischen Ursprüngen und zur Geschichte dieses Gebietes. Entlang der Parkstraße am Rande der Abbruchkante zwischen hoher Prärie und *Badlands* gibt es zahlreiche Halte- und Aussichtspunkte, die immer wieder neue Einblicke in die Vielfalt und -farbigkeit der Formationen vermitteln.

Bisons

– Die einst nahezu ausgerotteten Bisons (*Buffalos*) wurden im *Badlands Park* wieder heimisch gemacht. Wegen der enormen Ausdehnung des Parkareals bis weit in die Ebenen unterhalb des Abbruchs sieht man die Büffel nur selten, eher begegnet man ihnen – wie gesagt – ggf. im *Custer State Park* oder im *Wind Cave National Park*.

Der richtige Sight zur rechten Zeit

Am 2. Wochenende im Juli findet in Rapid City ein großes ***Indian Pow Wow*** mit Umzügen, Vorführung indianischer Stammestänze und einer Ausstellung zur Kultur vor allem der *Sioux* und anderen Stämmen der Prärieindianer.

RENO

Charakteristik

Las Vegas' kleine Schwester, die ***Biggest Little City in the World*** (Eigenwerbung), ist eine respektable Großstadt, die zusammen mit Sparks ein Gebiet von 130 km^2 bedeckt.

Im Gegensatz zu Las Vegas sind die Spielkasinos und damit zusammenhängende Geschäftszweige nicht die alles dominierenden Wirtschaftsfaktoren. Reno ist kommerzielles und kulturelles Zentrum für den gesamten Norden Nevadas.

Das Umfeld von Reno hat außerdem touristisch einiges zu bieten: Der Lake Tahoe im Südwesten und die Kaskaden mit dem ***Lassen Volcanic Park*** im Nordwesten sind nicht weit; und die alte Silberstadt Virginia City (➪ unten) gehört zu den populärsten Sehenswürdigkeiten Nevadas. Der riesige Pyramid Lake, 50 mi nördlich von Sparks, und die einsamen Landschaften des von Gebirgszügen unterbrochenen *Big Basin* sind weitere reizvolle, wenngleich kaum bekannte Ziele.

Geographie, Geschichte und Klima

Geographie

Reno liegt 15 mi östlich der kalifornischen Grenze und 30 mi nördlich der Hauptstadt Carson City am Rande der Wüste von Nevada auf einer Höhe von ca. 1250 m. Zum Lake Tahoe, der auf 1850 m Höhe von Gipfeln der Sierra Nevada eingeschlossen wird, sind es nur 40 mi. Aus dem See entspringt der Truckee River, ohne dessen Wasser Reno kaum lebensfähig wäre. Denn schon 600 m unterhalb der Gebirgsregion mit seiner üppig grünen Vegetation, gelten weitgehend die klimatischen Bedingungen der Wüste.

Klima

Wegen der bis zu 3000 m hohen Berge im Westen bilden Bewölkung und Niederschläge in Reno eher die Ausnahme. Sonnenschein überwiegt, wobei die Temperaturen dank der Höhenlage selbst im Hochsommer selten über 30°C steigen. Aber auch höhere Hitzegrade bleiben bei der normalerweise geringen Luftfeuchte erträglich, zumal es abends schnell abkühlt. Milde Witterung zeichnet ebenso die Wintermonate aus: Wenn am nahen Lake Tahoe Schnee liegt und klirrende Kälte herrscht, sinken die Tageswerte in Reno kaum unter 10°C. Mai, Juni und September sind die besten Besuchszeiten für Reno und Umgebung.

Sonnenschein: 255 Tage   **Niederschläge**: 50 Tage
Heißester Monat: August 24°C   **Kältester Monat**: Januar 5°C

Geschichte

Am Weg der Immigranten nach Kalifornien entstand Reno als letzte Etappe vor dem Aufstieg in die Sierra Nevada. In den 60er-Jahren des vergangenen Jahrhunderts wurde daraus eine wichtige **Station** der Eisenbahngesellschaft ***Union Pacific***. Nachdem der transkontinentale Schienenstrang **1868** an Reno vorbei in Richtung Osten geführt worden war (1869 Vereinigung der "Enden" von Ost und West nördlich von Salt Lake City, ➪ *Golden Spike National Monument*, Seite 412), versteigerte die *Union Pacific* das nun für die Lager ihrer Gleisbauer nicht mehr benötigte Land und sorgte damit für eine rasche Besiedelung. Zwar stand Reno lange im Schatten der Boomtown **Virginia City** (➪ unten), der

Geschichte

in ihrer Blütezeit mit 30.000 Einwohnern größten Stadt zwischen Chicago und San Francisco, bevor es sich nach der Jahrhundertwende eigenständig entwickelte. Aber mit der Zulassung von **Glücksspiel und Prostitution** während der 30er-Jahre in Nevada (⇨ Las Vegas) begann der Aufstieg von Reno/Lake Tahoe zur zweitgrößten Spielkasino-Region des Staates. In den letzten Jahren ist diese jedoch gegenüber dem boomartigen Ausbau der Kapazitäten in Las Vegas relativ zurückgefallen. Die "Weiterentwicklung" der Spielkasinos zu Super-Amusementparks hat in Reno/Lake Tahoe (noch) nicht stattgefunden.

Heute besitzt die Stadt rund **130.000 Einwohner**, der Gesamtraum Reno/Sparks eine Bevölkerung von **250.000**.

Daten und Fakten

Telefonische Vorwahl/Area Code: 702

Besucherinformation

- ***Reno Sparks Convention and Visitors Center,*** ✆ 1-800 FOR RENO, 300 N Center St (östliche Parallele zur Casino Row der Virginia St), Mo–Sa 7am–5pm, So 9am–6pm, im Untergeschoß des *National Bowling Stadium*. Material gibt es dort in Hülle und Fülle, den detaillierten Stadtplan nur gegen (geringe) Bezahlung. Die Gratiskarte für eine *Reno Walking Tour* durch *Downtown* bzw. die Karten in den diversen Info-Broschüren tun es bei Kurzaufenthalten auch.
- Ein **Informationsschalter** befindet sich im Bereich des *Baggage Claim* im **Flughafen**.

Flughafen (RNO)

Reno Cannon International Airport, ✆ 328-6400

Fluglinien: AA, CP, DL, HP, NW, TW, UA

Passagiere: 5,3 Mio./Jahr, 15.000/Tag

Der 3 mi südöstlich des Zentrums gelegene Flughafen verfügt nur über ein *Terminal*, dessen *North* und *South Concourse* weit in das Rollfeld ragen. In beiden gibt es **Schließfächer.**

Gambling

Ebenso wie in Las Vegas stehen auch in Reno im Airport ***Slot Machines*** bereit, um dem Fluggast Wartezeiten zu vertreiben und ihm ggf. noch die letzten Münzen aus der Tasche zu ziehen. Ein großes Flugzeugmodell verschönt die Haupthalle.

Verbindung Airport-City

Taxi/Bus

Die Nähe zur Innenstadt macht in Reno das **Taxi** erschwinglich: die Fahrt nach Downtown (10 min) kostet unter $10. Billiger sind mit $3-4/Person die ***Airport-Limous*** zu den großen Hotels bzw. Kasinos. **Bus #24** fährt zum *Citicenter Transfer* (Plaza/Center St), Mo–Fr. 6am–7:30pm alle 20-30 min, Sa/So alle 45 min; $1,25.

Car Rental

Avis, Budget, Dollar, Hertz, National

In Reno benötigt man keinen Mietwagen, lediglich für Ausflüge ist ein Auto praktischer und ab zwei Personen meist billiger als Bustouren. Neben den großen *Rental Car Companies* vermieten auch kleinere Firmen Wagen zu günstigen Tarifen. Dabei gestatten aber einige von ihnen keine Fahrten außerhalb Nevadas. Bei Plänen für Ausflüge an den Lake Tahoe (kalifornische Ufer) und zu anderen Zielen sollte diese Frage unbedingt geklärt sein, bevor es zum Abschluß des Mietvertrages kommt.

Öffentliche Verkehrsmittel City

Bus

Citifare, (© 348-RIDE), betreibt 25 Buslinien in Reno und Sparks. Alle wichtigen Punkte in der Stadt sind damit zu erreichen. Das zentrale ***Citicenter Transfer Terminal*** besetzt den Block Plaza/E 4th St und Center/Alley St. Die meisten Linien verkehren 6am–7pm, einige bis 9pm, die Linien #1 und #11 um die Uhr. Sonntags ist der Servive eingeschränkt. Fahrpreis $1,25, *Transfers* frei.

Taxi

Grundgebühr $2.20 plus $1.50 pro Meile

Reno Sparks Cab, © 333-3333 **Yellow Cab,** © 331-7171

Rundfahrten

Gray Line, © 329-1147, ***Virginia City-Lake Tahoe Tours***, © 826-6888, und ***Showboat Lines***, © 588-4277 offerieren vor allem Ausflüge zum und rund um den Lake Tahoe, nach Virginia und Carson City. Kosten je nach Dauer ab ca. $20.

Da Bustouren vor allem an den Lake Tahoe mit Kasino-Stopps verbunden sein können, gibt es bisweilen für die Teilnahme von Kindern oder Jugendlichen (unter 21!) Probleme.

Unterkunft

Situation

Ebensowenig wie in Las Vegas ist es in der Spielerstadt Reno schwierig, eine preiswerte Unterkunft zu finden. Zahlreiche **Motels** – geballt entlang der **South Virginia Street** – konkurrieren mit günstigen Preisen um Gäste (gute Wahl z.B. ***Sixpence Inn, Vagabond Inn***). Das gilt besonders für die Nächte So–Do. Auch die Kasinohotels werben wochentags mit günstigen Sonderangeboten. Am Wochenende sind die Übernachtungskosten höher. Nebensaison mit insgesamt sehr niedrigen Tarifen ist die Zeit von November bis März. Im ***Visitors Center*** gibt es eine Liste mit allen Motels und Hotels in Reno und Umgebung mit aktuellen Daten und Preisen.

Ein kostenloser **Reservierungsservice** für die meisten Kasino-Hotels kann unter © **1-800-523-9709** erreicht werden.

Airport

– Das einzige Hotel direkt am Flughafen ist das (relativ) teure **Best Western Airport Plaza Hotel,** © 348-6370, ab $65. Da es weit entfernt von der *Action* liegt, und manche Hotels einen *Airport Pick-up Service* unterhalten, ist es für Besucher keine 1.Wahl.

- **La Quinta Inn Airport,** ✆ 348-6100, ✆ (800) 531-5900, 4001 Market St unweit westlich der I-395 nördlich des Airport, ab $49. Untere Mittelklasse, freier *Airport Shuttle*. Weit bis *Downtown*.
- **Best Western Continental ,** ✆ 329-1001, 1885 S Virginia, ca. 1 mi südlich Casino Row; sehr guter Standard fürs Geld, ab $55.

City/ Kasino-hotels

- **Circus Circus,** ✆ 329-0711, ✆ (800) 648-5010, 500 N Sierra St, ab $29. Mittelklasse, preiswert und im Zentrum des Geschehens.
- **Harrah's,** ✆ 786-3232, ✆ (800) 427-7247, Center/2nd St, ab $85. Eines der besten Kasino-Hotels in *Downtown* Reno.
- **Hilton Reno & Casino,** ✆ 789-2000, ✆ (800) 916-2221, 2500 E 2nd St unmittelbar östlich des *Freeway* #395, ab $70. Mit 2000 Zimmern bombastische Anlage und größtes Kasino der Stadt.
- **Atlantis Hotel-Casino,** ✆ 825-4700, ✆ (800) 723-6500,3800 S Virginia St. Großer Hotel- und Kasinokomplex 3 mi südlich *Downtown* unweit *Freeway* #395, **ab $39**; freier *Airport Shuttle*.

Essengehen und Shopping

Restaurants

Spezialität der Spielkasinos sind Buffetmahlzeiten zu niedrigen Preisen. Insbesondere ***Circus Circus*** ist für seine reichhaltigen *All-you-can-eat*-Buffets bekannt. Kulinarische Köstlichkeiten findet man an ihnen nicht, aber so preiswert ißt man kaum im *Fast Food* Restaurant. Eine interessante Alternative bietet in *Downtown* das

- ***Planet Hollywood***, 206 N Virginia St, mit Gerichten quer durch amerikanische *Items*, Pizzas und *Mexican Food*.
- Preiswerter ist das Essen in der ***Great Basin Brewing Company*** in Sparks, Victorian Square, mit 5 vor Ort gebrauten Bierarten.

An der südlichen Ausfallstraße **South Virginia St** konzentrieren sich neben vielen *Motels* auch **Restaurants** aller Art. Die bekannten ***Fast Food*** **Ketten** verfügen dort alle über Filialen.

Malls

Reno ist ist gut bestückt mit Einkaufszentren. Citynah und auch mit Bussen leicht erreichbar sind die

- ***Meadowood Mall***, S McCarran Blvd/S Virginia St, ein Shopping Center mit mehreren Ladenkomplexen im Stadtsüden
- ***Park Lane Mall***, Ecke Plumb/Virginia St, Mo-Sa 10am–9pm, So 11am–6pm, 79 Läden und Restaurants, zwei Kaufhäuser

Souvenirs

Für Mitbringsel und Andenken, speziell aus Nevada und dem Wilden Westen, gibt es nichts besseres als die originellen ***Shops*** **in Virginia City**, ➪ Seite 400.

SICHERHEIT

Kriminalität ist in den Glücksspielzentren Nevadas zumindest für Touristen (fast) kein Thema, siehe Las Vegas. Im überschaubaren Reno darf man sich noch ein wenig sicherer fühlen. Die gleißende Helligkeit im kleinen Zentrum erlaubt auch nachts ungefährdete Ortswechsel zu Fuß.

Sehenswürdigkeiten

Downtown Reno

Casino Row

Fraglos steuert die Mehrheit der Touristen Reno wegen seiner Spielkasinos an. Auch wer mit dem Glücksspiel wenig im Sinn und es eher auf Ziele in der Umgebung abgesehen hat, sollte auf einen Kurzbesuch der bunten Spielhöllen nicht verzichten. Am intensivsten wird man in der ***Casino Row*** bedient, einem gut 500 m langen Teilstück der **Virginia Street**, aber auch in der parallelen **Sierra Street** und einigen Nebenstraßen. Dort befinden sich – bis auf die unter den Hotels gelisteten **Großkomplexe *Hilton*** und das ***Atlantis*** – alle wichtigen Spielhöllen der Stadt. Empfehlungen sind kaum angebracht. Mögen die glitzernden Lichtreklamen nach außen hin auch Unterschiede suggerieren, von innen wirken die riesigen Säle mit ihren *Slot Machines*, *Roulette* und *Black Jack*-Tischen alle ziemlich gleich. Ansehenswert sind vor allem

- ***Silver Legacy,*** ✆ 329-4777, 407 N Virginia St (noch unterhalb *Circus Circus*), das heute aufwendigste der im Vergleich zu Las Vegas insgesamt bescheideneren Kasinos. Im *Silver Legacy* gibt es eine Goldminenanlage unter dem hohen Kuppeldach. Dort finden auch die ***Shows*** statt.
- ***Circus Circus,*** ✆ 329-0711, N Virginia/5th St, mit dem größten Hotelkomplex in *Downtown* Reno. Halbstündliche **artistische Vorführungen** unter einer Zirkuskuppel im zweiten Stock sind das Markenzeichen dieses Kasinos. Zum ***All-you-can-eat-Buffett*** im *Circus Circus,* siehe nebenstehend.
- ***Hilton Reno,*** ✆ 789-2000, 2500 E 2nd St am Freeway #395 mehrere Meilen außerhalb des Stadtzentrums. Nicht nur 2000 Zimmer (siehe oben), sondern ebensoviele ***Slots***. 50 **Bowlingbahnen** sorgen für sportlichen Ausgleich, ebenso ein ***Driving Range*** für Golfspieler (übers Wasser). Die kolossalen Dimensionen dieses Kasinos sind nicht nur für Spieler sehenswert. ***Shuttle-Bus Service*** nach *Downtown*.

Heiraten

Neben den Kasinos gibt es in Reno so ganz viel nicht zu sehen, sieht man ab von den kitschig-originellen **Hochzeitskapellen** für die Nevada-Schnellehe (➪ Seite 256). Besuchenswert sind

Auto Museum

- das ***National Automobile Museum***, das in einem architektonischen Vorzeigebau an der Mill Street, Ecke Lake Street, untergebracht ist. Es beherbergt eine wahrscheinlich weltweit (qualitativ wie quantitativ) **unübertroffene Ausstellung historischer Fahrzeuge**. Die Wagen aus aller Welt (unter starker Betonung amerikanischer Modelle), von denen die meisten so aussehen, als ob sie soeben die Fabrik verlassen hätten, wurden epochenweise geordnet und teilweise in ein ihrer Zeit entsprechendes Ambiente gestellt. Man muß kein Autofan sein, damit sich der Eintrittspreis lohnt ($8). Einschließlich einer Multimedia-Show wird man für den Besuch mindestens zwei, leicht mehr Stunden benötigen. Geöffnet täglich 9.30am–5pm.

Reno Arch

– In der S Virginia Street wurde **1927** der erste ***Reno Arch***, ein Bogen mit dem Slogan "Reno, *the biggest Little City in the World*" über die Straße montiert. Die heutige fünfte Ausführung überspannt die *Casino Row*. Neonröhren mit einer Gesamtlänge von über 250 m und 1.600 Glühbirnen konkurrieren mit den Kasino-Fassaden um die hellste Ausstrahlung.

Parks

Außer den Kasinos, *Wedding Chapels* und *Shopping Malls* fällt in Reno die große Zahl der Parks auf. Attraktiv gestaltet ist der **Uferbereich des Truckee River** im Zentrum mit dem kleinen ***Wingfield Park***, der über einen Uferpfad mit dem höhergelegenen ***Idlewild Park*** verbunden ist. Im ***Rancho San Rafael Park*** (Nordende Washington Street) wartet das ***Wilbur D. May Arboretum & Museum*** auf Besucher, und nebenan gibt`s unter der Bezeichnung ***Great Basin Adventure*** einen freundlichen **Spielpark für Kinder** (Eintritt). Bei Hitze liegt eher das Planschparadies ***Wild Island*** näher, obwohl es im Sommer arg voll wird. Es befindet sich östlich von Sparks am gleichnamigen Boulevard an der I-80, geöffnet im Sommer 11am–7pm, $17.

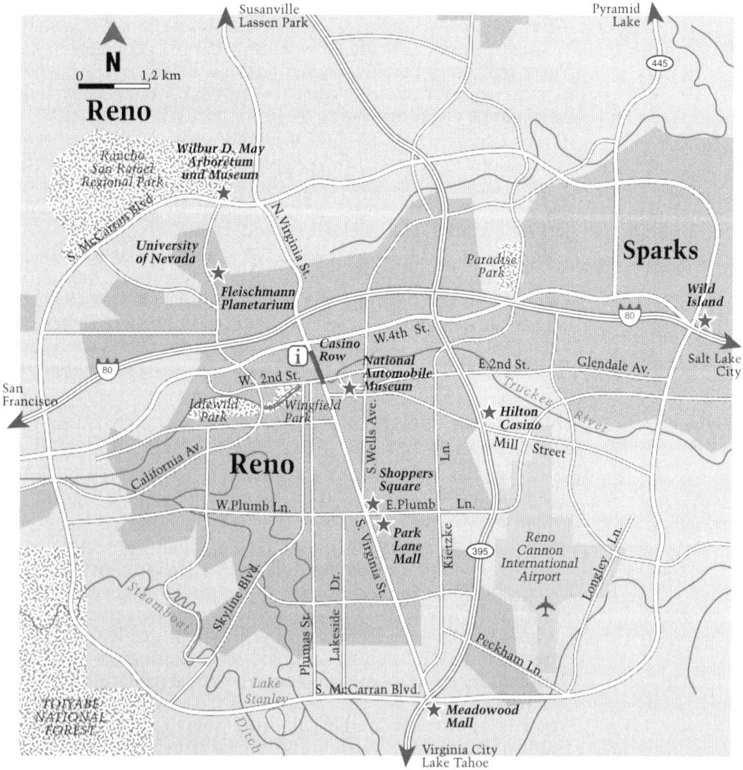

Ziele in der Umgebung

Der Lake Tahoe und Virginia City sind zu Recht die beliebtesten touristischen Ziele im Umfeld von Reno. Sie lassen sich im Rahmen einer Rundfahrt per Mietwagen miteinander verbinden, und – bei knapper Zeit – ohne weiteres innerhalb eines Tages besuchen; besser wären mindestens zwei Tage

Virginia City

– **Virginia City** liegt 20 mi südlich von Reno, Anfahrt auf der serpentinenreichen Straße #341. 1859 war man auf die ***Comstock Lode*** gestoßen, eine der ertragreichsten je entdeckten Gold- und Silberadern. Die Stadt boomte; 1870 zählte sie 30.000 Einwohner und über 100 Kneipen. Aber 1880 waren die Erzlager weitgehend erschöpft, nachdem sie ihren Besitzern rund $1 Mrd. gebracht haben sollen.

Aussehen der Stadt

Die **Fassaden** der trotz des Niederganges nie ganz vergessenen Stadt (heute rund 1.000 Einwohner) entsprechen weitgehend dem Aussehen von damals. Sehr echt wirkt das nostalgische Innenleben einiger **Saloons**. Von der großen Zeit Virginia City`s, in der sogar ***Mark Twain*** für den *Territorial Enterprise*, die erste Zeitung Nevadas, schrieb, künden diverse kleine Museen. **Originellere Souvenirs und Mitbringsel gibt´s nirgendwo sonst**.

Minentour

Interessant ist eine **Führung unter Tage**. 750 mi Stollen wurden seinerzeit in den Fels unter Virginia City getrieben. Auskunft beim ***Visitors Bureau,*** © 847-0311, in der 131 South C Street.

Unterkunft

In Virginia City wird es ab spätem Nachmittag ruhig. Abends ist nichts mehr los, dafür haben Einheimische und die wenigen verbliebenen Gäste die Kneipen für sich. Neben zwei Motels im Ort (*Comstock Lodge* und *Silver Queen*) gibt es **das grandios nostalgische *Gold Hill Hotel***, © 847-0111, ca. 3 mi südlich. Dorthin und zurück dampft auch die ***Virginia Truckee Railroad*** in kontinuierlichem Einsatz von *Memorial Day* bis Ende September.

Carson City

– Die Hauptstadt Nevadas passiert man auf dem Weg von Virginia City zum Lake Tahoe. Einen Stop wert sind das ***Nevada Railroad Museum*** (Straße #395 südlich der Stadt, 9am–5pm) und das historische ***Nevada State Museum*** (Carson St/Mint Building, 8:30am–4:30pm, $3). Im Gebäude des ***Carson Nugget Casino*** gegenüber dem Museum sind originale Goldnuggets ausgestellt.

Lake Tahoe

– Der Lake Tahoe besticht durch sein tiefes Azurblau. Er bedeckt eine Fläche von 520 km^2 und ist bis zu 500 m tief. Ringsum überragen den See die Gipfel der Sierra Nevada. Von der Rundstraße (72 mi) bietet vor allem das Ostufer herrliche Ausblicke auf ein grandioses Panorama. Ein Drittel des Sees gehört zu Nevada, zwei Drittel zu Kalifornien. Einer der besten **Strände** ist die ***Sand Harbor Beach***, 4 mi südlich von Incline Village. Auf dem (ziemlich kalten) See wird **Wassersport** groß geschrieben. Wer nicht selbst aktiv surft, segelt oder Wasserski läuft, kann auf **Ausflugsbooten** den See genießen. Westlich und nördlich des Lake Tahoe liegen populäre **Skigebiete**, am bekanntesten ist **Squaw Valley**, Austragungsort der olympischen Winterspiele 1960.

Stateline

Wichtigster Nevada-Ort am See ist **Stateline**. Unmittelbar an der Grenze warten die spezifischen Attraktionen Nevadas auf Besucher aus Kalifornien: **Spielkasinos** und **Hochzeitskapellen** für die Eheschließung im unkomplizierten Schnellverfahren.

South Lake Tahoe

Neben Las Vegas und Reno ist der **Lake Tahoe Bereich** (neben Stateline Crystal Bay und Incline Village im Nordosten) Nevadas Glücksspiel-Hochburg Nummer 3. In South Lake Tahoe auf der kalifornischer Seite säumen **Hotels, Motels und Restaurants** die Hauptstraße #50 kilometerweit.

Ponderosa

– Die ***Ponderosa Ranch*** (bei Incline Village) der legendären **Fernsehserie Bonanza** erfreut sich immer noch großer Beliebtheit. Neben dem Ponderosa-Nachbau steht eine kleine ***Westerntown*** mit allerlei Unterhaltung und ***Kiddieland*** für die lieben Kleinen. Mai bis Oktober täglich 9:30am–5pm, $7.

Über-nachtung

– Selbst im Hochsommer wird es am Lake Tahoe so richtig voll (und dann teuer) nur an den Wochenenden. Wochentags ist die Übernachtung sogar in besten Häusern noch relativ preiswert. Im Bereich von Nevada locken die Kasino-Hotels von Sonntag bis Donnerstag Spielkundschaft durch freundliche Zimmertarife ins Haus.

Zurück nach Reno

Der direkte Weg vom Lake Tahoe zurück nach Reno führt über den ***Mount Rose Pass*** in wenigen Meilen von 2700 m hinunter auf eine Höhe von 1250 m.

Ein anderer Ausflug von Reno aus (ca. 50 mi) könnte dem ungewöhnlichen **Pyramid Lake** gelten, Zufahrt Straße #445 nach Norden:

Pyramid Lake

– Der Pyramid Lake, ein von Höhenzügen eingerahmter See in der Wüste (480 km²), gilt als der Rest eines einst 20.000 km² umfassenden prähistorischen Gewässers. Er gehört zur gleichnamigen *Reservation der Paiute Indianer*. Aus dem erstaunlichen Umstand, daß er Fischarten beherbergt, die sonst nur aus dem 4.500m hoch gelegenen Titicaca See in den Anden bekannt sind, wird auf geheimnisvolle unterirdische Zusammenhänge geschlossen.

Einziger Ort am Pyramid Lake ist das winzige **Sutcliff**. Dort gibt es auch den einzigen offiziellen Badestrand. Schwimmen kann man zwar im Prinzip überall, benötigt dafür aber anderswo ein $5-Permit der *Paiute* Indianer. Leider ist in den letzten Jahren der Wasserstand stark gefallen und damit die Wasserlinie weit entfernt von den meisten Zugängen.

Weiter entfernte Ziele

Von Reno ca. 4 Stunden (160 mi) fährt man zum

Lassen Volcanic Park

– ***Lassen Volcanic National Park*** in Nordkalifornien. Dorthin geht es am raschesten über Susanville. Landschaftlich attraktiver, jedoch zeitraubend verläuft die Straße #89 durch die nördliche Sierra Nevada (Anfahrt zunächst I-80 über Truckee). Trotz eindrucksvoller geologischer Besonderheiten ist der *Lassen Park* nicht so bekannt wie etwa der Yosemite weiter südlich.

Kennzeichnung

Im Mittelpunkt des Parks steht das Gebiet rund um den ***Lassen Peak***, den südlichsten der Kaskadenvulkane zwischen kanadischer Grenze und Kalifornien. Er entstand in seiner heutigen Form erst ab 1914 durch sich über Jahre hinziehende Ausbrüche des bis dahin über 400 Jahre ruhenden Vulkans *Tehama*. Deutliche Spuren vergangener und teils noch anhaltender geothermischer Aktivität kann man in den Regionen ***Sulphur Works*** und ***Bumpass Hell*** beobachten. *Trails* führen zu blubbernden Schlammlöchern, dampfenden Fumarolen und Heißwasserpools. Eine Karte und Park-Informationen erhält man bei Einfahrt von Süden in der *Southwest Information Station*.

Lassen Peak

– Ein Höhepunkt ist der Aufstieg auf den kahlen ***Lassen Peak***. Der Weg (4 km) windet sich in unzähligen Serpentinen über 600 m Höhendifferenz zum 3187 m hohen Gipfel. Für die Mühe des Aufstiegs (minimal 3 Stunden hin und zurück) dankt die sagenhafte Fernsicht über das Kaskadengebirge.

Painted Dunes

– Sehr reizvoll sind im Nordosten des Parks (Anfahrt über die Straße #44 zwischen Old Station und Susanville) die ***Fantastic Lava Beds***, die ***Painted Dunes*** und der ***Cinder Cone***, ein vulkanischer Aschekegel von verblüffend regelmäßiger Form. Ein 2-km-***Trail*** führt durch Hochwald am 10 m hohen Lavabett entlang an den Fuß des rund 200 m hoch aufragenden Hügels ohne jeden Bewuchs. Der Weg über nachgebende vulkanische Schlacke nach oben ist kräftezehrend, aber lohnend: ein großartiger **Blick** über die *Lava Beds* wartet.

Weitere Ziele

Reno ist ebenso wie San Francisco ein guter Ausgangspunkt für einen Besuch des ***Yosemite National Park*** und durch die Sierra Nevada und die alten **Goldrauschgebiete** von 1848/50 zwischen Lake Tahoe und dem Nationalpark, ➪ Seite 461ff.

SALT LAKE CITY

Charakteristik

Salt Lake City nimmt unter den amerikanischen Großstädten eine Sonderstellung ein: so sauber und aufgeräumt, um nicht zu sagen steril, wie die Hauptstadt des Mormonenstaates Utah wirkt keine andere US-City. Gleichzeitig aber herrscht auch gepflegte Langeweile. Nahezu 80% der Bevölkerung Utahs sind Mormonen, sie gehören der Quasi-Staatskirche ***Church of Jesus Christ of the Latter Day Saints*** an und leben weitgehend nach den von ihr gesetzten Regeln. Dazu gehört ein patriarchalisch geprägtes Familienleben und die Ablehnung von Genußmitteln wie Kaffee, Tabak, Alkohol und sündhafter Zerstreuungsmöglichkeiten.

Die wichtigsten Sehenswürdigkeiten von Salt Lake City sind Monumente und historische Stätten der Mormonen. Für alle, die sich dafür nicht oder nur am Rande interessieren, ist Salt Lake City kein eigentliches Reiseziel, sondern in erster Linie Ausgangspunkt für Fahrten zum *Yellowstone National Park* und zu anderen Naturparks im weiteren Umfeld der Stadt.

GEOGRAPHIE, KLIMA UND GESCHICHTE

Geographie

Salt Lake City, im Norden Utahs gelegen, ist die mit Abstand größte Stadt zwischen San Francisco/Sacramento und Denver einerseits und Phoenix und Calgary/Canada andererseits. Sie besitzt im zentralen Westen der USA, einem Gebiet von der Größe Westeuropas, Metropolenfunktion.

Im Osten der Stadt erheben sich die *Wasatch Mountains*, ein bis weit nach Wyoming hineinreichender Höhenzug der Rocky Mountains, mit Gipfeln bis zu 3500 m Höhe. Nordwestlich liegt der 4000 km² große, aber nur maximal 15 m tiefe ***Great Salt Lake***, nach den *Great Lakes* im Osten flächenmäßig größter natürlicher Binnensee der USA. Sein Salzgehalt beträgt rund 25%. Westlich davon und südwestlich erstreckt sich die ***Great Salt Lake Desert***, der östliche Teil des Nevada Beckens (*Big Basin*), einer kargen Wüstenlandschaft zwischen Rocky Mountains und Kaskaden/ Sierra Nevada. Bei der Großen Salzwüste handelt es sich um den Boden des riesigen prähistorischen Sees *Lake Bonneville*, der bis auf "kleine" Reste wie den *Great Salt Lake* und den *Pyramid Lake* bei Reno im Laufe von Jahrmillionen austrocknete.

Orientierung

Die Orientierung in der Stadt ist denkbar einfach. Zentraler Punkt des Straßensystems ist die Kreuzung South Temple/State Street. Südlich davon sind alle Straßen durchnumeriert und mit dem Zusatz *South* versehen. Je nachdem, ob ein bestimmtes Haus sich rechts (östlich) oder links (westlich) der State Street befindet, wird die Hausnummer um *East* oder *West* ergänzt. Nördlich der Zentralkreuzung werden die Straßen mit dem Zusatz *North* versehen. Die westlichen Straßen sind dort *North Streets*, die östlichen *North Avenues*. Die jeweiligen Hausnummern verraten die Entfernung von der State Street in Blocks. Kurz: in Salt Lake City können Ortsfremde jede Adresse ohne einen Stadtplan lokalisieren.

Beispiel das deutsche Konsulat (455 E 4th South St): es liegt im 4. Block östlich (E) der State Street in der 4. Straße südlich der South Temple Street. Lediglich rund um den *Capitol Hill* und in den Vororten am Hang der Wasatch Mountains wird das strenge Prinzip teilweise durch Straßennamen durchbrochen

Klima

Salt Lake City erfreut sich vieler Sonnentage und großer Sommerhitze. In der trockenen **Wüstenluft** lassen sich aber auch Temperaturen über 30°C noch gut ertragen. Abends kühlt es auf der Höhenlage von ca. 1.300 m rasch ab. Die Winter sind recht kalt, Schneefälle häufig.

Zwar ist der Sommer keine ideale Reisezeit zum Besuch von Salt Lake City, aber für eine Weiterfahrt zu den *Yellowstone/Grand Teton National Parks* sind die Monate Juli/August am besten geeignet. Oft schmilzt dort der letzte Schnee erst im Juni, und der September kann bereits wieder recht ungemütliche Witterungsbedingungen mit sich bringen. Andere Ziele, vor allem die weiter südlich gelegenen Nationalparks in Utah besucht man dagegen am besten ab spätem August bis Oktober, obwohl es dort (in Höhenlagen über 2.000 m) bei bis in den November angenehmen Tagestemperaturen ab Mitte September nachts bitter kalt wird.

Sonnenschein: 232 Tage　　**Niederschläge**: 88 Tage
Heißester Monat: Juli 26°C　　**Kältester Monat**: Januar -5°C

Geschichte

Die Gründung von Salt Lake City erfolgte durch den Mormonenführer ***Brigham Young*** und seine Anhänger, die sich als Angehörige der "Kirche Jesu Christi der Heiligen der letzten Tage" vor allem wegen ihrer zum Credo erhobenen *M*ehrehe an der Ostküste Anfeindungen ausgesetzt sahen und deshalb im noch menschenleeren Westen nach einem geeigneten Platz für **das amerikanische Reich *Zion*** suchten. Der Begriff ***Mormonen*** geht zurück auf das "Buch *Mormon*", das grundlegende Werk des Sektengründers ***Joseph Smith***. Als die Vorhut der Mormonen am **24. Juli 1847** die Wasatch Mountains überquert hatte, bestimmte *Young* mit den Worten *This is the place* den Standort der zum Mittelpunkt des neuen Gottesreiches ausersehenen Siedlung. *Young* und bald mehrere tausend Gefolgsleute brachten in kurzer Zeit tatsächlich die "Wüste zum Blühen" und riefen

1848 den ***State of Deseret*** aus, als nach dem amerikanisch-mexikanischen Krieg das Land im Westen vollständig an die USA gefallen war. Der neue Mormonenstaat sollte die heutigen Gebiete von Utah und Nevada sowie Teile von Kalifornien, Arizona, Oregon und Colorado umfassen. Dies und die nach wie vor praktizierte Polygamie brachten Ärger mit Washington, was

1857 eine militärische Expedition gegen die Mormonen und

1860 das nationale **Verbot der Polygamie** zur Folge hatte. Anträge, sich in der vorgesehenen Ausdehnung und einer theokratischen Regierungsform der amerikanischen Union anschließen zu dürfen, scheiterten mehrfach im Kongress.

1877 starb *Brigham Young*. Zu jenem Zeitpunkt existierten neben Salt Lake City bereits 358 Mormonensiedlungen mit 140.000 Einwohnern. Zur Bevölkerungsexplosion hatte der Oberhirte selbst mit gutem Beispiel beigetragen und mit seinen – trotz Verbots – **27 Ehefrauen** für **56 Nachkommen** gesorgt.

1890 Untersagung der Vielweiberei auch durch die Mormonenkirche

1896 Nach territorialen Zugeständnissen wird der Mormonen-Staat in seinen heutigen Grenzen unter der Bezeichnung ***Utah*** Mitglied der Union, Salt Lake City Hauptstadt des 45. Bundesstaates.

Der **1896** offiziell erfolgten Trennung von Staat und Kirche steht bis heute als Faktum die totale Durchdringung des politischen und wirtschaftlichen Lebens mit Mitgliedern des Mormonen-Establishments entgegen. Die Kirche ist gleichzeitig Eigentümer eines Wirtschaftsimperiums, dessen Einfluß weit über die Staatsgrenzen hinausgeht.

SLC heute

Salt Lake City ist relativ klein und besitzt nur **166.000 Einwohner**, der Großraum ***Wasatch Metro*** einschließlich der Städte Provo und Ogden bringt es auf eine Bevölkerung von fast **1,5 Mio.**, über drei Viertel der Menschen, die insgesamt im 216.000 km^2 großen Utah leben.

Daten und Fakten

Telefonische Vorwahl/Area Code: 801

Diplomatische Vertretungen

- **HK der BRD**, ✆ 364-9573, 455 E 4th South St, Suite 404a
- **HK der Schweiz**, ✆ 487-0450), 1455 E South 11th St

Besucherinformation

- Im *International Airport* befindet sich zwischen Concourse C und D im *Terminal* 2 ein ***Utah Information Center***, das sehr gut sotiert ist und viel Material über Salt Lake City und die Utah-Nationalparks bereithält, Mo-Sa 9am-5:30pm.
- ***Salt Lake Convention and Visitors Bureau***, ✆ 521-2868, 180 S West Temple, im Sommer Mo–Sa 8am-6pm, sonst bis 5pm. Infos zu Utah insgesamt beim ***Travel Council*** unter ✆ (800) 200-1160.

Flughafen (SLC)

Salt Lake City International Airport, ✆ 575-2600

Delta Hub

Salt Lake City ist die westliche Drehscheibe von *Delta Airlines*; 80% aller Flüge in SLC werden von dieser Gesellschaft abgewickelt. Um dem wachsenden Passagieraufkommen gerecht zu werden, soll bis zum Jahr 2006 ein neues *Terminal* entstehen, eine dritte Startbahn gebaut und die Zahl der *Gates* verdoppelt werden.

Lage

Bemerkenswert ist der Landeanflug bzw. Start in SLC. Fensterplatzinhaber genießen einen tollen Blick auf die Wasatch Mountains und/oder den Great Salt Lake. Manchmal fliegt man über das riesige Loch der Kupfermine, ➪ unten.

Fluglinien: AA, CO, DL, HP, NW, TW, UA
Hub: DL
Transferzeiten: 30-40 min

Der Airport liegt ca. 6 mi westlich des Zentrums zwischen I-80 und I-215, Anfahrt über North Temple St. Er verfügt über 2 architektonisch interessante *Terminals* mit je 2 *Concourses.*

Schließfächer gibt es in allen Concourses, $1/24h

Besonderheiten

Wer sich rechtzeitig anmeldet, kann an einer **Führung** durch den Flughafen teilnehmen © 575-2930. Zwischen den *Terminals* und an den *Moving Sidewalks* findet man **Bilder und Photos** von ortsansäßigen Künstlern. Aufnahmen aus den umliegenden Skigebieten lassen Wintersportlerherzen höher schlagen. In der Zeit von November bis April gibt es im Flughafen einen **Skiausrüstungs-Verleih**, © 539-8416, in der Nähe des *Baggage Claim*.

Verbindung Airport-City

Bus

Vorortbus #50 fährt ab Terminal 1 und von einem weiteren Haltepunkt zwischen den Terminals direkt in die City, Mo–Fr 6:30am–6:30pm alle 30-60 min; Sa stündliche Abfahrten, So nur 5 Verbindungen. Fahrtzeit ca. 30 min, *Ticket:* $0.75.

Ein **Taxi** kostet ca. $15 und benötigt rund 15 min.

Shuttle

Viele Hotels und Motels (auch in der City, nicht nur im Airport-Umfeld) bieten ihren Gästen freien ***Airport Transport***.

Car Rental

Advantage, Alamo, Avis, Budget, Dollar, Enterprise, Hertz, National, Payless, Thrifty

Für den Besuch der wichtigsten Sehenswürdigkeiten im Zentralbereich SLC benötigt man kein Auto. Die Vermeidung von Fußwegen und Wartezeiten an Bushaltestellen in sommerlicher Hitze könnte aber auch schon während eines überwiegenden City-Aufenthaltes eine Automiete rechtfertigen. Die Verkehrs- und Parksituation ist in Salt Lake City im allgemeinen erträglich. Ein Auto hat den Vorteil, daß man günstigere Quartiere im Stadtumfeld buchen kann.

Per Mietauto zu den Nationalparks

Für den Besuch der Nationalparks vom ***Yellowstone*** bis zum ***Arches*** kommt fast nur die individuelle Anreise per Mietwagen in Frage. Zwar sind auch (teure) geführte Trips per Bus in Salt Lake City buchbar, aber sowohl unter ökonomischen als auch Flexibilitätsaspekten weniger empfehlenswert. Mit öffentlichen Verkehrsmitteln lassen sich die Parks gar nicht oder nur mit erheblichem zeitlichen Aufwand und großer Unbequemlichkeit erreichen.

Im Fall der Parks ***Grand Teton*** und ***Yellowstone*** könnte man auch nach Jackson/Wyoming oder West Yellowstone/Montana (ggf. noch Bozeman/Montana) fliegen und dort ein Fahrzeug mieten. Kostenmäßig günstiger wäre das kaum, ➪ dazu die Ausführungen zu diesen Nationalparks weiter unten.

Öffentliche Verkehrsmittel

Bus

Die *Utah Transit Authority* **UTA,** © 287-4636, Mo–Sa 6am–7pm) unterhält in Salt Lake City ein relativ dichtes **Busnetz**. Im zentralen Citybereich ist die Benutzung der Busse kostenlos. Eine Karte des Systems gibt es gratis in den Büros der Besucherinformation wie auch im Transportation Center in der 167 S Main St.

Die meisten Busse verkehren 6am–6pm; ab ca. 7pm beginnt der *Night-Ride-Service* mit sehr niedriger Frequenz. Fahrpreis $0.75, Expressrouten $1.50. Nur wenige Busse fahren nach 10pm. Samstags eingeschränkter Service, sonntags verkehren nur die Buslinien #50 und #70, an Feiertagen gibt es keinen Busverkehr.

Taxi

Taxis können nicht auf der Straße angehalten werde; die Grundgebühr beträgt ca. $1.50, jede Meile $1.70

City Cab, © 363-5014 **Yellow Cab**, © 521-2100, © (800) 826-4746

Rundfahrten

Zug

Centennial Discovery Trolleys fahren etwa im 40 min-Takt alle wichtigen Sehenswürdigkeiten der Stadt ab. Mit einem Tagesticket kann man beliebig unterbrechen und zusteigen.

Bus

Ausgedehnte Stadtrundfahrten veranstaltet ***Gray Line*** © 521-7060, ab $18. *Gray Line* Busse fahren auch zum Great Salt Lake und zur *Kennecott Open Pit Copper Mine*, ➪ unten, ab ca. $30.

Neben ***Gray Line*** bietet ***Scenic West Tours*** © 572-2717 oder (800) 523-4558, mehrtägige Trips zu den Nationalparks. Ab 2 Personen dürfte ein Mietwagen die günstigere und flexiblere Lösung sein.

Unterkunft

Situation

Salt Lake City gehört zu den Städten mit einem – wenngleich saisonabhängig – relativ hohen Preisniveau für Hotels und Motels. An der **West North** und **West South Temple** und entlang der **I-15,** die in Nord-Süd-Richtung auch citynah durch die ganze Stadt läuft, findet man an vielen Ausfahrten Quartiere, z.B. am Exit #301 das noch moderate **La Quinta Inn**.

Airport

Im *Airport*-Bereich findet man u.a. Häuser der Motelketten **Days, Comfort, Holiday** und **Quality Inn** sowie – auf höherem Niveau – **Hilton** und **Radisson**. Tarife ab $55 (Days Inn) und *Weekend Rates.*

In der **City** ist die Auswahl bei tendentiell höheren Tarifen groß; ein gutes Preis-/Leistungsverhältnis bietet dort das

- **Marriott Courtyard**, © 531-6000, 130 W 400 South, ab $99 (AAA)

Generell preiswerter sind

- **Suer 8 Motel**, © 534-0808, 616 S 200 West, ab $59
- **Travelodge at Temple Square**, © 531-7500, 144 West N Temple, ab $49-$79; relativ einfacher Standard, aber sehr zentral.

Weitere Motels stehen an der **South State** und der **South Main Street**, z.B. das

- **Colonial Village Motel**, 1530 South Main, © 486-8171, ab $45
- **Travelodge Central**, 2455 South State, © 486-2400, ab ca. $70.

Billig-quartiere

Adressen für den schmaleren Geldbeutel sind:

- **The Avenues Int`l Hostel**, 107 F St, © (801) 363-8137, ab $14
- **Ute Hostel**, 21 East Kelsey Ave, © (801) 595-1645, ab $14

B & B

In Salt Lake City gibt es zahlreiche ***Bed & Breakfast* Angebote,** z.T. in schönen alten Häusern, wie etwa dem

- **Armstrong Mansion**, © (800) 708-1333, 667 E 100 South, ab $90

Die *Tourist-Info* hat eine komplette Liste.

Essengehen und Shopping

Eateries & Malls

Im Geschäftszentrum der Stadt südlich des *Temple Square* zwischen State und West Temple Street herrscht tagsüber reges Leben. In diesem Bereich findet man zahlreiche ***Eateries,*** speziell aber in den beiden erstgenannten **Shopping & Restaurant Komplexen:**

- ***ZCMI Mall***, 36 State St, Mo&Fr 10am-9pm, Di–Do+Sa 10am–6pm. ***Z**ion's **C**ooperative **M**ercantile **I**nstitution* war einst ein mormonisches Genossenschaftskaufhaus, entwickelte sich aber in ein normales Einkaufszentrum mit nostalgischem Touch.
- ***Crossroads Plaza***, S Temple/Main St, Mo-Fr 10am-9pm, Sa bis 6pm, So Noon-5pm. Eines der größten überdachten City-Einkaufszentren der USA beherbergt auf vier Stockwerken über 140 Läden und Restaurants sowie 3 Kinos.
- Der ***Trolley Square***, 6th South/7th East St, liegt einige Blocks außerhalb der Innenstadt. Bis zur Umstellung des Nahverkehrs auf Dieselbusse war das Gebäude Straßenbahndepot. Im daraus entstandenen Shoppingkomplex befinden sich ebenfalls Kinos und ein Büro der ***Tourist Information***.

Alkohol-konsum

Die Bier- und Weinabgabe in Restaurants unterliegt spezifischen Restriktionen (nur nach 12 Uhr mittags und nur zu Mahlzeiten), von denen nur *Lounges*/Kneipen in Privatclubform abweichen dürfen; SLC-Besucher werden gegen Gebühr für den Zweck des Alkoholgenusses Kurzfristmitglied.

Sicherheit

In Salt Lake City kann man selbst bei Dunkelheit noch vom Zentrum ins nahe Hotel zu Fuß gehen, ohne das Schlimmste befürchten zu müssen. Kriminalität ist zwar nicht unbekannt, bildet aber bei geringer ausgeprägten sozialen und Rassengegensätzen kein Problem, das mit der Situation in vielen anderen Großstädten der USA vergleichbar wäre.

Sehenswürdigkeiten

Salt Lake City

Temple Square

Zentraler touristischer Anziehungs- und Anlaufpunkt in Salt Lake City ist das Herz der Mormonenbewegung, der ***Temple Square*** zwischen den Straßen South und North Temple exakt gegenüber den umseitig genannten *Shopping Malls*:

- Im ***Visitor Center*** werden den Besuchern Hintergrund und Ablauf der Wanderung der ersten Mormonengruppe nach Utah nahegebracht. Geführte Rundgänge finden kontinuierlich statt, 8am-10pm im Sommer, sonst 9am-9pm, gratis.
- Der ***Mormon Temple*** ist die Hauptkirche der Bewegung der *Latter Day Saints*. Er wurde 1893 vollendet und verschlang die damals unerhörte Summe von $4 Mio. Ein großer Teil der verwendeten Granitblöcke wurde einzeln mit Ochsengespannen vom Steinbruch herbeigekarrt.
- Im ***Tabernacle*** singt der bekannte ***Mormon-Tabernacle Choir***. Die Orgel besitzt über 10.000 Pfeifen, das Gebäude aus dem Jahr 1867 eine hervorragende Akustik. Der Chor probt donnerstags 8pm–9:30pm. Orgelproben während der Woche 12–12:30pm.
- Unübersehbar ist das ***Seagull Monument***, ein Denkmal für Seemöwen, die einen Heuschreckenschwarm vertilgten, welcher die Ernte der ersten Siedler bedrohte. Die Seemöwe wurde deshalb zum ***State Bird*** Utahs erkoren.

Weitere Mormonen-Stätten

Außerhalb des Temple Square warten weitere Mormonen-Stätten auf Besucher, u.a.:

- Das ***Brigham Young Memorial*** auf der Kreuzung Main/South Temple St, ein Denkmal für den legendären Führer der Mormonenzuges nach Utah. Auf der Nordseite des Memorials sind die Namen der Begleiter *Youngs* aufgelistet.
- Das ***Beehive House*** von 1854, 67 East South Temple St, Mo–Fr 9:30am-6:30pm, Sa bis 4:30pm im Sommer, sonst generell bis 4:30 und So 10am-1pm, erstes Wohnhaus des *Brigham Young*
- Das ***Lion House*** gleich nebenan wurde errichtet, als das *Beehive House* für den Mormonenführer und seine wachsende Schar von Ehefrauen und Kindern zu klein wurde. Es ist der Öffentlichkeit nicht zugänglich.

Adlertor

– Das ***Eagle Gate***, über der State Street (an der South Temple St). Der Torbogen überspannte den Eingang zu *Brigham Youngs* Haus. Er wurde dreimal verändert und vergrößert. Der hölzerne Orginaladler kann im *Pioneer Museum* bewundert werden.

Museen

– Das ***Pioneer Memorial Museum***, 300 N Main St, Mo-Sa 9am–5pm, im Sommer auch So 1am–5pm, beleuchtet das Leben und Wirken der ersten Siedler. Interessant sind vor allem die weltlichen Ausstellungsstücke zum Leben im Wilden Westen.

– Der ***Pioneer Trail State Park*** liegt abseits der City eingangs des *Emigration Canyon* an der East 9th South Street, 8am-5pm, im Sommer bis 8pm, Visitor Center: im Sommer 10am-6pm, sonst 9am-4:30pm. Dort steht das ***This-is-the-place*-Monument** angeblich exakt an der Stelle, wo 1847 Brigham Young diesen denkwürdigen Satz sprach. Das ***Living Museum Old Deseret*** demonstriert in historischen Hütten und Blockhäusern, darunter eine weitere Wirkungsstätte des allgegenwärtigen *Brigham Young*, das Leben der ersten Siedler.

Offiziell nicht religiös befrachtet ist das

Capitol

– ***Utah State Capitol***, Sitz der Regierung von Utah, auf dem *Capitol Hill* unübersehbar einige Blocks nördlich des Temple Square. Zu besichtigen Mo–Fr 8:30am–5pm, im Sommer auch am Wochenende 9:30am–6pm. Der Bau wurde erst 1915 errichtet. Der steile und besonders im Sommer anstrengende Aufstieg wird mit einem schönen Blick über die Stadt belohnt.

Sonstiges

Von den sonstigen Sehenswürdigkeiten (Hansen Planetarium, ein *International Peace Garden* und einige weitere Museen) mag bei Sommerhitze noch am ehesten der riesige Planschpark ***Raging Waters***, 1700 West 12th South St. Interesse wecken. Geöffnet Memorial bis Labor Day, 10:30am bis zur Dämmerung, $14.

Ziele in der näheren Umgebung

Kupfermine

– Etwa 20 mi südwestlich der City (West Jordan, dann Straße #48 nach Westen) liegt mit der ***Kennecott Bingham Canyon Mine*** ein äußerst lohnendes Ziel. Die weltgrößte Tagebau-Kupfermine hat eine Abbautiefe von über 800 m erreicht. Das spiralförmige Vorgehen beim Abbau verleiht dem "Riesenloch" die Form einer überdimensionalen Sportarena. Ausgeschilderte Zufahrt zum ***Visitor Center*** mit Beobachtungsplattform; Besichtigung bei Tageslicht von April bis Oktober, Eintritt $2/Fahrzeug.

Großer Salzsee

– Auch wenn dies der Name suggeriert: Salt Lake City liegt nicht direkt am Großen Salzsee. Bis zum ***Great Salt Lake State Park*** und der ***Saltair Beach***, dem stadtnächsten Zugang sind es 18 mi auf der I-80 plus 1 mi Zufahrt zum Park. Besonders einladend ist der "Strand" dort aber nicht. Wer weit genug hinauswatet, kann immerhin den Korkeneffekt ausprobieren: wie man sich auch dreht und wendet, man bleibt (bei 25% Salzgehalt) garantiert oben und kann mit ausgestreckten Armen im Wasser liegend Zeitung lesen! Eine bessere Möglichkeit bietet ***Antelope Island***, eine *State Park*-Insel, zu der von Syracuse – nördlich Salt Lake City – eine meilenlange Brücke führt. Dort hat man weißen Sandstrand aufgespült und im Hinterland in den letzten Jahren eine **Büffelherde** heimisch gemacht. Auf Fahrten nach Norden sollte man den Abstecher dorthin nicht auslassen.

Golden Spike

– Etwa 80 mi sind es von Salt Lake City zum ***Golden Spike National Historic Site*** (nordwestlich, zunächst I-15/84, ab Brigham City Zufahrtstraße #83). Im Jahr 1869 trafen sich am *Promontory Summit* die von den Eisenbahngesellschaften *Central* und *Union Pacific* aus beiden Richtungen vorangetriebenen Trassen der ersten Transkontinentalverbindung. Der letzte Nagel war vergoldet und wurde am 10. Mai 1869 um 12.47 Uhr vom Gouverneur von Kalifornien in die Schwellen geschlagen. Die Zeremonie wird alljährlich zur gleichen Stunde wiederholt. Zu anderer Zeit muß man sich mit der Besichtigung blitzblanker Nachbauten der Originallokomotiven und des Museums begnügen. *Visitor Center* täglich geöffnet 8am–6pm; die Lokomotiven werden 2x täglich fauchend in Gang gesetzt. Sehenswert!

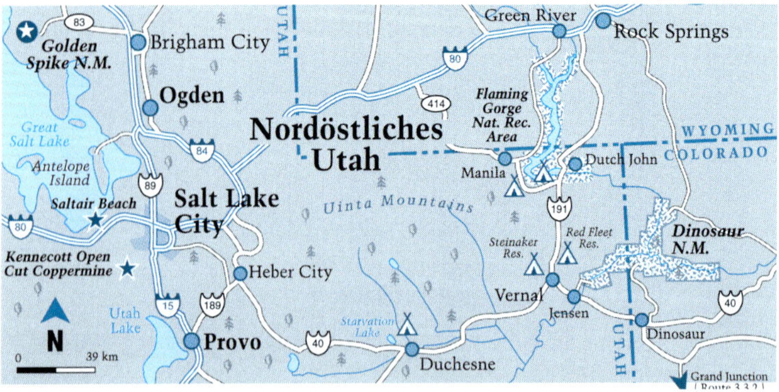

Die Nationalparks der weiteren Umgebung

Doppelpark Grand Teton/Yellowstone (➪ Beilegerkarte)

Anreise per Flugzeug

Zum *Yellowstone National Park* in der äußersten Nordwestecke Wyomings sind es von Salt Lake City über 300 mi. Mit dem Auto wäre man bei nur kurzem Aufenthalt und rascher Rückfahrt also mindestens 3 Tage unterwegs. Dabei käme der Parkbesuch als solcher sicher zu kurz, vom *Grand Teton Park* und anderen Sehenswürdigkeiten und/oder möglichen Abstechern unterwegs gar nicht zu reden. Allein im *Yellowstone Park* selbst benötigt man wenigstens zwei Tage, besser wäre noch ein bißchen mehr Zeit. Wer die minimal wünschenswerten 4-5 Tage für den Abstecher nicht erübrigen kann, sollte erwägen, von Salt Lake City per Flugzeug nach

1 **West Yellowstone/Montana (WYS)**, Delta CommuterSkywest,
2 **Jackson/Wyoming (JAC)**, AA, CO, DL und UA, oder
3 **Bozeman/Montana (BZN)**, CO, DL, NW, zu fliegen.

zu 1 **West Yellowstone** wird nur in den Sommermonaten bedient, hat aber den Vorteil, unmittelbar am Parkeingang zu liegen. Von dort ist es keine Stunde Fahrtzeit zu den ersten Geysiren des Parks. Eine dichte touristische Infrastruktur sorgt für die Yellowstone-Besucher. Allerdings liegen im Sommer die Preise der Motels und der Autoverleiher recht hoch. Frühe Reservierung ist angezeigt.

zu 2 **Jackson** ist das südliche Einfallstor zum Doppelpark *Grand Teton/Yellowstone* und gleichzeitig eine kurzweilige touristische Hochburg. Von dort sind es 80 mi zum Yellowstone (durch den *Grand Teton Park*). Das Preisniveau ist ebenfalls nicht niedrig, ein Unterkommen trotz kolossaler Kapazitäten manchmal problematisch; auf keinen Fall darf man an Sommerwochenenden ohne Reservierung anreisen!

zu 3 **Bozeman** wäre die gegebene Lösung für Ticketinhaber der *Airlines Continental* und *Northwest*. Die Stadt liegt entfernter von den Kernbereichen des *Yellowstone Park* (130-150 mi) und bietet weniger Abwechslung als etwa Jackson.

Anfahrt

Da die Streckenführung der Straßen zum *Yellowstone* – und ggf. auf anderen Wegen wieder zurück – teilweise sehr reizvoll ist, wird hier die Anfahrt per Auto ab Salt Lake City favorisiert, zugleich die oft alles in allem kostengünstigste Lösung.

Optimal wäre es, wenn eine Zeit von rund einer Woche zur Verfügung stünde, die eine besonders schöne Rundfahrt ermöglichte. Sie ist im folgenden kurz beschrieben. Abkürzungen sind ohne weiteres möglich.Weitere Details finden sich im Reise Know-How-Titel ***Durch den Westen der USA***.

nach Jackson

– Zur direkten Straße #89 von Salt Lake City nach Jackson gibt es keine sinnvolle oder landschaftlich bessere Alternative. Sie führt aus der Ebene des Big Salt Lake durch den *Logan Canyon* zunächst nach Garden City am ***Bear Lake***. Der über 300 km² große See auf der Grenze zwischen Utah und Idaho zeichnet sich durch eine ungewöhnliche türkisblaue Färbung aus. Kurz hinter Montpellier erreicht man **Wyoming**. Die 25 mi von *Alpine Junction* durch den ***Snake River Canyon*** bilden den Höhepunkt der Strecke. Während der Sommersaison bis in den September hinein kann man dort beobachten, wie Schlauchboote über die Stromschnellen schießen (Buchung von ***River Trips*** in Jackson).

Jackson

– **Jackson** ist die wichtigste Etappe im Umfeld der Nationalparks. In der dichtbesetzten lokalen Kneipenszene gibt die unverfehlbare ***Million Dollar Cowboy Bar*** den Ton an. Ansonsten bietet Jackson vielfältige kommerziell organisierte *Outdoor*-Aktivitäten: Wildwasserfahrten, Ausritte in die Berge, Planwagen-Abenteuer, Helikopter-, Heißluftballon- und Segelflüge. Mehrmals wöchentlich findet Rodeo statt. Shopping wird groß geschrieben, es dominieren Läden für *Western Wear* und Kunstgalerien. Sehenswert ist das ***Wildlife of the American West Art Museum*** mit Kunstwerken zu Flora und Fauna des Westens. Am nördlichen Ortsausgang befindet sich ein großes **Informationszentrum für beide Nationalparks** und Jackson (**Hotelbuchung!**) Karten und weitere Unterlagen kann man sich bereits dort beschaffen.

Grand Teton National Park

– Im Mittelpunkt des ***Grand Teton National Park*** steht – touristisch gesehen – der Jackson Lake. Um das ***Colter Bay Visitor Center*** und ***American Indian Art Museum*** mit einer brillanten Ausstellung zu indianischer Kultur (im Sommer geöffnet bis 7pm, Mai und nach *Labor Day* bis 5pm) erstrecken sich ausgedehnte Versorgungseinrichtungen. Wegen seiner Nachbarschaft zum *Yellowstone* gehört der *Grand Teton* zu den hochfrequentierten Nationalparks, obwohl er nur Wanderern, die sich ins ***Backcountry*** begeben, Außergewöhnliches zu bieten hat. Als reiner an die Alpen erinnernder Landschaftspark ist er für Besucher aus Mitteleuropa keine herausragende Sehenswürdigkeit.

Yellowstone Nat`l Park

– Der ***Yellowstone National Park*** hat eine Ausdehnung von rund 10.000 km^2. Er liegt auf einem Hochplateau in über 2.000 m Höhe. **Geysire** und **heiße Quellen** sind die Hauptanziehungspunkte dieses ältesten (1872) und neben dem *Grand Canyon* bekanntesten amerikanischen Nationalparks. Häufig versperren Schneefälle bis in den Juni hinein die Pässe; bereits ab September muß wieder mit Schnee gerechnet werden.

– Die meisten **Geysirfelder** und der ***Grand Canyon of the Yellowstone River*** liegen an einer Rundstraße von 140 mi Länge:

Upper Geyser Basin

– Das ausgedehnteste Feld thermaler Pools und Heißwassergeysire ist das ***Upper Geyser Basin*** mit dem ***Old Faithful Geyser,*** der alle 45-90 min seine Fontänen bis zu 55 m hoch ausbläst. Am zentralen *Visitor Center* befindet sich eine Tages-Tafel mit den voraussichtlichen Ausbruchszeiten der Geysire. Dort erhält man auch eine genaue Umgebungskarte. Man sollte unbedingt alle befestigten Wege einschließlich der Schleife rund um den ***Geyser Hill*** oberhalb des *Old Faithful* bis zum wunderschönen ***Morning Glory Pool*** ablaufen (ca. 6 km).

Unterkunft

Eine Sehenswürdigkeit für sich ist das ***Old Faithful Inn*** im überdimensionalen Blockhausstil. Die Zimmer kosten je nach Kategorie und Saison $60-$180; Reservierung unter © (307) 344-7311. Über diesselbe Nummer sind auch alle anderen **Unterkünfte im Park** zu reservieren. U.a. existieren preiswerte *Cabins* mit vier Betten, ab ca. $24.

Norris Geyser Basin

- Im ***Norris Geyser Basin*** findet man im wesentlichen ähnliche Heißwasserpools und kleinere Geysire wie in anderen Feldern. Eine Ausnahme bildet der originelle *Ecchinus Geyser*, der sich langsam in 50 min. mit heißem Wasser füllt und seinen Inhalt in wenigen Minuten wieder hinausbläst.
- Bei sehr knapper Zeit könnte der Besuch des *Yellowstone* sich auf die kleine Rundstrecke mit Weiterfahrt von *Norris* zum *Canyon Village* beschränken. Der Name des Parks geht auf den gelben Sandstein im ***Grand Canyon of the Yellowstone*** zurück, eine vom *Yellowstone River* tief ausgewaschene Schlucht.

Yellowstone Falls

- Über zwei Fälle, die ***Upper*** und ***Lower Falls***, stürzt das Wasser in die Tiefe. Die besten Aussichtspunkte sind *Red Rock* und *Inspiration Point*. Zwischen *Canyon Village* und *Fishing Bridge/Lake Village* liegt die Region des ***Mud Volcano***. Dort brodeln schweflige 'Matschsuppen.

Mammoth Hot Springs

- Wieder anders sind die ***Mammoth Hot Springs*** am nördlichen Parkausgang. Kalziumkarbonat im heißen Quellwasser lagerte sich bei Austritt an die Oberfläche um die Öffnung herum ab und bildete pittoreske Terrassen. Wege führen mitten durch die stufenartig übereinander gelegenen Kalziumformationen.

Tierwelt

- Der *Yellowstone* ist bekannt für seinen Fisch- und Wildreichtum. Die *Ranger* verraten gerne die Gebiete mit den besten Aussichten, **Rotwild, Elche** und **Büffel** vor die Linse der Kamera zu bekommen. Obwohl alle Besucher bei der Einfahrt in den Park Verhaltensmaßregeln für überraschende Begegnungen mit **Bären** erhalten, macht diese Spezies sich im allgemeinen rar.

Zurück nach SLC

- Ist die Zeit knapp, bietet die #20 von West Yellowstone nach Idaho City und dann weiter auf der I-15 zwar den schnellsten, aber landschaftlich weniger reizvollen **Rückweg**.
- Eine viel bessere Route bilden die **Straßen #189** und **#191** von Jackson nach Rock Springs und dann ggf. weiter zur *Flaming Gorge National Recreation Area* und zum *Dinosaur National Monument*. Bei Pinedale passiert die #191 die Zufahrt zum **Fremont Lake**, einem landschaftlich wunderbar eingebetteten See vor der Kulisse der Wind River Mountains. **Rock Springs** und **Green River** sind die Eingangstore zum Erholungsgebiet rund um das *Flaming Gorge Reservoir*. Für die Anfahrt sollte man die Straße #530 über Green River wählen und die Stadt dabei von Westen her (I-80/Jamestown) entlang der ***Palisades*** und durch das imposante Massiv des ***Tollgate Rock*** ansteuern.

Flaming Gorge Region

- Im Süden der ***Flaming Gorge* Region**, Straße #44 bereits in Utah, kann man der ausgeschilderten ***Geological Loop Road*** durch bizarre Felsformationen folgen. Eine kurze Stichstraße führt zum ***Red Canyon Visitor Center*** am Rande der roten Schlucht hoch über dem See. Unterhalb des *Flaming Gorge Dam* dienen ruhige Ausbuchtungen des Flußbetts als Ausgangspunkte kurzer und längerer **Wildwasserfahrten auf dem Green River**, die zu den schönsten und aufregendsten ihrer Art gehören. **Übernachtung** ist in diesem Gebiet nur in Dutch John möglich.

Dinosaur NM

- In Vernal erreicht man die Straße #40, kürzeste Verbindung zwischen Denver und Salt Lake City. Nur wenig östlich liegt das interessante und landschaftlich eindrucksvolle ***Dinosaur National Monument***. Einzelheiten dazu im Denver-Kapitel, Seite 222.

Wasatch Mountains

– Die Fahrt auf den verbleibenden 175 mi führt zunächst weiter durch von Trockenheit gekennzeichnete Landstriche. Mit zunehmender Höhe verändert sich das Landschaftsbild. Die Strecke bis Heber City bietet in ihrem Verlauf durch den *Uinta National Forest* wieder viel fürs Auge. Vom schönen *Heber Valley* zwischen *Wasatch* und *Uinta Mountains* sind es über die I-80 nur noch rund 40 mi bis Salt Lake City. Ein letztes kleines Abenteuer gönnt sich, wer stattdessen die steile **Straße #152** über Park City und die Wasatch Mountains wählt (*Cottonwood Canyon Road*). Die Mühe wird belohnt mit Weitsicht über Salt Lake City und Salzsee. Ein unproblematischer, ebenfalls hübscher Umweg führt durch den ***Provo Canyon*** nach Süden (#189).

Routen-erweiterung

Wer die ***Yellowstone*-Route** um die im folgenden beschriebene Rundfahrt erweitern möchte, könnte über die Straßenkombination #40/#139 von Dinosaur nach Grand Junction/Colorado fahren und von dort aus die Nationalparks *Canyonlands* und *Arches* ansteuern (I-70/#128), insgesamt eine tolle Route:

Die Nationalparks im Südosten Utahs (➪ Beilegerkarte)

Zur Route ab SLC

Die Nationalparks im Südwesten, ***Zion*** und ***Bryce Canyon***, werden **als Abstecher von Las Vegas** behandelt, ließen sich aber auch in eine Rundreise ab Salt Lake City einbinden. Hier geht es um den Besuch der 3 Nationalparks ***Arches, Canyonlands*** und ***Capitol Reef***. Am weitestens entfernt von Salt Lake City liegt mit 240 mi der *Arches Park* bei Moab. Die Fahrt dorthin führt über Provo, und dann auf der #6/#191nach Green River an der I-70. Sie entspricht mit Zwischenstopps einer Tagesetappe. Der **minimale Zeitbedarf für diese Rundfahrt beträgt 4 Tage**. Ein Flugziel in Parknähe im Sinne einer wesentlichen Zeitersparnis ist nicht erkennbar, es sei denn, man möchte es beim Besuch des *Arches Park* und des Nordareals der *Canyonlands* belassen. Für diesen Fall käme ein **Flug nach Grand Junction**/Colorado (CO, DL, HP, UA) in Frage, ca. 100 mi östlich Moab (mit Flug 2 Tage Zeitbedarf).

Arches NP

– Der ***Arches National Park*** bietet mit seinen Felsbögen ein unübertroffenes Landschaftserlebnis. Die Entstehung der Bögen wird im ***Visitor Center*** gleich hinter der Einfahrt anschaulich erläutert. Eine Stichstraße führt rund 20 mi in den Park hinein. Von ihrem Ende geht es zu Fuß zum ***Devils Garden*** mit mehreren riesigen *Arches*. Man benötigt mit Fotopausen bis zum ***Double-O-Arch*** (ca. 3 km) und zurück mindestens 3 Stunden. Ein weiterer wichtiger Haltepunkt ist das ***Fiery Furnace* Gebiet**. Nur wenig abseits der Straße ballen sich gewaltige Felsblöcke und -türme und bilden einen Irrgarten, der nur mit ***Permit*** betreten werden darf.

Delicate Arch

Obwohl auch ein per Auto erreichbarer ***Viewpoint*** existiert, der Fußmarsch zum ***Delicate Arch*** (ca. 5 km hin und zurück) gehört zum absoluten Pflichtprogramm. Nichts geht über den Blick auf **den schönsten aller *Arches*** über einer ausgewaschenen Felsfläche vor dem Hintergrund der ***La Sal Mountains***. Die Felsbögen der ***Windows Section*** liegen alle relativ nah an der Parkstraße.

Canyonlands NP

– Etwa 8 mi nördlich der Einfahrt zum Arches Park geht es auf der Zufahrtstraße #313 zum ***Island in the Sky District***, einem Hochplateau über den Schluchten des ***Canyonlands National Park***. Ein Abstecher führt zum fantastischen ***Dead Horse Point Overlook*** im gleichnamigen *State Park*.

– Von den Ausichtspunkten überblickt man u.a. den Zusammenfluß von *Green* und *Colorado River*. Ein lohnenswerter *Trail* führt zum kolossalen ***Upheaval Dome*** (ca. 1 Stunde). Zwei weitere Stichstraßen in die *Canyonlands* zweigen südlich von Moab von der Straße #191 zwischen La Sal Junction und Monticello ab. Bei begrenzter Zeit sollte man zumindest die Straße bis zum ***Needles Overlook*** fahren. Leicht einen Extratag benötigt man für den traumhaften Felsbereich ***Squaw Flat***.

Moab

– **Moab** ist mit zahlreichen **Motels** und einer voll auf den Tourismus eingestellten Infrastruktur das geeignete Standquartier.

Natural Bridges NM

– Zum *Capitol Reef National Park* geht es auf schöner Strecke über Monticello, Blanding und die Ausläufer des *Lake Powell* (Straßen #191, #95 und #24). Man passiert das ***Natural Bridges National Monument***. Drei Felsbögen überspannen *White* und *Armstrong River Canyon*. Sie entstanden im Gegensatz zu den *Arches* durch vom Wasser verursachte Erosion.

Capitol Reef Park

– Der ***Capitol Reef National Park*** liegt in totaler Einsamkeit im Zentrum des *Great Plateau*, einer von Gebirgen und Canyons durchbrochenen Hochebene, die weite Gebiete in Utah und Arizona bedeckt. Das Parkgelände zieht sich vom Lake Powell ca. 120 mi nach Norden. Besucher erreichen auf der einzigen durch den Park führenden Straße zunächst das ***Visitor Center***. Mindestprogramm im Park ist das Abfahren des 13 mi langen *Scenic Drive* am Westrand des *Reef*s. Haltepunkte sind ***Grand Wash*** und ***Capitol Gorge*** am Straßenende, durch das Riff gesägte Schluchten. Hier muß man einfach ein bißchen laufen: Auf jeden Fall durch den sich auf wenige Meter verengenden *Capitol Gorge Canyon*, vielleicht auch hinauf zum Aussichtspunkt auf den Felsmonolithen *Golden Throne* (6 km hin und zurück; mindestens 2 Stunden). Etwa gleich lang ist der *Trail* von *Grand Wash* hinauf zum ***Cassidy Arch***, benannt nach dem berüchtigten Bankräuber *Butch Cassidy*, der sich dort versteckt gehalten haben soll.

Unterkunft

– Im Park gibt es keine Unterkünfte, lediglich einen Campground. Vor allem bei bzw. in **Torrey** und **Hanksville**, kleinen Nestern westlich und östlich des Parks, findet man mehrere **Motels**.

Weiterfahrt

Vom *Capitol Reef Park* sind es **auf einer der schönsten Routen des ganzen Südwestens** (Straße #12) ca. 120 mi zum *Bryce Canyon NP* (⇨ Seite 267), zurück nach Salt Lake City 220 mi.

Der richtige Sight zur richtigen Zeit

Mormon Festival

Von der 2.-4. Juliwoche werden alljährlich die ***Days of `47***, die Tage der Ankunft der Mormonen in der Wüste vor 150 Jahren begangen. Am **24. Juli** findendabei am Westfuß der *Wasatch Mountains (Emigration Canyon)* die Feiern des exakten Ankunftstags statt – aufwendiger als anderswo zum 4. Juli, dem Unabhängigkeitstag der USA.

SAN ANTONIO

"Mexikanische" City

San Antonio ist dank der Alamo Festung und der gut erhaltenen Missionsstationen aus spanischer Zeit Texas' historisch interessanteste und in vielerlei Beziehung attraktivste Stadt. Es gibt keine US-City, die eine vergleichbare Atmosphäre besitzt und so sehr vom sonst gewohnten Bild amerikanischer Großstädte abweicht.

Abstecher

Mit dem malerischen *Texas Hill Country* und der texanischen Hauptstadt Austin in Tagesausflugs-Distanz bietet San Antonio weitere Anreize für einen Besuch. Zwei Tage benötigt man mindestens für die Stadt als solche, zwei weitere Tage für die Umgebung. Mehr Zeit wäre ohne weiteres auszufüllen. San Antonio ist Geheimtip für alle, die Amerika "mal anders" erfahren wollen.

GEOGRAPHIE, KLIMA UND GESCHICHTE

Geographie

San Antonio liegt in Texas' zentralem Süden 140 mi vom Golf und 150 mi von Mexiko entfernt inmitten einer ebenen **Agrarlandschaft**. Der Einfluß Mexikos ist unverkennbar; ausgedehnte Viertel im Stadtsüden und -westen zeigen eher mexikanischen als amerikanischen Charakter. Das Zentrum um die *City Hall* und den ***Paseo del Rio***, eine Promenade entlang einer künstlich angelegten Schleife des San Antonio River (⇨ unten), hat nur einen guten Kilometer Durchmesser und läßt sich ohne weiteres zu Fuß erkunden. Die erwähnte Hügellandschaft beginnt 25 mi nördlich von San Antonio.

Klima

Die Sommer in Südtexas sind heiß und trocken. Nach unseren Maßstäben hochsommerliche Temperaturen herrschen bereits im April und noch im Oktober. Juli, August und September können unerträglich heiß sein, insbesondere, da die Golfnähe meist für hohe Luftfeuchtigkeit sorgt. Gewitter sind keine Seltenheit, bringen aber nur vorübergehend Abkühlung. Im frühlingshaft milden Winter (Dezember–Februar) mit angenehmen Tagestemperaturen zwischen 15°C und 20°C wählen Bürger aus den nördlicheren US-Staaten San Antonio ähnlich gern als Reiseziel wie den Süden Arizonas. Beste Monate für einen Besuch sind nichtsdestoweniger April/Mai und Oktober/November.

Sonnenschein: 237 Tage	**Niederschläge**: 81 Tage
Heißester Monat: August 22°C	**Kältester Monat**: Januar 10°C

Geschichte

Die Geschichte der Stadt begann mit der Errichtung eines **Militärpostens** und einer ersten **Missionsstation** am San Antonio River durch die Spanier im Jahr **1718**. In den folgenden Jahren entstanden entlang des Flusses südlich von San Antonio weitere Missionen, die aber bis Ende des 18. Jahrhunderts nach Epidemien und Indianerüberfällen wieder aufgegeben wurden.

Die ***Mission San Antonio de Valero*** blieb unter der Bezeichnung *El Alamo de San Antonio* als Stützpunkt erhalten. Mit Übernahme der spanischen Nordamerika-Besitzungen durch den jungen Staat Mexico wurde San Antonio im Jahr

1821 **Hauptstadt** der Provinz Texas.

1835 Ein **Aufstand** gegen die Zentralregierung und Besetzung von San Antonio provoziert die Entsendung einer Expeditionstruppe.

1836 nimmt das 5000 Mann starke mexikanische Heer nach 13-tägiger **Belagerung** und erbittertem Widerstand *El Alamo* ein. Unter der völlig aufgeriebenen 182-köpfigen Besatzung befanden sich bekannte Westmänner wie *David Crockett* und *James Bowie*. Wenig später wurden die durch 1600 Alamo-Gefallene geschwächten Mexikaner in San Jacinto geschlagen (➪ Houston, Seite 224). Das Resultat war die zunächst unabhängige Republik und

1845 der US-Bundesstaat Texas.

1870 besitzt San Antonio bereits 12.000 Einwohner

1877 **Eisenbahnanschluß**, danach starkes Wachstum. San Antonio entwickelte sich zum Vielvölkerschmelztiegel mit starker deutscher Komponente bis zur letzten Jahrhundertwende.

1920 160.000 Einwohner

1968 **Weltausstellung**, dafür Einrichtung der ***Hemisfair Plaza*** und Bau des ***Tower of the Americas***

San Antonio ist heute eine ausgedehnte Großstadt mit gut **1 Mio. Einwohnern**, davon ca. 55% spanisch-mexikanischen Ursprungs. Spanisch ist neben Englisch faktisch gleichberechtigte Sprache.

Daten und Fakten

Telefonische Vorwahl/Area Code: 210

Diplomatische Vertretung

- **HK der BRD**, ✆ 244-4455, 1500 Alamo Bldg, 105 S St. Mary's St

Besucherinformation

- ***Tourist Information Center***, ✆ 270-8748 und ✆ (800) 447-3372 317 Alamo Plaza unverfehlbar gegenüber dem Alamo Park, täglich 8:30am–6pm. Umfangreiches Material; sehr nützlich sind *FIESTA*, ***The San Antonio Visitor Magazine*** und der ***Lodging Guide***, ➪ Unterkunft, Seite 421f.
- ***Convention & Visitors Bureau***, der Betreiber der Info Center: ✆ 270-8700 und ✆ (800) 447-3372, 121 Alamo Plaza.

Flughafen (SAT)

San Antonio International Airport ✆ 821-3411

Fluglinien: AA, CO, DL, NW, TW, UA, US

Transferzeiten: 15-30 min

Anlage

Der Airport liegt 8 mi nördlich der Innenstadt zwischen I-410 und *San Pedro Fwy*. Das 1984 gebaute *Terminal* 1 (16 *Gates*) gewann seinerzeit Architekturpreise. Aus dem älteren *Terminal* 2 ragt ein *Satellite-Concourse* nach Nordwesten.

Schließfächer befinden sich in beiden *Terminals* direkt hinter der *Security* ($1/24h).

Kurzweil

In beiden *Terminals* kann man sich in einer **Spielhalle** die Zeit vertreiben. Am Checkpoint des *Terminal* 1 gibt es eine kleine **Galerie** mit künstlerischen Arbeiten.

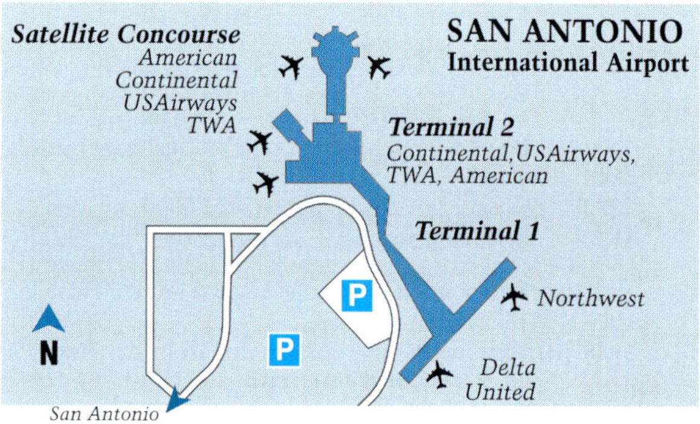

Verbindung Airport-City

Bus

Am Westende des *Terminal* 2 befindet sich ein ***Ground Transportation*** **Informationsstand**, dort fahren auch die Stadtbusse ab. Nach *Downtown* verkehrt Linie #2, Mo–Fr 6:30am–6:30pm etwa alle 45 min, $1.

Van/Taxi

Zu den Hotels in der Innenstadt fährt der ***Star Shuttle Service***, 6am–6:45pm alle 15 min, dann bis *Midnight* alle 45 min, $7. **Taxis** kosten $14-$17 je nach Ziel. Ab 2 Personen ist damit das Taxi nicht oder kaum teurer und die bequemere Alternative.

Car Rental

Alamo, Avis, Budget, Dollar, Enterprise, Hertz, National, Payless, Snappy, Thrifty

Die Mehrzahl der Sehenswürdigkeiten liegt im zentralen Bereich so nah beieinander, daß kein Fahrzeug benötigt wird. Weitere Anlaufpunkte lassen sich relativ leicht per Bus erreichen. Ein Besuch jedoch der Missionsstationen im Süden der Stadt ist zwar auch mit dem Bus möglich, aber insbesondere bei Hitze beschwerlich. Einen Mietwagen braucht unbedingt, wer eines der preisgünstigeren Motels an der Peripherie buchen möchte und/oder an einen (sehr empfehlenswerten) Abstecher ins ***Texas Hill Country*** denkt.

Öffentliche Verkehrsmittel

Bus

VIA Metro Transit organisiert den öffentlichen Personenverkehr in San Antonio. Das Bussystem ist verhältnismäßig gut ausgebaut. Die Mehrheit der Linien führt in *Downtown* über die Commerce St (Ost/West) oder Main Ave (North/South). Am ***VIA Information Center***, 112 Soledad (Nähe Navarro/Houston St), © 227-2020, Mo–Sa 6am–8pm, So 8am– 8pm, gibt es Routenkarte und Busfahrpläne.

Die meisten Busse verkehren 5am–10pm, einige Routen nur bis 5pm; an Wochenenden reduzierter Service. Fahrpreise $0.75-$1,50; *Transfers* zum Umsteigen kostenlos.

Streetcars

Sehr praktisch sind die ***Streetcars:*** Kleinbusse pendeln auf vier verschiedenen Routen zwischen den wichtigsten Hotels und touristischen Attraktionen, 6am–9pm, $0.50. Darüberhinaus gibt es **2 "Kulturbusrouten"** zwischen Alamo Plaza und den Museen/Botanischem Garten im Norden und nach Süden über La Villita zu den Missionsstationen. Tagesticket für beliebige Unterbrechung und Zusteigen an den Haltepunkten.$2.

Taxi

Grundgebühr ca. $2,80 jede Meile ca. $1,40.

Checker, © 222-2151 **Yellow Cab**, © 226-4242

Rundfahrten

Situation

In der Touristenstadt San Antonio gibt es zahlreiche Angebote für Stadtrundfahrten und Ausflüge. Auf Busfahrten, die sich im wesentlichen auf die Innenstadt mit dem *Alamo*, den alten Gouverneurspalast, den mexikanischen Markt etc. beziehen (ab 2 Std., ab ca. $12), sollte man verzichten. Man kann genausogut laufen und/oder die *Streetcars* benutzen. Zu erwägen wäre eventuell eine Tour, die (auch) zu den *Missions* führt, wenn kein Auto gemietet werden soll. Von Ausflügen ins *Texas Hill Country* per Bus ist eher abzuraten, da in der Regel Zwischenstopps nur an Standardzielen wie Johnson City, den Aquarena Springs, Fredricksburg etc. (➪ Seite 427f) gemacht werden, und die natürlichen Attraktionen vorbeigleiten. Die Preise ganztägiger Trips (um $40) erreichen schon für eine Person die Tagesmietkosten eines kleineren Autos.

Gray Line, © 226-1706 ***Alamo Sightseeing Tours***, © 735-5019

St. Anthony Tours, © 337-5017, veranstaltet Fahrten nach Nuevo Laredo/Mexico.

Unterkunft

In San Antonio besteht an Unterkünften aller Kategorien kein Mangel. Die Preise im Flughafenumfeld sind deshalb erträglich und als *special offer* bisweilen noch ein wenig günstiger als umseitig angegeben. Das Preisniveau in *Downtown* liegt relativ hoch; das gilt insbesondere für Wochenendübernachtungen. Die billigeren Quartiere in der Stadt – wie das ***Motel 6*** – sind oft ausgebucht. Wer sich ein Auto gemietet hat, wird entlang der San Antonio umrundenden Umgehungsautobahn ***Loop 410*** leicht fündig, z.B. im Bereich der Rittiman Rd/I-35/410, *Exit* 163, und am *Austin Hwy* #BR81. Eine ganze Reihe von Motels (viel Mittelklasse) liegt nordöstlich *Downtown* an der I-35. Aktuelle Auskunft über Preise, Lage und Ausstattung der meisten Hotels und Motels gibt der ***San Antonio Lodging Guide***, der bei der ***Tourist Information*** erhältlich ist.

Ein gutes Preis-Leistungsverhältnis bieten:

Airport

- **Red Roof Inn Airport**, © 340-4055, 333 Wolfe Rd, #281, ab $53
- **La Quinta Inn Airport East & West**, © 828-0781 bzw. 342-4291, 333 und 219 NE Loop 410, ab ca. $64
- **Holiday Express Airport**, © 308-6700, 95 NE Loop 410, ab $75

Downtown

- **Rodeway Inn Downtown**, © 223-2951, 900 N Main St, ab $50. Nicht direkt im Herzen der Stadt, dafür Bus- und *Street Car* vor der Haustür, *Airport Shuttle*.
- **La Quinta Inn Market Square** bzw. **Convention Center**, © 271-0001 bzw. 222-9181 oder © (800) 531-5900, 900 Dolorosa St nahe I-35 bzw. 1001 E Commerce/I-10, ab $85, liegen verkehrsgünstig westlich des Zentrums (Market Square) bzw. nahe am Seitenkanal des *Riverwalk* bei der *Hemisfair Plaza.*
- **Ramada Limited Downtown**, © 229-1133, 1122 S Laredo, ab $59
- **Motel 6 Downtown**, © 225-1111, 211 N Pecos Rd/I-35, ab $45

Riverwalk

- **Howard Johnson Riverwalk Plaza Hotel**, © 226-2271, 100 Villita St, ab $89. Gute Lage am San Antonio River/Ende *Riverwalk*
- Optimal, aber teurer übernachtet man am *Riverwalk* hinter der *Alamo Plaza* im **Hyatt Regency Hotel,** © 222-1234, oder im **Marriott,** © 224-4555, am Seitenkanal, beide ab ca. $130.
- Kostspielig, aber ein wunderbares Hotel in bester Lage ist das **Hilton Palacio del Rio** direkt am *Riverwalk* vor der Ablegestelle der *River Barges*, © 222-1400, ab ca. $200.

Vororte

- **Motel 6 West**, © 922-2111, 2185 SW Loop 410; unweit Straße #90 nach Del Rio. Ca. 11 mi nach *Downtown*, ab $35.
- **La Quinta Inn South** , © 698-3991,7202 S Pan American Expwy (I-35/Milirtary Dr); ab $39; ca. 6 mi südlich *Downtown*, umweit der *South Park Mall*, 3 mi bis *San Antonio Missions*, ab $59.

Preiswert

- **San Antonio International AYH-Hostel**, © 223-9426, 621 Pierce St/ca. 2 mi nordöstlich *Downtown* Bus #11, 60 Betten, $14. Im nostalgischen *Bullis House.*
- **Oak Motor Lodge**, © 826-6368, Humphreys Ave, nur wenig südlich des Brackenridge Park, ab $35.

Essengehen und Shopping

Mexican Food

Mexikanisch essen kann man zwar überall im Süden der USA, aber nirgendwo so gut und authentisch wie in San Antonio. Die Steaks im Herzen der südtexanischen Weidegründe sind mindestens so saftig wie in Dallas oder Abilene.

Riverwalk

- Cafés, Kneipen und Terrassenrestaurants unter subtropischem Grün ballen sich am ***Paseo del Rio*** zwischen den Brücken der Commerce und Crockett St. *Tex-Mex Food Restaurants* überwiegen. Einzelempfehlungen fallen dort schwer. Beim Bummel am Fluß kann man sich den schönsten Platz aussuchen und zur Dinnerzeit im Vorbeigehen auch gleich die besten Gerichte "ausgucken". Für ***Steaks*** am *Riverwalk* zu empfehlen sind das noch relativ preiswerte ***Boudro`s*** und das exquisite ***Little Rhein*** in einem alten Gemäuer zwischen Fluß und ***La Villita***. Dieses schick mexikanisch gestylte, künstliche Shopping-Dorf direkt südlich angrenzend an den ***Paseo del Rio***, bietet weitere hübsche Restaurants. Die Preise liegen im Bereich des ***Riverwalk*** zwar im allgemeinen um ein paar Dollars höher als anderswo, aber dafür ist das Ambiente unschlagbar.

Wende-becken

- Gut sitzt es sich auch rund um das Wendebecken des Stichkanals zur ***River Center Mall*** (siehe unten) draußen wie drinnen. Neben *Full-Service Restaurants* gibt es dort eine reichhaltige Auswahl an ***Fast Food Snacks*** zur Selbstbedienung.

Hemisfair Plaza

- Alles von oben betrachten kann man vom ***Tower of the Americas Restauran***t (Drehrestaurant in 160 m Höhe), © 223-3101, Hemisfair Plaza, vor allem Steaks und Seafood.

Market Square

- Verhältnismäßig preiswert sind die ***Mexican Restaurants*** des Market Square unmittelbar am ***El Mercado*** auf der Westseite der Innenstadt.

Märkte

San Antonio bietet sich an zum **Einkauf mexikanischer Produkte**. Die Auswahl ist enorm. Neben Kitsch und qualitativ Minderwertigem gibt es auch hervorragende Handarbeiten. Zu moderaten Preisen vor allem im

- ***El Mercado***, Commerce/Santa Rosa St, 10am–6pm, im Sommer bis 8pm. In einer großen Halle am Market Square warten etwa 40 Läden und Stände mit Keramik, Schmuck, Lederwaren und Textilien auf Kunden. Gleich nebenan befindet sich der ***Farmers Market***, ein Obst- und Gemüsemarkt.
- Auf La Villita, S Alamo/Nueva St, wurde bereits hingewiesen. Die im "Kleinen Dorf" angebotenen Produkte liegen in Qualität und Preis deutlich über dem Niveau des *El Mercado*.

An modernen Shopping Zentren fehlt es natürlich auch nicht:

Malls

- Die erwähnte ***River Center Mall***, 849 E Commerce St, 300 m südöstlich des *Alamo*, ist erst einige Jahre alt. $200 Mio. waren nötig, um diesen gläsernen Einkaufspalast mit 125 Läden zu bauen und den neuen Stichkanal vom *Convention Center*/San Antonio River anzulegen.
- In Flughafennähe am I-410 Loop West/San Pedro Ave liegt die ***North Star Mall***, im Bereich I-10/Military Dr, Straße #13 die ***South Park Mall***. Weitere große *Shopping Malls* findet man vor allem im westlichen Bereich des *Loop* 410.

Sicherheit

San Antonio ist eine der ganz wenigen Großstädte der USA, in denen man sich abends in der Innenstadt sicher fühlen darf. Denn das gesamte Gebiet um *The Alamo* und *Riverwalk* wird von Polizei scharf bewacht. Einheimische und Touristen genießen ersichtlich die Möglichkeit, bis spät nachts gefahrlos bummeln und die Kneipen wechseln zu können.

Anders sieht es außerhalb des Zentrums aus. Dort ist – wie fast überall in Amerikas Städten – nach Einbruch der Dunkelheit Vorsicht angebracht.

Sehenswürdigkeiten

Im Rahmen der Hinweise zu Hotels, Restaurants und Shopping wurde ein Teil der wichtigsten Sehenswürdigkeiten bereits genannt. Die meisten befinden sich im zentralen Stadtgebiet oder nur wenig außerhalb:

Downtown

- Dank der hochstilisierten **Alamo-Legende** (➪ Geschichte, Seite 419), nach der das heldenhafte Opfer der Verteidiger dem texanischen General *Sam Houston* die nötige Zeit verschaffte, um genügend Truppen für den späteren Sieg über die Mexikaner zu sammeln, wurden die restaurierten Überreste des Alamo zu einer Art texanischem **Staatsheiligtum**. Der Schauplatz des Geschehens ist heute *State Park* (an der zentralen Alamo Plaza; Mo–Sa 9am–5:30pm, So ab 10am), der neben dem historischen Kirchengebäude noch ein größeres **Museum** umfaßt. ***The Alamo*** entwickelte sich zum Anziehungspunkt für alljährlich Hunderttausende von Touristen. Die Alamo-Story wird im sehenswerten Film ***Alamo ... The Price of Freedom*** pausenlos nachvollzogen (45 min, IMAX Kino der *Rivercenter Mall* in der Crockett St).
- Direkt von der Alamo Plaza aus erreicht man – an künstlichen Wasserfällen vorbei – den ***Riverwalk*** über einen Stufenweg mitten durch die Halle des ***Hyatt Regency Hotel***.

Paseo del Rio

- Die Bezeichnung *Paseo del Rio* oder *Riverwalk* bezieht sich auf eine rund 1,5 km lange künstliche Schleife des San Antonio River, die in den 30er-Jahren gebaut wurde. Beidseitig dieses - wie ein natürlicher Wasserlauf wirkenden Kanals wurden mehrere Meter unter Straßenniveau Spazierwege angelegt, heute malerisch gesäumt von Villen, Gärten, Hotels und Open-air Lokalen. Dieses Aussehen erhielt die bis dahin reine Parkanlage aber erst zur Weltaustellung 1968. Später erfolgte die Verlängerung der Kanäle zum *Convention* und *River Center*. Am Anleger des *Hilton Hotel* (an der Brücke Market Street) kann man ***River Barges***, floßartige Boote, besteigen und sich gemütlich auf dem Wasserlauf spazierenfahren lassen ($3).

La Villita

- Von ***La Villita***, offiziell ein ***National Historic District*** (10am–6pm) südlich des *Paseo del Rio*, war ebenfalls schon die Rede.

  Das einstige Villenviertel verkam in den 20er-Jahren zum *Slum* und wurde später restauriert. Heute beherbergt es in seinen weiß getünchten Mauern Kunstwerkstätten und Künstlerateliers, Souvenirshops und Restaurants.

Hemisfair Plaza

- Unmittelbar westlich von *La Villita* erstreckt sich das Gelände der ***Hemisfair Plaza***, Schauplatz einer weniger bekannten Weltausstellung 1968. Hinter dem großen Kongresszentrum überragt der 190 m hohe ***Tower of the Americas*** die Stadt; Auffahrt im gläsernen Fahrstuhl 8am-11pm, $3. Der kleine *Urban Water Park* am Fuße des Turms zeichnet sich durch kunstvolle Wasserspiele und pittoresk versetzte Wasserfälle aus. In der hinteren Ecke des Geländes versteckt sich das ***Institute of Texan Cultures***, Di–So 9am–5pm, Eintritt frei. Die Ausstellungen beziehen sich auf die Beiträge der verschiedenen Immigrantengruppen zu Kultur und Geschichte des Staates Texas. Mehrmals täglich findet eine *Multi Media Show* statt zum Thema *Where did Texans come from?* Viele Immigranten stammten aus Deutschland.

Gouverneurspalast

– Auf dem Weg vom Alamo/Paseo del Rio zum ***El Mercado*** (mexikanischer Markt, ➪ unter *Shopping*) auf der Commerce St passiert man den prächtigen ***Spanish Governor's Palace***, Military Plaza, Mo–Sa 9am–5pm, So ab 10am, $1. Ein Großteil des Baumaterials und das Mobiliar wurden seinerzeit eigens aus Spanien hierher geschafft.

Kunstmuseum

– Zehn Blocks nordöstlich der Alamo Plaza liegt das ***San Antonio Museum of Art***, ✆ 226-5544, 200 W Jones Ave/Anfahrt über den Broadway, Mo–Sa 10am–5pm, So ab *noon*, $4, aber Di 3pm–9pm kein Eintritt. Es wurde in ehemaligen Brauereigebäuden untergebracht und beeindruckt fast mehr durch die Gestaltung der seiner Ausstellungstrakte als durch die Kollektion. Am besten ausgestattet ist die Abteilung zur amerikanischern Gegenwartskunst; sie verfügt über bemerkenswerte Stücke. Zur Anlage gehört außerdem ein ***Sculpture Garden*** am Flußufer.

Vororte

Die folgenden Ziele (Seite 426) liegen außerhalb des inneren *Freeway*-Ringes, der durch die I-10 und I-35 gebildet wird:

Bracken-ridge Park

– Relativ stadtnah, eine gute Meile nördlich des Kunstmuseum zwischen Broadway und McAllister Fwy #281, beginnt der ***Brackenridge Park*** am San Antonio River. Er bietet viel Platz für Sport und Spiel. Anziehungspunkte sind der sehr gute Zoo (9:30am–5pm, Eintritt $7), "versunkener" und japanischer Garten, Seilbahn und Kindereisenbahn durchs ganze Gelände. Park geöffnet jeweils bis zur Dämmerung.

Witte Museum

– **Fauna** und **Geschichte** Texas' stehen im Mittelpunkt der Ausstellungen des ***Witte Museum*** am Nordostrand des Parks/Broadway, Mi–Sa 10am–5pm, So ab Noon, $4. Ergänzt wird die Kollektion durch eine **Kunstgalerie** mit wechselnden Programmen.

McNay Museum

– Noch sehenswerter erscheint das ***McNay Art Museum***, einige Meilen nördlich des *Witte* Museums an der Ecke Austin Hwy (#81)/New Braunfels Ave (Di–Sa 10am–5pm, So ab *noon*), schon allein wegen seiner Architektur und Anlage. Eine ehemalige Privatvilla in mexikanisch-spanischer Bauweise wurde für den neuen Zweck stilgerecht erweitert und mit recht unterschiedlichen Kunstsammlungen einiger Mäzene bestückt. Stolz ist man auf die kleine Kollektion europäischer Meister, darunter Portrait der Sylvetta von *Picasso* und Werke von *Cezanne, Chagall, Monet* und *van Gogh*. Freier Eintritt, Spende erbeten.

Missions Park

– Die kulturhistorisch wichtigste Sehenswürdigkeit der Stadt ist der ***San Antonio Missions National Historical Park***, im Sommer 9am–6pm, sonst 8am–5pm, Eintritt frei. Die nach *San Antonio de Valero* (*Alamo*) entstandenen Missionsstationen bzw. deren Ruinen bilden unter dieser Bezeichnung einen Gesamtkomplex. Folgt man dem inneren *Freeway*-Ring um die Stadt, kann man südlich des Zentrums (I-10) die ausgeschilderte Abfahrt nicht verfehlen. Von der – Alamo nicht gezählt – ersten ***Mission Concepción*** (1731) wird der Besucher über Parkanlagen beidseitig des San Antonio River zur jeweils nächsten Station geführt. Die beeindruckendste von allen ist die voll erhaltene (zweite) ***Mission San José*** (1720), die *Queen of Texas Missions*, eine fortartige Befestigungsanlage, in deren Mittelpunkt der Kirchenbau steht. Die kleinen ***Missionen San Juan*** und ***Espada*** sind schlichte Reste der ursprünglichen Stationen und lohnen die Weiterfahrt nur bei großem Interesse oder in Verbindung mit der Suche nach einem hübschen **Picknickplatz** im Parkbereich.

Sea World

– Erst 1989 eröffnete San Antonios ***Seaworld of Texas***, 10500 Sea World Dr/Ellison Dr weit außerhalb im Stadtwesten (mit Auto am besten erreichbar über die I-10/Fwy #90, dann Northwest Fwy #151). Nach Orlando und San Diego bietet dieser 10 km^2 große Aqua-Marinepark im US-Süden die dritte Möglichkeit, das Killerwal-, Delphin- und Wasserzirkusprogramm der *Sea World*-Kette zu bewundern. *Sea World of Texas* rühmt sich, das weltgrößte ***Delphinarium*** zu besitzen. Entfernung von *Downtown* 18 mi, Öffnungstage und -zeiten sind saisonabhängig. Auskunft unter © 523-3611/© (800) 422-2762. Pauschaleintritt $28. *Sea World Express* #63 ab *Downtown*, Retourticket: $12. Für $34 gibt es das kombinierte Bus-/Parkticket.

Planschpark

– An heißen Tagen verspricht der Wasserpark ***Splashtown USA*** an der I-35, einige Meilen nordöstlich von Downtown Abkühlung, Juni–September, 11am–10pm, $16, Kinder abgestuft weniger.

Ziele in der Umgebung

Texas Hills

Das nur dünn besiedelte ***Texas Hill Country*** nördlich von San Antonio bietet den Citybewohnern und der Bevölkerung der Hauptstadt Austin ein 35.000 km^2 großes Freizeitrevier. Eine herrliche Hügellandschaft voller Höhlen, felsiger *Canyons*, klarer Flüsse und Seen wartet darauf, entdeckt zu werden. Eine Reihe von *State Parks* erschließt besonders reizvolle Bereiche, z.B. ***Inks Lake***, ***Pedernales Falls*** und (zum Baden vorzüglich geeignet) ***Guadalupe River***, in nur rund 45 mi Entfernung vom Zentrum San Antonios.

Wichtige **Ziele** in und um die *Texas Hills* sind:

Austin

- 80 mi von San Antonio, die attraktive, überschaubare Hauptstadt des Staates Texas am Colorado River (ein Namensvetter des großen Flusses durch den *Grand Canyon*). Neben dem von Cowboy-Statuen umgebenen, bombastischen ***State Capitol*** von 1887 (11th/Congress St), der das Capitol in Washington noch um 2 m überragt, beeindruckt im zentralen Bereich vor allem die ***University of Texas*** (50.000 Studenten!) mit einem ausgedehnten Campus zwischen Red River und Guadalupe St nördlich des Regierungsviertels. Auf dem Gelände liegt die ***Lyndon Baines Johnson Library*** zwischen Red River St und San Jacinto Blvd. Neben ihrer eigentlichen Funktion dient die Bibliothek als **Museum** für Johnsons Wirken und Schaffen.

Barton Springs

- Besonders an heißen Tagen lockt der ***Barton Springs Pool*** im Zilker Park (südlich des Colorado River: Barton Springs Rd). Mit 20°C sprudelndes Quellwasser höchster Transparenz wird in einem 300 m langen, natürlichen Felsbecken aufgefangen.

  Die Barton Springs Rd wird weiter westlich zur **Bee Cave Rd**, über die man zum **Lake Travis** Stausee gelangt. Sehr schön hoch über dem Wasser thront dort das ***Oasis Cantina del Lago Restaurant*** mit Terrassen auf mehreren Ebenen.

Telefonvorwahl/Area Code Austin: 512
Tourist Information Center im Capitol Bldg (8am-5pm)
Austin kann man natürlich auch mit dem Flugzeug erreichen:

Flughafen (AUS), © 480-9091
Robert Mueller Municipal Airport, 4 mi nordöstlich der City
Fluglinien: AA, CO, DL, HP, NW, UA, US, TW
Transport: Capitol Metro Bus #12 ca. alle 30 min
Taxi Airport–Downtown ca. $12-$15
Mietwagen: Avis, Budget, Dollar, Hertz, National

L.B. Johnson NH Park

Wen intensiver interessiert, wie die Texaner ihren früheren Präsidenten feiern, fährt von Austin 50 mi westlich nach **Johnson City**. Die dortigen Gebäude (*Boyhood Home*, Vaters erste Blockhütte etc.) und das Gelände rund um die ***LBJ Ranch*** samt Grabstätte der Familie (noch ein paar Meilen nach Westen, Straße #290) bilden den ***L. B. Johnson National Historical Park***.

San Marcos

– Am Rande des *Texas Hill Country* (an der I-35 etwa auf halber Strecke zwischen Austin und San Antonio) sprudeln die ***Aquarena Springs*** bei San Marcos in einen glasklaren See. Über 400 m^3 Wasser treten dort pro Minute an die Oberfläche. Florida Vorbildern nachempfunden sind Vergnügungspark und -garten rund um den *Spring Lake* mit Unterwasser-Nixen-Show, Glasbodenbooten und vielen Shops und Restaurants.

New Braunfels/ Wurstfest

– Quellen und der Guadalupe River sind auch die Attraktion der deutschen Texas-Hochburg **New Braunfels**, an der I-35 nur 20 mi nordöstlich von San Antonio. Das weit über Texas hinaus für sein **Wurstfest** bekannte Städtchen ist allemal einen Ausflug wert. Im **Sophienburg Museum**, Ecke Coll/Academy St, erfährt man alles über seine Gründung durch den Prinzen zu Solms-Braunfels. Für das alljährlich **Anfang November** für **10 Tage** stattfindende ***Sausage Festival*** ist ein eigenes Gelände mit Halle im *Landa Park* reserviert; Information über exakte Daten und Zeiten bei der ***Visitor Information***, © (800) 572-2626.

Schlitterbahn

Auf der gegenüberliegenden Seite des *Landa Park* befindet sich in einer gartenartigen Anlage die ***Schlitterbahn***, ein besonders gelungener Planschpark; täglich Mitte Mai–*Labor Day*, 10am–8pm, $22. Früher/später im Jahr nur Wochenende. Oktober bis Ende April geschlossen. Mit den ***Comal Springs*** im *Landa Park* und dem mit Stromschnellen durchsetzten Guadalupe River in einem herrlichen Flußbett verfügt der Ort über weitere Wasserspaßreviere. Wer das an heißen Tagen nutzen möchte: **Schlauchboot- und Kanuverleihstationen** sind reichlich vorhanden. Auskunft in der ***Visitor Information*** der *Chamber of Commerce*, Seguin St/*Exit* 187 von der I-35.

Outlet Shopping

Bei New Braunfels existiert eine der landesweit ersten *Outlet Shopping Malls* mit etwa 5**0 *Factory Stores***. Sie befinden sich unweit der I-35 zwischen den Ausfahrten #187 und #189.

Höhlen

– Nur wenige Meilen sind es – auf der Nebenstraße #3009 – von New Braunfels zu einer der Höhlen des *Texas Hill Country*: ***Natural Bridge Caverns***, 9am-4pm, im Sommer bis 6pm. $7 Eintritt für Führungen in ca. 30 min-Abständen durch ein riesiges unterirdisches Höhlensystem mit bizarren Formationen.

Fredericksburg

– Am Nordwestrand der Texas Hills liegt ein weiteres Städtchen mit deutschem Namen und deutschen Bräuchen wie **Schützen-** und **Oktoberfest**. Besuchenswert ist dort neben dem ***Admiral Nimitz Museum State Historic Site*** in Form eines Schiffes vor allem der nahegelegene ***Enchanted Rock State Park*** mit einem gewaltigen Felsmonolithen (150m hoch) ähnlich dem *Stone Mountain* bei Atlanta, ➪ Seite 166.

Luckenbach

– Wer den populären ***Country Western Song*** über Luckenbach kennt, wird es sich nicht nehmen lassen, dieses darob berühmte 25-Einwohner-Nest zu besuchen – 5 mi südöstlich Fredericksburg. Am besten Sonntag Nachmittag in der einzigen Kneipe.

Der richtige Sight zur richtigen Zeit

Fiesta

Mitte April findet die ***Fiesta San Antonio*** statt, ein blumenreiches und farbenprächtiges Fest mit Bootsprozessionen auf dem San Antonio River.

SAN DIEGO

Charakteristik

Stellen Sie sich unter Kalifornien lange Strände, Sonnenschein, blauen Himmel und weiße Segelboote vor? Volleyballer und Jogger am Strand, Inline-Skater in der Innenstadt? Möchten Sie sich zwischen Palmen und Pazifik erholen und den *Californian Way of Life* erleben? Dann liegen Sie richtig in San Diego, auch ***Sportstown USA*** genannt. Tennis- und Golfplätze gibt es wie Sand am Meer. Keine Wassersportart, die hier nicht zu finden wäre, allen voran natürlich Surfen und Segeln. In den zahlreichen Yachthäfen der Stadt liegen über 50.000 Boote. Auch Kultur wird groß geschrieben: *Metropolitan San Diego* zählt 90 Museen. Doch die Mehrheit der 35 Mio. jährlichen Besucher bevorzugt leichte Kost wie den *San Diego Zoo, Sea World*, die Strandpromenaden und die bunte, mexikanisch angehauchte *Old Town*.

Geographie, Klima und Geschichte

Geographie

San Diego liegt im äußersten Südwesten Kaliforniens nur wenige Meilen von der mexikanischen Grenze entfernt. Rund 125 mi sind es bis Los Angeles. Die Stadt entwickelte sich von den Hügeln der Altstadt zunächst rund um die geschützte *San Diego Bay*, welche durch die nehrungsartige *Coronado* Halbinsel und die tief heruntergezogene "Nase" des *Point Loma* gebildet wird. Einige Meilen oberhalb dieser natürlichen Bucht befindet sich die Mission Bay, eine künstliche Seen- und Parklandschaft, die aus Sümpfen um die Mündung des San Diego River in den Pazifik entstand.

Strände

Die Mission Beach und die herrlichen Strände der nördlichen Vororte (Pacific Beach, Muirlands, La Jolla) haben das Image der ***Beach City*** San Diego geprägt. In den Hügeln hinter der Uferlinie findet man ausgedehnte Villenviertel mit sagenhaften Anwesen. Nach Süden (Richtung Mexico) erstrecken sich die ärmeren, unansehnlicheren Stadtteile in weitgehend ebener Landschaft.

Die weitere Ausdehnung von *Metropolitan* San Diego erfolgt heute nur noch in östliche Richtung entlang des *San Diego River Valley* /I-8 in die Höhenzüge des Küstengebirges hinein.

Orientierung

Für die – in San Diego nicht ganz einfache – Orientierung und Verbindung zwischen touristisch interessanten Stadtgebieten sind vor allem die *Freeways* und der *Harbor Drive* entlang der San Diego Bay von Bedeutung. An ihm liegen im Norden der *Airport* und in kurzer Distanz südöstlich davon *Downtown*. Der *Balboa Park* mit den wichtigsten Museen der Stadt und dem bekannten *San Diego Zoo* schließt nordöstlich an die Innenstadt an.

Klima

In San Diego herrschen sommers wie winters angenehme Temperaturen. Frost ist unbekannt, und nur selten steigt das Thermometer über 30°C. Und das bei hoher Sonneneinstrahlung und wenigen Regentagen. San Diego wurde daher von der Vereinigung der Meterologen zur US-City mit dem besten Wetter erklärt.

Sonnenschein: 150 Tage **Niederschläge**: 41 Tage (nur Dez.–März)
Wärmster Monat: August 21°C **Kältester Monat**: Januar 13°C

Geschichte

Nach der Entdeckung Amerikas ließ auch die Erkundung der Westküste nicht lange auf sich warten:

1542 ***Juan Rodriguez Cabrillo*** entdeckt die Bucht von San Diego und erklärt alles Land entlang der Küste zum Besitz der spanischen Krone; aber erst über 200 Jahre später errichtet Spanien

1769 einen ersten **Militärposten** auf dem jetzigen ***Presidio Hill***, gleichzeitig die ***Mission San Diego de Alcalá*** durch den aus Mallorca stammenden Franziskanerpater *Junípero Serra*.

1774 Gründung einer neuen – als Wiederaufbau nach Zerstörung der ursprünglichen Gebäude durch Erdbeben – heute noch existierenden Mission am San Diego River

1824 Siedlung ***El Pueblo de San Diego*** am Ort der heutigen *Old Town* unterhalb der ersten Missionsstation

1825 San Diego **Hauptstadt** des mexikanischen Kaliforniens

1846 Übernahme San Diegos durch die USA im amerikanisch-mexikanischen Krieg, danach zunächst Niedergang, da Goldfunde in der Sierra Nevada und das aufstrebende San Francisco die Siedler ins zentrale Kalifornien locken.

1867 Erste Bebauung der heutigen Innenstadt

1872 Die ***Santa-Fé Railroad*** verbindet San Diego mit dem Hinterland, dadurch wird der Aufschwung von Stadt und Hafen eingeleitet.

20. Jh. Zwar war San Diego bereits vor dem 2. Weltkrieg wichtigster Marinehafen an der Pazifikküste, aber erst das *Pearl Harbor Desaster* 1942 und die Verlegung des pazifischen Oberkommandos nach San Diego brachten den entscheidenden Anstoß für die seither erlebte Expansion. Bis heute ist San Diego die größte **Basis der US-Navy** am Pazifik. Außerdem entdeckte die Freizeitgesellschaft der Nachkriegsära die hervorragende Eignung der Stadt fürs ganzjährige ***Outdoor Living***.

Heute besitzt die **City rund 1,1 Mio** und ***Metropolitan* San Diego 2,5 Mio** Einwohner.

Daten und Fakten

Telefonische Vorwahl/Area Code: 619

Diplomatische Vertretung

– HK der BRD, ✆ 455-1423, 6868 Nancy Ridge Dr, Suite I

Besucherinformation

– ***Travellers Aid***-Stand in beiden *Terminals* des Flughafens, Stadtplan, Busfahrpläne und eine gute Bestückung mit Informationsbroschüren.

– ***International Visitors Information Center***, ✆ 236-1212, 11 Horton Plaza, geöffnet 8:30am–5:30pm

– ***Old Town San Diego State Historic Park Visitor Center*** im Robinson Rose House, 4002 Wallace St, geöffnet täglich 8am–5pm, Information zu *Walking Tours* etc. unter ✆ 220-5422.

– ***Visitor Information Center***, 2688 Mission Bay Dr, ✆ 276-8200, nahe dem Strandtrubelder Mission Bay und *Sea World*.

Flughafen (SAN)

San Diego International Airport *Lindbergh Field*, © 291-3900, benannt nach dem Atlantiküberquerer *Charles Lindbergh*, der von hier zu seinem Startpunkt an der Ostküste aufbrach. Bei Piloten ist der Flughafen nicht sehr beliebt, da die Küstenberge einen steilen Landeanflug erfordern.

Fluglinien: AA, CO, DL, HP, NW, TW, UA, US

Lage

Der Flughafen liegt nur gut 2 mi (nordwestlich) vom zentralen Bereich der City entfernt an der North San Diego Bay. Ohne Gepäck könnte man durch Parkanlagen und entlang der Yachthäfen (Harbor Drive) ohne weiteres zu Fuß dorthin laufen. Das *Lindbergh Field* besitzt ein älteres *East Terminal* (2 Finger: *East/West Rotunda*) und ein modernes *West Terminal*. Internationale Flüge werden im *East Terminal* abgefertigt.

Schließfächer fürs Gepäck sind nicht vorhanden.

Verbindung Airport-City

Bus

Die Innenstadt ist rasch mit dem Flughafenbus (#2, $1,50) zu erreichen, alle 10 min ab Westseite des *East Terminal*. Zurück zum *Airport* geht es von den Haltestellen am Broadway.

Taxi

Je nach Gesellschaft und Ziel $6-$8; Fahrtzeit 5-10 min.

Car Rental

Bei 1-2 Tagen Aufenthalt kommt man in San Diego wegen des relativ gut ausgebauten öffentlichen Transportsystems ohne weiteres ohne ein Auto aus. Wegen der großen Enfernungen zwischen typischen Anlaufpunkten ist andererseits eine **Automiete auch bei Kurztrips** zu erwägen. Mit Fahrzeug sind auch Tagesausflüge in die Umgebung kein Problem. Aber Achtung: die meisten Vermieter erlauben keine Fahrt nach Mexiko.

Avis, Budget, Dollar, Hertz, National

Fahrrad

Umweltschonend und in den ebenen Bereichen von *Downtown*, Coronado, Ocean, Mission und Pacific Beach eine Alternative wäre ein **Leihfahrrad,** © 232-4700, 1st/Harbor Dr, $25/Tag; $70/Woche.

Öffentliche Verkehrsmittel

System

Den öffentlichen Transport regelt ***San Diego Transit,*** © 233-3004, 100 16th St. Ein eigenes Info-Center dafür ist der ***Transit Store,*** © 233-3004 und © 234-1060, Broadway/1st Ave, Mo–Sa 8am–5:30pm. Dort sind auch der *Regional Transit Guide* (Fahrpläne etc.) und Tagespässe erhältlich.

Bus

San Diego verfügt über ein dichtes Busnetz, Frequenz überwiegend 15-30 min, reduziert am Wochenende. In Abhängigkeit von der Streckenlänge variiert der Ticketpreis zwischen $1.50 und $3, *Transfers* sind teilweise frei. **Tagespass *Day Tripper*** für nur $5. Die meisten Busse verkehren über *Downtown* (Broadway). Ein Teil von ihnen verfügt über Fahrradständer. **Drahtesel** können an einigen *Park&Ride-* oder Trolleystationen (teilweise kostenlos!) aufbewahrt werden; Auskunft unter © 231-BIKE.

Trolley

Für einen Abstecher nach Mexiko (⇨ unten) eignen sich die roten *Trolleys;* spezielle *Light-Rail* Information unter © 231-8549. Die *Trolleys* verkehren zwischen Innenstadt und mexikanischer Grenze; 5am–9pm alle 15-20 min, $1,80. Eine zweite Linie führt nach Osten über El Cajon bis zum Vorort Santee.

Fähre

Einen guten Blick über die belebte Bucht und die Silhouette von *Downtown* bietet die ***San Diego-Coronado Ferry,*** © 234-4111. Abfahrt der Fähre nach Coronado zu jeder vollen Stunde vom Broadway Pier, Rückfahrt zur halben Stunde ab B Ave/1st St in Coronado, 15 min, Fahrpreis $2, $0,50 zusätzlich für Fahrräder, mit denen man die *Coronado Bridge* nicht überqueren darf.

Taxi/Fahrrad

Taxis sind relativ teuer in San Diego: die Grundgebühr inkl. 1 mi beträgt 3,40, jede zusätzliche Meile $1,80.

Red Cab, © 428-1107 **Yellow Cab**, © 234-6161

Rent-a-Bike, © 232-4700, 1st/Harbor Dr; ab $25/Tag, $70/Woche

Rundfahrten

In Anbetracht der weit auseinander liegenden Ziele sind für Kurzbesucher **Stadtrundfahrten** (z.B. ***San Diego Mini Tours,*** © 477-8687, oder ***Gray Line,*** © 491-0011) eher geeignet als in manch anderer City. Wer nicht extrem unter Zeitdruck steht, hat aber eine individuellere Transportmöglichkeit mit dem

- ***Old Town Trolley,*** © 298-8687, einem – wie üblich – nostalgisch auf Straßenbahn getrimmten offenen Bus, der zwischen Innenstadt, *Balboa Park, Old Town* und weiteren touristisch wichtigen Punkten verkehrt. Die Passagiere können beliebig aus- und zusteigen. 9am–5pm im Sommer, sonst nur bis 4pm. Tagespass $18. Dauer einer Rundtour ca. 2 h.

Hafen- und Bayrundfahrten – San Diego besitzt als *Home Base* der US Navy-Pazifikflotte einen der interessantesten Häfen der USA – gibt es auf verschiedenen Schiffen, z.B.:

- ***Harbor Excursions***, © (800) 44CRUISE; 1-2 Std; $12/$17.
- ***Hornblower Dining Yachts***, © 234-8687, Kosten wie oben für Rundtouren. Auch mit *Dinner* und *Dance* am Abend verfügbar.

Unterkunft

Situation

San Diego verfügt als Touristenziel über zahllose Hotels und Motels, zwar überwiegend in der mittleren bis gehobenen Klasse, aber deren Tarife sind wegen großer Konkurrenz noch moderat. Im Flughafen gibt`s das übliche Direkttelefon. Preiswertere Motels muß man vom *Pay-Phone* aus anrufen. Auch manche der etwas weiter entfernt liegenden Motels/Hotels holen ihre Gäste auf Wunsch vom *Airport* ab:

Airportnähe/ Downtown

- **Days Inn Harbor View**, © 232-1077, 1919 Paciofic Hwy, ab $49
- **Holiday Inn San Diego Bayside**, © 224-3621, © (800) 345-9995, 4875 N Harbor Dr, neues Hotel in prima Lage, ab $69
- **Comfort Inn Downtown**, © 232-2525, 719 Ash St, ab $53
- **Best Western Island Palms Hotel**, 2051 Shelter Island Dr, ab $89, Sehr gute Lage am Yachthafen.
- **Humphrey`s Half Moon Inn**, © 224-3411, 2303 Shelter Island Dr, ab $85, dennoch gutes Preis-/Leistungs-Verhältnis.

Old Town: Mission Valley/ Hotel Circle

Der ***Hotel Circle*** ist eine San Diego Spezialität: Östlich des Kreuzungsbereichs I-8/I-5 ballen sich an einer Rundstraße über 20 Hotels/Motels ab unterer Mittelklasse (ca. ab $39 AAA-Tarife). Nirgendwo sonst finden sich so viele Direktvergleiche. Wenn nicht gerade ein Kongress stattfindet oder ein Ferienwochenende besonders viele Besucher anzieht, findet sich dort leicht ein passendes Zimmer. Auch die Restaurant-Infrastruktur ist dicht. Als Beispiele:

- **Days Inn**, © 297-8800, 543 Hotel Circle, ab $49
- **Regency Plaza**, © 291-8790, © (800) 619-1539, 1515 Hotel Circle South, ab $64. Sehr guter Standard.
- **Ramada Plaza Hotel**, © 291-6500, 2151 Hotel Circle, ab $59
- **Vagabond Inn,** © (297-1691, 625 1515 Hotel Circle South, ab $50

Mission Bay

In Strandnähe an der Mission Bay oder in Pacifica/Ja Jolla wird`s im allgemeinen teurer. Relativ preiswerte Motels der Einfachkategorie direkt am Mission Boulevard sind:

- **Sleepy Time Motel**, © 483-4222, 4545 Mission Bay Dr, ab $39
- **Mission Bay Motel,** © 483-6440, 4221 Mission Blvd, ab $49

Die bessere Mittelklasse am Strand kostet erheblich mehr, z.B.

- **B.W. Blue Sea Lodge**, © 488-4700, 707 Pacific Beach Dr, ab $115
- **Ocean Park Inn**, © 483-5858, © (800) 231-7735, 710 Grand Ave, ebenfalls ab $89, sehr gut gelegen bereits in Pacific Beach

Preiswert

San Diego verfügt über (fast immer ausgebuchte) AYH- und freie *Hostels*, zeitige Reservierung ist notwendig:

- **Metropolitan Hostel (AYH)**, © 525-1531, 521 Market, ab $15
- **Grand Pacific Hostel**, 437 5th St, © 232-3100, ab $13, EZ/DZ
- **Banana Bungalow (AAIH)**, 707 Reid Ave ganz in der Nähe der Mission Beach, © 273-3060 oder © (800) 5-HOSTEL, $15-$20.
- **Elliott Int`l Hostel` (AYH),** 3790 Udall St,Point Loma, © 223-4778
- **Ocean Beach Hostel**, 4961 Newport Ave am Strand, © (800) 339-SAND und © 223-SURF; laut Lesermeinung "Spitze"; ab $14

Spitzenklasse

- **Hotel del Coronado**, © 435-6611, © (800) 522-1200, 1500 Orange Ave, Coronado, ca. $170-$400. Eleganter, weißgetünchter Holzbau aus dem Jahre 1888 am Strand auf der gleichnamigen Halbinsel. Das bekannteste Hotel der Stadt. Könige und Präsidenten, Filmstars und Ölscheichs übernachten hier. *Some like it hot* mit *Marily Monroe* wurde weitgehend im *Coronado* gedreht.
- **Marriott Hotel and Marina**, © 234-1500, 333 W Harbor Dr, ab $170. Das moderne Gegenstück zum *Hotel Coronado* in *Downtown* unweit des *Seaport Village* ist das zweitürmige, verspiegelte Marriott mit1355 Zimmern und eigenem Yachthafen.

Reservierung

Zentrale Reservierungsnummern für zumindest je einen Teil der San Diego Hotels/Motels (Mittelklasse) sind © **(800) 345-9995** und © **(800) 232-1212**. In beiden Fällen sind bei kurzfristigen Anrufen die Chancen auf günstige Tarife gut.

Essengehen und Shopping

Restaurants

Am **Mission Boulevard** in Mission Beach findet man ein geballtes Restaurantangebot. In *Downtown* ist der **Tunamarket-Pier** in nördlicher Nachbarschaft des *Seaport Village* (siehe unten) eine gute Adresse für Fisch- und Steakgerichte. Für ein mexikanisches Dinner empfiehlt sich – trotz des dort für manche vielleicht zu starken auf Touristen ausgerichteten Angebots – eines der pittoresken Restaurants in der ***Old Town***. Für den Snack zwischendurch bieten u.a. die **Cafeterias der Museen** ein angenehmes Ambiente, z.B. im *Art Museum*.

In San Diego gibt es unterschiedlichste Einkaufsbereiche:

Downtown

- ***Downtown*** rund um die ***Horton Plaza*** und in der gleichnamigen *Shopping Mall*, 1st Ave/G St, Mo–Fr 10am–9pm, Sa bis 6pm, So 11am– 6pm. Seit der Eröffnung Innenstadt-Attraktion. Der verwinkelte Bau mit mehreren ineinanderübergehenden Ebenen und unkonventionellen Farben erregte einst den Zorn konservativer Bürger. Über 150 Läden und Restaurants.
- Das ***Seaport Village*** ist ein künstliches Shopping- und Restaurant-Dorf am Wasser südlich der Innenstadt. 10am–9pm, Sommer bis 10pm. Der schnuckelige Komplex zielt mit über 80 Läden und Restaurants überwiegend auf Touristen. Nichtsdestoweniger handelt es sich um eine hübsch plazierte Gesamtanlage. Schöner Blick über den Hafen, auf die Bay und die City
- In ***Old Town***, ➪ Seite 437, warten zahlreiche ***Mexico-Shops*** auf die touristische Kundschaft. Wer nicht nach Mexico fährt, wird im ***Bazaar del Mundo*** bestens – und etwas teurer – bedient.

An der I-8

- ***Mission/Fashion Valley Center***, © 296-6375, zwei große *Shopping Malls* stehen an der Mission Center Rd in der Nähe des *Hotel Circle*, insgesamt fast 200 Läden, darunter 5 Kaufhäuser.

Outlet Shops

- Das ***San Diego Factory Outlet Center*** in Grenznähe ist mit dem *Tijuana Trolley* erreichbar, ca. 30 Läden.

Mexico

- **Tijuana**, die mexikanische Grenzstadt bietet geballtes Shopping für die reichen nördlichen Nachbarn (➪ Ziele in der Umgebung, Seite 439).

SICHERHEIT

San Diego gilt nicht als überdurchschnittlich gefährlich. Tagsüber bestehen in den von Touristen frequentierten Bereichen keine Probleme. Nach Anbruch der Dunkelheit sind in *Downtown* die Straßen abseits der Hauptverkehrsachse Broadway/Horton Plaza und einiger gut beleuchteter Nebenstraßen aber problematisch. Die nördlichen, auch abends belebten Stadtteile am Pazifik, in Coronado und westlich der Bay sind relativ sicher.

Wer einen Ausflug nach Mexico unternimmt, sollte nicht unbedingt bis in die Nacht bleiben. Tijuana besitzt einen ausgesprochen schlechten "Abendruf".

SEHENSWÜRDIGKEITEN

Downtown

Schon in den 80er-Jahren bemühte man sich in San Diego, die einst heruntergekommene Innenstadt wiederzubeleben. Mit sichtbarem Erfolg. Neue Hochhäuser der Postmoderne veränderten das Panorama der City erheblich. Gute Beispiele der Erneuerung sind der *Horton Plaza* Komplex (➪ Shopping), die *Santa Fe Train Station* (Kettner Blvd) und das riesige *Convention Center aus Glas, Stahl und Beton* (2nd Ave/B+C Sts), das einst $165 Mio. kostete. Weiter sind sehenswert:

Gaslamp Quarter

- Der ***Gaslamp Quarter Historical District***, 5th Ave südlich des Broadway und Querstraßen. Im 19. Jahrhundert befand sich dort das Hauptgeschäftsviertel der Stadt, verkam aber später. Heute sind die erhalten gebliebenen Gebäude im viktorianischen Stil und typische Backsteinbauten restauriert. Neue Gaslaternen nach altem Muster wurden aufgestellt. *Gaslamp Quarter Foundatio*, ✆ 233-4692, bietet Führungen an: samstags um 11am, $5. Nur bedingt interessant.

Schiffsmuseum

- Das ***Maritime Museum*** in Form des Segelschoners *Star of India* und weiterer nostalgischer Schiffe am Pier des Harbor Drive in Höhe der A Street, 9am–9pm, $6.

Seaport

- Das ***Seaport Village***, ein "Fischerdorf" voller Restaurants und Boutiquen (➪ nebenstehend), liegt hinter riesigen Parkplätzen. Zutritt gratis, Toresschluß im Sommer um10pm, sonst 9pm.

Balboa Park

Ein hochgelegenes Areal unweit der Innenstadt (jenseits des *San Diego Fwy*) wurde Anfang des Jahrhunderts zunächst als **Ausstellungsgelände** genutzt und 1936 zum *Balboa Park* umgewandelt. Der 400 ha große Park beherbergt außer subtropischen Grünanlagen die (nach Washington DC) landesweit zweitgrößte Konzentration von Museen und den *San Diego Zoo*. Die Öffnungszeiten (überwiegend 10am–4.30pm Uhr) variieren etwas, ebenso der jeweilige Eintrittspreis. Ein $18-Ticket berechtigt eine Woche lang zum Eintritt in acht individuell wählbare Museen: ***Information Center*** am Prado.

Balboa Park

– Der ***San Diego Zoo*** in der Nordwestecke des Balboa Park ist gut ausgeschildert. Geöffnet ab 9am, von der Jahreszeit abhängige Schlußzeiten; $15 Basiseintritt, Kombieintritt mit *Aerial Tram*, einer Seilbahn über das Zoogelände, etc. $21. Vor einigen Jahren noch als weltbester Zoo gelobt, wird seine Qualität in jüngerer Zeit unterschiedlich beurteilt. Dennoch nach wie vor sehenswert, besonders auch wegen der intelligent gemachten Vorführungen. Einzigartig die Unterbringung eines Teils der Tiere (insgesamt über 4.000) in verschiedenen ihnen gemäßen Klimazonen. Der Zoo wird als Privatunternehmung geführt; daher rührt wohl auch der ungewöhnlich hohe Eintritt.

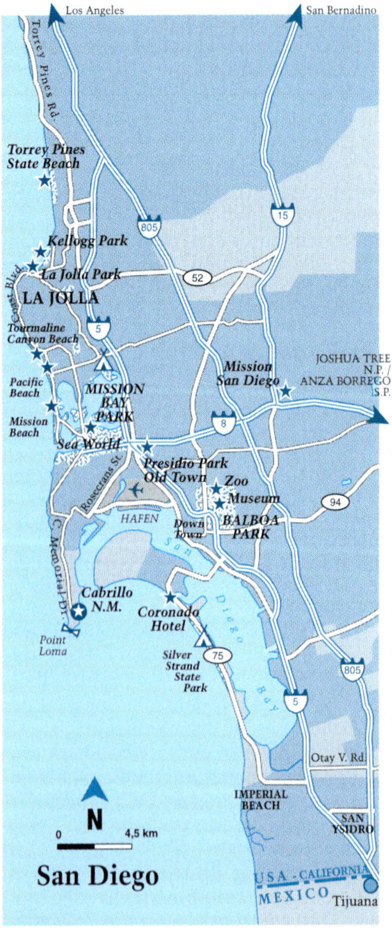

– ***Space Theater & Science Center***, 1875 El Prado, 9:30am–9:30pm, Fr &Sa bis 10:30pm, $7. Das *Science Center* ist ein gutes naturwissenschaftliches Museum; das *Space Theatre* besitzt ein Omnimax Kino, in dem u.a. *Lasershows* stattfinden.

– ***Model Railroad Museum***, 1649 El Prado, Mi–Fr 11am–4pm, Sa&So bis 5pm, $3. Ein Muß für jeden Hobby-Eisenbahner. In einem der weltweit größten Museen dieser Art fahren die Modelleisenbahnen durch eine Nachbildung von San Diego und Südkalifornien.

– ***Aerospace Historical Center***, $6, Luftfahrtmuseum mit über 70 Ausstellungsgegenständen aus Luft- und Raumfahrt, u.a. Nachbau von Lindberghs *Spirit of St. Louis*.

– ***Automotive Museum***, 10am–4pm, $5. Über 60 nostalgische Autos.

– ***Museum of Photografic Arts***, 10am–5pm, $4. Photos aus Gegenwart und Vergangenheit, Geschichte und Entwicklung der Photographie bis zur neuesten Video-/Computertechnik.

– ***Natural History Museum***, $5. Tiere, Pflanzen und ihre Entwicklung.

– ***Museum of Man***, $5. Evolution des Menschen und verschiedener Kulturen mit Schwerpunkt Indianer.

– ***Museum of Art***, $7. Mit über 10.000 Gemälden im Bestand das größte Kunstmuseum San Diegos. Wechselnde Sonderausstellungen. Stilvolles **Restaurant.**

– ***Timken Museum of Art***, Mo nicht geöffnet, frei. Kleiner und feiner als das Kunstmuseum. Neben europäischen Meistern russische Ikonen und Bilder früher Amerikaner.

Old Town

– Der ***Old Town San Diego State Historic Park*** liegt im südöstlichen Dreieck zwischen I-8 und I-5 unterhalb des *Presidio Hill*. Anfahrt über Rosecrans Ave/Taylor St oder vom *Hotel Circle* parallel zur I-8, ausgeschildert. Die Restbestände der *Old Town* gelten zwar als bedeutsames Kulturgut und stehen deshalb unter *State Park*-Verwaltung, aber die 6 Blocks umfassende autofreie Altstadt ist heute eher eine zu konsumorientierte Attraktion.

Kenn-zeichnung

Die im wesentlichen aus der Mitte des vergangenen Jahrhunderts stammenden Gebäude gehen zwischen einer Vielzahl von bunten Mexico-Shops, Restaurants und Kneipen fast unter. Zudem hat sich die Altstadt über ihre Ursprünge hinaus ausgedehnt. Manches authentisch erscheinende Haus im Western-Look oder mexikanischen Stil ist in Wahrheit nagelneu. Trotzdem entstand eine ansehnliche Verbindung zwischen historischem Anspruch und Kommerz, besonders pittoresk gelang dies im Shopping-Komplex ***Bazaar del Mundo***.

Besucher-zentrum

Historisch Interessierte folgen der *Self-guided Walking Tour* durch die Old Town. Für $2 erhält man beim ***State Park Visitor Center*** (im *Robinson Rose House*, Wallace St, 10am-5pm) eine Karte mit Erläuterungen. Jeden Nachmittag findet um 2pm eine Führung durch das Viertel statt. Anmeldung unter ✆ 237-6770.

Museen

– ***Junipero Serra Museum*** im *Presidio Park* oberhalb der Old Town im Nachbau der ersten Missionsstation von 1769, Di–Sa 10am –4:30pm, So ab *noon*; $3. Von dort hat man die beste Aussicht über San Diego. Schattiger Picknickplatz gleich nebenan.

– ***Mission San Diego,*** die 1774 errichtete Station am San Diego River (➪ Geschichte, Seite 430), heute an der Mission Rd parallel zur I-8, Abfahrt ausgeschildert auch von der I-15, 9am–5pm, Eintritt $2. Mit Abstand beste kulturhistorische Sehenswürdigkeit in San Diego. Schöne, sehr gepflegte Anlage.

Mission Bay und Pazifikküste

Mission Bay

Der *Mission Bay Park* ist das weltweit größte eigens für Wassersport und Freizeitspaß geschaffene Gelände. Vom Yachthafen für Hochseesegler bis zum Modellbootbecken, vom Angelplatz bis zur Liegewiese findet man alles, was irgendwie mit Wasser und Freizeit zu tun hat. 30 Meilen künstlicher Strand laden zum Baden, zum Spazierengehen oder Joggen ein. Zwischen *Mission Bay* und *Flood Control Channel* (San Diego River) befindet sich der aquamarine Vergnügungspark

Sea World

– ***Sea World*** am Südrand der Mission Bay – Anfahrt über die I-8 oder ganz direkt auf dem parallel verlaufenden Sea World Drive. *Seaworld San Diego* ist der Prototyp dieser Art Amusementpark und mit seinen Schwesterunternehmen (in Orlando und San Antonio) Marktführer. Er bietet als Höhepunkte die **Seelöwen- und Killerwalshows** mit tollen Leistungen der Tiere und – im Sommer – zusätzlich ***Baywatch*-Wasserskizirkus.** Dazu gibt`s Aquarien mit eindrucksvoller **Pinguin-** und **Haifischhalle** (*Shark Encounter*). Nach Abzug einiger ziemlich flacher *Showelemente* lassen sich gut 4 Stunden substantiell gestalten. Im Sommer 9–23 Uhr, Rest des Jahres bis Sonnenuntergang; $31.

Strände

Die ***Mission Beach*** mit kilometerlanger Strandpromenade bietet pralles kalifornisches Strandleben einschließlich einer darauf ausgerichteten Infrastruktur (*Motels, Fast Food,* Kneipen, Surfboard- und Fahrradverleih etc.), aber die schönsten Strände liegen weiter nördlich in den Vororten Pacific Beach und La Jolla:

- ***Tourmaline Canyon Surfing Beach*** (Tourmaline St)
- ***Windansea Beach*** (Palomar Ave/Neptune Place)
- ***Coast Boulevard Park***, felsig mit Strandeinsprengseln und dem Aussichtspunkt *Whale Point*.
- ***Kellogg Park*** (Camino del Oro), sehr gepflegte Grünanlage und flacher Strand
- ***Blacks Beach*** im *Torrey Pines Park*. Steilküste. Zufahrt über Torrey Pines Scenic Drive, vom Endpunkt Pfad hinunter. Inoffizieller Nudistenstrand. Oben Absprungpunkt für Drachenflieger.

Weitere Besuchspunkte in den Küstenvororten:

- ***Ocean Beach Park*** unterhalb der Mission Bay, die südliche Fortsetzung der *Mission Beac*h, aber ungepflegter, abends unsicher. Längster Pier der Westküste. Angeln nachts bei Flutlicht.

Point Loma

- ***Point Loma*** und ***Cabrillo National Monument***, in der südlichsten Ecke der *Point Loma Peninsula* (Catalina Blvd/Cabrillo Memorial Drive), 9am–5:15pm, $4 pro Auto oder $4 pro Person bzw. *Golden Eagle Passport*, Bus #6. Nach der Freiheitsstatue angeblich meistbesuchtes Nationalmonument mit einem Denkmal zu Ehren des Entdeckers *Leo Cabrillo* (➪ Geschichte, Seite 430), kleinem Park und Besucherzentrum. Trotz schöner Sicht auf die *San Diego Skyline* richtig lohnenswert nur von Dezember bis Februar, wenn sich vom benachbarten alten Leuchtturm aus die vorbeiziehenden **Grauwale** beobachten lassen.

Coronado

- Am "Kopfende" der gleichnamigen Halbinsel, welche die San Diego Bay bildet, liegt Coronado. Der Stadtteil ist über die riesige ***Coronado Bridge*** und einen Fährdienst mit *Downtown* verbunden (Bus #901). Großenteils militärisches Sperrgebiet der US-Marine, gleichzeitig Nobelviertel mit schönem Yachthafen und hübschen Gärten. ***Hotels*** und ***Motels*** liegen entlang der Orange Ave, darunter das berühmte ***Hotel del Coronado*** (➪ Unterkunft, Seite 434), das zum *National Historic Landmark* erklärt wurde.

Ziele in der Umgebung

Escondido

- Der ***San Diego Wild Animal Park***, San Pasqual Valley Rd, bei Escondido ca. 30 mi nördlich San Diego, I-15. 9am–4pm, Sommer bis 6pm, $20. Der 420 ha große Park mit über 2.500 Tieren ist organisatorisch mit dem *San Diego Zoo* verbunden. *Wgasa Bush Line Monorail* fährt um das Parkgelände. Der *Kilimanjaro Hiking Trail* (ca. 1,5 mi) führt durch die tierreiche Landschaft. Insgesamt eine hübsche Anlage, aber kein Sonderziel.

Observatorium

- ***Mount Palomar Observatory,*** etwa 70 mi nördlich, Zufahrt I-15/ Straßen #76+S6, 9am–4pm. In fast 2000 m Höhe auf dem *Palomar Mountain* steht das größte Teleskop der USA. Prima Aussicht vom *Boucher Hill-Lookout* im nahen *Palomar State Park*.

Wüstenparks

- ***Anza Borrego Desert State Park***, ca. 90 mi I-10/Straßen #79, #78 und S3. Ausgedehnter Wüstenpark in den Vallecito Mountains. Sehr schöne Strecke #78/#79. Teilweise dichter Kakteenwuchs, sehr heiß und trocken. Zentralort **Borrego Springs** nur ca. 200 m über dem Meer. Blütezeit der Wüstengewächse März bis Anfang Juni. Lohnenswert zu jeder Zeit wegen der wildromantischen Felslandschaft. Im Sommer jedoch Hitze bis 50°C.
- ***Joshua Tree National Park*** (➪ Los Angeles, Seite 284). Ab San Diego ca 160 mi-180 mi je nach Streckenwahl. Schöne Rundstrecke über Palm Springs und zurück über die *Anza Borrego* Wüste möglich (mindestens 2 Tage).

Tijuana/Mexico

Transport

Kaum ein Besucher San Diegos läßt sich einen Abstecher ins Billig-Einkaufsparadies Tijuana, ca. 25 mi I-5/80, entgehen. Der rote ***San Diego Trolley*** (Straßenbahn,➪ Seite 432) fährt nach San Ysidro kurz vor der Grenze, ebenso der **Bus #132**. Von dort geht es per Taxi weiter, aber bei Tageslicht ohne weiteres auch zu Fuß. Man kann zwar mit dem Auto bis zur Grenze fahren und dort parken (Gebühr), aber das Auto steht nicht sehr sicher. Für einen Kurzbesuch mit Auto – sofern der Vermieter den Grenzübertritt zuläßt – muß vor der Grenze in einem der unübersehbaren Büros eine Zusatzversicherung abgeschlossen werden (lohnt sich nur für mehrere Tage).

Situation

Nach Passieren der Grenze per pedes (Pass nicht vergessen! Wird in Richtung Mexiko gelegentlich nicht kontrolliert. Zurück in die USA kommt man ohne Pass auf keinen Fall), durchquert man das linkerhand liegende Einkaufszentrum und folgt der Fußgängerbrücke über den Tijuana River. Die Hauptstraße *Avenida de la Revolución* läßt sich dann nicht mehr verfehlen. Am Wege stehen bereits die Verkaufsstände für Decken, Jacken, Ponchos etc. dicht an dicht. Dabei aufgepaßt vor Taschendieben! Besser kehrt man vor Einbruch der Dunkelheit zurück.

Ziele in Tijuana:

- ***Plaza Rio Tijuana,*** größtes Einkaufszentrum in Nordmexiko.
- ***Jai Alai Fronton***, schnellstes Ballspiel der Welt
- **Windhundrennbahn**; Mo, Mi und Fr Rennen um 2:30pm

Der richtige Sight zur richtigen Zeit

Whale Watching

Walbeobachtung (Mitte Dezember bis Mitte Februar)

Jeden Winter ziehen über 10.000 Grauwale an San Diego vorbei in wärmere Gewässer vor die Küste Mexikos. Man kann sie vom *Cabrillo National Monument* (siehe links) oder – noch besser – von Booten beobachten, die eigens zum *Whale Watching* ausfahren. Buchung am Harbor Dr, *Downtown*.

SAN FRANCISCO

Charakteristik

San Francisco gilt zu Recht als eine der attraktivsten Cities der USA. Das Zusammenspiel ungewöhnlicher geo- und topographischer Gegebenheiten und städtebaulicher Glücksfälle ließ in den rund 150 Jahren amerikanischer Geschichte eine Stadt entstehen, die ihresgleichen in Nordamerika nicht hat. Außerdem entwickelte sich eine – für die konservativen Vereinigten Staaten – vergleichsweise liberale Atmosphäre. Denn das – als Folge diverser Einwanderungswellen – ausgeprägt multikulturelle San Francisco zog Menschen an, die mit dem typischen *American Way of Life* wenig im Sinn hatten. Wohl nicht zufällig war San Francisco Ausgangspunkt der Hippie-Bewegung und wurde "Welthauptstadt der Schwulen".

Touristische Markenzeichen San Franciscos sind die ***Golden Gate Bridge*** und die ***Cable Car***. Nicht zuletzt dank dieser Bahn kommt man bei Kurzbesuchen gut ohne Mietwagen aus.

GEOGRAPHIE, KLIMA UND GESCHICHTE

Geographie

San Francisco bedeckt ein Gebiet von 120 km^2 am äußersten (nördlichen) Ende einer 32 mi langen die gleichnamige Bucht bildenden Landzunge. Im Norden schließt sich die San Pablo Bay an. Eine als ***Golden Gate*** bezeichnete Meerenge verbindet die Buchten mit dem Pazifik und wird von der berühmten Brücke überspannt. Jenseits der Bay liegen **Oakland** und Berkeley, verbunden mit San Francisco über die doppelstöckige *Bay Bridge*. Am Südausläufer der Bucht befindet sich mit **San José** die dritte Großstadt der ***San Francisco Bay Metropolitan Area***.

Die Hügellandschaft der Halbinsel und die latente Erbebengefährdung dieser Region taten der dichten Besiedelung keinen Abbruch. Die Stadtplaner ignorierten weitgehend die Eigenheiten des Terrains und legten für die Straßenführung, sofern irgend möglich, Schachbrettmuster zugrunde. Zahlreiche schnurgerade Straßen mit enormen Gefällstrecken verlaufen daher achterbahnähnlich auf und ab. Von ihren höhergelegenen Punkten hat man herrliche Ausblicke auf die Bucht oder den Pazifik, es sei denn, der berüchtigte **Nebel** liegt wieder einmal über der Stadt. Oft bleibt er zum Glück auf der Linie *Golden Gate Bridge/Twin Peaks* hängen. Im Zentrum scheint dann die Sonne, während die westlichen Vororte unter Feuchtigkeit und Kälte leiden.

Die Innenstadt – rund 10 km^2 in der nordwestlichen Ecke der Halbinsel mit ***Downtown*** San Francisco, der ***Chinatown*** und dem Besuchermagneten ***Fisherman's Wharf*** – wird begrenzt durch die I-80 (Verlängerung der *Oakland Bay Bridge*) und die Van Ness Ave, ein mitten durch die City führendes Teilstück der Nord-Süd-Küstenstraße #101. Westlich der Van Ness liegen Wohnviertel, der ***El Presidio Park*** als Teil der *Golden Gate National Recreation Area* und der ***Golden Gate Park***, weiter südlich ein Höhenzug mit den herausragenden ***Twin Peaks*** und dem ***Buena Vista Park*** von Haight Ashbury. Die interessantesten Besuchspunkte lassen sich auf einem Rundkurs gut miteinander verbinden.

Klima

Der erwähnte San Francisco-**Nebel** ist nicht etwa eine Wintererscheinung, sondern eher im Sommer anzutreffen. Selbst wenn der Himmel morgens noch klar ist, kann schon am Mittag vom Ozean dichter Dunst über die Stadt gezogen sein. Die starken Meereseinflüsse sorgen jedoch insgesamt für ein ausgeglichenes Klima: Sogar im Hochsommer steigen die Temperaturen selten über 20°C; die mittleren Wintertemperaturen weichen nur um 8°C vom Sommerdurchschnitt ab. Auf die Wintermonate konzentriert sich der recht spärliche Regen. Relativ sonnenreich und damit angenehm warm sind September und Oktober.

Sonnenschein: 265 Tage — **Niederschläge**: 67 Tag
Heißester Monat: Juli 19°C — **Kältester Monat**: Januar 8°C

Geschichte

San Francisco gehört zu den ältesten Städten im Westen der USA. Als **Missionsstation** (*Mission Dolores*) und militärischer Außenposten (*El Presidio*) der Spanier gegründet, entwickelte sich zwi-
1776 schen beiden das (zunächst unbedeutende) Dorf ***Yerba Buena***.

1846 fällt es ohne Kampfhandlungen im amerikanisch-mexikanischen Krieg an die Amerikaner.

1849 Als der kalifornische **Goldrausch** in der Sierra Nevada ausbricht, hat die nun San Francisco genannte Siedlung kaum meh als 100 Einwohner, wächst dann aber sprunghaft.

1870 zählt San Francisco bereits 150.000 Einwohner.

1906 Ein **Erdbeben** der Stärke 8.1 und dadurch ausgelöste Brände verwüsten 80% der Stadt

1937 Fertigstellung der ***Golden Gate Bridge***

1945 Gründung der Vereinten Nationen in San Francisco

1989 **Erdbeben** der Stärke 7. Segmente der *Bay Bridge* und einer doppelstöckigen Autobahn stürzen ein. Aber die erdbebensicher konstruierten Hochhäuser bleiben unbeschädigt.

Die **City of San Francisco** zählt heute ca. **730.000**, der Großraum der sogenannten ***Bay Area*** einschließlich Berkeley, Oakland, San José und Palo Alto **rund 6 Mio** Einwohner.

Daten und Fakten

Telefonische Vorwahl/Area Code: 415 und 510 (Oakland etc.)

Diplomatische Vertretungen

- **GK der BRD,** ✆ 775-1061, 1960 Jackson St,
- **GK der Schweiz,** ✆ 788-2272, 456 Montgomery St, Suite 1500
- **HK Österreichs,** ✆ 397-7821, Fairmount Hotel, 950 Mas

Besucherinformation

- ***Travellers Aid*** im *North Terminal* des Flughafens, *Upper Level.*
- ***Visitors Information Center,*** ✆ 391-2000, 900 Market St in der tiefergelegten Hallidie Plaza , Mo–Fr 9am–5:30pm, Sa bis 3pm, So bis 2pm. Viel Info-Material, Stadtplan, *San Francisco-Book*, ein up-to-date Touristenmagazin, Tages- und Wochenpässe für die öffentlichen Verkehrsmittel, *San Francisco Lodging Guide.*
- ***American Youth Hostels Travel Center***, 308 Mason, ✆ 788-2525, geldsparende Infos vor allem für Rucksackreisende.

Flughafen (SFO)

San Franciso International Airport, © 761-0800

Kennzeichnung

Nach LAX ist SFO der wichtigste Flughafen Kaliforniens und laut Eigenwerbung der Airport mit den meisten Auszeichnungen für seine Sicherheit. Und das trotz des Nebels, der nicht selten vom Pazifik über die ganz Halbinsel und die San Francisco Bay zieht und für manche Verspätung sorgt.

Fluglinien: AA, CO, CP, DL, HP, NW, TW, UA, US
Hub: UA, US
Transferzeiten: Dom–Dom 30 min, Int-Dom 1:45 Std

Lage

SFO liegt 14 mi südlich der Innenstadt auf Schwemmland an der San Francisco Bay, *Freeway* #11. Die drei *Terminals* bilden einen Dreiviertelkreis, der Parkgaragen einschließt.

Der *Terminal Shuttle* transportiert Transferpassagiere von einem *Terminal* zum anderen. Alle 5 min 5:30am–1am.

Schließfächer gibt es in allen Terminals auf dem *Upper Level*, $2 bis 4 Std, $4/Tag. Gepäckaufgabe bei *Amlock*, für $2-$4.

Duschen

Zwischen *International* und *North Terminal* gibt es Duschen (*Barber Shop*; $6). Nur wochentags 7am–6pm, Sa bis 5pm

Kurzweil

SFO ist bekannt für ***Art at the Airport***. Neben den Einzelstandorten für **Bilder und Skulpturen** existieren drei **Ausstellungsflächen**: je eine zwischen dem *International Terminal* und *Terminal South* bzw. *North*, sowie eine im *North Terminal/Boarding Area F*. Einen Raum mit **Spielautomaten** (8am–12pm) findet man am Westende des *North Terminal*.

Flughäfen in der Umgebung

Oakland International Airport (OAK), © (510) 577-4000, auf der anderen Seite der Bay, 11 mi südöstlich von Oakland: AA, AS, DL, HP, NW, UA. Nach *Downtown* San Francisco geht es per Hoch-/U-Bahn (BART) oder mit dem Taxi. Nach SFO kostet ein Taxi ca $40, der *Bay Area Bus Service Airporter* kostet $9 und verkehrt stündlich 6am–12pm.

San José International Airport (SJC), © (408) 277-5366, im Süden der Halbinsel, 3 mi nordwestlich von San Jose. AA, AS, CO, DL, HP, NW, TW, UA. Der *Bay Area Express* fährt für $20 nach SFO, Reservierung © (800) 548-8811.

Verbindung Airport-City

Bus

SamTrans Vorortbusse #7F (kein größeres Gepäck, 40 min, $3) und #7B (60 min, $1,25), fahren vom *Upper Level* alle 30 min nach *Downtown* San Francisco, 5:30am–1am.

Etwa alle 20 min verkehrt der ***SF Airporter Bus***, © 673-2433, 6:30am–*Midnight*. Für $8 ($12 retour) wird man an einem der großen Hotels der Innenstadt oder am *Airporter Terminal* in der Nähe des *Union Square abgesetzt*. Abfahrt vom *Lower Level*.

Neben dem unübersehbahren *Airporter Bus* befördert eine ganze Reihe von Firmen (*Airport Connection, Airport Express, Supershuttle* etc.) Flugpassagiere vom *Airport* in die City und in andere Stadtteile, ab $9. Detailinformation am *Ground Transport Desk* in bzw. vor den *Terminals*.

Taxi

Ein **Taxi** kostet ab $30, Fahrtzeit ab 25 min bis 45 min.

Car Rental

Wie angemerkt, ist ein Mietwagen in San Francisco nicht unbedingt notwendig. Das Zentrum und die *Fisherman`s Wharf* lassen sich weitgehend zu Fuß erkunden. Für Ziele außerhalb der Innenstadt steht ein gutes öffentliches Verkehrssystem zur Verfügung. Gelegentliche Taxifahrten kommen billiger als eine Wagenmiete plus Benzin und Parkgebühren, von Parkproblemen nicht zu reden. Für Fahrten über den *49-Mile-Scenic-Drive* (Rundkurs über die SF-Halbinsel) und in die Umgebung geht allerdings nichts über ein Auto.

Firmen

Im Ankunftsbereich der *Airport Terminals* findet man neben der Hotelwand eine ganze Reihe preiswerter *Off-Airport*-Autovermieter, die per Gratistelephon angerufen werden können und ihre Kunden ggf. vom Flughafen abholen. Alle bekannten *Rental Car Companies* unterhalten natürlich auch Stationen in San Francisco: Alamo, Avis, Budget, Dollar, General, Hertz, National, Payless, Snappy, Thrifty.

Parken

Wer in San Francisco an abschüssigen Straßen parkt, ist verpflichtet, Handbremse anzuziehen, Gang einzulegen bzw. die Automatik auf P einzurasten und **zusätzlich die Räder gegen den Bordstein einzuschlagen**.

Öffentliche Verkehrsmittel

MUNI, BART, Cable Cars

MUNI-Municipal Railways unterhält ein Netz von über 600 mi Länge. Zum System gehören Busse, Straßenbahnen, die berühmten *Cable Cars* und die U-Bahn. **Tagespässe** für das ganze System **kosten $6**, **3-Tages-Pässe $10**; sie sind erhältlich in der Besucherinformation der Hallidie Plaza (Market, Ecke Powell St). Die mit unterirdischen Stahlseilen verbundenen ***Cable Cars*** verkehren täglich 6am–1am und kosten $2/Einzelfahrt. Die in den 80er-Jahren gründlich überholte Maschinerie aus dem Jahr 1873 (!) zieht die Wagen über drei Routen, ➪ Karte Seite 451. In der Touristensaison ergeben sich vor allem an den Endstationen der Linien zwischen Wharf und Powell St oft lange Wartezeiten. Denn jeder Besucher möchte mindestens einmal mit der *Cable Car* gefahren sein. Dank dieser Popularität benutzen jährlich über 12 Mio. Fahrgäste den einzigen mobilen *National Historic Landmark* der USA.

Bus

Einzeltickets für **Vorortbusse,** mit denen auch alle touristisch bedeutsamen Punkte außerhalb der inneren City gut erreichbar sind, kosten $1,25. 2x Umsteigen innerhalb von 90 min ist gratis.

Eine **Übersichtskarte** für die Routen aller Buslinien befindet sich in den *Yellow Pages*, dem Gelben Telefonbuch, sofern sie nicht herausgerissen wurde. Die solchen und anderen Gratiskarten überlegene ***San Francisco Street & Transit Map*** ist an Zeitungs- und Buchläden und Muni-Informationsständen für $2 erhältlich.

BART

Die **U-Bahn** ***B****ay* ***A****rea* ***R****apid* ***T****ransit* (✆ 788-BART) gilt als die effizienteste Schnellbahn des Landes. U.a. verbindet BART San Francisco mit Oakland auf der anderen Seite der Bucht. Es gelten Staffel-Fahrpreise: $1,25-$3,50. 3-Stunden-Retour-Ticket $4. Frequenz 15-20 min 6am–*midnight*, So ab 9am.

Fähren

Golden Gate Ferries, ✆ 332-6600, Abfahrt ***Ferry Building*** am Ende der Market St, verkehrt im Liniendienst nach **Sausalito** und **Larkspur** ($2.50 werktags, Sa+So $4,50 *one-way*), ***Red & White Fleet,*** ✆ 546-2896, Abfahrt vom Pier 41) nach **Angel Island** ($13 retour), **Sausalito** ($8), Tiburon ($9) und **Vallejo (*Marine World***, ➪ Seite 459).

Busse ins Umland

SamTrans (*San Mateo County Transit*, ✆ 800-660-4287) und ***Golden Gate Transit,*** ✆ 332-6600, bedienen das Umland im Süden (Flughafen bis Palo Alto) bzw. das Marin County jenseits des Goldenen Tors (Sausalito, Tiburon). Abfahrten *Transit Terminal* (1st/Mission) oder das *Transbay Terminal* (Pier 30).

Taxi

Die Taxi-Grundgebühr beträgt ca. $2, dann pro Meile$1,80

De Soto Cab, ✆ 673-0333 ***Yellow Cab,*** ✆ 626-2345

Rundfahrten

Teure Stadtrundfahrten lohnen sich in San Francisco eigentlich nur für Leute mit begrenzter Zeit, die alle wichtigen Punkte kurz gesehen haben möchten. Alle anderen können viel besser individuell Schwerpunkte setzen, zumal die Orientierung leicht fällt. Angebote für Rundfahrten unterschiedlichster Dauer und Routenführung und für *Sightseeing-Trips* in die Umgebung, z.B. nach Sausalito, Monterey/Carmel oder ins Napa Valley, findet man in jeder Hotelrezeption und natürlich bei der *Tourist Information*.

Unterkunft

Hotels und Motels: Generelle Situation

In San Francisco ballen sich Hotels aller Preisklassen in Innenstadtnähe westlich und nördlich des Union Square und entlang der Straße #101 (**Lombard und Van Ness Ave**). Hotels zu Spitzenpreisen liegen an und in der Nähe der ***Fishermans Wharf***. Erhebliche Bettenkapazitäten existieren rings um den Flughafen vor allem am **Airport Boulevard**, gute **20 mi südlich von *Downtown***. Bei der *Visitor Information*, ⇨ Seite 441 unten, gibt es den ***San Francisco Lodging Guide*** mit aktuellen Telefonnummern und Preisen. Eine eventuell bedenkenswerte Alternative bietet **Oakland** mit deutlich niedrigerem Hotel-Preisniveau. Per U-Bahn gelangt man schnell in die City.

Preisniveau

Während die **preiswerteren Hotels** im Zentrum nahezu ausschließlich in Straßen residieren, die man spätestens nach Einbruch der Dunkelheit nicht mehr allein betreten sollte, sind **Van Ness**, **Lombard und Nebenstraßen** "halbwegs" unproblematisch. Außerdem liegen sie **verkehrsgünstig** und verfügen über viel Gastronomie im Umfeld (*Hard Rock Café an der Van Ness Ave)*. Parkplätze sind in der Regel vorhanden. **Dort ist es auch im Sommer von Sonntag bis Donnerstag Abend nicht sonderlich schwierig, ein Quartier zu finden**. Akzeptable Unterkünfte der unteren Mittelklasse fordern an Werktagen etwa ab $60 fürs Doppelzimmer (plus 15% Steuern!). Die Mittelklasse kostet ab $80 netto. Bei Leerstand offerieren manche Motels auch geringere Raten und annoncieren sie unübersehbar per Leuchtschrift. **Die besseren Hotels** in der City und an der *Fisherman`s Wharf* (Mittelklasse vom Typ *Best Western/Holiday Inn* bis zur Oberklasse wie *Marriott/Hyatt*) sind deutlich teurer (ab $120) und durchweg per **Vorbuchung bei einem heimischen Veranstalter etwas preiswerter** zu haben als vor Ort bei Direktbuchung.

Weekend Rates

An Wochenenden mit hoher Nachfrage (Sommersaison) gibt es ***Downtown*** und rund um das Zentrum auch noch im "letzten" Motel **kaum noch ein Zimmer unter $70 netto**. Sofern überhaupt etwas zu finden ist. Auch teuerste Häuser sind dann oft ausgebucht. Gleichzeitig herrscht mitunter im **Flughafenbereich** bei gleichen oder sogar niedrigeren ***Weekend-Specials*** in prima Hotels Leere. Für Freitag oder Samstag Abend sollte also grundsätzlich reservieren, wer in der Stadt und nicht irgendwo weit außerhalb logieren möchte.

Vorbuchung

Wer seine Reise in San Francisco startet und/oder abschließt, wird – gleichgültig, ob am Wochenende oder wochentags – ohnehin oft die ersten und/oder letzten Nächte vorbuchen wollen. Zur Sicherheit und Stressvermeidung, aber auch aus Kostengründen, siehe vorletzten Absatz. Bei **Ankunft des Transatlantikfluges** bis zum frühen Nachmittag ist ein **City-Hotel** den Häusern im Flughafenbereich vorzuziehen, auch

Vorbuchung

wenn das Taxikosten (ca. $30-$40 inkl. Trinkgeld) oder den Umstand einer Busfahrt ($10/Person) verursacht Denn im Zentrum kann man schon mal San Francisco beschnuppern und hat es dabei leichter mit der Zeitumstellung. Die Hotels in Flughafennähe liegen durchweg isoliert und bieten kaum mehr als sich selbst.

City-Hotels

– In der City gilt bei Vorbuchung, daß die Preis- und Qualitätsunterschiede sich nicht recht entsprechen: ausgesprochen guter Standard kostet in einigen Fällen nur 30 DM-40 DM pro Zimmer und Nacht mehr als die untere Mittelklasse bei gleichzeitig viel besserer Lage. Unter den von Veranstaltern bei uns angebotenen Hotels besitzen ein akzeptables Preis-Leistungs-Verhältnis u.a. das ***Holiday Inn Civic Center***, mit Abstrichen, aber preiswerter das ***Atherton*** (Kategorie 100 DM-140 DM), ***Sir Francis Drake, The Handlery*** und die ***Holiday Inns*** am **Union Square** und im **Financial District/Chinatown** (170 DM-200 DM). Auch für die **letzte Nacht** ist man in der City besser aufgehoben, sofern der Flug nicht gerade am frühen Morgen geht.

Airport-bereich

– Wer erst am späten Nachmittag aus Europa eintrifft, sollte sich nicht mehr dem Stress unterziehen, auch noch in die City zu fahren, zumal nicht werktags zur *Rush Hour.* Die Hotels in der *Airport-Area* holen ihre Gäste kostenfrei per *Shuttle Bus* ab. Die preiswerten Alternativen bedeuten auch im Flughafenbereich oft einen größeren Qualitätsnachteil als durch die Preise zum Ausdruck kommt. Sehr ordentlich sind u.a. das ***Airport Hilton***, das ***Doubletree Airport*** und das ***Hyatt at Airport*** (nach Zimmer mit Bayblick fragen! *Sizzler Steakhouse* gleich gegenüber), alle 150 DM-200 DM bei Vorbuchung. Deutlich preiswerter ist das u.a. das ***Red Roof Inn*** in South San Francisco. Für die letzte Nacht im Airport-Bereich muß man nicht unbedingt vorbuchen bzw. kann ggf. auch selbst reservieren, z.B. das ***Millwood Inn***, © (415) 583-3935 für **$59 am Wochenende** oder das ***Vagabond Inn*** in Nachbarschaft zum originellen ***Gulliver Restaurant*** mit mittelalterlicher Atmosphäre.

Reservierung

Alle hier genannten Häuser lassen sich vor Ort über ihre **800-Nummer** reservieren, ➪ Seite 109. Sie sind aber dann – je nach Wechselkurs – z.T. deutlich teuer als bei Vorbuchung.

Im folgenden sind Unterkünfte genannt, die sich überwiegend nicht preisgünstig über Veranstalter buchen lassen:

Preiswerte Quartiere

Trotz des im allgemeinen hohen Preisniveaus kann man in San Francisco in guter Lage auch relativ preiswert übernachten. Man muß dann aber schon mal in Kauf nehmen, daß der Putz von der Decke bröselt, der Wasserhahn tropft oder der Fernseher nicht funktioniert. Außerdem befinden sich – wie erwähnt – die meisten Billig-Quartiere im Zentrum nahezu ausschließlich in Straßen, die man spätestens nach Einbruch der Dunkelheit nicht mehr allein betreten sollte. Die ***Tourist Information*** verteilt eine Liste preisgünstiger Unterkünfte. Vor einer Buchung ist die Inaugenscheinnahme von Zimmer, Gegend und Publikum empfehlenswert.

- **International Hostel-AYH,** © 771-7277, toll im Fort Mason Park gelegen, 160 Betten. Unbedingt im voraus reservieren, $14
- **Int`l Hostel Union Square,** © 788-5604, 312 Mason St, sehr großer Komplex im Zentrum; $14-$17. Reservierung angezeigt
- **YMCA Chinatown,** © 982-4412, 855 Sacramento St, ab $25
- **YMCA Central,** © 885-0460, 220 Golden Gate Ave, ab $19
- **European Guesthouse,** © 861-6634, 761 Minna Street, ab $13
- **Interclub Globe Hostel,** © 431-0540, 10 Hallam Place, $17
- **International Guest House,** © 641-1411, 2976 23rd St, ab $15
- **Green Tortoise Guest House**, 494 Broadway, © (415) 834-1000; recht "alternativ", ab $17; EZ/DZ $22 bzw. $40
- **Pacific Tradewinds Guest House,** © 433-7970, 680 Sacramento St, $17, prima Lage im Zentrum
- **Hotel Verona,** © 771-4242 oder (800) 422-3646, 317 Leavenworth St, ab $33. Von Lesern oft empfohlen, erst kürzlich renoviert, gutes Preis-Leistungsverhältnis.
- **Hotel Essex,** © 474-4664, 684 Ellis St, ab $42. International belegtes *Traveller-Hotel* untere Mittelklasse; DZ/Bad $60.

Mittelklasse

Entlang des Straßenzuges **Van Ness** und **Lombard** und Nebenstraßen findet man in erster Linie Motels der Einfachkategorie und unteren bis mittleren Mittelklasse, ➪ Seite 445, z.B.:

- **Vagabond Inn,** © 776-7500, 2550 Van Ness, ab $65
- **Nob Hill Motel**, © 775-8160, © (800) 343-6900, 1630 Pacific Ave östlich Van Ness, ab $65
- **Coventry Motor Inn,** © 567-1200, 1901 Lombard, ab $85. Recht ordentliche Zimmer für einen (in SFO) mittleren Preis.
- **Beck`s Motor Lodge,** © 621-8212, © (800) 227-4360, 2222 Market St abseits der hier beschriebenen Straßenzüge im Bereich Castro Mission unterhalb der *Twin Peaks*, ab $75.

Oberklasse

Die Grenzen zwischen der oberen Mittel- und der Hotel-Oberklasse sind fließend, preislich wie qualitativ. Die links erwähnten City-Hotels (ab 170 DM) gehören noch zur Mittelklasse, kosten aber bei Buchung vor Ort alle deutlich mehr als $100 plus Steuern. Die besseren Häuser der oberen Mittelklasse verlangen ab $150 pro Nacht und Zimmer, darunter das moderne ***Crown Plaza Parc Fifty Five*** in zentraler Lage. Wer sich direkt am Union Square ein tolles Nostalgiehotel gönnen möchte, bucht das ***Westin St. Francis*** bereits von zu Hause aus. Besonders zu empfehlen ist auch das

- **Hyatt Regency,** © 788-1234, 5 Embarcadero Center, ab $180, ein Spitzenhotel mit eindrucksvollem Atrium. Drehrestaurant im obersten Stockwerk. Es liegt zwar etwas abseits, aber die Endstation der *California St Cable Car* befindet sich sozusagen vor der Tür wie auch das *Embarcadero Shopping Center* mit vielen Restaurants. Zum *Ferry Building* (Fähren nach Tiburon/Sausalito) an der Bay sind es nur ein paar Schritte über die Herman Plaza und die Straße Embarcadero.

Hotel Tax

Generell wird in San Francisco auf alle Hotelübernachtungen eine **Steuer von 15%** erhoben.

Essengehen

San Francisco quillt über von Restaurants jedweder Provenienz, was die Auswahl nicht unbedingt leichter macht. Vor allem in der ***Chinatown*** und an der ***Fisherman's Wharf*** befindet sich fast in jedem Gebäude irgendein gastronomischer Betrieb. Leider ist in sehr vielen Restaurants an den touristischen Brennpunkten (Grant Ave in *Chinatown*, Jefferson St an der *Wharf*) das Essen sein Geld nicht wert.

Chinatown

Wenn es chinesisch sein soll, dann das

- **Brandy Ho`s,** ✆ 362-6268, 450 Broadway, oder das
- **House of Nanking**, ✆ 421-1429919, Kearny St

Fisherman`s Wharf

Im *Wharf*-Bereich würde der Autor sich wegen der Aussicht über die Bucht und auf die *Golden Gate Bridge* am frühen Abend vor Sonnenuntergang aussuchen den

- **Neptune's Palace** oder das
- **Bay View Cafe**, beide am Ende des Pier 39,

nach Einbruch der Dunkelheit eines der Restaurants im

- **Ghirardelli Square,** Beach/North St am Westende der *Fisherman`s Wharf*, ➪ Seite 452.

Mission District

Allerdings sind die Restaurants an der *Wharf* recht teuer. Wer Lust hat auf mexikanische Gerichte, ißt reichlich und preiswerter als anderswo im Mission District, z.B. im

- **La Cumbre**, 515 Valencia St, unweit der 16th S, oder im bunten
- **La Rondalla**, 901 Valencia.
- **Puerto Alegre**, 546 Valencia

Embarcadero Center

Vielfältige **Snacks zur Mittagszeit** zu zivilen Preisen gibt es in einigen Lokalen des ***Embarcadero Center*** (Ostende Market St, ➪ Seite 452). Dort befindet sich u.a. das japanische

- **Restaurant Fujia** mit interessanten *Sushi*-Spezialitäten, rohen, auf unterschiedliche Art marinierten Fischhappen.

Nebenan im Atrium des ***Hyatt Regency*** sitzt man – für ein paar Extradollars – angenehm in der Cafeteria. Im 36. Stock logiert der ***Jazz Club 36*** mit Aussicht über die Bay.

Nicht ganz so grandios, aber auch nicht schlecht ist der Blick von der Bar im obersten Stock des Hotels ***Sir Francis Drake*** (Powell St gleich oberhalb des Union Square). Zur *Happy Hour* (5–7pm) werden dort magenfüllende Gratissnacks aufgebaut. Nur die Drinks kosten, sind aber moderat im Preis.

Weitere Empfehlungen

Sehr populär ist das herrlich gelegene

- ***Cliff House Seafood Restaurant*** an der Pazifikküste, geeignet zur Einkehr während einer Rundfahrt, ➪ Seite 455.

Sehr populär sind die ***Yuppie*-Restaurants** und -Kneipen in den San Francisco gegenüberliegenden Vororten **Sausalito** und **Tiburon**. Direkt an der Bay rings um die Yachthäfen findet man dort viele attraktive Lokale.

Shopping

Union Square/ Downtown

Die feinste Einkaufszone San Franciscos ist das Zentrum rund um den Union Square, wo sich die großen *Department Stores* wie ***Macy's***, ***Nordstrom's***, ***Saks Fifth Avenue***, aber auch zahlreiche Läden der Luxuskategorie befinden. Zum zentralen Bereich gehören außerdem ***The Galleria at Crocker Center*** (Post/Kearney St) mit ca 50 Läden, das ***Embarcadero Center*** (Ostende California/Battery St), ein mehrstöckiger Shopping- und Restaurantkomplex auf versetzten Ebenen zwischen Bürohochhäusern. *Très chic* mit viel Grün, Wasserspielen und Skulpturen und über 100 Läden vom Feinsten.

Chinatown

Die ***Chinatown*** (Grant Street und Nebenstraßen) ist ein einziges riesiges Einkaufsszentrum mit unzähligen Shops und einem sagenhaften Angebotssammelsurium. Zwischen Tausenderlei Krimskrams, Tand und Touristen-Schnickschnack gibt es dort tolle Schnäppchen und originelle Mitbringsel.

Fisherman`s Wharf

Im Bereich der *Fisherman's Wharf* ist die Shoppingzone der Hauptstraße Jefferson St eine einzige Touristenfalle, die man schnell hinter sich lassen sollte. Ein ausgesuchteres Angebot findet man in den zahlreichen Läden

- auf dem **Pier 39** (Embarcadero/Höhe Stockton St)
- in der ehemaligen Konservenfabrik **Cannery** (Jefferson/Hyde St
- im Gebäudekomplex **Ghirardelli Square** (Beach/North St).

Sicherheit

Touristen bilden zu bestimmten Jahreszeiten und an den Wochenenden, so scheint es, die Mehrheit der in *Downtown* auf der Straße zu sehenden Bevölkerung. Im Bereich der *Fisherman's Wharf* trifft man so gut wie keine Einheimischen, sieht man vom Personal in den zahllosen Lokalen und Shops ab. Tagsüber gibt es in den Touristenzonen keine wirklich ernsten Probleme, und man darf sich zumindest an der Wharf auch abends noch sicher fühlen. Vor- und Umsicht sind aber jederzeit angebracht, denn an Langfingern fehlt es in Anbetracht des Besucherstroms natürlich nicht.

Licht und Schatten liegen in San Franciscos Innenstadt leider nah beieinander: Heruntergekommene und zumindest bei Nacht gefährliche Straßenzüge grenzen unmittelbar an überwiegend sichere Zonen, so z.B. bestimmte Straßen (5th/6th St) südlich der Market St (South of Market) und die Market St selbst mit Nebenstraßen westlich der Powell Street. Da sich der jeweilige Gefährdungsgrad schlecht abschätzen läßt, sollte man sich nach Einbruch der Dunkelheit auf keinen Fall unnötig zu Fuß bewegen.

Sehenswürdigkeiten

Citybereich

Das Goldene Tor

Als Sehenswürdigkeit Nummer Eins San Franciscos gilt zu Recht immer noch die faszinierende ***Golden Gate Bridge***. Wer nur wenig Zeit hat, sollte sich – gleich zu welcher Jahreszeit – als erstes auf den Weg zur Brücke machen, wenn die Wetterverhältnisse zunächst gut sind. Wenn nicht, muß man die Chance zur Brückenbesichtigung bei nächster Gelegenheit, d. h. bei klarer Sicht, sofort nutzen. Denn es kann passieren, daß sich schnell wieder Nebel über das "Goldene Tor" in die Bay schiebt und gleich mehrere Tage hängenbleibt. Weitere Details zur Brücke weiter unten.

Downtown/ South of Market

Die Ecke Market/Powell Streets (*Tourist Information*, ➪ Seite 441) ein hervorragender **Ausgangspunkt** zum Kennenlernen der Stadt. Die diagonal durch die City verlaufende breite **Market Street** trennte früher *Downtown* von südlichen, heruntergekommenen Straßenzügen. Mittlerweile hat ein Bauboom ***South of Market*** *(SOMA)* erfaßt. Galerien, Kneipen und Discos schossen aus dem Boden und bilden heute eine eigene ***Nightlife*-Szene**. Neue architektonische Schmuckstücke der Hochhaus-Postmoderne verdrängen dort die einstigen Slums; 1995 eröffnete dort sogar eine neue Attraktion San Franciscos:

- das $70 Mio. teure ***Museum of Modern Art***, 151 3rd Street, Di–So 11am–6pm, Do bis 9pm, Eintritt $7. Eigenwillige Atrium-Architektur des Schweizers *M.Botta*. Kollektion großer Namen wie *Still, Lichtenstein, Warhol* und *Frank Stella*.
- Ebenfalls in SOMA, 814 Mission, befindet sich das ***Cartoon Art Museum***, ein Muß für alle gestandenen *Cartoon*-Fans.

Union Square-Bereich

An der Ecke Powell/Market St befindet sich eine der **Wende- bzw. Endstationen der *Cable Car***, die ihre – zumeist in langen Schlangen wartenden – Passagiere von dort zur *Fisherman's Wharf* befördert. Auf der **Powell Street**, wo sich ein Shop an den nächsten reiht (gutsortierte **Buchläden**), erreicht man nach 300 m den **Union Square**, eine palmenbestandene, oft bunt belebte Plaza und zugleich Mittelpunkt der San Francisco Geschäftswelt mit den Filialen der größten **Kaufhausketten** rundherum (*Fifth Avenue, Macy's, Neiman Marcus*). Der Herr auf der Säule ist ***George Dewey***, der 1898 die spanische Flotte bei Manila besiegte. Während des Bürgerkrieges war der Platz Treffpunkt der Nordstaatenanhänger, der *Union*, daher der Name. Unter der Grünfläche verbirgt sich eine Parkgarage für 1.000 Autos.

Chinatown

Nur wenige Blocks weiter nördlich beginnt San Franciscos berühmte ***Chinatown***, ➪ Karte rechts. Am besten steuert man *Chinatown* über die Grant St an durch das ***Dragon Gate***, ein buntes chinesisches Tor. 1000 Läden mit einem sagenhaften Angebot und zahllose Restaurants warten.

Financial District

Unweit östlich der Chinatown beginnt die ***Wall Street of the West*** (offiziell: *Financial District*), das Finanz- und Bankenviertel mit einer verdichteten "Wolkenkratzer"-Bebauung im Dreieck zwischen Washington, Kearney und Market Sts. Am nördlichen Rand dieses Bereichs steht das pyramidenartige

Trans Am Pyramide

– ***Trans America Building***; es überragt mit 260 m Höhe seither alle anderen, darunter zahlreiche Hochhäuser neueren Datums. Stach dieses Bauwerk aber noch vor kurzer Zeit als auffälliges Wahrzeichen einsam heraus, wird es heute von massigen Nachbarn allseitig bedrängt. Das ***Observation Deck*** im 27. Stockwerk wurde leider vor wenigen Jahren geschlossen.

Wells Fargo Bank

– Das ***Wells Fargo History Museum*** befindet sich in der 420 Montgomery St im gleichnamigen Bankgebäude, Mo–Fr 9am–5pm, Eintritt frei. *Wells Fargo* spielte eine bedeutende Rolle in den Jahren der Eroberung des Westens. Jeder Westernfan kennt die *Wells Fargo* Bankschalter und Postkutschen. Vor allem aus jener Periode stammen die Ausstellungstücke

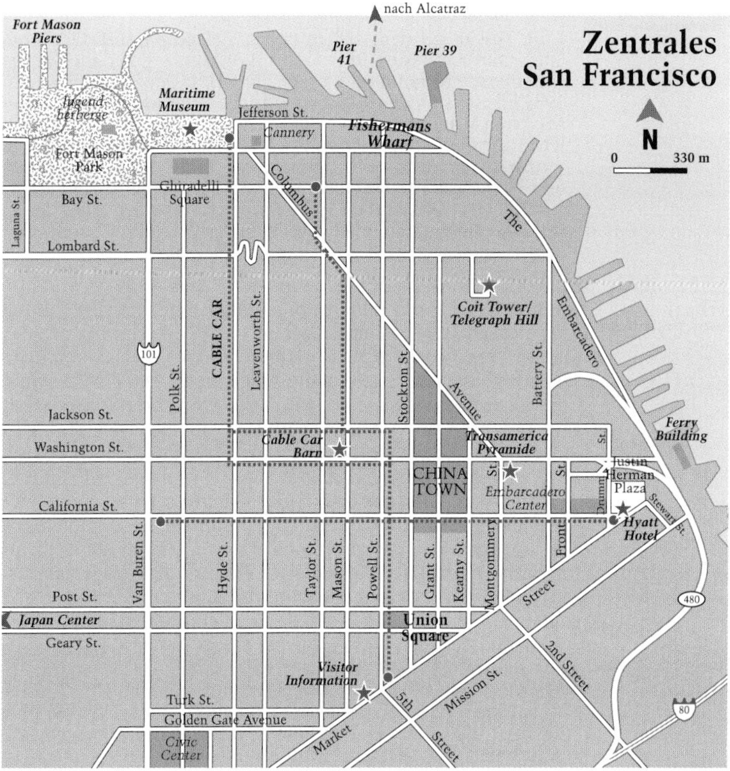

Embarcadero Komplex – Zwei Blocks weiter östlich stößt man auf das ***Embarcadero Center***, ein **Büro-Laden-Restaurant-Komplex**. Versetzte Ebenen mit Terrassen, Grünanlagen und Wasserspielen. Die imposante Betonlandschaft endet an der **Justin Herman Plaza**mit seinem avantgardistisch gestalteten ***Villancourt-Brunnen***, wo *at lunch time* oft Konzerte und Vorführungen stattfinden.

Hyatt Hotel – In der äußeren Ecke der Herman Plaza an der Market St beeindruckt das ***Hyatt Regency Hotel*** durch ein 18 Stockwerke hohes Atrium; angenehme Cafeteria (➪ Seite 448), im obersten Stockwerk das Drehrestaurant ***Equinox Lounge*** mit Weitblick über Bay und *Skyline* San Franciscos.

Parken/ Transport Im *Embarcadero Park Deck* kann man beim Einkauf oder Restaurantbesuch im *Center* relativ preiswert parken. Da die ***Cable Car*** (*Washington Street Line)* am *Embarcadero Center* endet/beginnt, gelangt man von dort auch ohne lange Fußmärsche rasch in die zentrale City (im Gegensatz zur *Powell Street Line* gibt es dort selten Warteschlangen).

Coit Tower Gut 20 min läuft man vom *Embarcadero Center* zum

– ***Coit Tower*** auf dem 100 m hohen ***Telegraph Hill***. (Per Auto fährt man am besten über Grant Ave/Lombard St, am Ziel ist aber meist Parkraum sehr knapp.) Der *Coit Tower* (68 m) ist ein 1934 erbautes ***Memorial*** für die örtliche Feuerwehr, dessen Inneres durch **Wandmalereien (*Murals*)** mit Szenen aus dem Arbeitsleben der 30er-Jahre geschmückt ist. Er dient heute nur noch dem touristischen *Sightseeing* (10am–6pm, Winter bis 5pm). Grandioser Blick über Teile der Stadt, die Bucht und hinüber zur *Golden Gate Bridge*. Oft ergeben sich Wartezeiten vor den Fahrstühlen (**$3**). Die Aussicht von der dem Turm vorgelagerten Terrasse ist kaum schlechter; man sollte dafür keine Zeit verlieren.

Fisherman`s Wharf*** Etwa 1 km nördlich des *Telegraph Hill* befindet sich die schon mehrfach erwähnte ***Fisherman`s Wharf, eine durch und durch kommerzialisierte **"Touristenfalle"**. Die Bezeichnung bezieht sich auf ein relativ kleines Gebiet rund um den ehemaligen Fischereihafen der Stadt an der Jefferson St. Die Fischerboote und Werften sind lange verschwunden, an ihrer Stelle liegen Privatyachten und Charterboote fürs Hochseeangeln an den Stegen. Eine weiße Flotte wartet mit Bayrundfahrten, Touren hinüber zur einstigen Zuchthausinsel *Alcatraz* und Linienverkehr nach Tiburon und *Angel Island* auf Passagiere. An Land beherrschen unzählige *Souvenir Shops*, Boutiquen, Bars, *Fast* und *Sea Food Restaurants* das Bild. Ob einer der **Baytrips** mit/ohne Unterdurchfahrt der *Golden Gate Bridge* interessant erscheint, hängt sicher von der subjektiven Bewertung solcher Bootstouren ab, auf jeden Fall **empfehlenswert ist die**

Alcatraz – ***Alcatraz-Tour***. Die Boote zur Zuchthausinsel, welche heute unter Nationalpark-Verwaltung steht, fahren ab Pier 41 im 30-Minuten-Takt etwa 9am–4pm Uhr. Kostenpunkt $7 inklusive Audio-Kassette (auch auf deutsch) für eine *Self-guided Tour* über die Insel. Die Trips sind im Sommer oft schon früh ausgebucht. Auskunft und Reservierung unter © (415) 546-2700.

Pier 39

– Die einleitende Kennzeichnung der *Fisherman`s Wharf* gilt im Prinzip auch für die ***Pier 39*** am Ostende der *Wharf*. Dort gibt es u.a. eine sehenswerte *Multimedia Show im* ***San Francisco Experience Theater*** und die ***Underwater World***, ein ungewöhnliches Aquarium, in dem die Besucher in transparenten Tunneln durch riesige Tanks geführt werden. An der Westseite der Pier befindet sich ein **Seelöwen-"Reservat"**. *Open-air* Vorstellungen von Artisten und Zauberkünstlern sorgen für Zuschauerbelustigung. Besonders am frühen Abend kurz vor Sonnenuntergang sind die Terrassen des ***Neptune`s Palace*** und ***Bay View Café*** am äußersten Ende der Pier zu empfehlen.

Cannery/ Ghiradelli Square

– ***Live Music*** und ***Entertainment*** zum Nulltarif findet man in der Touristensaison und an Wochenenden ebenfalls in den Einkaufs- und Restaurantzentren ***Cannery*** und ***Ghiradelli Square***, einstigen Fabrik- und Lagerhallenkomplexen.

San Francisco National Historical Park

– Dem *Ghiradelli Square* gegenüberliegt das ***Maritime Museum*** (eintrittsfrei, 10–17 Uhr), dessen Bau wie ein Dampfer gestaltet ist und zum ***San Francisco National Historical Park*** gehört. Die Ausstellung von Modellschiffen und maritimen Utensilien wird ergänzt durch eine Reihe nostalgischer Originale draußen an der ***Hyde Street Pie***r, Eintritt $3, 10am–5/6pm. An deren Kais liegen der Dreimaster *Balclutha* aus dem Jahre 1895, die alte Fähre *Eureka,* ein Holzsegler und weitere Schiffe.

Das vielleicht sehenswerteste Schiff an der *Wharf*, das **Pazifik-U-Boot *USS Pampanito***, befindet sich weiter östlich an der Pier 45 und kostet **$5** Extra-Eintritt.

Das letzte Exemplar eines Weltkrieg-II-Versorgungsfrachters der *Liberty-Klasse,* die ***Jeremiah O`Brien***, kann man an der Pier 41 besichtigen. Dieses Schiff gehörte 1944 zur alliierten Invasionsflotte vor der Normandie.

Cable Car

An der *Fisherman`s Wharf* enden zwei der drei ***Cable Car*** Linien, deren Benutzung unverzichtbare touristische Pflichtübung ist. Die **Warteschlangen** sind denn auch entsprechend, an der *Wharf* meist noch länger als an der anderen Endstation *Powell Street*. Um die Wartezeit zu umgehen, springen Schlitzohren einige Haltestellen weiter auf die Trittbretter.

Cable Car Barn

– Wer die Hyde Street Linie benutzt, passiert an der Ecke Washington/Mason Street die **Antriebsmaschinerie** der *Cable Car.* Diese sehenswerte Anlage (*Cable Car Barn*) stammt im Prinzip noch aus dem 19. Jahrhundert und demonstriert die erstaunliche Funktionalität von Großmechanik der industriellen Frühzeit. Sie kann täglich 10am–4pm besichtigt werden (gratis).

Lombard Street

– Auf derselben Strecke Powell-Hyde kreuzt die *Cable Car* die Lombard Street, deren Abschnitt östlich der Hyde Street man den schönen Namen ***Crookedest Road of the World*** verliehen hat. In engen Serpentinen, die nur von Personenwagen und kleineren *Vans* nachvollzogen werden können, geht es – durch Blumenbeete und vorbei an gepflegten Anwesen der lokalen Oberschicht – steil hinunter zur Leavenworth St. Vom oberen Punkt an der Hyde St hat man einen schönen Blick über Lombard St und den *Telegraph Hill* auf die Bucht.

Scenic Drive

Rundstrecke

Die meisten Sehenswürdigkeiten San Franciscos lassen sich auf einer Fahrt über den sog. ***Scenic Drive*** gut miteinander verbinden. Dieser Rundkurs ist auf der Karte Seite 457 in etwa wiedergegeben. Am besten kann man ihm per Auto folgen; er läßt sich aber teilweise auch mit Vorortbussen nachvollziehen. Alle wichtigen Anlaufpunkte sind mit öffentlichen Verkehrsmitteln zu erreichen. Ab der *Fisherman's Wharf* geht es zunächst auf dem Marina Boulevard in Richtung *Golden Gate Bridge*. Man passiert als Erstes das in die *Golden Gate National Recreation Area* integrierte, mit dem *Maritime Museum* über einen Fußweg verbundene Parkgelände des ***Fort Mason***. Im Park befindet sich eine der beiden Jugendherbergen San Franciscos, ➪ Seite 447.

Marina Boulevard

– Auf der Bayseite des Marina Boulevard dümpeln Tausende von Privatyachten an den Stegen. Weiter dem *Scenic Drive* folgend erreicht man über die Baker Street den bombastischen ***Palace of Fine Arts***, ein Bauwerk, das auf die Weltausstellung von 1915 zurückgeht, aber eher einem griechisch-byzantinischen Tempel ähnelt. Das hinter dem Palast befindliche Gebäude beherbergt das ***Exploratorium*** (Di–So, 10am–5/6pm, Mi bis 9pm; Eintritt $9), ein Wissenschaftsmuseum mit Hunderten von Experimenten und Demonstrationen zum Mitmachen.

El Presidio

– Weiter läuft der *Scenic Drive* (Lombard St West/Lincoln Blvd) kurvenreich durch das parkartige Gelände ***El Presidio***, das bis vor wenigen Jahren Hauptquartier der 6. US-Armee war, aber nun zur ***Golden Gate National Recreation Area gehört***, die vom *National Park Service* verwaltet wird.

Fort Point

– Den unauffällig ausgeschilderten Abstecher zur alten Befestigung *Fort Point* unterhalb der **Auffahrt zur *Golden Gate Bridge*** kann man leicht übersehen. Der Blick aus der ungewöhnlichen Perspektive am Fuße der gewaltigen Konstruktion beeindruckt ebenso wie das Innere der mächtigen, als ***National Historic Site*** ausgewiesenen Befestigung. Wer die Stufen nicht scheut, gelangt von dort über eine **Treppe auf die *Golden Gate Bridge***, die neben sechs Autospuren über Fuß- und Radweg verfügt. Das Erlebnis der **Brückenüberquerung zu Fuß** sei allen ans Herz gelegt, die eine Extrastunde erübrigen können und eine Windjacke besitzen.

Blick auf San Francisco von den Twin Peaks aus (Seite 456)

Golden Gate Bridge

– An der *Golden Gate Bridge* sind immerhin die letzten der insgesamt 600.000 verwendeten Nieten golden. Der Bau verschlang außerdem 75.000 t Stahl und 300.000 t Beton. Die beiden Hauptpfeiler sind 230 m hoch und tragen über ihre Spannseile eine 2.700 m lange Brückentrasse. Um per Auto zur und über die Brücke zu gelangen, muß man vom *Scenic Drive* hinter der Stichstraße zum *Fort Point* gleich wieder rechts abbiegen oder nach der Unterführung unter der #101 den ausgeschilderten Weg nehmen. Der bei guter Sicht immer äußerst betriebsame ***Viewpoint*** auf der Nordseite des Goldenen Tors (erste Abfahrt nach der Überquerung) bietet bereits einen großartigen Blick auf die City von San Francisco, aber fürs **"Spitzenfoto"** gibt es noch bessere Positionen entlang der Zufahrt zum ***Marinehead State Park***:

Unmittelbar hinter der Aussichtsterrasse verläßt man dazu die Autobahn und unterquert sie nach links. Die linke Spur führt zurück auf die Brücke, rechts geht es steil den Hang hinauf. Von der Straße fällt der Blick durch und über das rote Wunderwerk auf die *Skyline* der City.

Abstecher zur Nordseite der Bay

Auf dieser Seite der Bay liegen mit **Sausalito, Tiburon** und der ***Angel Island*** hübsche Ziele für einen etwas ausgedehnteren San Francisco-Besuch. Bei ausreichender Zeit sind auch die Redwood Bestände des ***Muir Woods National Monument*, der *Mount Tamalpais*, *Stinson Beach***, das "Aussteigerdorf" **Bolinas** und die ***Point Reyes National Seashore*** einen Abstecher wert, ➪ Seiten 458.

Weitere Ausflüge im Bereich nördlich der Bucht ließen sich ins ***Napa Valley*** unternehmen, dem kalifornischen Weinanbauzentrum, oder nach Vallejo zur ***Marine World Africa USA***, (➪ Seite 459), einem tierbetonten *Amusementpark*.

Strände am Pazifik

In San Francisco geht es weiter auf dem Lincoln Boulevard durch wunderbare Wohngebiete oberhalb der Pazifikküste bis zum *Palace of the Legion of Honor*. Am Wege liegen mehrere ***Beachparks*** mit Sandstränden. Am populärsten ist die ***Baker Beach***, von der aus die *Golden Gate Bridge* zur Abwechslung einmal im Nordosten des Blickfeldes liegt. Die **Wassertemperaturen** sind hier leider nie badefreundlich.

Im Lincoln Park südwestlich der Beaches steht der

Kunst museum

– ***Palace of the Legion of Honor***, der dem gleichnamigen Pariser Vorbild nachempfunden ist und 1924 errichtet wurde. Er beherbergt ein **Kunstmuseum** (Di–So, 10am– 5pm; $6), das überwiegend die Werke europäischer Künstler ausstellt. Stark vertreten sind Impressionisten wie *Manet* und *Renoir*, eindrucksvoll ist die Sammlung der ***Rodin*-Skulpturen**. Empfehlenswert das Café auf der Dachterrasse.

Seal Rock und Cliff House

– Über Geary St/Point Lobos Ave erreicht man das hoch über Strand und Meer gelegene ***Cliff House***, ein populäres ***Seafood Restaurant*** (➪ Seite 448). Der Küste vorgelagert sind dort die ***Seal Rocks***. Von einer Aussichtsplattform kann man die Seehundfelsen, die vor allem von September bis Juni belebt sind, gut beobachten.

Zoo

– Vom Klippenhaus führt der Rundkurs hinunter auf den *Great Highway* am langen, breiten Strand der ***Ocean Beach***. An dessen Südende befindet sich der dem Vorbild von Hagenbeck in Hamburg nachempfundene **Zoo** mit einem erstklassigen Primatengehege (Gorillas und Orang-Utangs); 10am–5pm, $7.

Drachenflieger

– Der ***Fort Funston Park*** mit Steilhängen über dem Ozeanstrand dient **Drachenfliegern** als Absprung- und Übungsgelände. Viel Betrieb herrscht dort ab spätem Nachmittag und an Wochenenden, vorausgesetzt, das Wetter spielt mit.

Golden Gate Park

Der rund 5 km lange, aber nur 800 m breite *Golden Gate Park* gilt als eine der großen Sehenswürdigkeiten San Franciscos. Aber nur, wenn **sonn- und feiertags** der Verkehr weitgehend unterbunden wird, zeigt der Park das ihm zugesprochene ***Flair***. An solchen Tagen lohnt sich ggf. ein längerer Aufenthalt, am besten per Fahrrad (*Bike Rentals: Lincoln Cyclery*, 772 Stanyan St, und *Park Cyclery*, 1865 Haight St). Tägliche Anziehungspunkte im Park sind

Museen im Park

- das ***Conservatory*** (9am–5pm, $2), ein Gewächshaus im viktorianischen Stil im Ostteil am J.F.Kennedy Drive,
- die ***California Academy of Science*** (10am–5pm, im Sommer bis 7pm, $7) mit **Naturkunde Museum**, **Aquarium** und **Planetarium**. Hervorhebung verdienen vor allem die Hai- und Pinguinbecken des Aqariums und die ***Lasershows*** im Planetarium.
- die **Kunstmuseen** (Mi–So, 10am–5pm, je $6) am *Music Concourse*. Das ***Asian Art Museum*** verfügt über eine außergewöhnliche Sammlung asiatischer Kunstgegenstände, von denen immer nur ein Teil zur Ausstellung gelangt. Das ***de Young Museum*** ist ein konventionelles Kunstmuseum mit einer thematisch eher zu breit gestreuten Kollektion aller möglichen Exponate.
- der ***Japanese Tea Garden*** (10am–6pm, $3) mit einem echten japanischen Teehaus (Ausschank 10.30am–5pm)
- der **Stow Lake** rund um den *Strawberry Hill* mit künstlichem Wasserfall und Bootsverleih.

Kombi-Pass

Mit dem ***Golden Gate Park Explorer Pass*** für **$13** kann man *Conservatory, Tea Garden* und alle Museen besuchen.

Twin Peaks

Der *Scenic Drive* führt vom *Golden Gate Park* zu den 300 m hohen ***Twin Peaks*** (Ausschilderung dorthin nur sporadisch: aufpassen!). Die Aussicht von dieser höchsten Erhebung San Franciscos ist bei Tag und Nacht großartig. Auch wer nicht den ganzen *Scenic Drive* abfährt, sollte den von der City relativ kurzen Abstecher hierher unbedingt einplanen.

Mission District

Auf der Fahrt von dort zurück in Richtung City auf dem Roosevelt Way und der 14th St liegt die Wiege San Franciscos fast am Wege, die ***Mission Dolores*** (auch *Mission San Francisco de Asis*, Dolores/16th St), ein eher schlichter Bau aus dem Jahre 1776. Das mexikanisch "angehauchte", aber nicht sonderlich malerische **Viertel *Castro/Mission*** ist bis auf seine historische Bedeutung und die zahlreichen Wandbilder (*Murals)*, insgesamt eher uninteressant.

Abkürzung Scenic Drive

Vom *Mission District* kann man den Kreis über die Market St oder durch eine Querverbindung hinüber nach ***Japantown*** schließen (zwischen Geary und Post, Fillmore und Laguna Sts). Letztere besteht im wesentlichen aus dem *Japanese Cultural and Trade Center* (werktags im wesentlichen eine Art *Shopping Mall*) mit einigen reizvollen architektonischen Akzenten, darunter die auffällige ***Peace Pagoda***. Rund um die Friedenspagode auf dem zentralen Platz des Centers finden an Sommerwochenenden folkloristische Veranstaltungen statt.

Civic Center

Auf der Market St, Bereich Van Ness Ave, passiert man das ausgedehnte *Civic Center*, wo sich um eine zentrale, parkartige Plaza und die ***City Hall*** (Rathaus) mit Säulenportal und gewaltigem Kuppeldach Verwaltungsgebäude und "Kulturtempel" gruppieren. Neben dem Rathaus verdienen speziell das ***War Memorial Opera House*** und die Architektur der ***Symphony Hall*** – beide Van Ness Ave – Interesse.

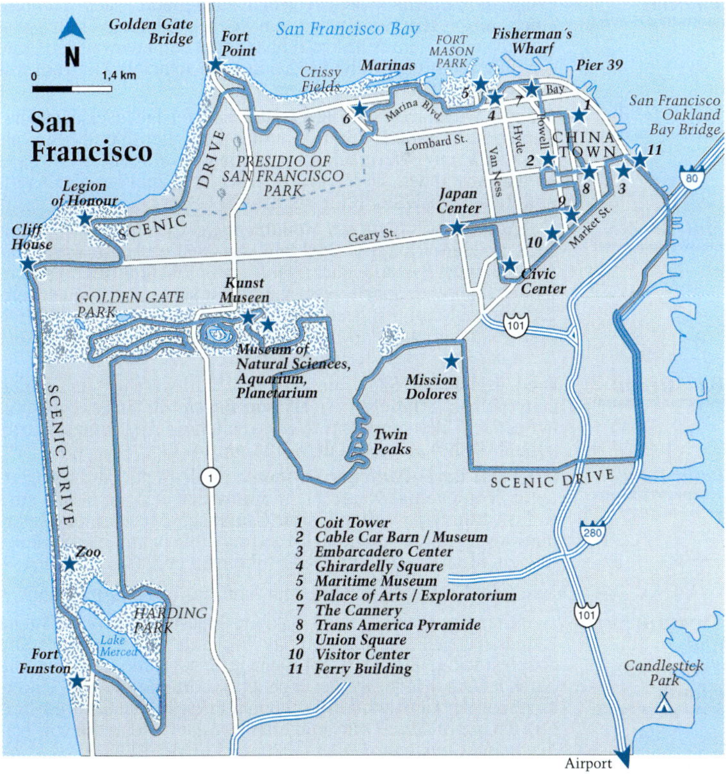

Ziele in der näheren Umgebung

San Francisco bietet im Umfeld zahlreiche weitere Ziele, die einen Besuch wert sind. Die touristisch attraktivsten liegen im ***Marin County*** jenseits der *Golden Gate Bridge*:

Sausalito

- Ein Vorort für Besserverdienende ist **Sausalito,** wenige Meilen nordöstlich der Brücke mit der größten Yachthafenkonzentration der San Francisco Bay und einer dichten Restaurant- und Shopping-Infrastruktur. Für technisch Interessierte ist das ***Bay Modell*** am 2100 Bridgeway Blvd (Zufahrt ausgeschildert) ein Leckerbissen. Der Effekt von Ebbe und Flut in der *San Francisco Bay* wird dort simuliert, ein 24-Stunden-Rhythmus mit 500 cbm Wasser in 14 min nachvollzogen. *Visitor Center* geöffnet Di–Sa 9am–4pm, im Sommer auch an Sonn- und Feiertagen 10am–6pm, Eintritt frei. Ein Anruf klärt, ob und wann im Modell Wasser fließt, © 332-3871; Eintritt frei.Statt per Auto oder Bus ist Sausalito auch mit Booten der ***Red & White Fleet*** erreichbar. Abfahrten ab *Fisherman's Wharf*.

Tiburon

- Ebenfalls mehrmals täglich gehen auch Boote nach **Tiburon,** einem absoluten Nobelvorort am Ende Landzunge östlich von Sausalito. Mit dem Auto erreichbar übder den Freeway #101 und den Tiburon Blvd, Straße #1312. Kleines schickes Zentrum mit Marina und Restaurantterrassen.

Angel Island

- Tiburon vorgelagert ist **Angel Island**, eine felsige Insel, die früher Immigranten als erste Station in den USA diente und heute als *State Park* unter Naturschutz steht. Boote von Tiburon fahren in kurzen Abständen; $8 retour. Die Insel ist beliebt bei Wanderern und Radlern, schöner Blick auf das City-Panorama .

Muir Woods

- Das ***Muir Woods National Monument*** westlich Mill Valley (8am bis Sonnenuntergang), ist Ziel zahlloser Ausflugsbusse. Es schützt einen kleinen Bestand mächtiger *Redwood* Bäume (hier bis 75 m Höhe). Hübscher Spazierweg, aber meist sehr stark frequentiert. Ein Besuch lohnt nur, wenn man die Redwoods weitrer nördlich (*Redwood National Park/Avenue of the Giants*) oder den *Sequoia National Park* nicht besuchen kann.

Badestrand

- D e r Badestrand San Franciscos ca. 15 mi westlich der *Golden Gate Bridge*, Straße #1, ist ***Stinson Beach***, die Strecke dorthin fantastisch. Bei sonnigem Wetter beliebtes Ziel junger Leute, populär insbesondere bei der *Gay Community.*

Point Reyes

- Die ***Point Reyes National Seashore*** gilt als Mekka der Ornithologen. Von Olema (Straße #1, 15 mi östlich Stinson Beach) sind es 2 mi zum ***Bear Valley Visitor Center*** mit Museum und Informationsprogramm zu Flora, Fauna und Erdbebenproblematik der Region. Stichstraßen und *Trails* führen zu endlosen Stränden.

Östlich der City bzw. jenseits der San Francisco Bay liegen:

Treasure und Yerba Buena Islands

- zwischen San Francisco und Oakland **Treasure** und **Yerba Buena Islands**. Yerba Buena dient der *Bay Bridge* als "Mittelpfeiler". Die doppelstöckige Brücke wirkt nicht ganz so spektakulär wie die *Golden Gate Bridge*, ist aber ebenfalls eindrucksvoll. Eine Unterbrechung der Fahrt wird mit schönem Blick auf die City belohnt. Das ***Treasure Island Museum*** erläutert die Geschichte von *US-Navy* und *Coastguard;* 10am-3:30pm; Eintritt $2.

Oakland

– **Oakland**, die wichtigste **Hafenstadt** der Bay Area mit dem nach Umschlagszahlen größten Hafen der Pazifikküste. Ein eher problematischer Superlativ – Arbeitslosigkeit, Armut und Kriminalität in den entsprechenden Stadtteilen – betrifft den 50%-igen schwarzen Bevölkerungsanteil, der von keiner anderen Großstadt im Westen der USA auch nur annähernd erreicht wird. Er resultiert aus einer Zuwanderungswelle aus den Südstaaten während des 2. Weltkriegs, als für den Kriegsschiffbau massenhaft Arbeitskräfte benötigt wurden.

Merritt Lake/ Museum

Nichts von den Schattenseiten der Stadt bemerkt man im Park rund um den ***Merrit Lake*** in Stadtzentrumsnähe, einen Salzwassersee, der von den Auswirkungen der Gezeiten abgeschottet wurde. Südlich des Sees an der Oak St befindet sich das ***Oakland Museum*** (Mi–So, 10am–5pm, $5) mit einer Ausstellung zu Geschichte und Entwicklung Kalifornien von den Anfängen bis zur Gegenwart.

Jack London

Da der Schriftsteller *Jack London* (Der Seewolf, Ruf der Wildnis u.a.) Kindheit, Jugend und einen Teil der späteren Jahre seines nur 40-jährigen Lebens in Oakland verbrachte, wird dies kräftig vermarktet. ***Jack London Square*** und ***Village*** im Hafenbereich (Webster/Embarcadero Sts/Broadway) bieten zahlreiche Shops, Restaurants am Wasser und vor allem den äußerst originellen ***First and Last Chance Saloon***.

Berkeley

– **Berkeley**, Sitz einer der bekanntesten Universitäten der USA (Anfahrt am besten über die I-80, *Exit University Ave*, oder mit dem BART-System.) Die staatliche ***University of California*** mit über 30.000 Studenten besitzt einen sagenhaften Campus. Wer sich dafür interessiert, sollte zunächst das ***Information Center*** der *Student Union* an der Sproul Plaza/Telegraph Ave ansteuern. Vom 94 m hohen ***Sather Tower*** (*Campanile*) überblickt man das Universitätsgelände, San Francisco Bay und City. Von diversen Campus-Museen erscheint in erster Linie das ***University Art Museum*** (Mi–So, 11am–5pm) mit wechselnden Ausstellungen vor allem moderner Kunst sehenswert. Der ***Botanical Garden*** (*Strawberry Canyon*, 9–17 Uhr), dessen Hanglage ebenfalls gute Ausblicke bietet, gehört zu den besten seiner Art in den USA.

Zahlreiche kulturelle Veranstaltungen auf dem Campus wie im Umfeld und eine gute **Kneipenszene** ergeben zusätzliche Motive für einen Abstecher nach Berkeley. In den Sommerferien (Juni bis Ende August) ist weniger "los", dafür treibt man leichter eine **preiswerte Unterkunft** auf.

Vallejo

– **Vallejo** mit dem Vergnügungs- und Aquapark ***Marine World Africa USA*** (von Berkeley noch ca. 20 mi auf der I-80, dann Straße #37, im Sommer täglich 9am–6pm, sonst Mi–So, Eintritt $27). Kommerzielles Amusement mit vielen Jahrmarkt-*Rides* in einer Art Zoo mit Seelöwen-, Hai-, Killerwal- und Delphinvorführungen ergänzt durch Wasserski-Show und 20 *Dinos*; lohnenswert eher mit Kindern. **Boote** verkehren direkt **von der *Fisherman`s Wharf*** nach Vallejo.

Ziele im weiteren Umkreis

Sacramento

Kennzeichnung

Die Kapitale Kaliforniens liegt etwa 100 mi nordöstlich von San Francisco. Von ihren Anfängen unter dem Schweizer Einwanderer *Johann August Sutter*, der 1838 am Zusammenfluß von Sacramento und American River Neu-Helvetien gründete, entwickelte Sacramento sich zu einer respektablen **City mit 370.000 Einwohnern** (Großraum über 1 Mio.) und einem ungewöhnlich attraktivem Stadtbild. Die Orientierung ist im schachbrettartig angelegten Zentrum mit breiten, palmengesäumten Einbahnstraßen einfach:

Old Town

– Von der I-80 aus Richtung San Francisco passiert man automatisch die Zufahrt zur ***Old Town Sacramento*** zwischen Sacramento River und I-5. Die teils restaurierte, teils nach historischen Plänen neu errichtete Altstadt ist ein ***State Historic Park*** und bietet das aus Western bekannte typische Bild einer (größeren) alten *Western Town*. Der dazugehörige Bahnhof und das **Eisenbahn-Museum** mit schönen Dampfloks und alten Waggons bilden einen sehenswerten Gesamtkomplex. Nostalgische Raddampfer bieten ***River Cruises***. Die ***Visitor Information*** der Stadt befindet sich ebenfalls in der Old Town, 1102 2nd Street.

Hotelschiff

Das riesige ***Delta King Riverboot*** dient als nicht ganz billiges, dafür nostalgisches Hotel; ab ca. $95 für 2 Personen; © (916) 444-5464 oder © (800) 825-5464.

Kunstmuseum

– Von den Parkplätzen südlich der *Old Town* sind es nur ein paar Schritte zum ***Crocker Art Museum*** an der Ecke 3rd/O Streets, in einer alten Villa (Mi–So 10qm–5pm, Do bis 9pm). Das Hauptgewicht der Ausstellungen liegt auf kalifornischen Kunstwerken des 19.Jahrhunderts.

Capitol Park/ Zentrum

– Beeindruckend ist das ***State Capitol Building***. Auf der prächtigen ***Capitol Mall*** fährt man direkt auf den Sitz der kalifornischen Staatsregierung zu. Er liegt in einemPark voller subtropischer Vegetation. Ein eigenes *Information Center* kümmert sich um Besucher (Führungen stündlich) und verteilt Kartenmaterial (täglich 9am–5pm). Sozusagen gleich nebenan, nördlich des *Capitol Park*, liegt das **Geschäftszentrum** der Stadt mit einigen gut erhaltenen bzw. restaurierten Bauwerken aus dem 19.Jahrhundert, darunter der Gouverneurspalast ***Old Governor`s Mansion*** an der Ecke H/16th St (10am–4pm).

Fort Sutter

– Erwähnung verdient auch das ***Fort Sutter*** (10am–5pm), eine weiß getünchte Adobe-Festung an der Ecke L/27th St. Zum ***State Historic Park*** gehört neben dem Fort ein kleines, Indianermuseum außerhalb seiner Mauern.

Motels/ Restaurants

Wer in Sacramento ein Quartier sucht, findet im Bereich des ***Discovery Park*** (I-5 nördlich, Abfahrt unmittelbar nach Überquerung des American River) Motels aller Preisklassen und viele Restaurants von *Fast Food* bis *Excellent Dining*.

Flughafen

Der ***Sacramento Metropolitan Airport*** befindet sich 11 mi nordöstlich des Zentrums (AA, CO, DL, NW, UA, US).

Yosemite und Sequoia National Parks

Lage des Yosemite

Der ***Yosemite National Park*** ist zu Recht einer der meistbesuchten Nationalparks der USA. Er liegt rund 200 mi (I-580/I-205 und Straße #120) östlich San Francisco und umfaßt 3.000 km^2 fantastischer Landschaft in der *Sierra Nevada*. Die nächstgrößere Stadt mit Flughafen ist **Fresno,** 100 mi südwestlich des Parks. Die Anfahrt erfolgt am besten per Mietwagen. Ab San Francisco/Oakland angebotene konventionell geführte Busreisen, (Minimum 2 Tage) sind extrem teuer. Preiswerter und für junge und junggebliebene Leute empfehlenswert sind Camping-Ausflüge mit der alternativen Buslinie ***Green Tortoise***: Information unter © (800) 867-8647 von außerhalb Kaliforniens, © (415) 956-7500 innerhalb des Staates. 3-Tages-Campingtouren in den *Yosemite* bietet auch ***Incredible Adventures*** für $169, außerdem den schnellen Tagestrip. Information unter © (800) 777-8464 von außerhalb Kaliforniens, © (415) 749-7071 innerhalb des Staates.

Hotel/ Motel/ Camping

Unterkunft ist im *Yosemite Village* begrenzt und nur bei langfristiger Vorausbuchung verfügbar, zentrale Reservierung unter © (209) 252-4848. Die nächsten Motels außerhalb des Parks befinden sich weit vor den Toren des Parks in **Groveland** und **Mariposa** (beide ca. 50 mi nordwest-/westlich des zentralen *Yosemite Valley*), in **Oakhurst** (ca. 50 mi südlich) und **Lee Vining** (jenseits der Sierra Nevada, ca. 15 mi östlich der Tioga-Paßhöhe). Auch die **Campingplätze** sind meist ausgebucht, zentrale Reservierung unter © **(800)-436-7275**.

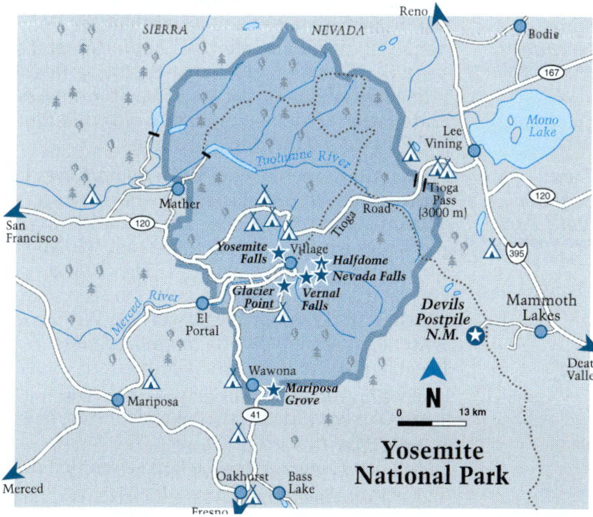

Yosemite Valley

Erstes Ziel im Park ist zunächst das ***Yosemite Valley***, das Tal des glasklaren Merced River zwischen steil aufragenden Felswänden und Wasserfällen mit dem Gros der touristischen Infrastruktur. Karten und Informationen (auch in deutscher Sprache erhältlich) gibt es an der Parkeinfahrt und im *Visitor Center* im *Village*.

Trails

Für **Wanderungen** in die Sierra Nevada hinein liegen die wichtigsten Ausgangpunkte im *Valley*. Dabei bleibt der Wagen auf dem Besucherparkplatz am *Curry Village* stehen. Ein *Shuttle Bus*-System sorgt für den Weitertransport (gratis). Folgende Ziele außerhalb des Tals sind "unverzichtbar":

- der *Trail* hinauf zu den ***Vernal Falls*** (3 Std retour ab *Happy Isles Nature Center)*, wenn auch leider oft sehr stark frequentiert, noch besser zu den ***Nevada Falls*** (4 Std).
- der ***Glacier Point***, ein umwerfender Aussichtspunkt 1.000 m über dem Tal. Anfahrt über 25 mi Stichstraße. Mehrmals täglich Busse vom *Valley*. Dort beginnen ebenfalls Wanderwege.
- der ***Mariposa Grove***, ein Restbestand großartiger *Sequoia* Baumriesen in der Südecke des Parks (ca. 1 Std Fahrt vom Valley, ebenfalls Busse dorthin). *Shuttle-Bus* vom Parkplatz 9am-5pm; $6. Ein Muß für alle, die keine Gelegenheit haben, den *Sequoia NP* oder den *Calaveras Big Tree State Park* zu besuchen.

Tioga Road Bereich

- die Hochebene entlang der ***Tioga Road***, auf der man den Park über die Sierra Nevada und den 3.000 m hohen *Tioga Pass* nach Osten durchquert (bis Mai/ab Oktober zugeschneit; Straßenzustandsinformation unter © (800) 427-7623. Umwerfende Ausblicke, Wanderpfade. Kletterfelsen; gesondertes *Visitor Center*.

Rundfahrt Sierra Nevada

Über die *Tioga Road* kann man eine sehr schöne **Rundfahrt** durch die Sierra Nevada unternehmen: vom *Yosemite Park* zunächst zu **Mono Lake** und ***Bodie Ghost Town State Park***, dann Straßen #395 (zunächst Richtung Reno), #89 (Markleeville/***Grover Hot Springs***) und #4. Stop am ***Calaveras Big Tree State Park*** (*Sequoias*) und am *Columbia State Historic Park* (alte ***Western Town***/guter Saloon).

Zum Sequoia Nat'l Park

Zu den zusammenhängenden ***Sequoia/Kings Canyon National Parks*** sind es vom Südausgang des *Yosemite* über Fresno rund 110 mi. Neben herrlicher Landschaft (vor allem im Canyon des Kings River) reizen die Bestände der Mammutbäume, die nirgendwo sonst dicker sind (Durchmeser bis 13 m, 31 m Umfang) und höher stehen (bis 87m). Ein *Visitor Center* befindet sich im ***Grant Grove*** unweit des Westeingangs. Begrenzte Unterkunftsmöglichkeit: ***Sequoia Lodge*** © (209) 565-3388. Besuchen sollte man neben dem *Grant Grove* unbeding:

- das ***Kings River Valley*** (ähnlich wie Yosemite Valley), großartige Zufahrt (Stichstraße). Wanderungen, Baden.
- den ***Giant Forest*** am *General Hwy* (Richtung Visalia/LA) und dort den ***Congress Trail*** ablaufen (sehr lohnenswert, ca. 1 Std).
- den ***Moro Rock***, einen Aussichtsfelsen östlich des *Giant Forest*.

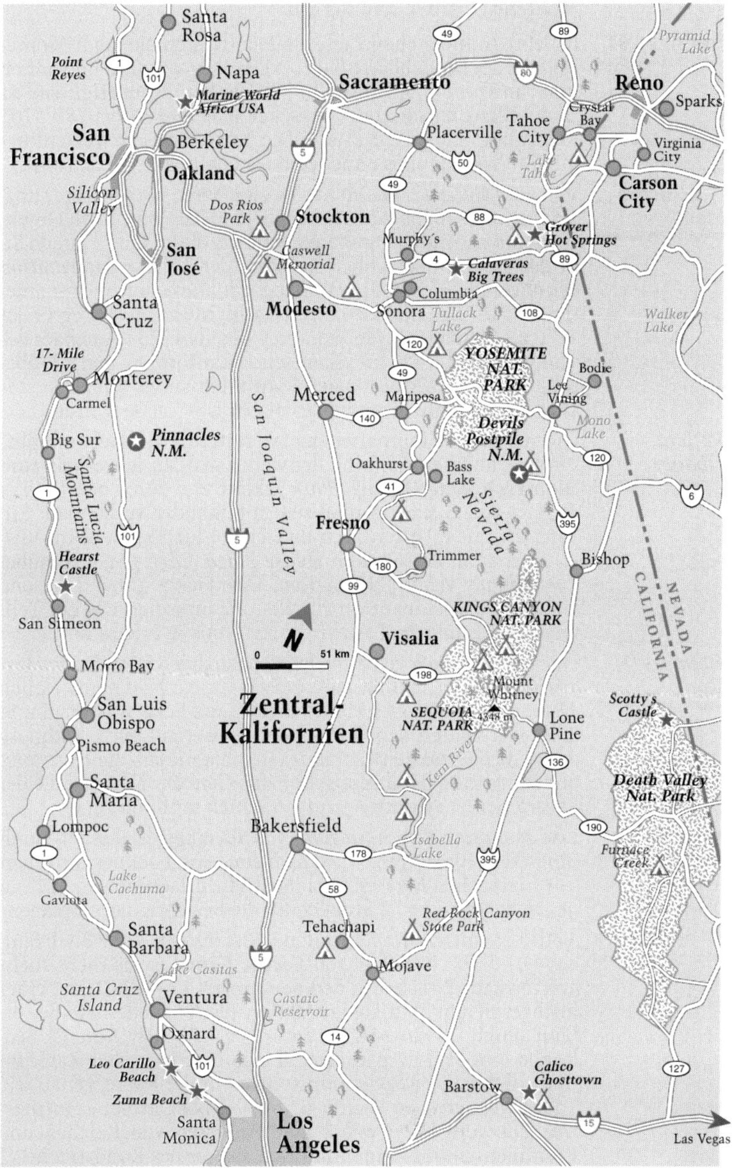
Santa Rosa
Point Reyes
1
101
Napa
Marine World Africa USA
Sacramento
49
89
80
Pyramid Lake
Reno
Sparks
Crystal Bay
Tahoe City
Placerville
San Francisco
Berkeley
Oakland
5
50
Lake Tahoe
Virginia City
Carson City
Silicon Valley
49
Dos Rios Park
Stockton
88
Grover Hot Springs
Murphy´s
San José
Caswell Memorial
4
Calaveras Big Trees
89
Columbia
Santa Cruz
Modesto
Sonora
Tullack Lake
108
Walker Lake
120
YOSEMITE NAT. PARK
17- Mile Drive
Monterey
49
Bodie
Carmel
Merced
Mariposa
Lee Vining
San Joaquin Valley
140
Mono Lake
Devils Postpile N.M.
Big Sur
Pinnacles N.M.
120
Santa Lucia Mountains
Oakhurst
Bass Lake
1
41
6
Sierra Nevada
395
Fresno
101
5
Hearst Castle
Trimmer
Bishop
180
99
NEVADA
CALIFORNIA
San Simeon
KINGS CANYON NAT. PARK
N
Visalia
0
51 km
Morro Bay
198
Mount Whitney
San Luis Obispo
Zentral-Kalifornien
Scotty's Castle
SEQUOIA NAT. PARK
4348 m
Lone Pine
Pismo Beach
Kern River
136
Santa Maria
Death Valley Nat. Park
Lompoc
Bakersfield
190
1
Isabella Lake
178
395
Furnace Creek
Lake Cachuma
Gaviota
58
Red Rock Canyon State Park
Santa Barbara
Tehachapi
5
Mojave
Lake Casitas
Santa Cruz Island
Ventura
Castaic Reservoir
Oxnard
14
Leo Carillo Beach
101
Calico Ghosttown
127
Zuma Beach
Barstow
Santa Monica
Los Angeles
15
Las Vegas

Monterey, Carmel und Big Sur

Highway #1

Beliebte touristischen Ziele am Pazifik sind die Stadt Monterey und der benachbarte Badeort Carmel, etwa 120 mi südlich von San Francisco. Dorhin führen der berühmte ***Highway #1*** an der Küste entlang oder – rascher – die *Freeways* I-280/#101 Richtuung San José/Salinas. Die Küstenstrecke verschlingt mit Zwischenstopps ohne weiteres einen vollen Tag Fahrt.

Geschichte Monterey

Von der Straße #1, bei Monterey gleichzeitig Stadtumgehung, gelangt man am besten über den Del Monte Blvd nach Downtown. Im zentralen Ortsbereich kreuzt dieser die Alvarado St, in der sich unübersehbar das Büro der ***Visitor Information*** befindet. Die 32.000-Einwohner-Stadt blickt auf eine für amerikanische Verhältnisse lange Geschichte zurück. Gegründet 1770 als Mission wurde Monterey bereits 1775 Haupstadt des spanischen, ab 1821 mexikanischen Kalifornien. Nach Eroberung durch die Amerikaner 1846 blieb sie es zunächst, bis 1854 Sacramento Kapitale des neuen US-Staates wurde.

Path of History

Die aus jener Zeit erhaltenen bzw. restaurierten Gebäude plus einige frühamerikanische Bauwerke wurden insgesamt zum ***Monterey State Historic Park*** erklärt und durch den *Path of History* (ca. 3 km) symbolisch miteinander verbunden: Ein Faltblatt mit Erläuterungen und Ticket für $5 gibt es im *Visitor Center* an der ***Custom House Plaza*** (Oliver St gegenüber *Fisherman's Wharf*); 10am-5pm. Das Ticket gilt 2 Tage und berechtigt zum Eintritt in alle *Historic Buildings* und zur Teilnahme an geführten Besichtigungen – mäßig interessant.

Cannery Row

Der ***Cannery Row*** genannte Bereich (zugleich Straßenname) ist wichtigster Anziehungspunkt der Stadt, ca. 1 mi nordwestlich *Downtown:* Vom Del Monte Blvd an der Ecke Washington St halbrechts durch den Tunnel und weiter auf der Lighthouse Ave. Die ehemaligen *Canneries* (Fischfabriken), die einst *John Steinbeck* zum Titel seines Romans *Cannery Row* (Straße der Ölsardinen) inspirierten, wurden schick umfunktioniert.

Aquarium

Das ***Monterey Bay Aquarium*** gilt als eines der besten Nordamerikas (10am-6pm; $13). Es bietet Anschauungsunterricht zur pazifischen Meeresfauna (Heft mit Erläuterungen auch in deutscher Sprache). 2 Stunden für die Besichtigung einplanen.

17-Mile-Drive

Von dort entlang der reizvollen Küste (Ocean View Blvd, Sunset Dr) durch den Stadtteil **Pacific Grove** ist es nicht mehr weit bis zur Einfahrt in den berühmten ***17-Mile-Drive***, einer hochgespielten Touristenattraktion. Die 17-Meilen-Straße verläuft durch Privatbesitz und kostet $8 Eintritt/Auto (!). Seehunde und Seelöwen tummeln sich dort in großer Zahl um und auf dem *Seal Rock* unmittelbar vor der Küste, genau wie anderswo – etwa in Pacific Grove und bei Carmel – eintrittsfrei. Die gern hervorgehobenen Anwesen von Reichen und Prominenten liegen mehrheitlich abseits der Rundstrecke.

Carmel

Das mit Abstand hübscheste Städtchen der gesamten Westküste, Carmel, gilt als piekfeine Künstlerkolonie und besaß mit dem dort residierenden Filmschauspieler ***Clint Eastwood*** für einige Jahre einen publicity-wirksamen Bürgermeister. Galerien, *fashionable* Shops und Restaurants bestimmen das Bild um die Hauptstraße Ocean Ave und Umgebung. Der überwiegende Teil Carmels besteht aus beneidenswert gelegenen und gestalteten Privathäusern. Die weißen Strände entlang der *Scenic Road* gehören zu den schönsten des Landes.

Mission

– An der Rio Road, steht eine der attraktivsten der 21 spanischen Missionsstationen in Kalifornien. Die ***Carmel Mission del Rio Carmelo*** wurde 1770 erbaut. In ihr liegt der Gründervater der Missionen, der Franziskanermönch ***Junipero Serra***begraben. Zu besichtigen sind neben der Kirche ein Innenhof und hübsche Gärten, Mo–Sa 9am–5pm, So ab 1pm.

Point Lobos

– Die Strände Carmels enden mit der *Monastery Beach* an der Grenze zur ***Point Lobos State Reserve***, einem der beliebtesten Naturschutzparks Kaliforniens, Einfahrt vom Highway #1, ca. 4 mi südlich des Zentrums von Carmel. $8 Eintritt pro Wagenladung sind dort besser angelegt als z.B. für den *17-Mile-Drive. Point Lobos* ist eine felsige Halbinsel mit zerklüfteter Küste und vorgelagerten Inselchen. Sie wird durchzogen von *Nature Trails*. Unverzichtbar ist ein Spaziergang auf dem kombinierten *Sand Hill/Sea Lion Point Trail* (45 min). Seehunde und Seelöwen bekommt man immer zu Gesicht, mit Glück auch die possierlichen Seeottern.

> Der **Monterey Peninsula Airport (MRY)** liegt nur wenig außerhalb östlich der Stadt.
>
> **Fluglinien:** AA, DL, UA
>
> **Taxi** nach *Downtown Monterey* ca. $8-$10, **Bus** #21, 7am–6pm, $1,25. **Taxi** nach Carmel $20-$25.

Big Sur

Spätestens ab *Point Lobos* befindet man sich definitiv **auf dem schönsten und einsamsten Abschnitt des *Highway #1***. Bis San Simeon gibt es keine echte Ortschaft mehr. Großartige Ausblicke auf Buchten und Steilküste belohnen immer wieder die Serpentinenfahrt. Dies ist ***Big Sur Country***. Ein paar halb versteckte *Lodges*, ein *State Park* und das legendäre ***Nepenthe Restaurant*** hoch über dem Pazifik sind einzig sichtbare Eckpunkte der Streusiedlung Big Sur.

Pfeiffer Park

– Der *Pfeiffer Big Sur State Park* liegt landeinwärts am Big Sur River. ***Trails*** führen zum pittoresken *Big Sur Canyon* mit Wasserfällen und kleinen natürlichen Badepools.

Strand

– Die ***Pfeiffer Beach*** **ist die schönste Sandbucht** zwischen Carmel und San Diego. Zufahrt auf der *Sycamore Canyon Road* bis zum Ende, vom Parkplatz noch 200 m zu Fuß bis zum malerischen Strand zwischenFelsen. Leider erwärmt sich selbst im Hochsommer das Wasser des Pazifik kaum über 16°C.

SEATTLE

Charakteristik

Es gibt keine andere US-Großstadt, die ihren Einwohnern derart vielfältige Möglichkeiten für eine Freizeitgestaltung in den *Outdoors* bietet wie Seattle. Der vom Pazifik gespeiste ***Puget Sound*** mit seinen Stränden, Meeresarmen und Inseln, die Seen rund um die City und Gebirge in kurzer Distanz sind ideale Reviere für Sommeraktivitäten und Wintersport.

Obwohl Seattle schon innerhalb seiner Grenzen ansehnlicher wirkt als manch andere US-Metropole und auch kulturell den Durchschnitt übertrifft, liefert die Umgebung mit unterschiedlichsten Landschafts- und Klimazonen und gleich vier Nationalparks den wichtigsten Anreiz für einen Besuch.

Geographie, Klima und Geschichte

Geographie

Die nördlichste City der kontinentalen USA liegt 110 mi südlich der kanadischen Grenze. Ihr zentraler Bereich konzentriert sich auf eine nur 4 km breite, hügelige Landenge zwischen dem tief nach Süden reichenden *Puget Sound*, und dem fast 30 km langen Binnensee *Lake Washington*. Die Kaskaden im Osten und die vorgelagerte *Olympic* Halbinsel mit dem gleichnamigen Gebirge und Nationalpark im Westen bewahren Seattle vor extremen klimatischen Schwankungen.

Klima

Warmes, aber wechselhaftes Sommerwetter mit Temperaturen, die selten 25°C übersteigen, und milde Winter mit hohen Niederschlägen sorgten gleichwohl für den bezeichnenden Ruf der Stadt als ***Rain Capital*** der USA. Dennoch bedeutet dies nicht, daß in Seattle schlechtes Wetter überwiegt. Beweis laut örtlicher Touristikwerbung: Die *Seattellites* kaufen (pro Kopf) mehr Sonnenbrillen als jeder andere amerikanische Großstadtbürger.

Beste Besuchszeit für den Nordwesten der USA, speziell für die Küstenregion im Staat Washington, sind die Sommermonate und der Frühherbst bis Ende September.

Sonnenschein: 136 Tage — **Niederschläge**: 160 Tage
Wärmster Monat: Juli 18°C — **Kältester Monat**: Januar 4°C

Geschichte

Die Ursprünge des heutigen Seattle liegen nur wenig mehr als hundert Jahre zurück. Zwar gilt

1851 als **offizielles Gründungsjahr**, aber

1889 brannte die damals 20.000-Seelen Stadt bis auf die Grundmauern nieder, wurde völlig neu aufgebaut und dabei um rund 10 m "geliftet" (➪ *Underground Tours,* Seite 472).

1893 erfolgte die Fertigstellung des **nördlichsten transkontinentalen Schienenstranges** mit Endpunkt Seattle. Gerade richtig, um ab

1896 die Stadt zum **Hauptausgangspunkt** ungezählter Abenteurer für die Reise in die **Goldrauschgebiete** am Klondike und in Alaska zu machen und in die weitere Versorgung des hohen Nordens einzusteigen. Der Schiffbau florierte, und Seattle wurde in der Folge zur maritimen Drehscheibe für den nördlichen Pazifik.

1909 Erste Weltausstellungin Seattle unter der passenden Bezeichnung ***Alska-Yukon-Pacific Exhibition***.

1962 brachte eine weitere **Weltausstellung** Seattle wichtige ökonomische und infrastrukturelle Impulse. Das *Seattle Center* und Maßnahmen der Innenstadtrestaurierung gehen darauf zurück

bis heute Seattle entwickelte sich zum **Luftkreuz** des Nordwestens und ist nach wie vor das Sprungbrett für Alaska. Der größte Teil der dort startenden und landenden Flugzeuge wird in der Stadt selbst und im nahen Everett gefertigt. ***Boeing*** ist bedeutendster Arbeitgeber nicht nur Seattles, sondern aller Nordweststaaten.

Seattles **Bevölkerung** zählt heute **über 500.000**, der Großraum **1,6 Mio. Einwohner**. Das **Durchschnittsalter** seiner Bewohner von nur 33 Jahren macht Seattle zur "jüngsten" US-Metropole.

Daten und Fakten

Telefonische Vorwahl/Area Code: 206, teilweise 425

Diplomatische Vertretungen

- **GK der BRD,** ✆ 682-4312, 1200 5th Ave, 1617 IBM Building
- **HK der Schweiz,** ✆ 762-1223, 5304 3rd Ave South
- **HK Österreichs,** ✆ 633-3606, 4131 11th St NE, Penthouse 1

Besucherinformation

- Im ***Sea-Tac Airport*** befindet sich ein Informationsbüro, ✆ 433-5218, gegenüber *Baggage Claim 10*, geöffnet 9:30am–7:30pm.
- ***Seattle Visitors Bureau,*** ✆ 461-5840, im ***Convention Center***, 8th /Pike St, Mo–Fr 8:30am–5pm, Sa 10am–4pm.
  Besonders hilfreich sind die mit Karten ausgestatteten Gratisbroschüren ***Seattle/King County Visitors Guide*** (halbjährlich neu), ***Where Seattle*** (monatlich neu mit jeweils aktuellem Veranstaltungskalender) und der separate ***Lodging Guide*** für die Mehrheit der Hotels, Motels, *B & Bs* in Seattle und Umgebung

Flughafen (SEA)

Seattle-Tacoma International Airport, ✆ 431-4444

Kennzeichnung

Sea-Tac ist ein moderner, freundlich gestalteter Flughafen, der als erster für den Transport der Passagiere zwischen den verschiedenen *Terminals* eine U-Bahn installierte. Mit der seit den 80er-Jahren stark gewachsenen Bedeutung des pazifisches Wirtschaftsraums stieg das Passagier- und Frachtaufkommen des *Sea Tac Airport* sprunghaft.

Fluglinien: AA, CO, CP, DL, HP, NW, TW, UA, US
Hub: AS
Transferzeiten: 30-40 min

Anlage

Sea-Tac liegt 13 mi südlich Seattle und 23 mi nördlich von Tacoma. Das *Main Terminal* ähnelt einem X, die beiden oberen *Concourses* B und C sind leicht abgeknickt. Das im Süden befindliche *Satellite Terminal* dient der Abwicklung des internationalen Flugbetriebs. Beide *Satellites* erreicht man per U-Bahn. Die Züge der Nordschleife verbinden die *Concourses* D, C und den *North Satellite* mit dem Hauptterminal, die Südschleife den *South Satellite* und die *Concourses* B und A. Beide Züge verkehren im 2-Minuten-Takt.

Schließfächer befinden im ganzen Flughafen, $1/24h**. Gepäckaufbewahrung** gegenüber Baggage Claim #12 und #13.

Kunst im Airport

Sea-Tac setzte als erster Flughafen in den USA (1973) zur Gestaltung seiner *Terminals* gezielt **Kunstwerke** ein – vor allem auf der Eincheck-Ebene des *Main Terminal.* Neben der permanenten *Art in the Airport* gibt es temporäre Präsentationen (Informationen und Poster beim *Port of Seattle Public Information Office*, Raum 300 im *Main Terminal*). Eine Ausstellung zu Leben und Kultur der Indianer des amerikanischen Nordwestens befindet sich zwischen den Terminals C und D.

Am Eingang zum Terminal C befindet sich ***The Massage Bar***. Man kann sich dort von einem professionellen Physiotherapeuten massieren lassen; zur *Happy Hour* (4pm-5pm) gibt es die Massage zu einem ermäßigten Tarif.

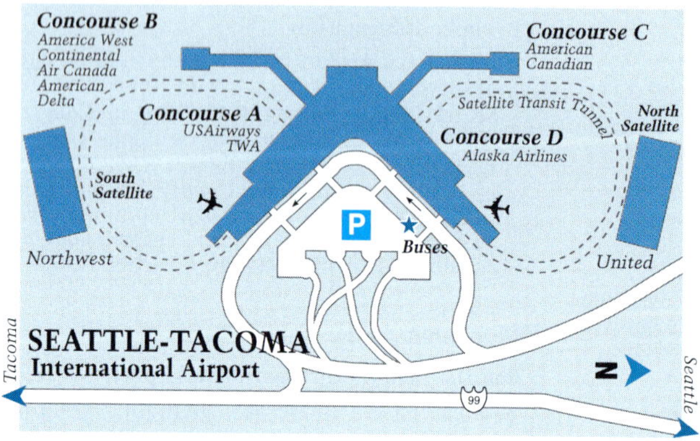

Verbindung Airport-City

Bus

Stadtbusse nach *Downtown* Seattle fahren am Südende des *Main Terminal* ab, Bereich der Gepäckausgabe. Bus #174 verkehrt werktags alle 30 min 5:20am–12:20am, Sa ab 6:15am und So ab 7am; Fahrtzeit ca. 45 min. Schneller ist der Expressbus #194 mit ca. 30 min Fahrtzeit, jedoch nur Mo–Fr 8:30am–6:30pm. Fahrpreis in beiden Fällen $1,60.

Airporter

Airporter Busse verschiedener Gesellschaften bieten Verbindungen in die Umgebung. ***Grayline Airport Express*** *bedient* die wichtigsten *Downtown*-Hotels alle 20 min, ca. 5am–11pm, $8 bzw. $13 retour. Aktuelle Information unter © 626-6088.

Nach Vancouver

Ein ***Express Bus Service*** verbindet den *Sea Tac Airport* täglich 8x mit Vancouver in Canada (*Airport* und *Downtown*). Der Bus fährt über *Downtown* Seattle (*Travelodge Hotel)*, Everett und Bellingham; einfache Fahrt Airport-Vancouver $34; Fahrtzeit ca. 4 Std.

Taxi

Ein **Taxi** nach Downtown kostet $20-$30, 20-40 min je nach Ziel.

Car Rental

Alamo, Avis, Budget, Dollar, Hertz, National, Payless, Thrifty

Parken

Zum Besuch von *Downtown* Seattle und der wichtigsten Sehenswürdigkeiten im Nahbereich benötigt man angesichts des ungewöhnlich gut ausgebauten öffentlichen Transportsystems kein Auto. Für Abstecher in die Umgebung, insbesondere zu den Nationalparks, gibt es zum Mietfahrzeug keine sinnvolle Alternative. Wer sich entschließt, mit dem Auto in die City zu fahren, findet dort ein dicht ausgebautes System von Parkhäusern, Plätzen und Parkuhren zu noch erträglichen Gebühren. Die *Visitors Info* hat einen eigenen ***Guide "How to Park in Downtown Seattle"*** zu den ca. 60.000 Plätzen.

Öffentliche Verkehrsmittel City

Bus

Metro Transit, © 553-3000, betreibt das öffentliche Verkehrsnetz. Es wurde ebenso wie Portlands *Tri-Met* von der *American Public Transit Association* ausgezeichnet. Die Benutzung der City-Busse im zentralen Bereich zwischen I-5 und *Waterfront*, darunter eine unterirdisch geführte Linie (***Tunnel Bus***) von der Pine St unter der 3rd Ave bis zur Union Station (***ride free area***), ist gratis (5am–7pm). Fahrpreis außerhalb dieser Zone $0.85-$1,60.

Hochbahn/ Street Car

Vom Zentrum (Pine St/5th Ave) verkehrt eine ***Monorail***-Hochbahn zum ***Seattle Center***, *Ticket* $1. Am Alaskan Way (***Waterfront***) fährt eine ***Street Car*** (Straßenbahn) vom Pier 70 über den Pioneer District bis zum *International District* (5th Ave); Tarif $0,90, zu den *Rush Hours* $1,20; Frequenz alle 20-30 min.

Taxis

Taxis kosten $1,80 Grundgebühr und $1,60 pro Meile.

Farwest, © 622-1717 **Yellow Cab,** © 622-6500

Rundfahrten

Trolley

Wie in vielen anderen Städten auch, kann man teure ***Sightseeing Trolleys*** für $13 buchen (hier 2 Tage Gültigkeit), die auf einer Rundstrecke zwischen ***Seattle Center*** und *Pioneer Square* im 30 min-Takt verkehren. An den Haltepunkten kann beliebig aus- und zugestiegen werden. In einigen Cities sind solche *Trolleys* sinnvoll, in Seattle tut`s – in Ergänzung zu Schusters Rappen – auch der preiswerte öffentliche Transport.

Stadt und Umgebung

Wie überall gibt es ganz normale Stadtrundfahrten, die je nach Dauer (3-6 Std) $18-$45 kosten und teilweise auch Bootstrips einschließen. Längere Touren gibt es inklusive Führung durch die Fertigung von **Boeing in Everett**. Anmeldung empfehlenswert, z.B. *Grayline*, © 626-5028. Ausflüge in die Umgebung, z.B. zum *Mt. Rainier Nationalpark*, kosten ab $45.

Boottrips

- **Hafen-, Bay- Lake- und Schleusen-Rundfahrten** ab *Seattle Waterfront*/Pier 55, Washington Lake und *Chittenden Locks* ab $14.
- **Fähren** nach **Bremerton** und **Winslow** auf der gegenüberliegenden Seite des Puget Sound gehen bis zu 20 x täglich ab Pier 52. Der Autofähre nach **Victoria** auf **Vancouver Island** dient der Pier 48 als *Terminal* – Fahrtzeit 4-5 Stunden. Eine **Schnellfähre** nach **Vancouver Island** (2-3 Stunden), der Katamaran *Victoria Clipper*, legt weiter nördlich vom Pier 69 ab.

Rundflüge

- Ein Spezialität in Seattle sind Rundflüge per **Wasserflugzeug**: ***Seattle Seaplanes***, © (800) 637-5553, startet vom Lake Union nördlich *Downtown*, I-5 Exit 167 Fairview Ave; 20 min Flug kosten $43. ***Kenmore Air*** mit Startplatz an der 950 Westlake Ave, © (800) 543-9595, bedient – ebenfalls per Wasserflugzeug – Vancouver Island und die San Juan Islands.

Unterkunft

Flughafen-bereich

Der **Airport Bereich** (Straße #99) ist dicht besetzt mit Unterkünften: neben den üblichen Nobelherbergen vor allem mit Häusern ab unterer Mittelklasse. An Wochenenden stehen oft Zimmer leer, und das Preisniveau sinkt. Für $59 findet man dann auch schon mal sehr ordentliche Quartiere. Werktags gibt es Mittelklasse-Zimmer etwa **ab $65**: **Clarion, Days Inn, Hampton, Super 8, La Quinta etc**. Etwas billiger sind:

- **Rodeway Inn**, © 242-02002, 3000 S 176th St, ab $43
- **Travelodge,** © 241-9292, 2900 S 192nd St, ab $49
- **Econo Lodge,** © 244-1230, 19225 Int`l Blvd, ab $45

Downtown

Preiswerte Unterkünfte sind auch in der Innenstadt rar. Erst in der **Aurora Ave** nördlich des *Seattle Center* beidseitig des Washington Channel gibt es einfache **Motels mit regulären Preisen ab $32-$39**. Je näher man an das *Seattle Center* und *Downtown* rückt, umso teurer werden die Zimmer:

- **Kings Inn,** © 441-8833, 2106 5th Ave, ab $60
- **Days Inn,** © 448-3434, 2205 7th Ave, ab $69.
- **Travelodge Downtown,** © 624-6300, 2213 8th Ave, ab $70
- **Sixth Avenue Inn,** © 441-8300, 2000 6th Ave, ab $84

Billigquartiere und Mehrbettzimmer sind:

Billig-quartiere

- **International Hostel (AYH),** © 622-5443, 84 Union St, $16 (Mitglieder) bis $20; unbedingt langfristig reservieren.
- **Green Tortoise Backpackers Hostel,** © 340-1222, 1525 2nd Ave in bester Lage zwischen Oberstadt und *Waterfront* in einem äußerlich abrißverdächtigen Bau. Bett $14, separate Zimmer ab $30-$40. Preise inkl. Frühstück.
- **Commodore Hotel,** © 448-8868, 2013 2nd Ave, ab $35; Bett $15.
- **St. Regis Hotel,** © 448-6366, 116 Steward St, ab $44.
- **American Backpackers Hostel,** © 720-2965, 126 Broadway E, $13 fürs Bett; sep. Zimmer ab $35 inkl. Frühstück und pick-up
- **YMCA Central**, © 382-5000, 909 4th Ave, ab $39 für Mitglieder, sonst teurer. Dafür Pool, Fitness Raum etc.pp.

B & B

Auch in Seattle hat sich die Zahl der ***B&B*-Quartiere** in den letzten Jahren erheblich vergrößert. Interessant ist in Seattle die Möglichkeit, auf einem der zahlreichen **Hausboote** auf dem Lake Union unterzukommen. Als Vermittlungsagentur kommt z.B. ***Pacific Reservation Service***, © 439-7677, in Frage.

Essengehen und Shopping

Downtown

Das leibliche Wohl komt in Seattle garantiert nicht zu kurz. In *Downtown* sind (nicht nur) aus touristischer Sicht vor allem folgende Adressen eine eine gute Wahl:

- Der ***Pike Place Market*** mit einer unüberschaubaren Palette von Lokalen jeden Stils und jeder Küche, ➪ folgende Seiten.
- Die Kette ***Planet Hollywood*** besitzt auch in Seattle eine Filiale (Ecke 6th Ave/Pike St).

Waterfront/ Pioneer Sq.

An der ***Waterfront*** steht ein ***Seafood Restaurant*** am anderen. Im ***Pioneer Square District*** geht es insgesamt etwas niveauvoller zu bei ebenfalls großer Auswahl. Nach genossenem Dinner sind es dort nur ein paar Schritte bis zur nächsten Musikkneipe.

Seattle Center

Im Rahmen eines Besuchs im ***Seattle Center*** findet sich im ***Food Court*** des *Center House* mit einem vielfältigen Angebot etwas für jeden Geschmack. Feiner und teurer ist das **Drehrestaurant** in der benachbarten ***Space Needle***, bietet aber dafür eine fantastische Aussicht, Reservierung empfehlenswert: © 443-2100.

Tillicum Village

Teuren Lachs in authentischer Umgebung eines Indianerdorfes speist man im ***Tillicum Village*** auf Blake Island, ➪ Seite 474. Lachs (und anderes) ohne Folklore und nicht so teuer, aber auch in indianisch gestylten, rustikalen Räumen oder auf einer Terrasse am See gibt`s in ***Ivars Salmon House*** am Nordostufer des Lake Union, 401 NE Northlake Way unweit der Pylonen der I-5.

Souvenirs

Wer nach Souvenirs sucht, wird in einem der kleinen Läden im Gewirr des ***Pike Place Market*** sicher schnell fündig, ebenso in den originell sortierten Shops des ***International Bazaar*** des *Center House* im *Seattle Center*. Die Auswahl an der *Waterfront* und am Pioneer Square ist ebenfalls groß.

Malls

Viel Glas, Licht und Grün zeichnen die **Westlake Mall** (Pine Street/5th Ave) und den **Century Square** (Pike St/4th Ave) aus, Einkaufsparadiese mitten im Zentrum.

Rund 6 mi nördlich bzw. südlich *Downtown* findet man die Shopping-Zentren

- **Northgate Mall**, I-5 North, Exit 173, Northgate Way, 120 Läden
- **Southcenter**, I-5 South, Exit 153/I-405 in Tukwila, 140 Läden

Mall & Museum

Die größte *Shopping Mall* weit und breit ist **Bellevue Square**, Bellevue Way/NE 8th St, ca. 8 mi östlich *Downtown* mit über 200 Läden und Restaurants und dem ***Bellevue Art Museum***.

Outlet Mall

Die ***Supermall of the Great Northwest*** zählt **über 160 *Factory Stores***, *Food Court* und Kinderkarussell. Leider weit außerhalb bei Auburn an der Kreuzung der Straßen #167 und #18.

Sehenswürdigkeiten

Downtown, Waterfront, Seattle Center und Parks

Downtown

Im eher durchschnittlich attraktiven Geschäftszentrum etwa zwischen Pike/Cherry St und I-5/2nd Ave fällt die **eindrucksvolle Architektur** einer Reihe von Hochhäusern auf, vor allem in der 5th und 6th Ave (u.a. *Security Pacific Tower, Pacific First Centre, Two Union Square, ATT Gateway*).

Convention Center

Zwischen Seneca und Pike Street wurde die I-5 komplett überbaut vom ***Freeway Park***, einer grünen Betonkreation mit Wasserspielen, und dem gläsernen Palast des ***Convention Center***, auf dessen verschiedenen Ebenen viele **Kunstwerke** zu bewundern sind. Im Erdgeschoß (Zugang Pike St) befindet sich das sehr gut sortierte Büro der ***Visitor Information***.

Malls

Ebenfalls viel Glas, Licht und Grün zeichnen die beiden mehrstöckigen Einkaufsparadiese ***Westlake Mall*** (Pine Street/5th Ave) und ***Century Square*** (Pike Street/4th Ave) aus. Zum Westlake-Komplex (3. Stock) gehört die City Station der ***Monorail*-Bahn** Richtung *Seattle Center.*

Kunstmuseum

An der Ecke First Ave/University St steht der grandiose Bau des ***Seattle Art Museum***, davor die Riesenskulptur des ***Hammering Man***. Eine Kopie ziert den Vorplatz des Messeturms in Frankfurt. Die Kollektion – u.a. indianische, afrikanische Kunst; 20. Jahrhundert Amerikaner und Sonderausstellungen – ist nicht hochklassig, aber ausgezeichnet präsentiert. Täglich geöffnet10am–5pm, Do bis 9pm; Eintritt $6. Das Ticket gilt 7 Tage auch fürs ***Asian Art Museum*** im Volunteer Park.

Deutsche Zeitungen

Vom Kunstmuseum zum ***International News Shop*** an der Ecke Pike/1st Street mit – wenn man Glück hat – einigermaßen druckfrischen Zeitungen und Zeitschriften aus der Heimat, sind es nur ein paar Schritte.

Pike Place

Zu Recht der absolute Publikumsmagnet ist in *Downtown* Seattle der ***Pike Place Market***, einer der besten Dauermärkte der USA, Haupteingang am Ende Pike Street/Western Ave

Sicherheit

Sicherheitsprobleme gibt es tagsüber zwischen Pioneer Square und *Seattle Center* nicht. Ebensowenig im Bereich der anderen unten beschriebenen Sehenswürdigkeiten. Auch abends braucht man sich an der *Waterfront* und dem Pioneer Square keine besonderen Sorgen zu machen, solange noch einigermaßen Betrieb herrscht.

Die abends menschenleere *City*, die Straßenzüge zwischen Pike St und *Seattle Center* und den *International District* sollte man bei Dunkelheit aber besser meiden.

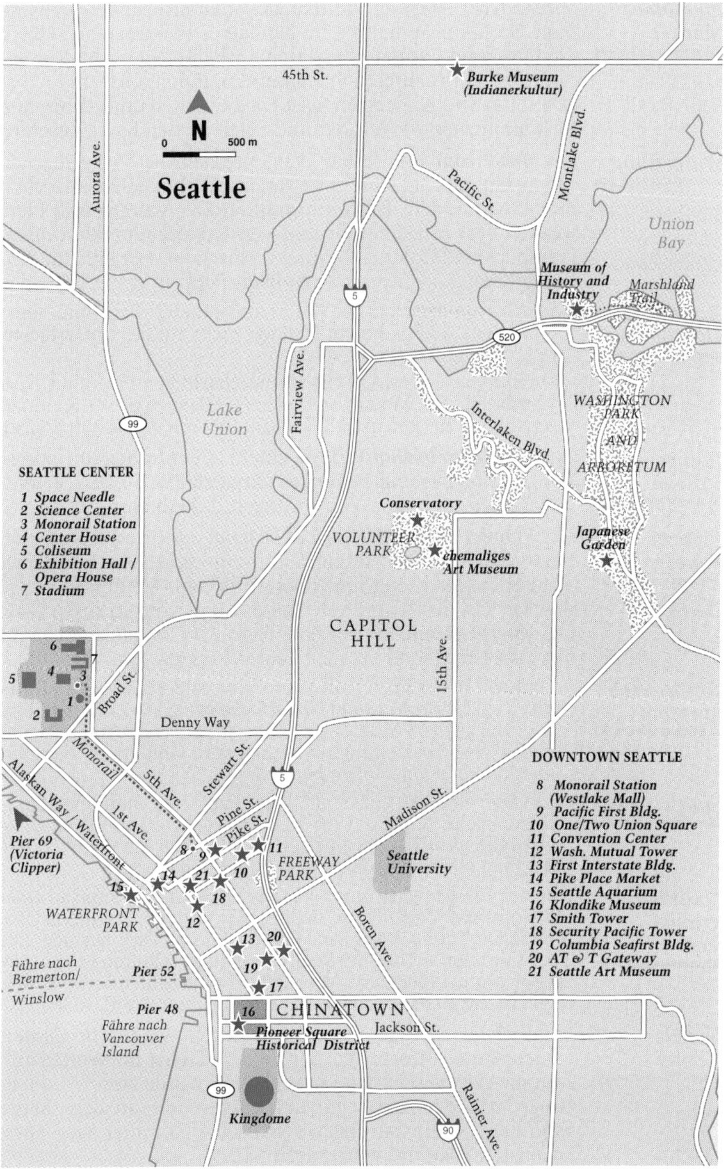
Seattle
N
0
500 m
45th St.
Burke Museum (Indianerkultur)
Aurora Ave.
Montlake Blvd.
Pacific St.
Union Bay
Museum of History and Industry
Marshland Trail
520
5
Fairview Ave.
99
Lake Union
Interlaken Blvd.
WASHINGTON PARK AND ARBORETUM
SEATTLE CENTER
1 Space Needle
2 Science Center
3 Monorail Station
4 Center House
5 Coliseum
6 Exhibition Hall / Opera House
7 Stadium
Conservatory
VOLUNTEER PARK
ehemaliges Art Museum
Japanese Garden
CAPITOL HILL
15th Ave.
Broad St.
Denny Way
Monorail
5th Ave.
Stewart St.
Alaskan Way / Waterfront
1st Ave.
Pine St.
Pike St.
Madison St.
DOWNTOWN SEATTLE
8 Monorail Station (Westlake Mall)
9 Pacific First Bldg.
10 One/Two Union Square
11 Convention Center
12 Wash. Mutual Tower
13 First Interstate Bldg.
14 Pike Place Market
15 Seattle Aquarium
16 Klondike Museum
17 Smith Tower
18 Security Pacific Tower
19 Columbia Seafirst Bldg.
20 AT & T Gateway
21 Seattle Art Museum
Pier 69 (Victoria Clipper)
FREEWAY PARK
Seattle University
WATERFRONT PARK
Boren Ave.
Fähre nach Bremerton/ Winslow
Pier 52
Pier 48
Fähre nach Vancouver Island
CHINATOWN
Jackson St.
Pioneer Square Historical District
Kingdome
Rainier Ave.
90

Pike Place Market

oberhalb des ***Alaskan Viaduct***, der Stadtautobahn #99), 9am–6pm, So 11am–5pm. Im Kern handelt es sich um einen Obst-, Gemüse- und – besonders – Fischmarkt, der sich zum Riesenkomplex mit mehreren Stockwerken, Innenhöfen und Arkaden voller Shops, Kneipen, Fast Food-Ständen und ethnischen Restaurants entwickelt hat und einen großen Block besetzt.

Waterfront

Als ***Waterfront*** am Alaskan Way unterhalb der hochgelegenen Innenstadt gilt ein Abschnitt von etwa 2 km Länge zwischen Broad St und dem **Fährterminal** Pier 55. Ausrangierte Piers wurden dort mit einer Unzahl von Restaurants, Boutiquen, Giftshops und Galerien bestückt. Ansehenswert sind im zentralen Bereich, dem sog. ***Waterfront Park***, in erster Linie das

Aquarium/ Omnidome

- ***Seattle Aquarium*** auf der Pier 59, im Sommer 10am-7pm, sonst 10am-5pm, $7,50, das ein Hauptgewicht auf die Unterwasserwelt des Pazifik legt, und der
- ***Omnidome***, ein IMAX-Kin, mit wechselndem Programm, u.a. "Ausbruch des Mount St. Helens"; 10am–9pm im Sommer, sonst bis 5pm. Eintritt $7, Kombiticket mit Aquarium $12,50.

Indian Village

Zum ***Tillicum Indian Village***, einem farbenfrohen Museumsdorf auf **Blake Island**, geht es **per Boot ab Pier 56**; $50 pP inkl. Lachsessen und Tanz-Vorführungen, 2-3 Abfahrten/Tag.

Pioneer Square

Der ***Pioneer Square Historical District***, ein altes, nostalgisch herausgeputztes Viertel im Backstein-Look, liegt nur wenig südöstlich der *Waterfront* unweit Pier 48. Es umfaßt einige Blocks zwischen Waterfront/2nd Ave und King St/Yesler Way. Die **Kneipenszene** besitzt dort Flair. *Live Music* zieht nicht nur Touristen, sondern auch *Seattellites* an.

Goldrausch-Museum

- Lohnend ist der Besuch im *Visitor Center* & *Museum* des ***Klondike Gold Rush National Historic Park*** (täglich 9am-5pm, Eintritt frei) an der S Main St gegenüber dem Occidental Park. Sehr instruktive Ausstellung und Filme zum Goldrausch der Jahrhundertwende im Hohen Norden.

Smith Tower

- Der ***Smith Tower***, 2nd/Yesler Way, 9am-11am, 1pm–4pm, 6pm–Mitternacht, $2, war 1905 mit 42 Stockwerken das höchste Gebäude westlich des Mississippi. Von der Aussichtsterrasse hat man einen guten Blick über Stadt und Bucht.

Underground Tour

Wer sich für die "City unter der City" interessiert, kann an einer ***Underground Tour*** (3-10x täglich, $7) teilnehmen, die in *Doc Maynard`s Public House* am Pioneer Square Park beginnt. Die Tour führt durch Teile der Stadt, die beim erwähnten Brand 1889 zerstört wurden, aber unter dem darüber aufgebauten neuen Seattle bis heute erhalten blieben. Reservierung unter © 682-4646.

Seattle Center

Nördlich des Stadtzentrums befindet sich das ***Seattle Center***, Mercer/Broad St/5th Ave, der 1962 zunächst für Weltaustellungszwecke geschaffene Komplex. Er wurde zum Unterhaltungs- und Konferenzzentrum umgestaltet, in dem heute zahlreiche Veranstaltungen stattfinden. Sommer 8am–1pm, ansonsten 10am bis Mitternacht, $5.

Space Needle

– Die weithin sichtbare ***Space Needle***, eine 210 m hohe Stahlkonstruktion mit Aussichtsplattform und Drehrestaurant (➪ Seite 471), gilt seither als Wahrzeichen der Stadt. Von oben genießt man einen fantastischen Blick über Seattle und den Puget Sound, bei guter Sicht auch auf die *Olympic Mountains* und die fernen, immer weißen Kaskadengipfel *Mount Rainier* und *Baker*.

Wissenschaftsmuseum

– Das ***Pacific Science Center*** hinter der *Space Needle* beherbergt ein im wesentlichen auf Jugendliche zugeschnittenes Wissenschaftmuseum experimentellen Typs mit einem separaten, einfallsreichen "technischen" Kinderspielplatz (10am–5pm, So bis 6pm), ein **IMAX**-Filmtheater und ein **Planetarium** mit *Lasershows*. Kombiticket $10; Kinder altersabhängig $6 und $8.

Food Court

– Im ***Center House*** sorgt eine Vielzahl von *Fast Food*-Theken mit Spezialitäten aus aller Herren Länder für das leibliche Wohl der Besucher, ➪ Seite 471.

– Eine ***Monorail-Bahn*** (9am-9pm, $1) verbindet das *Seattle Center* mit dem Stadtzentrum, Pine St/5th Ave (*Westlake Mall)*.

Washington Park

Nordöstlich der inneren City liegt der hügelige **Washington Park** mit einem großen **Arboretum** und hübschem **Japanese Garden** (Eintritt), Zufahrt über die Madison St oder I-5/#520/ Lake Washington Blvd. Der ***Marshland Trail***, ein idyllischer, ökologischer Lehrpfad über Seerosenfelder, Sumpf- und Schilfinseln führt zur **Foster Island**, die auch auf der gleichnamigen Straße vom Park aus erreicht werden kann.

Museen

Der Pfad nimmt seinen Ausgang hinter dem ***Seattle Museum of History & Industry***, 24th Ave/East Park Dr, 10am-5pm, $6; eher mittelmäßige Aufbereitung der gestellten Thematik.

Das ***Burke Museum***, Universitätsgelände, Ecke 17th/45th St einige Meilen nördlich der Union Bay des Lake Washington (10am–5pm, $3) legt den Schwerpunkt auf die Kultur der Völker des pazifischen Raums und die Indianerstämme der nordamerikanischen Westküste. Gut bei Interesse am Thema.

Volunteer Park

Ein Abstecher zum **Volunteer Park** (15th Ave/Prospect St) wird belohnt mit einem sehr schönen Blick von den hochgelegenen Terrassen des ***Asian Art Museum*** auf die Stadt (Eintritt mit dem Ticket des *Seattle Art Museum* gratis).

Schleusen

Am *Lake Washington Ship Canal*, der den *Puget Sound* und die Binnenseen verbindet, sind die ***Chittenden Locks*** ein beliebtes Ziel, Zufahrt über den Commodore Way. Über eine Fischleiter mit Sichtfenstern (sehenswert beim Lachsauftrieb im Herbst) und Staumauer führt ein Fußweg auf die gegenüberliegende Seite zu einem Informationszentrum.

Uferparks

Die **Uferparks** am Puget Sound und am ***Lake Washington*** liefern ein Bild von der Lebensqualität Seattles. Eine Fahrt etwa auf dem Washington Blvd vom *Seward Park* bis zur *Union Bay* führt durch beneidenswerte Wohnviertel, vorbei an Badestränden und Yachthäfen. Attraktive "**Salzwasserparks**" sind vor allem ***Seahurst*** und ***Alki*** mit schönen *Beaches*.

Ziele außerhalb der City

Flugzeug-museum

Museum of Flight (✆ 764-5720) 9404 E Marginal Way, Abfahrt #158 von der I-5 südlich der Stadt, 10am–5pm, Do bis 9pm, $8. Dieses Flugzeugmuseum in einer ehemaligen Boeing-Werkshalle ist ein echter Leckerbissen. Rund 50 Flugzeugtypen, die Geschichte machten, sind dort ausgestellt. Nebenan befindet sich das *Boeing Airfield,* wo die Abnahme neuer Jets der Typen B747 und B767 erfolgt.

Boeing

Montiert werden diese Maschinen in Everett, ***Boeing 747/767 Division***, 25 mi nördlich Seattle. Führungen durch die Flugzeugmontage in den weltweit größten freitragenden Hallen finden Mo–Fr 8:30am–3pm statt; Dauer 90 min, keine Kinder unter 10 Jahren. Rechtzeitige Anmeldung erforderlich unter ✆ 342-4801 oder Teilnahme an einer geführten Bustour ab Seattle, wie sie z.B. *Gray Line* anbietet.

Ziele in der weiteren Umgebung

National Parks

Seattle genießt den einzigartigen Vorzug, von gleich **vier Nationalparks** (*Olympic, Mount St Helens, Mount Rainier, North Cascades*) umgeben zu sein. Für den Besuch jedes von ihnen benötigt man mindestens einen vollen Tag, für eine "Umrundung" der *Olympic Peninsula* 2 Tage. Ihre Lage zueinander ermöglicht für alle denkbaren Kombinationen schöne Rundreisen. Ein Abfahren aller 4 Parks ist mit Zwischenstopps nicht unter 5 Tagen machbar (am ehesten verzichtbar wäre ggf. *North Cascades*), eher benötigt man eine volle Woche. Zunächst zum nordwestlichsten der Nationalparks:

Olympic Peninsula

- Zur Olympic Peninsula führt der schnellste Weg über die Fährverbindung nach Winslow, ggf auch nach Bremerton. Der Fährterminal befindet sich am Pier 52, über 20 Abfahrten täglich auf beiden Routen 6am-2am.

  Nach 75 mi erreicht man den größten Ort auf der Halbinsel, **Port Angeles**. Touristisch ist die Stadt bedeutsam als Ausgangspunkt für Fahrten in die alpinen Regionen des ***Olympic National Park*** und als Fährhafen nach Victoria auf Vancouver Island. Zahlreiche **Motels**. Ab Port Angeles ist die Zufahrt zum Nationalpark nicht zu verfehlen. Am Wege befindet sich das Besucherzentrum. Steile Auffahrt zur *Hurricane Ridg*e (ca. 20 mi von Port Angeles). Oben wunderbare Aussichtspunkte und Cafeteria-Terrasse. Wanderwege starten und enden dort.

Olympic Nat'l Park

  Die Besonderheit des *Olympic Park* sind seine geographisch getrennten und klimatisch extrem unterschiedlichen Teilbereiche. Neben der **Gebirgsregion** in etwa 1.600 m Höhe mit karger Vegetation existiert in den Westausläufern der *Olympic Mountains* der ***Rain Forest***. Der dschungelartige Regenwald voller Moos und Riesenfarne entstand wegen extrem hoher Niederschläge. Ein vom zentralen Park separiertes Gebiet ist der rund 100 km lange, kaum berührte **Küstenstreifen.**

Westliches Washington
Vancouver Island
Sidney
Victoria
CANADA
USA
Neah Bay
Ozette
Rialto Beach
La Push
Forks
Hoh River Rd.
Lake Crescent
Sol Duc Hot Springs
Port Angeles
Hurricane Ridge
OLYMPIC NATIONAL PARK
Queets
Queets River Rd
Pacific Beach
Ocean City
Hoquiam
Aberdeen
Grays Harbor
Raymond
Oysterville
Willapa Bay
Long Beach
Fort Canby
Ilwaco
Fort Stevens
Astoria
Fort Clatsop Nat. Monument
Seaside
Cannon Beach
Three Capes Scenic Drive
Tillamook
Anacortes
Burlington
Oak Harbor
Keystone
Port Townsend
Clinton
Mukilteo
Everett
Seattle
Bellevue
Winslow
Bremerton
Saltwater
Dash Point
Tacoma
Olympia
Chehalis
Longview
Visitor Center
Toutle
Mt. St. Helens National Volcanic Monument
Lava Tubes (Ape Cave)
Vancouver
Portland
Battleground
Mt. Baker
Marblemount
Darrington
Easton
MT. RAINIER NATIONAL PARK
Randle
Mt. Adams
Carson
White Salmon
Hood River
Cascade Locks
Mt. Hood
The Dalles
101
20
530
5
2
90
410
7
12
4
504
30
26
6
14
84
35
N
0
30 km

Heiße Quellen

Zum Küstenareal sind es von Port Angeles ca. 70 mi. Kurz hinter Fairholm geht es auf schlechter Straße hinauf zu den ***Sol Duc Hot Springs*** mit Zementbadebecken. Etwas für Leute mit großer Vorliebe für heiße Quellen. Übernachtung möglich, © 327-3583. Der attraktivste per Straße zugängliche Bereich der Nationalparkküste ist **Rialto Beach**, Übernachtung in Forks.

Hoh River

Zum ***Rain Forest Visitor Center*** sind es rund 40 mi hin und zurück auf der ***Hoh River Road***. Besser erlebt man die nasse Welt des Regenwaldes auf keiner anderen Parkzufahrt. Hinter dem Besucherzentrum schöner Naturlehrpfad. Am Südufer des **Quinault Lake** findet man in der Veranda der *Quinault Lodge* (teuer, © (800) 562-6672, oft ausgebucht) eines der besten **Restaurants** auf der Olympic Halbinsel mit uriger **Kneipe**; in Amanda Park eines der wenigen **Motels** der Gegend mit preiswerten Zimmern, © (800) 410-2237, ab $35.

Wetter

Bei Schlechtwetter lohnt der Abstecher zum Olympic Park kaum. Regen und Nebel sind in dieser Ecke Washingtons auch im Sommer häufig. Vor Fahrtantritt **Wettersituation** erkunden.

Hinweis

Die Pazifikküste hat in Washington neben dem Nationalpark-Streifen und seinem Südzipfel (*Fort Canby State Park*) nicht sonderlich viel zu bieten.

Olympia

Bei Rückfahrt nach Seattle/Weiterfahrt zum *Mount Rainier* und/oder *Mount St Helens* passiert man Olympia, die Hauptstadt des Staates. Deren wichtigste Sehenswürdigkeit, das Regierungsviertel, liegt unweit der I-5 und ist unverfehlbar ausgeschildert: Der ***Capitol Hill Campus*** beeindruckt durch seine großzügige Anlage. Das ***State Capitol Museum*** (21st Ave, Di-So, 10am–4pm) verfügt über eine gute und große Sammlung zur **Indianerkultur**.

Mount St Helens

Von dort sind es nur noch ca. 50 mi zum Besucherzentrum des ***Mount St. Helens National Volcanic Monument.*** Es liegt etwa 6 mi östlich der I-5, Abfahrt 49. Die Straße #504 führt bis in die Nähe des 1980 ausgebrochenen Vulkans, zum ***Johnston Ridge Observatory***. Weitere Einzelheiten, speziell zum Ostareal, finden sich im Kapitel Portland, ➪ Seite 385.

Mount Rainier

Zum ***Mount Rainier National Park*** geht es von Seattle vorzugsweise auf der #410, zurück auf den Straßen #706/#7 über Tacoma oder umgekehrt. Der immer schneebedeckte Vulkan *Mount Rainier*, mit fast 4.400 m höchster Berg der Kaskaden, bietet ein majestätisches Bild. Die Straße durch den Park läuft entlang der südlichen und östlichen Grenzen. Zubringer führen zu Ausgangspunkten für Wanderungen und Gletscherbesteigungen: Im Süden zum ***Paradise Visitor Center*** und zu den schneenächsten *Trails* des Parks, im Osten zur ***Sunrise Region*** mit den schönsten Ausblicken auf den weißen Gipfel. Bei mindestens einem vollen Tag Zeit lassen sich gut beide Regionen (*Paradise* und *Sunrise*) besuchen. **Quartiere** im Park kann man zentral unter © (360) 569-2275 buchen. Vor der Westzufahrt und in Ashford gibt es viele **Motels**.

Östlich der Kaskaden

Da im Gebiet östlich der Kaskaden relativ geringe Niederschläge fallen, unterscheidet sich der klimatische und landschaftliche Charakter dramatisch von der Westregion des Staates. Gleichmäßig sonniges und warmes Wetter und das Wasser aus Bergen und Stauseen begünstigen dort den Obst- und Gemüseanbau. Von Yakima bis Okanogan kann man an Strassenverkaufsständen günstig *Fresh Farm Produce* einkaufen oder das Obst direkt von den Bäumen pflücken.

Chelan

Touristischer Zentralort ist **Chelan** am Südende des 80 km langen, gleichnamigen Sees mit zahlreichen Motels und einschlägiger Infrastruktur. Der von Hochgebirge eingerahmte natürliche **Lake Chelan** mit vielen Meilen einsamer Ufer gilt als der schönste See des US-Nordwestens. An sein Nordende, nach Stehekin unweit der Grenzen des *North Cascades National Park*, gelangt man per Ausflugsboot (im Sommer mehrmals täglich) oder Lufttaxi.

North Cascades Park

Auf dem *North Cascades Hwy* (Straße #20) geht es durch den ***North Cascades National Park***, gleich, ob man von Seattle oder von der Ostseite anfährt. Die 60 mi zwischen **Winthrop,** einem attraktiven Städtchen in künstlichem *Wildwest-Look* (Motels, Restaurants, Kneipen), und dem ***Washington Pass*** durch eine grandiose Gebirgslandschaft bilden den besten Abschnitt der Strecke.

Ross Lake

Die ***Ross Lake National Recreation Area*** teilt den *North Cascades Park* in ein Nord- und Südareal. Die Straße passiert zwischen ihnen die Dämme des Ross und Diablo Lake.

Wer sich nicht aufs *Sightseeing* entlang der Straße beschränken möchte, wandert ins Hochgebirge. Einer der beliebtesten ***Trails*** beginnt am Ende der *Cascade River Road* (20 mi ab Marblemont). Er führt über den *Cascade Pass* nach Cottonwood (ca. 8 mi). Von dort verkehrt ein *Shuttle-Bus* des *Park Service*` nach Stehekin und stellt die Verbindung zu den Ausflugsbooten von und nach Chelan her, siehe oben.

Die Straße #20 kreuzt die I-5 nach Vancouver und läuft weiter nach Anacortes, Fährhafen für die Schiffe durch die San Juan Inseln nach Vancouver Island (beste Fährstrecke überhaupt) und über Whidbey Island zur Olympic Peninsula.

Der richtige Sight zur richtigen Zeit

Seattle Seafair (Ende Juli/Anfang August. Parade durch die Stadt, "normale" und skurrile Wettbewerbe zu Wasser und zu Lande. Umzüge und viel Tamtam allerorten.

Bumbershoot Arts Festival am *Labor Day-Weekend* (erstes Wochenende im September, Fr–Mo). Umfassendes Kulturprogramm und *Entertainment* überall in der Stadt, speziell im *Seattle Center* und rund um den *Pioneer Square.*

ST. LOUIS/SAINT LOUIS

Kennzeichnung

Saint Louis ist mit relativ niedrigen Lebenshaltungskosten, vielen Parks und einem außergewöhnlichen kulturellen Angebot für ihre Bürger eine überdurchschnittlich attraktive US-City. Auch Besuchern hat sie durchaus einiges zu bieten, aber erst seit der Errichtung des phänomenalen *Gateway Arch* besitzt die Stadt eine touristische Anziehungskraft, die weit über den regionalen Rahmen hinausgeht.

Geographie, Klima und Geschichte

Geographie

St. Louis liegt 300 mi von Chicago und 700 mi von New Orleans entfernt am Mississippi River, der den Grenzverlauf zwischen den US-Staaten Missouri und Illinois bestimmt. Das Stadtgebiet befindet sich fast vollständig auf Missouri Territorium unterhalb des Missouri River, der nördlich von St. Louis in den Mississippi mündet. Die Innenstadt wird von der Spitze des Dreiecks zwischen den Autobahnen I-64 und I-70 markiert. Direkt am Fluß steht weithin sichtbar der ***Gateway Arch***. Auf dem gegenüberliegenden Illinois-Ufer setzt das von industriellem Strukturwandel stark betroffene East Saint Louis den Kontrapunkt zum eindrucksvollen Panorama der City.

Klima

Das **Klima** in St. Louis ist durch die kontinentale Lage und das Fehlen natürlicher Barrieren sowohl gegen Einflüsse von Norden als auch von Süden bestimmt. Dem relativ kalten, schneearmen Winter folgen regnerische und windige Frühjahrsmonate und heiße, trockene Sommer. Hohe, aus dem Golf von Mexiko stammende Luftfeuchte ist nicht selten. Als beste Besuchszeit gelten September und Oktober, wenn bei (immer noch) warmen Tagestemperaturen die Abende kühler werden.

Sonnenschein: 206 Tage — **Niederschläge**: 108 Tage
Heißester Monat: Juli 26°C — **Kältester Monat**: Januar 0°C

Geschichte

Seine für amerikanische Verhältnisse lange Geschichte verdankt St. Louis dem Franzosen ***Pierre Laclède***, welcher bereits

1764 im Bereich des heutigen Zentrums einen **Handelsposten** errichtete, der sich 30 Jahre später um

1800 zu einem Städtchen mit 1.000 Einwohnern entwickelte hatte.

1803 geriet St.Louis mit dem ***Louisiana Purchase*** (⇨ New Orleans) unter amerikanischen Einfluß und wurde in der Folge zum wichtigsten Ausgangspunkt der westwärts drängenden Siedler.

Den ersten Weg nach Westen hatte die legendäre ***Lewis & Clark Expedition*** geebnet, die

1804 aufgebrochen war, bis zur Pazifikküste gelangte und nach zweieinhalb Jahren über den Missouri River zurückkehrte.

1806 trafen Louis und Clark wieder in St.Louis ein.

1809 Verleihung der **Stadtrechte**

1857 **Eisenbahnanschluß** verstärkt den Zustrom von Einwanderern.

1862-65 Im Bürgerkrieg war die Stadt Nachschubbasis der Union, u.a. für Kanonenbootexpeditionen auf dem Mississippi.

1870 besitzt St. Louis bereits 300.000 Einwohner.

1904 **Weltausstellung** und erstmals **Olympische Spiele** in den USA.
1935 Errichtung des ***Jefferson Expansion Memorial*** am Mississippi.
1965 Fertigstellung des ***Gateway Arch*** als Symbol für die Schlüsselfunktion der Stadt bei der Erschließung des Westens.

St. Louis ist heute mit ca. **400.000 Einwohnern** größte Stadt des Staates Missouri; die ***Metropolitan Area*** beidseitig des Mississippi zählt eine Bevölkerung von rund **2,5 Mio**.

Daten und Fakten

Telefonische Vorwahl/Area Code: 314

Diplomatische Vertretungen

- **HK der BRD,** © 965-5440, 10805 Sunset Office Dr, Suite 203

Besucherinformation

- Im *Main Terminal* des Flughafens befindet sich vor dem Eingang zum Concourse B eine ***Tourist Information***, 10am–8pm.
- Das **St. Louis Visitors Center,** © 241-1764, 308 Washington Ave, täglich 8:30am–4:30pm. Neben Stadtplan und dem üblichen Material gibt es u.a. den übersichtlichen ***St. Louis Visitors Guide*** und ***Where*** mit Hotel-/Motelverzeichnis und aktuellen Tarifen
- Das ***Visitor Center*** des **National Park Service** im Tiefgeschoß unter dem *Gateway Arch,* ➪ Seite 485 verfügt auch über Unterlagen zu anderen Sehenswürdigkeiten.

Flughafen (STL)

Lambert St. Louis International Airport, © 426-8000

Name

Der Flughafen ist benannt nach Bürgermeister *Albert Bond Lambert. Mayor Lambert* spendete einst $10.000 für den Bau der *Spirit of St. Louis*, mit der *Charles Lindbergh* als Erster nonstop den Atlantik überquerte. Teile des Flugplatzes werden von *McDonnell Douglas* genutzt, bis vor kurzem der nach Boeing zweitgrößte Flugzeugproduzent der USA, heute fusionierter Partner des einstigen Konkurrenten.

Fluglinien: AA, CO, DL, HP, NW, TW, UA, US
Hub: TW
Transferzeiten: 15-30 min

Lage

Lambert Field liegt 10 mi nordwestlich der Innenstadt. Das *Main Terminal* verfügt über vier Concourses. Durch Concourse D gelangt man zum *East Terminal*, das hauptsächlich für internationale Flüge genutzt wird.

Schließfächer findet man in allen Concourses, $1/24h.

Spirit of St. Louis

Ein Nachbau der *Spirit of St. Louis* symbolisiert am Zugang zum *Concourse* D die Rolle der Stadt bei der Entwicklung des Luftverkehrs. Gegenüber der *Baggage Claim Area* im *Main Terminal* dokumentiert ein 40 m langes *Mural* (Wandbild) die Geschichte der Luftfahrt.

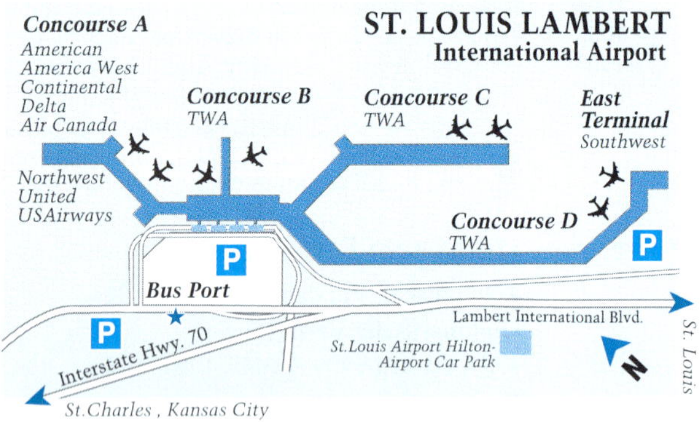

Verbindung City-Airport

Metro Link

Die U-/Hochbahn ***Metro Link*** verbindet den *Airport* mit *Downtown* und East St. Louis in kurzen Abständen. Täglich 5am–12am; bis *Downtown* ca. 30 min, Tarif lediglich $1.

Van Service

Ein *Van Service* bedient ab *Airport* und retour die wichtigsten Hotels im Downtown-Bereich, die teils weit entfernt von den Stationen der *Metro Link* liegen, $8.

Taxi

Ein **Taxi** kostet ca. $20, Fahrtzeit 20-30 min.

Car Rental

Avis, Budget, Dollar, Hertz, National

Ein Mietwagen ist zum Besuch der Sehenswürdigkeiten im Zentrum und z.B. der Museen im *Forest Park* keine Notwendigkeit, wäre aber in Anbetracht relativ großer Entfernungen und niedriger Busfrequenzen zumindest bequem. Einige lohnenswerte Ziele wie die *Cahokia Mounds* und das Transportmuseum sind ohne fahrbaren Untersatz fast nicht zu erreichen. Und nur mit Auto kann man preiswertere Motels an der Peripherie bzw. citynahen *Interstates* suchen. Da abendliche Fußmärsche (etwa nach Besuch der *Union Station* oder von *Laclede's Landing*, ➪ Seite 484) nicht angezeigt sind, können die Mietkosten eventuell sogar durch ersparte Taxigebühren – zumindest teilweise – kompensiert werden.

Öffentliche Verkehrsmittel

Bus/ Light Rail

Bi-State Public Transit, © 231-2345, organisiert den lokalen Busverkehr auf beiden Seiten des Mississippi. Wer mehrere Tage bleibt und öffentliche Verkehrsmittel benutzen möchte, sollte sich den ***St. Louis Metro Transit Guide*** beschaffen (bei. der ***Tourist Information*** und eigenes ***Bi-State*** **Büro** 707 N 1st St/*Laclede's Landing*) Die Broschüre enthält u.a. einen Gesamtplan für das Bussystem und ***Metro Link***.

Tarife Der Fahrpreis beträgtim Citybereich $1, für größere Entfernungen bis $2; *Transfers* kosten $0,10. Einen Tagespass gibt`s für $3, 3-Tage-Pässe für $7; sie sind erhältlich im *Bi-State* Büro und an den *Metro Link*-Stationen. Die meisten Busse fahren über *Downtown*, Bereich Market St/ Tucker Blvd/Olive St/8th St. ***Downtown*** vom Mississippi bis hinauf zur Jefferson Ave gilt als ***Ride Free Zone***; dort ist die Fahrt gratis.

Levee Line/ Shuttle Bug Ebenfalls gratis ist die im Sommer auf der Route *Riverfront–Union Station* eingesetzte ***Levee Line***. Ein sog. ***Shuttle Bug***-Busservice verbindet das Zentrum mit dem *Forest Park*, wo sich die wichtigsten Museen befinden; nur $1 für ein Ganztagsticket.

Taxi $3 für die erste, $1 für jede weitere Meile plus $0,50 für jeden zusätzlichen Mitfahrer

County Cab, © 991-5300 **Laclede Cab,** © 652-3456
Yellow Cab, © 361-2345

Rundfahrten

Bus ***Open-air Trams,*** © 241-1400, fahren von April bis Oktober die Sehenswürdigkeiten der Stadt mit viel Erläuterung ab. Halbtags ca. $16; ganztags ca. $24. Stadtrundfahrten veranstalten ***Gray Line,*** © 241-1224, und ***St. Louis Sightseers,*** © 355-6374.

Rivertrips An den Anlegern hinter dem *Gateway Arch* liegen Mississippidampfer, © 621-4040, die zu ***Rivertrips*** von 45 min Dauer (ab $8) bis zu mehrstündigen ***Moonshine Dinner Cruises*** auslaufen.

Unterkunft

Situation Im Außenbereich von St. Louis kann man noch einigermaßen preiswert unterkommen. Das gilt insbesondere für die Peripherie in **Illinois** (Collinsville/I-55, Fairview Heights/I-64) und entlang der **I-70 westlich von St. Charles**, wo die Mittelklasse außerhalb der Sommermonate für $40-$50 zu haben ist, einfache Häuser darunter. In *Downtown* und im Airportbereich sind die Tarife in den letzten Jahren stark gestiegen. Da St. Louis eine beliebte Kongresstadt ist, und gelegentlich (an Wochenenden) Baseballbegeisterung die Stadt erfaßt und die Motels füllt, sollte vorsichtshalber für Reservierung sorgen, wer eine Unterkunft im zentralen Bereich sicherstellen möchte. Mit Auto wird man in den Vororten entlang der Ringautobahn I-270 im allgemeinen leichter fündig.

Airport Flughafen-Hotels und -Motels konzentrieren sich am *North Lindbergh Blvd* und an Parallelen zur I-70.

- **Air Way Motel,** © (573) 291-3414, 4125 N Lindbergh, ab $39
- **Red Roof Bridgeton,** © (573) 291-3350, 3470 Hollenberg, ab $42
- **Drury Inn,** © 423-7700, 10490 Natural Bridge Rd, ab $80
- **Ramada Inn,** © 427-7600, 9600 Natural Bridge Rd, ab $59

Citybereich

- **Thrifty Inn,** © 421-6556, 1100 N 3rd St, ab $52
- **Days Inn at the Arch,** © 621-7900, 333 Washington Ave, ab $69
- **Hampton Inn Union Station,** © 241-3200, 2211 Market,ab $85
- **Courtyard by Marriott,** © 241-9111, 2340 Market St, ab $93
- **Regal Riverfront,** © 241-9500, 200 S 4th St, ab $75-$95

Etwas preisgünstiger sind die Unterkünfte im Bereich *Forest Park*/Lindell Blvd und *Botanical Garden*, z.B. das

- **Red Roof Inn**, © 645-0101, 5823 Wilson Ave, ab $39, und das
- **Best Western at the Park**, © 367-7500, 4630 Lindell Blvd, ab $67

Preiswert

- **Huckleberry Finn International Hostel,** © 241-0076, 1904-08 S 12th St/Nähe Russell Blvd, 32 Betten, ab $14-$17. Noch citynah, Bus #73 oder #21.
- Bei **St. Charles** westlich des Missouri River gibt`s in – für amerikanische Verhältnisse – Airportnähe noch das ***Lewis&Clark International Hostel***, 1500 S 5th Street, © (314) 946-1000; $14.

Essengehen und Shopping

Situation

Ortsfremde können in St. Louis nichts verkehrt machen in der ***Union Station*** oder in ***Laclede's Landing***. In beiden gibt es jede Menge guter Restaurants, einfache *Eateries* und Kneipen für den Abend:

Union Station

- Das schloßartige Gebäude der ***Union Station*** an der Market/18th St. war früher einer der weltgrößten Bahnhöfe. Es wurde samt Bahnsteigen für über $130 Mio. zu einem Komplex mit zahlreichen Restaurants, Shopping- und *Entertainment-Center* und dem **Hyatt Regency Hotel** (an Wochenenden ab ca. $110).

Laclede`s Landing

- Zwischen *Eads* und *King Bridge* an der *Riverfront* wurde ein ehemaliges **Lagerhausviertel** herausgeputzt: viele Shops und Restaurants, die mehr von Touristen als Einheimischen frequentiert werden. Preiswerte Alternativen bieten ***Mc' Donalds*** und ***Burger King***, die an der*Waterfront* vorm *Gateway Arch* ihre Hamburger auf Mississippidampfern verkaufen.

St. Charles

Ausgesprochen beliebt (und nicht billig) sind die vielen kleinen Restaurants mit Gartenterrassen in St. Charles mit dem Flair der Alten Welt, ⇨ Seite 487. Sogar eine ***Microbrewery*** braut dort ihr Bier.

Malls

Die zahlreichen Läden in den beiden genannten Zentren bieten bereits geballtes Shopping-Vergnügen. Mitten in der City, Olive St/7th Blvd in kurzer Distanz vom *Gateway Arch*, findet man außerdem noch das

- ***St. Louis Centre***, eine ganz normale ***Shopping Mall*** mit über 100 Läden und *Snack Bars* im ***Taste of St. Louis Food Court***.
- Wer im *Airport*-Bereich übernachtet, kann die ***Northwest Plaza***, Lindbergh Blvd/St. Charles Rock Rd, nicht verfehlen: Rund 120 Shops plus drei Kaufhäuser.
- Noch eine Nummer größer ist die ***St. Louis Galleria*** unweit der I-64/I-170/Brentwood Blvd mit 180 Läden und Restaurants.

Sicherheit

In den interessanten Bereichen von St. Louis gibt es tagsüber keine Sicherheitsprobleme. In die ausgedehnten slumähnlichen Viertel, insbesondere in das überwiegend von Afro-Amerikanern bewohnte East St. Louis, muß man sich nicht unbedingt begeben. Nach Anbruch der Dunkelheit sollte man selbst in der noch relativ belebten Market Street nicht mehr zu Fuß gehen.

Sehenswürdigkeiten

St. Louis' Sehenswürdigkeiten liegen relativ weit auseinander. Vom Zentrum zum *Forest Park* (5 mi) oder zu den *Botanical Gardens* (4 mi) ist man auf öffentliche Verkehrsmittel oder ein Auto angewiesen. Für die Fahrt zu den beschriebenen Zielen in den Vororten kommen praktisch nur Auto oder Taxi in Frage.

Citybereich

Gateway Arch

- Die Attraktion der Stadt ist der ***Gateway Arch***, ✆ 425-4467, im Park des ***Jefferson National Expansion Memorial*** zwischen der tiefergelegten I-70 und dem Mississippi. Der 190 m hohe Bogen aus rostfreiem (deutschen) Stahl wurde vom finnischen Architekten *Saarinen* entworfen und – nach einer Bauzeit von nur 30 Monaten – im Oktober 1965 fertiggestellt. Er symbolisiert St. Louis` historische Rolle als Tor zum Westen und dominiert eindrucksvoll die *Skyline* der Stadt. Seine Konstruktion scheint allen Gesetzen der Statik zu widersprechen. Wie sie Starkwinden trotzt und auch noch den Betrieb einer ***Tramway*** im sich nach oben verengenden Inneren des Dreiecksprofils erlaubt, erläutert eine Broschürer des *National Park Service*.

Tramway nach oben

Museum

- Den Folder und weitere Informationen gibt es im ***Visitor Center*** im Tiefgeschoß unter dem *Arch*, täglich geöffnet 9am–6pm, im Sommer 8am–10pm. Dort starten auch die raffiniert konstruierten ***Capsules*** (Kapseln) der *Tramway* zur schmalen Aussichtsebene in der Spitze des Bogens. Oft Wartezeiten, obwohl die *Trams* bei Andrang im 5-min-Takt verkehren. Auf jeden Fall die Tickets ($5) gleich bei Ankunft besorgen. Bis zu zwei Stunden lassen sich im ***Westward Expansion Museum*** – das eigentlich *Lewis & Clark Museum* heißen müßte und zum besten gehört, was es zu dieser Thematik in den USA gibt – leicht überbrücken. Ebenfalls empfehlenswert ist die Ultra-70-Projektion der weltweit spektakulärsten Aussichtspunkte im ***Arch Odysee Theatre***.

The Old Courthouse/ Museum

- Zum ***Jefferson Memorial Park***, der zu Ehren von Präsident Jefferson (verantwortlich für den *Louisiana Purchase*) und seiner Rolle bei der Erschließung des Westens bereits 1935 eingerichtet worden war, gehört das **Old Courthouse** etwas stadteinwärts jenseits des *Memorial Drive*. Das alte Gerichtsgebäude im Stile eines *Capitol Building* beherbergt ein Museum zur Geschichte von St. Louis, 8am-4:30pm, Eintritt frei.

Downtown

St. Louis` Innenstadt läßt sich recht gut zu Fuß erkunden. Ein bißchen **Hochhausarchitektur** (Metropolitan Square/*St. Louis Centre*) gibt es zwischen Memorial Dr und der 7th St nördlich der Chestnut St. Auch die alleeartige Doppelstraße Market/ Chestnut in Richtung Westen zur *Union Station* ist erwähnenswert. Man passiert linkerhand mit der ***City Hall*** (Rathaus nach Pariser Vorbild), dem ***Municipal Courts Building***, dem ***Federal Building*** und dem mächtigen ***Post Office*** städtebauliche Denkmäler in Reihe. Auch gegenüber das ***Soldiers Memorial*** und – hinter dem kleinen Park – die ***Public Library*** sind sehenswerte Gebäude.

Union Station

Von der ***Union Station*** (Market/18th St) war bereits unter der Rubrik "Essengehen/Shopping" die Rede. Nach Büroschluß zur *Happy Hour* füllen sich die Kneipen am künstlichen See unter dem alten Dach der Bahnhofshalle. Dort und in der Baretage des *Hyatt Hotel* pulsiert St. Louis` *Modern City Life.*

Forest Park

St.Louis besitzt mit dem **Forest Park** zwischen Stadtautobahn #40/I-64 und Lindell Blvd eine der größten städtischen Parkanlagen der USA. Sie wurde zur Weltausstellung 1904 (*Louisiana Purchase Exhibition*) geschaffen. In ihr findet man

Museen

- das ***St. Louis Art Museum*** (Di 1:30am–8:30pm, Mi–So 10am–5pm, Eintritt frei) in einem bombastischen Bau. Es gehört zu den besten amerikanischen Kunstmuseen. Stark vertreten sind dort europäische Impressionisten, darunter viele deutsche Künstler. Eine Sonderausstellung ist ***Max Beckmann*** gewidmet, der nach dem Krieg für zwei Jahre in St.Louis lebte und arbeitete.
- das ***History Museum*** der *Missouri Historical Society* mit starkem Akzent auf dem Flug *Charles Lindberghs* mit der *Spirit of St.Louis* über den Atlantik, Di–So 9:30am–5pm, Eintritt frei,
- das ***St. Louis Science Center***, Mo–Do 9am–6pm, Fr+Sa bis 9pm, So 11am–6pm, Parken $4, ein Naturkunde- und Technikmuseum mit Planetarium und OMNIMAX-Theater, Filme dort $6.

Zoo

- den ***St. Louis Zoological Park***, 9am–5pm, Eintritt frei. Sehr guter Zoo. Shows mit Elephanten und Seelöwen im Sommer.

Botanischer Garten

Für Gartenfreunde gehört ein Besuch im **Missouri Botanical Garden**, dem ältesten botanischen Garten der USA, unbedingt ins Programm. Die große, sehr gepflegte Anlage mit verschiedensten Sonderbereichen liegt südwestlich der City unweit der I-44 am Shaw Blvd, *Exit* Tower Grove Ave. Öffnungszeiten im Sommer täglich 9am–8pm, nach *Labor Day* bis 5pm, $3.

Ziele in den Vororten

Skulpturenpark

- Der ***Laumeier Sculpture Park*** ist für Leute mit Sinn für die Kombination "Kunst und Landschaft" **d e r St. Louis-Geheimtip**. Etwa **80 abstrakte Skulpturen** amerikanischer Kümstler sind im hügeligen Gelände des Parks aufgestellt. Täglich geöffnet von 8am bis zur Dämmerung, Eintritt frei/Spende. Anfahrt auf der I-44 West bis Lindbergh Blvd, dann zur Rott Rd.

Transportmuseum

- Nur wenige Meilen westlich vom Skulpturenpark befindet sich das ***National Museum of Transport***, Big Bend Blvd jenseits der I-270, davon rechts ab zur *Barrett Station*, 9am–5pm, $5. Das Hauptgewicht liegt in diesem Verkehrsmuseum auf dem Thema Eisenbahnen. Was auf den Abstellgleisen der stillgelegten *Barrett Station* an außergewöhnlichen Lokomotiven und Waggons zusammengebracht wurde, dürfte jedem Eisenbahnfan das Herz höher schlagen lassen.

Cahokia Mounds

- Östlich St. Louis auf Illinois Staatsgebiet liegt der kulturhistorisch bemerkenswerte ***Cahokia Mounds State Historic Site*** zwischen Fairmont City und Collinsville (Exit 6 der I-55, ausgeschildert, ca. 8 mi von Downtown St. Louis). Die pyramidenähnlichen Erdhügel, sogenannte *Mounds*, einer präkolumbischen **Indianerkultur** sind dort besser erhalten als an anderen ähnlichen Stätten. Das hervorragende Museum der *Illinois Historic Preservation Agency* mit einer plastischen Ausstellung und filmischen Dokumentation zu Herkunft, Leben und Verbleib des untergegangenen Volkes ist die Anfahrt unbedingt wert. Täglich geöffnet 9am–5pm, Eintritt frei.

Ziele in der weiteren Umgebung

Amusement-park

– ***Six Flags over Mid-America*** in Eureka/Allenton an der I-44, ca. 30 mi südwestlich von **Downtown** St. Louis, ist – wie die Namensvettern anderswo – ein typischer Vergnügungspark mit *Roller Coasters*, Wasserrutschen, Delphinvorführungen usw. Er zeichnet sich durch eine besonders attraktiv gestaltete Anlage in hübscher Hügellandschaft aus. Prunkstück ist die schneeweiße Holzkonstruktion der nostalgischen Achterbahn. Mai–September täglich ab 10am, variable Schlußzeiten, $27.

St. Charles

– Das kleine Städtchen Saint Charles am Westufer des Missouri River, das einst für ein paar Jahre Hauptstadt des Staates war, besitzt in seiner Main und der anschließenden 2nd Street eine historische, gut eine Meile lange Häuserzeile. Laue Sommerabende sind der beste Rahmen für einen Besuch der ***Open-air Restaurants*** und **Kneipen** dieses "Vor-Bürgerkriegs-Amerika". Tagsüber bestimmt Ausflugstourismus das Bild. Ein ***Riverboat Casino*** auf dem Missouri unweit der Autobahnbrücke über den Fluß ist die neueste Attraktion.

Hannibal

– 120 mi sind es von St. Louis nach **Hannibal** am Missouri-Ufer des Mississippi, wo Mark Twain seine Kindheit verbrachte und seine beiden unsterblichen Helden *Tom Sawyer* und *Huckleberry Finn* ihre Abenteuer erleben ließ. Obwohl diese glückliche Fügung natürlich entsprechend ausgeschlachtet wird (*Sightseeing* durch den - etwas herunterekommenen - *Historic District*, *Twains Boyhood Home*, *Tom* & *Huck* Statue, *Tom Sawyer Diorama*, *Molly Brown Dinner Theater* etc.) findet man dort– im Gegensatz zu St. Louis – durchaus noch einen Rest von Mississippi River Atmosphäre. Sehr schön ist das ***Mark Twain Riverboat***. Der Abstecher lohnt dennoch nur bei starker Hinwendung zur Tom-Sawyer Literatur und genügend Zeit.

Der richtige Sight zur richtigen Zeit

Alljährlich am *Memorial Day* (letzter Montag im Mai) liefern sich Raddampfer ein Wettrennen, das ***Memorial Day Riverboat Race***, auf dem Mississippi. Dazu gibt es ein großes Rahmenprogramm an der *St. Louis Waterfront*.

Knallrotes Riesenobjekt "The Way" im Grün des Laumeier Sculpture Garden/ St. Louis

TUCSON

Charakteristik

Böse Zungen behaupten, in Tucson gäbe es nichts außer Hitze, Wüste und Kakteen. Aber abgesehen davon, daß das alte Vorurteil längst überholt ist, waren gerade diese drei Punkte eine wesentliche Voraussetzung für den Aufschwung der Stadt vor allem seit den 80er-Jahren. Dank milder Wintertemperaturen und trockener Wüstenluft gewann Tucson ähnlich wie Phoenix Popularität bei Pensionären und Überwinterern, obwohl die Stadt nicht als vergleichbar feine Adresse gilt und nicht ganz den Wohlstand von Scottsdale ausstrahlt. Aber immerhin: Ausfall- und Geschäftsstraßen wirken großzügiger als die anderer amerikanischer Großstädte. Hinzu kommt die üppige Vegetation und der deutlich mexikanische Einfluß auf die Architektur. Die früher wenig geschätzten Saguaro Kakteen, die um Tucson zu Hundertausenden das Bild der Wüste prägen, gelten heute als eine pittoreske Bereicherung und stehen unter Naturschutz.

GEOGRAPHIE, KLIMA UND GESCHICHTE

Geographie

Die zweitgrößte Stadt Arizonas liegt nur rund 100 mi südöstlich von Phoenix und 65 mi nördlich der Grenzstadt Nogales auf rund 700 m Höhe. Sie wird von Gebirgszügen im Norden, Osten und Westen eingerahmt. Die bis zu 2700 m hohen nördlichen *Catalina Mountains* bieten Abkühlung im Sommer und im Winter sogar Schnee, Abfahrten und Skilifte. Die mit den *Catalina Mountains* verbundenen *Tanque Verde Mountains* sind weitgehend unerschlossene Wildnis, zugänglich nur über Wanderpfade. Hinter den rauhen, spärlich bewachsenen *Tucson Mountains* im Westen erstreckt sich die Kakteenlandschaft der *Sonora Desert,* nach Süden hin eine weite mit dieser verbundene Ebene.

Verkehrstechnisch befinden sich das Zentrum und der größere Teil Tucsons östlich und nördlich der von Nordwesten nach Südosten verlaufenden Ost-West-*Interstate* #10. Der zentrale Bereich mit dem *Presidio* wird markiert durch Congress St/Broadway/St Mary`s Rd und 6th St/I-10. Die Orientierung fällt leicht, da mit Ausnahme des Zentrums und der in die Berge führenden Straßen die Stadt schachbrettartig angelegt ist.

Klima

Tucsons Klima entspricht weitgehend dem von Phoenix, ➪ Seite 369. Wegen der höheren Lage und abweichender geographischer Gegebenheiten liegen die Höchsttemperaturen leicht niedriger als dort, und es fällt ein wenig mehr Regen (hauptsächlich Juli bis September). Die geringe Luftfeuchte macht aber Temperaturen bis ca. 30°C (Mai/Oktober) noch erträglich. Klimatisch aber auch wegen der Kaktusblüte sind April/Mai beste Reisezeiten.

Sonnenschein: 280 Tage	**Niederschläge**: 50 Tage
Heißester Monat: Juli 30°C	**Kältester Monat**: Januar 10°C

Geschichte

Vor dem Eindringen der Spanier lebten bis ins 14. Jahrhundert hinein die danach verschwundenen **Hohokam Indianer** im Tucson Bereich. Als 1687 der Jesuitenpater *Eusebio Francisco Kino*

Geschichte

bis hierher vordrang, fand er am (heute trockenen) Santa Cruz River Dörfer der Pima und Tohono Indianer und gründete

1700 die ***Mission San Xavier del Bac***

1775 Spanische Siedler errichten ***El Presidio*** und bauen es zum Schutz gegen Indianerattacken

1776 zur Festung *Old Pueblo* aus, eine Bezeichnung, die für Tucson von spanisch sprechenden Einwohnern bis heute benutzt wird.

1821 wird Tucson nach der Unabhängigkeit Mexikos mexikanisch.

1846 kampflose Übernahme der Stadt im amerikanisch-mexikanischen Krieg durch die USA

1867 **Hauptstadt** des US-Territoriums Arizona

1870 3.000 Einwohner

1877 Verlust der Hauptstadtrolle an Phoenix

1880 **Eisenbahnanschluß**

1912 als Arizona zum US-Bundesstaat erhoben wird, ist Tucson mit ca. 20.000 Einwohnern größte Stadt. Die Gesamtbevölkerung in Arizona betrug damals nur etwa 200.000 auf einer Fläche von nicht wenieger als 300.000 km^2.

Heute zählt Tucson rund **310.000**, der **Großraum über 800.000 Einwohner**. Wegen der kolossalen Ausdehnung von *Metropolitan Tucson* entsteht leicht der Eindruck, es mit einer weit größeren Stadt zu tun zu haben.

Daten und Fakten

Telefonische Vorwahl/Area Code: 520

Besucherinformation

- **Flughafen:** Gut ausgestattete Informationsstände befinden sich auf dem *Baggage Level* des *Main Terminal* vor dem westlichen und dem östlichen Ausgang.
- **Metropolitan Tucson Convention & Visitors Bureau,** ✆ 624-1817, 130 S Scott Ave, Mo–Fr 8:30am–5pm, Sa/So 9am–4pm, im Sommer So geschlossen.
  Hilfreich sind vor allem der 2x jährlich aufgelegte ***Official Visitors Guide to Metropolitan Tucson*** mit aktuellen Daten zu Transport, Unterkunft, Restaurants, Shopping etc. und die Broschüre ***Self-guided auto tours from Tucson***.

Flughafen (TUS)

Tucson International Airport, ✆ 573-8000

Fluglinien: AA, CO, DL, HP, NW, TW, UA,

Transferzeiten: 20-30 min

Lage/Anlage

Der Flughafen liegt ca. 10 mi südlich der Innenstadt (Valencia Rd zwischen I-10 und I-19). Er verfügt über ein Hauptterminal und ein davon getrenntes *International Building*. Das *Main Terminal* besitzt einen *East* und einen *West Concourse* mit insgesamt 26 Gates.

Schließfächer findet man in beiden Flügeln des *Main Terminal*

Der Flughafen verfügt nur über wenige **Läden** und ein größeres **Restaurant** im dritten Stock. **Werke von Künstlern** des amerikanischen Südwestens finden sich im Airport überall.

Verbindung Airport-City

Bus

Sun Tran Bus #25 fährt Mo–Fr 7:15am–7:50pm stündlich (Sa ab 8am, So ab 9am bis 7pm) zum ***Roy Laos Transit Center*** in der Irvington Rd/S 6th Ave im Stadtsüden. Dort befindet sich ein *Sun Tran Info-Counter*. Mit Bus #8 oder #16 geht es weiter in die Innenstadt. Ticketpreis $0.90, Zeitbedarf ca. 45 min.

Van Service

Arizona Stagecoach, © 889-1000, besorgt den direkten *Downtown Transport*. Regelmäßige Abfahrten ab $12 je nach Ziel.

Arizona Shuttle Service, © 795-6771, bietet Luxus-Van-Transport vom Airport zum jeweiligen Ziel, $9-$25.

Taxi

Taxi nach Downtown $17-$25

Car Rental

Alamo, Avis, Budget, Dollar, Hertz, National, Snappy, Thrifty

Die Attraktionen rund um Tucson lassen sich individuell nur per Auto erreichen. Ein Mietwagen ist daher für einen Besuch fast unabdingbar.

Öffentliche Verkehrsmittel City

Bus

Sun Tran *Transit System*, © 792-9222. Die 27 Buslinien der *Sun Tran* erreichen zwar im Prinzip alle Stadtteile, bilden aber kein flächendeckendes Netz. Wer nur Innenstadt und Universitätsbereich (Museen, ➪ Seite 494) sehen möchte und sich ansonsten auf den Poolgarten seines Hotels beschränkt, kommt mit den öffentlichen Verkehrsmitteln zur Not aus. Eine Fahrt kostet $0.90, Transfers sind kostenlos. Reduzierter Service am Wochenende.

Taxi

In Tucson (wie überall in Arizona) gibt es keine behördlich festgelegten **Taxitarife**, d.h., jede Gesellschaft fordert andere Preise. Man muß vergleichen und ggf. handeln. Als Anhaltspunkt: Basis ca. $1,50, jede Meile ca. $1,40. Taxis können in Tucson nicht auf der Straße herangewunken werden.

Allstate, © 881-2227 **Checker Cab,** © 623-1133

Rundfahrten

Situation

Stadtrundfahrten im üblichen Sinn finden in Tucsonkaum statt, da die Stadt selbst nur wenige interessante Anlaufpunkte bietet, von denen viele überdies relativ eng beieinander liegen; ***Old Pueblo Tours*** bietet Ganztägesfahrten im erweiterten Stadtgebiet (ca. 7 Stunden), © 575-1175. Die meisten geführten Bustouren beziehen sich im wesentlichen auf die unten aufgeführten Ziele in der Umgebung. Die Preise sind hoch: so kostet etwa ein Ausflug zum ***Arizona Sonora Desert Museum*** und nach ***Old Tucson*** ab $35. Für ca. $50 geht es ins 65 mi entfernte **Nogales** (Mexiko). Nähere Informationen z.B. bei *Gray Line*, © 622-8811.

Unterkunft

Situation

Autofahrer finden zahlreiche **preiswerte** und auch bessere Motels an den Ausfallstraßen und entlang der *Interstate Freeways* (speziell an der **Westseite der I-10** zwischen Congress St und Abzweigung der I-19 , z.B. ***Comfort Inn*** ab $35). Wie in Phoenix/Scottsdale gibt es ebenfalls viele Hotels der Mittel- und Oberklasse mit schönen Poollandschaften, die Mitte Mai bis Oktober mit Zimmerpreisen ab $59 werben, aber zur Hauptsaison (November–April/Mai) ihre Preise mindestens verdoppeln. Selbst das ausgezeichnete ***Sheraton Conquistador*** kostet im Sommer nur $85. (im Winter ca. $230). Mai und Oktober-Dezember sind in vielen Fällen kaum teurer.

Ranches

Eine Tucson Spezialität sind ***Dude*** oder ***Guest Ranches***, wo Urlauber mit *Cowboys Breakfast* und riesigen Steaks verwöhnt werden. Tennis und Schwimmen, Ausritte, Schießen und Planwagenfahrten gehören dort zum Angebot, z.B.

- **Wild Horse Ranch Resort,** © 744-1012, 6801 N Camino Verde, relativ preiswert.
- **Tanque Verde Guest Ranch,** © 296-6275, 14301 E Speedway Blvd, teuer. Auch in deutschen Katalogen zu finden.

Der **Flughafenbereich** ist in Tucson kein schlechter Standort, wenn man beispielsweise noch die *Sonora Desert*, die *Saguaro Parks*, *Pima Air* und *Titan Missile Museum* besuchen möchte. Speziell an Wochenenden sind dort (außer Jan–Mai) die Chancen gut, zu Tarifen wie angegeben unterzukommen.

Airport

- **Howard Johnson Lodge,** © 623-7792, 1025 E Benson Hwy, ab $49
- **Hampton Inn,** © 889-5789, 6971 S Tucson Blvd, ab $65
- **Holiday Inn Express,** © 294-2500, 2803 Valencia Rd, ab $55
- **Clarion Hotel,** © 746-3932, 6801 S Tucson Blvd, sehr nahe am Airport; ab $52, hervorragendes Preis-/Leistungsverhältnis
- **Courtyard by Marriott,** © 573-0000, 2505 Executive Dr am Tucson Blvd, ab $65; gutes Hotel fürs Geld

Direkt in *Downtown* liegt von den folgenden genannten Häusern nur das *Holiday Inn*, alle anderen etwas weiter entfernt:

Downtown-bereich

- **Holiday City Center,** © 624-8711, 181 W Broadway, ab $60
- **Best Western Ghost Ranch Lodge,** © 791-7565, 801 W Miracle Mile, nördlich Downtown, ab $39
- **Tucson Desert Inn,** © 624-8151, N Freeway/Congress St, ab $35.
- **La Quinta Inn West,** © 622-6491, (800) 531-5900, 665 N Freeway/ Nähe W Speedway, ab $56.

Billig

- **Motel 6 East,** © 628-1264, 1031 E Benson Hwy, ab $29
- **Congress Hotel/International Hostel,** © 622-8848, 311 Congress St, ab $14 im Mehrbettzimmer; Hotel ab $35.

Außerhalb

Ca. 10 mi östlich des Zentrums findet man das

- **Smuggler`s Inn,** © 296-3292, © (800) 528-5150, 6350 E Speedway, ab $51, angenehmes Wohnen mit Balkon oder Terrasse.

Essengehen und Shopping

Mexikanisch ist angesagt

Die Nähe zu Mexiko und das unverkennbar mexikanische Flair Tucsons schlägt sich auch in der Spezialisierung vieler Restaurants nieder. Sehr schön ist das z.B.

- ***El Adobe Mexican Restaurant,*** © 791-7458, 40 W Broadway, mit Patio, aber nicht billig. Eine preiswertere Lösung wäre etwa das
- ***Sánchez Burrito Co.,*** © 622-2092, 2530 N 1st Ave

In der City originell und preiswert ist das

- ***Café Magritte,*** 254 Congress St, Salate und scharfe Sachen ab $5

Chuck-Wagon **(Planwagen)** ***Supper*** gibt es u.a. in der

- ***Triple C (CCC) Ranch,*** © 883-2333, 8900 W Bopp Rd (Abzweigung von der Zufahrt zum Sonora Desert Museum/Old Tucson), dazu *Country & Western Music & Show* (Oktober–Mai).

Außerhalb im Stadtnorden (Ausfallstraße Campbell Ave) liegt das gar nicht mal besonders teure "historische" Steakhouse

- ***El Corral,*** © 299-6092, 2201 E River Rd,

Im übrigen gibt es in allen folgend genannten *Shopping Malls* weitere *Restaurants* und *Food Courts.*

Mexico Shops/Malls

Wer nicht über die Grenze fährt, wird in Tucson in zahlreichen Mexico-Shops mit allem bedient, was das Nachbarland bietet, wenngleich zu höheren Preisen. Indianische Handarbeit ist ebenfalls allerorten erhältlich, z.B. im

- ***El Mercado de Boutiques***, 6336 E Broadway Blvd/Wilmot, mit 20 Läden und diversen Restaurants.

Die größten Shopping-Komplexe sind:

- ***Tucson Mall***, 4000 N Oracle/Westmore Rds. Riesiges Einkaufszentrum. 170 Läden auf zwei Etagen. 5 Kaufhäuser. *Shuttle Bus* zu den größeren Hotels.
- ***Park Mall***, 5870 E. Broadway Blvd, 120 Läden und 3 Kaufhäuser, ebenfalls *Shuttle Service.*
- ***Foothills Mall***, 7401 N La Cholla Blvd. Höherklassiges Shopping, Restaurant- und Kinocenter, reizvolle Anlage. Das ***Old Pueblo Mini-Museum*** (Skulpturen/Bilder/Shop) ist in diesen Komplex integriert, geöffnet bis 9pm.

Sicherheit

Tucson gehört zu den vergleichsweise sicheren Großstädten der USA. Insbesondere gilt dies für Bereiche, die von Touristen besucht werden. Tagsüber gibt es im Zentrum, im Universitäts- und Museumsviertel und in den Parks rund um die Stadt keine Probleme. Abends kann man schon wegen der großen Entfernungen und der dann geringen Busfrequenz nur per Auto bzw. Taxi unterwegs sein. Bei Dunkelheit empfiehlt es sich auch in Tucson nicht, zu Fuß unterwegs zu sein.

Sehenswürdigkeiten

Tucson Downtown

Old Town

Der *Official Visitors Guide* der *Tourist Information* (⇨ Seite 490) enthält u.a. Karte und Übersicht für ***Walking Tours*** durch die Innenstadt, die 42 mehr oder weniger sehenswerte Gebäude und Plätze umfaßt. Ohne ausgeprägtes lokales Interesse sind davon sehenswert:

Plaza

- ***El Presidio Park***, Church Ave/Alameda St unweit der I-5, eine hübsche Plaza, die vom historischen Gerichtsgebäude, dem Rathaus und Verwaltungsgebäuden eingerahmt wird. An Werktagen ist die grüne *Plaza* beliebter *Lunch*-Picknickplatz für die Angestellten der umgebenden Büropaläste. Häufig finden dort *Open-air*-Veranstaltungen statt.

1. Kunstmuseum

- ***Tucson Museum of Art***, Alameda St/Main Ave am Presidio Park, Di–Sa 10am–4pm, So ab noon, $3. Beeindruckende Architektur. Kollektion im wesentlichen auf amerikanische Kunstwerke, besonders des Südwestens, spezialisiert. Schöne Einzelstücke.
- ***Old Town Artisans***, Washington St/Meyer Ave, restauriertes Adobegebäude mit Verkaufsständen für gute und teure Handarbeiten aus der Region.

Campus

Weitere besuchenswerte Museen befinden sich am Universitätscampus, N Park Ave/E Speedway Blvd/E 6th St:

Arizona Museum

- ***Arizona State Museum***, auf dem Campus N Park Ave/University Blvd, Mo-Sa 10am-5pm, So ab noon, Eintritt frei. Konservativ präsentierte umfassende Kollektion zu Ethnologie und Kultur der Indianer des Südwestens.

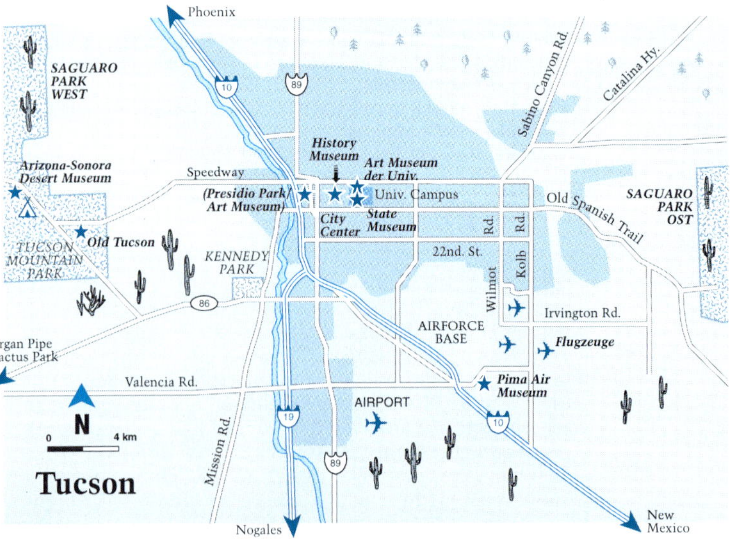

2. Kunstmuseum

- ***University of Arizona Museum of Art***, Olive Rd/Speedway Blvd, Mo–Fr 10am–3:30pm (im Winter länger), So noon-4pm. Eintritt frei. Permanente Kollektion: Renaissancegemälde und Werke aus dem 20. Jahrhundert, u.a. *Rodin, Picasso, Henry Moore*. Dazu temporäre Ausstellungen.

Geschichtsmuseum

- **Museum der *Arizona Historical Society***, E 2nd St/N Park Ave, Mo–Sa 10am–4pm, So ab noon. Spende. Sehr gutes Museum mit starker Betonung der Geschichte des Bergbaus in Arizona.

Tucson Außenbezirke

Mountain Park

- Der ***Tucson Mountain Park*** – 8 mi westlich Downtown, erreichbar über Speedway Blvd/Kinney Rd – ist ein rund 7000 ha großes, teilweise gebirgig zerklüftetes Wüstengelände voller Saguaro Kakteen. Von der Paßhöhe ***Gates Pass*** (Speedway) Blick über die *Sonora Desert*; großartig bei Sonnenuntergang.Picknicktische sind auch vorhanden. Innerhalb des Parkgebiets befinden sich das *Desert Museum* und die *Western Town Old Tucson*:

Western Town

- ***Old Tucson,*** ✆ 883-0100, ist ein für Filmzwecke errichteter Nachbau von Tucson, wie es vor der Jahrhundertwende ausgesehen haben soll, heute eine Art *Amusement Park*. 9am–5pm, Eintritt $13. Gedreht wurde dort zunächst "Arizona" (1939); andere Western – darunter *Rio Bravo* – folgten und später auch Fernsehserien, am bekanntesten *High Chaparral. Old Tucson* ist eine 100%-ige Western-Kulisse mit *Railroad Station, Sheriffs Office, Saloon* und sogar Galgen vor dem Panorama der *Tucson Mountains*. Für die Besucher gibt es *Cowboy Stunt-Shows*, Schießereien, *Can-Can Girls*, Bankraub und Rodeo. Zum Mitmachen Postkutschenfahrten, Goldwaschen und Ausritte. Ein Hauptspaß in erster Linie für Kinder und Junggebliebene. Mindestens 3 Stunden einplanen, damit es sich lohnt.

Leben in der Wüste

- ***Arizona Sonora Desert Museum***, 8:30am–5pm, Sommer 7:30am–6pm, Eintritt $9. Beim Wüstenmuseum handelt sich um eine Kombination aus Botanischem Garten und Kleintierzoo. Über 200 in der Wüste beheimatete Tierarten sind vorbildlich untergebracht, über 400 Pflanzenarten, darunter zahlreiche Kakteen, zusammengetragen. Eine der Top-Attraktionen Tucsons, wenngleich leider sehr abgelegen und nicht billig.

Saguaro Park West

- Das West Areal des ***Saguaro National Park*** grenzt unmittelbar an den *Tucson Mountain Park, Visitor Center* 8:30am–5pm. Der ***Bajada Loop Drive*** führt durch dichte Saguaro-Bestände. Ein Besuch lohnt sich vor allem, wenn die Zeit für den interessanteren Ostteil nicht reicht.

Anfahrt

Wer aus Richtung Airport/Südosten kommt, erreicht die Ziele im *Tucson Mountain Park* rascher über den Ajo Way (Straße #86, von dort ausgeschildert) als über den steilen Speedway.

Saguaro Park Ost

- Das Ost Areal des **Saguaro National Park** (*Rincon Mountain Unit*) liegt ca. 17 mi östlich von Tucson; Anfahrt über Broadway/Old Spanish Trai; geöffnet Mai–September 7am–7pm, Dez. –April bis 5pm. *Visitor Center* täglich 8:30am–5pm. Eindrucksvoller Kakteenschutzpark über dem *Tucson Valley*. 8 mi Rundstrecke ***Cactus Forest Driv***e, Naturlehrpfade, Diaschau im Besucherzentrum, Picknick unter Kakteen. April–Juni Blütezeit.

Flugzeugmuseum

– ***Pima Air Museum***, 6000 E Valencia Rd unweit I-10, 9am-5pm, Einlaß bis 4pm, $6. Phantastisches Flugzeugmuseum. Über 200 (überwiegend Militär-) Maschinen, Raketen und Drohnen, darunter auch das Präsidentenflugzeug von John F. Kennedy. Ausstellungshalle und großes Außengelände. Ein absolutes Muß für alle Flugzeugfans. Zeitbedarf mindestens 2 Stunden.

Jede Menge ausrangierte Kampfflugzeuge

– Auf dem Gelände der ***Davis Monthan Air Force Base***, einem riesigen Luftwaffenstützpunkt, und auf Freiflächen der Umgebung stehen Tausende eingemottete und ausgeschlachtete Flugzeuge vom Weltkrieg-II-Bomber bis zu Jets der 80er-Jahre. Von den Straßen rings um die Basis sieht man einen Teil dieser Bestände, besonders gut entlang der Kolb und Irvington Rd unweit des Museums. **Führungen** Mo+Mi, Auskunft und möglichst frühzeitige Anmeldung unter © 750-4570. Treffpunkt nach Anmeldung ist das *Main Gate* an der South Craycroft Rd.

60er-Jahre Jet der US-Airforce mit "Kriegsbemalung" im Pima Air Museum

Ziele in der Umgebung

Höhle

– Etwa 25 mi südöstlich von Tucson befindet sich die ***Colossal Cave*** – I-10/Ausfahrt 279/Vail dann 8 mi Old Spanish Trail bzw. ab *Saguaro Park* Ost weiter dieser Straße folgen – ein enormes, z.T. noch unerforschtes Höhlensystem. Geöffnet im Sommer Mo– a 8am–6pm, So bis 7pm, Winter etwas verkürzt, $7.

Mission

– ***Mission San Xavier del Bac*** im San Xavier Indianer Reservat, ca. 20 mi südlichTucson, Anfahrt auf der I-19, Ausfahrt 75/San Xavier, 9am–5pm. Schöner, gut erhaltener spanischer Missionsbau (1790). Vor der Kirche **Verkaufsstände** der Papago Indianer.

Abschußbasis für Atomraketen

– Das ***Titan Missile Museum***, © 625-7736, ist eine ausrangierte unterirdische Abschußbasis für atombombenbestückte Interkontinentalraketen, die 1963-1984 in Betrieb war. Sie liegt ca. 26 mi südlich Tucson bei Green Valley: I-19, Ausfahrt 69. Mi–So 9am–5pm, im Winter täglich. Stündliche Führungen bis 4pm, keine individuelle Besichtigung möglich, $5. Technisch faszinierendes Gruselkabinett. Erläuterungen aller Details inklusive des Kommandoraums mit rotem Knopf.

Biosphere 2

– Die Experimentierstation ***Biosphere 2*** (erste Biosphäre ist die Erde) befindet sich einige Meilen westlich von Oracle, ca. 30 mi nördlich von Tucson, Straßen #89/#77. Von Ende 1991 bis Ende 1993 lebten dort acht Männer und Frauen in einem geschlossenen, mit der Umwelt nicht verbundenen ökologischen System. Derweil bevölkerten drumherum Touristen einen Besucherkomplex, der größer ist als die *Biosphere 2* selbst. Ende 1996 übernahm die *Columbia University* die wissenschaftliche Betreuung des nun ohne "Bionauten" weitergeführten Projekts. Seit 1997 dürfen Touristen auch die heiligen Hallen der Biosphäre betreten. Wer das Informationsangebot voll nutzt, benötigt mindestens 3-4 Stunden für eine Besichtigung, täglich 8am–6pm, $13. Im ***Inn at the Biosphere*** kann man ab $50 übernachten, © 896-6222.

Weiter entfernte Ziele

Observatorium

55 mi westlich von Tucson stehen in den Quinlan Mountains in 2.100 m Höhe die Teleskope des ***Kitt Peak Observatory,*** © 318-8726: Straße #86, 10 mi steile Zufahrt, 9am–4pm. *Visitor Center* mit Filmvorführung 10:30 am/1:30pm. Besichtigung der Teleskope als *self-guided Tour*. Schöner Picknickplatz unter Eichen.

Organ Pipe Cactus NM

Weitere 100 mi auf den Straßen #86/#85 durch die Einsamkeit der *Sonora Desert* sind es zum ***Organ Pipe Cactus National Monument***, dem vielleicht besten Kakteenpark überhaupt. Der namensgebende Kaktus, ein loser Strauß stachliger Arme ist dort nicht die überwiegende Kaktusart. Seine Vegetation umfaßt die ganze Vielfalt der Wüstengewächse, wie sie in anderen, zivilisationsnäheren Parks kaum mehr zu finden ist. Information zu Flora und Fauna im ***Visitor Center*** und auf dem einem ***Nature Trail***. Der ***Ajo Mountain Drive***, eine achterbahnartige, aber gut befahrbare Schotter-Rundstrecke (21 mi), führt durch eine fantastische Kakteenlandschaft.

Tombstone

Dank ***Wyatt Earp, Doc Holliday*** und dem legendären ***Gun Fight at O.K.Corral*** ist kaum eine andere (reale) *Old West Town* so bekannt wie das Städtchen mit dem Namen, der zu deutsch "Grabstein" bedeutet. Dort, gut 70 mi südöstlich von Tucson (I-5, Straße #80) ging die ***town too tough to die*** trotz erschöpfter Silberminen, welche Tombstone groß gemacht hatten, dank des Tourismus nicht unter. Heute ist das gesamte StädtchenTombstone sogar ein ***National Historic Site***.

In der historischen **Hauptstraße,** der *Allen Street*, gibt es ein paar kleine Museen (u.a. das sehenswerte *Bird Cage Theater* im Originalzustand der wilden Jahre und das *Courthouse* als *State Historic Park)*, 3 nostalgische ***Western Saloons***, einige Restaurants und jede Menge originell sortierter *Gift Shops*. Am ***O.K.Corral*** stehen die Helden von damals in Lebensgröße in schußbereiter Position. Jeden 2. und 4., ggf. 5. Sonntag im Monat um 14 Uhr findet nach altem Ritual das historische ***Shoot-out live*** statt. Die Opfer der einst bleihaltigen Luft liegen eingangs der Stadt auf dem *Boothill Cementery* begraben. Ende Mai finden die ***Wyatt Earp Days*** statt und übers *Labor Day Weekend* die ***Wild West Days*** mit Rodeo.

Unter den wenigen **Motels** befindet sich die ***Best Western Lookout Lodge*** (ab ca. $55) mit der schönen Telefonnummer **(800) OK CORRAL**; das *L* ist beim Wählen bedeutungslos: © 800-652-6772(5).

WASHINGTON DC (District of Columbia)

Hauptstadt der USA

Das Zusammenspiel von Hauptstadtfunktion, großzügiger Konzeption der Regierungsviertel, bedeutender nationalhistorischer Stätten und exquisiter Lage am Potomac River macht Washington zu einer der attraktivsten Cities der USA: über 20 Mio. Menschen besuchen jährlich die Stadt. Nur der öffentliche Dienst beschäftigt mehr Menschen als die florierende Tourismusbranche.

Überwiegend sorgen die Amerikaner selbst für den Besucherstrom. Die meisten von ihnen erfüllt Stolz angesichts der Prachtentfaltung ihrer mächtigen Demokratie, welche an die Zurschaustellung absolutistischer Herrschaft im Europa vergangener Jahrhunderte erinnert. Im Gegensatz dazu ist in Amerika das Volk aber nicht nur zugelassen, sondern sogar willkommen. Alle Regierungsgebäude, das Weiße Hause eingeschlossen, sind der Öffentlichkeit zugänglich.

Speziell bei deutschen USA-Reisenden steht Washington selten ganz oben auf der Liste der Wunschziele. Zu Unrecht, denn Stadt und Umgebung haben mehr zu bieten als die meisten anderen amerikanischen Metropolen.

Geographie, Klima und Geschichte

Geographie

Die US-Hauptstadt liegt 150 mi vom Atlantik entfernt im Nordosten des Landes. Rund 250 mi sind es nach New York und 70 mi nach Baltimore. Der *District of Columbia* am Ostufer des Potomac River gehört offiziell zu keinem Bundesstaat, befindet sich aber faktisch auf Maryland-Staatsgebiet, ➪ Geschichte. Die Vororte Washingtons reichen heute weit über den *Federal District* von einst hinaus. Die Ausdehnung erfolgte – wie auch ursprünglich vorgesehen, aber lange Zeit nicht realisiert – in erster Linie nach Westen auf die zum Staat Virginia gehörende Seite des Potomac River. Rund 20 mi südlich der Stadt erweitert sich der Grenzfluß zwischen Maryland und Virginia zu einem mit der Chesapeake Bay verbundenen Meeresarm.

Orientierung

Die Orientierung in Washingtons Kernbereich fällt leicht (siehe auch unter Geschichte). Das ***Capitol Building*** dient als Fixpunkt für die Aufteilung des Stadtgebietes in die Sektoren Nordwest, Nordost, Südost und Südwest. North und South Capitol St (vertikal) sowie East Capitol St und die Mall (horizontal) sind wie ein Achsenkreuz Trennlinien zwischen diesen Bereichen. Straßen in Nord-Süd-Richtung sind numeriert, Ost-West-Straßen tragen die Buchstaben von A-I und K-W. Eine J-Straße existiert nicht. Die **I-Straße** wird üblicherweise als **Eye Street** bezeichnet. Adressen tragen hinter dem Straßennamen die Bezeichnung des jeweiligen Quadranten (NW, NE, SE oder SW). Die ersten beiden Ziffern der Hausnummer markieren den Straßenblock (z.B 17: zwischen 17. und 18. Straße bzw. zwischen R und S Straße, da im Alphabet ohne J diese beiden Buchstaben an 17. und 18. Stelle stehen). Außerdem existieren diagonal verlaufende Avenues, die nach den 13 Gründerstaaten der USA benannt wurden.

Klima

Kennzeichen des Ostküstenklimas bis hinauf in die Neuenglandstaaten sind heiße und schwüle Sommer. Feuchte Warmluft, die vom Golf von Mexico nach Norden zieht, ist dafür verantwortlich, wie auch unter Boston und New York erläutert. Bei Tagestemperaturen von meist über 30°C im Juli und August werden Stadtbesichtigungen schnell zur Strapaze. Angenehmere, teilweise schon/noch sommerliche Temperaturen herrschen von April bis Mitte Juni und ab September bis Mitte November. Die Winter sind mild, Frosttage und Schneefall vergleichsweise selten.

Niederschläge konzentrieren sich auf die Winter- und Frühjahrsmonate. Im Sommer sind Gewitter keine Seltenheit. Als beste Besuchszeit gelten die sonnenreichen Monate September und Oktober mit den statistisch geringsten Niederschlägen.

Sonnenschein: 207 Tage — **Niederschläge**: 111 Tage

Heißester Monat: Juli 26°C — **Kältester Monat**: Januar 1°C

Geschichte

Die Entstehung Washingtons ist ungewöhnlich: die US-Kapitale wurde eigens gegründet, um die Hauptstadtfunktion zu übernehmen. Wichtigster Grund dafür war Uneinigkeit darüber, welcher der auch damals schon existierenden Städte die Ehre zufallen sollte, Regierungssitz zu werden. Der Kongress tagte zunächst an wechselnden Orten und beschloß endlich, Regierung und Parlament einen eigenen, von einzelnen Bundesstaaten unabhängigen *Federal District* zuzuweisen. Virginia und Maryland stellten ein Quadrat von 10 mi Kantenlänge beidseitig des Potomac River zur Verfügung, und der französische Architekt ***Pierre L'Enfant*** wurde

1791 mit der Planung beauftragt. Weitsichtig konzipierte er für damals völlig imaginäre 100.000-200.000 Einwohner ein weiträumiges Netz paralleler Transversalen, die diagonal durch die Karrees der Nord-Süd und Ost-West Straßen schnitten (➪ Geographie). Kernstück war die rund 500 m breite Grand Ave vom *Capitol Building* zum Potomac River. Sie entspricht heute als Parkanlage voller Museen und Monumente der ***National Mall***.

1793 Grundsteinlegung für das ***Capitol***, **1800**Fertigstellung

1814 Englische Truppen brennen die junge Hauptstadt nieder. Nach Kriegsende erfolgen Wiederaufbau und Entwicklung nur langsam.

1846 erhält Virginia – nach Beschwerden über die fehlende Nutzung – seine 31 Quadratmeilen westlich des Potomac sogar zurück.

1861–65 Der **Bürgerkrieg** bringt einen enormen Bevölkerungsanstieg vor allem durch über 40.000 befreite Sklaven aus den Südstaaten. Dekaden starker Bautätigkeit folgen. Dabei finden die Vorstellungen des Planers *L`Enfant* kaum noch Berücksichtigung.

1900 Zum 100-jährigen Bestehens Washingtons entsann man sich seiner Entwürfe und korrigierte die störendsten der eingetretenen Abweichungen. Seither entspricht das Stadtbild im Bereich der *Mall* und im Regierungsviertel bis heute weitgehend den Plänen von 1791.

1974 Washington erhält Stadtrechte und damit erstmalig einen gewählten Bürgermeister. Bis dahin wurde die Hauptstadt durch Beamte verwaltet, die vom Kongress ernannt worden waren.

Washington DC hat heute über **600.000 Einwohner**, davon sind 80% Schwarze. Im **Großraum Washington** leben rund **3 Mio.** Menschen.

Daten und Fakten

Telefonische Vorwahl/Area Code: 202 (Virginia 703)

Diplomatische Vertretungen

- **Botschaft der BRD,** © 298-4249, 4645 Reservoir Road
- **Botschaft der Schweiz,** © 745-7900, 2900 Cathedral Ave NW
- **Österreichische Botschaft,** © 483-4474, 2343 Massachusetts Ave

Besucherinformation

- Ein ***International Information Center,*** © 667-6800, befindet sich im *Ground Floor* (*Baggage Claim Area*) des Washington **Dulles *Airport***, ebenso ein Stand der ***Travelers Aid***. Der ***National Airport*** besitzt Info-Schalter im neuen und alten *Terminal*.
- Aktuelle (nur telefonische) Auskünfte und Unterlagen gibt es bei der ***DC Convention & Visitors Association***, 1212 New York Ave NW, Suite 600, Washington DC 20005, © **789-7000**. Auf Anfrage versendet diese Stelle den offiziellen ***Washington DC Guide*** mit kompakten Informationen für alles, was wichtig ist.
- Gut sortiert mit Karten und Informationsmaterial zu Washington sind auch das ***White House Visitor Center***, 1450 Pennsylvania Ave, und das des ***Smithsonian Institute***, ➪ Seite 510.
- Ein ***International Visitors Service*** erteilt unter © 939-5566 Auskünfte in 40 Sprachen; täglich 6–23 Uhr

Flughäfen

Alternativen

Washington DC verfügt über zwei Flughäfen, den nationalen und den internationalen Airport. Der Baltimore-Washington *International Airport*, ca. 40 mi nordöstlich von *Downtown* Washington, kommt als Zielflughafen ebenfalls in Frage.

Flughafen 1 (DCA)

Washington National Airport, © (703) 661-2700

Lage

Kaum ein anderer Großstadtflughafen bietet eine vergleichbare City-Nähe. Regierungsviertel und Innenstadt liegen kaum einen Steinwurf von den Landebahnen am Virginia-Ufer des Potomac River entfernt. Von den *Terminals* zum Weißen Haus, dem Capitol und zu vielen Ministerien sind es gerade mal 3 mi. Zum Verteidigungsministerium, dem *Pentagon*, könnte man zu Fuß gehen (1 mi). Im *National Airport* starten/landen nur Flüge bis 1.250 mi Entfernung.

Fluglinien: AA, CO, DL, HP, NW, TW, UA, US

Transferzeiten: 30-45 min

Anlage

Der Flughafen besteht aus dem alten Main und einem nagelneuen *Terminal, Washington`s Newest Monument*, ein lichtdurchflutetes Gebäude mit Blick über das Vorfeld und auf die Washington *Skyline*. Von dort hat man direkten Zugang zur Metrostation; Fahrtzeit zur *National Mall* 10 min.

Schließfächer findet man in beiden *Terminals* hinter den Sicherheitskontrollen, $1/24h, zugänglich 6:30am–10pm.

Wartezeiten

Kürzere Wartezeiten bieten die Möglichkeit, sich im neuen *Terminal* umzusehen. Längere Flugunterbrechungen lassen sich in Anbetracht der kurzen Distanzen und der in rascher Folge verkehrenden U-Bahn auch außerhalb des *Airport* verbringen, etwa in *Downtown/National Mall* oder im ***Shopping Center Pentagon City*** nur 2 Stationen entfernt.

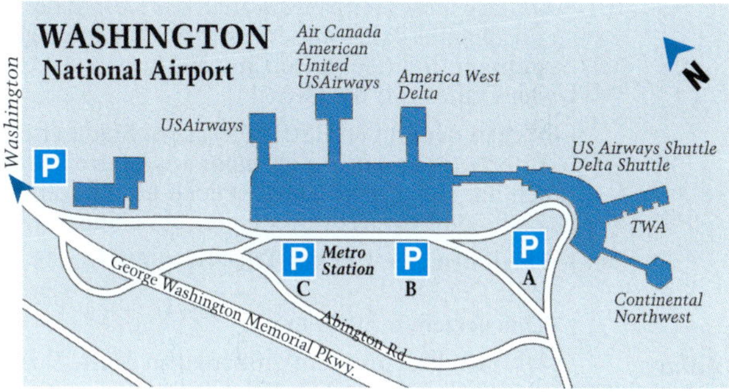

Verbindung Airport-City

U-Bahn

Die U-Bahn (***Blue Line*** über Arlington nach *Downtown*; ***Yellow Line*** direkt zur *National Mall*) verkehrt werktags 5:30am–*midnight*, samstags ab 8am und sonntags ab 10am. Der Nachfrage angepaßte Frequenz. Fahrpreis je nach Ziel ab $1,20; Fahrtdauer abhängig von Linienwahl und Ziel 10-30 min.

Van

National Airport ***Super Shuttle,*** © (800) 258-3826, fährtPassagiere vom Airport direkt zum Hotel oder vor die Haustür bzw. holt sie dort ab. Downtown-Ziele $7, $12 retour.

Taxi

Der Fahrpreis fürs Taxi richtet sich nach durchfahrenen Zonen, Anzahl der Mitfahrer, Tageszeit (Zuschlag zur *Rush Hour* 4pm-7pm) und Gepäckmenge. Downtown-Ziele kosten ca. $12-$15.

Verbindung National und Dulles/Baltimore Airport

Bus

Washington Flyer unterhält einen ***Inter Airport Express***, $16 one-way, Fahrtzeit ca. 45 min. Abfahrten stündlich; © (703) 685-1400. Man kann auch mit der *Metro* zum ***West Falls Church Terminal*** fahren und dort in den Bus zum *Dulles Airport* umsteigen.

Transport zum *Washington-Baltimore Airport* erfolgt über das ***Downtown Airports Terminal***, 1517 K St. Von dort fährt stündlich ein ***Airport Connection Bus*** nach Baltimore.

Taxi

Ein Taxi zum *Dulles Airport* kostet ca. $40.

Autovermietungen siehe im Anschluß zu den Erläuterungen zum *Washington-Baltimore Airport* auf Seite 504.

Flughafen 2 (IAD)

Washington Dulles International Airport, © (703) 661-2700

Geschichte und Lage

Der internationale Flughafen wurde nach Außenminister *John Foster Dulles* benannt, der in den Jahren des kalten Krieges und der Konfrontation mit der Sowjetunion die Politik der USA maßgeblich mitbestimmte. Architekt des 1962 eingeweihten Baus war *Eero Saarinen*, der mit dem *Gateway Arch* weltweiten Ruhm erwarb (➪ St. Louis, Seite 485). Sowohl die Anlage dieses *Airport* als auch das Design der Gebäude waren für die 60er-Jahre außergewöhnlich. Eine eigens gebaute (gebührenpflichtige) Autobahn, die *Airport Access Road*, verbindet Dulles mit der City.

Wegen der großen Entfernung zum Stadtzentrum war *Dulles International* lange Zeit nicht ausgelastet. In den letzten Jahren hat sich die Situation jedoch grundlegend verändert. Zur Zeit sind Erweiterungsarbeiten im Gange.

Fluglinien: AA, CO, CP, DL, NW, TW, UA, US
Hub: CO, UA
Transferzeiten: 30-45 min

Anlage

Unmittelbar mit dem großzügigen *Main Terminal* hängt der *South Concourse* (UA, US, NW) zusammen. Die sogenannten *Midfield Concourses* C und D liegen separat vom *Main Terminal* und können nur mit sog. ***Mobile Lounges***, riesigen, hochbeinigen Bussen, erreicht werden. Im Rahmen der Erweiterungspläne für zusätzliche *Midfield Concourses* ist der Bau einer U-Bahn zwischen den verschiedenen Komplexen des Flughafens vorgesehen.

Schließfächer gibt es im *Upper Level* des *Terminal*, $1/24h. Ein ***Observation Deck*** befindet sich am Fuße des *Tower* im *South Concourse*.

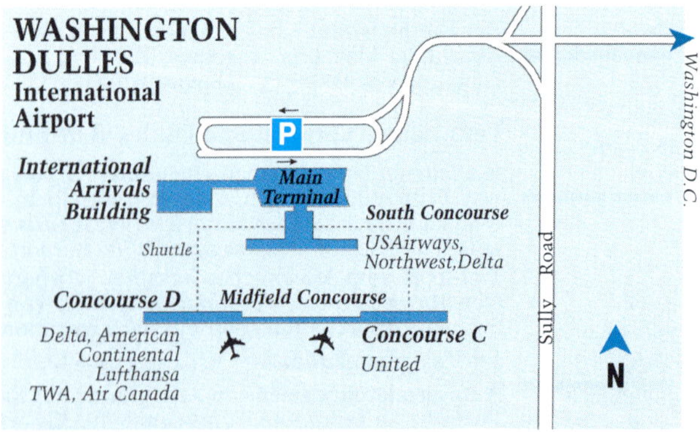

Verbindung Airport-City

Bus

Washington Flyer Busse, © (703) 685-1400), bedienen alle 30 min werktags, 60 min am Wochenende, auch den *Dulles Airport*. Fahrpreis nach *Downtown $16* (Stopps an diversen Hotels, Endstation ***Downtown Airports Terminal***, 1517 K St beim *Hilton), retour* $26. Fahrtzeit je nach Verkehrssituation 45-60 min.

U-Bahn

Eine preiswertere und bei starkem Verkehr mitunter **schnellere Alternative** ist der Express Bus zum ***West Falls Church Terminal*** mit Umsteigen dort in die U-Bahn Station, ca. alle 20 min: $8 einfach plus U-Bahn-Ticket weiter nach *Downtown (*ca. $2 *one way).*

Taxi

Eine Fahrt mit dem **Taxi** kostet ca. $40.

Verbindung *Dulles-National Airport*, ➪ Seite 501

Begrüßung internationaler Reisender auf dem Dulles Airport

Flughafen 3 (BWI)

Baltimore/Washington International Airport, © (410) 859-7111

Lage

Dieser Flughafen liegt rund 10 mi südlich von *Downtown* Baltimore. Dorthin zu fliegen macht bei Reiseziel Washington nur in Ausnahmefällen Sinn, etwa bei ausgebuchten Flügen nach *Washington National* bzw. *Dulles* oder bei Interesse auch am Besuch von Baltimore, ebenfalls für einen Abstecher nach Gettysburg, ➪ Seite 516.

Fluglinien: AA, CO, DL, HP, NW, TW, UA, US
Transferzeiten: 30-45 min

Anlage

Die *Concourses* des Baltimore *Airport* sind alle mit dem *Main Terminal* verbunden. Der Begriff *Concourse* wird dort jedoch nicht benutzt. Die Flugzeuge "docken" wie im Hafen an ***Piers***.

Verbindung Airport-City

nach Baltimore

MTA-Bus #17 fährt zur *Light Rail Station.* ***Super Shuttle*** halbstündlich, $10. **Zugverbindung** $5, *Amtrak* ***Metroliner*** $10 (Gratis-Shuttlebus zur Eisenbahnstation). **Taxi** ca. $20

nach Washington

Zugverbindung $9, *Amtrak* ***Metroliner*** $14. ***Airport Connection Busse*** stündlich zum ***Downtown Airports Terminal*** (von dort ggf. weiter nach *Dulles/National*), $16. Ein **Taxi** kostet $40-$50.

Autovermietungen

Car Rentals

Auf allen drei Airports sind *Alamo, Avis, Budget, Dollar, Hertz, National, Thrifty* mit Schaltern vertreten:

Weitere Verleih-Firmen besitzen flughafennahe Stationen.

Mietwagen notwendig?

Für einen Aufenthalt bis zu drei Tagen, der sich auf Washington und die nähere Umgebung beschränkt, benötigt man keinen Mietwagen. U-Bahn, Busse und die Tourmobile (siehe unten) bieten in Washington ungewöhnlich gute öffentliche Transportmöglichkeiten. Im Innenstadtbereich und rund um die *Mall* ist ein Auto in Anbetracht des dichten Verkehrs und erheblicher Parkprobleme sogar eher hinderlich. Etwas weiter entfernte Ziele wie Old Williamsburg, Gettysburg und der *Shenandoah National Park* lassen sich dagegen am besten mit einem Auto ansteuern.

Öffentliche Verkehrsmittel

U-Bahn

Die U-Bahn ***Metrorail,*** © 637-7000, Auskünfte 6am–11:30pm), ist das effizienteste Verkehrsmittel der Hauptstadt. Mit der *Metro* gelangt man zu fast allen wichtigen Sehenswürdigkeiten. Die Züge verkehren alle 10-15 min, werktags 5:30am–*midnight*, Sa+So ab 8am. Fahrpreise je nach zurückgelegter Strecke und Tageszeit (!) ca. $1,20-$3,40. Tickets kauft man an ***Farecard Machines***. Man darf sie auf keinen Fall verlieren; sie werden am Zielbahnhof elektronisch überprüft. Ist der ursprünglich bezahlte Betrag nicht abgefahren, gibt`s sogar Geld zurück. **Tagespässe $5**.

Bus

Metro Busses ergänzen das U-Bahn-Netz zum Einheitstarif von $1,20. Die Auskunft erläutert unter © (202) 637-7000 die jeweils günstigste Verbindung, ➪ Seite 95. Per U-Bahn, Bus und zu Fuß läßt sich Washington gut erkunden.

Umsteigen

Umsteigen zwischen den Bussen ist nur möglich an bestimmten ***Transfer Points***. Umsteigtickets (*Transfers*) sind gratis im Bus erhältlich und zwei Stunden gültig. Metro-Bus Transfers müssen vor der Fahrt besorgt werden. Umsteigtickets vom Bus auf die Metro gibt es nicht.

Taxi

Weiter oben wurde bereits erläutert, daß die Fahrpreise der Taxis in Washington sich nach durchfahrenen Zonen, Anzahl der Fahrgäste, Gepäck und Tageszeit richten. Die Tarife sind daher schwer durchschaubar. Eine Übersicht mit Zonen und Preisen muß in jedem Taxi hängen.

Blue Top, © (703) 243-85750 — **Diamond,** © 387-6200
Liberty, © 636-1600 — **Yellow Cab,** © 544-1212

Rundfahrten

Sightseeing Tourmobile fahren sämtliche Sehenswürdigkeiten im Bereich der *National Mall* bis zum Militärfriedhof Arlington auf der Westseite des Potomac ab, © 554-5100. Mit dem **Tagesticket** ($13, erhältlich in jedem Tourmobile) kann man an 18 Haltepunkten beliebig aus- und zusteigen. Die Verkehrsfrequenz und

Tourmobile

Uhrzeiten richten sich nach der Jahreszeit. Im Sommer sind zahlreiche "Züge" im Einsatz. Das Tourmobile ist nicht nur zur Überbrückung größerer Distanzen zwischen Besichtigungspunkten empfehlenswert, sondern auch für eine volle Rundfahrt, um sich zunächst einen Gesamtüberblick zu verschaffen. Im Sommer fährt eine zusätzliche Linie nach ***Mount Vernon***, dem ehemaligen Landsitz George Washingtons.

Trolley

Ähnlich den *Tourmobiles* verkehren die ***Old Town Trolleys***, © 832-9800, und ***Double Decker Busses***, © 944-9700,auf einer festgelegten Strecke von Sehenswürdigkeit zu Sehenswürdigkeit und fahren außerdem über Georgetown (siehe unten) hinaus bis zur Washington Cathedral an der Massachusetts Ave NW. Beide können ebenfalls mit beliebiger Unterbrechung an 16-18 Haltestellen benutzt werden. Das **Ticket** (beim Bus 2 Tage gültig) kostet $18, Frequenz 30 min. Täglich von 9am–4pm, im Sommer bis 7pm.

Rundfahrten

Konventionelle **Stadtrundfahrten** gibt es wie überall bei ***Gray Line***, © 386-8300, oder bei ***All about Town***, © 393-3696. Je nach Länge und eingeschlossenen Zielen kosten sie zwischen $15 und $50. Originell sind ***DC Ducks: Boats on Wheels***, Weltkrieg II-Amphibienfahrzeuge. Sie fahren zunächst die *Mall* auf Rädern ab und schrauben dann durch den Potomac River. Im Sommerhalbjahr in kurzen Abständen 9am–4pm ab *Union Station*, $18.

Boote

Rundfahrten auf dem Washington Channel/Potomac River bieten **Ausflugsboote** verschiedener Firmen, z.B. ***Spirit Cruises*** © 554-8000, etwa ab Ende März bis Mitte Oktober. Sehr beliebt ist der Trip nach Mount Vernon ($25, 4 Stunden retour). Anleger ist Pier 4, 6th/Water St am Washington Channel, ca. 1 km zur *Mall*.

Unterkunft

Situation

In und um Washington existieren enorme Hotelkapazitäten. Es überwiegen Häuser der Mittel-, Ober- und Luxusklasse. Zwar gibt es auch eine Reihe preiswerter Quartiere, die sind aber oft langfristig ausgebucht. Nur mit dem Auto lassen sich die vor den Toren der Stadt liegenden Kettenmotels der Budgetklasse (ab $39) erreichen. Man findet sie vor allem entlang der Ringautobahn ***Capital Beltway*** I-95 und I-495.

Trotz des Wochenendtourismus führt das Ausbleiben der Geschäfts- und Politik-Reisenden Freitag, Samstag und mitunter auch Sonntag Nacht zu freien Zimmern vor allem im Bereich *National Airport* (Crystal City/Arlington ⇨ Seite 506) und in den besseren Häusern im Zentrum und damit zu günstigen ***Weekend Rates***. Im *AAA Tour-Book* ***Mid-Atlantic*** (⇨ Seite 81) und im offiziellen *Washington DC Visitors Guide* finden sich eine ganze Reihe derartiger Angebote.

Reservierung

Man kann sich auch an **zentrale Reservierungsbüros** wenden:
DC Accommodation: © (800) 554-2220 oder (202) 289-2220
Capital Reservations: © (800) VISIT-DC oder (202) 452-1270
DC Hotel Reservations: © (800) 700-HOTEL (auch deutsch)

Für Übernachtungen im **Umfeld der *Airports*** bieten sich an (**Vorwahl** dort jeweils **703**):

Bereich National Airport

- **Days Inn Crystal City,** © 920-8600, 2000 Jefferson Davis Hwy, ab $59; in unmittelbarer Airportnähe
- **Econo Lodge,** © 979-4100, 2485 S Glebe Rd (Arlington), ab $49
- **Travelodge Cherry Blossom,** © 521-5570, 3030 Columbia Pike, ab $64; zentrale Lage in Arlington

Bereich Dulles Airport

- **Days Inn,** © 471-6700, 2200 Centreville Rd, ab $49
- **Hampton Inn,** © 471-8300, 45440 Holiday Dr, ab $59
- **Comfort Inn,** © 818-8200, 4050 Westfax Dr, ab $49
- **Courtyard by Marriott**, © 709-7100, 3935 Centerview Dr, ab$59
- **Holiday Inn Exp. Dulles East,** © 478-9777, 485 Elden St, ab $59

Downtown

Im erweiterten Zentrumsbereich sind – relativ – erschwinglich:

- **Days Inn**, 1201 K St NW, © (202) 842-1020 bzw. #800 Seite 169, ab $89; beim *Convention Center*
- **Best Western Skyline Inn**,10 Eye St, © (202) 488-7500 bzw. #800 Seite 169, ab $79; gute Lage südlich des Capitol (I-395).
- **Howard Johnson Lodge Downtown**, 2601 Virginia Ave , © (202) 965-2700, ab $79; gute Lage beim Watergate Komplex.
- **Holiday Inn Capitol**,550 C St, © (202) 479-4000; 550 C St W, Ecke 6th St, ab $119, dafür aber extrem günstige Lage

Guest Houses

Etwas kostengünstigere Quartiere bieten sog. *Guest Houses* vor allem im Bereich *Adams Morgan* und *Dupont Circle*. Im allgemeinen weniger preiswert, dafür etwas individueller, sind *Bed & Breakfast Places*:

- ***Davis House***, 1822 R St NW/Nähe Dupont Circle, © (202) 232-3196; viele internationale Gäste, alkoholfrei, ab $39
- ***Guesthouse Connecticut Woodley***, © (202) 667-0128, 2647 Woodley Rd, EZ ab $44, DZ ab $55
- ***Adams Inn B&B***, , © (202) 745-3600 1744 Lanier Place NW, DZ ab $59

Bed & Breakfast

- ***B&B League* Reservierungsservice**, © (202) 363-7767, Zimmerpreise mit Frühstück ab $55 fürs DZ plus $10 Gebühren, .
- ***B&B Acommodations* Reservierungsservice**, © (202) 328-3510. Zimmerpreise mit Frühstück ab $55 fürs DZ plus Gebühren,

Preiswert

Wer in preiswerteren Quartieren wie den *Hostels* unterkommen möchte, sollte früh reservieren (Vorwahl alle **202**):

- **Washington International Hostel** (AYH) 1009 11th St NW, 250 Betten, © 737-2333, noch relativ zentrale Lage, ab $19
- **International Student Center,** © (800) 567-4150, © 265-7555, 2451 18th St NW in Adams Morgan, $16 inkl. Frühstück.
- **Davis House,** © 232-3196, 1822 R St NW/Nähe Dupont Circle. Überwiegend internationale Gäste, alkoholfrei, ab $32.
- **Columbia Guest House,** © 265-4006, 2005 Columbia Rd, ab $20.
- **YMCA Alexandria,** © 549-0850, 420 E Monroe Ave, ab $33
- **Smilkins B&B and Hostel**, © 387-1328, 1601 19th St NW, ab $21

Essengehen und Shopping

Fast Food im Bereich der Mall

An der ***National Mall*** kümmern sich zahllose Verkaufs-Karren mit *Hot Dogs, Pretzel, Coke* und allerhand anderem um die hungrigen Mägen der Touristen. Für den Snack zwischendurch und fürs Mittagessen sind die **Cafeterias der Museen** eine gute und relativ preiswerte Adresse. Eine öffentliche Cafeteria existiert sogar im *Capitol* (7:30am–3:30pm). Im Untergeschoß der ***Union Station***, 500 m nördlich des *Capitol*, gibt es einen ***Fast Food Circle*** mit einer großen Auswahl an Schnellgerichten jeder ethnischen Richtung. Das ***America Restaurant*** im selben Gebäudekomplex genügt auf vier Ebenen höheren Ansprüchen, sowohl vom Ambiente als auch von der Karte her einschließlich der Preise.

Georgetown

An "richtigen" Restaurants fehlt es auch sonst in Washington natürlich nicht. Abends besonders beliebt ist Georgetown. Ab 7:30pm bilden sich dort – trotz des ziemlich hohen Preisniveaus – vor vielen Lokalen oft lange Schlangen, z.B. vorm

- ***Austin Grill,*** © 337-8080, 2404 Wisconsin Ave. Der Grill verwöhnt seine Gäste mit *Tex-Mex Food*, also mit mexikanischer Küche und Steaks. Unbedingt empfehlenswert für alle, die im Laufe ihrer Reise nicht nach Texas kommen.

In Georgetown findet man gute ***Eateries*** auch im *Shopping Center* ***Georgetown Park***, 3222 M St/Ecke Wisconsin Ave.

Dupont Circle/ Adams Morgan

Bekannt für ihre ethnischen Restaurants sind die Bereiche Dupont Circle und Adams Morgan, gut und preiswert z.B.

- ***Sala Thai,*** 2016 P St NW, thailändische Spezialitäten
- ***Meskerem,*** 2434 18th St NW, authentische äthiopische Küche

Seafood an der Waterfront

An der Water Street am Washington Channel ballen sich die **Fischrestaurants** unweit der *Mall*. Zu Fuß am besten die 10th St hinunterlaufen (Metro Station L'Enfant Plaza), dann durch den *Benjamin Bannecker Park* zur *Waterfron*t. Man sitzt dort fern des Verkehrs und der Hektik des Regierungsviertels.

Souvenirs

Für Souvenirs aus Washington bieten sich die ***Giftshops* der Museen** an. Fast alle sind gut sortiert und führen von originellem Spielzeug für Kinder bis zu Literatur und Bildbänden alles, was in den musealen Zusammenhang paßt.

Einkaufen/ Malls

Zentrale Einkaufsbezirke Washingtons sind ***Metro Center*** und Umgebung (G Street) und ***The Shops at National Place***, 13th/F St. Noch zum Bereich *Metro Center* gehört ***The Pavilion at the Old Post Office***, 12th St/Pennsylvania Ave.

Der erwähnte *Food Court* in der ***Union Station*** ist Teil eines ***Shopping Center***, das sich über drei Ebenen erstreckt. Die ebenfalls schon erwähnte ***Georgetown Park Shopping Mall***, zeigt sich mit Stil der Jahrhundertwende und verfügt über 120 Läden und Restaurants.

Sehenswürdigkeiten

Rund um die National Mall

Übersicht

Für eine Besichtigung allein der *National Mall* – größere Entfernungen am besten per *Tourmobile,* kürzere zu Fuß – und den Besuch von zwei, höchstens drei der Museen (oder des Weißen Hauses/des *Capitol* – Wartezeiten!) benötigt mindestens einen vollen Tag, wer zeitig startet. Nicht unter zwei Tagen sind notwendig für einen etwas intensiveren Besuch. Da es auch außerhalb der *Mall* noch einiges zu sehen gibt, lassen sich in Washington drei Tage spielend ausfüllen, Abstecher in die Umgebung nicht gerechnet.

Charakteristik der Mall

Die ***National Mall*** ist das touristische Ziel der Stadt schlechthin. Am Ostende dieser exakt in West-Ost Richtung angelegten **Parkanlage** befinden sich das ***Capitol Building***, dahinter das ***Supreme Court***, das Oberste Gericht, und die berühmte ***Library of Congress***. Beidseitig der *Mall* gruppieren sich die **Museen** der *Smithsonian Institution*. Im Westen, in gut 2 km Distanz zum *Capitol,* bildet der fast 170 m hohe Obelisk des ***Washington Monument*** den Eckpunkt eines rechtwinkligen Dreiecks mit ***White House*** und *Capitol* an den Enden. Die breite Pennsylvania Avenue verbindet das Weiße Haus (nördlich der *Mall*) direkt mit dem *Capitol.* Auf einer Linie mit dem *Capitol Building* und dem Obelisken liegt das ***Lincoln Memorial*** am Westende der Parkanlage. Zwischen Constitution Ave und dem 700 m langen *Reflecting Pool* vor dem Lincoln Denkmal befinden sich die ***Constitution Gardens***, die u.a. das *Vietnam Veterans Memorial* beherbergen.

Sicherheit

In den von Touristen überwiegend frequentierten gepflegten Stadtteilen käme man nicht auf die Idee, daß Washington bei Mord- und Totschlagsdelikten eine Spitzenposition hält – und das will in Amerika schon etwas heißen. Ausgedehnte Problemzonen mit hoher Kriminalitätsbelastung beginnen unweit der Ministerien und der Mall im Norden, Osten und Süden der Stadt. Von dort "schwappt" ein Teil dieser Kriminalität auch auf scheinbar sichere Zonen. Zwar kann von einer akuten physischen Gefährdung tagsüber auf der *Mall* oder in Georgetown keine Rede sein, aber wesentlich östlich des Capitols oder nördlich über das *Museum of American Art* oder die *Union Station* hinaus sollte man sich zu Fuß auch dann nicht begeben. Nach Einbruch der Dunkelheit sind Fußwege unbedingt zu vermeiden. Die U-Bahn gilt als relativ sicher, zumindest auf den für Touristen wesentlichen Abschnitten.

Taschendiebstahl, Handtaschenraub und aufgeknackte Autos gehören selbst auf der *National Mall* leider zum Alltag. Aufmerksamkeit und Umsicht sind also angebracht.

Vom Südufer des sogenannten *Tidal Basin* (vom Potomac River gespeister See) schaut die mächtige Bronzestatue des ***Thomas Jefferson*** zum Amtssitz der Nachfolger hinüber.

Die folgende **Auflistung der Sehenswürdigkeiten** im *Mall*-Bereich enthält die wichtigsten Basisinformationen. Der Eintritt ist in allen Fällen frei.

Weißes Haus

- Die Besichtigung des ***White House*** steht bei Amerikanern hoch im Kurs; entsprechend groß ist der Andrang, der vom ***National Park Service*** organisiert wird. Allerdings sind nur 5 von 132 Räumen öffentlich; Di–So jeweils 10–12 Uhr. Man benötigt dafür ein **kostenloses *Ticket***, das man im *Ticket Booth* in der Nordostecke des Parks ***The Ellipse*** erhält (vor dem *White House*). Die tägliche Besucherzahl/Tag ist begrenzt, frühes (7 Uhr) Erscheinen daher wichtig. Der Schalter öffnet um 7.30am.

Capitol

- Im ***Capitol*** am Ostende der *Mall* residieren Repräsentantenhaus und Senat.Beeindruckend ist die ***Great Rotunda*** (Kuppel) von innen. *Visitors Gallery* geöffnet **9am–4:30pm, im Sommer bis 10pm**, ***House Pass*** nötig, der am *Appointments Desk* außerhalb des *Capitol* gegen (bei Ausländern) Passvorlage ausgestellt wird. Der Zugang für Besichtigungen erfolgt von der Ostseite. Alle 15 min wird eine neue Gruppe durch das Gebäude geschleust (Führungen nur bis 3:45pm). Warteschlangen sind die Regel.

Oberster Gerichtshof

- Das ***Supreme Court***, 1st St/Maryland Ave (östlich gegenüber dem Capitol), entspricht in seiner Funktion dem Bundesverfassungsgericht und ist in einem bombastischen Bau untergebracht. Juristisch Interessierte können sich – wenn keine Sitzungen laufen – Führungen anschließen; stündlich Mo–Fr, 9:30am–3:30pm.

Kongress-bibliothek

- Das ehrwürdigste Gebäude der ***Library of Congress***, das *Thomas Jefferson Building*, steht neben dem *Supreme Court*; Mo–Fr 8:30am–9:30pm, Sa bis 6pm, Führungen stündlich Mo–Fr 9am–4pm. Mit über 100 Mio. (!) Büchern und Dokumenten umfaßt sie die gesammelten Werke der USA und ist zugleich die weltgrößte Bibliothek mit jährlich über 1 Mio. Neuzugängen. Zu den Schätzen der Kongressbücherei gehören u.a. der von *Pierre L'Enfant* angefertigte ursprüngliche Stadtentwurf für Washington, eine der drei letzten Gutenberg-Bibeln und Bücher aus dem Nachlaß Adolf Hitlers. Eindrucksvoll sind die zentrale Halle, ein von 50 verschiedenen Künstlern geschaffenes Gesamtwerk, und die 49 m hohe Lesesaal-Lichtkuppel (Besuchergalerie im 2.Stock).

Die *Memorials* (Gedenkstätten) der *Mall* sind ein absolutes "Muß" für alle Besucher:

Obelisk

- Im ***Washington Monument*** (Obelisk) im zentralen Teil der *Mall* fährt ein Fahrstuhl hinauf in die Aussichtsplattform in 152 m Höhe. Im Sommer bilden sich häufig lange Warteschlangen. Die umgeht, wer früh am Morgen oder erst am Abend kommt: Auffahrt Ende April bis *Labor Day*: 8am–11.45pm, sonst 9am–5pm. Man kann auch reservieren unter © (800) 505-5040, dann $1,50.

Lincoln Denkmal

- Vom ***Lincoln Memorial***, einer Kopie des griechischen *Parthenon*, überblickt ein überlebensgroßer *Abraham Lincoln* aus dem Präsidentenstuhl die gesamte *Mall*. An den Wänden hängen Kupfertafeln mit Auszügen aus den wichtigsten Reden des 1865 ermordeten "Bürgerkriegs-Präsidenten".

Vietnam Memorials

– Um eine Erinnerungsstätte ganz anderer Art handelt es sich beim ***Vietnam Veterans Memorial***, nur rund 200 m vom *Lincoln Memorial* entfernt. Die Namen von 58.000 Gefallenen des Vietnam Krieges wurden in schlichte schwarze Granittafeln graviert und – entlang eines abgesenkten Parkweges –nebeneinander aufgestellt. Nirgendwo sonst gelang ein Antikriegs-Mahnmal vergleichbarer Intensität. Die unendliche Reihe der Namen *in the order, they were taken from us*, dokumentiert die Sinnlosigkeit des Krieges. Eine Bronzeskulptur "Krankenschwestern und Verwundeter", das ***Vietnam Women`s Memorial***, erinnert an die Rolle der Frauen in Vietnam.

Jefferson Memorial

– Fürs ***Jefferson Memorial*** am *Tidal Basin* im *West Potomac Park* südlich der *Mall* diente das *Pantheon* Roms als bauliches Vorbild. Eine riesige Freitreppe und mächtige ionische Säulen aus weißem Marmor beeindrucken mehr noch als der in Bronze gegossene *Thomas Jefferson*, 3.Präsident der USA.

Museen

Bei der großen Zahl der **Museen** in Washington (davon die meisten im Bereich der *Mall* und unter Verwaltung der renommierten ***Smithsonian Institution***) stellt sich die Frage, welche in erster Linie den Besuch lohnen. Qualität und Präsentation der Sammlungen sind in den meisten Fällen hervorragend, klare Empfehlungen fallen daher schwer. Eine zentrale Information vor Ort existiert im Hauptgebäude des ***Smithsonian Institute***, dem ***Castle***, an der *Mall* zwischen Jefferson Dr und Independence Ave in Höhe der L`Enfant Promenade. Gemeinsam sind fast allen Museen die **Öffnungszeiten 10am-5:30pm** täglich und der – mit Ausnahmen – **freie Eintritt**.

Nationalgalerie

– Die ***National Gallery of Art***, 4th St/Constitution Ave NW, So abweichend 11am–6pm, gehört mit einer Sammlung von rund 40.000 Gemälden und Skulpturen zu den bedeutenden Kunstmuseen der Welt. Bereits der 240 m lange Marmorpalast (1941) als solcher und die Architektur des *East Building* (1979, *I.M. Pei*) sind den Besuch wert. Während der ältere Bau die Werke großer europäischer Meister und amerikanischer Maler bis zum 19. Jahrhundert beherbergt, ist das Ostgebäude moderner Kunst und wechselnden Ausstellungen vorbehalten.

Luft- und Raumfahrtmuseum

– Das ***National Air and Space Museum***, 6th St/Independence Ave SW exakt gegenüber der Nationalgalerie auf der Südseite der *Mall*, thematisiert die Geschichte der zivilen und militärischen Luftfahrt vom Heißluftballon bis zur Neuzeit. Die ausgestellten Objekte reichen von der Flugmaschine der Wright Brüder über Lindberghs *Spirit of St.Louis* und eine ME 262 bis zu heutigen Jets, Satelliten und Raumkapseln. Das IMAX-Kino zeigt die sehenswerten "Werbefilme" der NASA; **Eintritt $4**.

Hirshhorn Museum

– Das ***Hirshhorn Museum*** und der dazugehörige ***Sculpture Garden*** befinden sich neben dem Luftfahrtmuseum zwischen Independence Ave und Jefferson Dr. Die Kollektion des *Hirshhorn Museum* ergänzt die Werke, wie sie im – auf Seite 512 beschriebenen – *Museum of American Art* ausgestellt sind: hier handelt es sich überwiegend um Skulpturen und Gemälde amerikanischer Künstler aus jüngerer Zeit. Der nach außen hin bunkerartige Museumsrundbau ist innen lichtdurchflutet.

Industrie-museum

– Das ***Arts and Industries Building***, Jefferson Dr/Independence Ave neben dem *Hirshhorn Museum*, der Veteran unter den Museen der *Smithsonian Institution*, beherbergt ein Sammelsurium von Dingen, die erstmalig 1876 auf einer Weltausstellung in Philadelphia gezeigt wurden. Die (unausgesprochene) Aussage lautet: "Seht her, was für großartige Dinge wir Amerikaner schon vor 120 Jahren produziert haben."

Museen beim Castle

– Beim *Smithsonian Castle* befinden sich die ***Freer Gallery***, die ***Sackler Gallery*** und das ***Museum of African Art***, die letzten beiden großenteils unterirdisch und miteinander verbunden. Der Hauptakzent in den ausgedehnten Etagen dieser Museen liegt auf der Präsentation asiatischer und afrikanischer Kunst und kunstvoll gestalteter Gebrauchsobjekte.

Holocaust Museum

– Das ***Holocaust Memorial Museum*** erinnert an die Tragik der Judenverfolgung. Die Darstellung des *Holocaust* und die Einbindung der Besucher in das Schicksal der Opfer könnte bedrückender nicht sein. Die Architektur dieses *Memorial* ähnelt den Wachttürmen der Vernichtungslager.

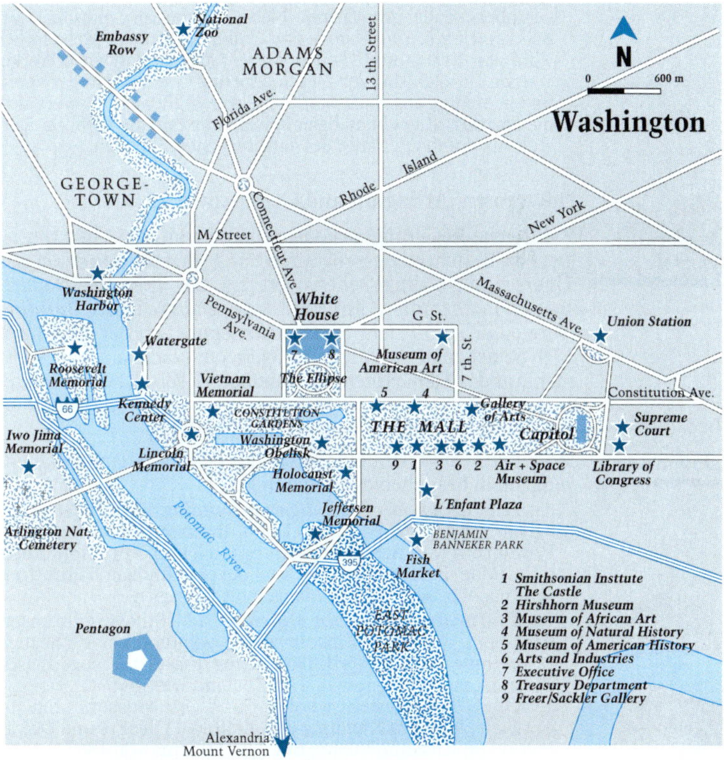

Historisches Museum

– Das ***National Museum of American History***, 14th St/Constitution Ave in der Nordwestecke der beiden Museumszeilen, müßte eigentlich heißen "Museum für die technische und industrielle Entwicklung der USA". Einige kuriose Stücke lockern die stark patriotisch geprägte Präsentation ein wenig auf.

Naturkunde Museum

– Das ***National Museum of Natural History*** gleich nebenan ist ein sehr gutes Naturkundemuseum, kann aber den herausragenden Museen mit gleicher Thematik in Denver, Chicago und New York nicht ganz das Wasser reichen.

Nationales Archiv

– In den ***National Archives***, 8th St/Constitution Ave, 10am–9pm im Sommer, sonst bis 5:30pm, sind die bedeutendsten Dokumente der amerikanischen Geschichte zu sehen: die **Unabhängigkeitserklärung,** die **Verfassung,** die ***Bill of Rights*** sowie die bedingungslose **Kapitulation Deutschands** aus dem Jahr 1945.

Nationales Kunst-museum

– Das ***National Museum of American Art*** mit der ***National Portrait Gallery*** in einem Gebäudekomplex an der Ecke 7th St/G St (Metro: Gallery Place), liegt einen knappen Kilometer abseits der *Mall* am Rande etwas problematischer Stadtbezirke. Der Besuch ist speziell für Europäer lohnend wegen der Ausschließlichkeit beeindruckender ***Americana***. Neben herrlichen Landschaftsgemälden wie z.B. *Yellowstone* und *Grand Canyon* des Meisters des Wildwest-Realismus, *Thomas Moran*, hängen dort viele Werke, welche Entwicklung von Geschichte und Gesellschaft der Vereinigten Staaten ausdrucksstark reflektieren. Bemerkenswert sind die **Portraits aller ehemaligen Präsidenten** und die Art ihrer Darstellung durch die Maler der verschiedenen Epochen.

Downtown, Arlington und Georgetown

Regierungs-viertel

Zahlreiche **Regierungsgebäude** gehören zum typischen touristischen Besichtigungsprogramm, sind aber für Touristen aus Übersee nur bedingt sehenswert, z.B. das ***Treasury Department*** (Finanzministerium) und das ***Executive Office Building*** (vergleichbar mit dem Bundeskanzleramt) an der 15th bzw. 17th St neben dem Weißen Haus. In der Nachbarschaft stößt man auf das ***Department of Commerce*** (Wirtschaftsministerium), 15th St/Pennsylvania Ave, und das ***Department of Interior*** (Innenministerium), C-E St/18th St.

Downtown

In *Downtown* Washington außer den bereits genannten Shoppingzonen besuchenswert wären ggf.

– das ***Federal Bureau of Investigation Building*** (**FBI**), 9th St/Pennsylvania Ave, Mo–Fr 9am–4:15pm, in erster Linie wegen der Vorführung von Schießkünsten mit scharfer Munition durch die *G-Men*. Bei Amerikanern sind die einstündigen Führungen sehr populär, wie Warteschlangen oft beweisen.

– ***Ford's Theatre & Lincoln Museum***, 511 10th St, Führungen 9am–5pm. *Abraham Lincoln* wurde während einer Theatervorstellung am **14. April 1865** in der Präsidentenloge dieses Theaters niedergeschossen. Der Zustand von 1865 ist originalgetreu wiederhergestellt worden. Das kleine Museum zeigt die Tatwaffe, Lincolns Kleidung und allerhand Objekte und Dokumente im Zusammenhang mit dem Ereignis von 1865.

Arlington: Pentagon

Das ***Department of Defense*** (Verteidigungsministerium) im ***Pentagon***, einem gigantischern Fünfeckbau, liegt in Arlington westlich des Potomac River, ca. 1 mi nördlich des *National Airport*. Führungen Mo–Fr 9am–3:30pm, Reisepass notwendig. Rund um das Ministerium hat sich Pentagon City als eine Stadt in der Stadt entwickelt.

Friedhof

Ein "Muß" für patriotisch gesinnte amerikanische Touristen ist der riesige parkartig angelegte **Militärfriedhof Arlington** (über 200.000 Gräber) im gleichnamigen Stadtteil unweit der *Pentagon City*. Vom Parkplatz/Haltepunkt der *Tourmobiles* und *Trolleys* geht es per pedes durch ein *Visitor Center* (dort gibt`s den Friedhofsplan) auf das Gelände. Wer möchte, kann sich Rundfahrten mit (eher ermüdenden) Erläuterungen anschließen. Die meistbesuchten Zielpunkte, die sich in einer guten halben Stunde ablaufen lassen, sind

- die schlichten ***Kennedy*-Gräber**
- das ***Arlington House***, Haus des Südstaatengenerals *Lee*, das im Bürgerkrieg konfisziert und zum *National Cementery* für die Gefallenen und ihrer Angehörigen umgewandelt wurde.
- das **Amphitheater** mit dem Grabmal des Unbekannten Soldaten, wo ein Marinesoldat Wache hält und in kurzen Abständen für die Kameras der Touristen paradiert.

Iwo Jima Denkmal

Nördlich neben dem *Arlington Cementery* steht das weltbekannte ***Iwo Jima Memorial*** (sprich: *Eiwoh Chiema*), Gedenkstätte für alle gefallenen *Marines*. Es zeigt eine Gruppe von Marinesoldaten, die nach dem Kampf um die Insel Iwo Jima die amerikanische Flagge aufrichten.

Kennedy Center

Am Ostufer des Potomac in Fußgängerdistanz zum Westende der *National Mall* liegt das ***Kennedy Center of the Performing Arts*** aus weißem Carrara Marmor. Dieses riesige *Monument* für den 1963 ermordeten Präsidenten ist in erster Linie ein Veranstaltungszentrum. Im Inneren leitet eine *Self-guided Tour* Besucher bis zur Dachterrasse mit großartiger Aussicht über die City. Die Opern, Konzerte und Ballettabende im *Kennedy Center* sind immer ausverkauft.

Watergate

Neben dem *Kennedy Center* befindet sich der seit Nixons Abdankung berühmte ***Watergate Komplex***.

Georgetown

Nach **Georgetown,** dem Nobelviertel Washingtons zwischen *Rock Creek* und *Glover Archbold Park*, sind es von dort nur noch wenige hundert Meter. M Street (in Verlängerung der Pennsylvania Ave) und Wisconsin Ave markieren den Kern dieses Stadtteils. Zahlreiche teure Restaurants und Boutiquen (⇨ Seite 507) finden sich im Umfeld dieser Kreuzung. Attraktiv sind die begrünten Alleen und die engen alten Wohnstraßen im Bereich zwischen M Street und Montrose Park. Ein Bummel durch die Nebenstraßen ließe sich gut mit einem Besuch der ***Dumbarton Gardens*** an der R St verbinden.

Ziele in der näheren Umgebung

Canal Road

– Ein schöner Halbtagestrip (von Georgetown auf der M St weiter in Richtung Westen) läßt sich am ***Chesapeake & Ohio Canal*** entlang zum *Great Falls Tavern Visitor Center* unternehmen. Beim Kanal handelt es sich um einen nicht mehr kommerziell genutzten Wirtschaftswasserweg mit vielen handbetriebenen Schleusen, der die Stromschnellen des oberen Potomac River umgeht. 188 mi von Cumberland nach Washington sind heute ***National Historical Park***. Nur wenig westlich der *Francis Scott Bridge* (Georgetown) beginnt die ***Canal Road***. Bis zum ***Great Falls Park*** sind es ca. 15 mi. Die alte Schleuse, Kanaltouren mit Treidelboot, Reiten und Wandern zu Wasserfällen ziehen an Wochenenden viele Besucher an. Wochentags ist es eher ruhig.

Mount Vernon

– Der empfehlenswerteste Kurzausflug führt nach ***Mount Vernon***, dem Anwesen *George Washingtons* auf einer Anhöhe über dem Westufer des Potomac südlich der City. Die rund 15 mi weite Fahrt auf dem Washington Memorial Hwy (auch per Rundfahrt, *Tourmobile* oder – noch reizvoller auf dem Wasser – mit den *Washington Boat Lines*, ⇨ Rundfahrten Seite 505) läuft südlich von Alexandria durch ausgedehnte Uferparks. Neben der Anfahrt rechtfertigen vor allem Lage und Anlage der ***Mount Vernon Plantation*** den Abstecher. Das *Washington Mansion* als solches ist so spannend nicht, 8am–5pm April–*Labor Day*, sonst ab 9am.

Alexandria

– Etwa auf halbem Wege nach Mount Vernon liegt **Alexandria,** einst wichtige Hafenstadt und vorgeschobene Bastion der Konföderierten gegen die Union im Bürgerkrieg. Das Zentrum voller hübsch restaurierter alter Häuser (King St, Nebenstraßen und Uferbereich) mit Shops, Restaurants und guten Kneipen, darunter ***Murphy's***, die einstige Stammkneipe des ehemaligen Präsidenten ***George Bush***, ist recht attraktiv. Den Besuch lohnt u.a. das ***Art Center*** in einer früheren Torpedofabrik am Wasser (105 N Union St), in dem zahlreiche Künstler und Handwerker arbeiten, ausstellen und ihre Produkte verkaufen.

Annapolis

Von Amerikanern gern als Ausflugsziel empfohlen wird **Annapolis**, die kleine **Hauptstadt von Maryland** an der *Chesapeake Bay*, etwa 35 mi östlich von Washington. Das Städtchen besitzt zweifellos einen hübschen Kernbereich. Außer einer Handvoll pittoresker alter Häuser, einem eher schlichten Regierungskapitol und einer großen Zahl schöner Yachten gibt es aber nichts Außergewöhnliches zu sehen. Erst bei viel Zeit käme dieser Abstecher in Frage.

Ziele im weiteren Umkreis

Blue Ridge Mountains

Rund 60 mi westlich von Washington stößt man auf die *Appalachen,* ein Mittelgebirge, das sich von Neu-England bis hinunter nach Alabama zieht. Der Washington nächste Höhenzug der Appalachen sind die ***Blue Ridge Mountains***.

Shenandoah Park

- Ein Teilgebiet der "Blauen Berge" von etwa 80 mi Länge und wechselnder Breite zwischen 2-13 mi beidseitig der Kammlinie wurde bereits in den 20er-Jahren zum ***Shenandoah National Park*** deklariert. Dieser Nationalpark entstand nicht, wie sonst üblich, um schützenswerte Natur vor Ausbeutung zu bewahren, sondern umgekehrt: Übernutzung hatte in den einst dichtbewaldeten Bergen zur Verkarstung geführt. Die Rückwandlung der geschädigten Region in den ursprünglichen Zustand gelang schneller als erwartet. Pflanzen- und Tierwelt haben sich wieder so sehr erholt, daß Teile des Parks wieder als Wildnisareale ausgewiesen werden konnten.

  Entlang des ***Skyline Drive*** durch den Park gibt es zahlreiche Aussichtspunkte, von denen der Blick auf das Tal des namensgebenden Shenandoah River im Westen und auf die Ebenen der Ostseite fällt. Hübsche Ziele für kurze und längere Wanderungen sind die Wasserfälle des Parks. Das *Big Meadows Visitor Center* informiert mit Ausstellung und Film über die Enstehungsgeschichte des *Shenandoah.*

  Weil der nordöstliche Abschnitt des *Skyline Drive* weniger reizvoll ist, macht es Sinn, über den *Thornton Gap Entrance* anzufahren: von Washington via Straße #211 statt der (naheliegenden) I-66 bis Front Royal.

Gettysburg

In Pennsylvania, rund 80 mi nördlich von Washington liegt **Gettysburg**, in dessen Umgebung die Unionstruppen im Bürgerkrieg 1863 die Wende zu ihren Gunsten erkämpften. Auf dem riesigen Schlachtfeld prallten 200.000 Soldaten aufeinander. 40.000 von ihnen fielen. Entlang einer meilenlangen Rundstrecke durch das zum ***National Military Park*** erhobene Gelände stehen zahllose Monumente, Gedenktafeln, Geschütze und Statuen. Pathos und Heldenverehrung wie bei uns zu Kaisers Zeiten. Schon deshalb sehenswert. Schlachtordnung und -verlauf sind im *Visitor Center* (8am–6pm, im Winter nur bis 5pm) und im nahen ***Cyclorama Center*** (9am-4:30pm, $3) *en miniature* nachgestellt und werden in letzterem alle 30 min. wieder ausgefochten.

Nach Williamsburg

Ein besonders lohnenswertes Ziel im Washington Umfeld ist der ***Colonial National Historical Park*** im 200 mi entfernten Williamsburg (Virginia). Von Washington dorthin geht es am raschesten auf den ***Interstates* #95** und **#64** über Richmond, der Hauptstadt Virginias.

Outlet Mall

Am Wege liegt – unweit Mount Vernon – bei Dale City die ***Potomac Mills Outlet Shopping Mall***, mit über 200 Shops eine der landesweit größten unter den ***Malls*** für die *Factory Stores* (⇨ Seiten 261/303/365), ***Exit* 156 der I-95**.

Fredericksburg

Etwa 20 mi weiter südlich passiert man Fredericksburg, eine weitere Stadt mit Bürgerkriegsvergangenheit, in deren Umkreis mehrere ***Military Parks*** und ***Battlefields*** (ausgeschildert) mit alten Stellungen, Monumenten und Kanonen an die dort geschlagenen Schlachten erinnern. Den Grad der Sehenswürdigkeit des *Gettysburg Park* besitzt keine dieser Stätten.

Colonial Williamsburg

Bei *Colonial Williamsburg* handelt es sich um ein **historisches Aushängeschild der USA**. Bei Anreise per Auto wird man aus allen Richtungen unverfehlbar zum ***Visitor Center*** des *National Park Service* geleitet. Bahn- und Bus-Station befinden sich in Fußgängerdistanz zu Besuchereinrichtungen und Ortsmitte.

- ***Colonial Williamsburg*** ist Zentrum des *Colonial National Historical Park*, der außerdem noch den ***Jamestown Historic Site*** und das ***Yorktown Battlefield*** umfaßt. Diese Stätten sind durch den sehr schön geführten ***Colonial Parkway*** verbunden. Williamsburg war von 1699 bis zur Unabhängigkeit Hauptstadt der britischen Kolonie Virginia und noch weitere vier Jahre des aus ihr hervorgegangenen US-Staates. In den 20er-Jahren besann man sich auf die Vergangenheit und entwickelte die Idee ihrer Restaurierung im Kolonialzeit-Look. Heute entsprechen nicht nur Bauten, Straßen, Gärten und Felder des Bilderbuchstädtchens dem damaligen Zustand, sondern es wird gleichzeitig nach alten Methoden in nostalgischen Trachten gearbeitet.

  Spaziergehen und Fotografieren kostet in *Colonial Williamsburg* keinen Eintritt. Lediglich für die Innenbesichtigung der meisten Gebäude und Werkstätten benötigt man einen der diversen Tagespässe. Man sollte sich vor dem Kauf eines dieserTickets für immerhin $24-$29 zunächst umschauen. An manchen Tagen sind die Warteschlangen überall lang (oft auch bereits vor den Ticketschaltern). Ohne Einzelbesichtigung genügt ein halber Tag, um sich Colonial Williamsburg in Ruhe anzusehen.

Jamestown

- Nur wenige Meilen sind es nach Jamestown, wo im Jahre 1607 die ersten Siedler ihren Fuß auf amerikanische Erde setzten. Auf dem ***Historic Site*** am James River ist aber außer einigen Ruinen und Grundmauern nicht mehr viel zu erkennen. Informativer ist das ***Jamestown Settlement*** mit rekonstruierten Häuschen und ***Indian Village***, dem ***Fort James***, einem Museum, und Nachbauten der erstaunlich kleinen Einwanderer-Schiffe; 9am–5pm, $9.

Yorktown

- Ein wenig östlich vom heute dörflichen Yorktown fochten 1781 die Amerikaner die letzte Schlacht des Unabhängigkeitskrieges gegen die Briten. Ein ***Visitor Center*** mit Museum informiert umfassend über dieses abschließende Kapitel der Kolonialzeit. Zwei *Loop Roads* laufen durch die früheren Stellungen.

Übernachtung

Bei einem Abstecher nach Williamsburg kommt man um eine Übernachtung kaum herum. An Richmond und Bypass Road (Straße #60 Nordwesten) stehen Hotels und Motels dicht an dicht; ebenso an der Capitol Landing Road, auf welche die Bypass Road trifft. Wie alles in Williamsburg kostet auch die Übernachtung deutlich mehr als anderswo. Eine Alternative bieten ***Bed&Breakfast*** Quartiere und ***Guesthouses***, deren Tarife unter dem Saison-Preisniveau der Motels liegen.

3. KANADISCHE CITIES UND UMGEBUNG

> **SICHERHEIT**
> Die Gefährdung touristischer Besucher durch Kriminalität ist in kanadischen Großstädten kein nennenswertes Thema. Die Frage der Sicherheit besitzt daher – im Gegensatz zu manchen US-Cities vergleichbarer Größe – keine prioritäre Bedeutung. In Calgary, Toronto und Vancouver kann man sich tagsüber genauso problemlos zu Fuß bewegen wie in deutschen Städten, Wien oder Zürich. Schlecht beleuchtete, menschenleere Straßen und Viertel vermeidet man hier wie dort bei Dunkelheit besser.

CALGARY

Besuchsmotiv

Die Weizen-, Vieh- und Ölmetropole Albertas ist touristische Hauptstadt der Provinz Alberta. Wegen ihrer Nähe zu den Rocky Mountains eignet sich Calgary gut als Ausgangspunkt für den Besuch der Nationalparks *Jasper* und *Banff*, aber auch für Fahrten in den internationalen Parkverbund *Waterton Lakes* (Canada) und *Glacier* (USA) sowie zum *Yellowstone Park*. Die Stadt als solche verfügt nur über eine begrenzte Zahl echter Sehenswürdigkeiten. Dazu gehört die moderne *Skyline*. Calgarys Top-Attraktion jedoch ist die alljährlich im Juli stattfindende ***Stampede***; dazu mehr auf Seite 523.

GEOGRAPHIE, KLIMA UND GESCHICHTE

Geographie

Calgary liegt auf 1.100 m Höhe beidseitig des Bow River in der hier weitgehend ebenen **Südwestecke der kanadischen Prärie**. Nach Edmonton, der Provinzkapitale im Norden, sind es 300 km, zur amerikanischen Grenze im Süden 250 km. Die unmittelbare Umgebung besitzt wenig Reiz. Aber nur eine halbe Autostunde westlich erreicht man bereits die Ausläufer der **Rocky Mountains**. Ins Hochgebirge sind es ganze 100 km.

Die Orientierung in Calgary fällt leicht: In Nord-Süd-Richtung verlaufende Straßen heißen ***Streets***, Straßen in Ost-West-Richtung ***Avenues***. Größere, überwiegend als Autobahn ausgebaute Durchgangsstraßen tragen die Bezeichnung ***Trail***. Die wichtigste Nord-Süd-Verbindung ist die **Straße #2,** der ***Deerfoot Trail*** von der US-Grenze bis Edmonton. Der ***Trans Canada Highway*** durchquert die Stadt als **16th Ave** nördlich des Bow River in Ost-West-Richtung.

Klima

Das Klima der Prärien ist gekennzeichnet durch einen trockenen, sonnig-warmen Sommer mit Tagestemperaturen zwischen 25°C und 30°C. Da sich die vom Pazifik kommenden Westwinde spätestens an den *Rockies* abregnen, sind Niederschläge östlich der Berge – also in Calgary – im Juli und August eher selten. Allenfalls kommt es zu Gewitterschauern. Juni und September können dagegen recht wechselhaft ausfallen, die Winter bitterkalt sein.

Geschichte

Schon lange vor Columbus siedelten *Blackfoot* Indianer in der Region des südlichen Alberta. Bis Mitte des 19. Jahrhunderts gab es dort kaum Weiße, lediglich erste Handelsposten.

1869 Beginn der weißen Besiedelung nach Gründung des *Dominion of Canada*. Als Whiskyschmuggler aus den USA den kanadischen Indianern Alkohol zu verkaufen begannen, schickte die Zentralregierung die ***Northwest Mounted Police***.

1875 errichtet diese Polizeitruppe am Zusammenfluß von Bow und Elbow River ein Fort mit der Folge weiteren Zustroms Weißer.

1883 Ankunft der transkontinentalen Eisenbahn beim **Fort Calgary**, das zum Zentrum der wichtigsten Viehzuchtregion Canadas wird.

1909 Aus der ***Dingman #1 Oil Well*** sprudelt Öl; Alberta entwickelt sich zum kanadischen Texas und Calgary zur Ölhauptstadt des Landes.

1912 Veranstaltung der ersten ***Stampede***, die im Laufe der Jahre zur Attraktion der ***Greatest Open-Air Show on Earth*** wird.

1988 Olympische Winterspiele in Calgary und vor allem in den nahen Rocky Mountains rings um das Städtchen Banff.

Metro-Calgary zählt heute ca. **720.000 Einwohner** und übertrifft das größere Edmonton deutlich an Wirtschaftskraft.

Daten und Fakten

Telefonische Vorwahl/Area Code: 403

Besucherinformation

- ***Calgary Convention and Visitors Bureau***, © (800) 661-1678 oder © 263-8510 für telefonische Auskünfte.
- Ein ***Visitors Service Center*** befindet sich beim *Calgary Tower*, 131 9th Ave, geöffnet 8:30am–5pm.
- ***Visitors Information*** auf dem Flughafen in der Mitte des *Terminal/Arrivals Level* in einem großen **Planwagen**, im Sommer täglich 7am–10pm, gut sortiert.

Eine sehr hilfreiche Broschüre ist der ***Visitor's Guide/Key to Calgary***, der alle Attraktionen, Restaurants und Hotels verzeichnet und eine Liste aller wichtigen Telefonnummern enthält.

Flughafen (YYC)

Calgary International Airport

Lage

Calgarys *Airport* ist der viertgrößte Flughafen Canadas. Er liegt gute 6 mi nordöstlich *Downtown* und ist mit der Stadt über den *Deerfoot Trail* (*Freeway #2*) verbunden.

Fluglinien: AC, AA, CP, DL, UA

Hub: CP

Transferzeiten: Int to Dom 90 min, Dom to Dom 45 min.

Vom *Destination Food Court* auf der dritten Ebene des *Terminal* überschaut man das gesamte Vorfeld. Eine Video-Arkade befindet sich beim *Air Canada Check-in*.

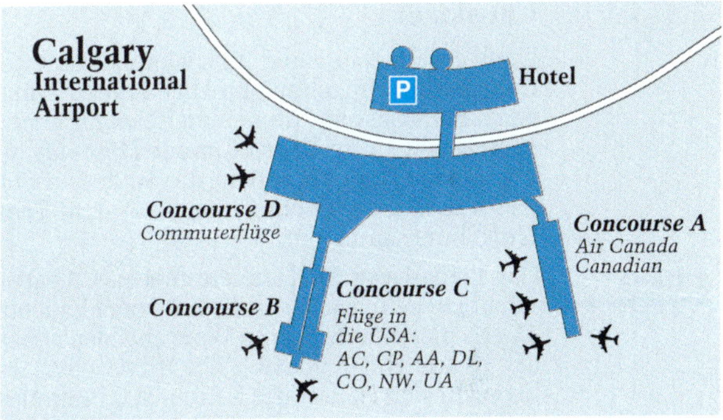

Verbindung Airport-City

Bus

Airporter-Busse fahren im 30-min-Takt zu den wichtigsten Hotels der Innenstadt; c$9 *one-way*, c$16 *return*. **Buslinie #57** (c$1,50) verbindet Flughafen und Bahnstation Whitehorn. Unregelmässige Abfahrten vor dem *Arrivals Level*/Westende.

Täglich mehrfach verkehren Busse nach Banff (c$26) und nach Lake Louise (c$29); Info unter © 243-4990.

Ein **Taxi** in die Innenstadt kostet ca. c$25.

Avis, Budget, Dollar, Hertz, Thrifty, Tilden

Ein Mietwagen ist innerhalb von Calgary nicht notwendig. Für Abstecher in die Umgebung, speziell zu den Nationalparks in den Rocky Mountains, empfiehlt sich immer ein Auto.

Öffentliche Verkehrsmittel

Bus/Bahn

Calgary Transit (© 262-1000) organisiert das vergleichsweise dichte öffentliche Verkehrsnetz der Stadt. Busse und Straßenbahnen (*Light Rail Rapid Transit*, ***C-Train*** genannt) fahren mit ausreichender Frequenz. Fahrpreis c$1,50, Kinder c$0,90; nur abgezähltes Geld. Der ***C-Train* auf der 7th Ave**, eine der Haupteinkaufsstraßen der Innenstadt, kann zwischen *City Hall* (2nd St SE) und der 9th St SW **gratis** benutzt werden. In der 206 7th Ave SW unterhält *Calgary Transit e*in Informationsbüro, geöffnet 8.30am–5pm. Dort erhält man auch man **Fahrpläne, Tagespässe** (c$5) und ***Ticket-Books*** (c$12 für 10 Tickets).

Taxi

Grundgebühr ca. c$2.20, jede mi ca. c$1,50
Checker 299-999 ***Yellow Cab*** 974-1111

Rundfahrten

Die Frage einer Stadtrundfahrt stellt sich in Calgary kaum. Ausflüge in die Rocky Mountains nach Banff und Lake Louise und darüberhinaus werden – zu hohen Preisen – zahlreich angeboten. Die diesbezüglich aktuelle Werbung findet man in allen Hotels/Motels und bei der *Tourist Information*.

Unterkunft

Dank erheblicher Hotel- und Motelkapazitäten findet man in Calgary und Umgebung im allgemeinen – auch in den niedrigeren Preisklassen – immer ein freies Zimmer. Besonders viele **Motels** gibt es am ***Trans Canada Highway*** **(#1)**, am ***Macleod Trail***, der Haupteinfahrt in die Stadt von Süden her, und in den Außenbezirken am ***Glenmore/Sarcee Trail***, der südlichen Umgehungsautobahn.

Airport

Das **Preisniveau** für Hotelzimmer in Calgary liegt auf einem niedrigeren Niveau als in Toronto oder Vancouver. ***Downtown Hotels*** bieten teilweise an Wochenenden attraktive Raten, z.B. das **Westin Hotel** ab c$99 (320 4th Ave SW). In **Flughafennähe** befinden sich Häuser der Ketten, 800-Nummer ⇨ Seite 109:

- **Travelodge Airport**, ✆ 291-1260, 2750 Sunridge Blvd, ab c$59
- **Best Western Airport**, ✆ 250-5015, 1947 18th Ave NE, ab c$59
- **Quality Inn Airport**, ✆ 276-3391, 2359 Banff Trail NW, ab c$85

Unterkünfte während der Stampede

Nur wenn die ***Calgary Stampede*** oder eine andere Großveranstaltung stattfinden, **werden freie Zimmer zu Mangelware.** Speziell während der 10 *Stampede* Tage (siehe unten) sind alle Betten langfristig und hochpreisig ausgebucht. Auch preiswertere Quartiere sind dann überfüllt. Eine Chance unterzukommen hat nur, wer rechtzeitig reserviert. Wie erwähnt, gibt es eine **Hotelliste** im ***Key to Calgary***, den man beim vorstehend genannten *Tourist Bureau* anfordern kann.

Preiswert

kommt man in der Jugendherberge, beim YWCA oder (saisonabhängig) auf dem Universitätscampus unter:

- **Calgary Hostel International** (AYH), 520 7th Ave SE, ✆ (403) 269-8239, Fax (403) 266-6227, c$14-c$20
- **YWCA** (nur Frauen), 320 5th Ave SE, ✆ (403) 263-1550, ab c$16
- **University of Calgary**, 3330 24th Ave NW, ✆ (403) 220-3203, ab c$30 (Studenten ab c$24)

Essengehen und Shopping

Die größte Auswahl an Restaurants und *Fast Food* bieten in Calgary die **Fußgängerzone** der Innenstadt (siehe unten) und der **Shopping-Komplex *Dominion Square***. Die verglasten ***Skyways***, welche in *Downtown* `zig Gebäude auf Höhe des ersten Obergeschosses miteinander verbinden, erweitern sich in den Bürohäusern zu Laden-, Restaurant- und *Fast-Food*-Passagen, die dem *Walkway*-System ***Shopping Mall***-Charakter verleihen.

Wer sich etwas Besonderes gönnen möchte, reserviert einen Tisch im ***Panorama Room*** des Calgary Tower (✆ 266-7171).

Ableger aller bekannten ***Restaurant-*** und ***Fast Food*-Ketten** findet man wie Perlen an einer Schnur am ***Macleod Trail*** (Straße #2) südlich der Innenstadt.

Sehenswürdigkeiten

Stadtbesichtigung

Geographie

Downtown ist überschaubar und läßt sich problemlos zu Fuß erkunden. Eine **autofreie Zone** erstreckt sich von der Olympic Plaza bis zur 3rd St SW/ und weiter bis hinauf zur 1st Ave SW. Viele Gebäude sind durch *elevated Walkways*, Fußgängerwege in 15 Fuß Höhe, miteinander verbunden, das sich heute ***+15 Skyway System*** nennt.

Calgary Tower

- Als Ausgangspunkt für eine *Downtown*-Runde eignet sich gut der *Calgary Tower*, mit 190 m einst einsamer höchster Punkt der ***City***. Heute ist er umringt von Hochhäusern, die ihn teilweise überragen. Von der ***Observation Terrace*** hat man dennoch einen tollen Rundblick und kann bei gutem Wetter die Gipfel der Rocky Mountains erkennen. Auffahrt täglich 8am–11pm. Über der Aussichtsterrasse befindet sich der ***Panorama Room***, ein teures Drehrestaurant (siehe nebenstehend), und – für den Drink – die ***Top of the Town Lounge***.

Glenbow Museum

Fußgängerbereich

- Im ***Convention Centre*** gegenüber ist das ausgezeichnete *Glenbow Museum* untergebracht (im Sommer täglich 9am–5pm, sonst nur Di–Sa; Eintritt c$5). Die Ausstellung über **Indianer- und Inuitkultur** zählt zum Besten, was Canada auf diesem Feld zu bieten hat. Auch die **mineralogische Abteilung** ist denBesuch wert. Verläßt man das Museum in Richtung 8th Ave, gelangt man auf das östliche Ende der *Shopping*-Meile ***Stephen Avenue Mall***, die **Olympic Plaza**, um die sich Rathaus und wichtige Verwaltungsgebäude der Stadt gruppieren.

Indoor Park

- Zu einem Bummel durch die Fußgängerzone gehört unbedingt der Besuch der ***Devonian Gardens*** im 3. und 4. Stock des Einkaufs- und Bürokomplexes ***Dominion Square*** ander Ecke 8th Ave/3rd St gegenüber dem ***Eaton Centre***. Der über zwei Stockwerke gehende ***Indoor Park*** belegt eine Fläche von einem guten Hektar mit dichter Vegetation (zugänglich 9am–9pm).

Energeum

- Einige Blocks weiter nordwestlich befindet sich das *Energeum* (5th Ave SW zwischen 5th/6th St). Es informiert anschaulich und unterhaltsam über die **Energieressourcen** des Landes. Die Funktionsweise von Bohrtürmen und Anlagen zur Extraktion von **Öl aus Ölsand und -schiefer** wird an Modellen erläutert. Juni bis August So–Fr, 10.30am–4:30pm; freier Eintritt.

Fort Calgary

Östlich der Innenstadt stehen am Zusammenfluß von Elbow und Bow River die Reste des 1875 erichteteten ***Fort Calgary***. Im ***Visitor Centre*** der Anlage wird das einstige Leben im Fort dokumentiert. Geöffnet Mi–So 9am–5pm, Eintritt frei.

Getreide-“Akademie“

Das Stampede-Gelände (➪ Seite 523) bleibt den Rest des Jahres nicht ganz ungenutzt. Im oberen Stockwerk des ***Roundup Centre*** im *Stampede Park* befindet sich die ***Grain Academy***, das interessante Getreidemuseum der Provinz. Das Modell eines Getreidespeichers (***Grain Elevator***) zeigt die Funktionsweise der für alle Prärieprovinzen typischen Lagerhäuser. Geöffnet Mo–Fr 10am–4pm, Sa ab *Noon*.

Saddle Dome

Weltweites Interesse zog Calgary bei den **Olympischen Winterspielen 1988** auf sich. Der damals errichtete, den Alberta-Traditionen entsprechende *Saddle Dome*, eine überdachte Vielzweck-Arena in der Form eines Pferdesattels, ist ein gutes Fotomotiv. Man fotografiert am besten von der hochgelegenen Salisbury Ave östlich des Elbow River.

St. Patrick's Island

Östlich von *Downtown* auf St. Patrick's Island befindet sich der vielgelobte ***Calgary Zoo*** (9am–4pm, im Sommer bis 6pm, c$8 Eintritt), ein großer **botanischer Garten** und ein **Prehistoric Park**, der lebensgroße Dinosaurier in ihrer prähistorischen Umgebung zeigt.

Heritage Park

Ein Besuch des ***Heritage Park Historical Village*** am *Glenmore Reservoir* südlich der City ist empfehlenswert und sollte **erste Priorität** für alle haben, die nicht unbedingt mehr als einen halben Tag in der City verbringen müssen. Canadas größtes ***Living Museum*** mit zahlreichen Originalgebäuden und Nachbauten vermittelt ein der Gründerzeit entsprechendes Stadtbild und außerdem – dank Goldmine, Ölbohrturm und Fort der *Hudson's Bay Company* – noch ein bißchen Wildwest-Flair. Quer durch den Park dampft eine nostalgische Eisenbahn, und auf dem Glenmore Stausee kreuzt ein Schaufelrad-*Steamboat*. Geöffnet *Victoria–Labour Day* 10am–6pm, sonst bis 4pm; Zutritt c$10, mit *Rides* c$16.

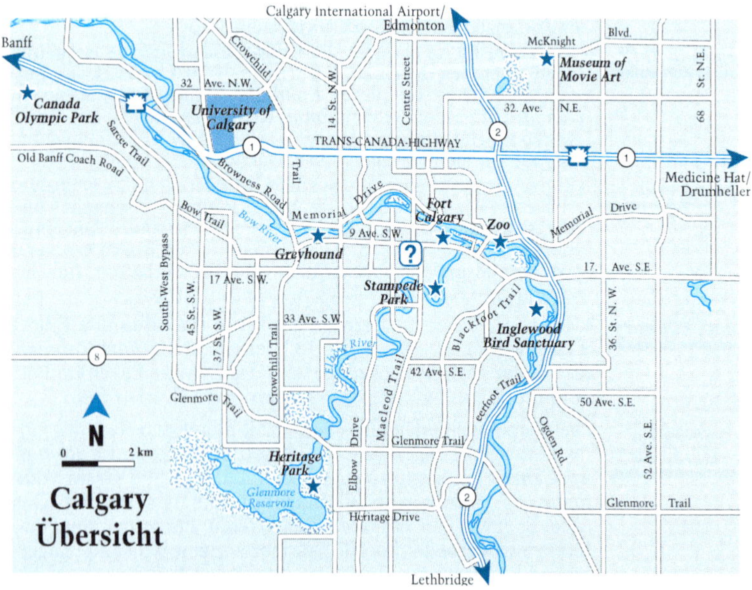

Calgary Stampede

Kennzeichnung

Die Top-Attraktion Calgarys ist die *Stampede*. Traditionell wird sie am Freitag des zweiten Juli-Wochenendes mit einer großen Parade eröffnet. Während der 10 *Stampede Days* steht die **Innenstadt** kopf. Indianertänze, *Square Dance* zum Mitmachen und Wettbewerbe wie Barhockerrennen und Tauziehen beleben die Fußgängerzone. Aus Planwagen wird allen, denen Schlangestehen nichts ausmacht, zur Frühstückszeit gratis ***Flapjacks and Bacon*** (Pfannkuchen mit Speck) serviert.

Die Rodeo-Veranstaltungen finden im ***Stampede Park*** statt. Anfahrt auf der 2nd St SE/*Macleod Trail,* besser noch mit dem *C-Train,* denn Parkplätze sind rar.

Alle klassischen Rodeo Disziplinen wie ***Calf Roping*** (Lassowurf und Fesselung eines Kalbes), ***Bareback Bronc Riding*** (Pferdezureiten), ***Steer Wrestling*** (Umwerfen eines Stiers mit bloßen Händen), und ***Bull Riding*** (Bullenreiten mit nur einem Arm am Haltestrick) gehören auf der ***Greatest Outdoor Show on Earth*** zum täglichen Nachmittags- und Abendprogramm. Den Höhepunkte bilden die ***Chuckwagon Races***, unter großem Lärm und enormer Staubentwicklung absolvierte Rennen von vierspännigen (Renn-)Planwagen.

Evening Show

Abends findet nach den Planwagen-Rennen auf der *Open-air*-Bühne mitten im Stadion eine tolle ***Evening Show*** statt, eine Mischung aus Operette, Zirkus und modernem *Entertainment*. Den Abschluß bildet ein großes Feuerwerk.

Eintrittspreise

Der Eintritt ins Ausstellungsgelände beträgt $8. Für Rodeo-Ticketinhaber ist er im Preis inbegriffen; auf der Haupttribüne (***Grandstand***, auf den preiswerteren Plätzen ist die Sicht miserabel; sie lohnen nicht) kostet das Ticket:

Nachmittagsrodeo	**ab $18**
Abendrodeo mit *Evening Show*	**ab $24**

Ermäßigung

Unter Rubriken wie *Special Days* und *Free Entertainment* in Broschüren, die auf Anfrage von der Stampede-Gesellschaft zugeschickt werden, findet man Einzelheiten zu **Discounts**.

Daten

Die jeweils 10-tägige *Stampede* läuft in der zweiten Juliwoche vom Freitag der Vorwoche bis einschließlich Sonntag. Daten für die nächsten Jahre sind:

03.07. – 12.07.1998
02.07. – 11.07.1999

Tickets

Unmittelbar nach Ausklang jeder Stampede können bereits Tickets fürs nächste Jahr bestellt werden bei:

Calgary Exhibition and Stampede
Box 1060, Calgary/Alberta T2P 2K8 CANADA
✆ (403) 261-0101
✆ (800) 661-1260

Abstecher in die Rocky Mountain Nationalparks

Trans Canada Highway/ TCH

Der berühmte *Trans Canada Highway* läuft durch Calgary in Richtung Rocky Mountains als Autobahn. Für die gut 80 mi bis zur touristischen Hochburg **Banff** benötigt man kaum mehr als 90 min. Etwas länger dauert die Fahrt auf der **Parallelroute #1A**, dem *Bow Valley Parkway*. Dafür ist dort der Verkehr gering, und man kann die Schönheit der bald hinter Calgary auftauchenden Gebirgslandschaft besser genießen. Rund 10 mi östlich von Banff erreicht man den *Banff National Park*, den ältestens und mit jährlich über 4 Mio. Besuchern beliebtesten Nationalpark Canadas.

Banff NP

Der *Banff National Park* ist über 6600 km² groß und bildet zusammen mit den flächenmäßig kleineren Parks ***Jasper, Kootenay*** und ***Yoho*** ein geographisch zusammenhängende Einheit (➪ Faltkarte Canada). Der *Trans Canada Highway* führt durch die Parks *Banff und Yoho*; der sog. ***Icefields Parkway*** zweigt nördlich von Lake Louise von dieser Hauptverkehrsroute ab und führt durch die grandiose Bergwelt beider Nationalparks nach Jasper.

Eintritt

- Bei der Einfahrt in die *Rocky Mountain Parks* ist Eintritt zu entrichten: **c$5/Person** und Tag (gültig für alle 4 Parks) oder **c$35 als Jahrespaß** für alle Nationalparks im Westen Canadas (*Great Western Annual Pass*). Bei bis zu 10 Personen im Auto genügen 2 Tageskarten bzw. Jahrespässe.

Banff Stadt

- Der Aufstieg zum populärsten Touristenziel Canadas begann für Banff mit der Entdeckung heißer Quellen im vorigen Jahrhundert. Heute spielen die *Hot Springs* nur noch eine Nebenrolle. Nationalpark-Sommertouristen und Wintersportler sorgen ganzjährig für Betrieb. Das Städtchen liegt etwas abseits der TCH-Autobahn am ***Bow River*** zwischen ***Tunnel*** und ***Sulphur Mountain***. Beide *TCH-Exits* führen Besucher automatisch auf die ***Banff Avenue*** und damit zum zentralen ***Information Bureau***.

Übersicht

- Als "Einstieg" vor einem Banffbesuch könnte man zunächst die ***Tunnel Mountain Road*** abfahren (östliche TCH-Abfahrt für Banff, dann nach 500 m links). Von ihr und vor allem vom sich daran anschließenden ***Tunnel Mountain Drive*** überschaut man die blendende Lage und Umgebung der Stadt und passiert mehrere ***Trailheads*** für lohnenswerte Kurzwanderungen.

Banff Springs Hotel

- Vom ***Bow Falls Overlook*** an der letzten Kehre der Straße überblickt man nicht nur die Wasserfälle des *Bow River*, sondern auch die Schokoladenseite des schloßähnlichen *Banff Springs Hotel* sowie dessen Golfplatz. *Banff Springs* galt lange als das beste Hotel Nordamerikas. Reservierung über die Vermittlung in Banff oder bei ***Canadian Pacific Hotels***, ➪ Seite 109.

  Vom Tunnel Mountain Dr steuert man über die Buffalo St auf die Banff Ave ins Zentrum der Stadt.

Unterkunft

Zimmer in Hotels und Motels in Banff und Umgebung lassen sich über ***Banff/Lake Louise Central Reservations***, ✆ **(403) 762-5561**, 204 Caribou St, reservieren.

Hostels

Preiswerte Quartiere bieten das

- **Banff International Hostel,** © (403) 762-4122, Tunnel Mountain Road, und – nur für Frauen – das
- **YWCA**, © (403) 762-3560), 102 Spray Ave

Museen

Am Ufer des Bow River liegt das ***Banff Park Museum*** zu Flora und Fauna des Parks (im Sommer täglich 10am–6pm), jenseits der Brücke das Palisadenfort des ***Luxton Museum***, geöffnet 9am–9pm. Die Brücke muß auch überqueren, wer zu den Mineralbädern, zum *Banff Springs Hotel* und auf den *Sulphur Mountain* möchte:

Hot Springs

- Die ***Cave and Basin Hot Springs*** befinden sich am Ende der Cave Avenue, etwa 2 km vom Ortskern entfernt. Nostalgischer Pool und sehenswerte heiße Quellen in einer Höhle und am Berg; geöffnet Juni–August 9am–6pm, sonst kürzer; c$4.
- Ganzjährig geöffnet (im Juli/August sogar bis 11pm; c$7 Eintritt) ist der *Open-air Pool* der ***Upper Hot Springs*** (38°C), vor allem am Abend unter Sternenhimmel eine tolle Sache.

Seilbahn

- Der ***Banff Sulphur Mountain Gondola Lift*** befördert seine Fahrgäste zur Bergstation in 2.281 m Höhe. Eine sagenhafte Rundumsicht wartet. Leute mit Kondition machen den Aufstieg über 700 m Höhenunterschied zu Fuß (ca. 2 Stunden) und sparen c$12; 'runter ist die Seilbahn kostenlos.

Banff Springs

- Das Luxushotel ***Banff Springs*** wirkt aus der Nähe weniger eindrucksvoll als vom Aussichtpunkt (siehe oben); das "Innenleben" ist aber unbedingt den Besuch wert, und der Drink auf der Terrasse wegen des Panoramas den Preis.

Alter TCH

Für die Weiterfahrt nach nach Lake Louise sollte man dem ***Bow Valley Parkway*** #1A, dem alten Verlauf des TCH, den Vorzug vor der neuen Autobahn geben. Mehrere **Picknickplätze** und die **Jugendherberge *Castle Mountain*** (Reservierung siehe *Banff Hostel*) liegen am Wege.

Johnston Canyon

- Rund 17 mi nördlich von Banff passiert die #1A den Eingang zum pittoresken *Johnston Canyon*. Ein kurzer Marsch führt zu den ***Lower Falls***; 2 km weiter erreicht man die oberen Wasserfälle und nach 6 km die ***Inkpots***, türkisfarbene Frischwasserquellen.

Lake Louise

- Von Banff zum Ort Lake Louise sind es etwa 30 mi. Gleich neben der unverfehlbaren ***Samson Shopping Mall*** befindet sich ein großes ***Visitor Centre***. Zur Übersicht über das gesamte Gebiet um Lake Louise und für Kurzwanderungen eignet sich bestens die Gratiskarte ***Drives and Walks: Lake Louise and Vicinity***.

See

- Die Straße hinauf zum See Lake Louise endet vor dem Nobelhotel ***Chateau Lake Louise*** (ein *Canadian Pacific* Hotel, ➪ Seite 109), wo unerhörte Besuchermassen täglich in die Parkanlage zwischen Hotel und See strömen. Wer nicht am Vormittag vor Ankunft der Busse oder erst am späten Nachmittag eintrifft, wird den See und seine Umgebung als zu überlaufen empfinden. Eine "Flucht" gelingt aber leicht per **Kanu** (Miete c$18/Stunde) oder auf einer **Wanderung,** z.B. auf dem ***Lake Agnes Trail*** (3,6 km, mit Pausen maximal 2 Stunden), der sich hinauf zum 400 m über dem Lake Louise gelegenen Lake Agnes ***Tea House*** windet.

Wandern

- Wenn Zeit und Lust für längere Wanderungen fehlen, ist der Rundweg (1 km) zur ***Fairview*-Aussichtsplattform** über dem Südufer das Richtige. Reizvoller noch als Lake Louise erscheint der **Moraine Lake** vor ebenfalls prächtiger Kulisse. Auch dort entkommt man per Kanu oder auf Schusters Rappen dem Hauptbetrieb. Ein schöner ***Trail*** führt hinauf zum ***Eiffel Lake*** oberhalb der Baumgrenze (ca. 6 km). Der ***Rockpile Trail*** (1 km *Roundtrip*) zu einem Aussichtspunkt über See und ***Valley of the Ten Peaks*** ist hier die "Kurzlösung". Das Panorama ziert die $20-Note.

Icefields Parkway

Von Lake Louise geht es auf dem *Icefields Parkway*, der durch den nördlichen *Banff* und die ganze Länge des *Jasper Parks* läuft, nach Jasper *Townsite*. Die 150 mi werden als ***schönste Gebirgsstrecke Canadas*** gelobt. Dank der breit ausgebauten Straße und des zeitweise starken Verkehrs ging die Ursprünglichkeit aber ziemlich verloren. Staus und Parkprobleme sind im Sommer an bestimmten Punkten an der Tagesordnung. Vom *Parkway* hat mehr, wer sich Zeit läßt und versucht, ein wenig abseits der touristischen Brennpunkte zu bleiben. Für die mit kurzen Stopps in 5-6 Stunden "machbare" Strecke (dann hat man "alles" gesehen) wäre – bei gutem Wetter – ein **Zeitrahmen** von 2 Tagen richtig bemessen.

Auch mitten im Sommer wird es bei tiefer unten noch angenehmen Temperaturen in der Höhe schnell kühl, sofern die Sonne nicht scheint. Das gilt auch im Schatten der Berge. Nachts muß mit Frost gerechnet werden; im Juni und September herrschen nachts durchweg Minusgrade. Schneefälle sind im Frühsommer und Spätherbst keine Seltenheit.

- Auf ihren ersten 50 mi zum *Sunwapta Pass* überquert die Straße den *Bow Summit*, mit 2.069 m höchster Punkt der Strecke mit dem ***Peyto Lake Viewpoint*** – ein "Muß" für Fotografen. Vielleicht das beste Teilstück ist die Auffahrt zum ***Sunwapta Pass*** (2.035 m), mit dessen Überquerung der *Jasper National Park* erreicht wird.

Athabasca Glacier

- Die bekannteste Attraktion des Jasper Parks, der *Athabasca Glacier*, gehört zum 300 km² großen *Columbia Icefield*. Das Eisfeld selbst liegt verborgen in der Höhe. Nur drei seiner Gletscher sind von der Straße aus zu sehen. Das ***Visitor Centre*** ist voll auf den – durch Sedimente und Verschmutzung heute enttäuschenden – *Athabasca Glacier* ausgerichtet. *Snowmobiles*, Spezialfahrzeuge mit mannshohen Reifen, fahren auf die Gletscherzunge. Dieser wenig plausible Spaß kostet c$23. Man kann genausogut selbst mit dem Wagen zum Parkplatz unterhalb des *Athabasca* fahren und mit wenigen Schritten individuell das Eis erreichen.

Wasserfälle

- Auf seinen letzten 40 mi folgt der *Parkway* dem Lauf des Athabasca River. Ein Stop an den ***Sunwapta Falls*** gehört ebenso zum touristischen Pflichtprogramm wie ein kurzer Abstecher zu den tosenden ***Athabasca Falls***.

Jasper Town

Wiewohl ein hübscher Ort, bietet Jasper selbst nicht viel, sieht man ab vom ***Aquatic Center*** (401 Pyramid Lake Road) mit langer *Indoor*-Wasserrutsche und einem *Whirlpool*.

Unterkunft und Info in Jasper

Anlaufpunkt in Jasper, sollte die **Unterkunftsfrage** noch nicht gelöst sein, ist die ***Central Reservation*** am 622 Connaught Dr, © (403) 852-4242. An derselben Straße befindet sich unverfehlbar auch das ***National Park Visitors Centre*** (gegenüber dem Bahnhof). Bei Jasper gibt es **drei Jugendherbergen**; Reservierung: © (403) 852-3215, Fax 852-5560.

Umgebung

– Rings um die Stadt liegen kleine, angenehm temperierte und von Wanderwegen gesäumte Seen mit Badestränden und z.T. Kanuverleih (***Patricia*** und ***Pyramid Lakes*** oberhalb des Ortes).

Maligne Canyon

– Als schönstes Ausflugsziel des Parks gilt der Maligne Lake am Ende der *Maligne Road* (42 km), die nördlich von Jasper vom *Yellowhead* Highway #16 abzweigt. Gleich am Anfang passiert die Straße den tief eingeschnittenen ***Maligne Canyon***. Vom Parkplatz geht es in die Schlucht. Mehrfach überquert der Pfad den engen *Canyon,* in dem unten der *Maligne River* tost. Für den besten Teil bis zur 4. Brücke braucht man ca. 1 Stunde retour.

Maligne Lake

– Die Schönheit des glasklaren Maligne Lake läßt sich von der Bucht an seinem Nordende nur erahnen. Pfade an beiden Ufern führen zu Stellen, wo der gesamte See im Blickfeld liegt. Die meisten Besucher haben aber bereits im voraus (in Jasper, 626 Connaught Drive) den **Bootstrip** über den von schroffen Gipfeln eingerahmten See gebucht ($34). Auf einem Inselchen dürfen sich die Passagiere ein wenig die Füße vertreten und fotografieren, bevor es wieder zurückgeht.

Seilbahn

– Sehr beliebt ist die Seilbahn auf den ***Whistlers Mountain.*** Die Talstation befindet sich am Ende der gleichnamigen Straße, die vom *Parkway* abzweigt. Der Gipfel liegt 200 m über der Bergstation. Sportliche Besucher erklimmen den Berg zu Fuß: Der Ausgangspunkt des ***Trails*** befindet sich 1,5 km vor der Station.

– Eine relativ leichte **Wanderung** führt zum *Edith Cavell Glacier.* Man folgt weiter dem *Icefields Parkway* und dann der alten Straße #93A. Auf der ***Mount Edith Cavell Road*** geht es 14 km bergauf (*one-way,* zeitlich wechselnde Richtung) zum *Trailhead.*

Hundertausendfach fotografiertes Inselchen im Maligne Lake

TORONTO

Kennzeichnung

Toronto - das ist *big money*, die größte Wirtschaftsmetropole Canadas, einer der wichtigsten Finanzplätze Nordamerikas und Hauptsitz der großen Konzerne des Landes. Toronto ist auch eine Einwanderungsstadt. Waren es nach dem 2. Weltkrieg Schiffsladungen von Italienern, Griechen und Polen, die kamen, um ihr Glück zu suchen, so sind es heute Chinesen (viele aus Hongkong), Afrikaner und Philipinos, die sich in Toronto niederlassen und der Stadt ein besonderes kosmopolitisches Flair verleihen. Die Vereinten Nationen würdigten das vorbildlich friedliche Miteinander zahlreicher Ethnien und Kulturen und verliehen Toronto schon 1988 den Titel der multikulturellsten Stadt der Welt.

In Toronto kann man abends angstfrei ausgehen und mit der U-Bahn nach Hause fahren. *Peter Ustinov* hat es auf den Punkt gebracht: ***Toronto is a kind of New York operated by the Swiss*** (... eine Art New York unter Schweizer Verwaltung).

Geographie, Klima und Geschichte

Lage

Toronto liegt am Nordwestufer des Lake Ontario im Süden der gleichnamigen Provinz. Gleichzeitig ist es nicht weit zu den Lakes Erie und Huron. Die Niagara Fälle und damit die **kanadisch-amerikanische Grenze** sind nur 90 mi von Toronto entfernt. Das unmittelbare, flache bis leicht hügelige Umland der Stadt wird intensiv agrarisch genutzt und ist relativ reizlos. Parkanlagen kennzeichnen die gesamte Seeuferlinie; auch das Stadtgebiet wird durch viele Grünflächen aufgelockert. Vor allem östlich des Stadtzentrums verfügt Toronto über kilometerlange helle Strände.

Klima

Die sommerlichen Hochdruckgebiete des zentralen Canada reichen nicht immer bis Südontario. **Tiefausläufer** vom Atlantik und die Großen Seen beeinflussen das Wettergeschehen. Im **Juli und August** überwiegen Tage mit Temperaturen von **25°C-30°C** und gelegentlich mehr, die oft von großer Schwüle begleitet sind. Kräftige Schauer, bisweilen auch mehrere Regentage hintereinander, kennzeichnen Frühjahrs- und Herbstwetter, das insgesamt dem bei uns ähnelt. Der Winter ist für kanadische Verhältnisse mild; aber durchgehend frostig von Dezember bis März. An vielen Wintertagen liegt Schnee.

Geschichte

Toronto heißt auf indianisch Treffpunkt oder Sammelplatz. Ursprünglich lebten *Mississauga* und *Huronen* am nördlichen Ufer des *Lake Ontario*. Von dort aus verband eine *Portage Route* für Lastkanus die *Lakes Huron* und *Ontario*, die später auch von den französischen Pelzhändlern, *Voyageurs*, genutzt wurde. Aber erst nach der amerikanischen Revolution und nachdem das fruchtbare Marschenland zwischen den Seen zu einem Spottpreis den Indianern abgeluchst worden war, ließ der Gouverneur der damals *Upper Canada* genannten britischen Kolonie, ***Lord Simcoe***, an der *Humber Bay* des Lake Ontario

1793 das **Fort York** errichten. Es sollte die Siedler gegen Übergriffe der Amerikaner schützen. Um das Fort entstand das Städtchen York.

1834 besitzt York 9.000 Einwohner und erhält Stadtrechte; gleichzeitig erfolgt die Umbenennung in **Toronto**.

1867 Dank des sog. *British North America Act* erfolgt eine Verselbständigung, wenn auch noch nicht die volle Unabhängigkeit der britischen Kolonien im sog. ***Dominium of Canada***. Die Provinz Ontario ist am bevölkerungsreichsten und wohlhabendsten. Toronto wird Provinzhauptstadt und bald zur Großstadt. Lange Zeit steht sie jedoch im Schatten von Montréal

nach 1945 Nach dem Ende des 2. Weltkriegs zieht es zahlreiche europäische Einwanderer nach Canada, die Stadt wächst rapide weiter.

1957 bringt die Fertigstellung des *St. Lawrence Seaway*, der Toronto faktisch zum Überseehafen macht, einen wichtigen wirtschaftlichen Impuls. Für einen weiteren Schub zugunsten Torontos sorgen die

70er-Jahre dank vieler Angelsachsen, die Québec wegen der wachsenden separatistischen Bestrebungen mitsamt Kapital den Rücken kehren.

80er-Jahre Während früher in erster Linie Europäer nach Canada gekommen waren, ziehen – nach einer Lockerung der Immigrationsgesetze für Nicht-Europäer – vor allem Asiaten und Karibik-Bewohner nach.

Die Region Toronto ist heute der am dichtesten besiedelte Ballungsraum des Landes. Die City zählt ca. **640.000 Einwohner**, ***Metropolitan Toronto*** eine Bevölkerung von **3,7 Mio**.

Daten und Fakten

Telefonische Vorwahl/Area Code: 416 (City), 905 (Großraum)

Besucherinformation:

- Das Hauptbüro der ***Visitor Information*** befindet sich im ***Eaton Centre*** (täglich 9am–5pm); im Sommer öffnet ein Info-Schalter an der ***Harbourfront*** im *Queen's Quay Terminal* (9am–7pm).
  Eine ***Visitors-Hotline*** informiert unter © (416) 203-2500.
- Offizielle Adresse der Tourist-Info: ***Metropolitan Toronto Conventions & Visitors Association***, 207 Queen's Quay Terminal, Suite 590, Toronto, Ontario M5J 1A7, © **auch (800) 363-1990**
- **Informationsstände** befinden sich in allen *Terminals* des ***International Airport*** auf dem *Arrivals Level*.

Flughafen (YYZ)

Pearson International Airport, © 247-7678

Der *Lester B. Pearson International Airport* ist der wichtigste Flughafen im Osten Canadas.

Fluglinien: AA, AC, CO, DL, NW, CP, UA, US

Hub: AC, CP

Transferzeiten: Int to Dom 90 min, Dom to Dom 45 min

Anlage

Der Flughafen liegt 24 km nordwestlich *Downtown* an der Flughafenautobahn #409. Die 3 *Terminals* sind über Shuttle-Busse miteinander verbunden. Sie verkehren im 10-min-Takt jeweils ab *Departure Level*.

Verbindung Airport-City:

Airport Shuttle

Bus & U-Bahn

Alle 20 min fahren ***Airport*-Busse** zu den wichtigsten Hotels in der Innenstadt: c$13 *one-way*, c$20 *return*. Preiswerter, aber relativ beschwerlich ist der *Airport Shuttle* (alle 20 min) zu den U-Bahn-Stationen Islington (im Süden) oder Yorkdale (im Osten) und von dort weiter per ***Subway***; Kostenpunkt c$8,75, addierte Fahrt- und Wartezeit bis zu 2 Stunden. Noch etwas billiger (insgesamt unter c$5) ist der **Bus #58** zur Station Lawrence West, dann die U-Bahn.

Taxi

Taxen kosten **c$35-c$45**, die Fahrt bis *Downtown* dauert günstigstenfalls 40 min, im Berufsverkehr jedoch leicht über eine Stunde.

Öffentliche Verkehrsmittel:

TTC

Das öffentliche Verkehrssystem Torontos gehört zu den besten Nordamerikas. **Alle touristisch wichtigen Anlaufpunkte, die nicht in Fußgängerdistanz in und um *Downtown* liegen, lassen sich per U-Bahn, Straßenbahn oder Bus gut erreichen.** Eine Einzelfahrt im Nahverkehrsnetz der ***Toronto Transit Commission*** (✆ 393-4000) kostet $2; *Transfers*/Umsteigen frei. Bei Einzelfahrten in Bus oder Straßenbahn (*Street Car*) ist das Fahrgeld abgezählt bereitzuhalten oder ein ***Token*** in den Fahrgeldbehälter zu werfen. Etwas günstiger sind Mehrfahrten-*Tickets*, z.B. das ***10-Fare-Ticket* für $14**, noch attraktiver der ***Day Pass* für $6**, die Tagesnetzkarte für alle Verkehrsmittel des Systems. Mit dem Tagespass dürfen Mo-Fr die U-Bahnen erst ab 9.30am benutzt werden, Sa+So unbegrenzt.

Taxi

Taxitarife c$2,50 bis 200 m; jeder weitere Kilometer c$1,25.
Diamond Taxi, ✆ 336-6868 ***Metro Taxi*** ✆ 363-5151

Rundfahrten

Doppeldecker

Eine gute Möglichkeit, Toronto kennenzulernen, sind die *Hop-on-hop-off* ***Olde Town Tours*** mit einem offenen roten Doppeldecker-Bus. Eine Rundtour – sie dauert bei 24 Stunden Ticketgültigkeit 2 Stunden mit 18 Stops an allen wichtigen Sehenswürdigkeiten – ist allerdings mit c$25 nicht ganz billig. Zustieg an allen Haltestellen; *Tickets* im Bus.

Carlton Streetcar

Wer sich schnell und preiswert eine **Übersicht über Torontos *Neigbourhoods*** verschaffen möchte, steigt am besten in die **Linie #506** der *Carlton Streetcar*. Sie verbindet fast alle ethnischen Wohnviertel: *Beaches, Cabbage Town, Indian Basar, Little Italy,* das alte *Chinatown, High Park*. Sie fährt **ab *Main Subway Station*** von Osten nach Westen bis *High Park* durch Toronto. Beide Stationen liegen an der grünen U-Bahnlinie.

Konventionelle Stadtrundfahren veranstalten u.a. ***Gray Line***, © 594-3310, und ***Old Town Toronto Tours***, © 368-6877.

Unterkunft

Situation

Die Hotelsituation in Toronto ist einen Großteil des Jahres durch Überkapazitäten gekennzeichnet, was zu bemerkenswerten **Sonderangeboten** führt – nachzulesen in den ***Trip Planner Manuals*** für die Regionen Ontarios von *Canada Tourism*. Bevor man sich direkt an ein Hotel bzw. die Reservierungszentrale einer Kette wendet, sollte man sich daher ein derartiges Heft bei der ***Tourist Information*** besorgen. Bei der Reservierung muß man auf das jeweilige Angebot Bezug nehmen, sonst wird meist ein höherer Zimmerpreis verlangt.

Airportbereich

Um den ***International Airport*** herum findet man eine ganze Reihe von Mittelklasse-Hotels mit einem ordentlichen Preis-/Leistungsverhältnis, u.a. (800-© auf Seite 109):

- **Delta Airport Hotel,** 801 Dixon Rd, ab c$85.
- **Comfort Inn**, 240 Belfield Rd, ab c$75
- **Days Inn**, 6257 Airport Rd, ab c$79

City

In der **City** sind in der Mittel- bis Oberklasse **Best Western Primrose Hotel,** das **Holiday Inn on King,** das **Westin Harbour Castle** (ab c$140) und das **Sky Dome Hotel**, © 360-7100 oder © (800) 441-1414, in ihrer jeweiligen Klasse empfehlenswert. Sehr schön liegt das **Radisson Plaza Hotel** an der *Waterfront* (ab c$130). Zimmer im nostalgischen Luxushotel **Royal York** von ***Canadian Pacific*** gab es im Sommer 1997 ab c$130.

Reservierung

Die Hotels der Mittel- bis Oberklasse können statt mit einem Anruf beim Hotel bzw. der 800-Nummer der Kette auch über eine **zentrale *Hotline*** reserviert werden: © **(800) 363-1990**.

Preiswert

Eine Reihe preiswerter Motels unterschiedlicher Qualität liegen nebeneinander am ***Lake Shore Blvd West***, Höhe *Humber Bay Park*. Akzeptabel erscheinen:

- **Beach Motel**, 2183 LSBW, © (416) 259-3296, ab c$60
- **Hillcrest Motel**, 2143 LSBW, © (416) 255-7711; ab c$50
- **Shore Breeze Motel**, 2175 LSBW, © (416) 251-9613; ab c$50

Bed & Breakfast

Als **Alternative** zu relativ teuren Hotels einerseits und Billigunterkünften andererseits gibt es in Toronto viele ***B&B* Quartiere**. Eine Vermittlungsagentur für *B&B* ist:

- ***Toronto Bed & BreakfastService***
  © (416) 588-8800 und 690-1407, Fax (416) 690-5089

Hostels

Von den preiswerten Quartieren sind wie immer die *Hostels* am günstigsten. Das große ***AYH Hostel*** liegt sehr zentral:

- **Toronto International Hostel**, 90 Gerrard St, © 971-4440, ab c$23
- **Leslieville Home Hostel,** 85 Leslie St, © 461-7258, ab c$16
- ***Mrs. Christiansen`s***, 183 College St/University Ave; © 978-2489, Mehrbettzimmer c$20/Person; EZ ab c$30, DZ ab c$40

YWCA

Die Preise des YWCA-Hauses (nur für Frauen) schließen zwar das Frühstück mit ein, sind mit c$44 für ein Einzelzimmer und c$59 fürs Doppelzimmer relativ hoch:

YWCA Woodlawn Residence, 80 Woodlawn Ave East, © 923-8454,

Colleges

Geringfügig preiswerter – mit DZ ab c$40 – sind die College/Universitätsunterkünfte ca. Mitte Mai–Ende August:

- **Neill-Wycik College Hotel** (unweit des *Eaton Centre*), 96 Gerrard St East, © 977-2320 oder © (800) 268-4358
- **University of Toronto**, 45 Willcocks St, © 978-8735

Essengehen und Shopping

Selbst in dem mit Shops und Restaurants allerorten reichlich gesegneten Amerika fällt Toronto eine Spitzenposition zu, wenn es um die Vielfalt der Möglichkeiten und Auswahl geht.

Downtown

- *Fast Food Eateries*, Restaurants und Cafés ballen sich in der Innenstadt u.a. in der "oberen" **Yonge Street** zwischen Queen und Bloor Sts. Und damit nicht genug, besitzt auch noch allein die – mit über 300 Läden lange weltgrößte – *Shopping Mall* ***Eaton Centre*** weitere über 60 Restaurants.

Path Underground

- Im Bereich zwischen sieben U-Bahn-Stationen *in Dowtown* bilden unterirdische *Passage Ways* mit vielen Erweiterungen einen fast 10 km langen, verwirrenden ***Path Unterground***, der als eine eigene ausgedehnte Shoppingzone mit über 1000 Läden, Restaurants und Kinos auch ***Underground City*** genannt wird.

Yorkville

- Die Bloor St etwas oberhalb (nördlich) von Downtown Toronto – ist zwischen Yonge St und Avenue Rd das Zentrum des Stadtteils Yorkville. Sie gilt mit ihren Edelboutiquen, Antiquitätenläden, teuren Restaurants und schicken Bistros als die **kanadische *5th Avenue***.

Lake Ontario

- An der ***Harbourfront*** und im ***Ontario Place*** gibt es ebenfalls eine große Auswahl an Restaurants wie auch ***Food Courts*** für den schnellen Snack, ➪ im einzelnen folgende Seiten.

CN-Tower

- Das *Dinner* im Drehrestaurant des *CN-Tower* (***360 Revolving Restaurant***) ist ein Erlebnis, wenngleich ein wenig teurer als ein gängiges anderes Restaurant. Dafür ist für Gäste der Aufzug gratis – Tischreservierung unter © 362-5411, ➪ Seite 534.

Ehnien

- Toronto besitzt in seinen diversen ethnisch geprägten Stadtteilen und Vororten – darunter die berühmte ***Chinatown*** – zahlreiche **Spezialitätenrestaurants** und vielseitige Läden mit Waren aus aller Herren Länder.

Märkte

Die farbigsten **Märkte** der Stadt sind der ***Kensington*** (Westrand Chinatown) und ***St. Lawrence Market*** in der Front/Jarvis St.

Sehenswürdigkeiten

Stadtbesichtigung

Uferparks

Attraktive Parks und Freizeitflächen säumen die Ufer des Lake Ontario. Die populärsten Strände ziehen sich vom ***Ashbridge's Bay Park*** nach Osten, der reizvollste von allen ist der ***Rouge River Park***, ca. 28 km östlich *Downtown*.

Ontario Place

– Ein Anziehungspunkt für Familie ist der ***Ontario Place***-Komplex auf vorgelagerten durch Brücken verbundenen künstlichen Inseln (ca. 2 km westlich des *CN Tower* am Lake Shore Blvd). Dort gibt es Wasserrutschen und Tretboote, Mini-Golf, *Parasailing, Bungy Jumping*, den *Wilderness Adventure Ride*, das *Childrens Village and Waterplay mit LEGO Creative-Center*, das *Cinesphere-Theatre* mit IMAX- Filmen und einen Weltkrieg-II-Zerstörer. ***Fun*** **total** von Mitte Mai bis Anfang September täglich **10.30am–11pm; Eintritt frei**; kassiert wird nur fürs Parken und einzelne Attraktionen.

Fort York

– An der Garrison Rd zwischen Bathurst St und Strachan Ave liegt das ***Old Fort York*** (Zufahrt über Fleet St). Es besteht aus restaurierten Gebäuden des von den Engländern 1793 errichteten und im amerikanisch-englischen Krieg 1813 zerstörten Forts. Heute bietet es die Kulisse für ein sehenswertes Spektakel. Komparsen in historischen Uniformen spielen den Kampf der Amerikaner gegen die *Queens Rangers* nach. Den Schlachtbeginn (nur Sommer an wechselnden Tagen/Zeiten) erfährt man unter © 392-6907. Öffnungszeiten im Sommer Di–Fr 9.30am–5pm, Sa und So ab noon; sonst Mo–Fr bis 4pm, Sa/So 12am–5pm, Eintritt c$6.

Harbourfront

– Der *Harbourfront* Shopping, Restaurant- und Kulturkomplex an der ***Queen's Quay*** (zwischen Spadina Ave und Bay Street) schließt "unterhalb" von *Downtown* die Reihe der westlichen ***Waterfront Parks*** ab. ***Harbourfront Building*** und das ***Queen's Quay Terminal*** sind die zentralen Gebäude der parkartigen Anlage. In ihnen läuft immer ein vielseitiges Programm, im Sommer ergänzt durch ***Open-Air*-Veranstaltungen**. Im ***Info-Centre*** des *Queens Quay* erhält man das aktuelle Programm.

Toronto Islands

– Der nur mit der Fähre erreichbare, der *Harbourfront* vorgelagerte ***Islands Park*** ist Torontos populärstes Ausflugsziel. Neben den Stränden ziehen Picknick- und Kinderspielplätze, Boots- und Fahrradverleih, Joggingpfade und Tennis Courts an schönen Sommertagen zahllose Besucher an. Die Überfahrt mit dem ***Islands Shuttle*** (c$4 retour) lohnt sich allein schon wegen des Panoramas der *Toronto Skyline* für die Kamera. Die Fähren legen in den Sommermonaten alle 15-30 min vom ***Bay Street Ferry Dock*** ab, östliches Ende der *Harbourfront*.

Downtown

– Die *Harbourfront* begrenzt seeseitig das **zentrale Toronto**, das östlich und westlich in etwa von Spadina Ave und Jarvis St und im Norden von der Bloor St markiert wird. Die ***Skyline*** wird zwar vom CN Tower beherrscht, aber auch andere Hochhäuser beeindrucken, von denen gerade in den letzten Jahren eine ganze Reihe entstanden sind. In Toronto stehen die sieben höchsten Gebäude Canadas, darunter der ***First Canadian Place*** mit 290 m und 72 Stockwerken.

CN Tower – Unweit der *Harbourfront* überragt der ***CN Tower*** die Stadt, das **mit 553 m lange Zeit höchste Gebäude der Welt**. Aussichtsetagen befinden sich in 346 m und in 447 m Höhe. Die Auffahrt im gläsernen Fahrstuhl zumindest bis zum unteren ***Observation Deck*** gehört zum touristischen Pflichtprogramm (c$13), 100 m höher kostet c$3 extra. Juli bis *Labour Day* Mo–Sa 10am–midnight, So bis 10pm, Rest des Jahres 10am–10pm.

Sky Dome – In Nachbarschaft zum *CN Tower* steht der *Sky Dome,* ein riesiges **überdachtes Stadion** als Mittelpunkt eines Komplexes, der auch Wohnungen, Luxushotel und Schwimmhalle umfaßt. Der Bau geht zurück auf die vor Jahren erfolgte (und gescheiterte) Bewerbung für die Olympischen Spiele 1996. Das 9000 t schwere Stadiondach kann geöffnet werden.

Shopping – Das ***Eaton Centre*** – an der Yonge St zwischen Queen und Dundas – ist das bekannteste und zugleich attraktivste unter diversen Einkaufszentren in *Downtown* Toronto. Es wirkt trotz der Größe von der Straße aus eher unauffällig, aber die Innenarchitektur seiner 4 Etagen ist sehenswert.

Weltgrößter Buchladen – Auf einen weiteren **Superlativ** stößt man in der Edward St, einen Block nördlich des *Eaton Centre:* ***World's Biggest Bookstore*** bietet eine riesige Auswahl an Büchern jedweder Thematik und Fachrichtung. In der Zeitschriftenabteilung gibt's aktuelle deutsche Zeitungen und Magazine.

Yonge Street/ Yorkville – Die berits erwähnte **Shoppingmeile** der Yonge St mit vielen kleinen Läden für alles und jedes, Bäckereien und *Eateries* beginnt etwa auf Höhe des *Eaton Centre.* Aus dem einstigen Hippie-Viertel Yorkville rund um die **Bloor Street** wurde eine feine Adresse für *Yuppies* und die obere Mittelschicht. Kunstgalerien, schicke Restaurants und Boutiquen reihen sich dort aneinander. Ein Bummel durch die grünen **Wohnstraßen,** in denen sich viktorianische Fassaden und moderne Architektur harmonisch ergänzen, läßt die Hektik der Großstadt fast vergessen.

Rathaus – Zum *Sightseeing* gehört in Toronto ein Besuch der ***City Hall*** bzw. ihres Vorplatzes, nur einen Block westlich des *Eaton Centre.* Das bei Fertigstellung 1965 vielgerühmte Rathaus besteht aus zwei halbkreisförmigen Bürohochhäusern, die den Sitzungssaal des Stadtparlaments flankieren. Das Leben auf der Plaza, wo tagsüber oft *Open-air* Veranstaltungen laufen, ist interessanter.

Art Gallery – Einige Blocks vom Rathaus – am besten geht man zu Fuß – liegt die ***Art Gallery of Ontario*** im Anschluß an den *Grange Park.* Das Kunstmuseum genießt insbesondere wegen seiner ***Henry Moore* Skulpturen** einen guten Ruf. Darüberhinaus sind Objekte aller möglichen Kunstgattungen und Stilrichtungen ausgestellt. Geöffnet Mi–So 10.30am-5.30pm, mittwochs zusätzlich – bei freiem Eintritt – bis10pm; sonst Eintritt c$8.

Chinatown – Die *Art Gallery* liegt am Ostrand von Torontos ***Chinatown*** mit Zentralbereich etwas weiter westlich (Kreuzung Dundas St/Spadina Ave). Sie ist selbst für San Francisco- und Manhattan-Kenner ein *Highlight* und beeindruckt vor allem durch ihre pulsierende Lebendigkeit ohne Folklore-China für Touristen. Angefangen beim typischen Höker an der Ecke über moderne Einkaufspassagen und Banken bis hin zu *Benetton* mit chinesischen Schriftzeichen findet sich alles, was eine Großstadt ausmacht – nur eben auf chinesisch.

Bereich Queens Park

– Auf der University Ave erreicht man nördlich von *Downtown* den *Queen's Park*, der das ***Parliament Building*** beherbergt. Der Parlamentssitz der Provinz Ontario zeigt typisch britische Stilelemente ebenso wie die älteren Gebäude der benachbarten ***University of Toronto.*** Das ***Royal Ontario Museum*** (*ROM*), Ecke University Ave und Bloor St oberhalb des Queen`s Park zeigt in alte ägyptische Kultur und dekorative Kunst aus Westeuropa. Ausgezeichnet ist die asiatische Abteilung mit einem originalen **Ming-Grab**. Geöffnet Di+Do 10am–8pm, Mi+ Fr–So bis 6pm; Eintritt c$8, Di ab 4:30pm frei.

Casa Loma

– Bemerkenswert ist die ***Casa Loma***, eine Sehenswürdigkeit, vor deren burgartigem Gemäuer (nordwestlich *Downtown:* Spadina Ave/Davenport Road) alle Rundfahrt-Busse einen Stop einlegen. Das altenglisch wirkende Gebäude entstand erst 1914 als **Privatschlößchen** eines Industriellen. Geöffnet täglich 9.30am–4/5pm; Eintritt c$8; Parken c$3 pro Stunde!

Ontario Science Centre

– Das ***Ontario Science Centre*** ist seit seiner Gründung im Jahre 1969 Vorbild für mittlerweile zahlreiche Museen ähnlicher Art in ganz Nordamerika. Das Konzept einer experimentell-unterhaltsamen Vermittlung naturwissenschaftlicher Phänomene über ***Hands-on-Exhibits***, Versuchsanordnungen zum Selber-Ausprobieren, wurde seither laufend verbessert. Wer einen Vor- oder Nachmittag Zeit hat (auf keinen Fall unter 3 Stunden plus Anfahrt), wird den Besuch nicht bereuen. Anfahrt mit Auto über den *Don Valley Parkway*, Ausfahrten Don Mills Road oder Eglinton Ave; mit der U-Bahn geht`s bis zur Station Eglinton und dann weiter mit dem Bus zur Ecke Eglinton Ave/ Don Mills Rd; 10am–6pm, im Sommer Fr bis 9pm; Eintritt c$8.

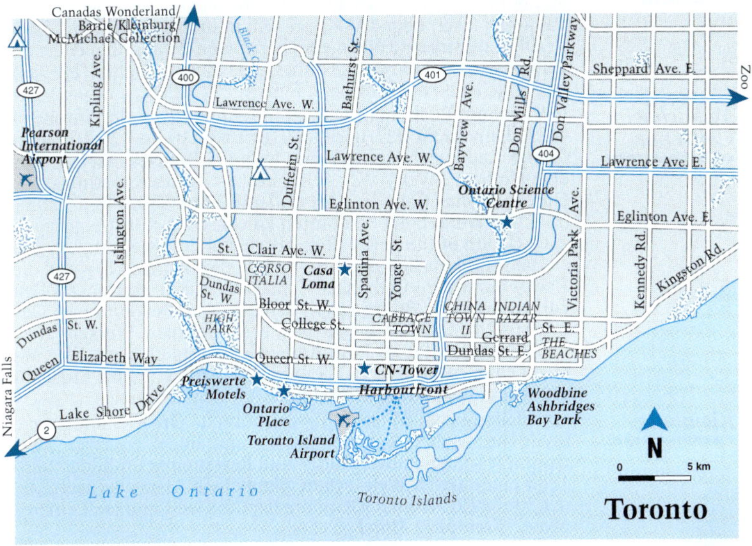

Ziele in Torontos Umgebung

An der Peripherie Torontos finden sich diverse Attraktionen: Relativ citynah 15 mi westlich liegt das Museumsdorf

Museumsdorf

– ***Black Creek Pioneer Village*** (Autobahn #400, Abfahrt Steeles Ave). In diesem Dorf mit vielen authentischen Gebäuden wird das Leben der Siedler in Canada während der ersten Hälfte des 19. Jahrhunderts demonstriert. Geöffnet Anfang Mai bis Anfang September 10am–5pm, im Sommer bis 6pm Eintritt c$9. Frühjahr/Herbst nur Mi–So.

Canada`s Wonderland

– Noch einige Meilen weiter befindet sich – ebenfalls am *Freeway* #400, *Exit* Rutherford oder Major Mackenzie Rd – in Vaughan die kanadische Variante eines US-*Amusementparks,* der hier ***Paramounts Canadas Wonderland*** heißt. Neben Fahrten in den unvermeidlichen ***Rollercoasters*** und anderen *Rides* (oft Wartezeiten!) gibt's ein bißchen Showbühnenglamour, eine Portion *Disneyland* und *Fantasy,* künstliche Berge und Wasserfälle, viel Planschspaß und lebende Comic-Figuren.

Öffnungszeiten Mitte Juni bis Anfang September täglich 10am–10pm; ab Mai und bis Mitte Oktober nur Sa+So bis 8pm; ***Pay-one-Price-Ticket*** **c$34** (alle *Rides* inklusive). Eintritt in den Park auch ohne *Rides* möglich, die dann extra zu bezahlen sind: **c$18**. Parken $5. Anfahrt auch mit **U-Bahn**: Stationen *York Dale* oder *York Mills,* von dort *Busshuttle.*

Wild Water

– Das ***Wild Water Kingdom*** ist ein großer **Wasserplanschpark** ca. 2 mi westlich von **Brampton,** Anfahrt über Autobahn #427, dann Finch Ave. Nur Sommer bis ***Labor Day***.

Tierpark

– Der ***Metro Toronto Zoo*** liegt im östlichen Vorort **Scarborough** an der Straße #401, *Exit* #397. In fünf geographisch getrennten Pavillons leben über 4000 Tiere wie in ihrem natürlichen Umfeld. Informativ sind die themenbezogenen Wege. Ein modernes, gelungenes Zookonzept. Geöffnet Ende Mai bis *Labour Day* 9am –7:30pm, sonst bis 5pm/6pm. Eintritt c$10; Parken c$5.

McMichael Collection

– In **Kleinburg** (20 mi nördlich von *Downtown Toronto,* Autobahn #427, dann Straße #27, oder #400, Exit #35/Straße #25, Islington Ave) befindet sich – eingebettet in einen Landschaftspark über dem *Humber River Valley* – ein ganz besonderes Kunstmuseum: Die ***McMichael Canadian Art Collection*** mit der größten Sammlung von Werken der berühmten kanadischen Künstlergruppierung ***Group of the Seven***. Ihre Mitglieder bereisten Anfang dieses Jahrhunderts den *Algonquin Park,* die Georgian Bay und die Rocky Mountains und fingen Canadas Natur in ausdrucksvollen Farben ein. Ihre Bilder galten seinerzeit als revolutionär. Das Museum beherbergt neben den beschriebenen Werken auch noch Indianer- und Inuit-Kunstwerke.Täglich Juni–Oktober 10am–5pm, sonst Di–So bis 4pm; Eintritt c$7. Zum Museum gehört ein **Restaurant** mit schöner Aussichtsterrasse.

Kleinburg

– Unabhängig vom Museum ist der hübsche **Ort Kleinburg**, eine Idylle aus weißen Kolonialhäusern und einem winzigen Zentrum mit schnuckeligen Läden und Restaurants im Bilderbuch-*Look* einer heilen Welt, schon allein einen Abstecher wert. An der Straße #27 südlich Kleinburg liegt das weit und breit einzige Motel: ***Kleinburg Motel*** ab c$60.

Niagara Falls und Umgebung

(Karten auf Seiten 185 und 187, weitere Details Seite 186)

Anfahrt

Die Niagarafälle in nur 90 mi Entfernung sind über die Autobahn *Queen Elizabeth Way* rasch zu erreichen. Wer mit dem Bus nach Niagara Falls fahren möchte, findet das *Terminal* in der 610 Bay Street unweit der Dundas St. *Greyhound Busse* fahren mehrmals täglich, Reservierung nicht notwendig.

Zufahrt Niagara Falls

Wer es – mit Auto – nicht zu eilig hat, fährt zunächst nach Niagara-on-the-Lake (siehe unten) und folgt von dort aus dem ***Niagara Parkway***. Kaum einen Zeitverlust bedeutet ein Abweichen vom *QEW* in Richtung Queenston (Autobahn #405) und von dort die Benutzung des *Parkway*.

Hotels/ Motels

Die Doppelstadt Niagara Falls beidseitig des Niagara River lebt vom Tourismus. Kaum zu zählen sind **Hotels und Motels** an den Ausfallstraßen in Richtung Toronto.

People Mover

In Niagara Falls ist Parkplatz in der Nähe der Fälle rar. Vom Hauptparkplatz ***Rapids View Parking Lot***, etwa 2 km südlich der Fälle, pendelt im Sommer der ***People Mover*** (im 15-20 min-Takt) über die *Whirlpool Rapids* bis nach Queenston und stoppt an allen wichtigen Punkten. Die Fahrkarte (c$5) gilt einen vollen Tag. Es gibt auch ein *Park & Ride Ticket* für alle Insassen eines Fahrzeugs für c$12.

Uferparks

Die Ufer entlang des nur 56 km langen Niagara River wurden auf beiden Seiten parkartig angelegt. In Canada begleitet der Fußgängern und Radlern vorbehaltene ***Niagara Parks Recreational Trail*** den Fluß von Fort Erie bis Niagara-on-the-Lake. Der Besucherstrom konzentriert sich auf den etwa 2 km langen Abschnitt dieses Weges zwischen der ***Rainbow Bridge*** (Hauptgrenzübergang in die USA) und dem ***Table Rock*** vor den 670 m breiten *Horseshoe Falls*.

Tunnel unter den Fällen

– Im Besucherkomplex ***Table Rock House*** befinden sich Restaurant, *Souvenirshops* und ***Visitor Centre.*** Per Fahrstuhl geht es dort auf die ***Journey behind the Falls***, d.h. in einen Tunnel mit Aussichtsöffnungen 38 m unter der Kante. Dieses Erlebnis sollte man sich nicht entgehen lassen. Im Sommer bis *Labour Day* täglich 9am–10pm, Rest des Jahres bis 6pm, Sa bis 7pm. Eintritt c$6.

Maid of the Mist

– Das **Niagara-Erlebnis überhaupt** ist die Fahrt mit einer der *Maid of the Mist* Barkassen, ➪ Seite 186. Die Anlegestelle auf kanadischer Seite befindet sich etwa 400 m südlich der *Rainbow Bridge* auf Höhe der Abzweigung Clifton Hill St vom Niagara Parkway. Abfahrten im 15-min-Takt (bis ca. 7/8pm), von Mitte Mai bis Mitte Juni und im September/Oktober halbstündlich bis 5/6pm. Trotzdem bilden sich häufig lange Schlangen Gummistiefel und Regenmäntel sind im Fahrpreis enthalten: c$10.

Skylon- und ***Minolta Tower*** bieten den Blick von oben:

Minolta Tower

– Die Auffahrt vom *Table Rock* zur Portage Rd unterhalb des ***Minolta Tower*** (99 m) mit der *Incline Railway* kostet c$1 (Fußpfad links von der Station). Von der Aussichtsplattform dieses fallnächsten Turms genießt man einen Panoramablick. Im Sommer bis Mitternacht, sonst bis 9pm göffnet. Eintritt c$6.

Skylon Tower

– Der Clou des ***Skylon Tower*** (160 m), Robinson St etwas im Hintergrund (Zufahrt Buchanan Ave oder Murray St), sind die außen laufenden verglasten Fahrstühle und das **Drehrestaurant**; Reservierung unter ✆ (905) 356-2651. Auffahrt zum ***Observation Deck*** c$7. Bis Mitternacht im Sommer, andere Zeiten variabel.

IMAX-Kino/ Daredevils

– Ein Besuch im **IMAX-Kino** (Film *Niagara Miracles, Myths and Magic)* und der damit verbundenen Ausstellung ***Daredevils Adventure*** (in direkter Nachbarschaft zum *Skylon Tower)* ist empfehlenswert. In der ***Daredevils***-Ausstellung sind viele der für die "Bezwingung" der Fälle benutzten Behälter, Utensilien sowie Dokumente und Fotos zu sehen. Kombi-Eintritt c$8.

Weitere Kommerzangebote

– Ein ungewöhnliche Ballung von "Touristenfallen" kennzeichnet die Straßen **Clifton Hill** und Victoria Ave, die mehr und mehr Jahrmarktscharakter annehmen. Unverzichtbar ist nichts davon. Anfang 1997 wurde auch noch ein **Spielkasino** eröffnet. Es befindet sich unweit der *Rainbow Bridge*.

Marineland

– Besuchenswerter als die Clifton Hill Attraktionen erscheint ***Marineland*** (südlich der Fälle; 7657 Portage Rd) mit Delphin- und Killerwalshow, einem Zoo mit Bären und Büffeln und einem – auf Kinder ausgerichteten – *Amusementpark*. Weiter außerhalb an der Lundy`s Lane liegt die ***Typhoon Lagoon*** mit Riesenrutschen und Wellenbad.

Queenston Heights Park

– Folgt man weiter dem ***Niagara Parkway***, der in Niagara Falls *River Road* heißt, in Richtung Lake Ontario, passiert man den *Queenston Heights Park*, Schauplatz einer Schlacht des kanadisch-amerikanischen Krieges. Ein monumentales **Denkmal** (mit Aussichtspunkt) erinnert an den kanadischen Sieg.

Fort George

– Das *Fort George* am Niagara River unweit von Niagara-on-the-Lake wechselte im Krieg von 1812-1814 mehrmals den Besitzer. Heute ist die Anlage ein ***National Historic Site*** und dank seiner Palisaden attraktiver als etwa das *Fort Erie*; Mitte Mai bis Ende Oktober täglich 10am–5pm, sonst Mo–Fr 10am–4pm.

Niagara-on-the-Lake

– Niagara-on-the-Lake liegt an der Mündung des Niagara River in den Lake Ontario. Das hübsche **Stadtbild des 19. Jahrhunderts** blieb dort großenteils erhalten und ist eine Touristenattraktion. Das Städtchen errang 1996 den Titel der ***Prettiest Town of Ontario***, der hübschesten Stadt Ontarios. Das ***Shaw Festival*** (April bis Oktober) lockt jedes Jahr eine Viertelmillion Theaterfreunde an.

– Wer über genügend Zeit verfügt, könnte dem ***Niagara Parkway*** von den Fällen auch nach Süden folgen bzw. diese Straße als Alternative zur Autobahn nach Buffalo auf amerikanischer Seite wählen, wenn die Reisepläne in Richtung USA gehen sollten.

Old Fort Erie

– Der *Niagara Parkway* endet/beginnt in **Fort Erie**. Die grauen Mauern des ***Historic Fort Erie*** beherbergen heute ein Museum (südlich der *Peace Bridge* über den Niagara River nach Buffalo, Straße #1). Im Sommer finden Exerziervorführungen in alten Uniformen statt, die von Kanonenböllern begleitet werden. Im Sommer 10am–6pm; Frühsommer/Herbst bis 4pm; c$4.

Der richtige Sight zur richtigen Zeit

Caravan und die *Caribana* sind von zahlreichen in Toronto stattfindenden ***Festivals*** die interessantesten:

Caravan

– Mitte bis Ende Juni Juli geben sich die ethnischen Gruppen der Stadt zum ***Metro International Caravan Cultural Festival*** die Ehre. Über die ganze Stadt verteilt finden in eigens errichteten Pavillons mehr als **200 Kulturveranstaltungen** und ***Shows*** statt. Der *Caravanbus* fährt von Pavillon zu Pavillon; man kann mit einer Tageskarte (c$8) beliebig unterbrechen.

Caribana

– Noch ausgelassener geht es Ende Juli/Anfang August dann auf der ***Caribana*** zu. Dieser ehemals rein karibische **Karneval** hat sich über die Jahre zu einem großen Toronto-Volksfest mit farbenprächtiger ***Calypso Parade*** entwickelt.

Aktuelle Daten dieser und anderer Festivals und Veranstaltungen entnimmt man den ***Events Guides***, die in den ***Visitor Centres*** erhältlich sind, oder ruft ganz einfach die gebührenfreie ***Events Hotline*** an: © (800) ONTARIO.

VANCOUVER

Kennzeichnung

Die nach Toronto und Montreal drittgrößte Stadt Canadas gilt dank ihrer Lage zwischen Fraser River, Küstengebirge und Meer als eine der schönsten Metropolen der Welt. Zahlreiche Parks, Grünstreifen und Promenaden am Wasser und lange Strände sogar im *Downtown*-Bereich sorgen dazu für ein angenehm aufgelockertes Stadtbild. Trotz Vancouvers Größe und dominierender wirtschaftlichen Bedeutung für ganz British Columbia ist Victoria auf Vancouver Island die Hauptstadt der Provinz. Die 500 km lange Insel ist mit Vancouver über ein dichtes Netz von Fährstrecken verbunden.

GEOGRAPHIE, KLIMA UND GESCHICHTE

Geographie

Vancouver liegt an der südlichen Westküste Canadas, genauer an der ***Strait of Georgia***, welche das Festland von Vancouver Island trennt. Das eigentliche Stadtgebiet wird begrenzt durch den Nordarm der Fraser River Mündung und die weit ins Land reichende Meeresbucht Burrard Inlet. Am Nordufer des *Inlets* haben sich unterhalb des bis zum Fährhafen Horseshoe Bay laufenden *Trans-Canada-Highway* und der – im Sichtbereich – bis zu 1.500 m hoch aufragenden Küstenberge die ineinander übergehenden Vorstädte North und West Vancouver gebildet. West Vancouver an der Meeresküste geht über in den Vorort und Fährhafen Horseshoe Bay.

Südlich des Fraser River Mündungsdelta wachsen im flachen Grenzland Vancouvers Vorstädte immer näher an die USA heran. Von *Downtown* fährt man bei günstigen Verkehrsverhältnissen nicht einmal eine Autostunde bis zur Grenze.

Downtown* Vancouver** liegt auf einer fast ganz von Wasser eingeschlossenen, im Maximum 2,3 km breiten Halbinsel zwischen Burrard Inlet und der English Bay, die sich von der *Burrard Bridge* landeinwärts zum seeartigen *False Creek* erweitert. Am Westende der Innenstadt besetzt der ***Stanley Park die äußerste Landzunge der Vancouver City Peninsula. Der neben *Downtown* wichtigste Bereich ist die ***University Peninsula*** unterhalb der City zwischen English Bay und Fraser River.

Klima

Da sich ein Großteil der Pazifikwinde schon an den Bergen (bis über 2.000 m hoch) der vorgelagerten Vancouver Island abregnet, bleibt die City of Vancouver von den ärgsten Niederschlägen verschont – zumindest im Sommer (maximal 6-7 Tage mit Regen im Juli/August). Eine durchschnittliche Tageshöchsttemperatur von 23°C im Juli/August kennzeichnet das dann recht warme Klima mit meist angenehmen Abendtemperaturen. Auch Juni und September sind im allgemeinen – zumindest tagsüber – milde Monate. Dabei differieren die Witterungsbedingungen innerhalb des Stadtgebietes oft erheblich: wenn z.B. auf der Universitätshalbinsel im Südwesten Sonnenschein und Wärme vorherrschen, kann North Vancouver am Fuße der *Coastal Mountains* wolkenverhangen und ungemütlich kühl sein. Bis zu 20 Regentage zählt man in den Wintermonaten. Schnee ist in der Stadt selten, sorgt aber in den *Costal Mountains* für eine Skisaison von November bis April.

Aktuelle **Wetterauskünfte** gibt es unter © (604) 664-9010.

Geschichte Man nimmt an, daß im Gebiet des heutigen Vancouver bereits lange vor unserer Zeitrechnung Indianer siedelten. Als erster Weißer segelte der spanische Seefahrer ***Don Jose Narvaez*** 1791 in die Strait of Georgia, ging jedoch nicht an Land. Das blieb dem britischen Kapitän ***George Vancouver*** vorbehalten, der

1792 auf der Suche nach der Nordwest-Passage sein Schiff in das ***Burrard Inlet*** lenkte, die erwähnte Bucht zwischen dem heutigen *Downtown* und North Vancouver. Aber erst

1862 legten erfolglose Goldsucher eine erste Siedlung an. Als Gründer gilt *John Deighton*, ***Gassy Jack***, der ein Faß Whisky im Gepäck mitführte und damit einen *Saloon* eröffnete. Die Siedlung wurde nach ihm zunächst als *Gastown* bezeichnet, erhielt aber

1869 den offiziellen Namen **Granville**.

1886 bekommt Granville Stadtrechte und wird in **Vancouver** umbenannt; im selben Jahr zerstört ein Feuer einen Großteil der Stadt.

1887 am 23. Mai erreicht der erste Eisenbahnzug aus Canadas Osten Vancouver; der Aufstieg zum wichtigen Verkehrsknoten zwischen Nordamerika und Asien beginnt.

1891 Einrichtung von regelmäßigen Schiffsverbindungen nach Fernost.

1897-98 Neben Seattle wird Vancouver während des Klondike Goldrausches zum wichtigsten Ausgangspunkt der Goldsucher für die Reise nach Norden.

1900 Vancouver zählt bereits über 100.000 Einwohner

1909 Bau des ersten "Wolkenkratzers" (*Dominion Trust Building*).

70er-Jahre Restaurierung der Gastown

1983 Das BC Place Stadium ist die erste überdachte Sportarena Canadas.

80er-Jahre Vancouver entwickelt sich zum Einwanderungsziel reicher Hongkong-Chinesen; die asiatische Gemeinde der Stadt wächst rapide.

1986 **Weltausstellung**, zu dessen Anlaß Errichtung des *Canada Place* Kongresszentrums und Bau des *Sky Train*, eines kombinierten U- und S-Bahn-Systems.

Fast die Hälfte der Bevölkerung von British Columbia lebt im Großraum ***Metropolitan Vancouver***, der heute über **1,6 Mio Einwohner** zählt. Ca. **470.000 Menschen** wohnen in der **City of Vancouver**.

Hochhauskulisse in Downtown Vancouver; im Vordergrund rechts das Convention Centre Canada Place

Daten und Fakten

Telefonische Vorwahl/Area Code: 604

Besucherinformation

- Ein Stand der ***BC Tourist Information*** befindet sich im *Baggage Claim* Bereich des ***Airport***, täglich 6:30am–midnight.
- Die ***Vancouver Touristinfo Waterfront Centre,*** Plaza Level, 200 Burrard St, © 683-2000 und © (800) 888-8835, bietet neben Karten, Broschüren und Information auch Serviceleistungen wie Geldwechsel, Briefmarkenverkauf, Reservierungen für Hotels, Restaurants und Autovermietung. Nützlich ist die gratis ausgegebene ***Official City Map***, auf deren Rückseite alle Attraktionen verzeichnet sind.. Geöffnet täglich 8am–6pm.

Flughafen (YVR)

Vancouver International Airport

Lage

Der internationale Flughafen liegt 12 km südlich *Downtwon* auf Sea Island, einer vom Fraser River gebildeten flachen Insel. Eigens für den stark wachsenden Pazifikverkehr wurden 1996 ein neues *Terminal* und eine weitere *Runway* gebaut. Zur Finanzierung dieser c$350 Mio. teuren Flughafenerweiterung wird eine *Airport Improvement Fee* (*AIF*) erhoben.

Fluglinien: AA, AC, CP, DL, HP, NW, UA

Hub: AC, CP

Transferzeiten: Int to Dom 90 min, Dom to Dom 45 min.

Verbindung Airport-City

Bus

Die ***Airport Express***-Busse fahren alle 30 min zu den großen Hotels der Innenstadt (c$11, c$18 retour). Billiger geht es mit dem ***BC-Bus #100*** bis zur Station Granville St, dort je nach Ziel entsprechend umsteigen. Busse fahren auch nach **Victoria**: c$ 20.

Taxi

Ein Taxi nach Downtown kostet ca. c$25-c$30.

Car Rental

ABC, Avis, Budget, Dollar, Dominion, Hertz, Thrifty, Tilden

Öffentliche Verkehrsmittel

BC Transit

Das öffentliche Nahverkehrsnetz *von* ***BC Transit***, © 521-0400, ist gut ausgebaut und preiswert. Innerhalb des Stadtgebiets gilt ein Einheitstarif von (abgezählten) c$1,50, unabhängig davon, ob Bus, *Sky Train* oder **Schiff** (!) benutzt werden. Ein ***All Day Pass***, der wochentags ab 9:30am und an Wochenenden/Feiertagen ganztägig gültig ist, kostet c$4,50. Er ist in den *Skytrain* Stationen, bei der Tourist Info, in *Safeway*-Supermärkten und in anderen Läden erhältlich, die ein ***Faredealer***-Schild ausstellen.

Sky Train

Der *Sky Train* verkehrt im 5-min-Takt zwischen ***Waterfront Station*** in der Nähe des *Canada Place* und der vorläufigen **Endstation Surrey Place Mall** südlich des Fraser River (über Burnaby und New Westminster). Zwischen den ersten vier Haltestellen in *Downtown* läuft der *Sky Train* unterirdisch.

Sea Bus

Zu den öffentlichen Verkehrsmitteln gehören auch die ***Sea Bus*-Katamarane**, die *Downtown* mit North Vancouver verbinden, Ablegepunkt ist das ***Sea Bus Terminal*** östlich *Canada Place*. Die Überfahrt kostet c$1,50 bzw. ist im *All Day Pass* enthalten.

Taxi

Die Grundgebühr beträgt c$2.30, jeder km kostet c$1.50

Yellow Cab, © 681-3311 **Vancouver Taxi**, © 255-5111

Fähren

British Columbia Ferries (© 685-1021 für Fahrplanabfrage, © 669-1211 für Reservierung der Schiffe zu den Gulf Islands und nach Prince Rupert ab Port Hardy auf Vancouver Island) betreibt alle Fähren zwischen dem Festland und Vancouver Island und zwischen Ortschaften nördlich Vancouver. Nach Victoria und zu den Gulf Islands geht es ab Tsawwassen *Terminal*, 20 km südlich, nach Nanaimo ab Horseshoe Bay, ca. 15 km nördlich von *Downtown*.

Rundfahrten

Rundfahrt oder individuell?

Konventionelle Stadtrundfahren gibt es ab c$30 (ca. 3-4 Std.) und mehr für Ganztagstouren. Es fragt sich (auch) in Vancouver, ob nicht der individuell geplante Besuch ausgewählter Ziele dem Abfahren der Standardsehenswürdigkeiten vorzuziehen ist. Mit Ausnahmen läßt sich das dort mit öffentlichen Verkehrsmitteln relativ einfach arrangieren. Das gilt insbesondere für Innenstadtziele einschließlich Granville Island und der Museen im Vanier Park, die von Quartieren in der City auch gut zu Fuß erreichbar sind.

Bike Rental

Schöne Möglichkeiten bieten sich in Vancouver mit **Fahrrad,** u.a. zum Besuch des Stanley Park, der *University Peninsula* und des *North Shore Scenic Drive*. Ein *Cycle*-Verleih befindet sich in der 745 Denman Street in der Nähe des Stanley Park, weitere in der *Kitsilano Beach*-Gegend; Tarife ab ca. c$20/Tag.

Boat Trips

Der oben beschriebene ***Sea Bus*** ersetzt eine halbe Hafenrundfahrt, aber wer mehr Zeit auf dem Wasser verbringen möchte, findet bei der *Tourist Info* eine ganze Reihe von Angeboten. Attraktiv sind die Ausflüge in den ***Indian Arm*** des Burrard Inlet und Kanutouren.

Squamish

Eine Besonderheit ist der kombinierte Trip per **Dampfeisenbahn** nach **Squamish** und mit **Boot** zurück, ⇨ Seite 550.

Seaplanes

Rundflüge mit Wasserflugzeugen kosten zwischen ca. c$65 (30 min Panoramaflug über Vancouver) bis ca. c$150 (60 min über die Stadt und die schneebedeckten Berge der ***Coastal Range***).

Unterkunft

Airport

Hotels/Motels im Airportbereich von Vancouver sind eine Notlösung, wenn es gar nicht anders geht bzw. "paßt" wie etwa bei nächtlicher Ankunft oder Abflug früh am Morgen. Die meisten liegen isoliert und weit entfernt von der City und fast allen Sehenswürdigkeiten ohnehin. Relativ preiswert ist

- **Stay 'n Save Airport**, ✆ 273-3311, 10551 St. Edward Dr, ab c$85

Downtown

In Downtown Vancouver findet man hauptsächlich Hotels der gehobenen Preisklasse. Die **Übernachtungspreise beginnen** in der Hauptsaison **bei etwa c$120** (*Days Inn, Quality Inn*). Die Häuser der bekannten **Hotelketten** können über **gebührenfreie Nummern** reserviert werden (➪ Seite 109), z.B.:

- **Best Western Chateau Granville**, 1100 Granville St
- **Best Western O'Douls**, 1300 Robson St
- **Days Inn Downtown**, 921 W Pender St
- **Holiday Inn Downtown**, 1100 Howe St
- **Quality Inn Downtown**, 1335 Howe St
- **Sandman**, 180 W Georgia St

Vororte

Zahlreiche Hotels und Motels der **Mittelklasse** liegen entlang der **südlichen Einfallstraßen**

- **#99/Granville St** und
- **#1A/99A/Kingsway** (im Bereich Victoria Drive preiswert)

Relativ citynah, aber billiger als in *Downtown* kommt man in **North Vancouver** (Marine Drive) unter.

B & B

Eine mögliche Alternative zu zu Hotels und Motels ist auch in Vancouver ***Bed & Breakfast***, z.B. ***Best Canadian*** ✆ 738-7207.

Preiswerte Unterkünfte

Mit c$17 für Mitglieder bzw. c$22 für Nicht-Mitglieder bietet die **erstklassige Jugendherberge** am *Jericho Beach Park* die preiswertesten Betten. Mit dem Bus #4 sind es vom Zentrum (Granville Mall) kaum mehr als 15 min Fahrt bis zur Ecke 4th St/Northwest Marine Dr. Auch in der City gibt es ein *Hostel*:

- **International Hostel Vancouver Jericho Beach**
  1515 Discovery St, ✆ 224-3208
- **International Hostel Vancouver Downtown**
  1114 Burnaby St, ✆ 684-4565, ab c$20

YMCA

Eine Übernachtung im YWCA (nur Frauen) kostet c$48-c$68 im EZ. Doppelzimmer schlagen mit c$65c-$73 zu Buch:

YWCA, 733 Beatty St, ✆ 895-5830 und ✆ (800) 663-1424

Preiswert

Während der Sommermonate werden die Zimmer in den Studentenwohnheimen *(Dormitories)* der ***University of British Columbia* ab c$24** pro Nacht vergeben:

UBC Conference Center, 5961 Student Union Blvd, ✆ 822-1010

Dasselbe gibt`s auch in Burnaby bei der ***Simon Fraser University***: EZ ab c$22 und DZ ab c$42, ✆ 291-4503.

Essengehen und Shopping

Markets

Die **Robson Street** (siehe folgende Seite) hat ihre Flaniermeile und gleichzeitig zahlreiche Restaurants, darunter manche mit *Open-air* Terrasse. Weitere **gastronomische** und **Shopping Zentren** sind die ***Gastown,*** der ***Granville Market*** und natürlich auch die kleine ***Chinatown***, siehe detaillierter im folgenden Kapitel.

Wer sich in Vancouver etwas gönnen möchte, speist in einem der **Drehrestaurants:** im obersten Stock des *Sheraton Landmark Hotel* (***Cloud 9***, 1400 Robson St) und *Ramada Renaissance* (***Vistas***, 1133 West Hastings) oder in 167 m Höhe des ***Harbour Tower*** (***Top of Vancouver***).

Fast Food

Für den schnelleren Happen wird man ebenfalls in der Robson St fündig, aber besser noch in den ***Food Courts*** der zusammenhängenden **Shopping Paradiese *Pacific*** und ***Vancouver Centre Mall*** zwischen Granville, Howe, Georgia, Seymour und Pender Streets, ➪ Seite 546.

SEHENSWÜRDIGKEITEN

Stanley Park und Downtown Bereich

Stanley Park

Nur wenige Gehminuten westlich von *Downtown* liegt der über 4 km^2 große ***Stanley Park*** auf einer großenteils von Regenwald bedeckten und von Wasser eingefaßten Landzunge. Auf der ***Seawall Promenade***, einem 10 km langen Rad- und Wanderweg genießt man herrliche Ausblicke auf City und Hafen, auf die *Coast Mountains* und über die *English Bay*. Schöne, saubere **Strände** befinden sich an der Westseite des Parks.

- Ein Einbahn-Rundkurs (Anfahrt auf der Georgia St/Straße #99, am *Vancouver Rowing Club* rechts ab; Fahrtrichtung "gegen den Uhrzeiger") verläuft überwiegend als Uferstraße. Sie passiert neben vielen Aussichtspunkten gleich eingangs eine Ansammlung hoher **Original-Totempfähle** der Haida Indianer, unverzichtbarer Anlaufpunkt aller Ausflugsbusse

Aquarium

- Der Park beherbergt auch das *Vancouver Aquarium* (1. Juli bis *Labour Day* 9am–8pm). Die Stars unter den Tieren sind die ***Orcas***. Unter ✆ 682-1118 erfährt man die Vorführtermine.

City of Vancouver

Downtown Vancouver besitzt nur eine Handvoll herausragender Sehenswürdigkeiten. Neben der postmodernen Glas- und Betonarchitektur fällt vor allem der an ein riesiges Segelschiff erinnernde Komplex ***Canada Place*** an der *Waterfront* auf (Nordende Howe Street). Dieses noch relativ neue Wahrzeichen der Stadt beherbergt das *World Trade and Convention Centre* mit dem ***Pan Pacific Hotel*** (unbedingt hineingehen!), *Shops* und ***Restaurants.*** Längsseits machen die Kreuzfahrtschiffe fest. Im Nordteil des Gebäudes ist ein **IMAX-Kino** mit dreidimensionaler Projektionstechnik untergebracht; ✆ 682-IMAX.

Robson Square

- Ein beliebter Treffpunkt ist der unter Straßenniveau angelegte Robson Square zwischen Hornby und Howe Street. Blumenbeete, Kaskaden und Springbrunnen schmücken den Platz. Am nördlichen Ende steht die ***Vancouver Art Gallery***, täglich 10am–5pm, Do bis 9pm, So ab noon, c$6.

Robson Street

- Die Robson Street westlich des Robson Square etwa bis hinunter zum *Sheraton Landmark* Hotel ist mit ihren **Boutiquen und Restaurants** – ginge es nach der örtlichen Werbung – das kanadische Gegenstück zum ***Rodeo Drive*** in Beverly Hills. Davon kann zwar keine Rede sein, aber eine "Flaniermeile" ist die ***Robsonstrasse*** schon. So nannte man bis in die 80er-Jahre den Abschnitt zwischen Jarvis und Thurlow, wo sich viele typisch deutsche Geschäfte befanden. Heute gibt es nur noch die deutsche Bäckerei und ein deutsches Restaurant. Im Laden für ***International News*** findet man deutschsprachige Zeitungen/Magazine.

Einkaufszentren

- Mehrere ***Underground Shopping Malls*** bieten ungetrübtes Einkaufsvergnügen auch bei schlechtem Wetter. Das größte ist die über mehrere Ebenen angelegte ***Pacific Centre Mall*** zwischen Granville, Howe, Georgia und Pender Streets. Verbunden damit sind die Kaufhäuser ***Eaton's*** und ***The Bay***, zugleich ein Teil der ***Vancouver Centre Mall*** zwischen Granville und Seymour.
- Eine weitere *Mall* in *Downtown*, das ***Harbour Centre*** (Hastings/Ecke Seymour St), befindet sich beim *Sea Bus Terminal.* Zum Komplex gehört der 167 m hohe ***Harbour Tower*** mit ***Observation Deck*** im 40. Stock (8.30am–8pm; Eintritt c$8 einschließlich einer Multimedia-Show *Once in a World Vancouver*). Über der Besucherplattform dreht sich ein Restaurant der Spitzenklasse (***Top of Vancouver***) einmal pro Stunde um die eigene Achse.

Gastown

Der älteste Stadtbezirk ist ***Gastown*** (Bereich **Water St östlich des *Harbour Centre*** etwa bis Columbia St) voller nostalgischer und alt aussehender neuer Fassaden. Nirgendwo sonst im westlichen Canada findet man so viele Restaurants und vor allem **Kneipen** auf so engem Raum. *Gastown* besitzt gleich zwei "**Wahrzeichen**": die Statue des Stadtgründers ***Gassy Jack*** auf dem Whiskyfaß und die originelle ***Steam Clock***, die viertelstündlich pfeift und zur vollen Stunde Dampf abläßt.

Chinatown

An *Gastown* grenzt südöstlich die ***Chinatown*** (Pender zwischen Carrall und Gore). Die Struktur dieses Viertels wird nicht vom Geschäft mit den Touristen dominiert, die Atmosphäre blieb halbwegs authentisch. Man kann dort noch in verwinkelten Geschäften stöbern und in den Restaurants die fernöstliche Küche in unverfälschter Form probieren.

Granville Island

Südlich von *Downtown,* in der Bucht False Creek unter der *Granville Bridge,* liegt ***Granville Island***. In alten Lagerhallen und Fabriken entstand der ***Granville Island Public Market***, darüberhinaus Brauerei, Restaurants und Kunstgalerien. Auch ein Park mit Abenteuerspielplatz und Wohnquartiere an und auf dem Wasser wurden angelegt. Von einer Anfahrt mit Auto ist abzuraten, da die Parkplätze regelmäßig überfüllt sind. Am besten nimmt man den ***Aquabus*** (vom Nordende der *Burrard Bridge*) hinüber zur Anlegestelle am *Public Market*.

Vanier Park

Ebenfalls am Südufer des False Creek eingangs der English Bay liegt der *Vanier Park*, der den Gebäudekomplex ***Vancouver Museum, Maritime Museum*** und ***Planetarium*** beherbergt; vom *Aquatic Centre* auf der *Downtown*-Seite des Gewässers ist er am einfachsten per Personenfähre erreichbar (nur im Sommer). Ein Fußmarsch über die *Burrard Bridge* dauert von dort 15 min.

Vancouver Museum

- Das *Vancouver Museum* (*Victoria* bis *Labour Day* 10am–5pm, c$6) informiert lebendig über die Geschichte Britisch Kolumbiens mit Schwerpunkt Vancouver. Das ***Planetarium*** im selben Gebäude bietet ***Space- und Laser-Shows***.

Maritime Museum

- Spannender ist aber ein Besuch des ***Maritime Museum***, eines ***National Historic Site***. In dessen Mittelpunkt steht das originalgetreu restaurierte RCMP-Patrouillenboot ***St. Roch*** (10am–5pm, c$5). Dieses kleine, robust gebaute Holzschiffchen schrieb Seefahrtsgeschichte: Es bezwang Anfang der 40er-Jahre erstmalig die Nordwestpassage in beide Richtungen.

Science World

Am Rande von *Downtown* Vancouver liegt am False Creek zwischen *Granville Bridge* und Main Street das ***Expo Centre*** der Weltausstellung 1986. Es beherbergt das naturwissenschaftliche Museum ***Science World***. Auf anschauliche Weise werden dort Naturphänomene und physikalische Mechanismen erläutert. Konzeption und Ausführung sind überzeugend; Eintritt c$12 inklusive Omnimax-Kino (10am–6pm).

University Peninsula

Kitsilano Beach

Nur wenige hundert Meter westlich des Vanier Park erstreckt sich die ***Kitsilano Beach***, der populärste Strand der Stadt mit allen erdenklichen Freizeiteinrichtungen: geheiztes Salzwasser-Schwimmbad (***Kits Pool***) für alle, denen es im Meer zu kalt ist, Surfschule samt Surfboard-Verleih, Tenniscourts, Jogging-Pfade, Basket- und Volleyballplätze, Duschen und Picknicktische sowieso. Die Umgebung der ***Kits Beach*** gehört zu den besseren Vierteln der Stadt.

Marine Drive West

Folgt man der 4th Ave nach Westen oder fährt an der ***English Bay*** entlang, stößt man auf den *Jericho Beach Park*, wo sich die hervorragende Jugendherberge befindet (siehe oben). Ab der Locarno Beach rund um die ***University Peninsula*** läuft der **Marine Drive**. Auf ihm passiert man zunächst die ***Spanish Banks Beach***, bevor die Straße zum Campus der ***University of British Columbia*** hinaufführt.

Museum of Anthropology

An der äußersten Spitze der Halbinsel liegt das hervorragende ***Museum of Anthropology*** über den Klippen des ***Point Grey***. Die Glanzstücke des Museums sind **Original-Totempfähle**; sie lohnen die Anfahrt fast allein. Den Schwerpunkt der Kollektion bilden Kunst- und Gebrauchsgegenstände der Nordwestküsten-Indianer. Geöffnet 11am–5pm Juli bis *Labour Day*, Rest des Jahres nur Mi–So und Di 5pm–9pm, Eintritt c$6.

Wreck Beach

Vom steilen Südwestufer der *University Peninsula* führen Pfade vom Marine Drive durch die üppige Regenwald-Vegetation hinunter zur *Wreck Beach*, dem inoffiziellen Nacktbadestrand Vancouvers. Ausgeschildert ist der Abstieg als ***Beach Trail No. 6*** am University Boulevard/Marine Drive.

UBC

Die ***University of British Columbia***, der die Halbinsel ihren Namen verdankt, ist nicht nur Eigentümer des Campus`, sondern weiterer 10 km² unbebauten Landes. Ein Teil davon ist ein nur durch ***Trails*** und (wenige) Straßen erschlossener Park, der Rest bildet eine im Naturzustand belassene "ökologische Nische" mitten in der Großstadt. Am nördlichen Rand befinden sich ein Asiatischer und ein Botanischer Garten. Speziell der ***Asian Garden*** lohnt einen Spaziergang. Er ist eher ein ***Arboretum*** voller im Regenwald heimischer Bäume und Sträucher; geöffnet im Sommer 10am–6pm; Eintritt c$3.

Sehenswertes südlich und östlich von Downtown

Queen Elizabeth Park

Der Besuch des Queen Elizabeth Park (Cambie/Main St in Höhe der 33rd Ave) ist zu Recht obligatorischer Programmpunkt aller geführten Rundfahrten. Auf dem ***Little Mountain***, der höchsten Erhebung der Stadt, stehen (das ***Quarry House Restaurant*** und) das ***Bloedel Conservatory***, ein Gewächshaus mit tropischen Pflanzen; geöffnet von April bis Anfang Oktober, Mo–Fr 9am–8pm, Sa und So 10am–9pm, Rest des Jahres bis 5pm, Eintritt c$4. Der Parkbesuch ist kostenlos.

Burnaby Mountain Park

Vom *Burnaby Mountain Park*, rund 15 km östlich von *Downtown* (erreichbar auf der Hastings St/Straße #7A in Richtung Coquitlam), fällt der Blick aus größerer Entfernung über ganz Vancouver und die Strait of Georgia nach Westen. An den Park grenzt das Gelände der ***Simon Fraser University***. Von der Lage und Großzügigkeit auch dieses Campus` können deutsche Studenten und Professoren nur träumen.

Museum

Vom *Burnaby Mountain Park* ist es nicht weit zum ***Burnaby Village Museum***. Es liegt unweit des TCH durch Burnaby (Exit #33/Kensington Ave South) an der 6501 Deer Lake Ave. Das regionaltypische Dorf im Stil der Jahrhundertwende ist im Vergleich zu anderen "lebenden Museen" zwar recht klein, vermittelt aber ein besonders stimmiges Bild. Geöffnet April bis September 11am–5pm, Eintritt c$7.

Deer Lake Park

Die ***Burnaby Art Gallery*** unweit des *Village* am Deer Lake präsentiert Werke des 20. Jahrhunderts unter besonderer Berücksichtigung der lokalen Kunstszene; Di–Fr 9am–5pm, Wochenende ab *noon*, Eintritt c$3.

Nördlich des Burrard Inlet

North Shore Scenic Drive

In die nördlichen Vororte Vancouvers jenseits der tief ins Land reichenden Bucht, die je nach Standort *Burrard Inlet, Second Narrows Inlet* oder *Indian Arm* heißt, geht es von *Downtown* durch den Stanley Park über die ***Lions Gate Bridge***. Die Brücke führt direkt auf den ***North Shore Scenic Drive***, der in ihrem nordwestlichen Abschnitt schönsten Küstenstraße der Stadt. Rund 10 km sind es zum urwüchsigen **Lighthouse Park** auf einer Landzunge in der südwestlichsten Ecke des Nordufers (Wanderung durch den Regenwald zum Leuchtturm ca. 5 km). Durch traumhafte Wohnlagen mit kleinen und großen Yachthäfen kann man die Fahrt bis **Horseshoe Bay** fortsetzen.

Cypress Park

Von der hochgelegenen ***Trans Canada Highway***-Trasse weiter landeinwärts geht es ab *Exit* #8 auf einer serpentinenreichen Zufahrt in den *Cypress Provincial Park*, 800 m über dem Meer. Ein Besuch lohnt bei klarem Wetter wegen des Blicks über Vancouver und die *Strait of Georgia*. Der ***Highview Lookout Point*** ist gleichzeitig Ausgangspunkt mehrerer **Wanderwege**.

Capilano Park

Für einen Besuch des ***Capilano River Regional Park*** biegt man vom Marine Drive östlich der *Lions Gate Bridge* bzw. vom *TCH* auf die Capilano Rd ab und gelangt rasch zum gleichnamigen ***Canyon,*** den man auf einer 70 m langen Hängebrücke für c$7/Person überqueren darf. Am Ende der Straße liegt die Talstation des *Grouse Mountain* **Super-Skyride**. Wer den Blick über die Umgebung aus 1.200 m Höhe genießen möchte, zahlt c$16. Großer Beliebtheit erfreut sich das **Nobelrestaurant *Grouse Nest*** wegen dieser Aussicht vom *Dinner Table* aus. Gebührenfrei geht es im *Mt. Seymour Park* (mit dem Auto) immerhin auch auf über 1.000 m Höhe.

Grouse Mountain

Lynn Canyon

Und auch zur *Capilano Bridge* gibt es eine kostenlose Alternative, nämlich die Hängebrücke im *Lynn Canyon Park* an der **Lynn Valley Road** (Ausfahrt #19 vom *TCH*).

Mount Seymour Provincial Park

Der *Mt. Seymour Provincial Park* liegt hoch über dem *Indian Arm* nordöstlich von North Vancouver. Vom *TCH, Exit #22,* geht es zunächst auf dem ***Mt. Seymour Parkway*** zum Parkeingang. Die Zufahrt (13 km) windet sich über zahlreiche Serpentinen zum Besucherzentrum in 1000 m Höhe. Es ist Ausgangspunkt für eine Reihe schöner ***Trails***.

Britannia Beach

Ein schöner Ausflug führt nach **Britannia Beach/Squamish** am äußersten Ende des Howe Sound. Sowohl die Straße nördlich Horseshoe Bay (#99) als auch der parallele Schienenstrang verlaufen streckenweise spektakulär zwischen Meer und *Coast Mountains*. In Britannia Beach wartet das sehr gute ***Museum of Mining,*** eine stillgelegte Kupfermine, auf Besucher; Mai bis Mitte Oktober; Juli bis *Labour Day* 10am–4:30pm, sonst nur Mi–So gleiche Zeiten; Eintritt c$11, **Goldwaschen c**$4 extra.

Exkursion nach Squamish

Statt mit Bus oder Auto zu fahren, kann man die Strecke von Vancouver nach Squamish auch auf einem kombinierten Tripper (nostalgischer) **Eisenbahn und Ausflugsschiff** genießen; ca. c$60; nur Bahn c$36. Aktuelle Fahrpläne, Preise und Reservierung unter © 688-7246 oder © (800) 663-1500.

Fähre nach Nanaimo am Terminal in Horseshoe Bay, einem der schönsten Fähranleger Canadas

TEIL 3: ANHANG

1. Glossar für Flugfüchse

Wer eine Flugreise unternimmt, verrnindert Reisestress in Airports und an Bord, wenn er/sie mit folgenden Begriffen und Abkürzungen bereits vertraut ist. Viele davon finden sich bereits im vorstehenden Text. Sie sind hier der Übersicht halber noch einmal aufgeführt und weitere wichtige Begriffe und Abkürzungen zusätzlich berücksichtigt:

AIC (Agent in Charge)	diensthabender Angestellter
Airfare	Flugpreis
Airfone	Telefon an Bord eines Flugzeugs
Airport Authority	Flughafenbehörde
AirTraffic Congestion	Luftraumüberlastung
Air Sickness Bag	Spucktüte
Aisle (sprich: *Eil*)	Gang
Aisle Seat	Platz am Gang
Approach	Landeanflug
Arrivals	Ankunfts-Bereich im Airport
ATC (AirTraffic Control)	Flugsicherung
Baggage Claim	Gepäckausgabe
Bag(gage)-ID	Gepäckidentifizierung
Baggage Tag	Gepäckanhänger (mit *3-Letter-Code*, s.u.)
Basic Fare	Basistarif
Boarding Pass	Einsteigekarte
Boarding Time	Einsteigezeit
Booking	Buchung
Bumping	Nichtbeförderung bei Überbuchung
Cabin	Innenraum des Flugzeugs
Cabin Pressure	Luftdruck im Flugzeug
Cancellation/cancelled	(Flug-)Annullierung, annulliert
Cargo	Luftfracht
Carrier	"Beförderer" =Fluggesellschaft
Carry-on-luggage	Handgepäck
Center Seat	Mittelplatz
Change of Gauge	flugplanmäßiger Wechsel der Maschine bei einem Zwischenstop
Charge	Gebühr
Checked Baggage	aufgegebenenes Gepäck
Check-in	"Einchecken "
Check-in Counter	Eincheck-Schalter
Check-in Deadline	Spätestmöglicher Eincheck-Zeitpunkt
Circle Fare	Tarif bei Rückkehr an den Ausgangsort
City Hopping	Von Stadt zu Stadt fliegen
Claim	Anspruch, Forderung
Coach Class	Touristenklasse
Complain(t)	sich beschweren (Beschwerde)
Commuter (Flight)	Zubringer (Flug)
CommuterAirline	Regionalfluglinie/Zubringer großer Airlines
Concourse	Flugsteig/Flügel eines Abfertigungsgebäudes (Terminal), wo die Flugzeuge stehen. Die Begriffe *Terminal* und *Concourse* werden oft nicht klar unterschieden

Connecting Flight	Anschlußflug
Counter	Schalter
CouponTicket	Rundflugticket mit Strecken-Coupons
CRS	Computer Reservation System
Cruising Altitude	Reiseflughöhe
Customs	Zoll
Delay/delayed	Verspätung/verspätet
Departures	Abflugbereich im Airport
Deregulation	Einführung des freien Wettbewerbs
Destination	Zielort
Direct Flight	Direktflug, d.h. kein Umsteigen
Discount Airlines	Fluglinien mit niedrigen Ticketpreisen
Domestic Flight	Inlandsflug
DOT: Department of Transport(ation)	US-Verkehrsministerium
Economy Class	Touristenklasse
Elapsed Time	(bislang) verstrichene Flugzeit
Emergency (Exit)	Notfall (Notausgang)
Excursion Fare	Ermäßigter Preis für Hin- und Rückflug
Extension Fare	Aufpreis
FAA (Federal Aviation Authority)	Luftfahrt-Aufsichtsbehörde
Fare	Tarif
Flight Attendant	Flugbegleiter(in)
Flight Deck	Cockpit
Frequent Traveller/Flyer	Viel-/Oft-Reisender
Galley	Küche im Flugzeug
Gate	Ausgang zum Flugzeug
Gate Check	Gepäckaufgabe am Gate
Hazardous (Item)	Gefährlich (er Gegenstand)
Hidden City	Auf dem Ticket nicht erwähnter Stop-over
Hub	Knotenpunktflughafen
Hub & Spoke System	"Nabe & Speiche" System, ➪ Seite 33
Inbound (Flight)	ankommend (er Flug)
In-Flight Entertainment	Unterhaltungsprogramm an Bord
Jet Lag	Zeitverschiebung nach Flug über Zeitzonen
Lay-over	Zwischenaufenthalt
Liability	Haftung
Local Time	Ortszeit
Locker	Schließfach
Maintenance	Wartung
Meal	Mahlzeit während des Fluges
Mileage	Berechnung der Strecke nach Meilen
No-Show	Nicht zum Flug erschienener Passagier

Offline	Weiterflug/Ankunft mit einer anderen Airline als der eigentlich gebuchten
Online	Weiterflug mit derselben Linie
One Way Fare	Preis füreinfache Flugstrecke
Onward-flight	Anschlußflug
Open Jaw	Gabelflug
Open Seating	freie Sitzplatzwahl
Outbound Flight	Abgehender Flug
Overbooking	Mehr Plätze reserviert als vorhanden
Overhead Bin/ Compartment	Gepäckablage überden Sitzen
PAX	Passagier
Passenger Bridge	Fluggastbrücke vom Gate zum Flugzeug
Peak Season	Hauptsaison
Porter	Gepäckträger
Pre-assigned Seating	Sitzplatzreservierung im voraus
Pre-Boarding	Einsteigevorbereitung
Refund	Erstattung
RegularFare	normalerPreis
Restrictions	Beschränkungen
Round Trip	Hin- und Rückflug
Row	(Sitz-) Reihe
Runway	Start-/Landebahn
Safety	Sicherheit
Schedule	Flugplan
Scheduled Flight	planmäßiger Flug
SeatBelts	Sicherheitsgurte
Shuttle Flight	Flug zwischen Zielen zu festen Taktzeiten
Special Meals	Mahlzeiten, die 24 Std. vor dem Flug geordert sein müssen (vegetarisch, koscher)
Standby	Beförderung nur bei freien Plätzen
Standby-List	Prioritatenliste für Standby-Paxe
Stopover	Reiseunterbrechung/Zwischenstop
System Route Map	Streckennetz-Karte
Tarmac	(asphaltiertes) Rollfeld
Taxiway	Rollweg zur Startbahn
Terminal	Flughafen-/Abfertigungsgebäude
Three-Letter-Code	Airport Identifikationscode
Timetable	Flugplan
Time Zone	Zeitzone
Travel Agency	Reisebüro
Turbulence	Turbulenz
Unaccompanied	unbegleitet(es)
-Luggage	-Gepäck
-Minor	-Kind
Waiting-List	Warteliste
Window seat	Fensterplatz
Wing	Flügel

2. Touristisches Lexikon Amerikanisch-Deutsch

Die folgenden Begriffe und Abkürzungen, von denen viele bereits im vorstehenden Text verwendet und erläutert wurden, gehören in Nordamerika zum "touristischen Alltag". Ein Großteil von ihnen wird dem Leser mit Sicherheit unterwegs "begegnen", trotzdem ist mancher Begriff selbst in explizit amerikanisch-deutschen Lexika kaum zu finden, noch viel weniger in den englisch-deutschen Versionen.

Motel/Hotel und andere Unterkünfte

Air-Condition	Klimaanlage
Bed & Breakfast	Zimmer mit Frühstück
Check-in	Anmeldung
Check-out	bezahlen und verlassen des Hotels
College Dormitory	Studentenwohnheim
Continental Breakfast	Frühstück nur mit Kaffee/Tee, Gebäck
Country Inn	ländlicher Gasthof/Hotel
Deposit	Sicherheitsleistung/Pfand
Dormitory	Schlafraum/-saal
Double Occupancy	Zimmerbelegung mit 2 Personen
Efficiency	Appartment/Zimmer mit Kleinküche
Hotel Pick-up	Abholung im Hotel
Key Deposit	Schlüsselpfand (Motel/Hotel)
Kingsize (Bed)	Französisches Bett (ca. 1,90 m)
Late Check-out	spätes Räumen eines Zimmers
Motor Inn	Hotel an Ausfallstraßen
No Vacancy	alles besetzt
Non-Smoking Room	Nichtraucher-Zimmer (Hotel)
Queensize (Bed)	Französisches Bett (ca. 1,50 m)
Reception Office/Desk	Rezeption
Reservation	Reservierung
Room	Zimmer
Room Maid	Zimmermädchen
Single Occupancy	Einzelbelegung
Suite	Hotelappartment
Twin Bedroom	Hotelzimmer mit zwei (Doppel-)Betten
University Residence	Universitätswohnung
Vacancy	Zimmer frei
Valet Service	Zu bezahlender Service (z.B. Parken des Autos und Waschen/Bügeln im Hotel)
Waterslide	Wasserrutsche
Weekend-Special	Wochenendtarif

Restaurant, Supermarkt und Einkauf

All you can eat	unbegrenzt viele Portionen
Bacon	Speck
Bagel	(jüdisches) Sauerteig-Brötchen mit "Loch"
Bakery	Bäckerei
Barbecue	Grillveranstaltung
Beef	Rindfleisch
Beverages	Getränke (ohne Alkohol)

Breakfast	Frühstück
Bulk food	Lose Lebensmittel aus Containern
Bun	weiches Brötchen
Brunch	Breakfast & Lunch gleichzeitig
Candy	Süßigkeiten
Cashier	Kassierer
Cash only	nur Bargeld (und Reiseschecks)
Casual (Wear)	Freizeitkleidung
Cereal	(Sammelbegriff für Cornflakes bis Müsli)
Check	Rechnung
Check-out	verlassen/abrechnen (Hotel, Restaurant)
Clam Chowder	Muschelsuppe
Cocktail Lounge	Bar/Thekenraum
Coffee Shop	Cafeteria
Cole Slaw	Weißkohlsalat
Complimentary ...	Gratis/Zugabe
Continental Breakfast	Frühstück: Kaffee,Tee und süßes Gebäck
Convenience Store	Lebensmittel- und Gemischtwarenladen, oft mit einer Tankstelle verbunden
Cookies	Kekse
Corn	Mais
Coupon	Gutschein
Cover Charge	Eintritt
Cream	Kaffeesahne
Credit Card Slip	Kreditkartenbeleg
Dairy Products	Milchprodukte
Danish (Pastry)	Blätterteiggebäck
Department Store	Kaufhaus
Dessert	Nachtisch
Din(n)er	abendliche Hauptmahlzeit
Donuts (doughnuts)	Gebäck mit "Loch", deutsch: "Berliner"
Drugstore	drogerieähnlicher Laden
Eatery	Synonym für Fast Food Restaurant/Imbiß
Entree	Hauptgericht im Restaurant
Expiration Date	Verfallsdatum
Express Lane	Kasse für Kunden mit wenigen Artikeln
Family Shopping	Familieneinkauf(stag)
Food Mart	Lebensmittelmarkt/Supermarkt
Formal Wear	Abendkleidung/Anzug
French Fries	Pommes Frites
Fried Sausage	gebratene Wurst
Garlic	Knoblauch
General Store	Gemischtwarenladen
Give-away	Gratis-/preiswerter Artikel
Gratuity	Trinkgeld ("feiner" als *tip*)
Ham	Schinken
Hardware Store	Eisen- und Haushaltswarengeschäft
Hash Browns	Gebratene Reibekartoffeln (werden mit Spiegel-/Rührei zum Frühstück serviert)
Health Food	Gesundheitskost
Homo(genized) Milk	Vollmilch
Host/Hostess	Platzzuweiser(in) im Restaurant
Hot Chocolate	heißer Kakao
Hot Fudge Sundae	Eisbecher mit heißer Schokoladensoße

Icecream	Eis
Item	Artikel, Anzahl der ... (siehe *Express Lane*)
Jam	Marmelade
Juice	Fruchtsaft
Kaiser Rolls	Brötchen
Ladies Room	Damentoilette
Lamb	Lamm
Licensed Restaurant	Restaurant mit Alkoholausschank
Liqueur	Likör
Liquor Store	Laden für alkoholische Getränke
Lobster	Hummer
Low-fat Milk	fettarme Milch
Lunch	Mittagessen
Mall	überdachtes Einkaufszentrum
Maple Syrup	Ahornsirup
Meat	Fleisch
Medium	"halb durch" beim Steak
Men's Room	Herrentoilette
Menu	Speisekarte
Minimart	anderes Wort für *Convenience Store*
Muffin	runder, süßer Kuchen (trocken);
News Shop	Zeitschriftenladen
On Sale	Sonderangebot
Oysters	Austern
Package Store	Laden für Alkoholika (syn. *Liquor Store*)
Pancakes	Pfannkuchen, meist mit Sirup serviert
Pharmacy	Apotheke
Pie	Torte
Produce	Obst und Gemüse
Pork	Schweinefleisch
Refill (Free refill)	(gratis) Nachschenken von Cola, Kaffee etc
Restroom (Bathroom)	Toilette
Rib Steak	Steak aus der Hochrippe
Root Beer	braunes Limonadengetränk (pure Chemie)
Salad Bar	Selbstbedienungstheke mit Salaten, Obst
Sales Tax	Umsatzsteuer
Salmon	Lachs
Scrambled Eggs	Rühreier
Seafood	Fisch-/Muschelgerichte
Seat yourself	Aufforderung im Restaurant, sich selber einen Platz zu suchen
Shopping Mall	überdachtes Einkaufszentrum
Shrimps	Krabben
Sirloin Steak	Lendensteak, praktisch Rumpsteak
Sixpack	Sechserpack (Bier/Cola etc.)
Slice	Scheibe, Stück
Soda Pop	Softgetränke (Coca Cola, Sprite etc.)
Sunny Side up	Spiegelei
Supper	(leichtes) Abendessen
Sweets	Süßigkeiten
Tip	Trinkgeld
Tuna	Thunfisch
Turkey	Pute

Veal	Kalbfleisch
Waffle	Waffeln
Wait in Line	Schlangestehen
Wait to be Seated	am Eingang des Restaurants warten, bis ein Platz zugewiesen wird
Waiter/Waitress	Kellner(in)
Washroom	Toilette (üblich eher in Canada)
Well done	durchgebraten (Steak)

Rund ums Auto

AAA	American Automobile Assocation
Brake	Bremse
Bumper	Stoßstange
Car Drop-off	Leihwagen-Rückgabe
Carpool	Gemeinschaftliche Autonutzung
Collision Damage Waiver	Vollkaskoversicherung (CDW)
Compact Car	Pkw Größe VW Golf/Ford Escort
Convertible (Car)	Cabriolet
Damage Claim	Schadenersatzanspruch
Dashboard	Armaturenbrett
Driver's license	Führerschein
Engine	Motor
Exhaust	Auspuff
First Aid Box	Erste Hilfe-Kasten/Verbandskasten
Four Wheel Drive (4WD)	Vierradantrieb
Full Service	Bedienung an der Tankstelle
Gallon	Gallone (3,8 Liter)
Garage	Werkstatt
Gas	Benzin
Gas(oline) Station	Tankstelle
Headlight	Scheinwerfer
High (Low) Beam	Fernlicht (Abblendlicht)
Hood	Motorhaube
Leaded	verbleit (Benzin)
Lead-free	bleifrei
Liability Insurance	Haftpflichtversicherung
License Plate	Nummernschild
Limousine	Großraum-Pkw (verlängerte Karosserie)
Loss Damage Waiver	Vollkaskoversicherung (LDW)
Lube Service	Abschmierdienst
Minivan	Kleinbus
Mobil Home	transportables Wohnhaus
Motor Home	größeres Campingfahrzeug
Pick-up (-truck)	Kleinlastwagen
Power Breaks/Steering	Servobremsen/-lenkung
Premium Unleaded	unverbleites Superbenzin
Quick Lube	Abschmier-Schnelldienst
Radiator	Kühler
Registration	Fahrzeugschein
Seat (Safety) Belt	Sicherheitsgurt
Shock Absorber	Stoßdämpfer
Spare Tire	Reservereifen

Spark Plug	Zündkerze
Station Wagon	Kombi
Steering Wheel	Lenkrad
Subcompact	Kleinwagen (z.B. Ford Fiesta)
Tire Pressure	Reifendruck
Title	Fahrzeugbrief
Transmission	Getriebe
Truck	Lastwagen
Trailer	Anhänger, auch: Wohnwagen
Trunk	Kofferraum
Unleaded	bleifreies Benzin
Van	Lieferwagen, kleiner Bus/Camper
Windshield	Windschutzscheibe
Wiper	Scheibenwischer

Strassenverkehr

Buckle up	sich anschnallen
Bump	Bodenschwelle
Byway	Nebenstrecke
Carpool-Lane	Schnellspur für Carpool-Autos
County Road (CR)	Kreisstraße
Dead End	Sackgasse
Detour	Umleitung
Dip	Bodensenke
Dirt Road	unbefestigte Straße
Divided Highway	Durch Mittelstreifen getrennte Fahrspuren
Do not enter	Einfahrt verboten
Do not pass	Überholverbot
Down-Grade	Gefälle
Entrance	Einfahrt
Emergency	Notfall
Emergency Road Service	Straßendienst
Exit	(Autobahn-) Ausfahrt
Flagman	"Flaggenmann" zur Verkehrsregelung
Forest Road	Straße im National Forest (FR)
Freeway	Autobahn
Frontage Road (auch: Business Loop)	Geschäftsstraße (mit Tankstellen, Fast-Food, Motels/Hotels etc.) parallel zur Autobahn
Grade Crossing	Bahnübergang
Gravel Road	Schotterstraße
Highway	Straße (<u>nicht</u> Autobahn)
Improved Road	Befestigte Straße = Schotterstraße
Intersection	Einmündung oder Kreuzung
Interstate (Freeway)	Autobahn des bundesweiten Netzes
Junction	Straßenkreuzung, Abzweigung
Lane ends	Fahrspur endet
Maximum Speed	Höchstgeschwindigkeit
Men Working	Baustelle ("Männer bei der Arbeit")
Merge	einordnen
No Parking any Time	absolutes Halteverbot
No Right Turn on Red	Rechtsabbiegen bei Rot verboten
One Way	Einbahnstraße

Paved	geteert (an sich: gepflastert)
Pedestrian	Fußgänger
Pilot Car	vorwegfahrendes Konvoi-Fahrzeug an problematischen Baustellen
Ramp	Autobahnauffahrt/-abfahrt
Rest Area	Rastplatz
Road Construction	Baustelle
Rush Hour	Zeit des Berufsverkehrs
Shortcut	Abkürzung
Slippery when wet	Rutschgefahr bei Nässe
Speed Limit	Geschwindigkeitsgrenze
Speed Zone Ahead	Geschwindigkeitsbegrenzung voraus
State Route	Staatsstraße (SR)
Streetcar	Straßenbahn
Ticket	Strafzettel
Toll (Road)	Gebühr (mautpflichtige Straße)
Tow Away Zone	Abschleppzone
Traffic Light	Verkehrsampel
Unimproved Road	unbefestigte Straße
Unlimited Mileage	unbegrenzte Meilen (Automiete)
Unpaved Road	nicht asphaltierte Straße
U-Turn	Wende
Wrong Way	falsche Fahrtrichtung
Yield (Right of Way)	Achtung (Vorfahrt)

Unterwegs von Bedeutung

Backroad	Einsame Nebenstraße
Bleach	Bleiche (Zusatz zum Waschmittel/*Detergent*)
Boardwalk	(Holz-)Promenade/Holzsteg
Cab	Taxi
Capital	Hauptstadt
Capitol	Regierungsgebäude
Dentist	Zahnarzt
Detergent	Waschmittel
Directory	Adressbuch/Telefonbuch
Downtown	Zentrumsbereich einer Stadt
Drop-off Charge	Zusatzgebühr bei Einweg-Automiete
Emergency Number	Notfall-Telefonnummer (911)
Fare	Fahrpreis
first-come-first-served	Bedienung nach Reihenfolge der Ankunft
General Delivery	postlagernd
Hitchhiking	Trampen, per Anhalter reisen
Identification (ID)	Identifikation, d.h. Personalausweis, Führerschein oder Reisepass
Laundry/Laundromat	Münzwaschsalon
Medical Doctor	Arzt
Office	Büro
Officer	Beamter: Anrede für Zollbeamte, Polizisten, Parkranger
One-way Fee	Einweggebühr (bei Automiete)
Outlet Mall	Ladencenter für Direktverkauf ab Fabrik

Physician	Arzt
Platform	Bahnsteig
Rental-Car-Return	Mietwagen-Rückgabestelle
Road Map	Straßenkarte
Round Trip Ticket	Hin- und Rückfahrkarte
Subway	Untergrundbahn
Token	Wertmarke (U-Bahn/Spielkasino)
Toll free	gebührenfrei
Tour Book	Regionalführer des Automobilklubs AAA
Tour-Guide	Reiseleiter
Travel Agency	Reisebüro
Van Service	Kleinbuslinie/-Hotelservice
View (Vista) Point	Aussichtspunkt
Visitor Center	Besucher (Informations-)Zentrum
Voucher	Gutschein (Hotel/Mietwagen)

Wandern und Camping

Backcountry	unerschlossenes Hinterland
Backpacking	Rucksack-Wanderungen unternehmen
Boardwalk	Holzplankenweg
Campground Fee	Campingplatzgebühren
Campground Host	Eine Art Platzwart auf öffentlichen Campingplätzen, der nach dem Rechten schaut
Campsite	Stellplatz auf dem Campground
Dump(ing) Station	Ent-/Versorgungsstelle auf Campgrounds
Electricity	Elektroanschluß
Firewood	Feuerholz
Flashlight	Taschenlampe
Full-Hook-up	Strom-, Wasser- und Abwasseranschluß
Hiking (Trail)	Wandern (-weg)
Kitchen Shelter	Küchenhäuschen auf Campingplätzen
Loop Trail	Rundwanderweg
Nature Trail	kurzer Wanderweg, Naturlehrpfad
No Trespassing	Durchgang verboten
Outdoor Recreation	Freizeitvergnügen "draußen in der Natur"
Park Ranger	Aufsichtsperson in National-/Provinzpark
Permit	schriftliche Genehmigung fürs Zelten im *Backcountry*, für offenes Feuer o.ä.
Picnic Area	Picknickplatz
Plug	Stecker/Steckdose
Private Property	Privateigentum
Recreation Area	Erholungsgebiet
RV	*Recreational Vehicle* (Wohnmobil)
RV-Park	Campingplatz für Campmobile,
Self Registration	Selbstanmeldung auf Campingplätzen
Sewer	Abwasserabfluß
Shower	Dusche
Trail	Wanderweg/-pfad
Trailhead	Ausgangspunkt eines Wanderweges
Visitor Center	Besucherzentrum/Parkinformation,
Walk-in-Campground	nur zu Fuß erreichbarer Zeltplatz

Zahlung und Geld

Cash	Bargeld
Cash a Check	Scheck einlösen
Cash or Credit?	Barzahlung oder Zahlung per Kreditkarte?
Cashing	Per Kreditkarte Bargeld abheben
Change	Wechselgeld
Charge	zahlen mit Kreditkarte; auch "berechnen"
Dime	10 Cents
Dollar Bill/Greenback	Dollarnote
Nickel	5 Cents
Penny	1 Cent
Prepay	im voraus bezahlen
Quarter	25 Cents

Post und Telefon

Air Mail	Luftpost
Answering machine	Anrufbeantworter
Area Code	Vorwahl
Busy	am Telefon: besetzt
Collect Call	R-Gespräch
Country Code	Vorwahl eines Landes
Direct Dial	Direktwahl (ohne Vermittlung)
Int'l/Overseas Operator	internationale Vermittlung
Local Call	Ortsgespräch
Long Distance Call	Ferngespräch
Operator	Telefonvermittlung
Parcel	Paket
Pay Phone	Münztelefon
Stamp	Briefmarke
Toll-free Number	gebührenfreie Telefonnummer
Touchtone Phone	Tastentelefon
Yellow Pages	Gelbe Seiten
Zip Code	Postleitzahl

Wichtige Abkürzungen und Kurzformen

Abkürzungen

AAA	American Automobile Association
CAA	Canadian Automobile Association
A/SLI	Additional/Supplement Liability Insurance
CDW/LDW	Collision/Loss Damage Waver ("Vollkasko")
HI	Hostel International (Jugendherberge)
ID	Identification (Personalpapier/Führerschein)
PAI	Personal Accident Insurance (Insassenvers.)
PEP	Personal Effects Protection (Gepäckvers.)
YM/WCA	Young Mens/Womens Christian Association

Sprachliche Verkürzungen

4 sale	for sale (zu verkaufen)
Mart	market (Markt)
PedXing	Pedestrian Crossing (Fußgängerkreuzung)
Room 4 rent	Room for rent (Zimmer zu vermieten)
U-Pick	You pick (zum Selbstpflücken)
Xmas	Christmas
XP	Extra Person (im Hotelzimmer/beim Camping)

3. Kurzkodierung (*3-Letter-Codes*) der wichtigsten Nordamerikanischen Flughäfen

Alle großen Verkehrsflughäfen können anhand einer international festgelegten Kombination aus 3 Buchstaben eindeutig identifiziert werden. In vielen Fällen liegt die Kodierung sehr "nah" an der jeweiligen Ortsbezeichnung wie etwa im Fall Denver (DEN), aber oft gibt es keine Ähnlichkeit wie bei New Orleans (MSY). Die Codes der wichtigsten nordamerikanischenn Airports lauten:

USA

ABQ	Albuquerque
ANC	Anchorage
ATL	Atlanta
BNA	Nashville
BOS	Boston
BUF	Buffalo
BWI	Baltimore
CHS	Charleston, S. Carolina
CLE	Cleveland
CLT	Charlotte
CVG	Cincinnati
DAB	Daytona Beach
DCA	Washington National
DEN	Denver
DFW	Dallas/Ft. Worth
DTW	Detroit
EWR	New York Newark
EWY	KeyWest
FAI	Fairbanks
FLL	Ft. Lauderdale
HNL	Honolulu (Oahu)
HOU	Houston Hobby
IAD	Washington Dulles
IAH	Houston Intercont`l
JFK	New York Kennedy
LAS	Las Vegas
LAX	Los Angeles
LGA	New York La Guardia
LGB	Long Beach
MCI	Kansas City
MCO	Orlando
MDW	Chicago Midway
MEM	Memphis
MIA	Miami
MSP	Minneapolis/St. Paul
MSY	New Orleans
OAK	Oakland
PHX	Phoenix
PIT	Pittsburgh

USA

PDX	Portland, Oregon
PHL	Philadelphia
RAP	Rapid City
RNO	Reno/Lake Tahoe
RSW	Fort Myers
SAN	San Diego
SAT	San Antonio
SAV	Savannah/Georgia
SEA	Seattle
SFO	San Francisco
SJC	San Jose
SLC	Salt Lake City
SNA	Orange County (Anaheim)
STL	St. Louis
TPA	Tampa/St. Petersburg
TUS	Tucson

CANADA

YEG	Edmonton
YHZ	Halifax
YMX	Montreal Mirabel
YUL	Montreal Dorval
YVR	Vancouver
YWG	Winnipeg
YYC	Calgary
YYZ	Toronto

MEXICO

ACA	Acapulco
GDL	Guadalajara
MEX	Mexico City
PVR	Puerto Vallarta

KARIBIK

ANU	Antigua
AUA	Aruba
KIN	Kingston/Jamaica
MBJ	Montego Bay/Jamaica
SDQ	Santa Domingo/Dom.Rep.
STX	St. Croix/Virgin Islands
SJU	San Juan/Puerto Rico

4. Gebührenfreie 800-Nummern auf einen Blick

Im folgenden sind die wichtigsten in verschiedenen Kapiteln bereits genannten 800-Nummern zusammengefaßt und ergänzt. Der Anruf bei diesen Service-Nummern kostet auch von öffentlichen Fernsprechern aus nichts. Hotels berechnen mitunter einen (geringen) fixen Betrag pro Gespräch auch dann, wenn Netzgebühren nicht anfallen.

Die wichtigsten Airlines (Transatlantik und USA/Canada)

Air France	1-800-237-2747
Alaska Airlines	1-800-426-0333
Alitalia	1-800-223-7776
Aloha Airlines (Hawaii)	1-800-227-4900
America West	1-800-235-9292
American Airlines *national*	1-800-433-7300
international	1-800-642-6262
British Airways	1-800-247-9297
Continental *national*	1-800-523-3273
international	1-800-231-0856
Delta *national*	1-800-221-1212
international	1-800-241-4141
Frontier Airlines	1-800-432-1359
KLM	1-800-374-7747
Kiwi Airlines	1-800-538-5494
Lufthansa	1-800-645-3880
Midwest Express	1-800-452-2022
Midway Airlines	1-800- 446-4392
Northwest *national*	1-800-225-2525
international	1-800-447-4747
PanAm	1-800-359-7262(6)
SAS	1-800-221-2350
Swissair	1-800-221-4750
Southwest	1-800-435-9792
TWA	1-800-221-2000
United Airlines	1-800-241-6522
USAirways *national*	1-800-428-4322
international	1-800-662-1015
Value Jet	1-800-825-8538
Air Canada	1-800-776-3000 (USA)
	1-800-4CANADA (CA)
Canadian International	1-800-426-7000 (USA)
	1-800-665-1177 (CA)

Überregional operierende Car Rental Companies

Advantage	1-800-777-5500
Alamo	1-800-GO ALAMO
Avis	1-800-331-1212
Budget	1-800-527-0700
Dollar	1-800-800-4000
Enterprise	1-800-325-8007
Hertz	1-800-654-3131
National (identisch **Tilden**/Canada)	1-800-CAR RENT
Payless	1-800-PAY LESS
Thrifty	1-800-FOR CARS

Hotel-/Motelketten mit preislicher Einordnung (➪ Seite 108)

Obere Preisklasse ($90-$200 und mehr)	**Canadian Pacific**	1-800-441-1414	nur Canada
	Delta	1-800-268-1133	überw. Canada
	Doubletree	1-800-222-TREE	
	Hilton	1-800-HILTONS	
	Hyatt	1-800-233-1234	
	Marriott	1-800-228-9290	
	Park Int`l	1-800-437-PARK	
	Radisson	1-800-333-3333	
	Residence	1-800-331-3131	
	Sheraton	1-800-325-3535	
	Westin	1-800-228-3000	
Mittlere Preisklasse ($50-$90)	**Best Western**	1-800-528-1234	
	Budgetel Inn	1-800-4BUDGET	
	Clarion Hotel	1-800-CLARION	
	Comfort Inn	1-800-228-5150	
	Courtyard	1-800-321-2211	
	Days Inn	1-800-DAYS-INN	
	Drury	1-800-325-8300	
	Econo Lodges	1-800-55ECONO	
	Fairfield Inn	1-800-228-2800	
	Hampton	1-800-HAMPTON	
	Holiday Inn	1-800-HOLIDAY (mit **HI Express**)	
	Howard Johnson	1-800-I-GO-HOJO	
	La Quinta	1-800-531-5900	
	Quality Inn	1-800-228-5151	
	Park Inn Int`l	1-800-437-PARK	
	Ramada Inn	1-800-2RAMADA (mit **R. Ltd.**)	
	Red Lion Hotel	1-800-547-8010	
	Sandman Inn	1-800-SANDMAN	(nur Canada)
	Shilo Inns	1-800-222-2244	
	Shoney`s	1-800-222-2222	
	Super 8	1-800-800-8000	
	Susse Chalet	1-800-5CHALET	
	Travelodge	1-800-578-7878	
	Vagabond	1-800-522-1555	
	Wyndham Garden	1-800-WYNDHAM	
Untere Preisklasse ($30-$50)	**Budget Host**	1-800-BUD HOST	
	Exel Inn	1-800-367-3935	
	Friendship Inn1	-800-453-4511	
	Hospitality Int`l	1-800-251-1962	
	(Master Host/Scottish/Red Carpet/Passport u.a.)		
	Journey`s End	1-800-668-4200 (nur Canada)	
	Motel 6	1-800-4MOTEL6	
	Knight`s Inn	1-800-843-5644	
	Red Roof	1-800-THE ROOF	
	Rodeway Inn	1-800-228-2000	
	Sleep Inns	1-800-62 SLEEP	
	Thriftlodge	1-800-525-9055	
	Western Host	1-800-648-6440	

Neue 800-✆ Sollte eine Motelkette unter der aufgeführten Nummer nicht mehr erreichbar sein, ruft man – ebenfalls gebührenfrei – die ***Toll-free Information*** an: ✆ **1-800-555-1212**.

5. Homepages im World Wide Web

Airlines

Alle wichtigen Airlines sind mit Homepages im World Wide Web vertreten:

American Airlines	http://www.americanair.com
America West	http://www.americawest.com
Continental	http://www.flycontinental.com
Delta Air Lines	http://www.delta-air.com
Northwest	http://www.nwa.com
Southwest	http://www.iflyswa.com
TWA	http://www.twa.com
United Airlines	http://www.ual.com
USAirways	http://www.usair.com
Air Canada	http://www.aircanada.com
Canadian Int'l	http://www.cdnair.com
Lufthansa	http://www.lufthansa.com

Airports

Für die meisten der großen amerikanischen Verkehrsflughäfen können Informationen unter **http://www.quickaid.com/airports** abgerufen werden. Darüber hinaus unterhält eine Reihe von Flughäfen eigene Homepages:

Calgary	http://www.airport.calgary.ab.ca
Chicago O'Hare	http://www.ci.chi.il.us/worksmart/aviation/oharhome.html
Denver	http://www.infodenver.denver.co.us/aviation/diaintro.html
Las Vegas	http://www.noc.thegroup.net.lasvegas
Los Angeles	http://www.lax2015.org
Memphis	http://www.mscaa.com
Miami	http://www.miami-airport.com
Nashville	http://www.nashintl.com
Oakland	http://www.flyoakland.com
Ontario	http://www.csz.com/ont/html
Orlando	http://www.fcn.state.fl.goaa
Philadelphia	http://www2.phl.org/phl
Phoenix	http://www.ci.phoenix.az.us/aviation/airports.html
Salt Lake City	http://www.ci.slc.ut.us/airport
San Diego	http://199.2.50.5/cic.san
San Antonio	http://www.gadsby.com/airport/html
San Francisco	http://www.airportsintl.com/sfo.html
San Jose	http://www.sjc.org
St. Louis	http://www.st-louis.mo.us/st-louis/airport
Toronto	http://www.lbpia/toronto.on.ca

Hotelketten

Best Western	http://www.travelweb.com/bw.html
Days Inn	http://www.daysinn.com/daysinn.html
Doubletree	http://www.doubletreehotels.com
Embassy Suites	http://www.embassy-suites.com
Travelodge	http://www.forte-hotels.com
Hampton Inns	http://www.hampton-inn.com
Hilton	http://www.travelweb.com/thisco/hilton
Holiday Inn	http://www.holiday-inn.com

Howard Johnson	http://www.hojo.com/hojo.html
Hyatt	http://www.hyatt.com
Intercontinental	http://www.interconti/interconti
La Quinta Inns	http://www.travelweb.com/thisco/laquinta
Marriott	http://www.marriott.com
Radisson	http://www.radisson.com
Ramada	http://www.ramada.com/ramada.html
Red Lion	http://www.travelweb.com/thisco/redlion
Red Roof Inn	http://www.redroof.html
Sheraton	http://www.sheraton.com
Super 8	http://www.super8motels.com/super8.html
Westin	http://www.westin.com

Tourist Information Services

Die meisten der folgenden Homepages werden von den Fremdenverkehrsbüros der Städte unterhalten und informieren u.a. über Geschichte, Unterkunftssituation, öffentlichen Transport, Sehenswürdigkeiten, Shopping, Veranstaltungen und das aktuelle Wetter:

Albuquerque	http://www.abcvb.org
Atlanta	http://www.acvb.com
Boston	http://www.std.com/ne/boston.html
Buffalo	http://www.moran.com./buffalo/bflotop.html
Chicago	http://www.chicago.il.org
Dallas	http://www.cityview.com/dallas
Denver	http://www.denver.org
El Paso	http://www.elpasocvb.com
Flagstaff	http://www.flagstaff.az.us
Houston	http://www.cityview.com/houston
Key West	http://www.florida-keys.fl.us
Las Vegas	http://www.vegas.com
Los Angeles	http://www.at-la.com
Memphis	http://www.memphistravel.com
Miami	http://www.miamiandthebeaches.com
Minneapolis	http://www.minneapolis.org
Nashville	http://www.musiccityusa.com.pageone.html
New Orleans	http://www.nawlins.com
NewYork City	http://www.mediabridge.com/nyc
Orlando	http://www.goflorida.com/central/orlando
Philadelphia	http://www.libertynet.org/phila-visitor
Phoenix	http://www.arizonaguide.com/phxcvb
Portland	http://www.pova.com
Reno	http://www.renonv.com
Salt Lake City	http://www.saltlake.org
San Antonio	http://www.sanantoniocvb.com
San Francisco	http://www.sftravel.com
Seattle	http://www.ci.seattle.wa.us./html/visitor
St. Louis	http://www.st-louis.ms.us
Tucson	http://www.azstarnet.com/~hot/tucsonfolder
Washington DC	http://www.washington.org
Calgary	http://www.visitor.calagary.ab.ca
Edmonton	http://www.gov.edmonton.ab.ca
Toronto	http://www.hype.com/toronto
Vancouver	http://www.tbc.gov.bc.cs/tourism

6. Verzeichnisse:

Index Sachbegriffe (f= und Folgeseite, ff= und mehrere Folgeseiten)

Index Geographie und Sehenswürdigkeiten

Abkürzungen: NP=National Park; **NM**=National Monument; **NRA**=National Recreation Area; **NMP**=National Military Park, **NHP**=National Historic Park; **NSS**=National Sea Shore; **NLS**=National Lake Shore; **SP**=State Park; **SRA**=State Recreation Area; **SHP/S**=State Historical Park/Site

Reise Know-How Bücher werden von Verlegern gemacht, die Freude am Reisen haben und selbst Autoren sind. Wichtig ist uns, daß der Inhalt nicht nur im reisepraktischen Teil "Hand und Fuß" hat, sondern daß er unterwegs wirklich hilft, die Reise zum Erlebnis zu machen.

Die Reihe **Reise Know-How** soll auch dazu beitragen, andere Kulturkreise, ihre Menschen und ihre Natur kennenzulernen.

Wir achten darauf, daß jeder Band gemeinsam gesetzten Qualitätsmerkmalen entspricht. Um in einer Welt rascher Veränderungen laufend aktualisieren zu können, drucken wir kleine Auflagen.

SACHBÜCHER
Die Sachbücher vermitteln KNOW-HOW rund ums Reisen: Wie bereite ich eine Motorrad- oder Fahrradtour vor? Wie bleibe ich unterwegs gesund? Wie komme ich zu besseren Reisefotos? Und anderes mehr.
In der Sachbuchreihe von Reise Know-How geben Autoren, die sich auskennen, ihre Erfahrungen und ihr Wissen weiter.

Welt

Achtung Touristen
DM 16,80 ISBN 3-922376-32-0

Äqua-Tour (Rad & Bike)
DM 28,80 ISBN 3-929920-12-3

Auto(fern)reisen
DM 34,80 ISBN 3-921497-17-5

Die Welt im Sucher
DM 24,80 ISBN 3-9800975-2-8

Fahrrad-Weltführer
DM 44,80 ISBN 3-9800975-8-7

Motorradreisen
DM 34,80 ISBN 3-921497-20-5

Um-Welt-Reise
DM 22,80 ISBN 3-9800975-4-4

Wo es keinen Arzt gibt
DM 26,80 ISBN 3-89416-035-7

REISE STORY
Eindrücke, Beobachtungen und Erlebnisse auf Reisen sind Inhalt der Reise Story-Bände. Sensibel und spannend führen sie durch fremde Kulturkreise und bieten zugleich viel Sachinformation.
Bei Reiseplanung und -vorbereitung sind sie eine Hilfe und ein Lesevergnügen für jeden Fernwehgeplagten.

STADTFÜHRER
Die Bücher der Reihe Reise Know-How City führen in bewährter Qualität durch die Metropolen der Welt. Neben ausführlichen praktischen Informationen zu Hotels, Restaurants, Shopping und Kneipen findet der Leser alles Wissenswerte über Sehenswürdigkeiten, Kultur und "Subkultur" sowie Adressen und Termine, die besonders für Geschäftsreisende wichtig sind.

Europa

Amsterdam
DM 26,80 ISBN 3-89416-231-7

Bretagne
DM 39,80 ISBN 3-89416-175-2

Budapest
DM 26,80 ISBN 3-89416-212-0

Bulgarien
DM 36,80 ISBN 3-89416-220-1

England, der Süden
DM 36,80 ISBN 3-89416-224-4

Irland-Handbuch
DM 39,80 ISBN 3-89416-194-9

Lettland
DM 26,80 ISBN 3-89416-636-3

Litauen mit Kaliningrad
DM 29,80 ISBN 3-89416-169-8

London
DM 26,80 ISBN 3-89416-199-x

Madrid
DM 26,80 ISBN 3-89416-201-5

Mallorca, Handbuch für den optimalen Urlaub
DM 36,80 ISBN 3-89662-156-4

Mallorca für Eltern und Kinder
DM 24,80 ISBN 3-89662-158-0

Eine mallorquinische Reise, Mallorca 1929
DM 29,80 ISBN 3-89662-153-x

Geschichten aus dem anderen Mallorca
DM 29,80 ISBN 3-89662-161-0

Mallorca, Wandern auf
DM 29,80 ISBN 3-89662-162-0

Paris
DM 26,80 ISBN 3-89416-200-7

Prag
DM 26,80 ISBN 3-89416-204-x

Rom
DM 26,80 ISBN 3-89416-203-1

Schottland-Handbuch
DM 39,80 ISBN 3-89416-621-5

Skandinaviens Norden
DM 36,80 ISBN 3-89416-191-4

Tschechien
DM 36,80 ISBN 3-89416-600-2

Ungarn
DM 32,80 ISBN 3-89416-188-4

Warschau/Krakau
DM 26,80 ISBN 3-89416-209-0

Wien
DM 26,80 ISBN 3-89416-213-9

Deutschland

Berlin mit Potsdam
DM 26,80 ISBN 3-89416-226-

Frankfurt/Main
DM 24,80 ISBN 3-89416-207-

Borkum
DM 19,80 ISBN 3-89416-632-

Mecklenburg/Vorp. Binnenland
DM 19,80 ISBN 3-89416-615-

München
DM 24,80 ISBN 3-89416-208-

Nordfriesische Inseln
DM 19,80 ISBN 3-89416-601-

Nordseeinseln
DM 29,80 ISBN 3-89416-197-

Nordseeküste Niedersachsens
DM 24,80 ISBN 3-89416-603-

Oberlausitz/ Zittauer Gebirge
DM 24,80 ISBN 3-89416-165-

Ostdeutschland individuell
DM 36,80 ISBN 3-89622-480-

Ostfriesische Inseln
DM 19,80 ISBN 3-89416-602-

Ostharz mit Kyffhäuser
DM 19,80 ISBN 3-89416-228-

Ostseeküste/ Mecklenburg-Vorp.
DM 19,80 ISBN 3-89416-184-

Ostseeküste Schleswig-Holstein
DM 24,80 ISBN 3-89416-631-

Rügen/Usedom
DM 19,80 ISBN 3-89416-190-

Sächsische Schweiz
DM 19,80 ISBN 3-89416-630-

Land Thüringen
DM 24,80 ISBN 3-89416-189-

Westharz mit Brocken
DM 19,80 ISBN 3-89416-227-

Wasserwandern Mecklenb./Brandenb.
DM 24,80 ISBN 3-89416-221-

Nehberg bei RKH

Das Yanomami Massake
DM 36,00 ISBN 3-89416-624-

PROGRAMM

Afrika

Afrikanische Reise
(Reise Story)
DM 26,80 ISBN 3-921497-91-4

Bikeabenteuer Afrika
(Rad & Bike)
DM 28,80 ISBN 3-929920-15-8

Durch Afrika
DM 56,80 ISBN 3-921497-11-6

Ägypten individuell
DM 36,80 ISBN 3-921838-10-x

Tonführer Ägypten: Kairo
DM 32,00 ISBN 3-921838-91-6

Tonführer Ägypten: Luxor, Theben
DM 34,80 ISBN 3-921838-90-8

Agadir, Marrakesh und der Süden Marokkos
DM 29,80 ISBN 3-89662-072-x

Kairo, Luxor, Assuan
DM 29,80 ISBN 3-89662-460-1

Kamerun
DM 44,80 ISBN 3-89662-302-0

Libyen
DM 44,80 ISBN 3-89662-005-3

Madagaskar, Seychellen, Mauritius, Réunion, Komoren
DM 39,80 ISBN 3-89662-062-2

Marokko
DM 44,80 ISBN 3-921497-81-7

Namibia
DM 34,80 ISBN 3-89662-320-9

Nigeria – hinter den Kulissen (Reise Story)
DM 26,80 ISBN 3-921497-30-2

Tansania Handbuch
DM 44,80 ISBN 3-89662-048-7

Tunesien
DM 44,80 ISBN 3-921497-74-4

Tunesiens Ferienzentren
DM 29,80 ISBN 3-921497-76-0

Westafrika Küstenländer
DM 39,80 ISBN 3-89662-002-9

Westafrika – Sahel
DM 39,80 ISBN 3-89662-001-0

Zimbabwe
DM 39,80 ISBN 3-921497-26-4

Asien

Bali & Lombok mit Java
DM 39,80 ISBN 3-89416-604-5

Bangkok
DM 26,80 ISBN 3-89416-205-8

China Manual
DM 44,80 ISBN 3-89416-626-6

China, der Norden
DM 39,80 ISBN 3-89416-229-5

Sprachbuch China
Hoch-Chinesisch (Mandarin), Kantonesisch, Tibetisch
DM 24,80 ISBN 3-922376-68-1

Indien, der Norden
DM 44,80 ISBN 3-89416-223-6

Reisen mit Kindern in Indonesien
DM 26,80 ISBN 3-922376-95-9

Jemen
DM 44,80 ISBN 3-89622-009-6

Kambodscha
DM 36,80 ISBN 3-89416-233-3

Komodo/Flores/ Sumbawa
DM 36,80 ISBN 3-89416-060-8

Ladakh und Zanskar
DM 36,80 ISBN 3-89416-176-0

Laos
DM 36,80 ISBN 3-89416-637-1

Malaysia & Singapur mit Sabah & Sarawak
DM 39,80 ISBN 3-89416-178-7

Myanmar (Burma)
DM 36,80 ISBN 3-89662-600-0

Nepal-Handbuch
DM 36,80 ISBN 3-89416-193-0

Phuket (Thailand)
DM 29,80 ISBN 3-89416-182-5

Singapur
DM 26,80 ISBN 3-89416-210-4

Sri Lanka
DM 39,80 ISBN 3-89416-170-1

Sprachbuch Südostasien
Indonesisch, Thai, Tagalog
DM 24,80 ISBN 3-922376-33-9

Sulawesi (Celebes)
DM 36,00 ISBN 3-89416-635-5

Thailand Handbuch
DM 39,80 ISBN 3-89416-625-8

Vietnam-Handbuch
DM 36,80 ISBN 3-89416-620-7

Ozeanien

Neuseeland
(Reise Story)
DM 24,80 ISBN 3-921497-15-9

Bikebuch Neuseeland
(Rad & Bike)
DM 39,80 ISBN 3-929920-16-6

Neuseeland Campingführer
DM 24,80 ISBN 3-921497-92-2

RAD & BIKE

Reise Know-How Rad & Bike Bände sind Führer für wichtige Rad-Reiseländer und Reise-Stories von außergewöhnlichen Radtouren durch außereuropäische Länder und andere Kontinente.
Die Autoren sind entweder bekannte Biketouren-Profis oder "Newcomer", die mit ihrem Bike in weniger bekannte Länder und Regionen vorstießen. Wer immer eine Fern-Biketour plant - oder nur davon träumt – kommt an unseren Rad & Bike-Reihe nicht vorbei!

Amerika

Argentinien mit Uruguay und Paraguay
DM 44,80 ISBN 3-921497-51-5

Ecuador/Galapagos
DM 39,80 SBN 3-921497-55-8

Honduras
DM 36,80 ISBN 3-89416-608-8

Peru/Bolivien
DM 44,80 ISBN 3-89662-330-3

Venezuela
DM 44,80 ISBN 3-89662-040-1

Atlanta & New Orleans
DM 28,80 ISBN 3-89416-230-9

Amerika

Canadas Osten/ USA Nordosten - Reisen zwischen Atlantik und Großen Seen
DM 39,80 ISBN 3-89662-151-3

Canada, der Westen mit Alaska
DM 39,80 ISBN 3-89662-157-2

Durch den Westen der USA
DM 39,80 ISBN 3-89662-155-6

Westen der USA mit CD
DM 59,00 ISBN 3-89662-159-9

Durch die USA mit Flugzeug und Mietwagen
DM 39,80 ISBN 3-89662-150-5

San Francisco
DM 26,80 ISBN 3-89416-232-5

USA für Sportfans
DM 32,80 ISBN 3-89416-633-9

USA als Gastschüler
DM 24,80 ISBN 3-89662-163-7

USA/Canada Bikebuch
(Rad & Bike)
DM46,80 ISBN 3-929920-17-4

USA/CANADA Das Handbuch für individuelles Reisen
DM 44,80 ISBN 3-89662-154-8

Hawaii
DM 36,80 ISBN 3-89416-860-9

Costa Rica
DM 39,80 ISBN 3-89416-641-x

Guatemala
DM 36,80 ISBN 3-89416-214-7

Mexiko
DM 42,80 ISBN 3-89662-310-9

Panama
DM 36,80 ISBN 3-89416-225-2

Radabenteuer Panamericana (Rad & Bike)
DM 28,80 ISBN 3-929920-13-1

Traumstraße Panamerikana
(Reise Story)
DM 24,00 ISBN 3-9800975-3-6

Barbados& St. Lucia
DM 24,80 ISBN 3-89416-639-8

Trinidad & Tobago
DM 24,80 ISBN 3-89416-638-x

Sprachbuch Lateinamerika
Spanisch, Quechua, Brasil
DM 24,80 ISBN 3-922376-18-5

NEUERSCHEINUNG FRÜHJAHR 1998

Marc Schichor, Kirsten Elsner

Wandern auf Mallorca

Handbuch für den optimalen Wanderurlaub

REISE KNOW-HOW

Das Tramuntana-Gebirge mit alpinem Charakter im westlichen Zentrum der Insel und Ausläufern im Norden und Süden bietet zahlreiche Möglichkeiten für vielseitige Wandertouren unterschiedlichster Schwierigkeitsgrade und Dauer. Die in diesem neuen Führer beschriebenen 25 Strecken- und Rundwanderungen führen auf die höchsten Gipfel Mallorcas, durch wilde Schluchten und grüne Täler, an abgelegene Strände und zu spektakulären Aussichtspunkten. Neben detaillierten technischen Angaben zu den Routen liefern die Texte Wissenswertes zu Pflanzen- und Tierwelt, zu Geschichte und Kultur der Insel. Neben den Tagestouren sind auch mehrtägige Wanderungen mit Übernachtung unterwegs berücksichtigt.

Der Clou des Buches sind die von den Autoren, im Hauptberuf Kartographen, auf hochaktuellem Stand **neu angefertigten Karten** mit Höhenlinien und -schichten und Schummerung im **Maßstab 1:35.000**, die endlich keine Zweifel über den richtigen Weg mehr aufkommen lassen.

Ca. 270 Seiten vierfarbig mit exakten Karten, Skizzen und Fotos

ISBN 3-89662-162-9 **Preis 29,80 DM**

Gordon West

Eine mallorquinische Reise

Mallorca 1929

Übersetzung des englischen Bestsellers ***Jogging round Mallorca***, der in wenigen Jahren mehrere Auflagen erlebte, im Literaturkanal der BBC und – in deutscher Fassung – bereits kurz nach Erscheinen im NDR in der Sendereihe "Reisen damals" verlesen wurde.

Wests humorvolle und unterhaltsame Beschreibung einer spontanen Reise 1929 ist voller interessanter, oft überraschender und bisweilen abenteuerlicher Begegnungen. Sie fängt genial den Zauber der damals noch absolut unberührt vom Massentourismus vor sich hinträumenden Insel ein.

ISBN 3-89662-153-X, ca. 200 Seiten mit Illustrationen, Preis 29,80 DM

Atlanta & New Orleans

Zwei Südstaatenmetropolen wie sie unterschiedlicher nicht sein können: südländisches Alte-Welt-Flair hier, modernes amerikanisches Geschäftszentrum dort.

Ein Führer durch New Orleans, ehemalige französische Kronkolonie und heute noch-Hochburg des guten Essens und des Jazz.

Ein Führer durch Atlanta, während des Bürgerkriegs „Gone with the Wind", heute eine boomtown und Sammelpunkt hochmoderner Architektur und spektakulärer neuer Museen. Und schließlich ein Führer mit Routenvorschlag durch den „deep south", den Süden der Vereinigten Staaten.

Margit Brinke, Peter Kränzle: **Atlanta & New Orleans**
360 Seiten, ISBN 3-89416-230-9, DM 28,80

San Francisco und Umgebung

Der praktische City Guide für die weltweit beliebteste Stadt. Alle wichtigen Stadtviertel werden einzeln vorgestellt, dazu vieles über die Geschichte der Stadt und den „Californian Way of Live". Ausflüge rund um die Bay Area und bis Monterey und Sacramento.

Margit Brinke, Peter Kränzle:
San Francisco und Umgebung
384 Seiten plus 24 Seiten farbiger Kartenteil,
ISBN 3-89416-232-5, DM 24,80

Beide Bände bieten:

- Umfassende Reiseinfos zur Vorbereitung, bei der Anreise und vor Ort
- Detaillierte Beschreibung der Sehenswürdigkeiten in Rundfahrten oder Rundgängen
- Tips zu Unterkünften, Gastronomie, Kultur und Freizeitaktivitäten
- Ausflüge in die Umgebung
- Exkurse mit interessanten Hintergrundinformationen
- Geschichte, Kultur und Kunst der Südstaaten bzw. Kaliforniens
- Detaillierte Karten und Pläne, Ausführliches Register

KARTENVERZEICHNIS